अन्वय

साहित्य के परिसर में कुँवर नारायण

अन्वय

साहित्य के परिसर में कुँवर नारायण

खंड : एक

रचनाकार और रचना-संसार

सम्पादक

ओम निश्चल

राजकमल प्रकाशन

ISBN : 978-93-88183-48-2

मूल्य : ₹ 1295

पहला संस्करण : 2018

प्रकाशक : राजकमल प्रकाशन प्रा. लि.
1-बी, नेताजी सुभाष मार्ग, दरियागंज
नई दिल्ली-110 002

शाखाएँ : अशोक राजपथ, साइंस कॉलेज के सामने, पटना-800 006
पहली मंजिल, दरबारी बिल्डिंग, महात्मा गांधी मार्ग, इलाहाबाद-211 001
36 ए, शेक्सपियर सरणी, कोलकाता-700 017

वेबसाइट : www.rajkamalprakashan.com
ई-मेल : info@rajkamalprakashan.com

मुद्रक : बी.के. ऑफसेट
नवीन शाहदरा, दिल्ली-110 032

ANVAYA : SAHITYA KE PARISAR MEIN KUNWAR NARAIN
Edited by Om Nishchal

कविता में कुँवर नारायण

कथ्य और संवेदना का एक बड़ा प्रतिबिम्ब

इस विराट ब्रह्मांड में जिसकी आवाजाहियों और व्याप्ति पर कभी पाबन्दी नहीं रही, वह है मनुष्य की अभिव्यक्ति और कविता तो मनुष्य की सबसे कोमल अन्तरंग और व्याकुल और प्रसन्न कर देने वाली विधा है जिसने विश्व की सारी चौहद्दियाँ लांघी है और विश्व को एक पारिवारिक परिसर के रूप में देखा है। वे नेरूदा हों, या आक्तेवियो पॉज, मोंताले हों, या जार्ज सेफरीज, कालिदास हों या शेक्सपियर, कबीर हों या वाल्ट ह्विटमैन, ब्रेख्त हों या अहमद फराज, ईलियट हों या अज्ञेय या कुँवर नारायण...कविता की ये आवाजें इतनी बड़ी और बेधक है कि इनकी पहुँच पूरे विश्व में है। हमने सदियों की औपनिवेशिकता के बावजूद कभी शेक्सपियर, टैनिसन या बायरन को शासक देशों की सत्ता का कवि मान कर उनसे बेगाना व्यवहार नहीं किया, कभी ग़ालिब या मीर या अहमद फराज़ को ही दीगर संस्कृतियों का कवि नहीं माना और मुगलों की सांस्कृतिक विरासत को अन्तःकरण से स्वीकार करते रहे। हमारे दिल से कभी कोई टीस निकली तो उसकी सबसे मार्मिक अभिव्यक्ति हमें अहमद फराज़ या पाब्लो नेरूदा में मिलती थी। हमें प्रेम के पैशन का अनुभव शेक्सपियर ने दिया। विस्थापन की पीड़ा में हमें ब्रेख्त यह कहते हुए दिलासा देते हुए लगे कि हमने जितने ज्यादा जूते नहीं बदले, उससे ज्यादा मुल्क बदले। हमारी रगों में कवाफी, वोल सोयिंका, विस्वावा शिम्बोर्स्का, रैफेल आरमेटो और बर्नाद बी दादेय की कविताओं का लहू बहता रहा। कुँवर नारायण की 'प्रेम-रोग' कविता पढ़ें जो बाद में 'एक अजीब-सी मुश्किल' शीर्षक से 'इन दिनों' में छपी तो यही पाएँगे कि हमारी समझ का दायरा और संवेदना का आंगन सदैव इतना प्रशस्त रहा कि हम अपने शासकों की प्रजाति के कवियों से कभी नस्ली रिश्ता कायम न कर सके। वे हमारे अन्तःकरण में सदैव मेहमान बन कर रहे। हम अंग्रेजों, मुसलमानों, सिखों से इसलिए नफरत न कर सके कि हर बार शेक्सपियर, ग़ालिब और नानक हमारे सामने आ गए। इन्होंने हमारे मन से नस्ल और मजहब की दीवारें ढहाने का काम किया। ट्यूनीशिया के कुएँ को देख वे इस निष्कर्ष पर पहुँचते हैं कि धरती के अन्दर ही अन्दर हर कुएँ का पानी हर कुएँ से जुड़ा है।

कविता ट्यूनीशिया के कुएँ के इसी जल की तरह है जो पृथ्वी की धमनियों में एक-सी बहती है और मानवता की प्यास बुझाती है।

एक कवि यही करता है। वह मनुष्यता के बीच पसरी नस्ल, जाति, धर्म और नफरत की दीवारें ढहाने का काम करता है। यही कबीर ने किया, यही शेक्सपियर ने, यही ग़ालिब ने, यही कुँवर नारायण ने। केदारनाथ सिंह को एक कविता में एक भूले हुए मिसरे से पाकिस्तान के शायर अहमद फराज़ याद हो आते हैं तो कुँवर नारायण वारसा में हुई स्पानी कवि पाब्लो नेरूदा की उस भेंट को याद करते हैं जो परिचय जानने के बाद हुलस कर कह उठा था–"ओह, गाँधी का देश।" और जिसका कहना था पूरी पृथ्वी सबके लिए एक घर जैसी हो जिसमें हर कोई सकुशल और निश्शंक रह सके। कुँवर नारायण मनुष्य के शाश्वत प्रश्नों के लिए मिथकों की ओर लौटते हैं। नष्ट होती दुनिया की तरफ देखते हैं तो उन्हें नालंदा और बख्तियार याद आते हैं, आत्मग्लानि की अंधेरी कोठरी में बन्द शर्म से दम तोड़ती एक विजेता की महत्त्वाकांक्षाएँ याद आती हैं। ऐतिहासिकता के बीच गुजरते हुए वे 'गोलकुंडा की एक शाम' में विश्वासघात के मलबे में डूबे एक पूरे साम्राज्य एक शाही लाशघर के सन्नाटे से गुजरते हुए इसरार करते हैं : *'मुझे सोने दो अभी नजदीक की आवाज़ों / मुझमें शोर करो अभी दूर की खामोशियों / कोई साँस ले रहा है अभी मेरे फेफड़ों में।'* विजय नगर की अमूर्त अस्थिपंजर देह के बीच कहीं खो गए वेदभाष्यकार सायण के घर को तलाशते हैं, कभी कुतुब के परिसर में अमीर ख़ुसरो की कोई नई पहेली उन्हें कलाओं की वंशावली में एक कड़ी जोड़ती नजर आती है। कभी काफ्का के प्राहा में आकर उन्हें अहसास होता है कि एक प्रेम से ज्यादा मधुर हो सकती है उनकी स्मृतियाँ और सभ्यता की वीरगाथाओं से कहीं अधिक सारगर्भित हो सकती है एक स्मारक की संक्षिप्त गाथा। कविता यही करती है वह देशकाल की सीमाओं का अतिक्रमण कर हमें इतिहास, अतीत और स्मृतियों के सबसे निकट ला देती है। इसीलिए बड़ी कविता वही होती है जिसमें हमारी पूरी परम्परा बोलती है, अतीत बोलता है, इतिहास बोलता है। स्मृति के महासमुद्र में एक गोताखोर की तरह उतर कर एक आधुनिक कवि हमारे लिए सीपियाँ बटोर लाता है। इस अर्थ में कुँवर नारायण की कविता स्मृति और परम्परा से सम्पन्न कविता है। वह अपने स्थान पर रहते हुए सुदूर देशकाल और विश्व मानवता को सम्बोधित करती हुई लगती है। कवि हताहत नहीं, सबके हिताहित की सोचते हुए *पूर्णतर* और *मनुष्यतर* होना चाहता है।

कुँवर नारायण ने अपनी कविता यात्रा में हमें कई नायाब संग्रह दिए हैं। *चक्रव्यूह, परिवेश : हम-तुम, अपने सामने, कोई दूसरा नहीं, इन दिनों, हाशिए का गवाह, आत्मजयी, वाजश्रवा के बहाने* और *कुमार जीव*। उनका एक कहानी संग्रह *'आकारों के आसपास'* भी प्रकाशित है। एक समालोचक के रूप में *आज और आज से पहले, शब्द और देशकाल* और *रुख़* उनके साहित्य चिन्तन के साक्ष्य हैं। उनकी डायरी 'दिशाओं का खुला आकाश' साहित्य, कला जीवन समाज, राजनीति और संस्कृति

पर उनके स्फुट चिन्तन का परिणाम है। पर कुल मिलाकर कहा जाए तो अपने पूरे मिजाज और केन्द्रीय स्वभाव में वे कवि हैं। अज्ञेय द्वारा सम्पादित 'तीसरा सप्तक' के वे सहयोगी कवियों में हैं। तमाम विषयों पर उनके विचार गतानुगतिक चिन्तन से अलग होते हैं। उनके भीतर जितना समावेशी कवि है, उतना ही उनके भीतर का आलोचक तीक्ष्ण है जो अपनी पसन्द निर्मित करते हुए किसी भी विषय को उसके निहितार्थों में उतरकर देखता है। प्रारम्भ में अनेक समाजवादियों, कलाकारों, लेखकों से हुई उनकी मुलाकातों से साहित्य के बारे में उनकी समझ परिपक्व हुई है। वे लिखने के अलावा कभी लेखन से प्राप्त होने वाले यश अथवा अर्थ के पीछे नहीं भागे, यद्यपि कालांतर में उन्हें वे सब उपलब्धियाँ हासिल हुईं जो किसी भी बड़े लेखक को काम्य हैं। पारिवारिक जनों की कैशोर्य काल में हुई मृत्यु से उनके भीतर पैदा हुए विषाद ने उनके कवि को कुछ अलग ढंग से गढ़ा। 'चक्रव्यूह' और 'आत्मजयी' उसी दौर की रचनाएँ है। 'चक्रव्यूह' की अनेक कविताओं में वे दार्शनिक प्रत्ययों और पृच्छाओं के साथ सामने आते हैं। 'आत्मजयी' और 'वाजश्रवा के बहाने' दोनों एक-दूसरे के पूरक काव्य हैं। 'आत्मजयी' सिक्के का एक पहलू है तो 'वाजश्रवा के बहाने' सिक्के का दूसरा पहलू। 'आत्मजयी' के केन्द्र में नचिकेता है तो 'वाजश्रवा के बहाने' के केन्द्र में नचिकेता के पिता वाजश्रवा। 'आत्मजयी' वही कृति है, जिसे पढ़ने के बाद कुँवर नारायण से पहली बार लखनऊ में भेंट होने पर दिनकर ने कुँवर नारायण से पूछा था 'कुँवर नारायण से मिलना है, कहाँ बैठते हैं? इसके जवाब में 'मैं ही कुँवर नारायण हूँ' कहते ही उन्होंने किंचित अविश्वास से देखते हुए आश्चर्य भरे स्वर में कहा, 'तुम ही कुँवर नारायण हो—वही, जिसने 'आत्मजयी' लिखा है' तो उत्तर में 'जी' कहने पर वे जोर से हँसे थे और सहजता से पूछा था, 'ये बताओ, जब तुमने अभी ही 'आत्मजयी' लिख डाला है, तो बुढ़ापे में क्या लिखोगे? 'जिस कवि की शुरुआत ही 'आत्मजयी' जैसी गम्भीर दार्शनिक कृति से हुई हो, समूचे हिन्दी काव्य में उसका रंग कितना विलक्षण होगा!

कुँवर नारायण के काव्य-जीवन में पहला बड़ा मोड़ 'आत्मजयी' था तो दूसरा मोड़ 'कोई दूसरा नहीं' जैसी स्फुट काव्य कृति को माना जा सकता है। हालाँकि 'वाजश्रवा के बहाने' के प्रकाशन को वे अपने लिए दूसरी बड़ी काव्य घटना मानते हैं। उनके यहाँ समकालीनता का हस्तक्षेप कम है, शाश्वत मानवीय उपस्थितियाँ अधिक सघन हैं। 'अपने सामने' के साथ वे उत्तरोत्तर सरल होते गए किन्तु उनकी कविताओं में अनुभूति और संवेदना का रसायन सघन होता गया। उनकी कविता जीवन से जुड़ती गई। अपनी डायरी में उन्होंने दर्ज किया है 'एक कविता होती है जीवन के बारे में । एक कविता होती है जो जीवन में प्रवेश कर जाने वाली कविता होती है।' उनकी कविता जीवन के दैनंदिन अनुभवों का सारांश है। वे कहते हैं, 'कविता हमारे जीवन और भाषा में रची-बसी अग्नि पक्षी की तरह है। उसमें अपनी ही भस्म से बार-बार निकलकर जी उठने की अमर जीवन शक्ति है।'

कुँवर जी की कविता को पढ़ते ही मस्तिष्क और दिल पर एक ऐसा प्रभाव पड़ता है, जिसे साफ-साफ बयान नहीं किया जा सकता। उनके यहाँ शब्द अपना आतंक नहीं जमाते, वे हमें हौले-हौले उस जगह ले जाते हैं, जहाँ कविता सच्चे अर्थों में चरितार्थ होती है। वे स्वयं कहते हैं–'मेरी कविताएँ तीखी तर्रार रेखाओं से नहीं बनतीं। उनमें गाढ़े-हल्के रंग के उमड़ते-घुमड़ते बादलों के-से आकार एक-दूसरे में घुलते-मिलते हैं।' कुँवर नारायण ने अनेक विदेश यात्राएँ की हैं। वारसा में तो उन्हें पाब्लो नेरूदा और नाज़िम हिकमत से मिलने का अवसर भी मिला। पोलैंड के विनाश को देखकर युद्ध और उपनिवेशवाद के अनुभवों का सूक्ष्म प्रभाव उनकी कविता पर अवश्य पड़ा है। पोलिश कवियों चेस्लाव मिवोश, ताद्युश रुज़ेविच, जेब्न्यू हर्बर्त और शिम्बोर्स्का के अनुवादों से भी पोलैंड के कवियों की नैतिक ताकत का अहसास उन्हें हुआ। हाल में आए पोलिश में अपने अनूदित संग्रह 'Wiersze' में कुँवर जी ने अपना यह अनुभव दर्ज किया है।

कुँवर जी प्रारम्भ से ही साहित्यकारों, कलाकारों और कलाओं की संगत में रहे। महानगर लखनऊ स्थित उनका घर साहित्यिकों, कलाकारों, संगीतकारों, फिल्मकारों का स्थायी ठीहा था। लखनऊ में रहते हुए उनका अमृतलाल नागर, शिवानी, ठाकुरप्रसाद सिंह, श्रीलाल शुक्ल, कृष्ण नारायण कक्कड़ व मुद्राराक्षस आदि से नियमित सम्पर्क-संवाद रहा। लखनऊ आने वाले बाहर के साहित्यकारों के साथ भी उनकी नियमित मुलाकातें थीं। कलाओं के शौकीन इतने कि उनके घर के बरामदे में ही एक बार लखनऊ पधारीं संयुक्ता पाणिग्रही ने श्रीलाल शुक्ल, केशवचंद्र वर्मा व सुरेश अवस्थी व ठाकुर जयदेव सिंह के समक्ष अपना नृत्य प्रस्तुत किया। *शतरंज के खिलाड़ी* फिल्म बनने के दौरान सत्यजित राय के लखनऊ आने पर कई बार मुलाकातें हुईं। वे अरसे तक सिनेमा और रंगमंच जैसे चाक्षुष माध्यम पर लिखने वालों में रहे है। *छायानट* का सम्पादन किया है। मृणाल सेन, सत्यजित राय, हुसेन, मल्लिकार्जुन मंसूर, भीमसेन जोशी, उस्ताद अमीर खां पर लिखकर उन्होंने सन्तोष का अनुभव किया है। लखनऊ से दिल्ली जैसे बड़े शहर में आ जाने पर निश्चय ही एक तरफ लखनऊ जैसे नफासत और पुरानी यादों के शहर को छोड़ कर यहाँ आ बसने का ख्याल आता होगा पर दूसरी तरफ दिल्ली की दुनिया लखनऊ से बिल्कुल अलग है। अब तो साहित्य और कलाओं का भी यह बड़ा केन्द्र बन चुका है। इलाहाबाद, बनारस, लखनऊ जैसे साहित्य-संस्कृति सम्पन्न शहर अब धीरे-धीरे उजड़ रहे हैं। मॉल और बाजार कल्चर उन्हें आमूल बदल रहा है। इस बदलाव और संकट के प्रतिबिम्ब सूक्ष्मता से कुँवर जी कविता में आते रहे हैं।

कोई दूसरा नहीं में उन्होंने 'कविता की जरूरत' में लिखा था : *बहुत कुछ दे सकती है कविता / क्योंकि बहुत कुछ हो सकती है कविता / ज़िन्दगी में अगर हम जगह दें उसे / जैसे फूलों को जगह देते हैं पेड़ / जैसे तारों को जगह देती है रात।* यह कविता के लिए जीवन में जगह पैदा करने की जरूरत पर बल देना है। कुँवर नारायण

की कविता जीवन की विडंबनाओं को बारीकी से पढ़ती है। *मुक़द्दमे* ऐसी ही कविता है जिसमें कानून के शिकंजे में पड़े आदमी की बेचारगी के चित्र खींचे गए हैं। उनकी कविता बताती है:

एक भी आदमी
साबुत नहीं बचा था

दूर दूर तक
उनका चूरा ही चूरा फैला था

वे जो थक थक कर
चूर हो गए थे
फैसलों के आजीवन इंततार में

जिन्हें सुनाई गई
मौत की सजा
कब के मर चुके थे

जिन्हें रिहाई दी गई
पूरी सजा काट चुके थे। (कोई दूसरा नहीं, पृ. 105)

कुँवर नारायण की कविता में आयरनी, विट, संयम सब मिलकर अभिव्यक्ति को एक अलग ही आभा प्रदान करते हैं। वे बाजार से आच्छादित समय में भी बाजार से अप्रभावित दिखते हैं। इसीलिए वे एक कविता 'बाज़ारों की तरफ़ भी' में कहते है, *'बाज़ार एक ऐसी जगह है जहाँ मैंने हमेशा पाया है एक ऐसा अकेलापन जैसा मुझे बड़े-बड़े जंगलों में भी नहीं मिला, और एक खुशी कुछ-कुछ सुकरात की तरह कि इतनी ढेर-सी चीज़ें जिनकी मुझे कोई ज़रूरत नहीं।'* यह कवि संयम ही है जो बाजार की ताकत से टकराते हुए मंगलेश डबराल जैसे कवि को यह कहने के लिए स्फूर्त करता है कि : *मैं सैकड़ों हज़ारो जूते चप्पल लेकर भला क्या करूँगा / मेरे लिए एक जोड़ी जूते ही ठीक से रखना कठिन है।...मैं इतने सारे कमरों का क्या करूँगा / यह दुनिया घर है कोई होटल नहीं और मेरी नींद का आकार हद से हद एक चिड़िया के बराबर है।* (ताकत की दुनिया) बाजार जैसी बड़ी ताकत वाली इस दुनिया में एक कवि ही कह सकता है–*इतनी ढेर-सी चीजें जिनकी मुझे कोई ज़रूरत नहीं।'*

सबद पर कुँवर नारायण की *जंगली गुलाब* कविता पढ़ी तो अनायास इस कविता के निहितार्थ के पीछे के आशय पकड़ में आए। लगा कि इस कविता का जंगल से जुड़े लोगों से गहरा रिश्ता है। जंगली गुलाब तो बस एक निमित्त मात्र है। आधुनिकता के प्रवाह में आदिवासियों को उनकी जगह जमीन से अपदस्थ करने की कोशिशों

का एक प्रतिबिम्ब आँखों में उभर आया। उन्हें सभ्य समाज द्वारा '*जंगली*' कह कर पुकारने का चलन भी। पर कवि के लेखे तो वह गुलाब है, भले ही जंगल में खिला हुआ। ध्यान से देखें तो *जंगली गुलाब* के पक्ष में लिखना कवि के उस बुनियादी सरोकार का परिचायक है कि वह राष्ट्रपति भवन के मुगल गार्डन के गुलाबों के बारे में नहीं, उपेक्षा के अरण्य में खिले गुलाबों की बात कर रहा है जो सभ्य समाज से विनती कर रहा है कि मुझे जहाँ मैं खिला हूँ, वहीं रहने दो। उस वीराने में ही मुझे सुकून है–तुम्हारी इस लकदक सभ्यता के अरण्य या गमले में खिलने के बजाय। पर उनकी पुकारें कितनी अनसुनी हैं। याद रहे आज से बहुत पहले कविवर निराला ने सभ्य समाज के दुलारे अभिजात गुलाब को 'अबे ओ गुलाब! भूल मत जो पाई खुशबू, रंग-ओ-आब' और 'कैपिटिलिस्ट' कहकर फटकारा था और इलाहाबाद के पथ पर पत्थर तोड़ती स्त्री को अपनी कविता के केन्द्र में रखा था। उन्होंने कवि-दृष्टि उसी दिन तय कर दी थी और बताया था कवियों का एजेंडा क्या होना चाहिए। आज तमाम कवियों की चिन्ता के केन्द्र में किसान और आदिवासी हैं। उनके दिन ब दिन उजड़ने और उन्हें खदेड़ने की कार्रवाईयों के खिलाफ कवि-चिन्ता उत्तरोत्तर सघन हुई है। यह कविता कवि-चिन्ता और नागरिक विवेक के साथ लिखी गई है और अत्यन्त मार्मिकता से पेश आती है :

नहीं चाहिए मुझे
क़ीमती फूलदानों का जीवन

मुझे अपनी तरह
खिलने और मुरझाने दो
मुझे मेरे जंगल और वीराने दो

मत अलग करो मुझे
मेरे दरख़्त से
वह मेरा घर है
उसे मुझे अपनी तरह सजाने दो,
उसके नीचे मुझे
पंखुरियों की शैय्या बिछाने दो

नहीं चाहिए मुझे किसी की दया
न किसी की निर्दयता
मुझे काट-छाँट कर
सभ्य मत बनाओ

मुझे समझने की कोशिश मत करो
केवल सुरभि और रंगों से बना
मैं एक बहुत नाजुक ख़्वाब हूँ
काँटों में पला
मैं एक जंगली गुलाब हूँ।

यह कविता तथाकथित आधुनिक सभ्यता के प्रति आदिवासियों का प्रतिरोध है। कितनी विडंबना है कि यह दौर नई सभ्यता के लिए चाहे जितना मुफीद हो, आदिवासियों, गरीबों, मजलूमों व प्राकृतिक संसाधनों के लिए संकट का समय है। अचरज नहीं, कि हमारे समय के बड़े कवियों में आज सबसे ज्यादा फिक्र पारिस्थितिकी के असन्तुलन और आदिवासियों के उजड़ने को लेकर है। कुँवर नारायण आदिवासियों की ओर से साफ कहते हैं, 'मुझे मेरे जंगल और वीराने दो।' विनोद कुमार शुक्ल ने 'कभी के बाद अभी' में तमाम कविताएँ आदिवासियों पर केन्द्रित की है। मंगलेश भी 'आदिवासी' कविता में इसी चिन्ता के साथ सामने आते हैं। उनका मानना है, नदियाँ इनके लिए केवल नदियाँ नहीं, वाद्ययंत्र हैं, अरण्य इनका अध्यात्म नहीं, इनका घर है। पर आज हालत यह है कि इनके आसपास के पेड़ पत्रहीन नग्न गाछ में बदल गए हैं। उन्हें उनके अरण्य से दूर ले जाया जा रहा है। उनके अपने कोयले और अभ्रक से दूर। वे एक बियाबान होते हरसूद और जलविहीन टिहरी की ओर धकेले जा रहे हैं। उनके वंशी और मादल संकट में हैं। कैसी विडंबना है कि जैसे ही वे मस्ती में अपनी तुरही मादर और बांसुरी जोरों से बजाने लगते हैं, शासक उन पर बन्दूकें तान देते हैं। दोनों कवि कभी ऐक्टीविस्ट नहीं रहे तो भी अपनी जमीन पर होते इस अप्राकृतिक अन्याय पर वे कितना संवेदनशील हो उठे हैं। पारिस्थितिकी को लेकर भी कुँवर नारायण का कवि मानस बहुत सजग रहा है। एक भी वृक्ष की हत्या कवि को विचलित कर देती है। पेड़ उनके लिए एक बूढ़ा चौकीदार है स्वागत में सदैव प्रस्तुत। अपनी ठंडी छाँव से नहलाता। पर उसके न होने को वह कितनी करुणा से याद करता है। 'अबकी घर लौटा तो देखा वह नहीं था...।' तभी तो कविवर नरेश सक्सेना एक पेड़ को बचाने के लिए यह वसीयत करते हैं कि विद्युत शवदाहगृह में हो अन्तिम संस्कार ताकि एक बेटे और बेटी के साथ एक वृक्ष भी बचा रहे संसार में। उस बूढ़े चौकीदार से लगते पेड़ के न रहने का कितना दुख है एक कवि को जो उसे निर्जीव नहीं, एक सजीव प्राणी के रूप में देखता है। मुझे लगता है पर्यावरणवादियों से ज्यादा दुख हमारे कवियों को है। कभी स्वीडीश कवयित्री मारिया वीने ने लिखा था, कवि होता है उदास जब कागज बनाने के लिए पेड़ को गिराया जाता है। अज्ञेय तो कहते ही रहे हैं कि *कम लिखो। जब तक अनिवार्य न हो मत लिखो। जितना बनाना-संवारना है मानस में ही करके तब रूप को कागज पर उतारो...जितना घना, छोटा, गठीला बनाकर सम्भव हो... और हमेशा पहले पेड़ को प्रणाम करके, क्योंकि वही तुम्हारी बलि है।* (कवि-मन)

यही कारण है कि वे बूढ़े पेड़ के न दिखने पर जो संदेश कविता में देते है वह बिल्कुल साफ है :

बचाना है–
नदियों को नाला हो जाने से
हवा को धुआँ हो जाने से
खाने को ज़हर हो जाने से
बचाना है–जंगल को मरुथल हो जाने से
बचाना है–मनुष्य को जंगल हो जाने से।

सारी पारिस्थितिकी की चिन्ता इन चन्द पंक्तियों, पदावलियों में घनीभूत और अनुस्यूत है।

कुँवर नारायण जितने अच्छे कवि और आलोचक-चिन्तक हैं, उतने ही अच्छे मनुष्य। यह चाहे एक बड़े कवि की कोई अनिवार्य कसौटी न हो लेकिन जिस तरह से वे अपनी एक कविता 'अबकी अगर लौटा तो' में मनुष्यतर लौटने की बात करते हैं, वे शायद एक कवि होने से ज्यादा एक अच्छे मनुष्य को किसी व्यक्ति की सबसे बड़ी कसौटी मानते हैं। उनके पास बैठते हुए कभी उनके व्यक्तित्व का आतंक नहीं महसूस होता था बल्कि अपने व्यक्तित्व की भी सार्थकता महसूस होती थी। बड़ा व्यक्ति वही है, जिसके निकट जाकर या बैठकर अपना व्यक्तित्व लघु न महसूस हो। उन्होंने अपना पूरा जीवन लगभग एक मनस्वी की तरह जिया। ऊधो के लेने न माधव के देने। बचपन में हुई पारिवारिक ट्रैजडी के सिलसिले ने उन्हें आमूल हिला दिया, लेकिन वे भीतर से टूटे नहीं। कविता में भी अपने व्यक्तित्व की तरह अपनी भाषा या शिल्प का कोई आतंक नहीं पैदा किया। उनकी डायरियाँ खंगालने पर उनकी मनुष्यता की छोटी-छोटी बातें हमारे सामने आती हैं, जिनसे उनके मिजाज का पता चलता है। 19 सितंबर उनका जन्मदिन होता है। ऐसे ही जब 83 वर्ष पूरे हुए तो रात 12 बजे बेटे अपूर्व ने उन्हें जगाकर बहुत प्यार से अपनी शुभकामनाएँ दीं। इस पर अभिभूत होकर वे लिखते हैं–'*मन स्नेह और कृतज्ञता से भर उठा। उसमें भारती ने अपना प्यार भी भर दिया तो लगा, अरे, मेरे पास तो इतनी जगह ही नहीं कि उसमें दोनों का प्यार बिना छलके समा सके।*' ऐसे ही कभी बीमार होने पर दिल के डॉक्टर की तमाम पूछताछ के बाद जब वे मशीन के सुपुर्द किए गए तो लिखते हैं–'*मशीन ने मुझे जगह-जगह दबोचकर दर्द को उगलवाना चाहा, पर उस दर्द की भाषा को समझ नहीं पाई, जिसका ताल्लुक सिर्फ एक आह से होता है।*' इस तरह की चुटीली टिप्पणियाँ उनकी डायरियों में दर्ज हैं। उन्होंने अनेक प्रेम कविताएँ लिखी हैं। कुछ प्रकाशित तो कुछ अप्रकाशित भी उनके खजाने में होंगी। 'हाशिए का गवाह' संग्रह की तो शुरुआत ही *प्यार की भाषाएँ* शीर्षक कविता से हुई है। इस कविता के अन्त में वे प्यार की एक ऐसी भाषा की कल्पना करते हैं, *जिसमें शब्द नहीं होते, केवल*

कुछ अधमिटे अक्षर, कुछ अस्फुट ध्वनियाँ भर बचती हैं, जिन्हें किसी तरह जोड़कर हम बनाते हैं प्यार की भाषा। कहना न होगा कि वे अपनी डायरी में लिखते हैं : *केवल प्रेम में ही यह महाशक्ति है कि वह हमारे अन्दर जीने की अपार इच्छा भर दे। इसलिए शायद प्रेम सबसे बड़ा यथार्थ भी है और सबसे बड़ा सपना भी।* भर्तृहरि के हवाले से वे कहते हैं–'जब भी टूटता बड़े से बड़े प्रेम में विश्वास का आधार / अरण्य हो जाता है एक विक्षुब्ध मन।'

कुँवर जी ने अनेक कविताएँ लिखी हैं–मोहक और स्निग्ध। उदाहरण के लिए *'इतना कुछ था दुनिया में, आना किन्तु इस तरह, नदी बूढ़ी नहीं होती, दो नीली आँखें, एक पहाड़ी शाम, एक दिन एक जन्मस्थान पर, नीम के फूल, काफ़्का के प्राहा में, उसे ख़ाली हाथ लौटाने से पहले, एक अजीब दिन, अयोध्या 1992, अबकी अगर लौटा तो, शान्ति वार्ता, आजकल कबीरदास, एक वृक्ष की हत्या, एक अजीब-सी मुश्किल, द्वारिका में सुदामा, लापता का हुलिया, उत्क्रोंदित, जख्म, नई किताबें, काग़ज़, क़लम और स्याही'* आदि। कुँवर नारायण की कविता मनुष्यता के निर्माण की कार्यशाला है। उनकी कविता में जीवन की सच्चाई महसूस की जा सकती है। इसलिए कवि के जीवन को देखना हो तो उसकी कविताओं में प्रवेश करना चाहिए।

अपनी डायरी में वे येव्तुशको का एक उद्धरण देते हैं : *एक कवि की कविता ही उसकी आत्मकथा होती है, इसके अलावा अन्य कुछ भी केवल फुट नोट होता है।* उनकी कविता के सूक्ष्म संसार में उनका प्रतिबिम्ब बोलता है। अरसे तक लखनऊ में रहने के बाद उसे दिल्ली के जनसंकुल संसार में क्या वे पूरी तरह भूल पाए होंगे। बिल्कुल नहीं। क्योंकि दिल्ली आकर और यहाँ की भीड़ को देख कर उन्हें लगता था–*शहर जैसे एक बहुत बड़ी बस। सवारियों से लंदफंद, हर वक़्त चलायमान।'* कविता अतीत और वर्तमान की छायाओं से बनती है और उनके ही शब्दों में कभी एक शहर की ऐतिहासिक स्मृतियों के साथ एक संवाद भी करती लगती है। अनेक ऐतिहासिक स्थल उनकी कविता में केवल फैशन के तहत नहीं आए हैं। वे तफरीह के बाद दर्ज किए गए वृत्तांत भी नहीं है। वे कविता में छन कर आई स्मृतियाँ हैं–इतिहास और मिथक के दृश्यालेख हैं। कई स्थलों को, जहाँ वे नहीं भी गए, उन्हें कविता में इस तरह सहेजा है कि वे अतीत और इतिहास को एक कवि कैसे अपनी कल्पना की आँखों से देखता है, उसका एक बेहतरीन उदाहरण है। वे उच्च काव्यादर्श के लिए प्रतिश्रुत कवि हैं जिसका पूर्ण परिपाक *आत्मजयी, वाजश्रवा के बहाने* और *कुमारजीव* में देखने को मिलता है। वे ऐसे उच्चादर्शों के लिए अतीत, इतिहास और मिथक के पास जाते हैं जिनसे रूबरू होते हुए हम अपने समय का एक आधुनिक प्रतिबिम्ब देख पाते हैं।

कविता की निर्मिति में कथ्य, संवेग, भाव और संवेदना का गहरा समन्वय होता है। भावनाओं की उत्ताल तरंगों में कविता का गाढ़ापन बह जा सकता है। अधिकांश कविता इसी तरह भावनाओं के आवेग में बह जाती है। इसलिए जरूरी है कि भावनाओं

की वल्गाओं को थामने का संयम कवि में हो। कुँवर नारायण सहृदय इंसान हैं। पर वे कविता में ऐसी भावनाओं की कुशलता से सार सम्हाल करते हैं कि उनके कथ्य और संवेदना को वे बहा न ले जाएँ। इसे उन्होंने कई तरीके से समय-समय पर कहा भी है। लम्बी कविताओं से वे भरसक बचते हैं, क्योंकि वे जानते हैं लम्बी कविता का जादू जैसा मुक्तिबोध के यहाँ बोलता है कोई जरूरी नहीं कि वह हर कवि के यहाँ कविता का भूषण बन सके। उनके लिहाज से *उनकी शिल्पहीन कविताओं का शिल्पहीन शिल्प उन्हीं की खूबी थी। जिसने उस शिल्प की नकल की, मारा गया।* इसलिए जब लम्बी कविता साधनी हुई तो उन्होंने *आत्मजयी* और *वाजश्रवा के बहाने* जैसे काव्यों की लीक अपनाई।

अपनी कविताओं में वे सदैव एक सपना देखते रहे। *काग़ज़ क़लम और स्याही* के आखिरी हिस्से कवि की इस ख्वाहिश के गवाह हैं–*'फिर कभी काग़ज़ हुआ तो चेष्टा करूँगा / ज़िन्दगी किसी ऐसे पत्र का इन्तज़ार हो / जिसे कोई प्यार से लिखे / सँभाल कर एक लिफ़ाफ़े में रखे / और अपने होठों से चिपका कर / देर तक सोचे / कि उसे भेजे या न भेजे।* यह पूरी कविता जैसे कवि का आत्मकथ्य हो। ज़िन्दगी किसी एक पत्र की तरह हो तो कहना ही क्या। यही तो सपना है एक कवि का। अपने सम्मोहन के झीने दुकूल में समेटता हुआ। अचरज नहीं कि वे अपनी डायरी में यह दर्ज करते हैं : *'कवि सपने रचता है...प्रेम के सपने, सुन्दर सपने, अमर सपने...लेकिन सब दूसरों के लिएं। खुद, वह उस बेचारे ग़रीब कारीगर की तरह है, जो अपने ही बनाए सपनों से वंचित रहता है।* कितने नेक ख्याल हैं कुँवर जी के। वे कविता के जिस श्रेष्ठतम बिन्दु पर पहुँचना चाहते हैं वहाँ पहुँच कर दूसरों का हित ज्यादा महत्त्वपूर्ण हो उठता है। इसीलिए वे एक कविता में यह कह चुके हैं कि कवि, *हताहत* नहीं सबके *हिताहित* की बात सोचता है। उनकी कविता इसी सदाशयता की कविता है। इसीलिए वे संतुलित रहते हुए भी यह कहने से नहीं चूकते, 'तट पर हूँ पर तटस्थ नहीं'। वे बिना शोरोगुल के कविता में वह शहदीली मिठास पैदा कर देते हैं कि उसे पढ़ते ही सृष्टि से प्यार हो उठे।

कुँवर जी ने कहानियाँ थोड़ी ही लिखी हैं पर वे किस्सागोई की बेहतरीन नक्काशी का नमूना हों जैसे। 'आकारों के आसपास' में शामिल ये कहानियाँ मनुष्य के चित्त को बारीकी से पढ़ती हैं और अपने अन्तर्निहित संवादों और कथोपकथनों से मुग्ध करती हैं। *गुड़ियों का खेल, जनमति, संधि* और *सीमा रेखाएँ*...इन्हीं कहानियों को देखें तो जैसा कि कहा जाता है कि कवि की कहानी में दार्शनिकता का बघार ज्यादा होता है कहानी कम, ये कहानियाँ इस अवधारणा को तोड़ती हैं। यह और बात है कि कुँवर जी का मिजाज पूर्णतः एक कवि का है, और कहानियाँ प्रायः कम लिखीं, हो सकता है कुछ कहानियों की कच्ची-पक्की थीम अभी भी उनकी फाइलों में सुरक्षित हो। पर जितनी भी है सांचे में ढली हुई।

दो देशों की सीमा रेखा के खो जाने पर आधारित कहानी *सीमारेखाएँ* छोटी लेकिन सीमारेखाओं की पेचीदगी को बयान करती है। नक्शों के महाजाल में छिपी सीमारेखा

और जमीनी हकीकत के बीच ऐसी कहानी की कल्पना करना विस्मयता से भरता है। *संधि* पितामह यानी बाबा के साथ आलूदम को लेकर चर्चा, तर्क और जिरह की जिन सरणियों से होकर गुजरती है, वह एक साथ पीढ़ियों के चिन्तन-अन्तराल और बाबा के साथ मजेदार चर्चा दोनों के आयाम उद्घाटित करती है। यहाँ बाबा के साथ पूरी मिट्‌टी बोलती है, जीवन का अनुभव बोलता है जो अपने पोते से वह शेयर करता है। अन्त में बात बाबा के अकेलेपन और वार्धक्य की ओर भी मुड़ती है और जैसा कि हर वृद्ध व्यक्ति अपनी मिट्‌टी, अपनी जगह जमीन में ही अन्तिम साँसें लेना चाहता है, बाबा की ख्वाहिश भी यही है। वे एक दिन के लिए शहर आते हैं और गाँव वापस लौट जाते हैं यह कहते हुए अब वे शायद ज्यादा दिन नहीं रहें। यह कहानी उनकी जीवंत उपस्थिति के साथ, उनकी अनुपस्थिति की पूरी अनुभूति और गाँव वालों से उनके सघन अपनत्व का सारा वृत्तांत थोड़े से ही शब्दों में कह देती है। *जनमति* सादिक मियां की साइकिल के भैंस से टकरा कर टूटफूट जाने की कहानी है। इस घटना में सादिक की साइकिल के टूटफूट से हुए नुकसान की भरपाई का जो तौर-तरीका निकाला गया है, वह क्या आज के जमाने में सम्भव है कि साइकिल वाले सादिक भी खुश, ग्वाला भी खुश और साधारण जन भी खुश कि चलो दोनों के नुकसान की भरपाई हो गई। पर ऐसी ही है यह कहानी जो समस्या के साथ एक बेहतरीन समाधान भी देती है। *गुड़ियों का खेल* एक बहन और भाई की कहानी है जिसमें सरकस के करतब से गुड़ियों का खेल दिखाते हुए वह बहन द्वारा बनाई गुड़िया बेचता है। कहानी का 'वह' उसकी सारी गुड़िया खरीदने का प्रस्ताव कर उसके घर जाता है। वहाँ वह गुड़ियों की पूरी कार्यशाला से रूबरू होता है। फिर उस स्त्री से बड़े स्नेहिल संवाद होते हैं उसके। वह विवाह का प्रस्ताव भी रख देता है बहन के सामने। पर बात आई गई हो जाती है। कालांतर में जब एक दिन सूत्रधार गुड़िया वाली स्त्री के घर पहुँचता है तो उसका भाई घायल और बेहोश होता है। यह बड़े मार्मिक क्षण हैं कहानी के। फिर अचानक एक दिन बिना बताए दोनों भाई बहन वहाँ से कहीं और चले जाते हैं और वह घर लौटते हुए गाड़ी से गुजर रहा होता है कि रास्ते में लगे मेले में गुड़ियों की एक दूकान देख वह ठिठक जाता है। वहाँ मौजूद बच्चे से पूछता है कि क्या ये गुड़ियाँ तुमने बनाई हैं, उसने कहा, 'नहीं, मेरी माँ ने'। फिर पूछने पर कि क्या ये गुड़ियाँ सरकस कर सकती हैं। वह इन्कार और विस्मय में सिर हिलाता है। उसे गुड़ियों को निहारते हुए उस बिछड़े हुए कलाकार की याद हो आती है जिसकी गुड़ियों में एक खास तरह की चंचलता हुआ करती थी। यह कहानी अपनी नाटकीय अन्विति में सम्मोहक संवादों और मार्मिकता से भरी है। ऐसी ही उनकी सारी कहानियाँ किसी अमूर्तन की दुनिया से ताल्लुक नहीं रखतीं बल्कि वे इसी जीती जागती दुनिया की धड़कनों को पढ़ने का उपक्रम हैं।

कुँवर नारायण की समीक्षा-संवेदना भी काफी सजग और विवेकी है। अपने समय की पत्र-पत्रिकाओं में लिखते हुए वे सदैव साहित्य के प्रासंगिक मुद्दों पर अपनी राय रखते रहे हैं। साहित्य और कलाओं को उन्होंने सदैव जीवन के लिए अनिवार्य

माना है। विचारधाराओं और अपने समय के चिन्तकों के सघन सम्पर्क में रहते हुए भी उन्होंने अपने ऊपर किसी विचारधारा का दबाव महसूस नहीं किया। वे लेखक की स्वायत्तता को किसी भी विचारधारा से ऊपर मानते हैं। जैसे रचना में, वैसे ही आलोचना में भी किसी पंथ, धर्म या संकीर्णतावादी किसी भी मत का समर्थन उन्होंने नहीं किया है। वे वैश्विक स्तर पर आलोचना के क्षेत्र में प्रचलित कसौटियों और प्रतिमानों से अवगत रहे हैं और यह कोशिश करते रहे हैं कि शुद्ध, निष्पक्ष और अकादमिक समीक्षा का एक उत्तरदायी संसार विकसित हो। उन्होंने किसी भी रचना या कला को उसकी सामाजिक उपयोगिता के आलोक में देखने से पूर्व सबसे पहले उसे रचनात्मकता के अनुभव के रूप में देखा। उनकी कविता का यथार्थ दरअसल जीवन-यथार्थ रहा है। इसीलिए यथार्थ की पहचान और पकड़ के लिए उन्होंने हमेशा सही दिशा ग्रहण करने की हिमायत की है। इस सन्दर्भ में वे कबीर, ग़ालिब और निराला का उदाहरण देते हैं, जिन्होंने अपने समय के यथार्थ को भरपूर जिया और सोचा लेकिन उनकी कविता उस यथार्थ से आक्रांत नहीं रही। वह ऐसे जीवन-सत्यों की कविता बन सकी, जिसमें यथार्थ का सूक्ष्म अवलोकन है। इसीलिए वे अखबारी यथार्थ और अखबारी मुस्तैदी से रची रचनाओं के बहुत जल्दी अप्रासंगिक हो जाने का खतरा महसूस करते हैं। इसलिए वे कविता के यथार्थ को या कहानियों के यथार्थ को उस तरह नहीं महसूस करते, जिस तरह यथार्थवादी आलोचक। मुक्तिबोध ने 'नई कविता का आत्मसंघर्ष' लिखते हुए कविता को जिस जड़ीभूत संवेदना से बाहर निकालने का उपक्रम किया था, कुँवर नारायण कविता के आत्मसंघर्ष पर कुछ नोट्स दर्ज करते हुए सामाजिक यथार्थ के बरक्स, कविता में संवेदना की ताकत को ज्यादा महत्त्व देते हैं। उनकी कोशिश इस बात की रही है कि कविता मनुष्य के दिल और दिमाग के जितना ही नजदीक अपनी जगह बनाएगी, उसके लिए जीवित रहना उतना ही सम्भव और अर्थपूर्ण होगा। वे साहित्य और राजनीति के मसले पर भी बात करते हुए साहित्य पर राजनीति के ग़ैर जरूरी दबाव को अप्रासंगिक मानते हैं। उनका मानना है कि ग़ालिब ने यदि अपने वक्त में हुए *गदर* का जिक्र शायरी में नहीं किया है तो केवल इस बात से उनकी कविता को जीवन की कविता न मानना गलत है। कोई जरूरी नहीं है कि किसी कवि की कविता उस राजनैतिक समय का प्रतिबिम्ब मात्र हो। इसीलिए वे कहते है कि *सिकंदर की छाया से डायग्नीज की धूप ज्यादा महत्त्व रखती है।*

अपने आलोचनात्मक निबन्धों में उन्होंने निजी और सामाजिक के अभेद्य अन्तर को टटोलने वाले निबन्धों से लेकर विविधताओं के सह अस्तित्व, भाषा की पारिस्थितिकी और मीडिया और साहित्य की अन्तरंगता से लेकर साहित्य की स्वायत्तता और उसके अन्तर्विषयक सन्दर्भों तक पर गहरे विचार किया है। निबन्ध साहित्य के कुछ अन्तर्विषयक सन्दर्भ भी साहित्य, संस्कृति, इतिहास, नैतिकता और आधुनिक वैचारिकी के कई दिग्गजों-क्रोचे, पॉल डेलेनी, आर्नल्ड बेनेट, मीशेल फूको, रेमंड विलियम्स से गुजरता हुआ कुछ ऐसे निष्कर्षों पर हमें पहुँचाता है जो कुँवर नारायण के सुचिंतित तुलनात्मक

एवं मौलिक चिन्तन और जिरह का प्रमाण देता है। कुछ मूलगामी बातों पर बल देते हुए वे कहते हैं, 'स्वतंत्रता केवल निर्धनता दूर कर देने से या कि स्वतंत्रता का अधिकार देने से नहीं आती; न ही उसका अर्थ राजनैतिक या आर्थिक स्वतंत्रता पा लेने से है, बल्कि उसका विकास के संसाधनों से भी गहरा रिश्ता है जैसा अमर्त्य सेन ने 'डेवलपमेंट ऐज फ्रीडम' में कहा है। इसी तरह 'क्रान्ति' का भी वही अर्थ नहीं है जैसा इसका बिम्ब उभरता है। गाँधी ने अहिंसा और सत्याग्रह से जोड़ कर क्रान्ति का अर्थ ही बदल दिया।' कुँवर जी अचरज करते हैं कि हिन्दी समीक्षा आज जितना राजनीति और विचारधारा से प्रभावित दिखती है उतना अर्थशास्त्र, इतिहास, संस्कृति या नैतिकता से नहीं, जबकि जीवन के नियामकों में ये भी उतने ही अहम हैं।

वे कहते हैं कि साहित्य की उपयोगिता इस पर निर्भर करती है कि वह हमें कितनी बड़ी जीवन दृष्टि दे पाता है। यही वजह है कि उन्हें लगता है कि *एक बिल्कुल स्थूल और व्यावसायिक विश्व दृष्टि हमारी जीवन दृष्टि को बना रही है न कि उच्चकोटि की जीवन दृष्टि से हमारी विश्वदृष्टि बन रही है।* वे साहित्य में विवेक के हिमायती हैं, लठैती के नहीं, तभी तो कहते हैं : *साहित्य अगर विभिन्न विवेकों का सौहार्द, समागम और संवाद न होकर लेखकों-चिन्तकों का युद्ध क्षेत्र है तो कलम छोड़ कर पकड़िए फिर लाठी और तलवार।* कुँवर जी ने अपने प्रबन्धकाव्यों *आत्मजयी* व *वाजश्रवा के बहाने* में मिथक का आश्रय लिया है। वे कहते हैं *इतिहास मरता है पर मिथक नहीं। मिथक बार-बार जन्मता है और हर बार पहले से कहीं अधिक सशक्त और प्रभावी होकर हमारे समय में उपस्थित रहता है।* कुँवर नारायण के विपुल कविता संसार, चिन्तन, निबन्ध और डायरी से गुजरते हुए एक ऐसे कवि का बोध होता है जो शब्दों से रची इबारत को अपनी अनुरागमयता से निरन्तर सींचता और संवर्धित करता है। ऐसे कवि कभी-कभी हुआ करते हैं जो साहित्य और ललित कलाओं को जीवनोपयोगी बनाने के लिए और कुछ मानवीय आदर्शों के लिए पूरा जीवन ही समर्पित कर देते हैं। कुँवर नारायण ऐसे ही कवियों में हैं।

सितंबर, 1927 में जन्मे कुँवर नारायण ने लगभग सात दशकों का साहित्यिक जीवन जिया है। वे हमारे समय के कुछ बड़े कवियों में एक हैं। विश्व के कुछ चुनिन्दा कवियों की तालिका बनाई जाए तो उसमें भी उनका स्थान निस्संदेह होगा। उनके रचना-संसार पर समय-समय पर लिखा जाता रहा है। अनेक शोधार्थियों ने उनके व्यक्तित्व और साहित्य पर कार्य किया है। उन पर अनेक ग्रंथ लिखे व सम्पादित किए गए हैं। अनेक देशी विदेशी कविता संचयनों में उनकी कविताएँ सम्मिलित हैं। अनेक भाषाओं में उनकी कृतियों के अनुवाद हुए हैं।

उन पर लिखे आलोचनात्मक निबन्धों का यह चयन दो खंडों में है : *अन्वय* और *अन्विति*। 'अन्वय' के इस खंड में उनके व्यक्तित्व और कृतित्व पर लिखे आलेख समाहित किए गए हैं। *अन्विति* उनकी कृतियों को केन्द्र में रखकर लिखे निबन्धों का चयन है। 'अन्वय' खंड के 'रचनाकार' वाले उपखंड में शामिल कुछ आलेख ज्ञानपीठ

पुरस्कार को केन्द्र में रखकर लिखे गए हैं किन्तु उनमें कुँवर नारायण के कवि व्यक्तित्व को विशिष्टता से आँके जाने के कारण उन्हें 'रचनाकार' में ही रखा गया है। पुस्तक के दोनों खंडों में शामिल अधिकाँश लेख विभिन्न पत्र-पत्रिकाओं में प्रकाशित हुए हैं; अत: एकरूपता की दृष्टि से लेखों के प्रकाशन-सन्दर्भ का उल्लेख, दो-चार अपवादों को छोड़कर, नहीं किया गया है। दोनों खंडों को सुसंयोजित करने में बौद्धिक साहाय्य उपलब्ध कराने के लिए मैं युवा लेखक श्री पंकज बोस के प्रति कृतज्ञ अनुभव करता हूँ।

आशा है, कुँवर नारायण की कविता और उनके साहित्यिक व्यक्तित्व में रुचि रखने वाले सुधी साहित्यिक जनों को ये दोनों खंड उपयोगी एवं प्रासंगिक जान पड़ेंगे।

–ओम निश्चल

आलेख-क्रम

रचनाकार

रचना-संसार

कुछ कविताओं का अन्त:पाठ

नई कविताएँ : नया पाठ

परिशिष्ट

कविता के सुघर और सुगठित परिसर में कुँवर नारायण

अशोक वाजपेयी

कुँवर नारायण और ज्ञानपीठ

कई बरसों से एक तरह से इस पर मतैक्य-सा रहा है कि हिन्दी में ज्ञानपीठ पुरस्कार के जो सुपात्र हैं उनमें कुँवर नारायण और कृष्णा सोबती निर्विवाद हैं। भूगोल और जनसंख्या के हिसाब से हिन्दी देश की सबसे बड़ी भाषा है, पर इसका नंबर, इस पुरस्कार में, अपनी बारी से ही आता है: वह बारी अब, सौभाग्य से आई और निर्णय कुँवर जी के पक्ष में हुआ यह उन सबके लिए आह्लादकारी है जो हिन्दी के इस पढ़े-लिखे, सौम्य, अजातशत्रु, विवादमुक्त और सदासहाय कवि-लेखक के साहित्य और व्यक्तित्व से प्रतिकृत होते रहे हैं। एक तरह से देखा जाए तो यह पुरस्कार थोड़ी देर से ही मिला है क्योंकि कुँवर जी अस्सी की उमर पार कर चुके हैं। भारत में निर्णायक मानसिकता, कम से कम पुरस्कार आदि के प्रसंग में, ऐसी है कि वह वरिष्ठता का रोलकाल होने से बच नहीं पाती है। यह और बात है कि कुँवर जी की एक लम्बी कविता हाल ही में प्रकाशित हुई है। उनकी पहली महत्त्वपूर्ण लम्बी कविता उनकी युवावस्था और आरम्भिक दौर में निकली थी। कोई चाहे तो उनके काव्य को इन दो छोरों के बीच फ्रेम कर सकता है : उनकी काव्यदृष्टि में हमेशा प्रबन्ध-तत्त्व सक्रिय रहा है और वे निरन्तर कुछ मूलभूत अस्तित्वगत प्रश्नों से अपनी कविता के सुघर और सुगठित परिसर में सर्जनात्मक स्तर पर जूझते रहे हैं। यह दावा करना गलत नहीं होगा कि दर्शन में सुपठित इस कवि के यहाँ कविता दर्शन से संवाद करते हुए भी उससे आक्रांत नहीं होती। बल्कि वह अपने आप में दर्शन है—ऐसा जो सिर्फ कविता के ऐंद्रिय, सघन और समयविद्ध माध्यम से ही व्यक्त और चरितार्थ हो सकता है। कुँवर नारायण की कविता में जो चिन्तनशीलता लगातार लक्ष्य की गई है वह कविता में विन्यस्त अपने अनुभवों और भावों को वैचारिक आभा में देखने की उनकी अथक कोशिश से उपजती रही है : कविता किसी पूर्वदत्त दर्शन या दृष्टि का अनुसरण या अनुकरण नहीं करती : वह दी हुई वैचारिक सरणियों के बरक्स कविता की अपनी

वैचारिक सत्ता का अनुसंधान और आग्रह करती है। कई बार लगता है कि इस पक्ष की ओर पर्याप्त आलोचनात्मक ध्यान नहीं दिया गया है। कुँवर नारायण की विडंबना हमारे अतिवादी समय में विवेक की विडंबना है : वे कगार तक जाने से बचते रहे हैं और यह संयम कुल मिलाकर समृद्धिकारी ही रहा है। लेकिन इस कारण उनकी कविता सोचने-विचारने वाली कविता तो है, जोखिम उठाने वाली कविता नहीं। एक और अर्थ में यह उसी अतिवादी समय में भलमनसाहत की विडंबना है। इसीलिए शायद यह कविता सुगठित और सुघर है : उसमें कहीं कोई कच्चे-अधपके हिस्से नहीं हैं। उसमें परिणत का पकापन है, प्रक्रिया का अनिश्चय नहीं।

हिन्दी लेखकों में कला-रसिकता व्यापक नहीं है। इस प्रसंग में कुँवर नारायण सुरुचि सम्पन्न लेखक हैं। उनकी दूसरी कलाओं में विशेषकर शास्त्रीय संगीत और सिनेमा में गहरी रुचि और पैठ रही है। हिन्दी के मुखर लेखक-समाज में ऐसे केन्द्र बन गए हैं जो ऐसी सुरुचि को आभिजात्य और विलंबित सामंतवाद कहकर लांछित करते रहे हैं। कुँवर नारायण पर ऐसे आरोप नहीं लगे तो उसका एक कारण हिन्दी लेखक-समाज में उनके प्रति गहरा सद्भाव है। चूँकि उन्होंने कभी किसी का दिल नहीं दुखाया, कोई उनका दिल दुखाना नहीं चाहता। सूक्ष्मता और जटिलता बरतने-सराहने के लिए भी उनकी कभी आलोचना नहीं की गई है, जबकि दूसरे इस आधार पर कलावादी करार दिए गए हैं। व्यक्तिगत उपलब्धि के साथ-साथ कुँवर नारायण का सम्मान हिन्दी में विवेक, सूक्ष्मता और सुरुचि के सृजन-सक्रिय और बौद्धिक रूप से विन्यस्त होते रहने की जिद का भी सम्मान है।

दूसरे अर्थों में भी प्रकाशित

उनके पहले कविता-संग्रह की पहली कविता 'माध्यम' में ये पंक्तियाँ आती हैं–

हाड़-सी बिजलियों की तरह भभककर
मैं संसार को नंगा ही नहीं करता
बल्कि अस्तित्व को दूसरे अर्थों में भी
प्रकाशित करता हूँ :

कुँवर नारायण के संग्रह 'चक्रव्यूह' को छपे 51 बरस होने को आए हैं। यह कहना कठिन है कि लगभग छह दशकों में फैली अपनी काव्य-यात्रा में उन्होंने संसार को कितना नंगा किया। पर यह निश्चय से कहा जा सकता है कि उनकी कविता अस्तित्व के दूसरे अर्थ खोजती और उजागर करती रही है। उसी कविता के 'ऋचाओं की गूँज-सा आर्यलोक' और 'पूजा के दूब-सी कोमल नीहार-धुली दुधमुँही नई-नई संसृति' से वे काफी दूर आ गए हैं और उनकी कीर्ति एक ऐसे सयाने विवेकशील कवि के रूप में है जिसने अपनी सूक्ष्म नैतिक दृष्टि और उदार मानवीयता को तरह-तरह से विन्यस्त करने का परिष्कृत उद्यम लगातार किया है। कुँवर नारायण ने अधिक नहीं

लिखा है। किसी तरह के अतिरेक से उनका कभी वास्ता नहीं रहा : न संख्या का, न भाव-विचार-अनुभव का कोई अतिरेक। वे अगर आत्मान्वेषी कवि हैं तो आत्मसंयमी भी। अपने से मुनासिब सख्ती से पेश आना उन्हें बखूबी आता है। कई बार अपनी स्थापनाओं और विश्लेषण के कारण वे विचारोत्तेजक भले रहे हों, विवादास्पद कभी नहीं हुए। उनकी कविता और आलोचना का तापमान हमेशा सामान्य रहा है : उसमें उतार जब-तब आ गया हो, चढ़ाव शायद ही कभी आया हो। न उन्होंने कोई विवाद कभी पैदा किया, न किसी विवाद में उलझे। इस पूरे दौरान साहित्यिक और व्यापक बौद्धिक-सांस्कृतिक प्रश्नों में गहरी दिलचस्पी रही है और विभिन्न चर्चाओं में जब-तब उन्होंने शिरकत भी की है। लेकिन कुल मिलाकर उनकी स्थिति बिना किसी समझौते या उलझन की रही है। उन जैसा पाक-साफ लेखक शायद ही हिन्दी में दूसरा हो।

साहित्य के अलावा चिन्तन-दर्शन, संगीत, सिनेमा आदि में कुँवर नारायण की गहरी पैठ है, लेकिन दुर्भाग्य से उन्होंने इन विषयों पर कम लिखा है। उनके यहाँ सावधानी इतनी पक्की और अचूक है कि शायद ही कभी कोई अपरिष्कृत बात कुँवर जी ने लिखी या की हो। वे इस समय हिन्दी के सबसे अक्षत कवि हैं : उन पर किसी ने प्रहार करने का साहस ही नहीं किया है। आप उनसे कोई कड़ी बात कहें तो वे शान्त और अनुत्तेजित भाव से सुनकर उसका निरस्त्र करने वाला ठंडा-सा उत्तर दे देंगे।

इधर उन्होंने अपनी पुरानी लिखी पड़ी लम्बी कविता को, जो वाजश्रवा को लेकर है, अपना कुख्यात आलस्य तजकर, कुछ ठीक-ठाक कर प्रकाशन के लिए दे दिया है। वे इस 19 सितंबर को अपनी उमर के अस्सी बरस पूरे कर लेंगे। हिन्दी साहित्य-समाज अपने इस धीरोदात्त नायक की दीर्घायु की शुभकामना करेगा इसमें कोई संदेह नहीं।

उनकी पहली कविता का समापन इन पंक्तियों से होता है–

ऐ अजान,
तुम तक यदि मेरा भावोद्वेल पहुँचे,
तो इस कोलाहल को अपने अकाशों में
भरसक अपनाना,

तुम्हें आश्चर्य होगा यह जानकर
कि कवि तुम हो...
और मैं केवल कुछ निस्पृह तत्त्वों का एक नया समावेश,
तुम्हारी कल्पना के आसपास मंडलाता हुआ
जीवन की सम्भावनाओं का एक दृढ़ संकेत...

ऐसी खबर है कि जल्दी ही कुँवर जी की कविताओं के विदेशी अनुवाद की कोई पुस्तक यूरोप में निकलने जा रही है।

पचहत्तर

यह एक और पचहत्तर है। कुँवर नारायण के पचहत्तर बरस हो जाने का। वह सिर्फ सर्जन और चिन्तन, कविता और आलोचना, कला-रसिकता और कथा की लगभग अधसदी भर नहीं है–वह भलमनसाहत और दूसरों की निश्छल सहायता के भी लगभग पचहत्तर बरस हैं। उनमें सिर्फ साहित्य को रचने-बचाने भर का जतन नहीं है बल्कि बुनियादी मनुष्यता को भी पोसने-बढ़ाने और बचाने का जतन है। इस आयु के ऐसे बिरले हिन्दी-लेखक हैं जिनके प्रति हिन्दी-लेखक समाज में इतना सहज और व्यापक सद्भाव है। कुछ इस कदर कि जब-तब जरूरी होने पर भी कुँवर नारायण के बारे में कोई कड़ी या सख्त बात कहने में हर किसी को संकोच होता है।

कुँवर नारायण में सुरुचि है पर उसका कोई आतंक नहीं है। उनमें आभिजात्य है पर उससे किसी को बिदकते नहीं देखा। स्वयं कुँवर नारायण, कभी किसी के बारे में सार्वजनिक रूप से बहुत बेबाकी से बोले हों, ऐसा भी नहीं देखा गया। उनका आग्रह असहमति पर है ही नहीं। मुझे पता है कि कई लेखकों और संस्थाओं या प्रयत्नों की उन्होंने उदारता से मदद की है पर उसका कभी जिक्र भूले से भी नहीं करते। कई बार संदेह होता है कि कुँवर नारायण की इस अदम्य शालीनता में, उन्हें मनुष्यतर बनाने के लिए कोई तो दरार, कोई तो चूक होनी चाहिए। यों मैंने पता लगाने की कभी कोशिश नहीं की। एक ऐसे समय में जो लगभग अनैतिक होने की हद तक संवेदनहीन है, जिसमें दोस्त ही पलटकर जाने कब और क्यों आपके दुश्मन हो जाते हैं, यह काफी है कि कुँवर नारायण जैसे पाक-साफ और अजातशत्रु लोग कुछ तो हैं।

विवादों से दूर रहने की अपनी फितरत की वजह से कुँवर नारायण न सिर्फ विवादातीत हैं, उनके किए-धरे पर इधर चर्चा कम ही होती है। लेकिन इसका कुँवर नारायण की सिसृक्षा पर कोई प्रभाव नहीं पड़ा है। वे चुपचाप अपना काम करते रहे हैं। मेरी एक शिकायत तो यह है कि वे थोड़े विपर्यस्त हैं : इतना सारा लिखा हुआ पड़ा है जो अप्रकाशित है। उनसे कभी सार्वजनिक रूप से इस बारे में तीखे प्रश्न किए जाने चाहिए कि वे प्रकाशन के प्रति इतने उदासीन क्यों रहे हैं: उन्हें 'न लिखने का कारण' नहीं, 'न प्रकाशित कराने का कारण' बताना चाहिए।

कुँवर नारायण की लम्बी कविता 'आत्मजयी' प्रसिद्ध और सुप्रतिष्ठित है हालाँकि निजी रूप से वह मुझे 'असाध्यवीणा', 'अन्धा युग', 'अंधेरे में', 'मुक्ति- प्रसंग' की कोटि की कविता नहीं जान पड़ती। मुझे उसमें विचार और दर्शन का ऐंद्रिय रूपांतरण होता कम नजर आता है। फिर भी, मैं उसकी कुछ पंक्तियाँ याद करता हूँ–

यह सब धर्म नहीं, धर्म सामग्री का प्रदर्शन है।
अन्न, घृत, पशु, पुरोहित, मैं
शायद इस निष्ठा में हर सवाल बाधा है
जिसमें मनुष्य नहीं अदृश्य का साझा है...

एक आत्मीय सम्बोधन–तुम्हारा नाम
स्मृतिखंडों के बीच झलकता चितकबरा प्रकाश।
एक हँसी बन्द दरवाज़ों को खटखटाती। सुबह
किसी बच्चे की किलकारी से तुम जागे हो, पर
आँखें नहीं खोलते। उसके उत्पात ने तुम्हें विभोर
कर दिया है : पर नया दिन आलस्य की करवटों से
टटोलते–तुम नहीं देखते कि यह दूसरा दिन है
और वह बालक जिसने तुम्हें जगाया, अब
बालक नहीं।
प्यार अब पर्याप्त नहीं।

Kunwar Narain and his literary horizon

Sitakant Mahapatra

Bharatiya Jnanpith feels proud to confer its 41st award on the eminent Hindi poet Kunwar Narain, considered a major voice in modern Indian poetry. Prior to this, Sri Ramdhari Singh Dinkar, Sri Sumitra Nandan Pant, 'Agyeya', Smt. Mahadevi Verma, Sri Naresh Mehta in poetry and Sri Nirmal Verma in fiction had received this award.

Sri Kunwar Narain's first anthology of poetry 'Chakravyūha' was published in 1956 and the latest, the short epic 'Vājashravā Ké Bahāné' has been published in 2008. In more than half a century's poetic journey, Sri Narain has, with rare competence, explored the manifold aspects of the troubled questions of human destiny and of life and death, and presented to his readers poetry charged with passion and lucidity. Besides seven volumes of poetry he has a collection of short-stories 'Ākāron Ké Āspās', two collections of literary criticism and 'Méré Sākshātkār', a collection of his interviews. He has also translated Borges, Cavafy, Mallarmé, and a number of significant modern Polish poets. Taken together they reveal the enormous range of his interest and the wide horizon of his sympathies. In his poetry Nachiketa, grappling with the intricate question of life and death, and Abhimanyu, face to face with his cruel destiny, freely mingle with the men in the street whose troubled self-questionings are not very different from those of the two protagonists of ancient times. This effortless transition over time to unravel man's unchanging common destiny imparts a telescopic quality and fascinating depth to his poetry. And all through the language of his poetry, as he himself has asserted, has been the language of love. To him poetry is the building of innumerable invisible bridges with all. He also assigns to it the task of restoration of damages to these bridges so that our common human destiny is fully realized. As he says :

I do not wish to flee life
I wish to connect it
to jolt it
on its imaginary axle
at that very point where
it is most vulnerable to poetry.

Looking at the eventful trajectory of his life from Ayodhya-Faizabad to Lucknow, the sojourn in Europe, and finally settling down at Delhi, one can guess the formative influences on his life. They are the death of his beloved mother and sister out of tuberculosis in quick succession; his time with the Buddhist-Socialist scholar Acharya Narendra Dev and the Gandhian Acharya Kripalani, his disenchantment with and rejection of family-business, and his interaction with the world of letters. The first one gave him a traumatic brush with death and sorrow. The second, through its healing touch, an intimate awareness of the world outside beyond personal tragedy and the meaning of Buddhist philosophy somewhere connecting to the Upanishadic ideas with which he was not only conversant but in love. In poetry, he looked more to the Latin American and East European poets : Neruda, Borges, Cavafy, Mallarmé, Nazim Hikmet and a galaxy of Polish poets. That these poets and their poetry spoke more to him than the well-known English-language poets is borne out by his translating their selected poems.

I believe the seeds of both Nachiketa and Abhimanyu were born within him from the combined impact of death as a physical presence and the transcendence promised in our philosophical systems. 'Chakravyūha' is the maze of life itself with its manifold attacks with ever-new strategies and our inability to comprehend them fully. Each of us, with our destiny of being human, is Abhimanyu both in our bravery, our determination to fight, and our ultimate vulnerability.

Nachiketa relentlessly grappling with the meaning of life and death and his refusal to accept any easy solution or way out even when such temptations are held out by the God of Death, has its frail manifestation of the struggle within each of us even if we are largely unaware of it. Kunwar Narain takes these two protagonists from our mythology and gives them such a powerful context in experience that they appear to connect to us in a very subtle manner in our times.

To me, Kunwar Narain's poetry reveals three powerful and charming dialectics each of which has its own rhythm but are inter-connected in an organic manner. They are the over-arching verities around which his major poetic creations are structured. The first one is the dialectic between the poet's persona and the external world. The second is between presence and absence. The third and the most important one is between life and death.

Somewhere Kunwar Narain has said that he is not merely in love with nature. He is nature. And nature is the all-inclusive world outside, all objects, all events. It must have been a miraculous transformation within his psyche where even an evening outside happens within. And how charmingly he puts it :

One evening
I go on setting within myself...

In me, the noise of birds returning home
in me, the calm of shadows on still waters
my own footsteps at my own door
a name heard in my voice from afar
weeds sprouting on my shoulders

What evening is this
that goes on becoming mine in so many ways

If the sound of birds returning home or calm shadows on waters happen within, how much more forcefully would the agony and anguished cry, the ecstasy and celebration of life outside, reverberate within that self !

This internalization of the external world is thus an identification, where days and nights, the passing of the seasons, the stars and the men of the street are quietly welcomed and installed within. Such co-presence of the self and the outside world gives to words a rare warmth and luminosity. It generates a commitment to the world of men that is absent when the relationship is built out of reasoned empathy or shallow ideology. Kunwar Narain is among those writers for whom identification with the joys and sorrows of the ordinary man, the man in the street, comes naturally and effortlessly.

The second dialetic between absence and presence drives his poet's persona into an awareness of the flux of time and what time does to the world of man. In his hands it is not merely time as history but time as the measure of individual human existence. Look at the extracts below from two beautiful poems built around such a dialectic. One is 'In Kafka's Prague' :

At times, a presence
can be more present

in its absence.

...

Deeper than life
can be sometimes
its summary

Sweeter than love
its memory

...

The other is from the poem 'Sravasti' :

Time descends – a day ends –
a nameless evening passes
with bowed head and folded hands.

...

In the roving saint winds of Jetvan,
the touch of those absences
past whom, a meaning in life
still remains

The third and most important dialectic is between life and death, a dialectic around which are built not only 'Ātmajayī' (Self-conqueror) and its other face 'Vājashravā Ké Bahāné' (On Vajashrava's Pretext) but also the major portion of Chakravyūha (Circular Seige) including the title poem. In the poem Chakravyūha, Abhimanyu knows his destiny which was fixed when he was in his mother's womb. Destiny is only a name in the relentless duel between darkness and light, life and death. In the drama of life, one appears in several roles as performer but all those are under the shadow of death. Kunwar Narain followed up 'Chakravyūha' with 'Parivésh : Ham Tum' but it was 'Ātmajayī' which brought him not only to the forefront of modern Hindi poetry but established him as a major voice of Modern Indian Poetry. It is possible to take a linear view from 'Chakravyūha' published in 1956, through 'Ātmajayī', to 'Vājashravā Ké Bahāné' published in 2008. It is a long journey of half a century. In 'Vājashravā Ké Bahāné', he has made the significant statement "if in 'Ātmajayī' life was viewed from the perspective of death, in 'Vājashravā Ké Bahāné' it is an attempt to view death from the perspective of life." This statement, I believe, speaks volumes of the major struggles of the poet's persona to discover the significance of life and death. I look upon these three works almost as a trilogy and, in their profound meditation on human life, one of the most significant achievements in modern Indian poetry.

(Presented on the occasion of the 41st Jnanpith award ceremony)

(English translations of the poems quoted are by Apurva Narain from the book 'No Other World', 2008.)

सप्तक में अलग अनोखा रंग

कृष्णदत्त पालीवाल

आज के स्मृति विध्वंसक उत्तर आधुनिक समय और सर्जना में, कुँवर नारायण की समकालीन भारतीय कविता, विशेषतया हिन्दी कविता में उपस्थिति का विशेष व्यंजक अर्थ और सन्दर्भ है। उनका इतिहास, मिथक, परम्परा और संस्कृति के प्रति एकाग्र रचना-कर्म स्मृति के आलोक से विस्मृति के अंधकार को विदाई देने का संकल्प है। उनके लिए रचना-कर्म जयशंकर प्रसाद और अज्ञेय की तरह संकल्पात्मक अनुभूति है, ऐसी अनुभूति जो दर्शन को कवि-कर्म में घोलकर काव्यार्थ का अविष्कार करती है। स्मृति अर्थात् मिथक परम्परा, कल्प कथा, जातीय स्मृति और जातीय संवेदन का सार कवि में भर देती है। परम्परा के बासीपन को झाड़कर यह कवि नई प्रश्नाकुलताओं, चिन्ताओं, अवधारणाओं के शिखरों का स्पर्श करते हुए सर्जनात्मकता का विस्तार करता है। वाग्देवी के बन्द द्वारों को खोलकर। अज्ञेय, भवानीप्रसाद मिश्र और रघुवीर सहाय के बाद यह 'सप्तक परम्परा' का पहला नया भाव-बोध सम्पन्न कवि है, जिसने अपना अलग काव्य मुहावरा ईजाद किया है। एकदम अलीकी, मौलिक और चिन्तन के यथार्थ प्रपंचों से निर्मित। भारतीय ज्ञानपीठ ने कुँवर नारायण के कवि-कर्म की तपनिष्ठ और तपसिद्ध भारतीय निर्विकार सर्जनात्मकता के प्रति जो सम्मान व्यक्त किया है वह वास्तव में, भारतीय चिन्तन की वैदिक परम्परा, उपनिषद, वाल्मीकि, कालिदास, भवभूति और कबीर, प्रसाद, निराला और अज्ञेय, लय निरन्तरता और परिवर्तन का सम्मान है। यानी एक गहरी आन्तरिक निष्ठा का भाव।

कुँवर नारायण कवि-कर्म में मिथकों, प्रतीकों, आख्यानों, रूपकों की सर्जनात्मक दृष्टि की अथक तात्त्विकता से अर्थ मीमांसा प्रस्तुत करते हैं। वह दर्शन के क्षेत्र का विस्तार कवि-कर्म की अन्तःप्रक्रिया तक कर सकने में समर्थ हैं। खुली आँखों से सम्पूर्ण मनुष्य जाति की समस्याओं को उजागर करना उनका कवि-स्वभाव है और अनुभव संवेदन को निचोड़ कर 'काक-पाक' की निर्मित काव्य साधनों की शक्ति। इसी शक्ति से वह स्मृति और सर्जना, चिन्तन और कथन को उपनिषद्, इतिहास, पुराण

व परम्पराओं में पिरोकर अतीत को वर्तमान का स्वरूप प्रदान करते हैं। उनके लिए पुराण का अर्थ पुराना नहीं है। उनके लिए इसका अर्थ है, जो पुराने को नित नूतन करता है, नए-नए अर्थोन्मेष की निष्पत्ति करता है। वह उन अर्थोत्कर्ष के क्षणों में वहाँ पहुँचने की सर्जन शक्ति रखते हैं, जहाँ ध्यान-सम्पन्न ऋषियों, मनीषियों, कवियों ने मन से वाक की सृष्टि की है, रूढ़ियों से विद्रोह के साथ। पहले काव्य-संग्रह 'चक्रव्यूह' में रूपण-निरूपण, कथन, फिर कथित को अकथित में समर्पित कर लेना। अपने को उलीचकर खाली करना, फिर भरना ताकि मानव के मंगल का पथ प्रशस्त हो सके। कठोपनिषद् के आधार को लेकर रची गई कृति 'आत्मजयी' का नचिकेता अपने पिता वाजश्रवा की बासी चिन्तन परम्परा को अस्वीकार करता है। यह अस्वीकार का साहस ही आधुनिकता है। हम भारतीयों की परम्परा रही है, किसी चिन्तन-परम्परा, सम्प्रदाय सिद्धान्त नियंत्रण पर संशय उठाना, तर्क करना, बुद्धि की आग में गलाकर उसकी धातु के खरे-खोटेपन का परीक्षण करना। अनंत प्रश्नों के साथ अनंत जिज्ञासाओं की शिव जटाओं से सत्य की गंगा को निकालना।

मूलत: कुँवर नारायण का कवि-स्वभाव चिन्तनपरक है। वह 'परिवेश हम-तुम' की भूमिका में कहते हैं कि कवि का काम हमें बौद्धिक बनाना नहीं, बुद्धिमता के प्रति संवेदनशील बनाना है। यह हमारी समझ के उपकरणों को पैना रखता है ताकि हम वास्तविकता को बुद्धि, मन और प्रज्ञा के विभिन्न स्तरों पर साथ-साथ ग्रहण कर सकें। कवि के लिए अनुभव, अनुभूति के साथ चिन्तन की शक्ति अनिवार्य है। यह चिन्तन का तनाव ही कुँवर नारायण के कवि-कर्म में प्रश्नाकुलता की मुद्रा अपनाता है। कुँवर नारायण का अभिमन्यु चक्रव्यूह में घिरकर भी मृत्यु और अस्तित्व के अर्थ बहुल सन्दर्भों में नए तरह के अभिप्राय पैदा करता है। कवि की सर्वाधिक प्रसिद्ध कृति 'आत्मजयी' के आने पर यह स्पष्ट हो गया है कि वह भावनात्मक आवेग के कवि नहीं हैं। उनमें क्लासिकल संवेदना का संयम है। इस दृष्टि से 'आत्मजयी' जैसा मिथक काव्य क्लासिक प्रतिमान है। ऐसा क्लासिक जिसे टी.एस. इलियट के विचार लेकर कहें तो समय जिसे पुराना नहीं बना सकता। पुरानी पीढ़ी के प्रतीक वाजश्रवा से नई पीढ़ी के प्रतीक नचिकेता का निरन्तर संघर्ष, विरोध नया भाष्य चाहता है। कुँवर नारायण ने 'आत्मजयी' की भूमिका में कहा है कि 'आत्मयजी' में उठाई गई समस्या मुख्यत: एक विचारशील व्यक्ति की समस्या है। वह केवल ऐसे प्राणी की समस्या नहीं है जो दैनिक आवश्यकताओं से आगे नहीं सोच पाता। इस दृष्टि से 'आत्मयजी' मूलत: जीवन की सृजनात्मक सम्भावनाओं में आस्था के पुनर्लाभ की कहानी है। नचिकेता निरन्तर सोचता है, प्रश्नाकुल होकर जीवन क्या है? मृत्यु क्यों? ईश्वर कहा है? मुक्ति का क्या अर्थ? ये सभी प्रश्न अनस्तित्व की उस भयानक शून्यता से फूट पड़े हैं, जिसके विषय में पास्कल कहते हैं, 'अनंत विस्तार का अटूट मौन मुझे भयभीत करता है। ध्यान में रखने की बात है कि नचिकेता उपनिषद् का पात्र है और आधुनिक मन:स्थिति के कारण आधुनिक चिन्तनशील मानव का ज्वलंत प्रतीक है।

कुँवर नारायण ने कठोपनिषद् की कल्पकथा या मिथक के अन्तर्गत प्रवेश करते हुए परम्परा को आधुनिक परिप्रेक्ष्य दिया है। हिन्दी कविता में आजादी के बाद मिथक विशिष्ट विचार उपादान बनकर उभरा है। प्रयोग-परम्परा-प्रगति-आधुनिकता को पहली बार चिन्तन के केन्द्र में लाने वाले सर्जक अज्ञेय ने कहा है कि मिथकों के मामले में संशोधन परिवर्तन करते चलें तो समझना चाहिए कि आधुनिकता की पहुँच कहाँ तक हो सकती है। मिथक में कतरब्योंत नहीं हो सकती। मिथक फैशनेबल पोशाक की तरह नहीं होते कि बदलती रुचि के साथ इधर-उधर से काटकर या खोलकर उसे नई रुचि के अनुकूल बना लिया। मिथक कहानी भर नहीं होता चुनौती होता है। हर मिथक के भीतर एक गुठली होती है। गुठली के भीतर एक शक्ति बीज। इसी शक्ति बीज को कुँवर नारायण ने 'आत्मजयी' में महावृक्ष बनाया है।

कुँवर नारायण ने अपनी सर्जनात्मकता से चाहे वह उनकी अभी हाल में आई कृति 'कोई दूसरा नहीं' हो या 'वाजश्रवा के बहाने' हो, सिद्ध किया है कि मिथक केवल धर्मगाथा नहीं है। अन्र्स्ट कैसिरर के विचारों को लेकर कहें तो मिथक का क्षेत्र बहुत विस्तृत है। हिन्दी में आचार्य हजारी प्रसाद द्विवेदी ने मिथक मीमांसा की पहल की और कहा कि मिथक वास्तव में भाषा का पूरक है। कुँवर नारायण ने जीवनानुभव से यह सत्य कमाया है। कुँवर नारायण ने 'अमानवीकरण के खिलाफ तीव्र प्रतिक्रिया' शीर्षक लेख में कहा है कि कविता का पढ़ा जाना चाहे कम हुआ हो पर कविता का लिखा जाना कम नहीं हुआ है। कुँवर नारायण का पूरा रचना-कर्म इस यथार्थ को रचना स्थिति बनाकर प्रस्तुत हुआ है। सच बात यह है कि उन जैसा बड़ा रचनाकार चिन्तक ही समाज को दिशा और शक्ति दे सकता है। उनका कवि-कर्म अधूरा, अपंग मनुष्य नहीं चाहता, एक समग्र मनुष्य चाहता है जो जीवन को घटिया यांत्रिकता से निकालकर अर्थ दे सके।

गहरे अर्थ में उनकी कविता 'सोम' और 'अनिल' दोनों के मिथकत्व को आत्मसात् करती हुई अपने अर्थ आयामों को विस्तृत करती चलती है। उनकी रचना में सुन्दरता से वीर रस अर्थात् चिन्तन के लिए कवि-कर्म में पूरा स्पेस है। इस तरह यह हिन्दी के काव्य और कला दोनों को फेंटकर तैयार किया हुआ खुला चिन्तन है, जिसमें वाग्देवी की सृष्टि का आकाश तत्त्व और भूमि तत्त्व अबाधित है। कवि की कृतियों में हमारी पूरी सांस्कृतिक परम्परा अधिकार से बोलती है। इस बड़े रचनाकार को पढ़ना जीवन की एक बड़ी उपलब्धि है।

कुँवर नारायण का महत्त्व

हरीश त्रिवेदी

समकालीन हिन्दी कविता में कुँवर नारायण अनेक वर्षों से अग्रगण्य रहे हैं, पर अभी हाल में उनकी कीर्ति में चार नए चाँद लगे हैं। उनको ज्ञानपीठ पुरस्कार मिला, पद्म-भूषण मिला, 'प्रतिनिधि कविताएँ' नामक लोकप्रिय पेपरबैक श्रृंखला में उनका देर-सबेर, पर मोटा-ताजा संग्रह आया, और उसी प्रकार (और शायद उससे भी बढ़कर) उनकी सभी काव्य-पुस्तकों से संकलित लगभग नब्बे कविताओं का उन्हीं के सुपुत्र अपूर्व नारायण का किया हुआ अंग्रेजी अनुवाद 'नो अदर वर्ल्ड' नाम से रूपा एंड कम्पनी से प्रकाशित हुआ। लगता है, छप्पर फाड़कर नियामतें बरस रही हैं और हिन्दी जगत् में सभी के मन में यह भाव है कि जो भीग रहा है वह सर्वथा सुपात्र है।

शीर्ष साहित्यिक पुरस्कार और राज-सम्मान की अपनी अलग गरिमा है, पर कुँवर जी के प्रशंसकों का दायरा तो ये नए संग्रह बढ़ाएँगे ही, खासकर जब उनकी अंग्रेजी में अनूदित पुस्तक का एक किंचित् संक्षिप्त संस्करण इसी महीने लंदन बुक फेयर में वहीं के प्रमुख कविता प्रकाशक आर्क पब्लिशर्स द्वारा छपकर आएगा। याद नहीं आता कि किसी एकल हिन्दी (या भारतीय) कवि का पुस्तकाकार संकलन इंग्लैंड में इसके पहले कब छपा था–शायद बच्चन की 'मधुशाला' के अनुवाद 'द हाउस ऑफ वाइन' (1950) के बाद किसी का नहीं।

कुँवर नारायण का इन बुलन्द मुकामों पर पहुँचना पूरे हिन्दी जगत् के लिए हर्ष और गर्व की बात है। सुखद आश्चर्य है तो बस यह कि ऐसा शान्त-शालीन, साहित्यिक गुटों और खेमों से अलग-थलग कुछ गुप-चुप सा व्यक्ति भी इस शिखर तक पहुँच सकता है। उनकी मितभाषी उपस्थिति अज्ञेय जी की घनघोर चुप्पी की तरह आक्रांत तो नहीं करती, पर उसी तरह के शील और संस्कार का स्मरण दिलाती है।

यही मितभाषिता उनका कवि-स्वभाव भी है। पचास वर्ष में कठोपनिषद् पर आधरित दो परस्पर संबद्ध खंड-काव्य और छह मंझोले आकार के कविता-संग्रह उनका कवि-समग्र हैं, जो सामान्य कलेवर की रचनावलियों के शायद एक खंड में ही समा जाएँ। इसके अलावा एक कहानी-संग्रह है–'आकारों के आसपास', एक आलोचना

की पुस्तक 'आज और आज से पहले', और यूरोप और अमेरिका के आधा दर्जन कवियों के हिन्दी अनुवाद, जिनकी कविता से कुँवर जी की अपनी कविता का कुछ नाता बनता है।

हिन्दी के अनेक कवियों और बौद्धिकों की भांति कुँवर जी भी अंग्रेजी में एम.ए. हैं, लखनऊ विश्वविद्यालय के। वहीं अमृतलाल नागर, यशपाल और भगवती चरण वर्मा जैसे दिग्गज अग्रजों और रघुवीर सहाय और श्रीलाल शुक्ल जैसे समप्रतिभ समवयस्कों के सान्निध्य में उनका लेखन प्रारम्भ हुआ। (कहाँ गए हिन्दी के वे अनेक गौरवशाली गढ़?–शायद सब दिल्ली आकर मंडी हाउस के गोल चक्कर के आसपास बिला गए।) अस्तु, आजादी के तब दस बरस भी नहीं हुए थे और 'युग-चेतना' जैसी पत्रिका में हिन्दी के नए लेखक इंग्लैंड को पीछे छोड़कर इतर देशों से साहित्यिक सम्बन्ध साध रहे थे–प्रतीकवादी फ्रांस से और साम्यवादी पूर्वी यूरोप से भी।

इस सबसे हिन्दी में नई कविता का एक और नया मुहावरा बना जो पहले 'तार सप्तक' की अंग्रेजी साहित्य पर आधारित आधुनिकता से दो कदम आगे था और जिसके प्रतिनिधि कवि कुँवर जी तब भी थे और अब भी हैं। अभिव्यक्ति के इस सांचे में उन्होंने अनेक विषयों का पिघलाया द्रव्य ढालकर विविध काव्य-मूर्तियाँ गढ़ी हैं। आधुनिक जीवन के अनेकानेक पक्ष तो पूरी शिद्दत से उनकी कविता में आते ही हैं, उनका अद्भुत इतिहासबोध भी श्रावस्ती की परिव्राजक हवाओं और सिकंदर के टीले से चलकर नालंदा, अभिनवगुप्त, सरहपा, कुतुब, अमीर खुसरो, इब्ने-बतूता, फतेहपुर सीकरी, गोलकुंडा, 'दिल्ली दूर नहीं' वाली दिल्ली और नवाबी लखनऊ पार करता हुआ 'अयोध्या 1992' और 'गुजरात 2002' शीर्षक कविताओं के माध्यम से सीधे हमारे दरवाजों तक आकर जोरदार दस्तक देता है। प्रसंगतः भारत की वैविध्यपूर्ण सांस्कृतिक परम्परा का इतना विशद, बहुआयामी और मुश्तरका चित्रण भी शायद ही किसी कवि में मिले।

इसी प्रकार गाँव-नगर-महानगर और 'अन्य देश-काल' सभी प्रकार के परिदृश्यों की उनकी कविता में सहज समुपस्थिति है, और एक को छोड़कर दूसरे तक जाने की टीस भी : 'दिल्ली में दो कमरे/सपनों में गाँव/कभी इस पाँव खड़े/कभी उस पाँव।'

ऐसी तुकांत शैली का कुँवर जी ने अन्य सन्दर्भों में भी सटीक प्रयोग किया है, जैसे–'कांधे धरी यह पालकी/है किस कन्हैयालाल की?'

यहाँ शोषित कहारों की ओर से उठाया गया यह सबाल्टर्न प्रश्न ग्रामीण बच्चों के एक प्रिय लोकगीत के साथ जुड़कर व्यंगात्मक अन्तर्पाठ बनाता है। उनकी मुक्त-छंद की कविताओं में भी तुक एक साग्रह (और कभी-कभी तो जिद भरी) टेक की तरह बार-बार आती है, यहाँ तक कि 'अपठनीय' शीर्षक कविता में हर तीन-चार पंक्तियों के बाद एक भारी हथौड़े की तरह गिरता हुआ नौ बार प्रयोग किया गया शब्द 'अपठनीय'!

इस प्रकार का शिल्पगत आग्रह दरअसल, उनकी कथ्यात्मक स्पष्टवादिता और जीवन-दृष्टि के नितांत सुलझेपन का द्योतक है। आधुनिकतावादी कविता के दो 'गुण' उनकी कविता में ढूंढ़े से भी नहीं मिलेंगे–दुरूहता और अर्थ-संशय (यानी ऑब्स्क्युरिटी

और ऐम्बिग्युइटी)। बल्कि कुछ कविताएँ तो जरा अधिक ही सपाट लगती हैं और सतत स-तर्क मुद्रा में आगे बढ़ती हैं। इस प्रवृत्ति का मुख्य कारण यही लगता है कि कुँवर जी में कुछ मूलभूत मानव-मूल्यों के प्रति निष्ठा इतनी प्रबल और गहरी है कि उनकी दो-टूक अभिव्यक्ति और साग्रह संप्रेषण का उनके लिए महत्त्व अधिक है और शिल्पगत नफासत या प्रयोग का कम। किसी और कवि के यहाँ इस प्रकार की नैतिक सोद्देश्यता सहज ही उपदेशात्मकता के पास पहुँच सकती थी, पर कुँवर जी की अपनी भलमनसाहत और सदाशयता का तकाजा है कि उनका स्वर सौम्य ही बना रहता है।

फिर भी प्रशंसा और आलोचना दोनों के भाव में बार-बार कहा जाता रहा है कि कुँवर जी कवि भी हैं और चिन्तक और विचारक भी। उनकी कविता जितनी भावात्मक और अनुभवात्मक है उतनी ही बौद्धिक और दार्शनिक-वैज्ञानिक भी। इसका समुचित उत्तर उन्होंने स्वयं यतींद्र मिश्र के साथ एक साक्षात्कार में दिया है। सीधे पूछे जाने पर कि 'कविता में चिन्तन और वैचारिक आग्रह की क्या भूमिका होनी चाहिए?' कुँवर जी बोले : 'लगभग वही भूमिका जो उनकी हमारे जीवन में होनी चाहिए...उच्च विचार उच्च कला से अलग नहीं होते उसमें अन्तर्निष्ठ होते हैं।' अपने जीवन-दर्शन को उच्चतर और वृहत्तर स्तर पर ले जाने की आकांक्षा करने वाले कुँवर जी को अपने उद्धार की ही नहीं, लोक-कल्याण की भी उतनी ही चिन्ता है : 'अबकी अगर लौटा तो/...सबके हिताहित को सोचता/पूर्णतर लौटूँगा।' लोक-हित के बारे में सोचने का यह स्तर विरल है और कुँवर जी के धीरोदात्त कृतित्व को उबलते हुए आवेश के क्रान्तिकारी कवियों से अलग खड़ा करता है।

इस प्रकार कुँवर जी के व्यक्तित्व में उनके कवि-पक्ष से समन्वित और भी कई अन्तर्गुंफित पक्ष हैं, जिनका महत्त्व भी कम नहीं है। उनकी ही किंचित् विनोदात्मक शैली में और उन्हीं के शब्दों में कहें तो उनका एक वियोगी हाथी का वर्णन स्वयं उन पर चरितार्थ होता लगता है : 'उसकी गीली आँखों से लगता/वह एक कवि है,/सूंड़ से लगता कि वैज्ञानिक है,/माथे से लगता कि विचारक है,/कानों से लगता कि ज्ञानी है।'

बस इतना और जोड़ने का मन होता है कि पूरी भाव-भंगिमा से लगता है कि गहन इतिहासवेत्ता भी है क्योंकि हाथी की स्मरण-शक्ति तो लम्बी विख्यात है।

वैसे विचार और अनुभूति के एक नए सन्तुलन की बात तो टी.एस. इलियट ने बहुत पहले 1921 में ही सत्रहवीं शताब्दी के 'मेटाफिजिकल' कवि जॉन डन के सन्दर्भ में की थी : 'ए थाट टु हिम वाज लाइक ऐन एक्सपीरिएंस; इट माडीफाइड हिज सेंसिबिलिटी।' (विचार उनके लिए अनुभूति की तरह था; वह उनकी संवेदना बदल देता था।) कुँवर नारायण की कविता में विचार और अनुभूति का जो विशेष सन्तुलन और सामंजस्य मिलता है उसका प्रमाण उनके सबसे हाल के संग्रह 'इन दिनों' (2002) में छपी यह अत्यन्त आत्म-सजग कविता है जो उनकी समूची काव्य-प्रक्रिया को समाहित करती दीखती है : 'कुछ लिखता/कुछ लिख जाता/जो लिख जाता/उसे जब लिखा

हुआ पाता/सबको सुनाता/कि मैंने लिखा है/सुन कर/मेरे अन्दर छिप कर बैठा कोई/ वाह-वाह नहीं करता/वाह-वाहों पर मुस्कराता है।'

कविता का सटीक शीर्षक है 'वाह-वाहों पर', जो सर्वथा उपयुक्त लगता है, खासकर इन दिनों जब कुँवर जी की वाहवाही चारों दिशाओं में गूँज रही है और उसी चिर-परिचित भाव से वे बस मुस्कराए जा रहे हैं।

बुकर बनाम ज्ञानपीठ

प्रताप भानु मेहता

साहित्य के सम्मान लेखकों के आकलन भर नहीं होते। किताबों की तरह पुरस्कारों की भी स्वीकार्यता का एक सन्दर्भ होता है, जो व्यापक सांस्कृतिक रुझानों की तरफ इशारा करता है। हाल में कवि कुँवर नारायण को ज्ञानपीठ पुरस्कार दिए जाने की घोषणा में हैरानी वाली कोई बात नहीं थी। हालाँकि तुलनाएँ अकसर अटपटी होती हैं, लेकिन इसमें शक नहीं कि कुँवर नारायण विश्व साहित्य के महान् कवियों में एक हैं, सिम्बोर्स्का, मिलोश या हीने की तरह शीर्षस्थ। लेकिन ज्ञानपीठ की घोषणा का समाचारों में जो सलूक हुआ, उस पर सोच-विचार होना चाहिए। उदाहरण के तौर पर ज्ञानपीठ की खबर को बुकर पुरस्कार की खबरों के उन्माद से मिला कर देखें। यह बेरुखी एक तरह से भारतीय समाज के कुछ अहम विलगावों को उजागर करती है।

एक स्तर पर अंग्रेजी पत्र-पत्रिकाओं के लिए यह जरूरी नहीं है कि वे हिन्दी साहित्य की किसी महत्त्वपूर्ण घटना को उसी तरह जगह दें, जैसे वे अंग्रेजी लेखन को देती हैं। हालाँकि यह तर्क अभिजात जमात के मामले में एक विस्मित कर देने वाले तथ्य पर टिका हुआ है, खासकर उत्तर भारत में : ये अभिजन अब द्विभाषी नहीं रहे और इनमें भारतीय भाषाओं के साहित्य से जुड़ पाने की उलटवांसी यह है कि एक अर्थ में हिन्दी का पाठक वर्ग बढ़ रहा है क्योंकि ज्यादा लोग साक्षर हो रहे हैं। अंग्रेजी तो फल-फूल रही ही है और उसकी माँग भी बढ़ रही है। लेकिन जो उम्मीद हमने अपनी भाषा नीति से लगाई थी—सच्ची द्विभाषी जीवन-शैली की रचना—वह अब महज भ्रांति है। कोई तीस साल पहले तक हमारा मध्यवर्गीय अभिजन भारतीय भाषाओं के साहित्य से जुड़ा हुआ था। लेकिन उसके बाद वह इसमें सक्षम नहीं रहा। सत्तर के दशक तक 'इलस्ट्रेटेड वीकली' और 'धर्मयुग', दोनों पत्रिकाएँ उस सामाजिक संसार का हिस्सा थीं, जहाँ मध्यवर्गीय घरों में दोनों को पढ़ा जाता था। वह भद्रलोक अंग्रेजी और भारतीय भाषायी साहित्य—दोनों दुनियाओं से जुड़ा था। हिन्दी और अंग्रेजी, दोनों भाषाओं में विचार को जगह देने वाली पत्रिकाओं ने पूरी तरह से दम तोड़ दिया

है। अब इसकी सम्भावना भी कम है कि दोनों भाषाओं की पत्रिकाओं को बराबर की जगह हासिल हो।

स्कूलों में जो कुछ हो रहा है, उसका आकलन करने पर लगता है कि यह रुझान और बुरा होगा। हम अंदाजा ही लगा सकते हैं कि ऐसा क्यों हो रहा है : कल्पनाशीलता से पूरी तरह दूर हिन्दी पढ़ाने का ढंग, खुद हिन्दी प्रतिष्ठान की जड़बुद्धि जो भाषा की एक बहुत संकीर्ण साहित्यिक समझ की पहरेदारी कर भाषा के विकास में रोड़ा अटकाती है : हकीकत यह है कि तमिलनाडु, बंगाल या केरल से उलट उत्तर भारत के भद्रलोक की आत्म-छवि अपनी भाषा से तादात्म्य की जगह दूरी से गढ़ी जाती है। लेकिन द्विभाषिकता का यह नुकसान हमारे समय का कोई गैर-महत्त्वपूर्ण सांस्कृतिक तथ्य नहीं है और हमारे अपने अतीत से हमारे सम्बन्ध को प्रभावित करता है।

दूसरा विलगाव स्वयं हिन्दी की दुनिया के भीतर है। बाजार के रुझानों की मानें तो हिन्दी की कृतियों और अखबारों की माँग बढ़ रही है। हैरी पॉटर के जबर्दस्त पठनीय हिन्दी अनुवाद की कामयाबी नई सम्भावनाएँ खोलती है। लेकिन अपनी छोटी सी साहित्यिक दुनिया और पढ़ने वाले विशाल समुदाय के बीच हिन्दी में गहरी खाइयाँ हैं। एक हद तक यह साहित्य की सभी परम्पराओं पर लागू होता है : लेकिन हिन्दी में टूटन ज्यादा मालूम होती है। यह खुला सवाल है कि किसी भी भाषा में श्रेष्ठ साहित्य के पाठकों का कितना फैलाव है, लेकिन कम से कम साहित्यिक पुरस्कारों को उस भाषा की सम्भावनाओं के अक्स की तरह लिया जाता है। पुलित्जर और बुकर्स पुरस्कार व्यापक खबरों का विषय होते हैं, लेकिन स्वयं हिन्दी की दुनिया के भीतर साहित्यिक पुरस्कार कहीं दूर-दराज की बात मालूम पड़ते हैं। दोनों भाषाओं में पुरस्कारों के खबरों में जगह पाने के जो ढंग हैं, वे बहुत कुछ खुद साफ करते हैं।

तीसरा विलगाव निस्संदेह सांस्कृतिक आत्मविश्वास का है। उत्तर-औपनिवेशिक पीढ़ी के सामने आने की तमाम शेखियों के बावजूद हम अभी तक अपने खुद के नजरिये से ज्यादा तवज्जो मान्यता के बाहरी मानदंडों को देते हैं (ऑस्कर जीत लाने की हास्यास्पद खब्त इसका एक उदाहरण है)। निश्चित ही किन्हीं प्रतिमानों की अन्तर्वस्तु महत्त्वपूर्ण होती है, न कि उनका उद्गम स्थल। लेकिन यह थोड़ी चिन्ता की बात है कि भारत में पताका फहरा चुकने की तमाम लफ्फाजी के बावजूद कुछ अहम क्षेत्रों में बाहरी मान्यता की कमी को एक तरह की हीनता के तौर पर लिया जाता है। फिर इसमें सांस्कृतिक सम्भावनाओं और पैरों तले की जमीन के बारे में निरा अज्ञान भी जा मिलता है। मिसाल के तौर पर साहित्य में एक विभेद अकसर किया जाता है, जो देसी भाषा को संकीर्ण स्थानिकता और जमीन से, लेकिन अंग्रेजी को विश्वबंधुत्व और सार्वजनिकता से जोड़कर देखता है। यह चरित्र-चित्रण ऊटपटांग होते हुए भी बहुचर्चित है। बौद्धिक रूप से इसमें सत्यांश तक नहीं है। कुँवर नारायण ने एक बार स्वयं लिखा था कि एक अर्थ में हिन्दी लेखकों को तीन परम्पराओं के बारे में ज्यादा गहरी आत्मचेतना के साथ लिखना होता है : इसे उन्होंने हिन्दू, भारतीय-इस्लामिक

और पश्चिमी का नाम दिया था। इस अर्थ में देसी भाषा का साहित्य एक व्यापक दायरे से चीजों को जज्ब कर अपनी स्वतंत्रता को तराशता है।

आखिर में, इस बात पर चकित होने से बचा नहीं जा सकता कि उभरती अभिजात चेतना में हिन्दी की अनिश्चित जगह भर दाँव पर नहीं है, बल्कि स्वयं साहित्य की समझदारी भी है। अरविंद अडिगा की कृति 'वाइट टाइगर' सुपाठ्य है और इसके कुछ हिस्से प्रभावपूर्ण भी हैं। लेकिन आप इस अहसास से निजात नहीं पा सकते कि यह सीधे-सीधे आज की डरावनी-घिनौनी अखबारी सुर्खियों को एक तारतम्य में बिठाकर प्रभाव उत्पन्न करती है। अमिताभ घोष का 'सी ऑफ पोपीज' भी इसी तरह खुलता है, जैसे कि कल की सुर्खियों को एक साथ पिरो दिया गया हो; उपन्यास के बजाय जैसे कोई इतिहास।

आलोचकों को यथार्थवाद के भेष में साहित्य के साथ जिन बातों के घटित होने की आशंका है, ये उसके आदर्श उदाहरण हैं : कला और पत्रकारिता, कला और इतिहास के बीच का फर्क धुंधला रहा है। सुर्खियों को एक साथ पिरोने में गलत कुछ भी नहीं है। (दोस्तोवस्की ने भी यह किया था, लेकिन अतुलनीय रूप से।) आप इस बात पर सिर्फ चकित हो सकते हैं कि क्या साहित्य और रिपोर्ताज के बीच भ्रम इतना गहरा गया है कि हम साहित्य की दूसरी सम्भावनाओं को उपेक्षित कर दे रहे हैं।

एक अर्थ में कुँवर नारायण साहित्य की उस परम्परा से आते हैं, जो उपदेशात्मकता के प्रति आधुनिक संशय से साझा करती है, लेकिन जिसने कला की जबर्दस्त रूपांतरकारी शक्ति में विश्वास नहीं डिगाया है। जिसने तथ्यों की प्रणय-लीला को इस बात की इजाजत नहीं दी है कि वह नैतिक मनोविज्ञान, आत्म के स्वभाव, मूल्यों और इंद्रियातीत के गहरे प्रश्नों को किनारे ठेल दे। आज जब नैतिक घटाटोप, अराजकता और भ्रांति हम पर तारी हो रही है, यह एक खुला सवाल है : किस तरह का साहित्य हमें सबसे ज्यादा समृद्ध करेगा? लेकिन हम विकल्प चुनने तक की हालत में नहीं रह जाएँगे, अगर हम टाली जा सकने वाली एक-भाषिकता और महत्त्व आंकने की संकीर्ण कसौटियों से चिपके रहे।

आखिरी जेंटलमैन

सुधीश पचौरी

हिन्दी कवि कुँवर नारायण को ज्ञानपीठ दिया गया। अच्छा लगा। बुरा भी लगा। वक्त ऐसा कमबख्त आन पड़ा है कि अच्छा बुरा और बुरा अच्छा लगता है। हमें तो अच्छा इसलिए लगा है कि कुँवर नारायण में कोई 'साहित्यिक ऐब' नहीं है। अगर है तो जाना नहीं जाता।

जिस समय में साहित्यिक ऐब कुटेवों में बदल गए हों और कुँवर जी के हमउम्र तक साहित्य की ठगी और उठाईगीरी में व्यस्त हों उस समय कोई एक आदमी और वो भी हिन्दी में टूट-फूट से साबुत बचा रह गया है यह अपने आप में किसी बड़े अचरज से कम नहीं। शायद यह बात अपने भीतर भी कुछ विनम्रता और उदात्तता लाने का रास्ता खोलती है। सम्मानों के मानकों के बारे में ज्यादा कहना देवनिन्दा के समान है। हर सम्मान अपनी 'देने की शर्म' छिपाता है जिसे अकसर वह सर्वानुमति कहता है। सम्मान देने वाले अपनी कथित सहमतियों में अपनी आफत से पिंड छुड़ाते हैं।

हमारे मत में वो इनाम ही क्या जिसे देकर देने वाला गर्व न करे और लेने वाला शर्म न करे। अपने दिल की कोई न कहे, इन दिनों तो शर्म करना तक गर्व करने की तरह होता है! यह लेखक जो कुँवर नारायण की कविताओं का 'आलसो' प्रशंसक है, यही कह सकता है कि वह उनकी कविताओं से भी ज्यादा उनके व्यक्तित्व का प्रशंसक है। बिना किसी कारण वे एक भलेमानुस से लगते हैं। यह बुरी बात है मगर यह लेखक भी आदत से लाचार है।

न उनसे मुलाकात है, न उनके संग संध्या सत्संग है। वे इस लायक भी नहीं कि उनकी भक्ति की जाए। उनका पानी तक नहीं पिया। मुश्किल से दो-तीन नमस्कार भर होंगे अपनी तरफ से जो उनके सामने पड़ने पर संचारित हुए होंगे। उनकी कविताएँ दिल्ली विश्वविद्यालय के इस 'चिरनिंदित' हिन्दी विभाग के पाठ्यक्रम में लगी हैं। पढ़नी-पढ़ानी होती है। वे काम की हैं। वे इम्तहान में आती हैं। सवाल बनती हैं। जवाब दिए जाते हैं। बस इतना ही परिचय है उनसे। कुँवर नारायण को सम्मान दिया जाना यहीं बुरा लगता है। भाई जी इतना भी साफ-सुथरा नहीं होना चाहिए। संदेह होता है। नजरौटा लगा लें कुँवर जी!

यहीं से इस सम्मान का अपना अच्छा-बुरा सा अर्थ बनता है।

यह सम्मान जब एक आखिरी भलेमानुस, हिन्दी के आखिरी जेंटिलमैन कुँवर नारायण को दे ही दिया गया है तो इस नीच की एक अतिकमीनी इच्छा यह हो रही है कि आगे के तमाम सम्मानों के लिए एक फंसट लगाए। भलमानुस या मानुसी होने की फंसट!

आगे के सम्मानों में रचना के साथ साहित्यकार का भलमानुसपन मूल्यांकन भी होना चाहिए!

आगे के सम्मानों में साहित्यकार का बायोडाटा रहे। उससे यह माँगा जाए कि उसकी आय कितनी है और टैक्स देता है तो कितना? कितनी पत्नियाँ हैं। कितने लावारिस या वारिस बालक हैं, कहाँ क्या करते हैं, उन्हें तो कोई शिकायत नहीं हैं और पड़ोसी को तो आपसे कोई शिकायत नहीं है। आप वोट देते हैं या पप्पू हैं। आप लालची हैं या त्यागी हैं। आपने तिकड़म कब और किस श्रेणी की की है और क्यों की है। आत्मकथा में कितना झूठ मारा है। लिखने के पहले या बाद में आपको कभी पश्चात्ताप होता है? आप आस्तिक हैं या नास्तिक?

इस तरह की एक प्रश्नावली होनी चाहिए जिसे हर लेखक खुद भरे और उसमें शपथ ले कि जो कह रहा है, सही कह रहा है। गलत पाए जाने पर उसे कमेटी से और इनाम बाहर माना जाए। या उसकी इनाम-राशि में से कुछ काट लिया जाए। छोटी बेईमानी करने वाले को अगले इनामों के लिए दो-चार साल के लिए बाहर कर दिया जाना चाहिए। जो साहित्य के दस नंबरी हैं उन्हें कमेटियों तक में नहीं आने देना चाहिए। साहित्य के इस जनताप्रिय युग में कमेटियों में ट्रेडयूनियनों के लोग, किसान सभाओं के लोग रहें। साहित्यिक इच्छाएँ न रखने वाले अध्यापक रहें। अध्यापक जरूर रहें क्योंकि इस दुष्टता भरे समय में सच्चा गुरु ही न्याय कर सकता है। जनता से जुड़ाव का गाना गाने वाले साहित्यकारों को कम से कम जनता के लेवल का सम्मान तो करना ही होगा। अगर साहित्य समाज से जुड़ा है तो समाज के सबसे कमजोर तबकों के मानक का सम्मान करना होगा और उन्हें कमेटियों में रखना होगा। देश की जनता नेताओं में एक भी भलामानुस ढूँढ़ते-ढूँढ़ते थक गई। क्या पता साहित्यकारों के बीच उसे आशा की किरण नजर आए। उसे भलामानुस मिल जाए। साहित्य की जीवनरक्षा के लिए भी ऐसा करना जरूरी है कि कुछ दिन साहित्यकारों में जेंटिलमैन खोजे जाएँ, भले एकबारगी उनका साहित्य न पढ़ा जाए।

Of history in the making and poets as witnesses

Mrinal Pande

Hindi poet Kunwar Narain, Kunwarji to his friends, is the winner of the prestigious Jnanpith Award for 2005 announced last month. Recently, his publisher hastily arranged a celebratory dinner for the publicity-shy poet and invited some of us, long-time friends and admirers, to listen to the reclusive octogenarian talk about himself and his art.

Time has lent a slight stoop to his frame, but Kunwarji's face (which bears a startling resemblance to T.S. Eliot's) seems untouched by age and his mouth is still quick to twitch with a gentle self-deprecating smile when his work is being discussed.

In an age of mass loquacity where every scribbler of rhyme fancies himself a poet and chooses to bare his soul to any branch of mass media that will have him, Kunwarji remains a healthy exception. He is a great film and classical music buff, but he has seldom expressed his opinions or talked about himself. So, it was a rare treat to hear him read his poems and talk briefly about what drives him to live in self-imposed isolation—doing nothing but read, write and think.

"Three terms the saint poet Kabir uses have been all important to me," Kunwarji said, "*Sabad* (the word), *Sākhī* (the writer as an observer-turned-witness) and *Ramainī* (wandering). In a way they map the entire area of creative activity for me."

Listening to him talk about Kabir's world and his own, I realized how far most recent Indian writing appears to have moved from their life-long commitment to the arts : that studiously sidesteps populist theories to just wander and watch and then turn their gaze reflectively inwards to weigh and to assess. Such poets are witnesses-turned-historians who can watch the entire span of civilizations pass before them, missing nothing, judging little.

One of Kunwarji's unforgettable poems, *Sarhapa,* is about a great medieval wanderer who was both an iconoclastic saint and a poet. He was a Kshatriya prince who had taken to the robes of a yogi, but was suddenly and inexplicably smitten by love for an untouchable, *Shabara* beauty :

> *"...Together, both began a game in which*
> *Both emerged winners and created*
> *A poetry of game playing*
> *And how it feels to be totally united*
> *When man-woman, untouchable-touchable*
> *Fuse into one...*
>
> (translated from Hindi)

This is an age when everyone—from a jingle writer to a politico who pens mediocre to plain bad lyrics—may be described as a great *Bhasha* poet and acclaimed by the media. Driven by hyperventilating anchors and academic critics out to win friends and influence donors, the literary establishment is trivializing the arts in irreparable ways. For those that wish to be introduced to literature in Indian languages, the literary establishment will mostly offer an overwhelming number of borrowed theories, several of them driven by political ideologies of regional parties. One has seen *Sarhapa* being variously interpreted as a revolt by the low castes, or a tale of liberated feminism setting free a human libido created by patriarchy or a cautionary tale of a great mind being brought low by a lowly woman.

Ultimately it is life and humans in seemingly imperfect situations that Kunwarji's poetry follows and records. Vajashrava, a father who enraged by his son's bold questions, tells him that he has given him away to death and the son marches off to the other world and asks the reluctant lord of death to take him. There is another man in another poem, vomiting statistics and being hauled to hospital where they give him laughing gas.

In another poem, a poet complains he is dying to hate the British, the Muslims and the Sikhs, but can't because of Shakespeare, Ghalib, and Nanak, and another poem deals with the ever so subtle Amir Khusro, a poet in the court of seven emperors and who survived them all. These poems demand in the readers the same wayward imagination and flexibility of reason so rare today. The present system seems to be controlled almost entirely by humourless academics who have long ago given up *Sabad, Sākhī* and *Ramainī,* and a clutch of impatient publishers ever on the lookout for a *Bhasha* quickie in passable translation that could do well at Frankfurt, and last but not the least, the mega lit-fest creators. All these muffle the very idea of an easy-going and reflective waywardness of mind and the imperfections that poetry captures to make life worth living and poems worth treasuring.

Chagall once said that the worst thing for an artist to have too early is a little success, a little money, a little car, a little satisfaction. All of these hold him from the big dedication. Thankfully, there are still a few writers such as Kunwar Narain who embody that rare quality and ignore all distractions, because to them, as to Nabokov, a work of art remains important only vis-à-vis the reader.

कवि से अभिभूति का रिश्ता

कन्हैयालाल नंदन

कुँवर नारायण हमारे समय के श्रेष्ठतम कवियों, विचारकों और रचनाधर्मियों में से हैं, इसीलिए जब उन्हें ज्ञानपीठ पुरस्कार से सम्मानित किए जाने की सूचना मिली तो बहुत अधिक आश्चर्य नहीं हुआ। वे वैश्विक रचनाशीलता की उस श्रेणी के रचनाकार हैं जिसमें हम शिम्बोर्स्का और हीने को रखते हैं। उनकी रुचियाँ बहुआयामी हैं, विभिन्न कलाओं की उनकी पकड़ बड़ी गहरी है। गम्भीर सिनेमा के अन्यतम पारखी हैं वे। तार्कोव्स्की (रूस), इंमार बर्जमॅन (स्वीडन), आंद्रे वायदा (पोलैंड), कुरोसावा (जापान), एंटॉनियोनी (इटली), एंजेलोपुवोस (ग्रीस), सत्यजित राय, ऋत्विक घटक, मृणाल सेन, अदूर गोपालकृष्णन, गुरुदत्त, श्याम बेनेगल (भारत) जैसे फिल्मकारों की फिल्मों का सौन्दर्यबोध उनके अनुभव संसार का आह्लादकारी हिस्सा है। यह मेरे लिए सौभाग्य का विषय रहा है कि वे मेरे द्वारा सम्पादित पत्रिकाओं के प्रतिनिधि के रूप में अनेक अन्तर्राष्ट्रीय फिल्म महोत्सवों में सम्मिलित होते रहे हैं। भारतीय शास्त्रीय संगीत की गहरी समझ कुँवर नारायण जी को अन्तर्कलाओं में संतरण का गहरा अवसर देती है। वे कविता के वैश्विक सरोकारों वाले रचनाकार हैं, जिसकी आधारभूमि भारतीय चिन्तन और परम्पराओं में समाई हुई है। वे अद्वितीय निबन्धकार हैं और रचनाशीलता के सजग टिप्पणीकार। उनकी कहानियाँ काव्य की संवेदनात्मकता का संवहन करती हैं। ऐसे रचनाकार को समझने और समझाने का प्रयास किसी पत्रिका के चार-छह पन्नों में करना उनके समग्र कवित्व के प्रति अन्याय की श्रेणी में ही आएगा। अगर उनके कवि व्यक्तित्व पर ही ध्यान केन्द्रित किया जाए तो 'चक्रव्यूह' (1956), से लेकर 'वाजश्रवा के बहाने' (2008) तक कुँवर जी का बहुत बड़ा रचना-संसार है जिसके बीच में 'परिवेश : हम-तुम' (1961), 'आत्मजयी' (1965), 'अपने सामने' (1979), 'कोई दूसरा नहीं', और 'इन दिनों' (2002) जैसे काव्य-संग्रह समाए हुए हैं। प्रारम्भ से ही उनकी कविता एक बहुत गहरे सोच वाले कवि की कविता से परिचित कराती है–

कौन कब तक बन सकेगा कवच मेरा?
युद्ध मेरा मुझे लड़ना
इस महाजीवन समर में अन्त तक कटिबद्ध
सिर्फ़ मेरे ही लिए यह व्यूह घेरा
मुझे हर आघात सहना। (चक्रव्यूह)

यह संकल्पशीलता, मनुष्य के सामर्थ्य का जयघोष करती हुई, कुँवर जी के काव्य का प्रारम्भ बिन्दु है, जिसमें प्रश्नाकुलता, आत्मविश्लेषण और गहन सामाजिक विषमताओं के बीच नए कवि के मानसिक संघर्ष का वैयक्तिक रूप है। प्रारम्भ से ही एक धारदार परिपक्व चिन्तन, एक दृढ़निश्चयी संघर्षशील मनुष्य–

मैं नवागत वह अजित अभिमन्यु हूँ
प्रारब्ध जिसका गर्भ से ही हो चुका निश्चित,
अपरिचित ज़िन्दगी के व्यूह में फेंका हुआ उन्माद
बांधी पंक्तियों को तोड़
क्रमशः लक्ष्य तक बढ़ता हुआ जयनाद...
यह महासंग्राम,
युग–युग से चला आता महाभारत
हज़ारों युद्ध, उपदेशों, उपाख्यानों, कथाओं में
छिपा यह पृष्ठ मेरा है। (चक्रव्यूह)

पचास–बावन साल बाद 'चक्रव्यूह' की इन पंक्तियों को पढ़ने से लगता है कि किसी मिथक या पुराकथा को नए सन्दर्भों में व्याख्यायित करते हुए उसके सफलतापूर्वक निर्वाह का जो कौशल जरूरी होता है, उसके प्रमाण तो कुँवर जी ने अपने पहले कविता–संग्रह में ही दे दिए थे। तब से निरन्तर विकसित उनके सोच में कहीं झोल नहीं आने पाई। 'आत्मजयी' और 'वाजश्रवा के बहाने' इसके अन्यतम प्रमाण हैं। हो सकता है कि पचास साल पहले वे यह मानते रहे हों कि युग–युग से चले आते जीवन के महासमर में मनुष्य का प्रारब्ध संघर्ष है, लेकिन 'वाजश्रवा के बहाने' तक आते–आते वे स्पष्ट कहते हैं कि 'जीवन में संघर्ष भी हैं पर संघर्ष ही संघर्ष नहीं हैं। उसमें मार्मिक समझौते और सुन्दर सुलहें भी हैं।' यह समन्वयकारी दृष्टि कुँवर जी के चिन्तन का मूलाधार है। उसमें 'अति' का कोई स्थान नहीं है, वे मानते हैं कि अतिवाद में ही टकराव और हिंसा है। वह अतिवाद चाहे भौतिक हो या आत्मिक, कुँवर जी का अभिप्रेत नहीं है। एक समन्वयकारी दृष्टि ही समय के सवालों का जवाब है। जयशंकर प्रसाद ने 'कामायनी' में समन्वय के जरिए ही मानवता को विजयिनी बनते देखा था। कुँवर जी भी उसी समन्वयकारी दृष्टि को 'वाजश्रवा के बहाने' में श्रेष्ठ मानते हैं–'अपूर्ण को ही मान लिया सम्पूर्ण/पूर्णता के पीछे भागना व्यर्थ है/वह शून्य है/उसे पाना/अपने को खो देना है/शून्यों की अपार गरिमा में/'

अपूर्णता में सम्पूर्णता की यह तलाश, अधूरेपन में पूरे हो जाने का अहसास; चिन्तन का एक गूढ़ रहस्य है जिसमें 'समाप्ति को उलटकर रेत घड़ी की तरह फिर रख दिया जाता है आरम्भ में।' इस उलट-फेर का निष्कर्ष है 'वाजश्रवा के बहाने' की अन्तिम पंक्तियों में–

लेकिन इस बार भी यदि
अधूरा ही छूट जाए कोई संकल्प
तो इतना विश्वास रहे
कि सही थी शुरुआत

अनेक रचनाकारों के रचनात्मक विकास को आप यों देख सकते हैं कि जैसे एक बिरवा उगा, फिर वह पौधा हुआ और अन्त में कहीं जाकर वह पूरा वृक्ष बना। कुँवर जी के रचनात्मक विकास में मुझे बिरवे की जगह एक भरे-पूरे पुष्ट पल्लवित वृक्ष के उगने का आभास होता है। 'चक्रव्यूह' की कविताओं में उस परिपक्वता की पुष्टि होती है, जो कुँवर जी की चिन्तन-सरणि का प्रारम्भ बिन्दु है और जिसका पुष्ट रूप 'आत्मजयी' में लक्षित किया गया। 'आत्मजयी' कुँवर जी का पहला खंड काव्य है जिसमें कठोपनिषद् की एक कथा को आधार बनाकर नवता पुरातनता से अपने सवालों का जवाब माँगती है। पुत्र नचिकेता अपने पिता वाजश्रवा से जीवन और मृत्यु सम्बन्धी कुछ अटपटे सवाल करता है जिनका जवाब वाजश्रवा के पास नहीं है। एक विद्रोही पुत्र अपने पिता से सीधे टकराता है–

पिता, तुम भविष्य के अधिकारी नहीं
क्योंकि तुम 'अपने' हित के आगे नहीं सोच पा रहे,
न अपने 'हित' को ही अपने सुख के आगे।
पिता तुम भविष्य के अधिकारी नहीं, क्योंकि
तुम्हारा वर्तमान जिस दिशा में मुड़ता है
वहाँ कहीं एक भयानक शत्रु है जो तुम्हें मार कर
तुम्हारे संचयों को मार्ग में ही लूट लेता है
और तुम ख़ाली हाथ लौट आते हो।

'आत्मजयी' की कथा कठोपनिषद् की कथा का अनुवाद नहीं है, समय के सरोकारों की आवाज है। यह आवाज नकार की नहीं, तर्क की आवाज है–

असहमति को अवसर दो
सहिष्णुता को आचरण दो
कि बुद्धि सिर ऊंचा रख सके...
उसे हताश मत करो काइयां स्वार्थों से
हरा-हरा कर।

यह स्वर उस नई पीढ़ी का स्वर है जो पुरानी पीढ़ी से अपने लिए असहमति का अवसर चाहती है, सहिष्णुता के लिए 'स्पेस' माँगती है, काइयां पुरातन से छुटकारा चाहती है। क्या यह स्वर आपको अपने समय का स्वर नहीं लगता? यही है कुँवर नारायण जी का कौशल कि वे औपनिषदिक कथा का ढीले-ढाले ढंग से इस्तेमाल करते हुए अपने समय की नई पीढ़ी को वाणी देते हैं। उनके शब्द बड़े सहज लगते हैं लेकिन उनमें छिपा हुआ अर्थ जीवन के गूढ़ रहस्यों का, अनुभूत निष्कर्षों का प्रतिपादन करता है। वह आह्वान करता है जीवनशक्ति का, जिसका 'धधकता तिलक' लगाते ही अहंकार भस्म होकर दसों दिशाओं में फैल जाता है। यह उसी दृष्टि का विस्तार है जिसके जरिए 'आत्मजयी' में मृत्यु की ओर से जीवन को देखने की चेष्टा की गई थी और 'वाजश्रवा के बहाने' में जीवन की ओर से मृत्यु को देखने की कोशिश। और इस देखने में महत्त्व देखने का है, लेकिन दोनों एक ही निष्कर्ष बिन्दु पर पहुँचते लगते हैं–

अन्तों से नहीं
मध्यांतरों से बदलते हैं दृश्य
ओस की बूँदों में टंकी
बूँद-बूँद रोशनी।
उठता तारों का वितान।
निकलती एक दूसरी पृथ्वी
जगमगाता एक दूसरा आसमान।

कुँवर जी के दोनों खंड काव्यों को एक साथ पढ़ने का अपना अलग सुख है। वह पाठ आपको बताता है कि नचिकेता अपने सवालों के जवाब न पाकर पिता से पाता है अभिशाप कि वह मृत्यु को दे दिया गया है। वह पाठ आपको यह बताता है कि आत्महंता होकर भी नचिकेता अचेत अवस्था में स्वप्न देख पाता है और यम के वरदान के तहत वापस लौटता है। वह पाठ आपको यह बताता है कि समय के सवालों का जवाब पाने के लिए यदि मृत्यु का वरण भी करना पड़े तो वह श्रेय है। वह पाठ आपको यह भी बताता है कि सवालों के जवाब पाने के लिए नचिकेता की वापसी भी होती है, ठीक उसी तरह जैसे 'एक व्यतिक्रम दुहरा रहा है अपने को/जैसे प्रतिदिन लौटता है नहा-धोकर/सवेरा, पहनकर नए उज्ज्वल वस्त्र/बिलकुल अनाहत और अप्रत्याशित/' और वह पाठ आपको वहीं पहुँचा देता है, जहाँ से अतीत दिखाई देता है कल भर की दूरी पर और आकाश दिखाई देता है पल भर की दूरी पर। (वाजश्रवा के बहाने)

इसी के साथ द्रष्टव्य है आशयगत बुलन्दी और भाषा की सादगी। भाषा की यह सादगी उन्हें सहज कवि के केन्द्र में रखती है तो उसमें छिपे अर्थों और आशयों के तहत वे बड़े कवि की श्रेणी में रखे जाते हैं। वे जो कुछ भी कहते हैं एक खास

बुलन्दी से कहते हैं और बुलंदियों में ही घूमते-फिरते पाए जाते हैं। मसलन उन्हें अंग्रेजों से नफरत करने से बचाने के लिए शेक्सपियर मिलते हैं, मुसलमानों को नफरत से बचाने के लिए ग़ालिब आड़े आ जाते हैं, सिखों से वे नफरत करने दौड़ते हैं तो नानकदेव सामने पड़ जाते हैं, कंबन, त्यागराज, मुत्तुस्वामी उन्हें अपने लगते हैं। अजीब-सी मुश्किल का यह मंजर उन्हें प्रेम की परिधियों में ढकेल ले जाता है और उनके प्रेम-रोग में बढोतरी होती रहती है। उसका विस्तार देखना है तो उनकी एक छोटी-सी कविता है 'जख्म', उसे देखें–

इन गलियों से
बेदाग़ गुजर जाता तो अच्छा था,
और अगर
दाग़ ही लगना था तो फिर
कपड़ों पर मासूम रक्त के छींटे नहीं,
आत्मा पर
किसी बहुत बड़े प्यार का जख़्म होता
जो कभी न भरता।

कितनी सादी-सी भाषा में कितनी बड़ी बात कहते हैं कुँवर जी यह इस छोटी सी कविता से ही साफ़ है।

उन्होंने 'कोई दूसरा नहीं' में कहा भी है कि 'सोच में हूँ कि सोच के प्रकरण में/किस तरह कुछ कहा जाए कि सबका ध्यान उनकी ओर हो/जिनका ध्यान सबकी ओर है।'

भाषा के बारे में उनका सोच बड़ा साफ है–'कविता की भाषा उसके अपने भीतरी तर्क और ज़रूरतों से निकलती है। जब भी हम भाषा की सीमाएँ बनाएँगे कि वह इस प्रकार की हो या उस प्रकार की हो, कविता की भी सीमाएँ अपने आप बन जाएँगी। मैं कविता और भाषा के बीच बिलकुल खुला और उन्मुक्त विचरण पसन्द करता हूँ।' इसलिए न उन्होंने उर्दू से परहेज रखा, न संस्कृत से, न केवल बोलचाल की भाषा तक सीमित रहे और न पारम्परिक काव्य भाषा तक। उनके लिए भाषा केवल विचारों की संवाहिका या सूचना का माध्यम मात्र नहीं है, 'वह एक तरह का चिन्तन और भावानुभूति भी है।' जो लोग भाषा को सिर्फ विचारों की संवाहिका मात्र मानते हैं उनके लिए कुँवर जी के ये विचार विशेष विचारणीय हैं। वे मानते तो यहाँ तक हैं कि एक भाषा से दूसरी भाषा में जाकर विचार-सम्पदा में कुछ कोताही आ ही जाती है–'ग़ालिब या शेक्सपियर को अनुवादों में पढ़ना कभी भी मूल की सुन्दरता का पूरा आभास नहीं करा पाता।' सोचता हूँ कि कुँवर जी को जिन 'अन्य' भाषाओं में अनुवाद के जरिए पढ़ा जाता है उनमें उनकी वस्तु की सुन्दरता और विराटता का कितना अंश खारिज हो जाता होगा।

जब उनका कविता-संग्रह 'कोई दूसरा नहीं' आया था तो मैंने उस पर टिप्पणी करते हुए लिखा था कि यह किताब अपने समय का सघन बौद्धिक साक्ष्य है। हर कविता सामने के व्याप्त किसी काव्य-खंड से एक मामूली घटना के रूप में शुरू होती है और देखते-देखते कालातीत हो जाती है। उसके अन्दर की वैचारिक बेचैनी आपको भी परेशान करने लगती है, लेकिन वह परेशानी तोड़ती नहीं और न आपको निरीह बनाकर छोड़ती है, बल्कि आपके आत्मिक पुरुषार्थ को जगाती है। 'वाजश्रवा के बहाने' पढ़ने के बाद लगता है कुँवर जी की कविता पुरुषार्थ को जगाती ही नहीं, जीवन जीने की नई दृष्टि देती है, एक नया उत्साह, मन को महावन में बदलने वाला उत्साह जो महसूस करता है कि-

कल सुबह भी खिलेगा,
इसी सूरजमुखी खिड़की पर
फूल-सा एक सूर्योदय
फैलेगी घर में
सुगन्ध-सी धूप
...एक फड़फड़ाहट में
समा जाएगा
सारी उड़ानों का सारांश
और फिर भी बचा रह जाएगा
हर एक के लिए
नई-नई उड़ानों का
उतना ही बड़ा आकाश।

और उसमें निरन्तरता की सूचना भी होगी कि 'यह पटाक्षेप नहीं है/केवल दृश्य-परिवर्तन' (वाजश्रवा के बहाने)

मेरा कुँवर जी के कवि से अभिभूति का रिश्ता है। 'इन दिनों' संग्रह जब प्रकाशित हुआ तो मैं अपनी पूरी यूरोप और अमेरिका की यात्रा में उसे अपने साथ ले गया और हर बार पढ़ने पर उनकी हर कविता एक नए अर्थ-विन्यास के साथ खुलती मालूम होती। अच्छी-भली, साफ-सुथरी, सदिच्छापूर्ण कविताएँ! कुँवर नारायण जी से एक बार यतींद्र मिश्र ने पूछा था कि उनकी लम्बी काव्य-यात्रा में रचनात्मक धरातल पर उन्हें पुष्ट करने वाला कोई अवसर आया होगा तो कुँवर जी ने रॉबर्ट फ्रॉस्ट की पंक्तियों को उद्धृत करते हुए कहा था-

युगों युगों बाद
कभी बताऊँगा आह भर
कि दो रास्ते थे एक जंगल में
एक रास्ते पर ज़्यादातर लोग जा रहे थे,

दूसरे पर कम;
जिस पर कम लोग जा रहे थे
वही रास्ता पकड़ा, और
सारा फ़र्क़ जीवन में उसी से पड़ा।

कुँवर नारायण को समझने के लिए उनका इतना ही कहना काफी है। संकेत में बहुत कुछ ऐसे ही कहा जाता है।

अनूठी लय के कवि

नरेश सक्सेना

'तार सप्तक' नहीं, 'तीसरा सप्तक' जिसमें कुँवर नारायण जी आते हैं और उससे पहले उनकी एक किताब आ गई। उसमें जो सबसे महत्त्वपूर्ण कविता है और उनकी सबसे अच्छी कविताओं में जो मुझे सबसे प्रिय लगती है, वह कविता तो उसी संग्रह 'तीसरा सप्तक' में ही आ गई थी जो 1959 या उसके आसपास कभी छपा है : 'घर रहेंगे, हमीं उनमें रह न पाएँगे/ समय होगा, हम अचानक बीत जाएँगे।' ये कविता तो शुरू में ही आ ग़ई है उनकी और जो उनकी कविताओं में दूसरी सबसे प्रिय कविता है, वह भी वे 1965 में लिख चुके थे।

1964 में मैं लखनऊ आया और 'आरम्भ' के लिए मैं और विनोद भारद्वाज, हम दोनों कुँवर जी के पास गए। मैंने कहा, 'कुँवर जी, कविता चाहिए।' तमाम कविताएँ फैला दीं अपनी, कहा, 'इनमें से छाँट लो।' उसमें वह कविता मिली–'मैं अस्पताल गया/ लेकिन वह जगह अस्पताल नहीं थी।' मैंने कहा, 'अरे कुँवर जी! क्या बात है! यह तो बहुत अच्छी कविता है।' बोले, 'क्या तुम्हें बहुत अच्छी लग रही है?' मैंने कहा, 'कुँवर जी! बहुत अच्छी है। ये तो मैं ले लेता हूँ।' तो बोले, 'नरेश! इसे फिर मत लो। मैं एक और अच्छी कविता बहुत दिन से धर्मवीर भारती को भेजना चाहा रहा था। समझ में नहीं आ रहा था कि कौन-सी भेजूँ। यह तो मैं उनको भेज देता हूँ।' यह उन्होंने कहा।

लेकिन क्या कविता है वह : 'मैं अस्पताल गया/ लेकिन वह जगह अस्पताल नहीं थी/ वहाँ मैं डॉक्टर से मिला/ लेकिन वह आदमी डॉक्टर नहीं था (यह है कविता की ताकत, जो बोलती है आगे जाकर के)/ फिर वहाँ एक नर्स आई/ उसने डॉक्टर से कुछ कहा/ लेकिन वो भी दरअसल कोई और थी/ फिर हम ऑपरेशन रूम में गए/ वहाँ बेहोश करने वाला डॉक्टर पहले से मौजूद था।'

इस कविता का शिल्प देखिए, आज की कविताओं की भाषा का घटाटोप देखिए और इस कविता की भाषा की सरलता देखिए कि लगता है किसी तिलिस्म में चले गए हों। 'अस्पताल', यानी कि सीधे अस्पताल की दुर्दशा का वर्णन नहीं है। 'मैं अस्पताल

गया/ लेकिन वह जगह अस्पताल नहीं थी।' इतना सरल! वह कविता नहीं लिख रहे, कविता के अर्थ लिख रहे हैं। अर्थ पहले आते हैं, भाषा बाद में आती है। अर्थ को भाषा में लाना कितना मुश्किल होता है। वह तो अर्थ ही लिख रहे हैं। लगता है तिलिस्म है, ये कोई मायाजाल है, ये रहस्य है, जहाँ जो चीज़ है, वो है ही नहीं। डॉक्टर, डॉक्टर नहीं है। नर्स, नर्स नहीं है। बेहोश करने वाले लोग मौजूद खड़े हुए हैं।

ये कविता 1965 में लिख चुके थे और 'घर रहेंगे, हमीं उनमें रह न पाएँगे/ समय होगा, हम अचानक बीत जाएँगे' कविता 1959 में लिख चुके थे। यानी उससे पहले। ये तो अपना उत्कर्ष सब लिख चुके थे। आलोचक तो यह कहेंगे, अरे किन्तु फिर क्या उनका कोई विकास ही नहीं हुआ! वो विकास देखते रहते हैं। अरे भाई! आइंस्टाइन ने तो 1922 में 'थ्योरी ऑफ रिलेटिविटी' लिख दी थी। उसके बाद तो वर्षों ज़िन्दा रहे। तो उनका विकास ही नहीं हुआ। आइंस्टाइन का विकास नहीं हो रहा? अरे वह अपने उत्कर्ष पर, जहाँ पहुँचना था वहाँ पहुँच गया। उसके बाद भी, 'थ्योरी ऑफ रिलेटिविटी' जैसे महत्त्वपूर्ण काम पर उनको नोबेल नहीं मिला। ये जो कुँवर जी के उत्कर्ष का समय था, वह 1960 में प्राप्त कर चुके थे और 1960 के बाद उसी स्तर के रह-रहकर काम करते रहे। यूँ स्वाभाविक है कि कुँवर नारायण का बाद का लेखन अपने उसी उत्कर्ष पर कायम रहने या उससे ऊपर उठने की कोशिशों का लेखन रहा है। यह अवसर उन्होंने जो लिखा है उस पर बात करने का है जो नहीं लिखा है या जो उन से नहीं हो सका उस पर बात करने का नहीं। इन कोशिशों में ऊपर-नीचे होते रहना हर रचनाकार की नियति होती है।

अब एक और बात, ये दो कविताएँ जो मैंने बताईं, ये दोनों कविताएँ उनकी प्रतिनिधि कविताओं में नहीं हैं। 'पचास कविताएँ' कुँवर जी की चुनी गईं। पता नहीं किसने चुनी, नाम नहीं दिया है।

कुँवर जी स्पीड मोटर्स के डायरेक्टर्स में से थे। स्पीड मोटर्स लखनऊ की सबसे बड़ी या शायद एकमात्र उन कारों की एजेन्सी थी, जिसकी सारी कारें सरकार में खरीदी जाती थीं। एम्बेसडर कार। आज नई-नई गाड़ियाँ, दूसरी छोटी गाड़ियाँ लेने लगे हैं गवर्नमेण्ट डिपार्टमेण्ट, लेकिन पहले एम्बेसेडर ली जाती थी। उसके एकमात्र सप्लायर स्पीड मोटर्स के पास यह मामला था। और सिर्फ़ स्पीड मोटर्स ही नहीं था, स्पीड मोटर्स के पास अपना गैरेज भी था, स्पीड फाइनेन्स कार्पोरेशन भी था।

कुँवर जी कभी नहीं जाते थे वहाँ। कभी-कभार कॉफी हाउस में गए, बहुत भीड़ दिखी या कोई ऐसा आदमी दिखा जिसके साथ बैठना नहीं चाहते थे, तो कहा, क्वालिटी चलो। क्वालिटी में भी भीड़-भाड़ दिखी, तो कहा, चलो कॉफी पीनी है, स्पीड मोटर्स में चलते हैं। उनका कमरा खुलवाया जाता था। उनकी मेज़ पर, तुरन्त आकर एक आदमी साफ करता था। 'कुँवर जी, बैठिए।' कहते थे, 'कॉफी लाओ।' लेकिन वह कुछ फाइलें, कागज़ लेकर आ जाता था। 'भैया जी, साइन कर दीजिए यहाँ पर।' कहा, 'करेंगे, करेंगे, बाद में। अच्छा लाओ कर दें, जब तक कॉफी बनती है।' एक

कागज़ साइन कर दिया। कोई चैक आया, साइन कर दिया और बैठकर के, कक्कड़ साहब हैं या सुरेन्द्र तिवारी हैं या और कोई हैं, नरेश सक्सेना हैं। स्पीड मोटर्स में चाय-कॉफी। इसी काम के लिए स्पीड मोटर्स का उपयोग करते थे।

यानी इतने बड़े संस्थान-व्यवसाय और मैंने ज़िन्दगी में, जब तक लखनऊ में रहे, उनके घर किसी व्यवसायी को आते नहीं देखा। कोई ऐसा व्यक्ति मैंने नहीं देखा जिसे मैं जानता न हूँ। कारन्त आएँगे वहाँ तो मैं जानता हूँ कारन्त जी। कुमार गन्धर्व आएँगे तो मैं जानता हूँ कि कुमार गन्धर्व हैं। सत्यजित राय आएँगे तो मैं जानता हूँ। कोई ऐसा आदमी अपरिचित, जिससे कहें कि ये अशरफी लाल जी हैं, कभी नहीं। और अन्ततः वह सब छोड़-छाड़ कर चले गए। वह भी एक प्रसंग है।

एक बाबा ने उनके घर की पटरी पर कब्जा करके मन्दिर बना डाले और मन्दिर ही नहीं बनाया, मन्दिर पर तो दुकान भी चलती है और मिठाई बिकती है, वहाँ पर हार-फूल बिकते हैं और भजन तो भजन के कैसेट बिकने लगे वहाँ पर और लाउड स्पीकर पर दिन-रात भजन बजता रहता था। बाद में पता लगा कि लाउड स्पीकर वह नहीं बजवाता था, उसने वह किराये पर उठा दिया था कि तुम दिन-रात यहाँ भजन बजाओ और मुझे इसका किराया दो। मन्दिर से तो क्या प्रॉब्लम होती कुँवर जी को, लेकिन वो जो दिन-रात उनके सिर पर भजन बजता था, सारी खिड़कियाँ बन्द करने के बाद भी उन्हें परेशान करता था। मुख्यमंत्री से शिकायत की, मंत्रियों से कहलाया, मेरे से कहलाया, जाने किस-किस से, वह सबको जानते थे। बड़े परेशान, बोले, 'नरेश! मैं कोई काम नहीं कर पा रहा हूँ, मेरे सिर में दर्द रहता है। मैं क्या करूँ। मैं बड़ा परेशान हूँ।'

कुँवर जी के घर मैंने शरण पायी थी, अपने सबसे कठिन दिनों में। मेरे घर में, जबलपुर में, डकैती पड़ गई थी और मैं इलाहाबाद आया तो जो कुछ भी पास में रुपया-पैसा था वो चोरी हो गया। वहाँ से सीधा श्रीलाल जी के घर गया, वहाँ से कोई मेरा स्कूटर उठा ले गया। ऐसे दुर्दिन में मैं कुँवर जी के घर गया। पत्नी भी थी मेरी। छोटी बच्ची थी। वहाँ मैं रहा। बच्ची मरते-मरते बची अस्पताल में। डॉक्टर ने कहा, इसे तुरन्त ले जाइए घंटे भर के अन्दर। इस बच्ची को डिहाइड्रेशन हो गया है। मुझे मेरी पत्नी ने कहा कि कुँवर जी को फोन करते हैं। मैंने कहा, कुँवर जी को फोन करोगी तो कुँवर जी चप्पल पहनेंगे, कुर्ता पहनेंगे, भारती जी से कहेंगे, चलो, चाबी निकालेंगे, कार निकालेंगे बाहर, पेट्रोल नहीं हुआ तो पेट्रोल डलवाएँगे और 10 किलोमीटर आएँगे डॉक्टर की दुकान तक, और शाम सात बजे का वक्त है, हज़रतगंज पार करना है उन्हें, गाड़ी से, तो कुछ समय तो लग जाएगा। बीस-पच्चीस मिनट तो लग ही जाएगा, आधा घण्टा लग जाएगा कुँवर जी को।

मैं रिक्शे से ही चल दिया। रिक्शेवाले से यह कहकर कि जितना पैसा माँगोगे, मैं दे दूँगा, तुम जल्दी से जल्दी चलो। लेकिन कुँवर जी पता नहीं कितनी तेज़ी से आए होंगे कि मुझे क्रॉस कर गए। अस्पताल मुझसे पहले पहुँचे हुए थे। तो मानव

मूल्यों की, नैतिकता की बहुत बात हम करते हैं साहित्य में। जीवन में किसमें नैतिकता और कितने मानव मूल्य हैं, आज यह सोचने की बात है।

यह जो विषय है, 'भाषा, विषय-वस्तु'। हर रचनाकार का विषय तो जीवन होता है। जीवन के बारे में ही लिखता है। वैज्ञानिक का विषय जीवन नहीं होता। वह शोध करता रहता है पदार्थ पर। उसकी सीमा होती है। वह जानकारी करना चाहता है, पदार्थ का विश्लेषण करना चाहता है, उसके बाद जीवन में उसका क्या होगा, इसकी चिन्ता उसे नहीं होती, बाज़ार करता है। जिसका कब्जा होता है विज्ञान पर, जिसका कब्जा होता है बाज़ार पर, वह उसका उपयोग करता है, दुरुपयोग करता है, कुछ भी करता है। लेकिन साहित्य ऐसा नहीं करता, मनुष्य और मनुष्य का जीवन उसका विषय होता है।

कुँवर जी का समय और स्मृति एक ही वस्तु और मानव मूल्य उनकी अन्तर्वस्तु। ये कुँवर जी के यहाँ थे और मुझे तो शायद वह अकेले दिखते हैं ऐसे, जिनके साहित्य के जीवन मूल्यों से ज़्यादा बड़े जीवन मूल्य उनके जीवन में मैंने देखे। उस सब राजपाट को छोड़-छाड़ करके।

कुँवर जी की जो कविता अभी कोट की जा रही थी कि 'मैं बाज़ार जाता हूँ देखने के लिए/ क्या फ़ैशन चल रहा है/ और यह कि क्या-क्या बिक रहा है।' यानी कि आदमी भी किस भाव बिक रहा है आजकल और कितने सामान से भरा हुआ है बाज़ार और कितना मज़ा है कि मुझे उन चीज़ों की कोई ज़रूरत ही नहीं है।

आप कहते हैं कि वह नैतिकता के कवि हैं, वह अध्यात्म के कवि हैं, अरे ये तो भूमण्डलीकरण के विरोध के कवि हैं। ये क्या है, जब तक 'भूमण्डलीकरण' शब्द नहीं आ जाएगा और विरोध नहीं आएगा, तब तक भूमण्डलीकरण नहीं आएगा क्या? उसके कवि हैं। कुँवर नारायण जी अपने आप में कई अर्थों में बड़े कवि हैं।

कुँवर नारायण की एक कविता है और वह कविता भी शायद इसी 'तीसरा सप्तक' में है। शुरू में ही आ गई है वह कविता 'हम एक इशारा हैं दो भिन्न दिशाओं में/ हमसे होकर सदियों के प्रश्न गुज़रते हैं/ हम एक व्यवस्था हैं क्षणभंगुर जीवन की/ जो हर क्षण को सपनों से जीवित रखते हैं/ हम एक इशारा हैं दो भिन्न दिशाओं में।' अरे कुँवर जी! ये क्या है भाई? एक इशारा दो भिन्न दिशाओं में? ऐसा कौन-सा इशारा हो सकता है? ये इशारा सिर्फ चुम्बकीय सुई करती है। वो उत्तर-दक्षिण बताती है।

ये जो चुम्बकत्व है, आइंस्टाइन याद करते हैं इसे। वह छोटे थे, एक खिलौना लाया गया, उसमें एक चुम्बकीय सुई थी। वह हमेशा इधर से घुमा देते थे। छोड़ें तो इधर। बोले–यार, कोई ताकत लगा रहा है इसमें। दिख नहीं रहा, कौन ताकत लगा रहा है। आइंस्टाइन ने लिखा कि मैं बड़ा परेशान रहा कि कौन आदमी इसे घुमाता है, यहाँ तो कोई है नहीं, इसके अलावा इसमें कुछ है नहीं। बच्चे तो खिलौना तोड़कर भी देखते हैं कि अन्दर क्या है। अन्दर कुछ भी नहीं, बस सुई रखी हुई है। ये विचित्र है। इसका मतलब अदृश्य शक्तियाँ काम कर रही हैं। ये अदृश्य शक्ति को खोजने का काम और कुँवर नारायण इसको करते हैं। शुरू में कह देते हैं कि विज्ञान वही

काम करता है जो साहित्य करता है। विज्ञान क्या करता है? विज्ञान ऑब्जर्व करता है कि ऐसा है, ये चुम्बक की सुई ऐसे हो रही है। ये कैसे हो रही है और इसका क्या असर पड़ रहा है?

हम जीवन में देखते हैं, साहित्यकार भी जीवन में ऑब्जर्व करता है। हर कलाकार ऑब्जर्व करता है। जो देख नहीं पाता, निरीक्षण नहीं कर पाता, वह तो कुछ नहीं कर सकता, नकल कर सकता है। जो कलाकार है वह देखता है, ऑब्जर्व करता है, फिर सोचता है उसके बारे में कि क्या हो रहा है। हम एक सत्य को प्राप्त करते हैं, ताकि उसके सहारे फिर दूसरा सत्य प्राप्त कर सकें और प्राप्त सत्यों की एक संगठित शृंखला बना सकें। एक ऐसा सत्य, ऐसा क्रमिक सत्य जिसमें से एक के बाद हम एक सत्य को प्राप्त करें और उसे अन्तिम सत्य नहीं मानें, क्योंकि विज्ञान में अन्तिम सत्य कुछ नहीं होता।

जो मुझे प्रिय हैं

धर्मेंद्र गुप्त

कवि कुँवर नारायण आधुनिक साहित्य लेखन में एक ऐसा नाम है जो पिछले पचास वर्षों से, अपनी कलम से बराबर सक्रिय रहा है, और आज उनके नए कविता-संग्रह 'इन दिनों' को देख-पढ़कर साहित्य के प्रति आस्था और बढ़ जाती है। 'तीसरा सप्तक' के एक सहयोगी कवि, कुँवर नारायण का पहला कविता-संग्रह 'चक्रव्यूह' वर्ष 1956 में प्रकाशित हुआ था और अब वर्ष 2002 में उनका नया कविता-संग्रह 'इन दिनों' नई सदी में कदम रखते हुए सामने है। पचास वर्ष के इस लम्बे साहित्य से जुड़ाव के बीच छह कविता-संग्रह, एक कहानी-संग्रह, मेरे साक्षात्कार-भेंट वार्ताओं का एक संकलन, साहित्य अकादेमी में व्यक्त विचारों की एक छोटी सी पुस्तिका, संख्या में बहुत ज्यादा नहीं हैं पुस्तकें, लेकिन अपने प्रभाव में, और जीवन-मूल्यों की व्याख्या में, तथा समय-सच को ग्रहण करने में, इतनी गहराई लिए हुए हैं कि इन्हें बार-बार पढ़ने और विचार करने से अपने को मुक्त करना शीघ्र सम्भव नहीं हो पाता। बीता कल, वर्तमान और भविष्य क्या है इस पर कवि का कथन चकित कर देता है। जिसे हम 'नारा' मानकर अकसर झटके के साथ अपने से अलग कर देते हैं, वही विस्तार में भी और सूत्र-वाक्यों में भी उभरकर हमारे मन-मस्तिष्क को झकझोर देता है। ऐसे कवि-लेखक से मिलने की इच्छा का मन में होना स्वाभाविक था।

वर्ष 1956 में इलाहाबाद विश्वविद्यालय में एम.ए. की पढ़ाई पूरी कर के, और गुरुवर निराला जी को प्रणाम करके, घर वापस जाते हुए, जब लखनऊ से गुजरा तो कुँवर नारायण जी से मिलने से अपने को रोक न सका। यों भी उस समय की चर्चित पत्रिका 'युगचेतना' के प्रकाशन-सम्पादन के वह केन्द्र में रहे, लेकिन साहित्य में किसी प्रकार की दावेदारी या व्यर्थ के शोर से उन्होंने बराबर अपने को दूर रखा। इलाहाबाद में तो शोर ही शोर चारों ओर छाया रहता था। इसके बीच जो लिखा-पढ़ा जाता था वह भी अकसर शोर का एक हिस्सा बन जाता था। शोर चाहे राज्याश्रय के प्रश्न से जुड़ा हो या नई कविता से या फिर नई कहानी से, वामपंथ और व्यक्तिवादी सोच

की टकराहट तो जमीन-आसमान एक किए हुए ही थी। लिखा तो बहुत बाद में जाता था, क्या लिखा जा रहा है इसकी चर्चा पहले ही 'समवेत गान' के रूप में शुरू कर दी जाती थी। 'युगचेतना' नियमित निकल रही थी, लेकिन उसके पास न कोई शोर था, न कोई क्रान्ति कर देने का दावा। इलाहाबाद और लखनऊ में इतना अन्तर! चकित किए रहता था। इसलिए 'युगचेतना' के सम्पादक-प्रकाशक से मिलने की उत्सुकता और भी बढ़ गई।

लखनऊ मेरे लिए कोई अपरिचित शहर नहीं था। बहुत निकट से जाना-पहचाना शहर। वहाँ की सभ्यता और संस्कृति से मेरा गहरा जुड़ाव। थोड़े-थोड़े समय के लिए ही सही, वहाँ मेरा रहना भी हो चुका था। इसलिए लखनऊ के किसी स्थायी नागरिक से मिलने में कोई नयापन नहीं था, नयापन तो इसमें था कि मैं एक ऐसे व्यक्ति से मिलने जा रहा था जो एक ओर 'हिन्दुस्तान मोटर्स' के व्यवसाय से जुड़ा था तो दूसरी ओर काव्यलेखन और साहित्यिक पत्रिका के प्रकाशन से। मगर कुँवर नारायण जी से मिलने पर सारा संकोच दूर हो गया। फिर भी अपनी मुट्ठी में जो चन्द प्रश्न मैं उनसे पूछने के लिए दबाए हुए था, उन्हें काफी देर बाद ही सामने ला सका।

यह तो याद नहीं कि 'युगचेतना' को लेकर मेरी जिज्ञासाएँ क्या थीं, हाँ इतना अवश्य याद है कि वह बहुत आत्मीयता से मिले। कोई दुराव-छिपाव नहीं, कोई परायापन नहीं। शालीनता ऐसी जो आज तक मेरे मन को विनम्र बनाए हुए है। चाहते हुए भी मैं अधिक कुछ पूछ न सका। मेरे मन में उठे अनेक प्रश्न उभर आए, जहाँ लेखकों ने व्यर्थ की अकड़बाजी से कई बार मुझे बहुत कष्ट दिया था, लेकिन इस समय मैंने एक झटके में उसे दूर कर दिया और प्रयाग के पंडों के बीच से निकलकर मैं लखनऊ में बहती गोमती के किनारे की खुली हवा में आ गया।

उस समय तक कुँवर नारायण का केवल एक कविता-संग्रह 'चक्रव्यूह' प्रकाशित हुआ था। बातों के बीच 'चक्रव्यूह' का जिक्र आया तो मैंने पुस्तक देखने की इच्छा प्रकट की। पुस्तक जितना कुछ अपने कथ्य, भाषा-शैली में नयापन लिए हुए थी, उसकी मैंने कल्पना तक न की थी। मेरे पास एक कॉपी थी, (डायरी या नोटबुक रखने का तब फैशन नहीं चला था) मैंने जल्दी-जल्दी 'चक्रव्यूह' में से दो छोटी कविताएँ नोट कर लेनी चाहीं। उन्होंने प्रश्नसूचक दृष्टि से मेरी ओर देखा, तो मैंने बताया कि दिल्ली में जाकर मैं प्रेस लगा रहा हूँ, साहित्यिक पत्रिका निकालूँगा, उसी के लिए ले रहा हूँ। एक गहरी मुस्कराहट उनके चेहरे पर उभर आई। उन्होंने पेन उठाया और 'चक्रव्यूह' की प्रति 'आयाम' में समीक्षार्थ मुझे भेंट कर दी। आज भी वह पुस्तक मेरे पास है। मकान बदलने में और पुस्तकों के रखने के लिए, अपना मकान होने पर भी, ठीक से सुविधा न जुटा पाने के कारण जिल्द टूट-सी गई है, लेकिन पुस्तक साबुत है। मैंने अपनी प्रिय पुस्तकों के साथ उसे भी रखा हुआ है। बार-बार खोलकर पढ़ लेता हूँ, इसलिए छोटी कविताएँ तो याद हो गई हैं, जैसे एक कविता है–'वरासत'। एक बार पुनः पढ़ें–

कौन कब तक बन सकेगा कवच मेरा?
युद्ध मेरा, मुझे लड़ना
इस महाजीवन समर में अन्त तक कटिबद्ध

मेरे ही लिए यह व्यूह घेरा,
मुझे हर आघात सहना,
गर्भ-निश्चित मैं नया अभिमन्यु, पैतृक-युद्ध!

इसी प्रकार, 'ईश्वर का मनोवैज्ञानिक रूप', 'मैं जानता हूँ'...'शून्य और अशून्य', 'बंधे कदम', 'टपकती बूँद' आदि छोटी कविताओं ने बार-बार पढ़ने के लिए कुछ ऐसा घेरा कि याद-सी हो गईं। इसका यह अर्थ नहीं कि शेष कविताएँ 'पसन्द-नापसन्द' के बीच झूलती हैं। मुझे तो पूरा संकलन 'चक्रव्यूह' ही अपने निकट खींचता रहा है। उसमें संकलित कविताएँ सुख-सन्तोष देती हैं। पर जहाँ तक याद हो जाने का प्रश्न है, छोटी कविताओं के साथ थोड़ी सहजता रहती है। मगर याद का अब ऐसा कोई दावा नहीं। अब तो मैं अपने को ही ठीक से याद रख सकूँ तो भी बहुत है। हिन्दी के 'महाप्रभुओं' ने जिस घेरे में हिन्दी को ले लिया है उसमें कोई कुछ याद रख भी कैसे सकता है।...खैर एक अन्य कविता का उल्लेख किए बिना आगे बढ़ना कठिन हो रहा है, यह भी 'चक्रव्यूह' में संकलित है। शीर्षक है, 'मैं जानता हूँ...'

मैं जानता हूँ तुम धनाढ्य हो,
और मैं एक भिखमंगे का सवाल हूँ :

हज़ारों आवाज़ें, हज़ारों चुप्पियाँ
बेदर्द यही कहती हैं,
आगे बढ़ो...यहाँ क्या है
और मैं मानो
अज्ञात दिशा में नए दरवाज़ों की ओर
एक नाउम्मीद चाल हूँ :
मेरी बेअसर पुकारें
किसी हमदर्द को ढूँढ़ती ही रहीं,
बार-बार यही लगा
कि जिसे कोई नहीं जानता
तुम वो पता हो,
और जिसे किसी ने न सुना
मैं वो हाल हूँ।

इसी के साथ लम्बी कविता पर भी बात की जा सकती है। स्वयं कुँवर नारायण ने अपने साक्षात्कार में लम्बी कविता के बारे में कहा—"किस कद की कविता को

हम लम्बी कविता" कहेंगे इस बारे में निश्चित नहीं कहा जा सकता। न उसकी रचना को लेकर ही हम निश्चित हो सकते हैं कि वह प्रबन्धात्मक हो या मुक्तक से मिलती-जुलती हो या गीतात्मक हो। फिर भी लम्बी कविता की पहचान उतनी सरल है जितनी परिभाषा मुश्किल। जिसमें हम मुक्तिबोध की 'अंधेरे में' या सर्वेश्वर की 'कुआनो नदी' को रखते हैं। टी.एस. इलियट के 'वेस्ट लैंड' या 'फोर क्वार्ट्स' या नेरूदा के 'माचू पिच्चू' ने लम्बी कविता को इस सदी में एक निश्चित गरिमा दी है। मुक्तिबोध ने अपने को मुख्यतः लम्बी कविताओं का ही कवि स्वीकार किया है। उनकी लम्बी कविताओं का शिल्प ढीला-ढाला और शब्द प्रचुर हैं। छोटी कविताओं का शिल्प कसाव और तराश माँगता है।" (विनोद दास से बातचीत, मेरे साक्षात्कार, पृ. 45) कुँवर नारायण स्वीकार करते हैं "'लम्बी कविता' ने मुझे बराबर आकृष्ट किया है।"

कुँवर नारायण इस अर्थ में बहुत भाग्यशाली हैं कि उन्हें आचार्य नरेंद्रदेव, आचार्य कृपलानी, डॉ. राममनोहर लोहिया, आदि बड़े व्यक्तित्व वाले चिन्तक, विचारकों का साथ मिला। वह चाहते तो कभी के संसद में पहुँच जाते, लेकिन उन्हें शब्द शिल्पी बनना ही पसन्द आया, इस प्रकार अनजाने ही वह उन मध्यकाल के कवियों की कोटि में पहुँच गए जो 'सीकरी' से दूर रहकर जीवन और जगत् का सही मूल्यांकन कर सके।

आज 'दलित' शब्द को लेकर घड़ियाली आँसू बहुत बहाए जा रहे हैं। उसमें भी उनका स्वर अधिक मुखर है जो अपने कथा लेखन में घोर रोमांटिक रहे हैं। 'हरिजन' शब्द के स्थान पर 'दलित' शब्द का नारा लगा देने से क्या कोई 'पतित पावन' का पार्ट अदा कर सकता है? एक प्रश्न के उत्तर में कुँवर नारायण कहते हैं, 'ग़रीब के बारे में ग़रीब ही सोच सकते हैं-यह कि ग़रीब के बारे में वे नहीं सोच सकते जो ग़रीब नहीं हैं। इस तरह की धारणाओं से चलें, तो हम अजीब तरह के निष्कर्षों पर पहुँचेंगे और यह मानना पड़ेगा कि मार्क्स, लेनिन, गाँधी और माओ ग़रीबी के बारे में यह नहीं सोच सके या ग़लत सोचते रहे क्योंकि वे लोग खुद काफी ग़रीब नहीं थे। देखिए असली बात है कि मनुष्य को लेकर आपकी संवेदना कितनी उदार, सच्ची और विस्तृत है। यह मानवीयता अगर आप में नहीं है या कम है तो आप आदमी के बारे में ग़लत सोचेंगे और उसकी ग़रीबी-अमीरी को लेकर भी ग़लत माने निकालेंगे।'

'ग़रीबी एक बहुत बड़ा अभिशाप है और उसे मिटाना सबसे पहली ज़रूरत है-इसे दूसरी तरह सोचा ही नहीं जा सकता। मैं, या कोई भी रचनाकार की हैसियत से इस पीड़ा से पीड़ित न हो तो वह रचनाकार हो ही नहीं सकता यह मेरा विश्वास है।'

'ग़रीबी, फटेहाली, अशिक्षा आदि हमेशा बनी रहने वाली स्थितियाँ नहीं चुनौतियाँ भी हैं जिनसे जूझना ज़रूरी है-एक गाँधी के आत्मविश्वास के साथ।' (पृ. 79)

कुँवर नारायण को यात्राएँ बहुत प्रिय रही हैं। दूसरे विश्वयुद्ध में नष्ट हुए पोलैंड को उन्होंने देखा, फिर वहाँ के नागरिकों के निर्माण के संकल्प से नए रूप में भी

पोलैंड को उन्होंने देखा। वह मानते हैं कि भारत का इतिहास ईसा के छठी सदी पहले भगवान् बुद्ध के जीवन-काल से लिपिबद्ध होता है।

अयोध्या को केन्द्र में लेकर लिखी उनकी कविताएँ मानवीयता के पक्ष को प्रस्तुत करती हैं। 'अयोध्या, 1992' बार-बार पढ़ने का मन होता है, और हर बार मन अन्दर तक काँप जाता है। चकित कर देता है कवि की दृष्टि में समाया 'सच'। छब्बीस पंक्तियों की इस कविता की बीच की कुछ पंक्तियाँ हैं–'इससे बड़ा क्या हो सकता है/हमारा दुर्भाग्य/एक विवादित स्थल में सिमट कर/रह गया है तुम्हारा साम्राज्य/...अयोध्या इस समय तुम्हारी अयोध्या नहीं/योद्धाओं की लंका है/'मानस' तुम्हारा चरित नहीं/चुनाव का डंका है।' (कोई दूसरा नहीं, पृ. 70)

कुँवर नारायण ने अपने जीवन में और अपने लेखन में, किसी तरह का ढीलापन नहीं आने दिया। गजब का कसाव मिलता है उनकी रचनाओं में। वह जो कहते हैं उसका प्रभाव स्थायी होता है। कुछ पंक्तियाँ तो 'सूत्र वाक्य' की तरह उभरती हैं। 'इन दिनों' कविता-संग्रह में अन्तिम कविता 'अमीर खुसरो' राज्याश्रय पर सीधी चोट करती है। इसकी गूँज किसी काल विशेष में नहीं बांधी जा सकती। राजकीय वैभव और व्यवस्था से मिली बंदिशों और मन पर पड़ी गहरी खरोंचों का दर्द, कविता में रह-रहकर उभरता है।

किसी नवाब ने कहा था, 'लखनऊ मुझ पर फिदा है, मैं फिदाए लखनऊ।' कुँवर नारायण अपनी कलम से ऐसा कुछ घोषित नहीं करते। हाँ, लखनऊ की तहजीब और तमीज़ के प्रभाव को अपनी कविता 'भूल चूक लेनी देनी' में जो 'कोई दूसरा नहीं' संग्रह के अन्त में दी गई है, विनम्रता के साथ मात्र आठ पंक्तियों में व्यक्त करते हैं, इस प्रकार–

कहीं कुछ भूल हो
कहीं कुछ चूक हो कुल लेनी देनी में
तो कभी भी इस तरफ़ आते जाते
अपना हिसाब कर लेना साफ़
ग़लती को कर देना मुआफ़
विश्वास बनाए रखना
कभी बन्द नहीं होंगे दुनिया में
ईमान के खाते।

इसी संग्रह, 'कोई दूसरा नहीं' में एक लम्बी कविता है, 'एक जन्मदिन जन्म स्थान पर...'। मैं कहना चाहता हूँ इसे, 'देसी वातावरण में उभरी देसी कविता।' प्रारम्भ की छह पंक्तियों के बाद की छह पंक्तियाँ इस प्रकार हैं–

घोड़ी बेच घिर्राऊ रिक्शा ले आए,
इक्का दिन बीते, अब रिक्शा दिन आए,

एक जून दाल भात, एक जून चना,
भरते पेट घोड़ी का कि भरते पेट अपना :
जान लिए लेटी है रिक्शा की खिंचाई,
बाक़ी कमर तोड़ रही बढ़ती महँगाई।

क्या यह मेहनतकश आम आदमी की ज़िन्दगी का एक दुःखद पक्ष नहीं है? यह भावुकता में लिखी गई लम्बी कविता नहीं है, बल्कि मनुष्य का मनुष्य के दुःख में सही भागीदारी है। कविता की अन्तिम पंक्तियाँ हैं–

दिल्ली में दो कमरे : सपनों में गाँव :
कभी इस पाँव खड़े कभी उस पाँव :
यह कैसा दिशा–बोध घबराया घबराया–
यह चेहरा बदहवास, वह चेहरा कुम्हलाया...

कवि कुँवर नारायण के काव्य-लेखन पर पुस्तकें लिखी जानी चाहिए। कोई एक सम्पादकीय, लम्बा लेख, या बातचीत उनकी महत्त्वपूर्ण काव्य-उपलब्धियों के लिए काफी नहीं है।

और अन्त में कह सकते हैं कि 'नई कविता' में अद्‌भुत 'लय' से जुड़ाव है, जो अकसर देखने में नहीं आता।

कविता में मेरा सबसे बड़ा सरोकार है भाषा

मुद्राराक्षस

छपने लायक बातचीत करने के लिए जब मैं कुँवर नारायण के घर पहुँचा तो हलकी-हलकी बारिश हो रही थी। संयोग से कथाकार रवींद्र वर्मा भी वहीं मिल गए।

कुँवर नारायण से भेंटवार्ता की औपचारिकता मेरे लिए मुश्किल काम था लेकिन रवींद्र वर्मा की उपस्थिति से यह काम थोड़ा आसान हो गया।

यह बातचीत तीन प्रसंगों को लेकर हुई। एक प्रसंग बचपन से अब तक के उनके जीवन क्रम से सम्बन्धित था, दूसरा उनके विचारों से और तीसरा उनके अपने रचना-कर्म और समकालीन रचना-संसार से जुड़ा हुआ।

कुँवर नारायण से शायद ही किसी की बातचीत हलके ढंग से शुरू हो लेकिन वह बोझिल कभी नहीं होती। उसमें आभिजात्य या कलफ जैसी चीज भी दिखाई नहीं देती गोकि इसके सारे सम्भव कारण मौजूद हैं लेकिन अकसर पहली बार मिलने वाला व्यक्ति ये कारण भी खोज नहीं पाता।

मसलन वे समृद्ध हैं पर वह दिखाई सिर्फ उतनी देती है जितनी उनकी सुरुचि इजाजत देती है। कुँवर के बारे में यह सब लिखा जाए वह भी उनके व्यक्तित्व के लिए काफी हद तक बेमौजूं है।

लेकिन एक बड़े और संवेदनशील कवि के रूप में उन्होंने जो कुछ भी लिखा है उसकी बुनियाद समझने के लिए उनकी यह पृष्ठभूमि बहुत काम आती है।

मैंने एक बहुत सीधा सवाल किया—आपके पिताजी क्या करते थे?

कुँवर खुद एक बड़े व्यवसायी हैं। कुछ और बातें भी इस सिलसिले में बहुत कम लोग ही जानते हैं मसलन, देश के कुछ बड़े उद्योगपति घरानों से उनके परिवार के सम्बन्ध। लेकिन इन सम्बन्धों की या उनके मोटर व्यवसाय की कोई छीलन-कतरन उनके आसपास ही क्या, उनके घर में भी दिखाई नहीं देगी।

उन्होंने बताया कि उनके पिताजी सिर्फ ज़िन्दगी को अपनी पसन्द और अपनी जिद के साथ जीते थे, बस। और यही वजह थी कि कुँवर के चाचा कृष्णा जी कुँवर को पिताजी के रास्ते पर चलने से बचाना जरूरी समझते थे।

उनके बचपन के बारे में उनसे कुछ रोचक और महत्त्वपूर्ण बातें मालूम हुईं। इन बातों का महत्त्व वे लोग खास तौर से महसूस करेंगे जो आने वाले दिनों में कुँवर के साहित्य पर गवेषणात्मक काम करेंगे। उन्हें इस बात की पड़ताल करने में आसानी होगी कि भारतेंदु हरिश्चंद्र, जयशंकर प्रसाद या फिर टॉल्स्टॉय जैसे रचनाकार अपने परिवेश को पारदर्शी कैसे बनाते रहे होंगे और वह क्या होता है जो बुनियादी तौर पर रचना विरोधी होकर भी रचनाधर्मिता को उसकी शर्तें तोड़े बगैर आसान बनाता है।

कुँवर के बचपन की तस्वीर बहुत कुछ बर्ट्रेंड रसेल के बचपन से मिलती-जुलती है। शाही बग्घी के आदी रसेल को साइकिल से गिर पड़ने की कीमत पर भी बर्नाड शॉ के साथ पढ़ने जाना अच्छा लगता था। देश में पहली बार जो मोटर गाड़ियाँ आई थीं उनमें से कुछ के स्वामी का बेटा होने पर भी मोटर को बैठने के लिए इस्तेमाल करने के बजाय कुँवर उसके बोनेट का इस्तेमाल एक निहायत देहाती फल, गोंदनी तोड़ने के लिए करते थे और अकसर जेबों में इतनी गोंदनी ठूंस लेते थे कि कपड़े खराब हो जाया करते थे।

मनोविज्ञान की नजर से यह बहुत छोटी सी बात भी कुँवर के उस वक्त के चरित्र की बुनावट समझने में सहायता करती है। जिस सामंती समृद्धि में कुँवर पल रहे थे वहाँ दो सम्भावनाएँ थीं। पहली यह कि बच्चा अपनी सुविधाओं के बारे में बहुत आश्वस्त हो और उसकी पहली फिक्र यह हो कि गोंदनी मिले या न मिले, कपड़े साफ-सुथरे रहें। दूसरी सम्भावना कुँवर खुद हैं। घर के बाहर बहुत लम्बे-चौड़े दरख्त में लगने वाली गोंदनी के गुलाबी रसीले और हलके मीठे दाने न अंगूर होते हैं और न ही चेरी। ये दाने एक ऐसा देहाती फल होते हैं जिन्हें आसपास के हर हैसियत के बच्चे बाँस या पत्थर से तोड़ते हैं और खेल की तरह खाते हैं।

ऐसा फल जिससे समाज के किसी बच्चे की आर्थिक हैसियत का कोई रिश्ता नहीं अगर कोई बच्चा कपड़े खराब हो जाने की कीमत पर भी जेब में भरकर घूमता है तो निश्चय ही उसकी मोटर किनारे खिसककर उसे एक ज्यादा यथार्थ ज़िन्दगी से जुड़ने की जगह दे देती है।

मजे की बात यह है कि कुँवर ने उन दिनों रुचि से खाए जिस दूसरे फल का नाम लिया वह भी सेब या अनार की तरह विशिष्ट नहीं है। उनकी उस वक्त की पसन्द का दूसरा फल था—कमरख। यह दिलचस्प अनुभव था कि आकृति और स्वाद के कई ब्योरे देने के बाद भी रवींद्र वर्मा ने इन दिव्य फलों से अनभिज्ञता जाहिर की।

कुँवर सिनेमा के रसज्ञ हैं। दुनिया के अच्छे सिनेमा के इतिहास और तंत्र के वे एक अधिकारी समीक्षक हैं। सत्यजित रे और ऋत्विक घटक उनके निकट मित्र रहे हैं जैसे संगीत और नृत्य की दुनिया में पंडित जसराज और संयुक्ता पाणिग्रही। संगीत में भी उनकी पैठ खासी प्रामाणिक है और आचार्य बृहस्पति या ठाकुर जयदेव सिंह से उनके संवादों में हिचक कहीं नहीं दिखाई देती। यह मैं खुद देख चुका हूँ।

सिनेमा के सबसे पुराने अनुभव का जिक्र करते हुए उन्होंने बताया कि बचपन में वे उन मूक चित्रों को तम्बू की उन दरारों से देखने की सफल और अकसर असफल कोशिश करते थे जिन दरारों से आसपास के बीसों बच्चे झाँकते हुए भगाए जाते थे। तम्बू के अन्दर तबला-हारमोनियम लेकर बैठे कलाकार परदे की घटनाओं के संवाद भी बोलते थे और गाते-बजाते थे।

अपने समय के बड़े लोगों से उनके परिचय और साक्षात् का सवाल करते हुए मैंने डॉ. भगवान दास के बारे में पूछा। मेरा उद्देश्य यह जानना था कि एक कम विख्यात लेकिन देश की एक बहुत बड़ी प्रतिभा के बारे में उनका क्या विचार है। सहसा इसके उत्तर में श्रीमती भारती नारायण बोल पड़ीं वे तो हम लोगों के निकट सम्बन्धी थे।

बचपन में हम लोग उनसे मिलने जाया करते थे। कुँवर ने बताया : वे थोड़ा रुक-रुककर बोलते थे।

सबसे ज्यादा निकट स्मृतियाँ आचार्य नरेंद्रदेव की हैं जिन्हें कुँवर बहुत सावधानी और आत्मीयता से सुनाते हैं। उनके अनुभव ऐसे बहुत से हैं जब आचार्य नरेंद्रदेव और आचार्य कृपलानी आपस में लम्बी बहसें करते थे और वे उन्हें सुनते थे।

किसी की रचनात्मक और बौद्धिक चेतना के विकास में किन्हीं बड़े लोगों के संवाद का लम्बे समय तक श्रोता होना बहुत मदद करता है। ऐसा संयोग एक तरफ तो चुनौती खड़ी करता है और दूसरी तरफ जिज्ञासा बढ़ाता है।

यह जिज्ञासा कुँवर की बहुत बड़ी पूँजी है। मैंने इसी मोड़ पर सवाल किया, आप पश्चिम के किस दार्शनिक को पसन्द करते हैं?

बिना हिचक कुँवर ने कहा—कांट। एमैन्युअल कांट। क्रिटीक ऑफ प्योर रीजन।

दूसरा दार्शनिक उन्हें विटगेन्स्टाइन अच्छा लगता है।

इस पसन्द को कुँवर की मशहूर कृति 'आत्मजयी' से जोड़कर देखा जा सकता है। 'आत्मजयी' औपनिषदिक आख्यान नचिकेता की कथा पर आधारित है। नचिकेता बच्चा है पर तर्क करता है। पिता खीजकर उसे यम को दे देता है। नचिकेता यम से भी सवाल करता है। ये सवाल-जवाब इस देश के दर्शन का एक महत्त्वपूर्ण अध्याय हैं। किसी हद तक कांट और विटगेन्स्टाइन भी इसी मानवीय जिज्ञासा की पड़ताल करते हैं। लेकिन सबसे रोचक अनुभव है नचिकेता की उस तार्किक जिद को कुँवर के उस बचपन में देखना जिसमें वे आचार्य नरेंद्रदेव या डॉ. भगवान दास जैसी बड़ी प्रतिभाओं के संवाद सुनते हैं। भले ही अपनी जिज्ञासा स्थगित रखते हुए।

संस्कृत साहित्य की दार्शनिक परम्परा का जिक्र एक बहाने से आया। रवींद्र वर्मा ने जिज्ञासा की कि क्या जरूरी है कि साहित्यकार बड़ा दार्शनिक भी हो? सन्दर्भ था निराला का वेदांत।

इलियट दर्शन के ही विद्वान् थे। कुँवर ने संस्कृत के बड़े रचनाकारों के ऐसे बहुत से उदाहरण दिए जो बड़ी दार्शनिक प्रतिभा थे और इस सिलसिले में उन्होंने

अपने प्रिय ग्रंथ 'ध्वन्यालोक' का जिक्र किया। 'ध्वन्यालोक' की प्रशंसा मणिकौल जैसे संवेदनशील फिल्मकार बहुत सम्मान से करते रहे हैं।

आनन्दवर्धन या अभिनवगुप्त जैसे साहित्य चिन्तक बहुत बड़े दार्शनिक थे और संस्कृत में चिन्तन और रचना का बहुत सीधा सम्बन्ध दार्शनिक विचार परम्परा से रहा है। कुँवर ने यह बात इस आत्मस्वीकार के साथ कही कि उनकी रचनाएँ दार्शनिक विवेक की दुनिया में खड़ी होती हैं।

आपका सबसे बड़ा सरोकार क्या है, कविता में? मेरे इस सवाल के उत्तर में उन्होंने अपनी बात इस तरह रखी जैसे उन्होंने बहुत यत्न से पहले ही अपने प्रमुख कथ्य के रूप में स्वीकार कर रखा हो।

भाषा–कुँवर ने कहा : भाषा कैसे, कहाँ और कितनी अवमूल्यित हुई है इस बात की पड़ताल और भाषा के मनुष्य से सम्बन्ध की पहचान। भाषा के चरित्र से मनुष्य और समाज का बोध कहाँ–कितना जुड़ पाता है यह देखना।

निश्चय ही उन्होंने इस बात को अपनी यत्नसिद्ध, बेहद रेशमी और पारदर्शी भाषा में कहा जिसे मैं अपने ढंग से समझकर दे रहा हूँ, लेकिन इस विश्वास के साथ कि मेरे शब्द मूल के भाष्य भले हों, मूल के अर्थ से अलग नहीं हैं।

यहाँ 'एपिस्टेमॉलॉजी' यानी ज्ञान दर्शन का जिक्र भी हुआ जो कुँवर का प्रिय विषय है।

अत्यधिक विस्तार भय से हमने समाजशास्त्र, इतिहास, इतिहास दर्शन, सौन्दर्यशास्त्र, विज्ञान आदि उन तमाम विषयों पर बातचीत नहीं की जिनमें कुँवर का अध्ययन किसी क्षेत्र को भी चकित कर सकता है। यह भी ध्यान देने की बात है कि कुँवर ने स्नातकोत्तर शिक्षा अंग्रेजी विषय में पाई पर इसका कोई जिक्र उनके बयानों में कभी नहीं होता।

पहला लेखन कब किया?

बहुत देर से, एम.ए. करने के बाद।

कुँवर के साथ रघुवीर सहाय भी लखनऊ विश्वविद्यालय में पढ़ते थे। जैसा कुँवर ने जाहिर किया, रघुवीर सहाय कुँवर के साहित्य में आने में बहुत सहायक सिद्ध हुए। लगभग बाध्य किया रघुवीर ने। 'प्रतीक' अज्ञेय निकालते थे। रघुवीर उसमें शायद सहायक सम्पादक थे। उन्होंने कुँवर से कुछ विदेशी कवियों के अनुवाद प्राप्त करके कुँवर के साहित्य प्रवेश की राह खोली। यह बहुत महत्त्वपूर्ण बात है कि किसी लेखक को अपनी रचना यात्रा में रघुवीर जैसा साथी मिल जाए। कुँवर को ऐसा साथी मिला।

कुँवर निराला को बहुत पसन्द करते हैं। अज्ञेय से भी उनका निकट सम्बन्ध रहा है। अज्ञेय स्वयं कुँवर को महत्त्वपूर्ण समकालीन कवियों में से एक मानते रहे हैं। मैंने एक सीधा सवाल पूछा–अज्ञेय की कविता के बारे में आपके क्या विचार हैं?

प्रतिकूल टिप्पणी में कुँवर कंजूस नहीं हैं लेकिन उनके सौन्दर्यबोध से वह ज्यादा जुड़ती नहीं है। उन्होंने हलके संकोच से कहा कि 'हरी घास पर क्षण भर' के बाद

अज्ञेय में यत्नसाध्यता आती गई। वे सहज कवि नहीं रहे यानी उनकी कविता बनावटी होती गई।

यह कुँवर के एक लम्बे बयान का सार है इसलिए अज्ञेय के भक्त इन्हें ही उद्धृत न करें, सिर्फ आशय ग्रहण करें।

मुक्तिबोध की कविता के बारे में भी कुँवर बहुत उत्साहित नहीं हैं। बल्कि उन्होंने कहा भी कि शायद उनके मराठी भाषी होने के कारण ही उनमें कविता अकसर बहुत अनगढ़ है।

अन्त में एक रोचक प्रसंग–बहुत से रचनाकारों के कुछ प्रेम प्रसंग भी होते हैं और किशोर अवस्था या छात्र काल के अनुभव रचनाकार में बहुत दिन जीवित रहते हैं।

मैंने सवाल किया–आपका कोई प्रेम प्रसंग?

इसका उत्तर कुँवर से पहले ही उनके स्थायी प्रेम प्रसंग भारती नारायण ने [illegible]–विश्वविद्यालय में जब पढ़ते थे तब एक लड़की थी–

कुँवर ने जोड़ा–रघुवीर और मैं दोनों ही उसे चाहते थे। उसका नाम भी उन्होंने बताया।

भारती जी बोलीं–इन लोगों ने उसके नाम अंग्रेजी में एक कविता का कार्ड भी छपाया था।

यह बड़ी और महत्त्वपूर्ण बात है कि रघुवीर और कुँवर जहाँ जीवन के बहुत से संवेदनशील क्षणों की हिस्सेदारी करते हैं वहाँ आगे चलकर वे देश और समाज की नियति के सबसे कद्दावर भाष्यों में भी साझेदार रहते हैं।

कवि-छवि में नहीं, मनुष्य की छवि में विश्वास करने वाले कवि

लीलाधर जगूड़ी

कुँवर नारायण हिन्दी के एक ऐसे कवि हैं जिनके बहाने मैं अपने समय के हिन्दी जगत् की कई घटनाओं को याद करना चाहता हूँ। इस सवाल से भी आमना-सामना करना चाहता हूँ कि कविता बड़ी होती है या कवि की छवि बड़ी होती है। यानी रचना बड़ी होती है या रचनाकार बड़ा होता है? जितनी बार लखनऊ से बाहर या लखनऊ में विचार-गोष्ठियों में उनके और उनके द्वारा प्रतिपादित विचारों के सम्पर्क में आया, उतनी बार यह धारणा पुष्ट होती चली गई कि रचना बड़ी होती है और उसी से रचनाकार भी बड़ा होता जाता है। कुँवर नारायण हमेशा अपनी रचना और अपने विचारों से बृहत्तर होते दिखाई दिए हैं। उनकी गम्भीरता में हमेशा एक उत्फुल्लता मौजूद रहती है जो उनकी कविताओं में भाषा के खिलंदड़ेपन के साथ उछाल मारती दिखती है। उनकी कविताओं में अनुभूति की सूक्ष्म धड़कनें और मानसिक जड़ता पर पड़ती हथौड़े की चोटें, दोनों एक साथ सुनाई देते हैं। वे परिवर्तन के नाम पर पूर्ण विनाशक और संहारक शक्तियों का समर्थन नहीं करते। बुराइयों से लड़े जा रहे युद्ध में जीवन की गरिमा बचाए रखने वाले तत्त्वों को संवारने और संजोने में उनकी पक्षधरता ज्यादा दिखाई देती है। उनकी कविता में पानी की लहरें भी चाकू जैसी उथल-पुथल मचा देती हैं।

कुँवर नारायण पीढ़ियों के बीच हर बार नए बनते सेतु के रूप में दिखते हैं। उस पुल का एक थूहा भले ही इतिहास में हो लेकिन दूसरा थूहा अपने समय की नई पीढ़ियों के बीच होता है। उनकी कविता इतनी सहज, सशक्त, संक्रमणशील है कि उन्हें वर्तमान में आने और होने के लिए इतिहास के साथ-साथ समय, समाज और अपने अस्तित्व की पुनर्रचना में संघर्षरत देखा जा सकता है। कविता के लिए जीवन का नया तथ्य और नई भाषा उपजाने में जुटे मेहनतकश मनुष्य के रूप में उन्हें अनदेखा नहीं किया जा सकता। उनके बहाने हिन्दी समाज में कवि की छवि पर एक नजर डालने के लिए थोड़ा इतिहास से ही शुरू करते हैं जो उनका प्रिय विषय भी है और जहाँ जूझते हुए वे अपने समय के लिए कुछ ऐसे सवाल भी चुन लाते हैं जो आधुनिक प्रश्नों से बाहर नहीं लगते।

वैचारिक उत्तेजना और आनन्द पैदा करने के लिए भारतीय परम्परा में अनावश्यक बौद्धिक अंधकार के विरुद्ध आवश्यक प्रकाश देने वाला व्यक्तित्व कवि का भी माना गया है। यह भी कि जहाँ बड़े-बड़ों की नजर चूक जाती है वहाँ कवि की नजर अचूक रहती है। अनुभवों और अनुभूतियों का आस्वाद और प्रतिसंसार रचने वाले ऐसे व्यक्तित्वों को स्वयंभू और स्रष्टा तक कहा गया है। शायद इसलिए भी कि कविता में खुद का पिता और बेटा, गुरु और शिष्य, दोनों होना पड़ता है। संगीत और नृत्य आदि कलाओं की तरह गुरु से गंडा बंधवाकर कविता न सीखी जा सकती है और न रची जा सकती है। कविता किसी भी व्यक्ति का अपना स्वाध्याय और अपना उपार्जन है। लेकिन हर कविता के पीछे एक सतर्क व्यक्ति निरन्तर सक्रिय है, जिसे व्यक्ति न कहकर कवि कहा जाता है।

हिन्दी में तीन प्रकार के कवि मुख्यतः पाए जाते हैं–(1) वे जो कवि की छवि बनाए रहते हैं मगर कविता की छवि को गा-बजाकर और खा-कमाकर नष्ट करते रहते हैं। (2) वे जो कवि और कविता की छवि दोनों को बचाए रखने की पूरी कसरत में जीवन जीना भूल जाते हैं और अपनी छवि के बाड़े में ही अपने को बन्द कर देते हैं। (3) वे जो कविता की छवि बनाने में अपनी छवि को गौण बनाए रहते हैं और कभी-कभी तो बिगाड़ भी देते हैं। मुझे इनमें से तीसरी श्रेणी के कवि कविता के ज्यादा हितैषी दिखाई देते हैं। हिन्दी में कवि की छवि का जो विस्तार और ह्रास हुआ है, उसका अध्ययन काफी अज्ञात और दिलचस्प निष्कर्ष सामने ला सकता है बशर्ते हम मुख्य रूप से कविता को केन्द्र में रखकर बात करें।

कवि और कविता की छवि बनाए रखने में आधुनिक काल में तीन लोग विशेष रूप से अलग चमकते हुए दिखते हैं। सुमित्रानंदन पंत, निराला और अज्ञेय। ये उन व्यक्तित्वों में आते हैं जिन्होंने कविता को तो अलग रूप दिया ही, कवि के व्यक्तित्व की भी स्थापना और पहचान बनाई। ऐसे भी कवि हुए हैं जिन्होंने कवि होने के लिए छवि की ज्यादा परवाह नहीं की बल्कि वे जैसे थे वही उनकी छवि बन गई। उनमें भारतेंदु हरिश्चंद्र, जयशंकर प्रसाद और मुक्तिबोध प्रमुख हैं। इन्होंने कविता के व्यक्तित्व को तो बदला किन्तु अपने व्यक्तित्व को आम तौर पर कामकाजी मनुष्य के रूप में ही बनाए रखा। आगे चलकर इसमें एक नाम शमशेर का भी जोड़ा जा सकता है। यद्यपि आधुनिक काल में भारतेंदु बाबू और निराला ने कवि की कुछ-कुछ विद्रोही और कुछ-कुछ रूमानी छवि भी बनाए रखी, लेकिन कवि होने के अलावा नागरिक जिम्मेदारी का भाव भारतेंदु में अधिक दिखता है। अत्याधुनिक कवियों में यह नागरिक भाव सबसे ज्यादा रघुवीर सहाय, कुँवर नारायण और विजयदेवनारायण साही में दिखता है।

एक समय ऐसा भी था जब हिन्दी समाज में कवि होने का अर्थ था गरीब, गैर-जिम्मेदार और कमजोर चरित्र वाला व्यक्ति, जिसे सिर्फ खयालों की दुनिया में जीने वाला, नितांत अव्यावहारिक और गैर-दुनियादार माना जाता था। यथार्थ और प्रतियोगिताओं से उसका कोई सम्बन्ध नहीं दिखता था, यानी जिसके लिए यह पूछना

पड़ता था कि हो तो कवि लेकिन करते क्या हो? यह आधुनिक युग की देन है कि कवि को भी काम करते, खाते-पीते, जिम्मेदार व्यक्ति के रूप में देखा जाने लगा। कवियों की अभिक्षुक व आधुनिक छवि के निर्माण में भारतेंदु, जयशंकर प्रसाद और कुँवर नारायण की भूमिका महत्त्वपूर्ण रही है। इन तीनों कवियों ने रुपए और रुतबे के बल पर साहित्य में अपना स्थान नहीं बनाया। बल्कि हिन्दी भाषा को अपने अधिकतम बौद्धिक सहयोग से आधुनिक काव्य भाषा के अनुकूल बनाकर कवियों के व्यक्तित्व में कामकाजी आदमी का जिम्मेदारी भरा सामाजिक सरोकार भी शामिल किया। निराला की कविता ने आधुनिक कवियों को भले ही सबसे ज्यादा प्रभावित किया हो लेकिन छवि के मामले में उनका सम्प्रदाय सुमित्रानंदन पंत से आगे नहीं बढ़ पाया।

आधुनिक समय में कवियों के व्यक्तित्व को पारम्परिक कवियों की छवि से अलग करने में कई अन्य महत्त्वपूर्ण कवियों का भी योगदान रहा है। जिन्होंने पंत और निराला की तरह न बाल बढ़ाए, न वेशभूषा अलग तरह की रखी। उनमें मैथिलीशरण गुप्त, हरिवंशराय बच्चन, रामधारी सिंह दिनकर और सच्चिदानंद हीरानंद वात्स्यायन 'अज्ञेय' प्रमुख थे। अज्ञेय ने चूँकि कहानियाँ और उपन्यास भी लिखे हैं इसलिए कवियों की अपेक्षा बहुत से कहानीकारों ने दाढ़ी और गाड़ी को ईर्ष्या का विषय मान लिया। कुछ कवियों और कहानीकारों ने उनकी सुरुचि, मितभाषिता और सौन्दर्य दृष्टि की आंशिक नकलें करने की कोशिश जरूर की लेकिन उनका अपना असली स्वभाव इतना कमजोर नहीं था कि अनुकरण उन्हें बदल पाता। पेड़ पर घर बनाने के लिए आदमी को दूसरी तरह का खग (पंछी) होना चाहिए। जिसके पास कई तरह की फुरसतें हों और आर्थिक सुरक्षा की मजबूत सीढ़ी भी हो। क्योंकि आदमी के असली पंख उसी से फड़फड़ाते हैं, फिर भी जीवन शैली के मामले में आधुनिक लेखकों को अज्ञेय और मोहन राकेश ने काफी प्रभावित किया।

थोड़ा और पीछे जाएँ तो भक्तिकाल में सूर, कबीर, तुलसी और मीरा के साथ-साथ रैदास, दादू, मलूकदास इत्यादि दलित संत कवियों ने भी अपने समय के कवियों की छवि निर्मित करने का काम किया है। वह एक कामकाजी मनुष्य की निस्पृहता की छवि है, निरे भक्त या संत बने रहने की नहीं। कबीर अगर कपड़ा रंगते और बुनते थे तो जाहिर है कि वे कपड़ा बेचते भी होंगे। तुलसी हर वक्त राम के पूजा-पाठ में ही व्यस्त नहीं रहते थे। बल्कि उन्होंने संस्कृत नाटकों के बाद काव्य कथा का एक 'थिएटर' भी विकसित किया जिसे 'रामलीला' के नाम से जाना जाता है। वे अपनी कविता और उसके पात्रों को किसी भी समय और समाज में पैदा हुए लोगों के भीतर तलाश रहे थे।

सभी बड़े कवियों ने अपने कामकाज के प्रति बेहद आदर और प्रेम का सम्बन्ध दिखाया है लेकिन हिन्दी में अत्यन्त दुर्भाग्यपूर्ण अवधारणा रही है कि एक सम्पन्न आदमी न अच्छा व्यक्ति हो सकता है और न अच्छा कवि। ठठेरी बाजार के भारतेंदु के बाद दालमंडी की दुकान पर सौदा-सुलुफ बेचते और काम करते हुए जीने और लिखने

वाले कवि की छवि जयशंकर प्रसाद ने और नौकरी करते हुए लेखक बनने की छवि प्रेमचंद ने स्थापित की। मुझे कुँवर नारायण भी कबीर और प्रसाद की तरह बाजार में खड़े दिखते हैं। इन सब रचनाकारों से अलग कवि की केवल बाहरी छवि को स्थापित करने वाले अद्यतन इतिहास में सिर्फ एक ही कवि हुए हैं—सुमित्रानंदन पंत।

छायावादी कविगण कविता चाहें प्रकृति, विरह-मिलन और हास्य रस की लिखते थे लेकिन अपनी छवि पंत जैसी लट-पट वाली बनाए रखते थे। यही वजह है कि बहुत दिनों तक कवि का मतलब सुमित्रानंदन पंत होता था और कविता का मतलब 'निराला'। पंत ने कवि होने का जो विन्यास प्रस्तुत किया उससे एक संदेश यह ग्रहण किया गया कि कवि बहुत सुकुमार और स्त्रैण होते हैं। वे हर वक्त इतने सजे-संवरे और परिश्रम से दूर दिखते हैं कि उनका काम केवल कल्पना करना और सपने देखना होता है। ऐसा लगता था कि कवि, कविता के अलावा कुछ नहीं करते हैं। पता नहीं महिला कवियों के लिए छायावादी काल में 'कवयित्री' जैसा नकली शब्द क्यों गढ़ा गया जबकि मनुष्य और व्यक्ति की तरह कवि शब्द भी उभयलिंगी है। अस्तु...

मेरी दृढ़ धारणा है कि पुराने कवि ही नए कवि को कविता की ओर लाते हैं और वे ही उसे कुछ नया करने की ओर धकेलते या प्रेरित इत्यादि करते हैं। अपने अज्ञान से मनुष्य को बहुत कुछ सीखने की प्रेरणा मिलती है बशर्ते कि हम यह जानते हों कि हम नहीं जानते हैं।

कुँवर नारायण के नाम और उनके कृतित्व से मेरा परिचय अपने अज्ञान के कारण ही हो सका। 1963 में अपने चार कविता संकलनों को लेकर मैं इलाहाबाद गया। उद्देश्य था महकवि पंत जी से भूमिका लिखवाना। विकल्प यह सोच रखा था कि जो संग्रह उन्हें पसन्द आ जाए, उसकी वे भूमिका लिख दें तो मैं जरूर कवि हो जाऊँगा। लेकिन मेरे दुर्भाग्य से पंत जी उन दिनों पहाड़ गए हुए थे। मैं मन ही मन दुखी हुआ कि मैं कैसा कवि हूँ जो पहाड़ छोड़ आया हूँ, जबकि इतना बड़ा कवि पहाड़ गया है। मुझे पहाड़ों के बजाय शहरों में ज्यादा कविता दिखाई देती थी। महादेवी जी से भूमिका लिखवाने पहुँचा तो पता चला—महिला विद्यापीठ में हड़ताल हो जाने से वे बहुत परेशान हैं और पूर्व निर्धारित समय के बिना किसी से मिलती नहीं हैं। किस्सा बहुत लम्बा है, संक्षेप में इतना कि उनके बंगले की खिड़की पर मैंने एक गोरा चेहरा देखा, जिसके दोनों ओर लम्बे बाल बिखरे हुए थे, मुझे लगा कि महादेवी जी ही होंगी। वहाँ से निराश होकर मैं आकाशवाणी भवन पहुँचा जहाँ रमानाथ अवस्थी ने मुझे उपन्यासकार इलाचंद्र जोशी से मिलाया। तब मैं आश्चर्य में पड़ गया कि यही चेहरा तो महादेवी जी की खिड़की पर देखा था। उन्होंने सिगरेट बुझाई और तत्काल दूसरी सिगरेट सुलगाने के लिए होंठों के बीच लगा ली। चाय मँगाई। भूमिका लिखाने का मेरा मंतव्य जानकर कहा कि बनारस में बहुत से कवि हैं उनसे क्यों नहीं लिखा लेते। उन्होंने डॉ. शंभुनाथ सिंह के लिए एक चिट्ठी लिखी कि नवोदित कवि को आपके पास भेज रहा हूँ। आशा है कि इनकी कविताओं को देखेंगे और भूमिका भी

लिख देंगे तो कवि का उत्साह बढ़ेगा। मैं डॉ. शंभुनाथ सिंह के पास बनारस पहुँचा। उन्होंने मेरे चारों रजिस्टर थोड़े से उलटे-पलटे और मुझे कुछ नई पुस्तकें पढ़ने की हिदायत दी। जब मैं चलने को हुआ तो उन्होंने मुझे–हरी घास पर क्षण भर (अज्ञेय), अभी बिलकुल अभी (केदारनाथ सिंह), परिवेश : हम-तुम (कुँवर नारायण) पढ़ने को दी। इस तरह पहली बार मैंने कुँवर नारायण को 'परिवेश : हम-तुम' की कविता के माध्यम से जाना। तब ऐसा लगा था कि वे एक फँसे हुए मन की कविताएँ हैं, जिसे अपने व्यक्तित्व की खोज है। उन कविताओं में मेरे लिए न उन्मुक्त प्रेम ही छलछला रहा था और न धारा प्रवाह क्रान्ति का विस्फार। न वे कविताएँ किसी अलौकिक रहस्य की रचना में जुटी दिखती थीं। उनमें परत दर परत मानवीय संताप कुलबुला उठता था। जो कभी किसी प्राकृतिक दृश्य के बहाने, कभी किसी संघर्ष में लगातार अपनी पहचान खोते जाते अकेले व्यक्ति के बहाने और कभी स्त्री-पुरुष के विराट् होते प्रेम के बहाने पाठक को अपनी ओर खींच लेता था। मुझे अपने लायक जगह तलाशने में देर नहीं लगी। वे कविताएँ मुझे ऐसे संसार में ले गईं जो उस समय की बाकी कविता का संसार नहीं था। नई कविता की कृत्रिम बारीक कताई भी उसमें नहीं थी और प्रयोग के नाम पर ढहाए गए किले या पहाड़ भी उसमें अवरोधक नहीं थे। न उनमें किसी नकली प्रगति का गुणगान था। वे कविताएँ सरल नहीं पर सहज अवश्य थीं। उन कविताओं में बिना किसी बड़बोलेपन के दूसरों के दु:ख में शामिल होने की शान्त और मानवीय गरिमा से भरी उत्सुकता, चुपचाप अपनी ओर खींचती थी। यह संग्रह मैंने 1963-64 के मध्य देखा था और अब मैं उसकी बहुत सारी बातें भूल गया हूँ। अपने पूर्ववर्ती कवियों को बुढ़ापे में एक बार फिर से पढ़ना चाहिए।

उन दिनों कुछ लोग कुँवर नारायण को अभिजात किस्म का व्यक्तिवादी कवि मानकर बात करने से परहेज करते थे। बनारस में नागानंद मुक्तिकंठ जैसे लोगों से जो बातें उनकी कविता के बारे में होती थीं वे उन्हें नकारने वाली होती थीं। नागानंद ने एक बार मुझे बताया था कि कुँवर नारायण एक ऐसे कवि हैं जो अन्न नहीं खाते सिर्फ अंगूर खाते हैं। उनकी कविता में समस्या नहीं सिर्फ अर्क होता है। लखनऊ में उनका घर एक किला है, जिसमें साहित्यकारों को सुदामा की तरह जाना होता है। इनके पास साहित्य और कार दोनों हैं। एक कार आने के लिए और एक कार जाने के लिए तैयार रहती है।

जब मैं 1970 में लखनऊ जाकर अमृतलाल नागर, श्रीलाल शुक्ल, कुँवर नारायण, मुद्राराक्षस, ठाकुर प्रसाद सिंह, कृष्णनारायण कक्कड़ तथा अन्य लब्धप्रतिष्ठ साहित्यकारों से मिला तो जैसे होता है कि हरेक की एक छवि मन में होती है जो आपकी बनाई हुई होती है या जानकारियों द्वारा बनी हुई होती है और अचानक उस व्यक्ति को सामने पाकर आपकी पूर्व निर्धारित सारी छवियाँ गड़बड़ा जाती हैं। नागर जी मोहिल छवि के व्यक्ति थे। हर वक्त बाल सुलभ उत्सुकता से भरे दिखते थे। श्रीलाल जी बहुत ही–टू द प्वाइंट–बात करने वाले, अत्यन्त यथार्थवादी लेकिन दूसरे को बहुत धैर्य से सुनने

वाले व्यक्ति हैं। मुद्राराक्षस को पढ़ाकू और लड़ाकू छवि के बावजूद काफी सौम्य व सलीके से बात करने वाला व्यक्ति पाया। ठाकुर प्रसाद सिंह के साथ बनारस घराने की बतियाने-पतियाने वाली मजमेदारी तुरंत झलक जाती थी। कृष्णनारायण कक्कड़ शुरू में तो बहुत ऐंठू से लगे लेकिन आगे चलकर वे भी अकुंठभाव से मिलने लगे। एक बार उन्होंने ही मुझे कुँवर नारायण से मिलवाया। फिर तो कुँवर जी से मेरा अपना एक सम्बन्ध विकसित हो गया।

कुँवर नारायण पहली नजर में ही मुझे भा गए। पैंट, बुश्शर्ट वाली उनकी सहज पोशाक और उनकी आकृति में सजग भोलापन, जानी-पहचानी आत्मीय अदा और आँखों में डेरा जमाए कौतूहल, मिलने वाले को अपनी गिरफ्त में ले लेते हैं। उनके घर में किताबों के अलावा अन्य सामान कहीं कुछ दिखता ही न था। सामान और सफाई रखने के उनके ढंग से बहुत कुछ सीखा जा सकता है। उनकी समृद्धि अनायास पाई हुई नहीं बल्कि पारम्परिक और खानदानी ज्यादा लगती है। उनके घर में असंगत, असुन्दर और जरूरत से ज्यादा कुछ भी नहीं दिखता है। अपने परिवार को और अपने सृजन को एक अच्छे बिम्ब की तरह साधे रखना भी कम तपस्या नहीं है। यद्यपि इसमें सबसे बड़ा योगदान उनकी पत्नी भारती नारायण का दिखता है। स्पीड मोटर कम्पनी उनके परिजनों की कम्पनी है, जो उन दिनों अंबेसडर कार की मार्केटिंग करती थी। कुँवर नारायण उसमें मैनेजिंग पार्टनर की जगह 'डैमेजिंग पार्टनर' के रूप में जाने जाते थे। जाहिर है कि कम्पनी में बहुत समय न दे पाने को बाकी पार्टनरों के बीच व्यवसाय में अरुचि माना जाता होगा। कष्ट में पड़े किसी साहित्यकार के लिए कुँवर नारायण हमेशा कुछ करने की भावना से परिचालित रहते हैं। धूमिल जिन दिनों लखनऊ मेडिकल कॉलेज में भर्ती थे उन दिनों श्रीलाल शुक्ल और कुँवर नारायण द्वारा की गई देखभाल उल्लेखनीय है।

हर धनी व्यक्ति कवि और लेखक नहीं बन सकता। जो व्यक्ति धनी परिवार में पैदा होकर भी अपने सभी स्वार्थों को छोड़कर रचनाधर्मिता को अपना लेता है उसे संदेह की निगाह से देखना मुझे अपराध लगता है। हिन्दी भाषी समाज का यह दुर्भाग्य है कि वह हमेशा दो अतियों के बीच जीता है। एक ओर यह समाज विपन्न को सम्पन्न, मूर्ख को विद्वान्, निम्न को उच्च और कुरूप को सुरूप देखना चाहता है दूसरी ओर अपनी उस रूढ़ि से भी परिचालित होता रहता है जिसके अनुसार धनवान को दुर्गुणी, विद्वान् को पाखंडी, उच्च को नीचताओं से घिरा, सुरूप को अपरूप मानता हुआ अकारण गरियाता दिखता है। यह समाज क्रमिक विकास के साथ परिवर्तन में विश्वास नहीं करता बल्कि चमत्कार की प्रतीक्षा में कालक्षेप करता दिखता है।

विनोद भारद्वाज ने कुँवर नारायण के साक्षात्कारों की भूमिका में सही लिखा है कि-इतना सलीका मैंने बाद में कहीं और नहीं देखा। उनका काम करने का ढंग काफी वैज्ञानिक भी है। चीजों को बड़े कायदे से फाइल करते हैं।...उनके पास समय और सुविधा है पर जिन लोगों के पास ये दोनों चीजें खूब अधिक मात्रा में होती हैं अकसर

वे जीवन में कुछ खास नहीं करते दिखते। कुँवर नारायण अपने समय और सुविधा का खूब इस्तेमाल करना जानते हैं।

अन्त में मेरा यह आग्रह है कि रचनाकार की पहचान संवेदना और सृजनशीलता की अद्वितीयता से होनी चाहिए, उसकी गरीबी और सम्पदा से नहीं। हमें किसी रचना और रचनाकार का मूल्यांकन वर्गीय कुंठाओं से ऊपर उठकर करना चाहिए। अन्यथा टॉलस्टाय और रवींद्रनाथ टैगोर को साहित्य से ही खदेड़ देना पड़ेगा। गाड़ी, दाढ़ी और लट तथा पट से सृजनशीलता का कोई रिश्ता नहीं है।

कुँवर नारायण अपने रचना-संसार में, अपने विचार, व्यवहार और दृष्टिकोण के कारण अत्यन्त सुसंगठित कवि दिखते हैं। उनके सामाजिक दृष्टिकोण में मनुष्यता और प्रेमी की स्थापना का अनवरत संघर्ष स्पष्ट दिखता है। वे समाज में विश्वव्यापी उथल-पुथल के साथ एक आदमी की तरह जिन्दा रहने के हिमायती हैं। वे सब कुछ पा लेने या जीत लेने को भी अन्तिम ऊँचाई नहीं मानते। वे भारतीय परम्परा और मनीषा के प्रतिनिधि कवि हैं, जिनका आह्वान है कि मुझे भी एक मनुष्य की तरह पढ़ो। यह बहुत बड़ी बात है कि कुँवर नारायण के काव्य में असन्तोष और विरोध तो दिखता है, कुंठा नहीं दिखती। कुंठा उनके व्यक्तित्व में भी नहीं दिखती। वे हमारे समय के कुंठित समाज के अकुंठित कवि हैं।

यथार्थ से एक रोमांस

गिरधर राठी

उन्नीस सितंबर को कुँवर नारायण अस्सी वर्ष के हो जाएँगे। गहरे सरोकारों, रचनाशीलता और वैचारिकता से भरे उनके ये अस्सी वर्ष किसी भी हिन्दी भाषा-भाषी को गौरव का अहसास करा सकते हैं। पाँच साल पहले 'कुँवर नारायण : उपस्थिति' में संकलित आलेख यह सुखद प्रतीति कराते भी हैं। उसमें कम से कम तीन या साढ़े तीन पीढ़ियों के विमर्शकारों का उनके व्यक्तित्व-कृतित्व से गम्भीर संवाद देखा जा सकता है।

यह भी कोई कम रोचक बात नहीं है कि व्यक्तित्व और कृतित्व के बीच उनमें कोई विरोधाभासी फांक नहीं है। उनका लेखन 'क्लासिकल' रुझान वाला है, 'रोमांटिक' रुझान वाला नहीं। ऐसे में व्यक्ति और कृति के बीच का भेद अकसर बढ़ा हुआ दीखता है। लेकिन 'क्लासिकल' निर्वैयक्तिकता को अपनाने के बावजूद, कुँवर नारायण के व्यक्तित्व की छाप उनके समूचे लेखन पर है। दैनंदिन व्यवहार में जो सुरुचि, सादगी, शिष्टता और वैचारिक दृढ़ता (मताग्रह या दुराग्रह नहीं) दिखाई पड़ती है, वही उनकी कृतियों की भाषा और शैली में भी लक्षित की जा सकती है।

अस्सीवीं वर्षगांठ पर उनके कृतित्व पर नजर डालने से पहले एक बार फिर यह याद आ जाना स्वाभाविक है कि उनका कर्मक्षेत्र वैविध्य से भरा हुआ है। 1965 में पहला प्रबंधकाव्य या खंडकाव्य 'आत्मजयी' आने के बाद चार-पाँच कविता-संग्रह। कहानियों का संग्रह, समीक्षा-आलोचना का संग्रह, कवाफी और बोर्खेस (और अन्य अनेक) विदेशी कवियों के अनुवाद आदि तो उनके पाठक जानते ही हैं। अपेक्षाकृत कम पाठकों का परिचय उन पत्र-पत्रिकाओं से रहा जिनसे वे जुड़े थे-'युग चेतना', 'नया प्रतीक', 'छायानट'। शास्त्रीय संगीत की कुछ नितांत दुर्लभ या अलभ्य रिकॉर्डिंग-जो उनके घर लखनऊ में आए गायकों और संगीतकारों की है-बहुतों का ललचा सकती है। कुछ-कुछ ऐसा ही उनका निजी पुस्तकालय और फिल्म-संग्रह भी है। विश्व सिनेमा पर उनके कुछ आलेख फिल्म समीक्षा के मानक की तरह याद आते हैं।

आत्म प्रचार से मुक्त होने के बावजूद अनेक पुरस्कारों से अलंकृत कुँवर नारायण की ओर पिछले बीसेक बरसों में अनेक विदेशी विद्वानों-रचनाकारों का ध्यान गया

है। पिछले बरसों में इतालवी, पोलिश, अंग्रेजी में (और शायद फ्रांसीसी में भी) उनकी कई कृतियाँ अनूदित-समादृत हुई हैं।

व्यवहार में प्राय: अनुद्विग्न और अनुद्वेलित कुँवर नारायण का रचना-संसार तीव्र द्वंद्व और अन्तर्द्वंद्व का संसार है—शायद यह भी एक वजह है कि आधुनिक हिन्दी कवियों में कुँवर नारायण को पश्चिमी मेधा ने भी बहुत पसन्द किया है।

कुँवर नारायण की कविता का घोषणा-पत्र एक पंक्ति में लिखना हो तो कहा जा सकता है कि उनकी कविता 'अमानवीयकरण के विरुद्ध युद्ध' है।

यह निरा संयोग नहीं है कि युद्ध कुँवर नारायण के रचना-संसार का केन्द्रीय रूपक है। यहाँ तक कि उनकी पहली कविता पुस्तक का नाम 'चक्रव्यूह' था, एक दूसरी कृति का 'आत्मजयी' और एक कविता-संग्रह का 'अपने सामने'। कहानी-संग्रह 'आकारों के आसपास' में सत्रह में से कुछ कहानियों के शीर्षक ये हैं : संदिग्ध चालें, आशंका, दो आदमियों की लड़ाई, चाकू की धार, मुग़ल सल्तनत और भिश्ती, सवार और सवार।

युद्ध प्रत्यक्ष या परोक्ष रूप से, अपने विभिन्न फलितार्थों में, उनकी लगभग प्रत्येक महत्त्वपूर्ण कविता में रचा-बसा है। जीत-हार, मुठभेड़, हमला, शिकार जैसे शब्द और शब्द-चित्र उन्हें कई गुत्थियाँ सुलझाने में मदद करते हैं—और अपनी बहुलता के कारण पाठक को चौंकाते हैं। उनकी कहानियों के सन्दर्भ में ताकत के मनोविज्ञान के अध्ययन को रेखांकित किया गया है। कविता में यह बात और भी सघन है।

'आकारों के आसपास' की भूमिका में कुँवर नारायण ने कहा है : 'अकसर इन कहानियों में पात्रों और घटनाओं को केवल गवाही की तरह लाकर मनुष्य की नियति का मुकदमा पेश किया गया है।' लगभग युद्ध की तरह ही केन्द्रीय रूपक अदालत का है। जहाँ सीधे-सीधे लड़ाई नहीं है, वहाँ भी अन्तहीन अदालत है, कठघरे हैं, ताले और पहरे हैं, कैद और गश्त है, अनकिए गुनाह हैं। 'कोई गश्त लगा रहा है मेरी यादों में—मैं पहरे में हूँ।' ('विकल्प-2')

कुँवर नारायण का कवि 'जीने की कोशिश' में है, पर हमारे जमाने में यह कोशिश 'अद्‌भुत कुछ जीने की चोर-कोशिश' हो जाती है। 'आदमी की तरह जिन्दा' रहने की कोशिश एक अलग तरह की 'लड़ाई' है, जिसकी लगभग सिलसिलेवार तस्वीर उनकी कविता 'वह कभी नहीं सोया' में मिलेगी।

जीने का यह मोर्चा सीधे-सीधे अपने वर्तमान में है। लेकिन यह क्षणवादी मोर्चा नहीं है। समकालीनता का दबाव हर कवि पर होता है, कुँवर नारायण में यह दबाव मुखर भी है। पर मूलत: अपने समय से यह मुठभेड़ उन्हें इतिहास के परीक्षण के लिए प्रेरित करती है, और मानव की नियति का प्रश्न वे अतीत, वर्तमान और भविष्य के सन्दर्भ में उठाते हैं। युद्ध और अदालत के रूपक मनुष्य की, बल्कि मनुष्यता की और उसकी नियति की अवधारणा से गहरे जुड़े हैं, जिन्हें इतिहास के व्यापक सन्दर्भ निश्चित अर्थ देते हैं। इसीलिए इन रूपकों और अवधारणाओं को रेखांकित कर देने

भर से कुँवर नारायण के 'मनुष्य' के बारे में कोई स्पष्ट नतीजा नहीं निकल सकता। उसे कुछ और पास जाकर देखना होगा।

हजारों साल से आदमी की तरह जिन्दा रहने की कोशिश में लगा यह आदमी खुद आक्रामक नहीं है। उसमें थोड़ी-बहुत आक्रामकता अगर दिखती भी है तो 'बंधे शिकार' की प्रतिहिंसा के रूप में। वह खुद विवशता में युद्धरत है। उसका युद्ध राजसत्ता की महत्त्वाकांक्षा से प्रेरित नहीं है। अगर होता, तो वह आसानी से अन्ततः किसी 'दक्षिण' या 'वाम' सर्वसत्तावाद का अनुयायी हो जाता है। उसे न केवल ताकत बटोरने का लोभ नहीं है, बल्कि व्यक्तिगत विजय के दर्प और शक्ति-संचय के उल्लास का खोखलापन भी उसके सामने शुरू से उजागर है।

ताकत या शक्ति की व्यर्थता का सबसे अधिक शिद्दत भरा अहसास 'उस टीले तक' में है, जहाँ सिकंदर अपनी अन्तिम विजय पर पहुँचा था और जहाँ कवि 'बिलकुल उलटे रास्ते से...और बिलकुल अकस्मात्' जा पहुँचता है।

यह युद्ध-ग्रस्त मनुष्य 'विजयी विश्व तिरंगा प्यारा' का हामी नहीं है; न ही वह 'होगी जय' से आविष्ट और अभिभूत है। इसलिए कि यदि वैसी स्थितियाँ हासिल हो जाएँ तब भी विजेता पाएगा कि खुद उसमें और उन पत्थरों की कठोरता में कोई फर्क नहीं होगा जिन्हें वह जीत चुका होगा। जीत के अभियान में अन्तर्निहित है कि मनुष्य को सभ्य और असभ्य, काले और गोरे में बांटा जाए; तमाम मनुष्यों की तरह के कुछ मनुष्यों को–जो हँसते, गाते, खाते-पीते मनुष्य हैं उन्हें कत्ल या हलाल किया जाए। पर यह ऐसी प्रक्रिया है जिसमें (विजेता) मनुष्य अपने मनुष्यत्व से हाथ धो बैठता है। शायद कुँवर नारायण की चिन्ता-धारा में यह निर्णायक कारण है जो उन्हें युद्ध में जय से, जय की अवधारणा से ही विरत कर देता है : 'बन्दूक हाथ में लेते ही/हमें चारों तरफ़ दुश्मनों के सिर/ अपने आप नज़र आने लगते।' ('फौजी तैयारी')

'हमेशा की तरह/वैभव और जोर-जबरदस्ती का रास्ता/एक बहुत ठंडी और अंधेरी घाटी में पहुँचकर/अचानक कहाँ खो जाता है?' ('भागते हुए')। महत्त्वाकांक्षा के विरुद्ध यह उनका एक बड़ा तर्क है। विजित की छटपटाहट ही नहीं, विजेता का मित्रहीन, निर्जन अकेलापन भी कवि के सामने है।

अमानवीयता-अमानवीयकरण के विरुद्ध यहाँ दोनों तरफ़ से विचार है। दोनों पक्ष खोते ही हैं, पाते कुछ नहीं। युद्ध का स्पष्ट प्रतिकार करने के बावजूद मनुष्य निरन्तर युद्धरत है। इस विरोधाभास में कुछ और पहलू आते हैं। यह एक अलग तरह का युद्ध है; इसे नैतिक युद्ध भी कहा जा सकता है।

फिर, यह युद्ध केवल बाहर की चीज नहीं है, आन्तरिक (भी) है। इस कारण फिर उक्त सम्भावनाएँ ऐकांतिक हो जा सकती थीं। लेकिन कुँवर नारायण की कुछ मूल प्रतिज्ञाएँ हैं जिनमें से एक है–जीना। सार्थक जीना। 'आत्मजयी' में उठाई गई समस्या मुख्यतः एक विचारशील व्यक्ति की समस्या है, 'केवल सुखी होना काफी नहीं, सार्थक जीना ज़रूरी है।'

इतिहास के विपरीत-साक्ष्य के बावजूद कवि 'मनुष्य की जीत' के लिए युद्धरत है, उस मनुष्य के लिए : 'हमेशा जिसकी हिम्मत नहीं केवल घुटने तोड़े जा सकें।' 'ऊँचा उठा सिर'। उस मनुष्य को वे 'घर' में कैद नहीं रखना चाहते, पर वे यह भी नहीं चाहते कि उसकी आन्तरिक गरिमा, आत्मसम्मान और स्वत्व को अकारण ठेस लगे। वह उस आदमी को इस दैनंदिन अजीब दिन से छुटकारा दिलाना चाहते हैं जिसमें अपनापन बचा लेना चमत्कार-सा दीखने लगा : 'और सबसे बड़ा चमत्कार तो यह/कि घर लौटकर मैंने किसी और को नहीं/अपने को ही लौटा हुआ पाया।'

'आसन्न संकट में क्या रवैया हो?' मानो यह चुनौती हर समय है क्योंकि 'स्व' और 'पर' के बीच कोई खुला और सहज रिश्ता कायम नहीं हो पा रहा है। हमारे वर्तमान का यह प्रमुख लक्षण है–हर समय आसन्न खतरा क्योंकि हर समय शक-शुबहा और मार-धाड़; एक-दूसरे पर हावी होने की कोशिश। कुँवर नारायण के इस 'मैं' को 'हम' में विसर्जित करना सम्भव नहीं है क्योंकि हम दरअसल अनेक 'मैं' हैं। यह करना उचित नहीं है क्योंकि तब अनेक 'मैं' की वास्तविकता को नकारना होगा, यथार्थ से पलायन करना होगा। यह विसर्जन श्रेयस्कर नहीं है क्योंकि तब 'हम' की भाषा भी अहंकारी 'मैं' की ही तरह ताकत की भाषा हो जाती है : 'झूठ या सच नहीं/इस तरह यक़ीन रखने वालों के बहुमत से/डरता हूँ/आज भी।' ('आज भी')

लेकिन कवि की लड़ाई 'अतिवैयक्तिक' लड़ाई नहीं है; उक्त अर्थों में वह 'सभी व्यक्तियों' की लड़ाई है। हथियार के रूप में : 'ज़रूरी लगता है ज़िन्दा रखना–उस नैतिक अकेलेपन को–जिसमें बन्द होकर–प्रार्थना की जाती है/ या अपने से सच कहा जाता है–अपने से भागते रहने के बजाय।' ('अपने बजाय')

परस्पर भिन्न लेकिन परस्पर-संबद्ध इन स्वत्वों या 'व्यक्ति-सत्ताओं' की आपसी दुनिया ही उनकी खोज का केन्द्र है।

तब उसे अर्थवत्ता या सार्थकता कहाँ से मिलती है? जीने का संकल्प तो ठीक, लेकिन जीने का अर्थ क्या है? कवि मानता है कि सुखी जीना काफी नहीं है, सार्थक जीना जरूरी है।

यह सार्थकता यह खुद, यानी 'स्व', देता है या कि पाता है या रचता है। मृत्यु से साक्षात्कार उसे मृत्यु से परे 'जीवन' देखने को प्रेरित नहीं करता; न ही इस निर्णायक अन्त से वह 'भयभीत' होता है। वह मृत्यु की दहलीज लांघने से पहले ही, इसी जीवन और मनुष्यों के संसार में कोई सार्थकता रच लेता है। अमानवीय के खिलाफ उसका जिहाद उसे एक सार्थकता देता है। स्वत्व को–सबके स्वत्व को–बचाए रखना उस सार्थकता की पुष्टि है।

ताकत के मनोविज्ञान का असर कुँवर नारायण के कई समकालीन कवियों पर है। उदाहरण के लिए श्रीकांत वर्मा, रघुवीर सहाय और विजयदेव नारायण साही–तीनों में युद्ध के रूपक मिलेंगे। श्रीकांत वर्मा की कविता में 'स्व' 'पर' के विरुद्ध मिलेगा। उसकी कोशिश एक योद्धा की विजेता होने की कोशिश है; व्यर्थता का अहसास वैसा न हो पाने के कारण है।

कुँवर नारायण का 'स्व' आक्रामक या विजेता होना ही नहीं चाहता। वह संसार के व्यर्थ रंगों को साहसिक योजना देकर एक अर्थ अपने लिए जरूर पाना चाहता है, पर उसमें 'दूसरों' का प्रवेश निषिद्ध नहीं है; दूसरों से भी उसे अपेक्षा है कि वे भी सार्थक जिएँ। उन्हें परास्त कर, उनसे बड़ा होकर जीने में 'स्व' को कोई सार्थकता नहीं मिलती। यहाँ 'दूसरे लोग नरक' नहीं हैं। कुँवर नारायण का 'स्व' इतना आत्म-केन्द्रित नहीं है, न ही वह प्रयत्न को व्यर्थ मानता है।

कुँवर नारायण की तड़प दौड़कर 'सर्वोच्च ऊँचाई' पर पहुँचने की नहीं, इस बेचैनी को झेलने की, इससे उबरने की है : 'क्या हम अभी भी/उन्हीं नीचाइयों पर खड़े हैं। जहाँ ऊँचाइयों का असर पड़ता है।' ('कुतुबमीनार')

श्रीकांत वर्मा और रघुवीर सहाय के संसार, दुःस्वप्न और 'स्व' कुछ अधिक ठोस लग सकते हैं, बनिस्बत कुँवर नारायण के। कुँवर नारायण अनेक अतीतों और अनेक भविष्यों की धारणा के जरिए, अपने-अपने यथार्थ को अर्थ देने में लगे 'स्व' को पहचानते हुए, उस 'स्व' को जैसे एक 'टाइप' बनने से बचा रहे हैं। रघुवीर सहाय के विपरीत उनमें व्यक्तिवाची नाम नहीं हैं, इस तरह मानो वे कुछ अधिक अमूर्त हैं; अगर नाम हैं भी तो ज्यादातर इतिहास या पुराकथाओं के, और इस माने में वे 'टाइप' रचने की ओर झुके हैं। इन दोनों के बारीक सन्तुलन की उनकी कोशिश कठिन है।

दूसरी ओर विजयदेव नारायण साही में मिथकों का और युद्ध के रूपक का अन्तर्गुंथन कुँवर नारायण से कुछ भिन्न है। साही का जादू जहाँ अपने साथ बहा ले जाता है, वहाँ कुँवर नारायण का चौकन्नापन, सतर्कता, विश्लेषण ठिठक-ठिठककर सब कुछ जाँचने की माँग करता है।

अपनी कहानियों के बारे में उन्होंने लिखा है : 'इन कहानियों में वैसे रोमांचकारी और सनसनीखेज तत्त्व नहीं मिलेंगे जैसे कि आम तौर पर कहानियों में होना लाजिम समझा जाता है। ठंडे दिल-दिमाग से सोचते हुए बातचीत का एक अंदाज है—यथार्थ से एक रोमांस। (रोमांस शब्द...सर्वांते के 'डान क्विग्जोट' के अर्थों में)...कुछ इस तरह मानो रोमांस यथार्थ से पलायन न होकर उसी की एक ख़ास पहचान या अतिरिक्त माप हो।'

साथ ही, 'कहानी की किसी परिचित जाति को ठेस पहुँचाकर...मैंने पाठक से एक नए दृष्टिकोण की माँग की है जिसमें वह कहानी के जादू से मुग्ध होकर नहीं, कहानीकार के साथ पूरी तरह जगा रहकर अपने-अपने तर्क-वितर्क करता चलता है। इस कोशिश में कहानियाँ कभी-कभी कविता और निबन्ध की विधा के काफी निकट आ गई हैं, लेकिन शायद इस तरह नहीं कि उनकी बुनियादी पहचान ही गुम हो गई हो।'

ऊपर के उद्धरणों में रेखांकित किए जा रहे शब्द और वाक्यांश कुँवर नारायण के रचना-सम्बन्धी दृष्टिकोण, रचना-प्रक्रिया और शिल्प के बारे में बहुत कुछ और बहुत स्पष्टता से बताते हैं। शायद वे खुद अपने सबसे खरे आलोचक हैं। स्पष्टता कुँवर नारायण की खास विशेषता है, गद्य और कविता दोनों में।

ईमान का खाता

असद ज़ैदी

धीरे धीरे टूटता जाता
मेरी ही हँसी से मेरा नाता

कुँवर नारायण का लहजा ऐसे आदमी का लहजा है जिसने बहुत जमाना देखा है। वह अपने तजरुबे की गहराई, सुलझेपन और अपनी आसानियों से चकित करते हैं और इस राह की दुश्वारियों को ओझल बनाते रहते हैं। काव्यशास्त्रीय नजर से देखें तो कह सकते हैं कि उनके लहजे ही में सब कुछ है। उनको पढ़ते हुए लगता है कि उनका काफी जोर अपने इसी लहजे को साधे रखने और इसी ठाठ को बनाए रखने में सर्फ होता है–यही उनकी तर्ज है। बुफों के शब्दों में : 'द स्टाइल इज द मैन'।

पर यह कहना असंगत न होगा कि स्टाइलिस्टों से कुलबुलाते काव्य-परिदृश्य में वह एक महत्त्वपूर्ण स्टाइलिस्ट भर नहीं हैं। वह मूलतः नैतिक और सामाजिक रूप से अत्यन्त सावधान और प्रतिबद्ध कवि हैं। हिन्दी के अव्वलीन नागरिक कवि का कार्यभार और अधिकार अब उन्हीं के पास है। एक जमाना पहले, 1960 के दशक के आरम्भिक वर्षों में, मुक्तिबोध ने उन्हें अपने समीक्षात्मक लेख में 'अन्तरात्मा की पीड़ित विवेक-चेतना और जीवन की आलोचना' का कवि कहा था। कुँवर नारायण ने हरदम मुक्तिबोध की इस निशानदेही का मान रखा और कभी भी पहचान के इस घेरे से बाहर नहीं गए।

उनकी शाइस्तगी, सन्तुलन, नर्म-मिजाजी और धैर्यशील तबीयत की वजह से उन्हें मध्यममार्गी विचारधारा का प्रतिनिधि कवि माना जाता है। यह कोई गलत धारणा भी नहीं है पर यह उनके मूल स्वभाव का ठीक से अहाता नहीं करती। वह एक बेचैन, नाराज और मेहनती इंसान भी हैं। अपने समय के गम्भीर मानवीय सवालों पर–वे राजनीतिक हों या सांस्कृतिक–वह पोजीशन लेने से नहीं बचते। वह अपनी वजेदारी या मुरव्वत-पसन्दी को बेशतर अपने ईमान के आड़े नहीं आने देते। उनकी तबीयत

ही को उनकी शख्सियत और काम का समानार्थक मान लेना उन्हें एक पहले से बने खांचे में ढालना है।

यूँ भी आम विमर्शों में 'मध्यममार्ग' का बहुत भ्रामक अर्थों में इस्तेमाल होता रहता है। अव्वल तो एक ऐसे मुल्क और जबान में जहाँ मध्यम मार्ग आम तौर पर लद्धड़पन और विकल्पहीनता का ही दूसरा नाम होता है, उसे एक उस्तादाना आत्मविश्वास के साथ आकर्षक, रचनात्मक और नैतिक रूप से विश्वसनीय बनाना कोई आसान काम नहीं है। दूसरे, कुँवर नारायण का मध्यममार्ग कोई 'सेफ' या आसान मार्ग भी नहीं है।

उनकी प्रगतिशीलता या गतिशीलता और रैडिकलिज्म इस बात में है कि वह मध्यममार्ग की ओट में यथास्थितिवाद से समझौता नहीं करते, बल्कि बार-बार यथास्थिति की विडंबनाओं और अतियों को ही निशाना बनाते हैं। वह विकल्प को सम्भव और प्रतिरोध को जरूरी मानते हैं। वह उस सिनिसिज्म को अपने पास नहीं फटकने देते जो सत्ता और प्रतिरोध के दरम्यान, यथास्थिति और विकल्प के दरम्यान, लगातार नैतिक बराबरी खोजता रहता है। नैतिक समतुल्यता की तलाश, बल्कि चाह, हमारे मध्यवर्गीय बुद्धिजीवी जगत् का प्रिय शगल है जो कि सामाजिक प्रतिक्रियावाद का ही एक रूप है। यह वह लिबास है जो मध्यवर्गीय बौद्धिकों की उरियानी को ढकता है। ऐसा नहीं है कि कुँवर नारायण की नजर वैकल्पिक राहों के खतरों और गड्ढों पर नहीं रहती : वह उनको लेकर खुद को और दूसरों को आगाह और तैयार भी करते हैं, पर किसी हाल में यथास्थिति में रिप्लैस नहीं करते।

कुँवर नारायण ने अपने कृतित्व में जितना ध्यान देखने, सुनने और बोलने में लगाया है उससे ज्यादा जानने, जज्ब करने और समझने में सर्फ किया है। उनके जैसी अध्ययनशील और मननशील कविता अपने लिए काफी जगह और अवकाश माँगती है। फिर उसे एक दिलकश सादगी, विनम्रता, संप्रेषणीयता और लुत्फ के साथ पेश होना होता है। यहाँ भी इसके पीछे की जो मशक्कत और उधेड़बुन है वह दिखाई नहीं देती, अपने कारखाने को वह ओझल ही रखते हैं। वहाँ निहित ऊर्जा भी अपनी ओर ध्यान नहीं खींचती।

ऐसा किफायत-शुआर कवि जब कहता है–'अबकी अगर लौटा तो/बृहत्तर लौटूँगा' तो यह एक बहुत बड़ा वक्तव्य बन जाता है, एक साथ विश्वसनीय और लगभग पौराणिक। कुँवर नारायण का हुनर यही है : उन्हें मालूम है कि उनकी सामर्थ्य का बिन्दु कब और कहाँ आ रहा है। उन्हें उसे पाने के लिए जोर-आजमाइश नहीं करनी पड़ती। जब वह कहते हैं कि 'इन गलियों से/बेदाग़ गुज़र जाता तो अच्छा था' तो पिछले बीस-तीस साल का भारतीय इतिहास ही नहीं, सारा का सारा भारतीय दुखांत आँखों के सामने घूम जाता है। इन दो पंक्तियों में क्या नहीं है? कुँवर जी के क़ाव्य में दर्दमन्दी तो है ही, 'अपने ही सिरहाने बैठकर' अपने को देखने की बेदर्द कोशिश भी है।

उनकी कविता में कई जबानों, कई वक्तों, और कई साहित्यिक संस्कृतियों का संगम है। उन्हें पढ़ते हुए अकसर कवाफी और लुई बोर्खेस की याद आती है जो उन्हीं जैसे गुणग्राहक और पारखी कवि थे। और उनकी दिलचस्पियों का घेरा भी काफी बड़ा है : इतिहास, पुरातत्त्व, सिनेमा, संगीत, कला, क्लासिकल साहित्य, आधुनिक विचार, समकालीन विश्व साहित्य, संस्कृति विमर्श। उर्दू की क्लासिकी कविता तो उनकी प्रेरणा का स्रोत रही ही है।

इन सब चीजों पर और बहुत सी बातों पर सोचते हुए जिस एकमात्र हिन्दी कवि की बार-बार याद आती है वह हैं उनके पुराने साथी रघुवीर सहाय, जिन्हें गए अब करीब बीस साल हो जाएँगे। दोनों एक ही परम्परा के जुड़वाँ वारिस हैं, दोनों की अपनी-अपनी जमीन है—कुँवर नारायण का इलाका ज्यादा बड़ा है, उनके यहाँ ज्यादा चीजें, ज्यादा आवाजें, ज्यादा भाषाएँ और ज्यादा स्वीकार है। वह कम मध्यवर्गीय और कम परेशान हैं। पर न सिर्फ उनके काम एक-दूसरे के पूरक हैं, बल्कि दोनों की खामोशियाँ और नाराजियाँ एक ही तरह की हैं। अपनी चुप्पी और फिक्रमन्दी में वे बिलकुल एक हैं। दोनों के शाइर नासिख नहीं ग़ालिब ठहरते हैं, और दोनों अनीस से ज्यादा मीर की महफिल में दिखाई देते हैं। उर्दू में जिसे 'देहलवियत' कहा जाता है, हिन्दी कविता में वह चीज और वह तर्ज लखनऊ के इन दो हिन्दी कवियों में पाई जाती है। वह शोखी से बचते हैं पर अपनी जराफत दिखाते हुए कहते हैं : 'लगता है कोई भीषण दुर्व्यवस्था/हमारी रक्षा कर रही।'

ज्ञानपीठ सम्मान हिन्दी कविता की इस महान्, पर अपेक्षाकृत खामोश, लखनवी परम्परा का सम्मान है।

ज्ञानपीठ पुरस्कार ने भी, जो बीच-बीच में बुरी तरह लड़खड़ा जाता है, कुँवर नारायण के बहाने कुछ विश्वसनीयता और प्रासंगिकता वापस पाई है।

जीवन के प्रति प्रतिबद्ध

रविभूषण

स्वाधीनता-प्राप्ति के बाद जिन हिन्दी कवियों ने वादग्रस्त हुए बिना, हिन्दी कविता को जीवन और समाज से जोड़ते हुए उसे जो अभिनव और सार्थक रूप प्रदान किया है, उनमें कुँवर नारायण अग्रणी हैं। नई कविता और 'तीसरा सप्तक' के कवि होने के बाद भी उनकी पचास वर्ष से अधिक की काव्य यात्रा बार-बार नए रूपों और कलेवरों में उपस्थित होकर यथार्थ और जीवन के एक साथ तीखे और बड़े प्रश्नों से सामना करती रही है। उनका इतिहास बोध, जीवन बोध और काव्य बोध कहीं से भी एक-दूसरे से भिन्न नहीं हैं। उनकी कविता में विचार-पक्ष की प्रधानता है, पर कहीं से भी वे विचार बोझिल और विचाराक्रांत नहीं हैं। उनके जीवन और काव्य में एक सार्थक संगति है। एक अखंड जीवन-दृष्टि और काव्य-दृष्टि से निर्मित उनका काव्य-संसार अपनी मौलिक, विशिष्ट और सार्थक पहचान निरन्तर बनाए हुए हैं। कुँवर नारायण की कविता में जीवन, समय और यथार्थ के सभी रूप-पक्ष हैं। उनकी काव्य-चेतना नैतिक चेतना से जुड़ी हुई है। कई रूपों में विभक्त और खंडित हमारा समय-समाज उनकी, कविताओं से बहुत कुछ ग्रहण कर सकता है—अगर वह चाहे तो। कुँवर नारायण सही समत्व बिन्दु से जीवन-परिदृश्य को विस्तृत करने वाले कवि हैं—'पोछो सब : फिर लिखो शुरू से/उन्हीं उपादानों से—मनुष्य/सही समत्व-बिन्दु से अभी और विस्तृत करो जीवन-परिदृश्य।'

कुँवर नारायण की कविताओं में हम एक ओर 'ऋचाओं की गूँज' सुन सकते हैं, पुराण और इतिहास को नए रूपों में समझ सकते हैं और वर्तमान के विविध चित्रों के साथ एक स्वप्न भी देख सकते हैं। समय यहाँ खंडित रूप में न होकर उस अखंड रूप में है, जहाँ 'कल' 'आज' बन जाता है और 'आज' 'कल'। कुँवर नारायण का जीवन और काव्य-दर्शन यथार्थ से जुड़ा है। वहाँ संवेदना और विचार की सह-उपस्थिति है। हिंसा, हत्या, बर्बरता के विरुद्ध उनकी कविता का स्वर एक साथ नैतिक, बौद्धिक और आत्मिक है—'ओ मानव के विवेक-ओ-विचार-/बुद्धि, ज्ञान, धैर्य, प्यार/कुछ तो तुम्हारा भी होगा इतिहास कहीं?/जीवन, चंगेजों का केवल अट्टहास नहीं।'

'तीसरा सप्तक' के कवि होने के पूर्व उनका काव्य-संकलन 'चक्रव्यूह' प्रकाशित हो चुका था। इसकी एक कविता 'माध्यम' में जीवन को किसी नए अर्थ में प्रतिष्ठित और सौन्दर्य के किसी नए कलेवर की कामना प्रकट की गई थी। उनकी कविता किसी भी दौर में वादग्रस्त नहीं हुई और जीवन से सदैव उसका सम्पर्क कायम रहा है। 'तीसरा सप्तक' के 'वक्तव्य' में उन्होंने लिखा था, 'जीवन से सम्पर्क का अर्थ केवल अनुभव मात्र नहीं, बल्कि वह अनुभूति और मनन-शक्ति भी है, जो अनुभव के प्रति तीव्र और विचारपूर्ण प्रतिक्रिया कर सके।'

कुँवर नारायण कवि होने के साथ आलोचक, कहानीकार, सम्पादक, निबन्ध-लेखक और कला-समीक्षक हैं। उनका प्रत्येक शब्द नपा-तुला और सार्थक है। वे घटनाओं से अधिक ऐतिहासिक अनुभव को महत्त्व देते हैं। वे भारतीय कवि हैं और उनकी कविता में भारतीय चेतना और दृष्टि है, जो विश्व चेतना और दृष्टि से जुड़ती है। कुँवर नारायण का ज्ञान एनसाइक्लोपीडिएक है। उपनिषद, भारतीय महाकाव्य कबीर, अमीर खुसरो, बौद्ध दर्शन, मार्क्सवाद, इतिहास, पुराकथा, कवाफी, काफ़्का, ग़ालिब, गाँधी—सबका उन पर प्रभाव है और कुँवर नारायण के यहाँ ये सब नए रूपों में हैं। उनकी दृष्टि मौलिक और प्रेरक है। वे 'आदमी की पशुता' से उसकी रचनाशीलता का तर्क 'ज्यादा बड़ा' मानते हैं।

व्यावसायिक, औपचारिक, उद्धत, यांत्रिक और उपभोक्तावादी समय में उनकी मनुष्यता, विचारशीलता, नैतिकता और सर्जनात्मकता हमारे लिए प्रेरणादायी है। उनका रचना-संसार अनर्गल वस्तुओं/और आत्मरत दुनिया से विमुख है। वह मानवीय, नैतिक और उदात्त है और इसी कारण वैभव युक्त की इतिहास-दृष्टि से भिन्न है। वर्तमान को बेहतर, सुन्दर और सार्थक बनाने के लिए कुँवर नारायण इतिहास-पुराण में जाते हैं। उनमें अतीतोन्मुखता नहीं, जीवनोन्मुखता और भविष्योन्मुखता है। सोच-विचार और चिन्तन उनके यहाँ रचना के ऊपर नहीं, उसके भीतर है। उनके कहने का ढंग सहज है, सपाट नहीं और उसके भीतर चिन्तन है–'सोच में हूँ कि सोच के प्रकरण में/किस तरह कुछ कहा जाए/कि सबका ध्यान उनकी ओर हो/जिनका ध्यान सबकी ओर है।' बड़ी बात यह है कि कुँवर नारायण हमारे सोच-विचार को जाग्रत-सक्रिय करते हैं।

कुँवर नारायण 'संघर्ष' के नहीं, सन्तुलन के कवि हैं। वे भारतीय चिन्तन से प्रभावित हैं। उनकी कविता भारतीय है। किसी एक भाषा विशेष (हिन्दी का ही क्यों न!) के कवि के रूप में उन्हें नहीं देखा-समझा जा सकता है। बाहर-भीतर के द्वैत की समाप्ति को वे 'भारतीय चिन्तन का सार' मानते हैं। वे द्वंद्व और संघर्ष में 'शक्ति का अपव्यय' देखते हैं और 'सन्तुलन में शक्ति की रचनात्मक सुदृढ़ता' कुँवर नारायण की कविताओं में हिन्दी कविता की सार्थक परम्परा अपने नए रूपों में विकसित होती है। वे सरहपा, अमीर खुसरो कबीर को याद करते हैं। अपने एक लेख में उन्होंने हमारा ध्यान इस ओर दिलाया है कि भक्ति कविता और आधुनिक कविता के बीच एक 'आत्मीय सम्बन्ध' है, जिस पर विचार नहीं हुआ है।

जीवन, मनुष्य और समय के प्रति उनकी प्रतिबद्धता किसी भी घोषित 'प्रतिबद्ध' कवि से कम नहीं है। उनकी प्रतिबद्धता विचारों के प्रति नहीं, विचार से बड़े और जिसके लिए विचार हैं, उस जीवन के प्रति है। दर्शन, सौन्दर्यशास्त्र, भाषा विज्ञान, समाजशास्त्र, इतिहास, संगीत, कला में जो भी महत्त्वपूर्ण और विचारणीय है–सबसे उनका गहरा सरोकार है। उनके यहाँ सर्वोत्तम के लिए स्थान है। रचनात्मक स्तर पर विश्व कविता से उनका विस्तृत और गहरा सम्पर्क है। कविता से पहला परिचय बाल्यावस्था में 'रामचरित मानस' और 'गीता' से हुआ। कॉलेज के दिनों में अंगरेजी के रोमांटिक कवियों को और विश्वविद्यालय में आने पर यूरोप के प्रतीकवादी कवियों को पढ़ा। मलार्मे और वलेरी का हिन्दी में उन्होंने अनुवाद किया। डॉ. देवराज के साथ 'युगचेतना' पत्रिका निकाली। नरेंद्रदेव और कृपलानी से निकट का सम्पर्क रहा। वे गम्भीर अध्येता, चिन्तक और विचारक हैं। उनकी ज़िन्दगी में अच्छी किताबों का अच्छा-खासा महत्त्व रहा है। 'आत्मजयी' (1965) के तैंतालीस वर्ष बाद 'वाजश्रवा के बहाने' (2008) में वे पुनः 'कठोपनिषद्' की ओर मुड़े, पर यह मुड़ना इतिहास और वर्तमान को नई सार्थक दृष्टियों से देखने और अन्वेषित करने के लिए है। कुँवर नारायण की कविताएँ समय से मूक-मुखर संवाद हैं और संवाद के बिना प्रजातंत्र को कौन कहे, जीवन का भी क्या कोई अर्थ है!

अपने समय के सर्वाधिक बहुपठित कवि

कुँवर नारायण का बचपन अयोध्या और फैजाबाद में बीता। इसके बाद वे लगभग पचास वर्ष लखनऊ रहे। आरम्भ में विज्ञान के छात्र रहे। बाद में लखनऊ विश्वविद्यालय से 1951 में उन्होंने अंग्रेजी में एम.ए. किया। रघुवीर सहाय ने भी इसी वर्ष। लखनऊ विश्वविद्यालय छठे दशकों में देश के नेताओं की सरगर्मी का एक छोटा-मोटा अड्डा था। वे और उनके चचेरे भाई-बहन अपने बड़े चाचा के साथ लखनऊ में एक साथ रहे थे और साथ रहने का मूल्य उनके भीतर यहीं से गहरे रूप में स्थापित हुआ था। आचार्य कृपलानी और आचार्य नरेंद्रदेव घर के लोगों की तरह थे, जिनसे उन्हें पूरा सहारा मिला। 1942 में पंडित जवाहरलाल नेहरू की गिरफ्तारी के बाद 'नेशनल हेराल्ड' अखबार का कार्यभार उनके बड़े चाचा को सौंपा गया था।

इंटर के बाद बीमारी के कारण पढ़ाई छोड़कर एक वर्ष तक वे 1944-45 में नरेंद्रदेव के साथ मुंबई रहे। परिवार का वातावरण विशुद्ध व्यावसायिक था। उनके कवि-व्यक्तित्व के निर्माण में आचार्य कृपलानी और आचार्य नरेंद्रदेव की भूमिका रही है। यूनिवर्सिटी के दिनों में उन्होंने अंग्रेजी में कुछ कविताएँ लिखीं और 1949-50 में कई प्रतीकवादी कवियों के अनुवाद किए। मलार्मे की कविताओं के अनुवाद 'प्रतीक' में प्रकाशित हुए थे। कुँवर नारायण पर जिन कुछ पुस्तकों का प्रभाव है, उनमें 'महाभारत', 'भगवदगीता', 'रामचरितमानस', शेक्सपियर के नाटक, सरवांते का उपन्यास, डॉन क्विग्जोट, ग़ालिब का दीवान, काफ़्का का उपन्यास 'द ट्रायल',

मार्क्वेज का उपन्यास, 'लव इन द टाइम्स ऑन कॉलेरा', बोर्खेस की कविताएँ और मलार्मे की कविताएँ हैं।

1954 में छायावाद के चार प्रमुख कवियों पर अंग्रेजी में उनके लेख प्रकाशित हुए थे। 1955 में उन्होंने यूरोप की यात्रा की। वे पोलैंड, चेकोस्लोवाकिया, चीन और रूस गए। इसी यात्रा में उनकी भेंट नाजिम हिकमत, पाब्लो नेरूदा और एन्टन स्वनीम्स्की से हुई। अगले वर्ष भारत लौटने पर कुँवर नारायण की पहली कविता पुस्तक 'चक्रव्यूह' प्रकाशित हुई। इसी समय 'युगचेतना' पत्रिका का दार्शनिक मित्र देवराज के साथ उन्होंने सम्पादन किया। सातवें दशक में 'नया प्रतीक' और 'छायानट' पत्रिका के वे सह सम्पादक रहे। 'युगचेतना' में सम्पादकीय तथा अन्य प्रकार के समीक्षात्मक लेख उन्होंने लिखे। 1957 में पहली कहानी 'अफ़सर' लिखी। रचनात्मक स्तर पर विश्व-कविता से कुँवर नारायण का व्यापक और गहरा सम्पर्क है। कुँवर नारायण ने दो नाटकों का लेखन भी किया। ('शक' और 'ख़ाली जगह'), जो प्रकाशित नहीं है। 'ख़ाली जगह' नाटक को इलाहाबाद में डॉ. सत्यव्रत सिन्हा ने प्रस्तुत किया था।

संगीत और फिल्म में कुँवर नारायण की गहरी दिलचस्पी है। वे लखनऊ के भारतेंदु नाट्य केन्द्र के अध्यक्ष और उत्तर प्रदेश संगीत नाटक अकादमी के उपाध्यक्ष रहे हैं। उनके जीवन में अच्छी किताबों का अच्छा-खासा महत्त्व है। अच्छी फिल्में और नाटक देखना उनका पुराना शौक है। वे अपने समय के सर्वाधिक बहुपठित कवि है। उनका ज्ञान अति व्यापक है। विश्वकोश सदृश है। स्वीडन के कई विश्वविद्यालयों में उनका काव्य पाठ हुआ है तथा कई गोष्ठियों में वहाँ उनकी भागीदारी रही है। 1944 में वेनिस यूनिवर्सिटी में उनके व्याख्यान हुए और इसी वर्ष यूरोप, इंग्लैंड और अमेरिका का उन्होंने विस्तृत भ्रमण किया। 1998 और 1999 में अधिक समय तक वे ऑक्सफोर्ड और कैम्ब्रिज में रहे। वार्सा यूनिवर्सिटी तथा 2001 में जागीलोनियन यूनिवर्सिटी में आयोजित अन्तर्राष्ट्रीय सेमिनारों में उनकी शिरकत रही।

कविता की तरह ही हैं कुँवर नारायण

रमेश दवे

"सभी शाब्दिक कलाओं में कविता प्राचीनतम है तथा संगीत और नृत्य यानी ध्वनि और लय से निकट से जुड़ी हुई है।"

"मैं समझता हूँ कि एक कवि अपनी रचना से पूरी तरह सन्तुष्ट नहीं होता। शायद कविता के साथ एक जीवित सम्बन्ध-सा बन जाता है। उसके साथ काम करते-करते।"—कुँवर नारायण

उपर्युक्त उदाहरणों के आलोक में कुँवर नारायण जी को समझना इसलिए जरूरी है क्योंकि कुँवर नारायण अर्थात् कविता के साथ जीवित सम्बन्ध का कवि। कुँवर नारायण अर्थात् संगीत-नृत्य यानी ध्वनि और लय का कवि। शब्द की अन्तःशक्ति का कवि। शील के सौन्दर्य और सौन्दर्य के शील का कवि! सांस्कृतिक संबोध, दार्शनिक छवियों, उपनिषदीय छाया एवं मिथकों की माया का कवि। कबीर वाणी के उलटवासियों, सबद, साखी, तुलसी के रामचरितमानस, गीता का ज्ञान, भक्ति और कर्म की त्रि-प्रवाहिता ब्रह्मवाणी और अनेकांत, अष्टांगता एवं सम्यक् आस्थाओं का एक ऐसा विरल संपुंजन, संयोजन कविता में कि पढ़कर लगे जैसे मीर और ग़ालिब गुफ्तगू में मबतला हों, प्रसाद और निराला संवाद कर रहे हों और मुक्तिबोध-अज्ञेय कविता के समकाल से भविष्य तक के ब्रह्मांड को एक साथ खंगाल रहे हों।

एक कवि शब्द या वाणी से जितना बोलता है, उससे कहीं अधिक अपने मौन में बोलता है। मौन का शिल्प गूंगेपन का शिल्प न होकर आन्तरिक-अवधान और कल्पना के परिधान का शिल्प है। पृथ्वी की गंगा बहती है तो कल-कल के निनाद में संगीतमय सौन्दर्य हो उठती है लेकिन आकाशगंगा अपने मौन के सौन्दर्य में ही बहती है। कुँवर नारायण की कविता इसी संगीत और सौन्दर्य का शिल्प है, मौन और ध्वनि में उपजती नई भाषा का शिल्प है। संवेदनाओं को वे यथार्थ के किसी वाद या विवाद से अर्जित नहीं करते बल्कि संवेदना भी इनकी ठीक ऐसी है जैसे वे देख रहे हों दो हजार साल पहले एक संत को सलीब पर लटकाते और अन्दर से काँप-काँप उठते हैं। उनकी कविता संवेदन के इस अन्तःकंपन की कविता है। इसलिए वे यथार्थ

को भी निरस्त न करते हुए अपने संवेदन के शिल्प में, संगीत के साथ शामिल कर लेते हैं। उनका यथार्थ वस्तु का यथार्थ भी है, व्यक्ति का भी, विचार का भी, लेकिन भौतिक ठोसपन से मुक्त सर्वतंत्र, स्वायत्त एवं स्वतंत्र; तभी तो वे कहते हैं–"वस्तु और वस्तु के बीच भाषा है।" लेकिन आगे वस्तु से जब व्यक्ति तक आते हैं तो कहते हैं–"मेरे और तुम्हारे बीच एक मौन है।" वे जब लय और संगीत की बात करते हैं तो वे कविता में इस प्रकार स्वयं ही प्रकट होने लगते हैं–"...ऋचाओं की गूँज-सा आर्यलोक/पूजा के दूब-सी कोमल नीहार-धुली/दुधमुँही नई-नई संसृति को/बाल मानवता के सपनों तक आने दो/एक सात्विक शान्ति/प्रभात के सहज वैभव में थम जाए।"

ऋचाओं की गूँज-सी कविता सात्विक शान्ति के साथ जब कवि सुनता है तो 'बाक़ी कविता' में कहता है–"पत्तों पर पानी गिरने का अर्थ/पानी पर पत्ते गिरने के अर्थ से भिन्न है।" इस भिन्नता के साथ जब यात्रा करते हुए वे 'श्रावस्ती' पहुँचते हैं, तो देखते हैं–परिव्राजक हवाओं में, उन अनुपस्थितियों का स्पर्श, जिनके बाद भी अस्तित्व में कुछ अर्थ बाकी है। 'नदी बूढ़ी नहीं होती' में इतिहास-वैभव की स्मृति के शब्द भी कविता में अपने आप उतर पड़ते हैं–"एक नदी बना दूँ या मांडू का किला/और कहूँ कि रूपमती/इस क्षण में सैकड़ों वर्षों को जीना चाहता हूँ।" कुँवर नारायण के लिए जंगल किसी हिंसक जंगलीपन का प्रतीक नहीं है। उनके लिए तो 'पूरा जंगल' उसकी नींद की शान्ति है। 'एक जगते जगते क्षण में दुविधाग्रस्त हूँ/ किसे रोशनी कहूँ/किसे अंधेरा।' वे जब 'स्पष्टीकरण' देते हैं तो कहते हैं–"ग़लत से ग़लत वक़्त में भी सही से सही बात कही जा सकती है।" कुँवर नारायण शान्ति, शील, सौन्दर्य, लय, सबके बावजूद एक प्रकार का क्षोभ भी जीते हैं, सम्भवतया दुःखकातर संसार को देख, इसके विद्रूप और विडंबनाओं से विन्यस्त और त्रस्त जीवन को देखा इसलिए अपनी 'हँसी' के बारे में उनकी यह व्यथा देखी जा सकती है–"धीरे-धीरे टूटता जाता/मेरी ही हँसी से मेरा हर नाता/अकसर वह सही जगहों पर नहीं आती/अकसर वह ग़लत जगहों पर आ जाती" के रूप में कुँवर नारायण को 'तीसरे सप्तक' के कवि के रूप में पढ़ते हैं तो उनका कविता जैसा व्यक्तित्व तभी से झलकने लगता है। वे कहते हैं–"ये पंक्तियाँ मेरे निकट आईं नहीं/मैं ही गया उनके निकट।" यद्यपि उस काल के अनेक बिम्ब उनके 'प्यार की अतृप्त खंडित आत्मा' के साथ 'दर्द के जीवित रहने' के अहसास के कुछ-कुछ भौतिक संकेतों में निहित थे, फिर भी 'आत्मजयी' और 'वाजश्रवा के बहाने' तक आते-आते कुँवर नारायण इतने परिपुष्ट हो उठते हैं कि जो 'तीसरा सप्तक' में कहा था–"न खेलूँ शतरंज ऐसी ग़लत शर्तों पर/कि जिसमें सभी चालें, बस तुम्हारी हों?" शायद इसलिए कुँवर नारायण अपने कवि की बिसात, चाल, शर्त सब कुछ अपनी ही रचते हैं।

कुँवर नारायण के व्यक्तित्व को जानना एक संत को जानना है और उनकी कविता को जानना एक प्रकार से अनंत को जानना है। इसलिए उनका कविता जैसा यह व्यक्तित्व

संत और अनंत का सम्मिलन है और उनका कविता हो जाना ऐसा भी लगता है जैसे श्रावस्ती गाँधी के सेवाग्राम और साबरमती की ओर दौड़ रही हो कविता बनकर ताकि कविता का वह हिंद स्वराज्य-राग जाग्रत हो, न केवल साम्प्रदायिक हिंसा के कथित अपराध से ग्रस्त गुजरात में, बल्कि देश भर में और यह लगे कि आत्मजयी लौट आया है कुँवर नारायण की कविता के साथ न केवल नचिकेता बनकर बल्कि बुद्ध और गाँधी बनकर। कुँवर नारायण को पढ़ना एक कवि को उसकी शब्द-ध्वनियों, अर्थ छवियों, सौन्दर्य और शिल्प में तो पढ़ना है ही, साथ ही उस मनुष्यता में भी पढ़ना है जिसके प्रतीक कुँवर नारायण स्वयं और उनकी कविताएँ हैं।

कुँवर नारायण की रचनात्मक अनन्यता

रणजीत साहा

केवल पहियों और पंखों वाली
इस बेसिर-पैर की सभ्यता में
दफ़्तरों, दुकानों और कारखानों से
अस्वीकृत होकर भी
मैंने जीना पसन्द किया।

(परिवेश : हम-तुम)

कुँवर नारायण पाठक के अन्तरंग में दबे पाँव प्रवेश करने वाले और स्थायी तौर पर वहाँ अपनी ठौर बनाए रखने वाले कवि हैं। इस कवि की पंक्तियों और प्रतीतियों से प्राप्त अनुभव कभी-कभी इतना निजी और अद्वितीय होता है कि वह किसी के साथ साझा नहीं किया जा सकता। चतुर्दिक व्याप्त कोलाहल, अप्रिय हलचल और अयाचित उथल-पुथल से आहत परिवेश तथा मानसिक संत्रास में उनकी कविताएँ हमारे एकान्त को और भी सघन एवं अर्थवान बनाती हैं। कवि ऐसे क्षणों में हमारे आसपास ही खड़ा दीखता है और हमारी भूमिका को ही नामालूम ढंग से कमोबेश समृद्ध बना देता है-

तुम तक यदि मेरा भावोद्वेल पहुँचे
तो इस कोलाहल को अपने आकाशों में भरसक अपनाना
तुम्हें आश्चर्य होगा यह जानकर
कि कवि तुम हो...
और मैं तुम्हारी कल्पना के आसपास मंडराता हुआ
जीवन की सम्भावनाओं का एक दृढ़ संकेत।

उनके आरम्भिक कविता-संग्रह 'चक्रव्यूह' (1956) की उक्त पंक्तियाँ जता देती हैं कि कवि अपने अन्दर विद्यमान उस संबोध्य एवं संभावित पाठक से निरन्तर आश्वस्त

रहना चाहता है जिसे वह सम्बोधित करना चाहता है। इसी तरह 'परिवेश : हम-तुम' (1961) में उनकी बिम्बधर्मा, लयात्मक और अनुप्रासयुक्त कुछेक पंक्तियों ने तब सहज ही पाठकों का ध्यान अपनी ओर आकृष्ट किया था। उदाहरणस्वरूप, ये दो पंक्तियाँ–

नदी-पथ पर डगमगाते चन्द्रमा के पाँव
नदी तट पर खोजते शायद प्रिया का गाँव।

कुँवर नारायण जी की परवर्ती कई कविताओं–यहाँ तक कि छंदयुक्त गद्य कविताओं–में शब्द-युग्म और अनुप्रास का अभिनव प्रयोग सहज ही लक्ष्य किया जा सकता है। जिस अन्तरंग पाठक से सर्जक को अपनी निकटता की प्रतीति होती है और जिन संभावित पाठकों के कल्पना-जाल और भाव जल में वह अपनी कवि की छवि निहार रहा होता है। तभी इस कवि द्वारा तमाम बहुचर्चित एवं विशिष्ट कृतियाँ, जो पिछले पचास सालों में लिखी गई हैं, पाठकों की पूर्ववर्ती एवं अनुवर्ती पीढ़ियों से निरन्तर संवाद करती रही हैं। हालाँकि यह कवि-संवाद कभी-कभी शब्दरहित भी होता है और जैसा कि कहा गया, अपने ही अकेलेपन से घिर जाने जैसा यह एक निश्चेष्ट लेकिन विशिष्ट उपक्रम है–

मैं जाकर उसके अकेलेपन में
अनायास शामिल हो गया
और उसी तरह अकेला हो गया
वह अकेलापन
आज भी मुझे
जब-तब घेर लेता है।

(नौकुचिया ताल)

यहाँ इस बात का उल्लेख आवश्यक है कि सुप्रसिद्ध कवि अज्ञेय द्वारा सम्पादित 'तीसरा सप्तक' (1959) के बाद वर्ष 1961 में प्रकाशित 'परिवेश : हम-तुम' के बारे में अपने समय के तेजस्वी कवि-चिन्तक मुक्तिबोध ने कुँवर नारायण के बारे में लम्बी टिप्पणी की थी जिसमें कवि द्वारा प्रस्तुत मानचित्र एवं विचार चित्र में अन्तर्ग्रथित आत्म-पक्ष के साथ वस्तु पक्ष के सहज एवं सम्यक् सन्तुलन को सराहा गया था। उनके शब्दों में–'कवि कुँवर नारायण ने अपना एक शिल्प विकसित कर लिया है, जिसमें कहने की सादगी, संवेदन की तीव्रता, रंगों की गहराई और ख़यालों की लकीरें साफ-साफ उभरकर आती हैं। फलतः न केवल आत्म-पक्ष का, वरन् वाह्य-पक्ष का भी चित्रण हो जाता है। मुख्य बात यह है कि रंगों की गहराई में ख़यालों की लकीरें खो नहीं जातीं, एक भाव का दूसरे भाव से जो अन्तःसम्बन्ध है, वह स्पष्ट प्रस्तुत होता है।'

19 सितंबर, 1927 को कुँवर नारायण का जन्म फैजाबाद (उ.प्र.) में हुआ था। उनके आरम्भिक कुछ वर्ष अयोध्या में भी बीते। नाते-रिश्तेदारों वाले उनके इस भरे-पूरे परिवार में एक के बाद दूसरी कई मौतें हुईं, जिनका उनके बालमन पर गहरा असर हुआ था। न केवल उनकी माँ बल्कि बड़ी बहन भी क्षय रोग का शिकार होकर चल बसी थीं। वर्ष 1933 में ही कुँवर नारायण अपने बड़े चाचा के पास लखनऊ आ गए और वहीं उनकी औपचारिक शिक्षा शुरू हुई। 1951 में उन्होंने लखनऊ विश्वविद्यालय से अंग्रेजी साहित्य में एम.ए. किया।

वाराणसी, इलाहाबाद, दिल्ली की तरह तब लखनऊ का साहित्यिक और सांस्कृतिक परिवेश बहुत समृद्ध था। अवध की निराली संस्कृति और पहचान, नफासत और शानोशौकत के बीच बुद्धिजीवियों और कलाकारों के साथ साहित्यिक संवाद और उनकी संगत से कुँवर नारायण के रचनात्मक लेखन को अतिरिक्त विस्तार मिला। उनका अधिकांश समय साहित्य-चर्चा, सांस्कृतिक आयोजन तथा विद्वानों के सान्निध्य में बीतता और उन सबके बीच भी वे अपने लेखन तथा अध्ययन के लिए पर्याप्त समय निकाल लिया करते थे।

यह देखकर और सोचकर आश्चर्य होता है कि पारिवारिक एवं व्यावसायिक दायित्व का पालन करते हुए वह संगीत, फिल्म, कला और सम्पादन के लिए समय कैसे निकाल लिया करते थे! इन सभी विषयों पर लिखे गए उनके सुचिंतित लेखन को आज के सभी प्रबुद्ध आलोचक पूरी गम्भीरता से लेते हैं। स्वयं डॉ. नामवर सिंह ने, यह पूछे जाने पर कि आपके प्रिय आलोचक कौन हैं, तपाक से उत्तर दिया था-'कुँवर नारायण!'

एक कारोबारी परिवार से संबद्ध और अपने पारिवारिक व्यवसाय के बारे में लगभग खामोश रहने वाले कुँवर नारायण ने इस एकरस और खुरदरे दायित्व की कभी अनदेखी नहीं की। वे जब भी किसी कार्य दायित्व से जुड़े-उससे कोई गिला-शिकवा भी नहीं किया।

कवि-चिन्तक कुँवर नारायण को वर्ष 2005 का 41 वाँ ज्ञानपीठ पुरस्कार मिलना उनके पाठकों और प्रशंसकों के लिए स्वाभाविक प्रसन्नता का विषय है-इसे न तो कवि ने और न उनके आलोचकों ने हैरानी या अप्रत्याशित समाचार की तरह लिया है। यह उस भारतीय साहित्य और सांस्कृतिक परम्परा का सम्मान है, जिसमें एक रचनात्मक निरन्तरता विद्यमान है। कुँवर नारायण ने निश्चय ही अपनी प्रश्नाकुल जिज्ञासा से इसे और भी सतेज और समृद्ध बना दिया है।

उनकी रचनाशीलता में हमारा समकाल ही नहीं, संस्कृति, इतिहास और मिथक-अपने किताबी दायरे से बाहर निकलकर-वर्तमान से गहन और सार्थक संवाद करते हैं। उनका यह संवाद सबसे पहले स्वयं को कठघरे में रखकर पूछता है-

मेरे ही दुर्दिन हैं, उनका तो क्या होना
लेकिन मुँह ढांककर ऐसा भी क्या सोना
आज नहीं तो कल सही, लड़ना तो होगा ही
कहाँ तक न बोलेगी आख़िर बेगुनाही।

कवि की अद्यतन काव्य-कृति 'वाजश्रवा के बहाने' निश्चय ही, अपने समय और समाज से गहरे जुड़े एक कवि की चिन्ता की रचनात्मक परिणति है। संक्रमण ही नहीं, बल्कि अतिक्रमण को अपनी बेचैन पहचान से जोड़ने वाली बीसवीं सदी की सारी असफलताओं और अवसादों को कांधे पर लादे इक्कीसवीं सदी भी वही बीहड़ बेताल गाथा दोहरा रही है। इसलिए उक्त काव्य-कृति ने सदियों में विभाजित कालखंडों की अनदेखी करते हुए, एक बार फिर उन्हीं प्रश्नों को उठाया है, जिनका उत्तर हर समकाल चाहता है। लेकिन प्रश्नों को पृष्ठभूमि में रखते हुए कवि ने द्वंद्व की जगह एक नए दृष्टिपथ का संधान किया है। वह चाहता है कि न तो किसी पक्ष को खारिज किया जाए और न किसी को हाशिए में डाला जाए।

कवि की पूर्ववर्ती, बेहद चर्चित एवं प्रश्नाकुल प्रबन्ध काव्य-कृति 'आत्मजयी' (1965) की याद दिलाती प्रस्तुत कृति सर्वथा एक नवीन धरातल, गहन भावबोध और वैचारिक सन्दर्भों को तीव्र मुखर करती है। इसमें भी पिता-पुत्र के शाश्वत सम्बन्धों के साथ पूर्व स्मृतियों के सूत्रों को नए जीवनानुभवों से समृद्ध किया गया है। इसलिए यहाँ समकालीन सजगता के साथ समय के अन्तराल में विषम हो गए सम्बन्धों को पुनर्स्थापित करने का कवि-संकल्प निम्न पंक्तियों में अभिव्यक्ति हुआ है—

कुछ इस तरह भी पढ़ी जा सकती है
एक जीवन दृष्टि
कि उसमें विनम्र अभिलाषाएँ हों
बर्बर तर्क-वितर्क का घमासान नहीं
कल्पना में इंद्रधनुषों के रंग हों
ईर्ष्या, द्वेष के बदरंग हादसे नहीं।

(वाजश्रवा के बहाने)

कुँवर नारायण की कविता के केन्द्र में होता है मनुष्य, उसकी स्वाभाविक रागात्मक वृत्तियाँ, ऐंद्रिक आकांक्षाएँ और बौद्धिक अभीप्साएँ। यह मनुष्य किसी खास संस्कृति या शताब्दी से बँधा नहीं होता। अपने समय और समाज के प्रति उसके मन में जो सोच या सरोकार हो सकते हैं—कवि उन्हें व्याप्ति प्रदान करना चाहता है—

पोंछो सब, फिर लिखो शुरू से
सही समत्व बिन्दु से अभी और
विस्तृत करो जीवन-परिदृश्य।

('विलक्षण सन्तुलन में'/कोई दूसरा नहीं)

ऐसे 'मनुष्य' में विश्वास बनाए रखना ही कभी-कभी उनकी कविताओं की सबसे बड़ी ताकत कही जा सकती है। इसी समत्व बिन्दु से जीवन का परिदृश्य आंकने वाली पंक्तियाँ हमें भी आश्वस्त करती हैं—

लौटना है मुझे
प्रेम की तरफ
विश्वास बनाए रखना हैं
मनुष्य में
सिद्ध करते रहना है
कि मैं टूटा नहीं

('किसी और ने नहीं'/कोई दूसरा नहीं)

आज मैं शब्द नहीं
किसी ऐसे विश्वास की खोज में हूँ
जिसे आदमी में पा सकूँ।

('खोज में'/कोई दूसरा नहीं)

दूसरी ओर, कवि अपने लिए ही नहीं, सबके लिए किसी सूत्र या मंत्र को कविता की पंक्तियों में इस तरह संजोता है–

कोई दुख
मनुष्य के साहस से बड़ा नहीं–
वही हारा
जो लड़ा नहीं।

'इन दिनों' और 'कोई दूसरा नहीं' कविता-संग्रह की कई कविताएँ मानवीय सम्बन्धों को ऐतिहासिक परिदृश्य एवं सामाजिक सन्दर्भों में रखकर देखने का सर्वथा मौलिक और निजी उपक्रम हैं। कवि ने इस समत्वबोध को भीड़ नहीं बल्कि 'हम' से संबद्ध किया है। पटना के निकट हुई एक रेल दुर्घटना में हताहत लोगों की सूची एक संवेदनशील कवि को कितना विचलित कर सकती है–वह उनकी 'इन दिनों' में संकलित 'वे भीड़ नहीं, हम हैं' शीर्षक कविता में अभिव्यक्त हुई है। इस भयानक हादसे में बच गया एक आदमी इस संवेदनप्रवण कवि से निम्न पंक्तियाँ लिखवा लेता है–

एक मौक़ा है
अब लौटना चाहिए
मनुष्य होने का पूरा तात्पर्य
संगठित हो सकता है
एक कुटुंब के आसपास
निर्वाचित हो सकता है बहुमत से
पृथ्वी पर उसका प्रतिनिधित्व।

इसी संग्रह में तत्कालीन दौर की सामाजिक-सांस्कृतिक उठापटक और राजनीतिक उथल-पुथल का आकलन बड़ी पैनी लेकिन गहरी अन्तर्दृष्टि के साथ किया गया है।

उनके 'कथन' में वैचारिक मंथन से उत्पन्न हुआ स्वर फूटता है, वह युग-स्वर की तरह प्रतीत होता है जिसमें कवि की पीड़ा, प्रतीक्षा और कदाचित् उसकी प्रार्थना भी सम्मिलित दीख पड़ती है। 'अयोध्या 1992' शीर्षक कविता इसीलिए आज भी किसी भी सुधी पाठक को विचलित और उद्वेलित कर सकती है। यहाँ उसकी कुछेक पंक्तियाँ उद्धृत हैं–

...हे राम...
इससे बड़ा क्या हो सकता है
हमारा दुर्भाग्य
एक विवादित स्थल में सिमटकर
रह गया तुम्हारा साम्राज्य
अयोध्या इस समय तुम्हारी अयोध्या नहीं
योद्धाओं की लंका है
'मानस' तुम्हारा 'चरित्र' नहीं
चुनाव का डंका है!

हे राम, कहाँ यह समय
कहाँ तुम्हारा त्रेता युग,
कहाँ तुम मर्यादा पुरुषोत्तम
और कहाँ यह नेता युग!
सविनय निवेदन है प्रभु कि लौट जाओ
किसी पुराण–किसी धर्मग्रंथ में
सकुशल सपत्नीक...
अब के जंगल वे जंगल नहीं
जिनमें घूमा करते थे वाल्मीक!

'कोई दूसरा नहीं' कविता-संग्रह की जिस विशिष्ट कविता का उल्लेख लगातार होता रहा है, वह हमारे समय के एक अद्वितीय कवि कुँवर नारायण ही लिख सकते हैं। 'अबकी अगर लौटा तो' शीर्षक इस कविता में कवि ने अपने अपराजेय संकल्प को दोहराया है। न केवल कवि-कर्म बल्कि युग-धर्म के अनुरूप सर्वजन में–'सबमें' यानी सर्वहारा में–अपनी पूर्णता को पाने का अर्थवान आग्रह स्पष्ट देखा जा सकता है। यहाँ अपने स्वत्व को विसर्जन या विलयन की अभिलाषा नहीं, बल्कि बृहत्तर होने की उत्कट आकांक्षा है–

अबकी अगर लौटा तो
बृहत्तर लौटूँगा
चेहरे पर लगाए नोकदार मूँछें नहीं

कमर में बँधे लोहे की पूँछें नहीं
जगह दूँगा साथ चल रहे लोगों को
तरेर कर न देखूँगा उन्हें
भूखी शेर-आँखों से
अबकी अगर लौटा तो
मनुष्यतर लौटूँगा

अबकी अगर लौटा तो
हताहत नहीं
सबके हिताहित को सोचता
पूर्णतर लौटूँगा।

अपनी कहानियों–'आकारों के आसपास' और साक्षात्कारों के लिए समान रूप से चर्चित कुँवर नारायण के कवि एवं चिन्तक व्यक्तित्व पर, समय-समय पर विद्वानों एवं आलोचकों ने स्वतंत्र रूप से और प्रसंग-क्रम में विचार व्यक्त किया है। उनके इस निर्बंध और वाद-विवाद से परे एक सतेज और स्पष्ट राय रखने वाले व्यक्तित्व को न केवल सराहना एवं संस्तुति मिली है बल्कि कई पुरस्कारों से पुरस्कृत एवं सम्मानों से अलंकृत एवं विभूषित भी किया गया है। इनमें से उल्लेख्य हैं–हिन्दुस्तानी अकादमी पुरस्कार, प्रेमचंद पुरस्कार, कुमारन आसान सम्मान, तुलसी पुरस्कार, हिन्दी संस्था सम्मान, व्यास सम्मान, भवानी प्रसाद मिश्र पुरस्कार, शतदल पुरस्कार, साहित्य अकादेमी पुरस्कार और भारतीय ज्ञानपीठ पुरस्कार। कहना न होगा, यह भारतीय कविता की सर्जनात्मक निरन्तरता का सम्मान है और इससे भारतीय कविता के एक प्रतिनिधि हस्ताक्षर का विशिष्ट कवि-स्वर देश-विदेश के पाठकों, प्रशंसकों और अनुवादकों को एक बार फिर उनकी रचनाओं की ओर आकृष्ट करेगा। हालाँकि वर्ष 2006 में इटली का प्रतिष्ठित साहित्यिक प्रीमियो फेरोनिया पुरस्कार प्राप्त करते हुए कुँवर नारायण ने कविता से अपेक्षा के बारे में अपना मंतव्य निम्नलिखित पंक्तियों में व्यक्त किया था–

'मेरा पक्का विश्वास है कि यदि किसी के मन में केवल आर्थिक लाभ की बात हो तो कविता लिखना बेहद बुरा निवेश होगा। मैं कविता केवल इसलिए लिखता हूँ कि मुझे इससे सुख मिलता है, जब यह सहज स्वभाव से मेरे पास आती है, मुझे विवश करती है...कविता का जीवन न तो बाज़ारों पर निर्भर है, न किसी प्रकार के संरक्षण पर बल्कि कविता की जीवन-इच्छा पर निर्भर है।'

कुँवर नारायण के अनुसार कविता अपनी जरूरतों के हिसाब से अपनी जमीन तैयार कर लेती है। वह न केवल यथार्थ से परिचित रहती है बल्कि आदर्श से भी परिचालित होती है। केवल ऊपरी सतह पर मौजूद यथार्थ की पहचान और पकड़ दोनों ही भ्रामक हो सकती है। कभी-कभी कविचातुरी के बल पर वह यथार्थ खोलता नजर आता है लेकिन वस्तुतः वह इकाइयों का निषेध करता है। हालाँकि कुँवर नारायण

किसी कवि का उल्लेख या कविता पंक्ति उद्धृत नहीं करते। उनका मानना यह रहा है कि कविता होती है प्रत्यक्ष की त्वचा की एक या कई सतह नीचे या भीतर। 'जो यथार्थ सच्चाइयों से कवि को उद्विग्न करता है और जो आदर्श उसे आश्वस्त, उनके बीच कविता की स्थिति और सार्थकता को बनाए रखने की कोशिश कविता की सही जमीन खोजते रहने की कोशिश है।'

अपनी कविताओं के माध्यम से भारतीय कविता-प्रेमियों और अनूदित रचनाओं के द्वारा विदेशी पाठकों के बीच अपनी गहरी पैठ बनाए रखने वाले कुँवर नारायण जी ने स्वयं कई महत्त्वपूर्ण कवि-हस्ताक्षरों की कविताओं के समय-समय पर अनुवाद किए हैं। इनमें से प्रमुख हैं कांस्टैन्टीन कवाफ़ी और खोर्खे लुई बोर्खेस की कविताएँ। इन अनुवादों से, बावजूद दो विषम एवं विजातीय संस्कृति एवं भाषा के, इनमें अन्तर्निहित मानवीय संवेदनाओं और सरोकारों की एक-सी अनुगूँज सुनी जा सकती है। इसलिए अपनी विदेश यात्राओं के दौरान वह पोलैंड में नाज़िम हिकमत, एँटन स्वनीमस्की जैसे विश्वप्रसिद्ध कवियों से भी मिले। पाब्लो नेरूदा तो कुँवर जी के प्रिय कवियों में से एक रहे हैं। कहना न होगा, विदेशी भाषाओं में हिन्दी की यदि सबसे अधिक कृतियों के अनुवाद किसी कवि के हुए हैं तो वह कुँवर नारायण ही हैं।

यहाँ इस बात का उल्लेख करना आवश्यक होगा कि अभी हाल में उनकी प्रतिनिधि कविताओं का अंग्रेजी अनुवाद स्वयं उनके पुत्र अपूर्व नारायण ने किया है। यह 2008 में 'नो अदर वर्ल्ड : सेलेक्टेड पोइम्स' शीर्षक से प्रकाशित हुआ है। इसमें उनके कविता-संग्रहों–'चक्रव्यूह', 'इन दिनों', 'तीसरा सप्तक', 'कोई दूसरा नहीं' और 'अपने सामने' से कविताएँ ली गई हैं। इसमें 'अयोध्या' और 'गुजरात 2002' शीर्षक बहुचर्चित कविताओं के भी अनुवाद हैं।

भारतीय साहित्य, विशेषकर काव्य जगत् के यशस्वी कवियों एवं रचनाकारों, प्रमुख समर्पित तथा साहित्यिक संस्थाओं से कुँवर नारायण जी का सीधा परिचय रहा है। लेकिन उनके परिचय का दायरा साहित्य तक ही सीमित नहीं, इसमें संस्कृति जगत् के शीर्षस्थ और समर्पित कलाकार, रंगकर्मी, फिल्मकार, गायक, पत्रकार आदि भी रहे हैं। एक सम्पादक के रूप में 'युगचेतना', 'नया प्रतीक' और 'छायानट' का सम्पादन करते हुए निश्चय ही कुँवर जी के बौद्धिक क्षितिज में निरन्तर विस्तार आता गया और उन्होंने साहित्य और अन्य सर्जनात्मक कलाओं के अंतस्सम्बन्धों पर भी गहराई से विचार किया है। इस दृष्टि से उत्तर प्रदेश की भारतेंदु नाट्य अकादमी के अध्यक्ष (1977-79) तथा संगीत नाटक अकादमी के उपाध्यक्ष (1976-78) के नाते भी उनका कार्यकाल उन संस्थाओं के लिए बेहद रचनात्मक और सक्रिय रहा। सुप्रसिद्ध फिल्मकार और साहित्यिक सत्यजित राय, महान् गायक उस्ताद अमीर खां, नृत्यांगना संयुक्ता पाणिग्रही, शास्त्रीय गायिका मालिनी राजुरकर और गायक पं. जसराज से उनका सीधा सम्पर्क रहा है। विभिन्न अनुशासनों में उनके अनन्य योगदान और व्यक्तित्व के बारे में भी कुँवर जी समय-समय पर लिखते रहे हैं।

सजग बौद्धिकता और कुँवर नारायण

विनोद भारद्वाज

1

हिन्दी के वरिष्ठ कवि कुँवर नारायण को वर्ष 2005 का ज्ञानपीठ पुरस्कार एक महत्त्वपूर्ण समाचार है। कुँवर नारायण उन आधुनिक हिन्दी कवियों में से हैं, जो अपनी सजग बौद्धिकता को एक सहज रचनात्मक औजार के रूप में इस्तेमाल करते हैं। वह अपनी कविता में पुराणों और धर्मग्रंथों का अगर इस्तेमाल करते हैं, तो प्रयोगधर्मी आधुनिक सिनेमा की सम्पादन-तकनीक का भी कुशल इस्तेमाल करते हैं। मिथक शास्त्र, पुराण, इतिहास, समकालीन पश्चिमी चिन्तन, सिनेमा, रंगमंच से शुरू होकर रोजमर्रा की ज़िन्दगी के यथार्थ में भी वह बिना किसी दिक्कत के आवाजाही कर सकते हैं।

हमारे कई आधुनिक हिन्दी कवि इतिहास में गए हैं, उसे जानने और जाँचने के लिए। बरसों पहले कवि समीक्षक विष्णु खरे ने एक दिलचस्प टिप्पणी की थी कि कुँवर नारायण भारतीय इतिहास में एक विशिष्ट नागरिक के रूप में नहीं, बल्कि एक आम आदमी के रूप में प्रवेश करते हैं। श्रीकांत वर्मा हिन्दी के एक अन्य महत्त्वपूर्ण आधुनिक कवि हैं। पर 'मगध' संग्रह में इतिहास में उनका प्रवेश एक विशिष्ट नागरिक के रूप में है, जबकि 'अपने सामने' (1980) में कुँवर नारायण की इतिहास से सम्बन्धित कविताओं में इब्नेबतूता हो या कुतुबमीनार, उनकी सोच समकालीन, विनम्र और आम आदमी के करीब है।

अज्ञेय ने वर्ष 1959 में 'तीसरा सप्तक' में कुँवर नारायण की कविताओं को शामिल किया था। इस चयन के अन्य महत्त्वपूर्ण कवि थे, विजयदेव नारायण साही, सर्वेश्वर दयाल सक्सेना और केदारनाथ सिंह। 'तीसरा सप्तक' के अपने वक्तव्य के अन्त में कुँवर नारायण की 'कविता क्या है' पर टिप्पणी गौर करने लायक है, 'जीवन के इस बहुत बड़े कार्निवल में कवि उस बहुरुपिये की तरह है, जो हज़ारों रूपों में लोगों के सामने आता है, जिसके पास हर मनोरंजक रूप में किसी न किसी सतह पर जीवन की एक अनुभूत व्याख्या है और जिसके हर रूप के पीछे उसका अपना गम्भीर और असली व्यक्तित्व होता है, जो इस सारी विविधता के बुनियादी खेल को समझता है।

कुँवर नारायण लखनऊ छोड़ अब दिल्ली के एक फ्लैट में रहने लगे हैं। लेकिन अयोध्या, फैजाबाद, लखनऊ आदि की स्मृतियों के बिना कुँवर नारायण की कल्पना नहीं की जा सकती। लखनऊ की विष्णु कुटी में कुँवर नारायण का बड़ा पुस्तकालय था। वहाँ वह लेखन ऐसे करते थे, जैसे कोई चित्रकार अपने स्टूडियो में काम करता है। हमेशा वह अपनी किताबों के बीच घिरे रहते थे। किसी सन्दर्भ की तहों में जाने के लिए वह न जाने कितनी किताबों और पत्रिकाओं से जूझ रहे होते थे। विष्णु कुटी में कभी संयुक्ता पाणिग्रही का नृत्य आयोजित होता था, तो कभी उस्ताद अमीर खान या पंडित जसराज के गायन की रिकॉडिंग हो रही होती थी। सत्यजित रे जब 'शतरंज के खिलाड़ी' की लखनऊ में शूटिंग कर रहे थे, तो वह अकसर कुँवर नारायण से बतियाना पसन्द करते थे। रंगकर्मी ब.व. कारंत जब 'हयवदन' के मंचन की तैयारी कर रहे थे, तो वह कुँवर नारायण की विष्णु कुटी में ठहरे हुए थे। कुंवर नारायण ने 'हयवदन' के गीत भी लिखे थे, सर्वेश्वर दयाल सक्सेना के साथ। कहने का आशय यह है कि कुँवर नारायण के रचनात्मक व्यक्तित्व के विकास में 'दूसरी कलाओं' की गहरी भूमिका है। उनकी कविता में इन विधाओं का असर भी हम पहचान सकते हैं।

कुँवर नारायण का बैकग्राउंड आम हिन्दी कवि से अलग है। इंटर तक विज्ञान विषय लेकर एम.ए. उन्होंने अंग्रेजी में किया था। अंग्रेजी में उन्होंने कविताएँ भी लिखी हैं, पर एक निजी अभ्यास के रूप में अधिक। वह अपने 'निजी कारखाने' में शेरो-शायरी भी कर सकते थे। घर में कार का व्यवसाय था, जिसमें कुँवर नारायण की बहुत थोड़ी दिलचस्पी थी। अपने कहानी-संग्रह 'आकारों के आसपास' (1971) में वह अपने परिचय में लिख चुके हैं कि साहित्य का धंधा न करना पड़े, इसलिए कार का धंधा करता हूँ। आधुनिक हिन्दी लेखन की दुनिया में साहित्य का धंधा करने वालों की कमी नहीं है। कुँवर नारायण का सम्पूर्ण साहित्य और सोच इस धंधे की संस्कृति के खिलाफ है।

बचपन में कुँवर नारायण ने अपने परिवार में मृत्यु को बहुत नजदीक से देखा था। थोड़े समय के अन्दर पहले माँ, फिर बहन की असमय मौत के बाद 'दोनों की मृत्यु को मानो रेखांकित करती हुई एक तीसरी, मृत्यु के अत्यन्त निकट से गुजरने' (कुँवर नारायण स्वयं भी बीमार हो गए थे) की यातना ने कवि को इस स्थिति में ला दिया, 'जहाँ जीवन न पूरी तरह आश्वस्त कर सका, न मृत्यु पूरी तरह आतंकित।' आज 81 साल की उम्र में भी लखनवी परिहास उनके व्यक्तित्व का अभिन्न अंग हैं। वह बहुत गम्भीर स्कॉलर हैं, उनकी कविता में जीवन और मृत्यु के गहरे प्रश्न हैं, पर उनमें सेंस ऑफ ह्यूमर भी गजब का है। यह परिहास भाव कभी-कभी उनकी कविताओं में भी आ जाता है।

बहरहाल, हिन्दी की 'टिपिकल' अध्यापकीय दुनिया कुँवर नारायण को 'आत्मजयी' या हाल में प्रकाशित उनकी पुस्तक 'वाजश्रवा के बहाने' से अधिक पहचानती है। लेकिन कुँवर नारायण के सम्पूर्ण लेखन का मूल्यांकन एक प्राध्यापकीय नजरिए से नहीं हो सकता है और न ही उसे जनवादी-कलावादी तराजू में आसानी से तौला जा

सकता है। उसमें सरलीकरण नहीं है, हमारे समय के जटिल यथार्थ की गहराइयों में जाने की एक सार्थक कोशिश है।

2

वृद्धावस्था ने कुँवर नारायण के रहन-सहन में थोड़ा परिवर्तन किया है पर सुबह अपनी स्टडी में देर तक काम करने की उनकी आदत बहुत पुरानी है। लखनऊ में जब वे विष्णु कुटी, महानगर में रहते थे तो उनकी स्टडी और उससे जुड़ा पुस्तकालय बहुत बड़ा था। हिन्दी की लघु पत्रिकाओं से शुरू होकर 'टाइम्स लिटरेरी सप्लीमेंट' की फाइलें आसानी से खोजी जा सकती थीं बल्कि लखनऊ की ब्रिटिश काउंसिल में भी 'टाइम्स लिटरेरी सप्लीमेंट' की इतनी व्यवस्थित और बाइंडर फाइलें नहीं खोजी जा सकती थीं। विष्णु कुटी में जगह की कमी नहीं थी। एक से अधिक गेस्ट रूम थे जहाँ कभी अज्ञेय ठहरते थे, कभी पंडित जसराज तो कभी मरियोला ओफ्रेदी (हिन्दी इतालवी विद्वान्)। दिल्ली में घर अपेक्षया छोटा है पर कुँवर नारायण के रहन-सहन में बुनियादी फर्क नहीं आया है।

कुँवर नारायण आज भी सुबह के समय अपनी स्टडी में टाइपराइटर के सामने बैठना पसन्द करते हैं। दो-तीन घंटे सुबह रोज काम करते हैं। पहले सुबह जल्दी उठ जाते थे पर अब सुबह सात-आठ बजे कुँवर नारायण अपना पढ़ने-लिखने का काम शुरू करते हैं। सुबह अखबारों को ज्यादा समय नहीं दे पाते हैं चूँकि वे 'डिस्टर्ब' करते हैं।

कुँवर नारायण अपनी नोट बुक को 'थिंक पैड' कहते हैं। जो विचार आते हैं, उन्हें उस पैड में नोट करते चले जाते हैं। यह उनके लिए 'अपने साथ सोचना' और 'अपने साथ बातचीत' है। थिंक पैड में कोई विचार, कोई कविता, कोई आब्जर्वेशन जन्म लेता है। बाद में कुछ चीजें काम की लगती हैं और कुछ बेकार। प्रसिद्ध संगीतकारों, गायकों आदि के अच्छे मित्र और मेजबान रह चुके कुँवर नारायण (जिनके निजी संग्रह में उस्ताद अमीर खान से शुरू होकर पंडित जसराज, बिरजू महाराज आदि की रिकॉर्डिंग थीं) अब संगीत सुनने के लिए समय नहीं निकाल पाते हैं–'अब मैं आन्तरिक संगीत सुनता हूँ।'

कुँवर नारायण को टेलीविजन से कभी कोई खास उम्मीद नहीं रही। सिनेमा उनका जबर्दस्त लगाव रहा है। कभी अन्तर्राष्ट्रीय फिल्मोत्सवों में एक दिन में तीन-चार फिल्में देखते थे। पिछली जुलाई में इन पंक्तियों के लेखक ने जब कुँवर नारायण से ओशियान फिल्मोत्सव में एक विदेशी फिल्म देखने के लिए कहा तो 81 वर्ष की उम्र में आँखों की घटती रोशनी (अब वह किताबें मैग्निफाइंग ग्लास की मदद से पढ़ते हैं) और घुटनों के दर्द के बावजूद वह उदय प्रकाश की कहानी पर बनी फिल्म 'मोहनदास' देखने के लिए रुक गए। अगले दिन नए उत्साह से फिल्मोत्सव की अगली फिल्म देखने आ गए और एक टिप्पणी भी उनके हाथ में थी–'कल देखी फिल्मों के बारे में।'

इन दिनों दोपहर के भोजन और उसके बाद की छोटी सी नींद के बाद कुंवर नारायण अकसर 4-5 बजे की एक और 'शिफ्ट' निकाल लेते हैं–अपनी स्टडी और थिंक पैड से जूझने के लिए।

लेखक जब प्रसिद्ध और वृद्ध हो जाता है तो उसकी एक दिक्कत (बहुत से लेखक इसे दिक्कत नहीं मानेंगे) गोष्ठियों की अध्यक्षता और पुस्तकों के विमोचन की भी होती है। पुस्तक विमोचन को कुँवर नारायण अब एक मजबूरी भी मानने लगे हैं–'उसका अपने आप में बहुत महत्त्व नहीं है। लोग याद करते हैं और इस बहाने कुछ समय के लिए बाहर निकलना हो जाता है। कुछ लोगों से इस बहाने मुलाक़ात भी हो जाती है। शाम को अगर काम न हो तो कुछ समय के लिए इस तरह के कार्यक्रम कोई ख़ास बोझ नहीं नजर आते हैं। फ़र्क़ यह है कि अब आत्मीय क़िस्म की घरेलू गोष्ठियाँ नहीं रह गई हैं। पहले कॉफी हाउस और घरेलू बैठकों का अपना ख़ास महत्त्व था। आज बड़ी-बड़ी सभाएँ ज़्यादा होती हैं।'

वृद्धावस्था की मुश्किलें और कुछ मजबूरियाँ छोड़ दी जाएँ तो वृद्धावस्था के लाभ क्या नजर आते हैं? 'अब स्मृतियों की सम्पदा बहुत आकर्षित करती हैं। पुरानी स्मृतियों में जाना दरअसल अब आसान हो गया है। नज़र भले ही धुंधली हो गई हो पर अब स्मृतियों की दुनिया ज़्यादा प्रखर हो गई है। एक तरह की स्वतंत्रता है–किसी समय या जगह विशेष में आने-जाने की। कहीं भी जाकर आप लौट सकते हैं। सामग्री का आप रिप्ले कर सकते हैं।'

किसी समय विशेष या खास जगह में जाने की इच्छा क्या कई बार भी होती है? पहाड़ों की दुनिया कुँवर नारायण को आकर्षित करती रही है। ठंडे मौसम में मन ज्यादा रमता है। खास तरह का एकान्त भी वहाँ मिल जाता है लेकिन वृद्धावस्था में शारीरिक सक्रियता और ठंडे मौसम की अपनी सीमाएँ हैं। पिछले साल जुलाई में कुँवर नारायण नैनीताल, भीमताल, भुवाली और रामगढ़ आदि गए थे। कुमाऊं उन्हें लुभाता है। भुवाली की खराब स्मृतियाँ भी हैं चूँकि वहाँ मृत्यु से पहले उनकी टीबीग्रस्त बहन ने एक कॉटेज में समय बिताया था। रामगढ़ पर कुँवर नारायण ने कविता भी लिखी है। वहाँ जिस बंगले में कुँवर नारायण ठहरे थे, वहाँ कभी रवींद्रनाथ ठाकुर ने 'गीतांजलि' की कुछ कविताएँ भी लिखी थीं। वह बंगला उनके एक अंग्रेज मित्र का था। नीमराना चेन ने अब इस बंगले को आकर्षक बना दिया है। कभी रवींद्रनाथ रामगढ़ में शान्ति निकेतन बनाने की सोच रहे थे। कुँवर नारायण के एक मित्र स्व. श्यामकिशोर सेठ (जो 'अनाम' नाम से कविताएँ भी लिखते थे और मूर्तिशिल्पी भी थे) वन अधिकारी थे। कुँवर नारायण ने उनके साथ जंगलों की काफी यात्राएँ की थीं। आज उन जंगलों की अनेक स्मृतियाँ हैं और यह स्मृति-भ्रमण भी कुँवर नारायण को रचनात्मक ऊर्जा देता है।

सुगठित और अकाट्य जीवन विवेक

ओम निश्चल

कुँवर नारायण अपनी पीढ़ी के एक बेहद गहरे संवेदनशील और आध्यात्मिक सुख देने वाले कवियों में हैं जिनके यहाँ विचार और अनुभव का तल्लीन सहकार देखने को मिलता है। उन्होंने न निरे विचार की चमक-दमक पर भरोसा किया, न भावों का आवेग उन्हें बहा ले जाने में सफल रहा। एक धातुकर्मी की तरह कविता के कलेवर में विचार और अनुभव का कितना धात्विक समामेलन उचित है, इस बात को उन्होंने सदैव ध्यान में रखा है। यह जानते हुए भी कि निज कवित्त के कारण ही कविता में कवि का निजत्व बोलता है, उन्होंने उसे केवल निज के प्रकाशन-उद्‌घाटन का मंच नहीं बनने दिया, बल्कि उसमें पाठक और सह चिन्तक की समाहिति की पर्याप्त गुंजाइश पैदा की। प्रारम्भ से यानी 'चक्रव्यूह' और 'आत्मजयी' वाले दिनों में जटिल किन्तु बाद में उत्तरोत्तर वे सरल वाक्यों की निर्मिति के हामी बनते गए। अपने जीवनानुभवों से 'आत्मजयी' के औपनिषदिक कथ्य को उन्होंने एक अर्थवान और सारभूत काव्य का स्वरूप दिया, जैसे वह जीवन और मृत्यु, प्रकृति और पुरुष के रहस्यों को समझने की कुंजी हो।

कुँवर नारायण अपनी काव्य रचना को लेकर कभी हड़बड़ी में नहीं रहे और संग्रहों का अंबार लगा देने की किसी भी होड़ से तो वे लगातार बचते रहे हैं। यही वजह है कि सात दशकों के सक्रिय, सुचिंत्य और सतत अन्वेषी जीवन काल में भी कोई दस-ग्यारह किताबें उनके खाते में ठहरती हैं। उनके देखते हिन्दी साहित्य में कई आन्दोलन आए और गए, किन्तु उनकी कविता, आन्दोलनों के मौसमी प्रलोभनों से दूर रही। वे 'तीसरा सप्तक' में शामिल कवि अवश्य हैं किन्तु तथाकथित अज्ञेयवाद से उनका कोई लेना-देना नहीं रहा। कविता और कहानियों में उन्होंने प्रयोग अपनी शर्तों, विधा तथा कथ्य के अनुरूप किया। अपूर्व नारायण ने 'नो अदर वर्ल्ड' की भूमिका में लिखा है, 'कुँवर जी बोर्खेस की इस उक्ति के कायल हैं कि जीवन कविता से बना है।' इस सिलसिले में उन्होंने 'उत्केन्द्रित' कविता की पंक्तियों को उदाहरणस्वरूप प्रस्तुत किया है—

मैं ज़िन्दगी से भागना नहीं
उससे जुड़ना चाहता हूँ
उसे झकझोरना चाहता हूँ
उसके काल्पनिक अक्ष पर
ठीक उस जगह जहाँ वह
सबसे अधिक वेध्य हो कविता द्वारा।

अपनी कविता और भाषा को लेकर उन्होंने जगह-जगह ऐसे संकेत छोड़े हैं जिन तक पहुँचकर उनके भीतर कविता की विविधवर्णी सरणियों तक पहुँचा जा सकता है। कुँवर नारायण को जीवन में काफी सम्मान मिला है, अब ज्ञानपीठ पुरस्कार भी उन्हें मिल चुका है। किन्तु इसे पाकर भी वे नहीं मानते कि वे कविता के किसी सर्वोच्च शिखर पर आ पहुँचे हैं। वे कहते हैं, 'कवि अपने ही बनाए कीर्तिमानों को तोड़ने की कोशिश करता है—और मैं तो यह मानने में भी हिचक महसूस करता हूँ कि मैंने कोई बहुत बड़ा कीर्तिमान बनाया है।'

किसी के लिए भी सदैव उपलब्ध रहने वाले कुँवर जी अपने पुस्तकालय सह बैठक कक्ष में अकसर किसी किताब, डायरी, संस्मरण, ऐतिहासिक या यायावरी सम्बन्धी पुस्तक के पन्ने पलटते देखे जा सकते हैं। एक कविता में उन्होंने लिखा है, 'आजकल अपना ज़्यादा समय अपने साथ ही बिताता हूँ।' इस स्थिति में आज भी कोई परिवर्तन नहीं हुआ है।

कुँवर नारायण ही क्या, अकसर कवियों की गृहस्थी ढीली-ढाली ही होती है। इस मायने में वे भी ढीले-ढाले ही हैं। इस पक्ष को उनकी पत्नी भारती और पुत्र अपूर्व भी सँभालते हैं। किन्तु कविता की उनकी गृहस्थी उनके सतत चिन्तन-अन्वीक्षण और लेखन से उतनी अव्यवस्थित नहीं है। उम्र के साथ आँखें कमजोर हुई हैं, पर पढ़ने की ललक कम नहीं हुई है। पढ़ने का काम वे अकसर मैग्नीफाइंग ग्लासेस की मदद से करते हैं। बरसों से टाइपराइटिंग के अभ्यस्त कुँवर जी कविताएँ, टिप्पणियाँ वगैरह भी सीधे टाइपराइटर पर ही लिखते हैं।

कभी-कभी एक कविता के लिए वे कितने ही आधारभूत ग्रंथों का पारायण करते हैं, जिसका अहसास पिछले दिनों उनसे मिलने पर हुआ। उन दिनों वे कुमारजीव को लेकर लिखी जाने वाली कविता के लिए कई पुस्तकें/जर्नल्स बगल में सहेज कर रखे हुए थे। अंग्रेजी के स्कॉलर होते हुए भी उनका रुझान पौराणिक, ऐतिहासिक विषयों, स्थलों और प्रसंगों की ओर वैसा ही है, जैसे किसी पुरातात्त्विक का। अपने पारिवारिक जीवन में मृत्यु को निकट से देखने वाले कुँवर जी मन में सदैव विश्वासी बने रहे। 'आत्मजयी' और 'वाजश्रवा के बहाने' जीवन के ही काव्य हैं। उनका व्यक्तित्व इतना स्फटिक, पारदर्शी और संजीदा है कि उनकी ही पंक्तियाँ उन पर लागू की जा सकती हैं—'मुझमें शान्त जल पर पड़ती परछाइयों की स्थिरता।' मैं उन्हीं की पंक्तियों का हवाला देकर कहना चाहूँगा कि उनकी कविताओं में निबौरियों की-सी एक

कड़वी-मीठी औषधीय गन्ध है–सदा शान्त छाया तथा शीतलता देती दीर्घायु की-सी उदार गुणवत्ता।

उनकी कविता में सुभाषितों की मंद-मंद बहती बयार मिलेगी। गीतात्मक छंदों की-सी सरसता और मनुष्यता को लगातार सावधान करता एक ऐसा विवेकवान धीरज मिलेगा, जिसके लिए केवल कविता ही गंतव्य नहीं है, वे चिन्ताएँ ध्यातव्य हैं जो मनुष्य को जंगल में तथा जंगल को मरुथल में, नदियों को नाले में, हवा को धुएँ में तथा खाने को जहर में तब्दील कर रही हैं। वे अपनी बात कहते हुए पर्यावरण के विरोध में मनाए जाते उत्सवों से आँखें नहीं चुराते, हिंसा और रक्तपात की घटनाओं से मुक्त नहीं होते हैं, बल्कि उससे विरोध में अपनी कविता का श्वेतपत्र तैयार करते हैं, कविता में देश के नाम पर ऐसी अपील जारी करते हैं जो कभी बासी नहीं पड़ती। देखा जाए तो उनकी समूची कविता मानवीय सदाचरण के पक्ष में की गई एक मार्मिक अपील की है जो 'चक्रव्यूह' और 'आत्मजयी' से होती हुई 'वाजश्रवा के बहाने' तक अनुस्यूत है।

कुँवर नारायण के लिए कविता स्थूल की साधना नहीं है, वह जीवन के सूक्ष्म संकेतों, अनुभवों को दर्ज करने का दूसरा नाम है। वह इतनी आसान नहीं क्योंकि बकौल कवि, पत्तों पर पानी गिरने का अर्थ पानी पर पत्ते गिरने के अर्थ से भिन्न है। उनके लिए भाषा, शब्द, अनुभव, स्मृति, कथ्य जीवन को किसी नए अर्थ में प्रतिष्ठित करने का उपक्रम है। एक विराट् मानवीय और नैतिक आभा के मध्य रची जाने वाली कविताओं से कुँवर नारायण ने इस दुनिया की जटिल मानसिक संरचना और वैश्विक उथल-पुथल को अपने तरीके से रचा है। कविता उनके लेखे क्या है, इसे उनकी ही कविता 'काग़ज़, कलम और स्याही' की इन पंक्तियों से व्यक्त किया जा सकता है–

फिर कभी काग़ज़ हुआ
तो चेष्टा करूँगा ज़िन्दगी किसी ऐसे पत्र का इन्तज़ार हो
जिसे कोई प्यार से लिखे
सँभालकर एक लिफ़ाफ़े में रखे
और अपने होंठों से चिपकाकर
देर तक सोचे कि उसे भेजे या न भेजे।

कुँवर जी से जब-जब मिलना हुआ है, ढेर सारी बातें हुई हैं। एक चिन्ता, जो उन्होंने हाल ही की भेंट में व्यक्त की थी कि 'साहित्य में राजनीति के दुर्गुण समाहित हो रहे हैं पर राजनीति पर साहित्य के गुणों की छाया नहीं दीखती'–आज भी मेरे जेहन में है। जाहिर है कि राजनीति और साहित्य दोनों की पदच्युति से कवि-मन का आहत होना स्वाभाविक है। मेरे एक सवाल के उत्तर में उनका यह कहना सचमुच भयमुक्त करता है कि हजारों साल लम्बे युद्धों, बर्बरताओं और विनाश के इतिहास के बावजूद

मैं एक कवि की ही तरह सोचने के लिए बाध्य हूँ कि आदमी की रचनाशीलता का इतिहास कहीं अधिक भव्य और उत्साहवर्धक है। आश्वस्त अनुभव करता हूँ कि दुनिया में शान्ति चाहने वालों का स्पष्ट बहुमत है।

अन्त में, यह जानना कि कुँवर नारायण की कविता आखिर किसका प्रतिनिधित्व करती है, वह किसका स्वर है, इस सन्दर्भ में मुक्तिबोध के इस विश्वास को सामने रखकर चलना होगा कि यह पीड़ित अन्तरात्मा का स्वर है, संवेदना की सबसे घनीभूत, सूक्ष्म और वेध्य अभिव्यक्ति जिसे उन्होंने 'चक्रव्यूह' से लेकर 'वाजश्रवा के बहाने' तथा 'हाशिए का गवाह' तक पुरअसर तरीके से व्यंजित किया है। इसलिए सामान्यत: कविता में उतराते जनवाद की तरह कुँवर नारायण की कविता में समाए पीड़ित अन्तरात्मा के स्वर को सुन पाना बाएँ हाथ का खेल नहीं है और किसी फौरी निष्कर्ष पर पहुँच जाने को बेताब आलोचक की कार्रवाई से तो वह सर्वथा अभेद्य हैं। कुँवर नारायण की कविताओं से साहित्य में एक अलग-सी जलवायु का आगमन हुआ है, जिसने भाषा की ध्वस्त परिस्थितिकी को बचाने के साथ-साथ आत्म प्रक्षालन का एक दुरूह कार्य किया है और इसे कुँवर जी से बेहतर कौन जानता है कि कवियों का कोई ठिकाना नहीं, न जाने कितनी बार वे अपनी कविताओं में जीते और मरते हैं।

तिनके-तिनके में खोजता रहूँ जीवन

यतींद्र मिश्र

कुँवर नारायण हिन्दी के उन गिने-चुने लेखकों में से एक हैं, जिनका लेखन भारतीय परम्परा के सर्वाधिक प्रेरित करने वाले तत्त्वों मसलन जागतिक संवेदना, आत्मसंयम एवं सौहार्द की केन्द्रीभूत जरूरत का पर्याय बन गया है। एक हद तक उनका रचनात्मक जीवन उस जीवन विवेक की धुरी पर टिका हुआ है, जहाँ से आज भी वे यह कहते हुए मिलते हैं–

कुछ इस तरह भी पढ़ी जा सकती है
एक जीवन दृष्टि
कि उसमें विनम्र अभिलाषाएँ हों
बर्बर महत्त्वाकांक्षाएँ नहीं
...ईर्ष्या-द्वेष के बदरंग हादसे नहीं
निकट सम्बन्धों के माध्यम से
बोलता हो पास-पड़ोस
एक सुभाषित, एक श्लोक की तरह
सुगठित और अकाट्य हो
जीवन-विवेक।

(वाजश्रवा के बहाने)

कुँवर नारायण जी के बारे में सबसे आसान परिभाषा यह है कि वे कवि हैं। मगर यह उतनी आसान नहीं क्योंकि कवि होने के साथ-साथ वे एक धीर आलोचक भी हैं। यह कठिनाई तब और बढ़ जाती है, जब हम यह देखते हैं कि वे आलोचक के अलावा कला समीक्षक भी हैं, जिनकी परिधि में संस्कृति एक निकाय की तरह मौजूद रहती है। और हमें यह जानने में देर नहीं लगती कि कुँवर नारायण का कवि और आलोचक संस्कृति के विभिन्न सोपानों में एक यात्री की तरह गमन करता है। उन दोनों के मिश्रित सम्बन्ध से बनने वाली दृष्टि उनके लिए किसी विशिष्ट तर्क

की स्थापना का कारण बनती है, साथ ही संस्कृति के विभिन्न अवयवों के स्वरूप, उसके स्थापत्य, उससे होने वाले सम्मोहन और उन सम्मोहनों की अर्थछवियों की महत्ता का अभिप्राय भी संकेतित करती है।

'मानवीयता', 'नैतिक आग्रह' एवं 'संघर्ष की जिजीविषा'–ये कुछ प्रत्यय ऐसे हैं, जो कुँवर नारायण की कविता का ताना–बाना तय करते रहे हैं। साथ ही, हमें आसानी से उनकी बड़ी काव्य–यात्रा में जो निर्णायक सूत्र बराबर से मिलता रहा है, वह यही है कि भाषा, शिल्प और विचार सभी के बीच में से निकलकर मनुष्य की निजता का भरा–पूरा मानवीय दायरा ही उनकी रचना का अभीष्ट बनता है। शायद इसी कारण वे साहित्य तथा अन्य कलाओं के साथ अपनी आत्मीय व वैचारिक गुफ्तगू में बड़ी आसानी से गाँधी और ग़ालिब को, कवाफ़ी और मलार्मे को, महाभारत और कठोपनिषद् को, ध्रुपद और भक्ति पदों को तथा बर्गमैन और कुरोसावा को भी शरीक कर लेते हैं।

कुँवर नारायण होना इस अर्थ में कवि होना है, जिस अर्थ में कवि जानता है कि उसका कार्य समाज के कई ऐसे बिन्दुओं को आंदोलित करते रहना है, जिन्हें सामान्य की भाषा में वैसा पहले किसी ने नहीं किया है। विजयदेव नारायण साही ने कवि के जो पच्चीस शील गिनाए हैं, उनमें से एक शील यह भी है कि 'कवि अभागा है। वह विशिष्ट अनुभूति को बदल नहीं पाता। तब तक बेचैन रहता है, जब तक परिभाषा को बदल नहीं लेता।' यह हमारे लिए एक साथ आश्चर्य और गौरव की बात है कि पिछले छह दशकों की अपनी सक्रिय रचनात्मक आवाजाही में कुँवर जी ने समय और समाज की परिभाषा को कई बार न सिर्फ बदला है, बल्कि बहुतेरी स्थितियों में उसे तोड़कर नई अर्थध्वनि प्रदान की है।

जीवन में आने वाले तमाम संशयों से जूझते हुए, कुँवर नारायण संशयों से पार जाने वाले कवि हैं। बल्कि यह कहना ज्यादा मुनासिब होगा कि वे आकांक्षाओं, विसंगतियों, ऊहापोहों एवं वर्जनाओं से लगातार प्रश्न करने वाली कवियों की वृहत् परम्परा से निहायत प्रासंगिक व जरूरी कवि हैं। उसी तरह, जिस तरह की लीक निराला, मुक्तिबोध, शमशेर, नागार्जुन और रघुवीर सहाय अब तक बनाते रहे हैं। यह कम लोग जानते होंगे कि कुँवर नारायण और रघुवीर सहाय एम.ए. के दिनों में सहपाठी रहे हैं और दोनों ही ने लखनऊ में अपने अध्यापन के समय से मजाज, भगवतीचरण वर्मा, अमृतलाल नागर और यशपाल की सोहबत में अपने साहित्यिक संस्कार विकसित किए। शायद यही कारण है कि दोनों ही में एक सजग किस्म की वैचारिकता लगातार सक्रिय रही है। कुँवर जी में रघुवीर सहाय की सोहबत का वह आम आदमी भी बखूबी उतर आया है, जो उनके दार्शनिक कवि मन को सर्वाधिक घेरता रहा और अवध की बेलौस जीवंत बतकही भी, जो नागर जी के दरबार से उठकर कुँवर जी के भाषा के घर के अन्दर सीधे चली आई है।

कुँवर जी के बारे में यह जानना बड़ा सन्दर्भयुक्त और ऐतिहासिक है कि उनके लखनऊ महानगर के घर में विभिन्न कला–विभूतियों ने अपनी कला को, 'जगह' और

'समय' से बड़ा बनाया है। शायद कलाओं और उनकी प्रदीप्त दुनिया के बारे में इतनी निस्संगता से विचार करने की धारणा उनमें उसी समय आई हो। संगीत और साहित्य का या किन्हीं दो अन्य कलाओं का अन्योन्याश्रित सम्बन्ध, दो भिन्न दुनियाओं को एक साझा दृष्टि से देखने का अवकाश देता है। यह दृष्टि उस दृष्टि से बिलकुल भिन्न नहीं, जिससे हम अपने निजी आशयों का 'सुख' परखते हैं इस सुख का एक व्यापक चरित्र हो सकता है। उसमें बहुत सारा समय और बहुत सारी छोटी-बड़ी उम्मीदें शामिल पाई जा सकती हैं। यह बहुत कम लोगों को मालूम है कि लखनऊ में रहते हुए कुँवर नारायण ने प्रदर्शनकारी कला के लिए ढेरों काम किए। पहली बार लखनऊ में ब.व. कारंत के साथ श्रीलाल शुक्ल एवं सुरेश अवस्थी की मदद से गिरीश कर्नाड के नाटक 'हयवदन' की प्रस्तुति करवाई। यह लखनऊ का वह समय था जब हिन्दी नाटकों से वहाँ के दर्शक लगभग कट चुके थे और उन्हें यह भी ठीक से पता न था कि रंगमंच पर हिन्दी की कोई सक्रिय या केन्द्रीय भूमिका हो सकती है। अपने घर में एक कमरे को स्टूडियो का रूप दिया और नरेश सक्सेना के साथ मिलकर अवधी पारम्परिक गायन की कुछ लुप्त हो रही विधाओं-मर्सिया आदि की रिकॉर्डिंग की व्यवस्था की। स्वयं दो नाटक लिखे, जिनका प्रदर्शन भी हुआ मगर अपनी लोकप्रसिद्ध आदत के अनुसार कभी छपवाया नहीं। उ.प्र. संगीत नाटक अकादमी में रहते हुए 'छायानट' पत्रिका का प्रकाशन शुरू कराया। ये सारे तथ्य यहाँ इसलिए रेखांकित हुए हैं कि यह उस कवि की परिभाषा के अन्दर आते दिखाई पड़े, जिसने कुँवर नारायण जैसा गम्भीर कला-समीक्षक भी हमें दिया है। यह कुँवर जी की बड़ी सफलता है कि वे अपने रचना-कर्म में शब्दों और रागों को, मानवीय सरोकारों और उनके नाटकीय प्रदर्शन को, ध्वनि और सादृश्य को परस्पर समीप ला सके। दो भिन्न कलाओं की भिन्न दुनियाओं में यात्रा करते हुए जो महत्त्वपूर्ण तथ्य हाथ लग सका, उसकी सबसे बड़ी उपलब्धि यह रही कि हमें हिन्दी में ऐसी कला-समीक्षा हासिल हुई जिसमें किसी गायक को उसके नितांत निजी आशयों के साथ हम साहित्यिक धरातल पर भी विश्लेषित कर सकें, तो साहित्य का फैलाव हमने सेल्युलाइड की चमक में भी ढूँढ़ना चाहा। सत्यजित रे के माध्यम से हम एक ज्यादा व्यापक प्रेमचंद पा सके और रंगमंच पर उस परम्परा का प्रतिनिधित्व होते देखा, साहित्य और रूपंकर अभिव्यक्तियाँ जहाँ मित्रवत् व्यवहार करती हैं।

कुँवर जी के लेखन में विलक्षण आत्मानुशासन है, जो अधीर होने की सारी सम्भावनाओं पर पानी फेर देता है। एक ऐसी सजग दृष्टि, जो बहुत समय तक अपने अहं को तोड़ते हुए बड़े जिम्मेदाराना ढंग से मनुष्यता के प्रति अपनी संलग्नता को व्यक्त करती है। उनकी पिछले साठ सालों में फैली अधिसंख्य कविताएँ इस तथ्य को जानने के सन्दर्भ में एक महत्त्वपूर्ण पहल है कि हम मिथक और यथार्थ, संवेदना और इतिहासबोध तथा शिल्प और विचार की शर्तों पर किसी कविता को कितना समय निरपेक्ष बना पाते हैं! एक विशेष कालखंड में घटने के बावजूद कविताओं का कथानक यदि सार्वकालिक महत्त्व का बन पाया है, तो उसका सबसे सार्थक पहलू

यही है कि वहाँ हर परिस्थिति में कवि, उस कविता की ऐतिहासिकता, राजनीति या शुद्ध भावनात्मकता से नहीं; बल्कि उसमें मौजूद उन संवेदनात्मक अवधारणाओं से सीधे वाबस्ता है, जो उसके निर्माण की नियति तय करते हैं। इसी कारण कुँवर नारायण कई बार अपने समकालीनों को पीछे छोड़ते नजर आते हैं। कुछ-कुछ उस तरह, जैसा कि जिगर मुरादाबादी अपने एक शेर में यह कहते हुए मिलते हैं–'ज़रा-सा दिल है लेकिन कम नहीं है/इसी में कौन-सा आलम नहीं है।' जिगर के इसी शेर में कुँवर जी की कविता की रूह कैद नजर आती है। जो कोई भी उनकी रचनाओं के सम्पर्क में आया था उनसे व्यक्तिगत रिश्ते की डोर में बँधा, उसे बखूबी मालूम है कि उनके दिल की बस्ती में सारी दुनिया-जहान का आलम मौजूद है। एक हद तक उनकी उदारता और निश्छलता ने रचनाओं में ऐसा सूफी रंग भरा है कि हम देर तक इस बात के सम्मोहन में पड़े रह जाते हैं कि हिन्दी का आँगन भी उर्दू की रवायत की तरह कई बार प्रेम व समर्पण में भीग-भाग जाता है। वे दंगों की विभीषिका में जिस बात की ओर गम्भीरता से इशारा करते हैं, वह किसी और तरह के दाग लगने से नहीं वरन् प्रेम में मासूम घावों से अपना उत्कर्ष पाता है। 'जख़्म' कविता इस सन्दर्भ में पढ़ने योग्य है–

इन गलियों से
बेदाग़ गुज़र जाता तो अच्छा था
और अगर
दाग़ ही लगना था तो फिर
कपड़ों पर मासूम रक्त के छींटे नहीं
आत्मा पर
किसी बहुत बड़े प्यार का जख़्म होता
जो कभी न भरता।

इसी तरह नफरत के बरक्स प्रेम की समानुभूति के लिए शायद ये पंक्तियाँ हम हमेशा याद रखें–

एक अजीब-सी मुश्किल में हूँ इन दिनों
मेरी भरपूर नफरत कर सकने की ताक़त
दिनों दिन क्षीण पड़ती जा रही
अंग्रेज़ों से नफरत करना चाहता
जिन्होंने दो सदी हम पर राज किया
तो शेक्सपीयर आड़े आ जाते
जिनके मुझ पर न जाने कितने एहसान हैं।

(एक अजीब-सी मुश्किल)

प्रेम और करुणा से संश्लिष्ट बोध आरम्भ से ही कुँवर जी की कविताओं का स्थायी स्वर रहा है। वह कभी छोटी कविताओं द्वारा, तो अकसर बड़ी कविताओं के बीच झलकता रहा है, मगर उसमें कोरी भावुकता और स्थूल अभिव्यक्तियाँ कभी नहीं आने पाईं। जीवन की तरह ही–उनके लेखन में गम्भीर और अगम्भीर तत्त्व इस तरह मिले-जुले रहे कि वे एक-दूसरे के पूरक ही प्रतीत हुए। उन तत्त्वों ने हमेशा जीवंतता का ही आभास दिया है, विरोधाभास का नहीं। इसी कारण कविता ने गहन अंधकार और गहरे संकट के क्षण भी अपना धैर्य और विश्वास नहीं खोया है। एक छोटी सी कविता की अभिव्यक्ति देखने लायक है–

कोई भी दुख
मनुष्य के साहस से बड़ा नहीं
वही हारा
जो लड़ा नहीं।

कुँवर नारायण की कविता की एक खासियत यह भी है कि वर्तमान को विस्तृत करने के लिए कवि इतिहास और मिथक में जाता है और अकसर उन्हें वर्तमान में लाकर जीता है। इस तरह समय की बहुआयामी परिकल्पना रूपायित होती है। इस प्रक्रिया में 'समय' ज्यादा गम्भीर अर्थ ध्वनित करता है। वह स्थूल रूप में 'भौतिक समय' नहीं रह पाता, बल्कि एक सभ्यता के विस्तार का रूपक बनता है और अकसर एक विचार के क्रियान्वयन के लम्बे कालखंड में परिवर्तित हो जाता है। इस कारण उसके आशय कविता को बिलकुल नए सन्दर्भों के प्रति जागरूक बनाते हैं। एक दो उदाहरणों से इस स्थिति को समझा जा सकता है–

भूल जाना मेरे बच्चे कि ख़ुसरो दरबारी था
वह एक ख़्वाब था
जो कभी संगीत
कभी कविता
कभी भाषा
कभी दर्शन से बनता था
वह एक नृशंस युग की सबसे जटिल पहेली था
जिसे सात बादशाहों ने बूझने की कोशिश की।

(अमीर ख़ुसरो)

किस समय में हूँ?
कहाँ से आया हूँ?
किस समय में हूँ
काफ़्का के प्राहा में
22 नम्बर 'स्वर्ण गली' के एक छोटे से कमरे में?

या वेनिस की गलियों में?
या बल्लीमारान में?
हैब्सबर्गज के भव्य महलों में हूँ?
या वावेल दुर्ग में?
या लाल किले के दीवान-ए-ख़ास में? (कुतुब का परिसर)

कुँवर जी ने कभी भी, किसी मत, वाद या विचारधारा को अपने लेखकीय कर्म का विकल्प नहीं बनाया। शायद इसी कारण उन पर यह आरोप भी लगा कि कविता में ताप की कमी है या कविता किसी राजनीतिक विचार के समर्थन में प्रत्यक्षत: नहीं खड़ी होती। मगर यह आरोप निराधार है। यह सही है कि घोषित रूप से कुँवर नारायण राजनीतिक प्रतिबद्धता के कवि नहीं हैं, लेकिन उनके पूरे काव्य-संसार को देखें तो उसका काफी बड़ा हिस्सा सामाजिक और राजनीतिक वाबस्तगी को प्रतिबिंबित करता है। जहाँ भी उन्होंने शोषण, अन्याय, उत्पीड़न आदि को देखा है वहाँ उनकी कविता चुप नहीं रही है। फिर चाहे आपातकाल का दौर रहा हो, बाबरी मस्जिद का विध्वंस या गुजरात में घटा नरसंहार। एक रचनाकार का राजनीति से क्या सम्बन्ध होना चाहिए, इस पर भी उनके विचार ध्यान देने योग्य हैं–"साहित्य और राजनीति के बीच, मैं समझता हूँ, कभी भी गठबंधन का रिश्ता वांछनीय नहीं है। राजनीति की पहली ज़रूरत है, सत्ता और शक्ति; इनके बिना वह कुछ नहीं कर सकती, और इनके लिए वह कुछ भी कर सकती है।...बड़ा साहित्य न तो राजनीति का गुलाम रहा है, न ही उसका दुश्मन। साहित्य-चिन्ता के मूल में रहते हैं वे जीवन-मूल्य, जो मनुष्य के हित में हों, जो उनकी रक्षा कर सकें।...साहित्य की राजनीति को अपने लिए मैं कुछ इसी तरह समझता रहा हूँ कि वह एक दिशात्मक, बेलाग और इत्मीनानी दृष्टिकोण न अपनाकर एक निरीक्षक और विवेचक की तरह अपने समय और समाज पर चौकन्नी नज़र रखे।" यह चौकन्नी नजर हमें उनकी रचनात्मक यात्रा में बड़ी आसानी से मिलती रही है। सिर्फ एक उदाहरण से इस नजरिए को हम परख सकते हैं–

हे राम
इससे बड़ा क्या हो सकता है
हमारा दुर्भाग्य
एक विवादित स्थल में सिमटकर
रह गया तुम्हारा साम्राज्य। (अयोध्या 1992)

अपने लेखन का समय-समय पर सावधानीपूर्वक परीक्षण करते हुए कुँवर जी ने जितने तर्क दिए, उनमें से एक विलक्षण बात उन्होंने अपने कला-प्रेम व 'आइडेंटिटी' के प्रश्न पर मुझसे कही थी, "प्रख्यात चित्रकार पिकासो स्पेनिश था। वह फ्रांस में ही ज़्यादातर रहा। मगर उसकी कला पर अफ्रीकी लोक-कला का प्रभाव मिलता है। उसकी कला, उसे राष्ट्रीय पहचान से ऊपर उठाकर एक विशुद्ध कलाकार बनाती है,

जिसका सार्वभौमिक महत्त्व है। पहचान का सवाल, उसके काम से, उसकी उपलब्धि से हुआ, उसकी राष्ट्रीयता से नहीं। जैसे पिकासो बड़ा कलाकार था उसको यह कोई नहीं मानता था कि वह स्पैनिश है। मुझे यह बात प्रभावित करती है कि एक कलाकार का व्यक्तित्व उसकी कला से ही जाना जाए, राष्ट्रीयता गौण हो जाए या उसकी जातीय पहचान लुप्त होकर, एक समग्र रूप में दिखाई दे, जो निश्चित ही उसकी कला या रचना की सफलता होगी।" इस तरह के ढेरों तर्क और स्थापनाओं से मिलकर ही कुँवर नारायण जैसा बड़ा व्यक्तित्व बना है, जिसकी आत्मीयता के दायरे में ढेरों लोग आए हुए हैं। यह अकारण नहीं है कि कुँवर जी अपनी जातीयता या समयबद्धता से ऊपर उठकर व्यापक अर्थों में हिन्दी समाज की एक वैश्विक छवि बन गए हैं। इलाहाबाद के 'हिन्दुस्तानी अकादमी पुरस्कार' से शुरू हुई उनकी यह स्वीकार्यता इटली के 'प्रीमियो फेरोनिया' जैसे प्रतिष्ठित पुरस्कार एवं पोलैंड के वार्सा विश्वविद्यालय के सम्मान तक पहुँच गई है।

कुँवर नारायण हमेशा एक आत्मसजग रचनाकार के रूप में अपनी शिनाख्त कराते रहे हैं। किसी भी प्रकार के अतिवाद से भरसक बचते हुए स्वयं के लिए उन्होंने अपना साहित्य संसार कई परतों में रेशा-रेशा उघाड़कर नए सिरे से बुना है। एक तरह से हम यह कह सकते हैं कि कई समयों में विचरण करते हुए उनका रचनाकार उन समयों की प्रासंगिक और वैज्ञानिक पड़ताल करता रहा है। शायद इसी कारण उन्होंने अपने विवेक को सर्वोपरि रखते हुए मानवीयता के सरोकारों पर चलने की परिपाटी को सर्वाधिक तरजीह दी है। उनकी कविताओं या अन्य रचनात्मक उपस्थिति में हमें मानवीय मूल्यों के प्रति उनकी कोमलता, शास्त्रीय संयम और रोमांटिक ऊर्जा-तीनों का अद्‌भुत संगम देखने को मिलता है। स्मृति, ऐतिहासिकता, मिथकीय सत्य एवं जीवन के असंख्य जटिल व समावेशी परिप्रेक्ष्य कुँवर नारायण जैसे सर्जक को हिन्दी ही नहीं, भारतीय भाषाओं के एक अप्रतिम मूर्धन्य के रूप में स्थापित करते हैं। यह अकारण नहीं है कि 'आत्मजयी' यदि मृत्यु की निराशा के विरुद्ध एक मनोवैज्ञानिक मोर्चा और जीवन के प्रति आस्था का ग्रंथ है, तो 'वाजश्रवा के बहाने' दो पीढ़ियों के बीच कहीं समावेशी जीवन-विवेक को खोजने का आश्वस्तिपूर्ण प्रयास है। 'अपने सामने', 'कोई दूसरा नहीं' तथा 'इन दिनों' जैसे संग्रह उनकी उदारचेता मानवीय भावना को मार्मिक ढंग से न सिर्फ व्यक्त करते हैं, बल्कि दूसरे छोर पर सारी जीवनानुभूति को सहलाते हुए यथार्थपरकता की पथरीली जमीन को मजबूती से पकड़े रहते हैं। उनकी पूरी रचना-यात्रा में मानवीय संवेदना ही नहीं, उदासीनता की व्यापक स्थितियाँ भी बड़े निर्णायक ढंग से दर्ज हुई हैं। यह देखने के लिए सिर्फ एक बानगी भर काफी है-

फिर मेरे पाँवों तले
रख दी गई है एक पृथ्वी
फिर मुझे थमा दी गई है

एक ज़िन्दगी की लगाम
थरथराते पाँवों में फँसा दी गई हैं
रकाबें
फिर उठता चारों ओर
वही पागल शोर
नसों पर फिर वही असह्य दबाव
या तो सिद्ध करो दिग्विजय
या स्वीकार करो दास-भाव! (फिर मेरे पाँवों तले)

कुँवर नारायण की कविता में बयान की संक्षिप्ति, भाषा-प्रौढ़ता, वक्रोक्ति का संयम और एक आत्मीय किस्म का सन्तुलन दिखता है, जो पूरी काव्य-प्रक्रिया को अपनी पूर्ववर्ती पीढ़ी से जोड़कर कहीं गहरे अपने काव्याभिप्राय को व्यक्त करता है, कविता में इसी कारण एक अजीब किस्म का बेगानापन और प्रार्थनानुमा टोन दोनों ही देखे जा सकते हैं। यह निस्संगता कुछ-कुछ फकीरी ठाठ या निर्गुण संतों की बानियों जैसा असर पैदा करती है, जहाँ सामंजस्य और स्नेह दोनों जीवन-मूल्य की तरह बरते जाते हैं। कुँवर जी की इस तरह की असंख्य कविताओं में एक क्लासिकी स्पर्श है, जो उन्हें अपनी भाषा की महान् परम्परा का अनुशासित सदस्य बनाता है। यहाँ दीगर यह है कि कवि किसी बड़बोलेपन से नहीं, बल्कि अपनी सहज बानी में उस वाग्मिता की अभिव्यक्ति करता है, जिसके आदि और अन्त दोनों छोरों पर अपनी पूर्ववर्ती कविता के साथ असीम तल्लीनता बनी हुई है। यह साहित्य की बड़ी धारा का वह अनुषंग रूपक है, जिसमें सारे कवि रचनाकार और परिदृश्य पर मौजूद समस्त कविता किसी अनजानी डोर से बंधी मिलती है। कुँवर जी स्वयं स्वीकारते हैं-"'क्लासिक' पद से जो विशेष काव्य गुण ध्वनित होते हैं जैसे सन्तुलन, व्यवस्था, परिमार्जन, परिष्कार, संरचनात्मक दृढ़ता वगैरह उनके पक्ष में हूँ, परन्तु उस स्वच्छंदता, कल्पनाशीलता, भावनात्मक ऊर्जा आदि को भी उतना ही महत्त्व देता हूँ, जो कविता के रोमांटिक पक्ष माने जाते हैं, और जिनके बिना प्राणवान मौलिक रचना सम्भव नहीं।"

कुछ वर्षों पूर्व साहित्य अकादेमी के संवत्सर व्याख्यान में कुँवर जी ने एक महत्त्वपूर्ण प्रश्न उठाया था कि बहुत सारे शब्द, जो हमारी भाषा परम्परा में किसी विशेष अर्थ के बगैर इस्तेमाल होते रहे हैं, उनके पुनर्मूल्यांकन, पुनःपाठ की जरूरत है। उनके अर्थों के प्रयोग का रूढ़ होते जाना, शब्द की गरिमा खो देता है। कुछ-कुछ अज्ञेय के उस प्रतीक की तरह जिसमें देवता जलहरी को घेरे बैठे हैं और जलहरी का पानी सूख चुका है। फिर यह आशय मुखर होता है कि देवता भी सूख गए हैं। हम पाते हैं कि धीरे-धीरे शब्दों की देवत्व आभा धूमिल पड़ती जाती है। कुँवर जी के यहाँ भाषा की परख दरअसल इसी दृष्टि के माध्यम से संचालित होती है। वह इस बात के लिए बराबर सचेत हैं कि शब्दों को, उनकी अर्थ व्याप्तियों को और उनकी अनुषंग वृत्तियों को उन रूढ़ अर्थों में न देखा-पढ़ा जाए, जिन अर्थों में व्यापक समाज उन्हें

बरतता रहा है। संवत्सर व्याख्यान से यह अंश पढ़ना शायद इस अर्थ में प्रासंगिक हो : "कुछ विषय जो अरसे से साहित्यिक चर्चाओं के इर्द-गिर्द रहे हैं, जैसे–अर्थशास्त्र, इतिहास संस्कृति, नैतिकता आदि उन पर एक उड़ती नज़र डालना चाहूँगा। यहाँ उनके विस्तार में जाना ज़रूरी नहीं, केवल ऐसे कुछ संकेतों को पकड़ने की कोशिश करूँगा, जो हिन्दी साहित्यिक समीक्षा के कुछ अतिपरिचित, इसलिए कुछ बेजान पड़ते, 'पदों' को नई तरह अनुप्राणित करने में सहायक हो सकते हैं।"

एक शास्त्रीय अनुशासन में यदि कुँवर नारायण को प्रतिबिंबित करने वाली आवाज का लेखा-जोखा बनाया जाए, तो उसमें हमारे समय में व्यक्ति के आत्मसंघर्ष, उसके आत्मबोध और नैतिक जिम्मेदारी के सूक्ष्मतर ब्योरे दर्ज मिलेंगे। कुँवर नारायण की कविता एक सजग और सतर्क नागरिक की कविता है; जिसमें मनुष्य की पीड़ा और उसके संघर्षों के साथ हमेशा ही एक मानवीय संवाद दिखाई पड़ता है। धीरज, विवेक, आत्मसजगता, जिजीविषा, संघर्ष और करुणा–ऐसे बीज शब्द हैं, जिनसे कवि का काव्यलोक उत्कर्ष पाता है। एक अनवरत सांगीतिक लय है इन कविताओं की आपसी समझदारी में, जिनसे यह स्पष्ट होता रहता है कि सब कुछ गंवाकर भी हमारी संवेदना का कथानक हमेशा मृत्यु से जीवन की ओर लौटता है। यह सकारात्मक जीवन-दृष्टि हमें 'चक्रव्यूह' (1956) से लेकर 'हाशिए का गवाह' (2009) तक पूरी दृढ़ता के साथ उपस्थित मिलती है। संवेदनाओं की जिस ठोस जमीन पर कुँवर नारायण लगातार पिछले पचास वर्षों से खड़े हुए हैं, वह उनकी महाकाव्यात्मक-सी लगती रचना-यात्रा में अनयास या अकारण नहीं आया है। इसके लिए भाषा, साहित्य, कलाओं, इतिहास, दर्शन, मिथक, राजनीति, अध्यात्म, समाजशास्त्र एवं विज्ञान के प्रति उनका रचनाकार मन सदैव जिज्ञासु बना रहा है और इन विषयों के प्रति उनकी साहित्येतर प्यास ने भी उनकी कविताओं, कहानियों एवं विचार गद्य में जिजीविषा की आग भर दी है। उनकी कविता में लगातार एक निर्णायक परिवर्तन यह हुआ है कि उसमें हमारे दारुण यथार्थ से मुठभेड़ करने की आकांक्षा बढ़ती गई है, जिसके कारण अधिकांश रचनाओं में लोकतंत्र और नागरिकता के संकटों तथा सत्ता के साथ साधारण मनुष्य की जवाबदेही के प्रति एक गम्भीर विमर्श की आँच महसूस की जा सकती है। 'अपने सामने', 'कोई दूसरा नहीं' और 'इन दिनों' संग्रह में इस महत्त्वपूर्ण रचनात्मक परिवर्तन को लक्ष्य किया जा सकता है। एक-दो उदाहरण से उनकी बौद्धिकता के इस दृढ़ पक्ष को समझा जा सकता है–

दुर्गम वनों और ऊँचे पर्वतों को जीतते हुए
जब तुम अन्तिम ऊँचाई को भी जीत लोगे
तब तुम्हें लगेगा कि कोई अन्तर नहीं बचा अब
तुममें और उन पत्थरों की कठोरता में
जिन्हें तुमने जीता है
जब तुम अपने मस्तक पर बर्फ़ का पहला तूफान झेलोगे

और काँपोगे नहीं
तब तुम पाओगे कि कोई फ़र्क़ नहीं।
सब कुछ जीत लेने में
और अन्त तक हिम्मत न हारने में। (अन्तिम ऊँचाई)

रात भर नारे लगते रहे कि आज़ादी मिले
रात भर मशालें जलती रहीं कि भेड़िए भागें,
रात भर इश्तहार बँटते रहे कि सुबह करीब है,
रात भर जुलूस निकलते रहे कि लोग जागें।
सुबह रात भर के जागे लोग थक कर
सड़कों फुटपाथों पर सोए पड़े थे। (पहला सवाल)

कुछ कम उत्पाती हो सकता था
जान पर खेलकर
धधकते सूर्य को छू लेने का बचकाना उन्माद
एक अंधी शक्ति के उद्दंड प्रदर्शन से
कहीं अधिक सार्थक हो सकता था
एक पशु से मनुष्य हो सकने का
विनम्र पराक्रम। (संपाति का संताप)

तमाम तरह के सामाजिक सरोकारों के प्रति हमेशा सतर्क रहते आए इस कवि के जीवन सन्दर्भों के दायरे में 'प्रकृति' भी बिलकुल नए ढंग से अपना विमर्श तैयार करती है। कुंवर नारायण की प्रकृति कविताएँ, सिर्फ उसके निरूपण, सौन्दर्य या बखान का हिस्सा नहीं हैं, बल्कि वे सामाजिकता के दायरे में भी उसकी तरह रच-बस गई हैं, जिस तरह उनकी जीवन सम्बन्धी कविताएँ। दरअसल वे समकालीन कविता के अकेले ऐसे कवि हैं, जिनके यहाँ प्रकृति के प्रति प्रेम भी पर्यावरण को संरक्षित करने के गोपन उद्देश्य को साथ लेकर चलता है और जीवन के विभिन्न पक्षों के साथ अपना आत्मीय तादात्म्य बनाता है। वहाँ यह अलगा पाना मुश्किल है कि सामाजिक सरोकार कहाँ तक प्रकृति-जीवन से जुड़ता है और कहाँ तक जाकर प्रकृति का सौन्दर्य, आम जीवन का महत्त्वपूर्ण हिस्सा बन जाता है। एक-दो उदाहरणों से यह समझना ज्यादा सार्थक होगा–

मेरा घनिष्ठ पड़ोसी है
एक पुराना पेड़....
हमारे सुख-दुख की भाषा एक ही है
जाड़ा गर्मी बरसात उसे भी उसी तरह भासते जैसे मुझे,
पतझर की उदासी

वसन्त का उल्लास
कितनी ही बार हमने साथ मनाया है
एक दूसरे के जन्मदिन की तरह। (मेरा घनिष्ठ पड़ोसी)

मैं नहीं जानता उसका अतीत उसका राष्ट्र
वह एक झील है पहाड़ों से घिरी
उसका नाम है सबीना...
एक अपराजेय साहस है वह
लिखते नहीं बनती जो
ऐसी एक कविता का
शीर्षक है सबीना...
हमारे देश की एक ऋतु
एक बोली है सबीना। (सबीना)

कुँवर नारायण के यहाँ प्रकृति की तरह प्रेम भी एक मूल्य, सहेजने की एक जरूरी चीज और जीवन-परिदृश्य को बड़ा बनाने की एक कारगर युक्ति है। शायद इसी कारण वे एक प्रेमी के रूप में कम, एक दार्शनिक शायर के रूप में उन कविताओं की रूह में उतरते नजर आते हैं, जहाँ उनका मन प्रेम में पूरी तरह डूबा हुआ मिलता है। प्रेम के प्रति भावना की यही उदात्तता उनको उर्दू कविता के उन महान लोगों की कतार में पूरी इज्जत से खड़ा करती है, जहाँ पहले से ही मीर, मोमिन, जौक, ग़ालिब और फ़िराक़ अपना हसरत भरा दिल थामे मौजूद हैं। यह देखना दिलचस्प है कि कुँवर नारायण अपने लेखों, निबन्धों, साक्षात्कारों और वक्तव्यों में इन शायरों को पूरे मन से याद करते हुए अकसर उनके शेरों को पाठकों को सौगात रूप में सुनाते भी रहते हैं। इसमें उनका उर्दू कविता से प्रेम और ग़ालिब के प्रति आसक्ति भी यदि प्रेरणा की तरह काम करती आई हो, तो कोई आश्चर्य नहीं।

कविताओं से अलग, कुँवर नारायण का नाता कहानी, साहित्यालोचना, कलाओं व फिल्मों के प्रति जिम्मेदार ढंग की टिप्पणियों से भी बना रहा है। वे उन चुनिन्दा भारतीय रचनाकारों में से एक हैं, जिनकी कहानियों पर भी उसी तरह से ध्यान दिया गया, जिस तरह अन्य बड़े कहानीकारों की रचनाओं पर। अभी तक प्रकाशित उनके एकमात्र कहानी संग्रह 'आकारों के आसपास' पर रघुवीर सहाय की बरसों पहले 'दिनमान' में 'क्या चाहे जैसे जीतना ज़रूरी है' शीर्षक के अन्तर्गत की गई टिप्पणी, एक बार फिर से यहाँ गौर करने लायक है, "'आकारों के आसपास' पढ़कर ख़त्म करते-करते मन यह पूछने लगता है कि ये कहानियाँ क्यों इतनी ताजी और जानदार हैं। हिन्दी कहानी के विराट् शामियाने की स्थापनाओं के पैबन्दों से भरी छत में से जहाँ आकाश का यह खंड दीख रहा है, वहाँ कुँवर नारायण ने एक बड़ा छेद कर दिया है। आलोचनाशास्त्र बनाने वालों को इस पर अपने मन-मुताबिक पैबन्द लगाना

मुश्किल होगा।" 'गुड़ियों का खेल', 'जनमति', 'सीमा रेखाएँ' और 'मुग़ल सल्तनत और भिश्ती' जैसी कहानियों के लेखक से यह शिकायत बहैसियत पाठक जरूर दर्ज करना चाहूँगा कि उन्होंने कहानियों के आंगन को हिन्दी साहित्य के लिए और ज्यादा विस्तृत क्यों नहीं किया? कहानियाँ कम लिखीं या कम छपवाईं? दोनों ही बातों से हिन्दी के रचना-संसार को कुछ दुर्लभ मिलने से वंचित रहना पड़ा है, इस बात में कोई संदेह नहीं है।

अपने जीवन में गाँधी, रवींद्रनाथ ठाकुर, आचार्य कृपलानी, कबीर, पाब्लो नेरूदा, ग़ालिब, स्तेफान मलार्मे, काफ़्का, रिल्के, प्रेमचंद, बोर्खेस, अभिनव गुप्त, आचार्य नरेंद्र देव, वासुदेवशरण अग्रवाल एवं उस्ताद अमीर खां से प्रभावी किस्म की प्रेरणाएँ लेते रहे कुँवर जी ने अपना स्थान भी कहीं न कहीं इस प्रकार की सूची में पूरे सम्मान के साथ दर्ज करा लिया है। वे स्वयं मानते हैं कि प्रेरणाओं के अर्थ को संकुचित कर देना उचित नहीं। वह नक्षत्रों की तरह होते हैं, जिनसे हमें अपनी जगह और दिशा खोजने में मदद मिलती है : जैसा गणित में होता है—उन्हें स्वयंसिद्ध मानकर हम अपनी समस्याओं को सुलझाते हैं, उनमें उलझे नहीं रह जाते।

कई समयों से होकर गुजरने वाली उनकी व्यापक जनोन्मुखी दृष्टि ने जितने प्रकार की आवाजें और स्थापनाएँ साहित्य के पाठकों को दी हैं, वह अपने में किसी पुरस्कार से कम नहीं। कभी 'रिक्शा पर' कविता में वे ढोढू भाई के लिए नहीं, बल्कि रिक्शा वाले के प्रति सहानुभूति रखते हैं; तो कभी तट पर होकर भी तटस्थ नहीं दिखते। इतिहास की खानकाह में जाकर 'अमीर ख़ुसरो' के बहाने उनका राजनीतिक समय टटोलते हैं, तो कभी निहायत निजी आशयों के साथ उस 'सबीना' से सम्बोधित होते हैं, जो पूरे देश की बोली और समस्त ऋतुओं का प्रतीक बन जाती है। वर्तमान समय की असहिष्णुता को देखते हुए 'शान्ति वार्ता' में पड़ते हैं, तो अपने चिर-परिचित स्वभाव के चलते उस 'चक्रवात' से दोस्ती भी कर लेते हैं, जो उनके घोंसले को आकर उजाड़ देता है और फिर उसी में से वे तिनका-तिनका जीवन खोजते रहते हैं। कुँवर जी के बारे में कोई भी बात कभी भी पूरी तरह मुकम्मल नहीं कही जा सकती। इसलिए भी कि वह हमेशा पूर्णतर लौटने की आकांक्षा के कवि हैं। एक बात के सन्दर्भ में मैंने उनसे एक प्रश्न किया था, "आज कोई रामायण या महाभारत क्यों नहीं लिख पाता?" इस पर हमेशा ही सहज रहते आए कुँवर जी ने कुछ मुस्कराते हुए यह कहा था, "एक महाकाव्य लिखने के लिए महाकाव्यात्मक जीवन जीना ज़रूरी है।" अस्सी वर्ष के अपने सबसे आत्मीय, आदरणीय और प्रेरक कवि को आज भी सजग व सक्रिय देखना लुभाता है। मेरे जैसे युवा लेखक को हमेशा यही लगता है कि कुँवर जी ने सही अर्थों में एक पूरा महाकाव्यात्मक जीवन जिया है। ऐसा न होता तो आज वे 'आत्मजयी' के इतने लम्बे कालक्षेप के बाद, 'वाजश्रवा के बहाने' न लिखते।

सही अर्थों में कुँवर नारायण एक अजातशत्रु सर्जक ही नहीं, बल्कि एक सर्वप्रिय सामाजिक हैं, जिनकी रचनाओं की छाँव तले एक पूरी नई कवि पीढ़ी साँस ले रही

है। यदि किसी रूपक के तौर पर परखना हो तो कुँवर नारायण की साहित्यिक यात्रा शास्त्रीय संगीत में उस मध्यताल की बंदिश का उत्सव लगती है, जहाँ द्रुत और विलंबित का सम्भावनापूर्ण मिलन होता रहता है। साथ ही उस लय से उठने वाली मींड़ व आलाप अपना एक नया आसमान रचती रहती है। कुँवर नारायण की उपस्थिति इस मायने में अचरज भरी तथा ऐतिहासिक ही मानी जाएगी कि विवादों के लिए जैसे यह चेहरा बना ही न हो। हम जिस अराजक समय में जी रहे हैं, उसमें कुँवर नारायण का ऐसा व्यक्तित्व एक जीवाश्म की तरह ही माना जाएगा, जो हमारी धरती पर कभी जरूर था, मगर आज उसके जैविक लक्षण ढूँढ़ पाना लगभग असम्भव है। उनके समकालीन उपन्यासकार और मित्र श्रीलाल शुक्ल की यह उक्ति कुँवर नारायण के व्यक्तित्व को समग्रता में व्यंजित करने के लिए बेहद प्रासंगिक जान पड़ती हैं–"घटिया से घटिया आदमी को भी असमंजस, पराजय या धिक्कार का अहसास कराना, कुँवर की आचार-संहिता में नहीं है। प्रत्यक्षतः वे कभी-कभी मानवीय रिश्तों में तटस्थ से दिखते हैं, पर अवसर आने पर वे आपकी चिन्ता के सहभोक्ता बनने में नहीं हिचकते। उनकी मित्रता कुछ मुश्किल से बनती है, पर बनकर उसका टूटना बहुत ही मुश्किल है। उनका परिहासबोध विलक्षण है, प्रच्छन्न होते हुए भी विकसित। वे बहुत अध्ययनशील हैं पर कमसुखन हैं। 'भलमनसाहत' की जो सामाजिक परिभाषा है, उसके सारे सकारात्मक पक्षों पर कुँवर नारायण खरे उतरते हैं।"

कुँवर नारायण जैसे मूर्धन्य कवि-आलोचक के सरोकारों का अर्थ-समृद्ध दायरा इस बात की गवाही है कि सच्चाई व मनुष्यता के प्रति लगातार जोखिम उठाने वाले कवि का दिल एक ऐसे दरवेश का दिल भी है, जिसमें दुनिया-जहान की सच्चाई का खुला व विनम्र इजहार मौजूद है।

समकालीनता की दृढ़ और विनम्र आवाज

राजेन्द्र धोड़पकर

कुँवर नारायण हिन्दी साहित्य के अजातशत्रु व्यक्तित्व हैं। तथाकथित प्रगतिशीलों से लेकर तथाकथित कलावादियों तक में वे आदर के पात्र हैं। ऐसा कुछ तो उनके निजी आचरण की वजह से है और इसमें बड़ी भूमिका इस बात की है कि उनकी आवाज समकालीन हिन्दी कविता में विवेक, करुणा और संयम की आवाज है।

उनकी सामाजिक प्रतिबद्धता असंदिग्ध है लेकिन इसे व्यक्त करने के लिए उन्हें शोर नहीं मचाना पड़ता और न ही परम्परा से जुड़ाव को खारिज करना होता है। वे निहायत सादगी और मितभाषिता के साथ अपनी बात कहते हैं और यह आश्चर्य ही है कि हिन्दी साहित्य के परिदृश्य में उनकी आवाज फिर भी सुनाई देती है। उनकी कविता समकालीन हिन्दी और दूसरी भारतीय भाषाओं के साथ संवाद करती हुई भी है और उसमें संस्कृति की अनेक रचनात्मक प्रवृत्तियों का प्रतिबिम्ब है।

इसकी एक वजह यह है कि उनकी साहित्य के अलावा दूसरे कलारूपों में भी गहरी रुचि और पैठ है और दूसरे यह कि साहित्य, संस्कृति के इतिहास और परम्परा का भी वे आदर करते हैं, इसलिए अपने लिखे को एक व्यापक परिदृश्य में देख पाना उनके लिए सम्भव है। इतने गहरे तक पैठे व्यक्ति के लिए ही यह सम्भव है कि वह साहित्य से अपना जुड़ाव भी बनाए रखे और साहित्य की क्षुद्र राजनीति से भी दूर रहे। रचनात्मक उदारता के साथ ही साथ क्षुद्र राजनीति भी साहित्य का अनिवार्य अंग है और इससे दूर रहने के लिए काफी भलमनसाहत, संयम और काफी कुछ साहस की भी जरूरत होती है। कुँवर नारायण की रचनाओं में भी ये गुण मिलते हैं और उन्हें ज्ञानपीठ पुरस्कार मिलना साहित्य में इन गुणों का भी सम्मान है। हम इसीलिए भविष्य में उनसे और रचनात्मक सक्रियता की उम्मीद कर सकते हैं।

हिन्दी कविता का सम्मान

भारत भारद्वाज

तेईस नवंबर की सुबह जब हिन्दी के वरिष्ठ कवि कुँवर नारायण को फोन पर मैंने बधाई दी, तो छूटते ही उन्होंने कहा, 'बेशक, ज्ञानपीठ पुरस्कार मुझे मिला है, जिसके लिए मैं निर्णायक मंडल का कृतज्ञ हूँ, लेकिन मैं महसूस करता हूँ, मुझसे ज़्यादा यह आधुनिक हिन्दी कविता का सम्मान है।'

आधुनिक हिन्दी कविता की बुजुर्ग पीढ़ी में कुँवर नारायण हमारे समय के एक ऐसे विरल कवि हैं जिन्होंने 'चक्रव्यूह' (1956) के पौराणिक आख्यान के बीच हिन्दी कविता में अपनी जगह बनाई है।

19 सितंबर, 1927 में फैजाबाद में जन्मे कुँवर नारायण ने 1951 में लखनऊ विश्वविद्यालय से अंग्रेजी साहित्य में एम.ए. किया। 'प्रतीक' पत्रिका में इनकी आरम्भिक कविताओं और अनुवादों का प्रकाशन हुआ। पैतृक व्यवसाय को यदि ये सँभालते तो मोटर मैकेनिक होते या विक्रेता, लेकिन विश्वविद्यालयी शिक्षा के साथ इन्हें साहित्य का ऐसा 'प्रेम-रोग' लग गया, जिससे आज भी इनके मन में मुक्ति की आकांक्षा नहीं है। कुँवर जी के पास विदेश यात्राओं का विरल ही नहीं विशिष्ट और विलक्षण अनुभव भी है। यह हमारे समय का एक ऐसा अप्रतिम कवि है जिसे वॉर्सा में नाज़िम हिकमत, एन्टन स्वानीम्स्की तथा पाब्लो नेरूदा से भेंट का दुर्लभ अवसर और अनुभव मिला।

कुँवर नारायण की कविता का क्षेत्रफल तो बहुत बड़ा है जो देशकाल से परे है लेकिन कविता के अतिरिक्त उन्होंने कुछ कहानियाँ भी लिखीं और कुछ समीक्षात्मक टिप्पणियाँ। लेकिन अब तक जो कुछ भी उन्होंने लिखा, जल्दबाजी में नहीं और न ही अपनी पुस्तकों की संख्या में वृद्धि करने के लिए। त्रिलोचन के कविता-संग्रह 'ताप के तापे हुए दिन' की तरह लिखा। यही कारण है कि इनकी कविताओं को हिन्दी के आलोचकों और पाठकों ने हार्दिकता के साथ समझा।

कुँवर नारायण अपनी कविता में बार-बार यदि पौराणिक आख्यानों की तरफ लौटते हैं तो इसका यह मतलब नहीं है कि वे अतीत के सांस्कृतिक आख्यान का बखान करते हैं, बल्कि वे प्रचलित काव्य परम्परा में हस्तक्षेप करते हुए काव्यात्मकता

के नए क्षितिज का उद्घाटन करते हैं। 'आत्मजयी' के प्रकाशन के वर्षों बाद प्रकाशित उनका प्रबंध-काव्य 'वाजश्रवा के बहाने' आया है। 'आत्मजयी' ही नहीं बल्कि इस पुस्तक में भी जीवन के सम्मोहन के बीच मृत्यु के संत्रास को जिस तरह उन्होंने काव्यवस्तु बनाया है, उस पर गौर करने की जरूरत है। आज जिस अभिशप्त जीवन को जीने के लिए हम विवश हैं, उसमें एक तरफ जीवन का उल्लास है तो दूसरी तरफ आत्मिक द्वंद्व और ऊहापोह। कहना चाहिए यह पुस्तक 'आत्मजयी' का ही विकास और प्रतिफलन है। जिसमें नचिकेता की वापसी ही नहीं, वाजश्रवा के बहाने हमारे भौतिक समय का द्वंद्व भी है।

कुँवर नारायण के 'संसार' और 'उपस्थिति' शीर्षक से दो खंडों में यतींद्र मिश्र द्वारा सम्पादित संचयन को देखने पर पता चलता है कि कुँवर नारायण की कविता की जड़ें कितनी गहरी हैं, इसमें एक तरफ यदि सागर के किनारे हैं तो दूसरी तरफ बीज, मिटटी और खुली जलवायु है। और तो और 'आत्मजयी' संग्रह में एक कविता 'वाजश्रवा' शीर्षक से भी संकलित है। गहराई से इनकी कविता की दुनिया में उतरने पर पता चलता है कि इनकी कविता की दुनिया एक अजीब-सी मुश्किल में ही फँसी नहीं है बल्कि उस दुनिया में 'आजकल कबीरदास' के साथ 'अयोध्या, 1992' भी है। अच्छी बात है कि 'मुश्किल से शुरू हुई दुनिया' से गुजरते एक बेहद अच्छी कविता 'अबकी अगर लौटा तो' में पूरी मनुष्यता के साथ लौटने का संकल्प है। इस कविता की अन्तिम पंक्तियाँ हैं-'अबकी अगर लौटा तो/हताहत नहीं/सबके हिताहित को सोचता/पूर्णतर लौटूँगा।'

इनके संग्रह 'इन दिनों' में किंचित् लम्बी कविता 'आजकल कबीरदास' की आरम्भिक पंक्तियाँ हैं-'आजकल/मगहर में रहते हैं कबीरदास/...यदा-कदा दिख जाते हैं फ़कीरों के भेस में/कभी अनमने से साहित्यिक समाज में/...आजकल कम ही लौटते हैं वे/अपने मध्यकाल में।' हिन्दी कविता में वैसे तो उत्तर कबीर भी आए हैं लेकिन कुँवर नारायण की कविता 'आजकल कबीरदास' से निष्प्रभ और निष्प्राण है। 1912 में बाबरी मस्जिद विध्वंस के बाद हिन्दी में दर्जनों कविताएँ लिखी गईं लेकिन कुँवर नारायण की कविता 'अयोध्या, 1992' की तरह नहीं। उनकी इस कविता में निराला की कविता 'राम की शक्ति-पूजा' की विराटता और विशालता ही नहीं है, बल्कि मैथिलीशरण गुप्त की कविता का वो 'राम' भी है, जिसे कुँवर नारायण ने एक वृहद् परिप्रेक्ष्य दिया है। वाल्मीकि की 'रामायण' और तुलसीदास के 'रामचरितमानस' के राम को इन्होंने हमारे समय के सन्दर्भ में इतना बड़ा मान और सम्मान दिया है, साथ ही चुनौती भी दी है उनकी उदात्तता को। इस कविता की आरम्भिक पंक्तियाँ हैं-'हे राम/जीवन एक कटु यथार्थ है/और तुम एक महाकाव्य!/...इससे बड़ा क्या हो सकता है/हमारा दुर्भाग्य/एक विवादित स्थल में सिमट कर/रह गया तुम्हारा साम्राज्य।'

कुँवर नारायण की कविता में खिलंदड़ापन भी कम नहीं है, चाहे वह उनकी कविता 'प्रेम-रोग' हो या विभिन्न भाषाओं के कवियों पर लिखी उनकी कविता (जिसका

शीर्षक अभी मुझे याद नहीं आ रहा है), खासकर यहाँ मैं उनकी दो कविताओं का उल्लेख करना चाहता हूँ—पहली कविता का शीर्षक है 'घंटी', जिसमें फोन की घंटी, दरवाजे की घंटी और अलार्म की घंटी बजने पर तो कवि करवट बदलकर सो गया लेकिन 'एक दिन/मौत की घंटी बजी.../हड़बड़ा कर उठ बैठा/मैं हूँ-मैं हूँ-मैं हूँ/मौत ने कहा–/ करवट बदलकर सो जाओ।' यह अलग बात है कि कवि ने मौत की घंटी को झुठलाने की कोशिश नहीं की और इसे झुठलाया भी नहीं जा सकता।

कुँवर नारायण लखनऊ से प्रकाशित पत्रिका 'युग चेतना' (1956–61) से ही नहीं, 'नया प्रतीक' तथा 'छाया नट' के सम्पादन मंडल से भी जुड़े रहे। दर्जनों विदेशी विश्वविद्यालय में इन्होंने अनेक व्याख्यान दिए और कविता पाठ किया। साहित्य अकादेमी पुरस्कार से लेकर कबीर सम्मान के बाद अभी इन्हें ज्ञानपीठ पुरस्कार मिला है। अज्ञेय, निर्मल वर्मा के बाद वे तीसरे ऐसे हिन्दी साहित्यकार हैं, जिनकी रचनाओं का विश्व की अनेक भाषाओं में अनुवाद हुआ है। भारतीय विश्वविद्यालयों में इनकी कृतियों पर अनेक शोध प्रबन्ध लिखे गए हैं।

कुँवर नारायण के रचनाकार का फलक बहुत बड़ा है। इनके समीक्षात्मक लेख और टिप्पणियाँ इनकी समीक्षा पुस्तक 'आज और आज से पहले' में संकलित हैं, जिसमें इन्होंने प्रसाद, प्रेमचंद, अज्ञेय, हजारीप्रसाद द्विवेदी, निर्मल वर्मा के लेखन पर लेख लिखकर या उनकी पुस्तक की समीक्षा के क्रम में विचार किया है। एक लेख में 'गोदान' और 'झूठा सच' पर विचार करते हुए इन्होंने कहा है–' 'गोदान' या 'झूठा सच' जैसे क्लासिक केवल सामाजिक यथार्थ का दर्पण नहीं, जीवन के आशय को विस्तृत करने वाली रचनाएँ या कृतियाँ हैं।' इन्होंने हिन्दी सिनेमा पर भी गम्भीर टिप्पणी की है।

समकालीन साहित्य परिदृश्य पर कुँवर नारायण जैसे महत्त्वपूर्ण साहित्यकार की उपस्थिति के मायने हिन्दी साहित्य समाज के पाठकों के लिए ही नहीं, उनके समकालीनों के लिए भी कम उल्लेखनीय नहीं है।

आस्था के कवि

दामोदर खड़से

कुँवर नारायण की कविताएँ, पाठक की अंगुली थामकर गहरी अनुभूतियों, भीतरी चिन्तन-मनन और अनन्य संवेदनाओं की ओर ले जाती हैं। विचारों और अनुभवों की तरलता और अभिव्यक्ति की सरलता और सरसता से लबालब उनकी कविताएँ पाठक को अध्यात्म के बहुत निकट ले जाती हैं। इन कविताओं में जीवन के प्रति उद्‌दाम आशावाद और स्थितियों का निरपेक्ष विश्लेषण होता है। जीवन की तमाम विसंगतियों, जटिलताओं, विद्रूपताओं और अनिश्चितताओं के बावजूद बहुत कुछ मनुष्य के भीतर ऐसा बच जाता है, जो जीवन से जूझकर आनन्द की ओर बढ़ने का साहस देता है, आशा जगाता है, सम्भावनाओं का संचार करता है। कुँवर नारायण अदम्य सम्भावनाओं के कवि हैं। पराजय, हताशा को झटकते हुए आस्था और विश्वास की स्थापना करने वाले कवि सुभाषित की तरह कहते हैं, 'कोई भी दुःख/मनुष्य के साहस से बड़ा नहीं/वही हारा/जो लड़ा नहीं।'

अपनी काव्य-रचना के बारे में कुँवर नारायण कहते हैं, 'मैं समझता हूँ कि एक कवि अपनी रचना से पूरी तरह सन्तुष्ट नहीं होता। शायद कविता के साथ एक जीवित सम्बन्ध-सा भी बन जाता है, उसके साथ काम करते-करते। जैसे एक बच्चे को बड़ा होते देखें, कभी उसे मन-माने तो कभी अनमने कौतुक से खेलते, और देखें एक दिन कि वह बड़ा हो गया, फिर भी यही लगता रहे कि नहीं अभी वह दुनिया का सामना करने लायक प्रौढ़ शायद नहीं हुआ। मेरे लिए कविता लिखना शब्दों के माध्यम से जीवन को देखने का एक तरीक़ा है, और रचनात्मक लेखन एक जीती-जागती प्रक्रिया है—भावनात्मक, आग्रही और काफी हद तक अनिश्चितता भरी...और शायद उसका ऐसा होना ही उसका सबसे बड़ा आकर्षण भी है...'

कुँवर नारायण की कविता में जीवन-संगीत की भीनी गन्ध होती है। साथ ही, जीवन-सूत्र के दर्शन होते हैं। भाषा में सहजता और शब्दों में गुनगुनाहट का आनन्द होता है। विपरीत समय के साथ वे हमेशा दो-दो हाथ करते हैं। संघर्ष और टकराहट से वे सुहानी सुबह का इन्तजार करते हैं। किस्मत के सहारे किसी भी पल को बेसहारा

नहीं छोड़ते। आत्म-विश्वास की पूँजी उनकी कविता की मुख्य-धारा है—'जब से सुना है/ कि सितारे भी शामिल हैं/ हमारी क़िस्मतों के खेल में/ कुछ मज़ा-सा आने लगा है/ खेलने में यह खेल जिसमें सारे सितारे उस तरफ/ और मैं अकेला इस तरफ़...'

आस्थाओं, समृद्ध-परम्पराओं, संस्कृति के संरक्षक के रूप में उनकी कविताएँ मनुष्यता को रेखांकित करती हैं। दुनिया की धूर्तताओं से वे आगाह भी करते हैं। संस्कृति और आस्थाओं पर समय के साथ चढ़ आई स्वार्थी अमरबेल, दिखावा, ढोंग, छल-कपट और अनास्थावादियों द्वारा किया जा रहा कर्म-कांड उन्हें विचलित करता है। दुनिया यदि अपने मतलब के लिए आस्थाओं से खिलवाड़ करती है तो वे बेबाकी से कहते हैं : 'पिछली पूजाओं के ये फूटे मंगल-घट/ किसी धर्म-ग्रंथ के/ पृष्ठ-प्रकरण-शीर्षक सब अलग-अलग/ वक्ता चढ़ावे की लालच में/ बाँच रहे शास्त्र-वचन/ ऊँघ रहे श्रोतागण/... ओ मस्तक विराट/ इतना अभिमान रहे—भ्रष्ट अभिषेकों को न दूँ मस्तक/ न दूँ मान... इससे अच्छा/ चुपचाप अर्पित हो जा सकूँ दिगंत प्रतीक्षाओं को...' कुँवर नारायण समय के साथ, आम जिंदगियों के साथ खिलवाड़ करने वालों के खिलाफ एक विद्रोह रचते हैं। सामान्य लोगों का भय-दोहन करने वाले उनकी दृष्टि से कभी नहीं छिप सके। 'आत्मजयी' इसका सार्थक प्रमाण है।

'आत्मजयी' में कुँवर नारायण का जीवन-दर्शन मुखर होकर उभरा है। अपनी भूमिका में वे नचिकेता की स्थिति को रूपायित करते हुए कहते हैं—'नचिकेता अपना सारा जीवन यम या काल या समय को सौंप देता है। दूसरे शब्दों में, वह अपनी चेतना को काल-सापेक्ष समय से मुक्त कर लेता है; वह विशुद्ध 'अस्तिबोध' रह जाता है, जिसे 'आत्मा' कहा जाता है। '...आत्मजयी' में मैंने केवल इस दृष्टिकोण-भर को सामने रखने का प्रयत्न किया है कि—किसी निश्चित दार्शनिक या नैतिक या धार्मिक या सामाजिक मूल्य का प्रतिपादन नहीं। 'आत्मजयी' मूलतः जीवन की सृजनात्मक सम्भावनाओं में आस्था के पुनर्लाभ की कहानी है।' नचिकेता को विस्तार देकर कुँवर नारायण अपने दार्शनिक विचारों को प्रस्तुत करते हैं। मनुष्य का जीवन तमाम दर्शनों से प्रभावित होता है। कई मिथक उसे झकझोरते हैं। किंकर्तव्यविमूढ़ होकर वह चौराहे पर जीवन-संघर्ष को झेलता हुआ विसर्जित हो जाता है। बनी-बनाई रूढ़ियाँ और रस्मो-रिवाज के घेरों को कई लोग तोड़ नहीं पाते। कुँवर नारायण ऐसे त्रिशंकु लोगों के लिए कहते हैं—'मनुष्य स्वर्ग के लालच में/अक्सर उस विवेक तक की बलि दे देता/ जिस पर निर्भर करता/ जीवन का वरदान करना।'

कुँवर नारायण मनुष्य के भीतरी कोलाहल को शब्द देते हैं। उन शब्दों के जरिए वे मनुष्य में जीवन के प्रति अगाध आस्था जगाते हैं। मनुष्य विवेकशील बनकर इस संसार के धुंध को लाँघ सकता है। स्वयं को जानने के लिए चिन्तन और मनन करने के लिए उनकी पंक्तियाँ बहुत सार्थक हो उठती हैं—'मैं जिन परिस्थितियों में ज़िन्दा हूँ/उन्हें समझना चाहता हूँ : वे उतनी ही नहीं/जितनी संसार और कल्पना से बनती

हैं क्योंकि व्यक्ति मरता है/ और अपनी मृत्यु में वह बिलकुल अकेला है/ विवश/ असान्त्वनीय!' यह नचिकेता का निडर, जिज्ञासु और अन्वेषी मन है।

'वाजश्रवा के बहाने' में कुँवर नारायण ने सम्यक् जीवन की खोज की है। कवि निरन्तर अपने अस्तित्व की तलाश में कविता की यात्रा करता है। जीवन मृत्यु, मुक्ति, ईश्वर को वह कविता में खोजने लगता है। उनका यह कहना कि–'बाहर नहीं है संघर्ष यह/ द्वंद्व, प्रतिद्वंद्व/ घात, प्रतिघात कहीं अन्दर है। यह समस्त विश्वरूप/ जो कभी कुरूप कभी सुन्दर है।' कुँवर नारायण मनुष्य के भीतरी तहखाने में कैद मनुष्यता को झकझोरते हैं। आधुनिक जीवन की भागमभाग, बेचैनी और सब कुछ जल्दी पा जाने की चाह में भीतरी संवेदनाओं की चढ़ती बलि और मनुष्य की हताशा उन्हें ललकारती है। इसके लिए दोषी कविता के घेरे में सहज ही आ जाते हैं। 'आह, तुम अपनी समझ के बीमार तर्कों की/ किसी एक दिशा में समाप्त जीवन को अपने स्वार्थ के उच्छिष्ट से अधिक न प्राप्त...।'

कुँवर नारायण इतिहास, पुराणों से मिथक लेकर नए मनुष्य का चित्र खींचते हैं। छंद मुक्त उनकी कविताएँ संगीतमय लगती हैं। उनकी कविताएँ असमाप्त वाक्यों में पाठकों को भीतर से अपने साथ जोड़ लेती हैं। उनकी भाषा बहुत प्रवहमान है। शब्दचित्र कविता को सार्थक और जीवंत कर देते हैं। कई कविताएँ मंत्रों की तरह गूँजती रहती हैं। कविता में शब्द किस तरह दौड़ते हैं, यह सहजता से अनुभव किया जा सकता है–अपनी 'घुड़सवार' कविता में वे कहते हैं : 'निकलकर बाहर आना चाहता हूँ/ उस पहली पाठ्य-पुस्तक से/ जिसके मुख पृष्ठ पर/ एक पुराना ज़माना/ हाथ में लिए नंगी तलवार/ एक घोड़े पर मुस्तैदी से सवार है/ अभी तक/...प्रवेश करना चाहता हूँ/ किसी ऐसी सदी में/ जिसकी सदियों से प्रतीक्षा है।' कवि हमारे समय के मनुष्य को नई सदी में ले जाना चाहता है। उसकी जिज्ञासा, जीवन और मुक्ति को वह नई परिभाषा देना चाहता है। उसकी मौलिकता को नए आयामों में देखना चाहता है। पर कवि जो देखता है वह कुछ इस प्रकार है–'सड़कों और गलियों में/ आमने-सामने कतार से लगे मकान/ जैसे किसी लाइब्रेरी में लगी किताबें/...सुबह-सुबह हर मकान का दरवाज़ा/खुलता जैसी खुलती है एक नई किताब/ निकलता है उसमें से/ आज का आदमी/ लेकिन उसी तरह घोड़े पर सवार/ दिन भर अपना घोड़ा दौड़ाता...।'

उनकी काव्य-पंक्तियाँ निरन्तर संदेश लिए होती हैं। उनकी कविताएँ बहुत गहरी पर दुर्बोध बिलकुल नहीं होतीं। बहुत सहजता से कवि का संदेश समय की शिला पर उकेरा जाता है–'समय हमें कुछ भी/ अपने साथ ले जाने की अनुमति नहीं देता/ पर अपने बाद/ अमूल्य कुछ छोड़ जाने का/ पूरा अवसर देता है।' अपने मन को शब्दबद्ध करते हुए वे सहजता से कह जाते हैं–'इतना कुछ था इस दुनिया में/ लड़ने-झगड़ने को/ मरने-मारने को/ पर ऐसा मन मिला/ कि ज़रा-सा प्यार में डूबा रहा/ और जीवन बीतता रहा...।'

कुँवर नारायण को वर्ष 2005 का भारत का सर्वोच्च साहित्यिक सम्मान 'ज्ञानपीठ पुरस्कार' प्रदान किया गया। इससे बहुत पहले 1995 में 'भवानीप्रसाद मिश्र सम्मान'

के अवसर पर उन्होंने पुरस्कारों के सम्बन्ध में कहा था, 'इतने कम समय में छोटे-बड़े पुरस्कारों की सूचनाओं से मन में कई तरह के विचार उठते रहे हैं। संकोच और असमंजस के बीच आत्मपरीक्षण ज़रूरी लगा। क्या मैं वह सब कह चुका जो मुझे कहना था—और ये पुरस्कार मेरे अन्तिम मूल्यांकन का संकेत हैं? या यह कि ये सम्मान मेरे लेखन में नए सिरे से रुचि के द्योतक हैं? अपने लिए यह मानकर चलने में अधिक आश्वासन महसूस करता हूँ कि मेरे लेखन को जो मान्यता मिली—या आज मिल रही है—वह शायद ऐसे कुछ तत्त्वों या दृष्टिकोण के लिए जिसमें मनुष्य की अस्मिता, मर्यादा और उसकी आत्मशक्ति को स्वतंत्र रूप से पहचानने और परिभाषित करने की ज़रूरत पर आग्रह रहा है...मेरे लिए एक पुरस्कार से सम्मानित होना केवल कुछ पाना नहीं, एक ऋण की तरह है, जिसे अपने काम को और आगे बढ़ाते हुए चुकाना है...।'

कुँवर नारायण का काम, उनकी काव्य-यात्रा, निरन्तर उन्हें उऋण करती चल रही है...!

अदम्य जिजीविषा का विनम्र कवि

शशिकुमार 'शशिकांत'

'मेरी माँ, बहन और चाचा की टीबी से मौत हुई थी। यह सन् 35-36 की बात है। मेरे पूरे परिवार में प्रवेश कर गई थी टीबी। मेरी बहन की मौत के छह महीने बाद 'पेनिसिलीन' दवाई मार्केट में आई। डॉक्टर ने कहा था, छह महीने किसी तरह बचा लेते तो बच जाती आपकी बहन। बीच में मुझे भी टीबी होने का शक था। चार-पाँच साल तक हमारे मन पर उसका आतंक रहा। ये सब बहुत लम्बे क़िस्से हैं। बात यह है कि मृत्यु का एक ऐसा भयानक आतंक रहा हमारे घर-परिवार के ऊपर, जिसका मेरे लेखन पर भी असर पड़ा। मृत्यु का यह साक्षात्कार व्यक्तिगत स्तर पर तो था ही, सामूहिक स्तर पर भी था। द्वितीय विश्व युद्ध ख़त्म होने के बाद सन् पचपन में मैं पोलैंड गया था। विश्वनाथ प्रताप सिंह भी साथ गए थे। वहाँ मैंने युद्ध के विध्वंस को देखा। तब मैं सत्ताईस साल का था। इसीलिए मैं अपने लेखन में जिजीविषा की तलाश करता हूँ। मनुष्य की जो जिजीविषा है, जो जीवन है, वह बहुत बड़ा यथार्थ है। लोग कहते हैं कि मेरी कविताओं में मृत्यु ज़्यादा है, लेकिन मैं कहता हूँ कि जीवन ज़्यादा है। देखिए, मृत्यु का भय होता है, लेकिन जीवन हमेशा उस पर हावी रहता है। दार्शनिकता को मैं न जीवन से बाहर मानता हूँ और न कविता से। कविता में मृत्यु को मैंने इसलिए ग्रहण किया क्योंकि वह जीवन से बड़ी नहीं है। इसे आप मेरी कविताओं में देखेंगे। मैंने हमेशा इसको 'एसर्ट' किया है। 'आत्मजयी' कविता में भी मैंने इसी शक्ति को देखा है।'

अपनी कविता के केन्द्र में मृत्यु की वजह बतलाते हुए कुँवर जी भावुक नहीं होते क्योंकि मृत्यु को उन्होंने करीब से देखा है और उससे जूझकर निकले हैं। वे कहते हैं, 'हम मृत्यु पर विजय नहीं पा सकते, लेकिन मृत्यु के भय पर विजय जरूर पा सकते हैं। मृत्यु मनुष्य को भयाक्रांत करती है। कुछ लोग मृत्यु के भय से टूट जाते हैं। साहित्य मृत्यु के इस भय से निकलने में हमारी मदद करता है। वह हमारे अन्दर की जिजीविषा को जगाए रख सकता है।' इस सन्दर्भ में कुँवर जी प्रख्यात दार्शनिक सुकरात की ज़िन्दगी के आखिरी लम्हों में घटी एक घटना को उद्धृत करते

हैं, 'सुकरात को जब जहर दिया जा रहा था तो उससे ठीक पहले वे संगीत का एक नया राग सीख रहे थे। किसी ने जब उनसे पूछा तो उन्होंने कहा, 'मरने से पहले यदि कोई नई चीज सीख लूँ तो इसमें क्या हर्ज है? मैं मरने से पहले एक नया राग सीख लेना चाहता हूँ।' फिर कहते हैं, 'ग़ालिब को पढ़िए। ग़ालिब एक ज़िन्दादिल शायर थे। ग़ालिब ने मृत्यु पर बहुत से अश्आर लिखे हैं, लेकिन ग़ालिब मृत्यु के शायर नहीं, ज़िन्दगी के शायर हैं।'

उत्तर प्रदेश के फैजाबाद में 19 सितंबर, 1927 को पैदा हुए कुँवर नारायण इस भयानक पारिवारिक हादसे के बाद लखनऊ आ गए। आगे की दास्तान-ए-ज़िन्दगी उन्हीं की जुबानी सुनिए, 'फैजाबाद में आज भी मेरा पुश्तैनी घर है, लेकिन अब वहाँ कोई नहीं रहता। सन्' 40 के दशक में मैं लखनऊ आ गया था। लखनऊ आने की एक वजह वहाँ की शिक्षा व्यवस्था थी और दूसरी टीबी से माँ, बहन और चाचा की मौत। उसी समय विश्वयुद्ध शुरू हुआ था और पढ़े-लिखे लोगों के बीच उसकी काफी चर्चा रहती थी।'

उनके अन्दर की अपार जिजीविषा ही थी, जिसकी बदौलत नई कविता आन्दोलन का यह सशक्त हस्ताक्षर आज भी हमारे बीच उपस्थित है। कुँवर जी अज्ञेय द्वारा सम्पादित 'तीसरा सप्तक' के प्रमुख कवियों में रहे हैं। उनको अपनी रचनाशीलता में इतिहास और मिथक के जरिए वर्तमान को देखने के लिए जाना जाता है। ज्ञानपीठ पुरस्कार से सम्मानित इस कवि का रचना-संसार इतना व्यापक एवं जटिल है कि उसको कोई एक नाम देना सम्भव नहीं। कुँवर जी की मूल रचना-विधा कविता भले रही है, लेकिन उन्होंने कहानी, लेख व समीक्षाओं के साथ-साथ सिनेमा, रंगमंच एवं अन्य कला माध्यमों पर भी बखूबी लेखनी चलाई है। उनकी कविताओं का कई भारतीय और विदेशी भाषाओं में अनुवाद हो चुका है।

पढ़ाई के दिनों को याद करते हुए कुँवर जी बताते हैं 'कॉलेज और यूनिवर्सिटी के अनुभव का मैं कृतज्ञ हूँ। स्कूल के अनुभव अच्छे नहीं थे। कॉलेज में विज्ञान का छात्र था। विज्ञान के अध्ययन ने मेरी सोच-समझ को भी प्रभावित किया। अधिक तर्कसम्मत एवं विश्लेषणात्मक ढंग से चीजों और घटनाओं को देखने का नज़रिया विकसित हुआ, लेकिन वैज्ञानिक सोच का जो असर हुआ, उससे मनुष्य जीवन को मानवीय और भावनात्मक ढंग से सोचने में थोड़ा व्यवधान पड़ा है। सारी चीजों को हम तर्कसम्मत ढंग से नहीं समझ सकते, भावनात्मक ढंग से भी सोच सकते हैं।'

एक कवि के लिए जीवन का कोई भी अनुभव साधारण नहीं होता। वह साधारण को भी असाधारण बना देता है। बकौल कुँवर जी, 'कविता में मैं कोशिश करता हूँ कि ज़्यादा से ज़्यादा चीजें आएँ। मुझे विविधता और विस्तार पसन्द है। कविता का यह काम है कि वह हमारी जीवनदृष्टि को बढ़ाती है। सोचने-समझने की दृष्टि देती है। जीवन का अनुभव तो सबके साथ है, लेकिन कविता के द्वारा कवि कितना बड़ा

स्पेस बना लेता है, यह कवि पर निर्भर करता ह। और कवि जब उसमें सफल हो जाता है तो पढ़ने वाले को लगता है कि अरे ये तो मैं जी चुका हूँ!'

रचनाकार एक वैकल्पिक समाज, देश और दुनिया का निर्माण करना चाहता है, जहाँ हर किसी के लिए जगह हो। कुँवर जी कहते हैं, 'आज जब देश और समाज के बारे में सोचता हूँ तो लगता है कि विविधता ज़रूरी है, एकता जरूरी है, विविधता नष्ट न हो क्योंकि भारतीय संस्कृति में विविधता का बहुत अधिक महत्त्व है।' हिन्दुस्तान की बहुलतावादी संस्कृति का जिक्र करते हुए वे संगीत में मुसलमानों की भूमिका और अपने संगीत प्रेम पर बोलने लगते हैं, 'आज हम कलाओं में मुसलमानों को अलग-थलग करना चाहें तो भी नहीं कर सकते। इस तरह की कुचेष्टा राजनीति ख़ासकर अंग्रेज़ी राजनीति ने की है। स्वयं अकबर के दरबार में तानसेन नवरत्नों में एक थे। डागर बंधुओं का संगीत सुनिए। लखनऊ गया था, रहीमुद्दीन खां डागर से मिला तो वेद की ऋचाओं का शुद्ध उच्चारण सुनकर दंग रह गया। मेरे दिमाग में उनका उच्चारण और श्लोक आज भी है। मैं जब उत्तर प्रदेश संगीत नाटक अकादमी का उपाध्यक्ष बना तो मुझे संगीतकारों के सम्पर्क में और निकट आने का अवसर मिला। संगीत से पुराना नाता रहा है मेरा। मैं फैयाज खां, ओंकारनाथ ठाकुर, अच्छन महाराज, शंभु महाराज आदि से अकसर मिलता था। उनके सान्निध्य ने मेरी साहित्यिक संस्कृति को कई स्तरों पर प्रभावित किया। फ़िल्म पर भी लिखता रहा हूँ। विष्णु खरे, विनोद भारद्वाज और प्रयाग शुक्ल के साथ मिलकर हमने सोचा कि हिन्दी में फ़िल्म समीक्षा उपेक्षित है। दरअसल, बचपन से ही मुझे सिनेमा देखने का शौक था। हज़रतगंज (लखनऊ) में तीन सिनेमाघर थे, जिनमें रोज शाम को फ़िल्म देखता था। ये सन् 40, 50 और 60 की बात है।'

फिल्मों में कुँवर जी की दिलचस्पी की एक खास वजह है। दरअसल कुँवर नारायण को फिल्म और कविता में काफी समानता दिखती है। वह कहते हैं, 'जिस तरह फ़िल्मों में रशेज इकट्ठा किए जाते हैं और बाद में उन्हें सम्पादित किया जाता है, उसी तरह कविता रची जाती है। फ़िल्म की रचना-प्रक्रिया और कविता की रचना-प्रक्रिया में साम्य है। ओर्सन वेल्स ने भी कहा है कि कविता फ़िल्म की तरह है। मैं कविता एक नैरेटिव की तरह नहीं, बल्कि टुकड़ों में लिखता हूँ। मशहूर फ़िल्मकार लुई माल सड़क पर घूमकर पहले शूटिंग करते थे और उसके बाद कथानक बनाते थे। क्रिस्तफ क्लिस्वोवस्की, इग्मार बर्गमैन, तारकोवस्की, आंद्रेज वायदा आदि मेरे प्रिय फिल्मकार हैं। इनमें से तारकोवस्की को बहुत पसन्द करता हूँ। उनको मैं फ़िल्मों का कवि मानता हूँ। हम शब्द इस्तेमाल करते हैं, वो बिम्ब इस्तेमाल करते हैं, लेकिन दोनों रचना करते हैं। कला, फ़िल्म, संगीत ये सभी मिलकर एक संस्कृति, मानव संस्कृति की रचना करते हैं, लेकिन हरेक की अपनी जगह है, जहाँ से वह दूसरी कलाओं से संवाद स्थापित करे। साहित्य का भी अपना एक कोना है, जहाँ उसकी पहचान सुदृढ़ रहनी चाहिए। उसे जब दूसरी कलाओं या राजनीति में हम मिला देते हैं तो उसके साथ अन्याय करते हैं।'

वे पूछते हैं, क्या कला और साहित्य की कोई स्वायत्त दुनिया होती है या वह सीधे-सीधे हमारे सामाजिक जीवन से संचालित होती है? 'यह एक ऐसा सवाल है जो कला माध्यमों को एक तरफ 'स्वांतः सुखाय बनाम बहुजन हिताय' के विवाद की ओर ले जाता है और दूसरी ओर 'कला के लिए कला या जीवन के लिए कला' की ओर! लेकिन कुँवर जी इस सवाल को व्यष्टि और समष्टि के अंतस्सम्बन्ध से भी जोड़ देते हैं, 'मैं इन्हें विभाजित करके नहीं देखता। चीज़ें सापेक्ष होती हैं। एक कविता के लिए, एक चित्रकार के लिए गुलाब का महत्त्व है, लेकिन कैसे इसके बारे में हम समग्रतापूर्वक सोचें, यह क्षमता अब क्षीण हो गई है। यह शायद विज्ञान ने किया है। हम तार्किक विश्लेषण करने लगे हैं। हमारे जीने और देखने में ये विरोधाभास है कि हम जीते और तरीके से हैं, जबकि सोचते और तरीक़े से हैं। समाज इंटीगरल रूप में है, इसीलिए हम व्यक्ति और समाज को एक-दूसरे के पूरक मानते हैं। एक भला आदमी उतना ही सामाजिक होता है, जितना निजी होता है। मुझे कभी-कभी लगता है कि साहित्य एक ऐसी विधा है, जो हर कला और विषय के बारे में अपनी एक सोच रखती है। एक राजनीतिज्ञ विशुद्ध रूप से राजनीतिज्ञ होता है और एक चित्रकार विशुद्ध रूप से एक चित्रकार। इस मायने में सत्यजीत रे को मैं उद्धृत करना चाहूँगा। वे साहित्यकार भी उतने ही बड़े थे, जितने बड़े फ़िल्मकार। प्रेमचंद की कहानी 'शतरंज के खिलाड़ी' पर फ़िल्म बनाने के दौरान लखनऊ में अकसर मेरे घर आकर बैठते थे। यह जानकर किसी को आश्चर्य हो सकता है कि वे वॉल्टर बेंजामिन पर भी उतने ही अधिकार से बातचीत करते थे, जितना फ़िल्मों पर।'

अपने भीतर अपार जिजीविषा का एक विराट् संसार संजोए आज भी सक्रिय हैं कुँवर नारायण। एक नहीं, कई-कई मौत के साक्षी रहे और खुद जानलेवा बीमारी को परास्त कर चौरासी साल की उम्र के कुँवर जी आज एक विचारक, इतिहासद्रष्टा, कला के विभिन्न माध्यमों का पारखी और कई-कई रूपों में हमारे बीच विद्यमान है।

जीवन का गहरा स्वीकार

रमेशचंद्र शाह

जो अनुभव जितना ही निजी और नजदीकी होता है, उसे लेकर सार्वजनिक रूप से मुखर होना उतना ही अटपटा और मुश्किल काम लगता है। आज अभी इस क्षण भी मैं उस 'सेंसेशन' को यथावत् अपनी नस-नाड़ियों में महसूस कर रहा हूँ, जो आज से कोई पचास वर्ष पूर्व कुँवर नारायण के 'चक्रव्यूह' और 'परिवेश : हम तुम' की कविताओं ने मुझमें जगाया था। वैसा ही ताज़गी भरा उन्मेष--कहना चाहिए, नवनवोन्मेष–उनके कालान्तर में प्रकाशित हर संग्रह की कविताएँ मुझमें उपजाती रहीं–न केवल कविता संग्रह, बल्कि 'आकारों के आसपास' नामक कहानी-संग्रह भी, जो मुझे हिन्दी कहानी की, तत्कालीन गतिविधि से एकदम ही अलग और अप्रत्याशित गुणवत्ता वाली लगी थी। यूँ लगने को तो मुक्तिबोध और रघुवीर सहाय की कहानियाँ भी उतनी ही नई और उतनी ही उनके कवि-स्वभाव से घनिष्ठ–उसी की एक पूरक अभिव्यक्ति या संपुष्टि सरीखी लगी थीं। किन्तु कुँवर नारायण की कहानियों का स्वाद कुछ ज्यादा ही विलक्षण और अपूर्वानुमेय लगता था।

सार्थक और महत्त्वपूर्ण कविता की मेरी एक अपनी कसौटी है जिसे 'मेरी अपनी' कहते हुए भी संकोच इसलिए हो रहा है कि बहुतों को वह निहायत ही अति परिचित और घिसी-पिटी कसौटी लगेगी। मेरे लिए वही कवि महत्त्वपूर्ण है जिसकी पंक्तियाँ मेरी जुबान पर चढ़ जाएँ और गाहे-बगाहे याद आती रहें। यानी जो रोज़मर्रा की ज़िन्दगी जीते हुए सचमुच मेरे काम आएँ–मेरे लिए लगातार उत्तेजक-उपयोगी बनी रहें। या यूँ कहूँ कि जो कविताएँ मुझे बारम्बार अपने पास बुलाएँ–जिनका अर्थ मेरे लिए सदा प्रासंगिक और पुष्टिकारक बना रहे। यह सिर्फ रमणीय पंक्तियों की बात नहीं है, इसमें वह अक्षय ताज़गी या नवनवोन्मेषशालिता वाली बात भी शामिल है : 'नित्य परिचित हो रहे, फिर भी रहा कुछ शेष' वाली बात। अब यूँ तो नई कविता से पहले के, स्वयं नई कविता के और उसकी परवर्ती कविता के भी कई सारे अपने प्रिय हैं : किन्तु उस कसौटी पर उनमें से अधिकांश उतने खरे नहीं उतरते। समय बीतने के साथ मानो

उनकी महिमा और स्मरणीयता भी घटती चली जाती है। वे उस तरह मौके पर याद नहीं आते, अपने काम नहीं आते। न उस तरह बारम्बार पास बुलाते हैं। न अपने समय को, यानी काल-गति को समझने में और उससे पार पाने में ही कुछ ख़ास मदद करते जान पड़ते हैं। इसका यह अर्थ कदापि नहीं कि वे अच्छे कवि नहीं हैं, या कि उन्होंने सफल कविताएँ नहीं लिखीं। आखिर 'वक्रोक्ति जीवित' कविता भी कविता ही होती है, हरेक के वश की बात नहीं वैसी कविता लिख पाना भी। किन्तु कवि से हमारी अपेक्षा, लगता है, एक विशेष प्रकार की संवेदनशीलता की ही नहीं, एक विशेष प्रकार की बुद्धिमत्ता की भी हुआ करती है, जिस अपेक्षा को दूसरे क्षेत्रों के बुद्धिशाली लोग पूरा नहीं कर सकते। जगत्-गति सभी को फलती है अपने-अपने ढंग से; किन्तु कवि को वह किस तरह, किस स्तर पर व्यापती है, लोक-मंगल की चिन्ता भी उसकी किस मानी में अन्य बुद्धिमानों की चिन्ता से अलग अपनी विशिष्ट मूल्यवत्ता रचती है, यह भी उसके कवित्व की दीर्घजीविता का रहस्य होता होगा। पता नहीं क्यों मुझे यहाँ कुँवर जी की एक कविता याद आ रही है, 'तटस्थ नहीं' शीर्षक, जो उनके 'इन दिनों' नामक संग्रह में संकलित है, इसलिए नहीं कि यह उनकी उत्कृष्टतम रचनाओं में से है, बल्कि इसलिए, कि इसमें कहीं वह बात बोलती है जिसे मैं कुँवर नारायण के कवित्व की उस ख़ास अपनी पहचान और ख़ास अपनी गुणवत्ता की तरह परिभाषित एवं रेखांकित करना चाहता रहा हूँ। कविता के बारे में खुद कविता की साखी से ज़्यादा विश्वसनीय और मूल्यवान भला और क्या हो सकता है! कहावत ही है कि 'कविता का भरोसा करो, कवि का नहीं।' तो लीजिए सुनिए, क्या कहती है यह कविता : 'तट पर हूँ, पर तटस्थ नहीं/ देखना चाहता हूँ/ एक जगमगाती दुनिया को/ डूबते सूरज के आधार से/ अभी बाक़ी हैं कुछ पल/ और प्यार का एक भी पल/ बहुत होता है/ इसी बहुलता को/ दे जाना चाहता हूँ पूरे विश्वास से/ इन विह्वल क्षणों में/ कि कभी-कभी एक चमत्कार हुआ है पृथ्वी पर/ जीवन के इसी गहरे स्वीकार से'।

कुँवर नारायण का कृतित्व, मुझे लगता है, ऐसे ही 'विह्वल क्षणों' का, और जीवन के इसी 'गहरे स्वीकार' का अनूठा दस्तावेज है। जीवनदायी अर्थ को बार-बार नए सिरे से और नई भाषा में कमाना पड़ता है, क्योंकि हमारी चेतना और संवेदना अति परिचय के कारण ही परम्परागत प्रश्नों और उनके उत्तरों के प्रति कुन्द पड़ जाती है। कवि का एक काम और अत्यन्त महत्त्वपूर्ण सामाजिक काम यही है। कुँवर नारायण इस अर्थ में सच्चे आधुनिक कवि हैं : उनकी कविता शान का काम करती है, हमारी आज की प्रश्नाकुलता और अभिव्यक्ति पर धार चढ़ाने का, और उन्हें सचमुच नया करने का। 'प्यार' इस कवि के लिए सर्वोच्च मानव-मूल्य है, किन्तु भावुकता से निरपेक्ष, सर्वथा निर्भ्रान्त रूप से...। तभी तो वह परिस्थिति और संस्कृति दोनों के प्रति समान रूप से संवेदनशील और दायित्व प्रवण है : 'फ़ासले जो शब्दों को अलग करते/ उन्हें एक दूसरे अर्थ में ज़ोड़ते भी/ विवशता उस प्यार की जो एक दूरी है/ सामर्थ्य उस प्यार की, जो जीवन है'।

कुँवर नारायण को पढ़ना अपने आपको पढ़ने सरीखा प्रत्यक्ष और सहज अनुभव है, जो उम्र के साथ-साथ अधिकाधिक प्रौढ़ और पुख्ता होता जाता है। उनकी प्रारम्भिक कविताओं के साथ ही अपने वेदन-तंत्र की जैसी जो लय मिल गई थी, जैसी जो नज़दीकी बनाई थी वह न केवल आगे भी बनी रही, बल्कि उसमें उत्तरोत्तर गुणात्मक उत्कर्ष भी होता गया। कितना सहज स्वाभाविक होता है हमारी युवा चेतना के लिए उन कवियों के प्रति विशेष रूप से कृतज्ञ होना, जो हमारी नई-नई उभरती हुई अटपटी-सी आत्म-चेतना को उकसाने में सहायक होते हैं; एक तरह का आईना बन जाते हैं उसके लिए। कुँवर नारायण की कविता मेरे लिए यानी मेरे कवित्व के लिए ऐसा ही भरोसेमंद आईना बनी थी आज से एक अर्द्धशती पहले : 'जीवन से वही मेल रोज़ धीरे-धीरे/ कर न दे मलिन आत्मदर्पण अति परिचय से/रहने दो अविज्ञात बहुत कुछ...'

किन्तु सच्चा आधुनिक कवि यह भी बखूबी जानता है कि आज के इस अति बौद्धिक अति यांत्रिक युग की जगत् गति इस 'रहने दो अविज्ञात बहुत कुछ' की जीवनदायी रहस्य-भावना के सर्वथा विरुद्ध जाती है। हम पाते हैं कि कुँवर जी के कवित्व की विकास-यात्रा में उनके वेदन-तंत्र की वेध्यता के साथ-साथ बौद्धिक दृढ़ता (टफनेस) का एक बहुत ही विशिष्ट और सर्जनात्मक मेल घटित होता है, जो उनके समकालीनों के बीच उनकी अपनी अलग ही पहचान बनाता है। जीवनानुभूतियों के एक विविध और विस्तृत वर्णपट को झलकाने वाली कविता है यहाँ। यहाँ आपको एक ओर दृश्यों-ध्वनियों के अछूते ऐन्द्रिक बिम्ब मिलते हैं। ('रात की कम्बल में दुबकी उजियाली ने धीरे से मुँह खोला...तेज़ शराब की तरह मेज पर लुढ़की हुई शाम'); दूसरी ओर मानवीय राग सम्बन्धों में उपजती रिक्ति और अलगाव की अनोखी आधुनिक व्यंजनाएँ ('ये घनिष्ठ पीड़ाएँ और पराये लोग/जैसे तारों के बीच/आकाश की अपाट व्याकुलता के अनंत वियोग...)'; अनुभव की ऐसी सर्वथा नई और अपने तात्कालिक तीखेपन से हमें सहमा देने वाली बोध-कथा ('...तुमसे फिर मिल रहा हूँ/ तुम जैसे एक कथानक के पूर्व/ और मैं एक ट्रेजिडी के बाद...'); मार्मिक जीवन-प्रसंगों से छिड़ने वाली बाहर और भीतर की द्वन्द्वात्मकता का, मन:स्थितियों और वस्तु-स्थितियों का अत्यन्त प्रगल्भ 'विटी' और व्यंग्य विद्रूपमय जीवन्त नाट्य; 'एक बेमतलब कामकाजी दुनिया' को 'किसी आराम तलब पाजी ख़याल' से छेड़ने वाली विकल्प बुद्धि...यह सब हम उनके संग्रहों में पाते हैं : उत्तरोत्तर अधिकाधिक सांद्र और संश्लिष्ट रूपों में।

कुँवर नारायण और उनके समकालीन कोई कवि दुनिया को समझने के साथ-साथ दुनिया को बदलना चाहने वाले कवि भी हैं। किन्तु कुँवर नारायण उनमें सर्वाधिक आधुनिक भाव-बोध सम्पन्न कवि हैं और शायद इसी कारण हमारी अपनी परम्परा की प्रश्नाकुलता, सृष्टि-बोध और जीवन-बोध से अपेक्षाकृत अधिक घनिष्ठ भी। अर्थात् उसका तीक्ष्ण और एकाग्र सम-सामयिक निर्वचन या कि पुनर्मूल्यांकन कर सकने में भी कहीं अधिक समर्थ। 'आत्मजयी' से, 'वाजश्रवा के बहाने' तक की उनकी काव्य-यात्रा इसका आन्तरिक साक्ष्य देती है। अपनी काव्य-परम्परा को भी एक सार्थक

युगानुकूल मोड़ देने में भी वे इसीलिए सक्षम हुए हैं कि उन्होंने उसे भी उसी तरह स्वायत्त किया है; उसके साथ भी उनके वेदन तंत्र का सम्बन्ध उतना ही तीखा और पारदर्शी रहा है। मार्क्सवाद को भी उन्होंने अन्य आधुनिक विचारधाराओं की तरह पचाया है; किन्तु मानवीय अस्ति की सारी जटिलताओं को आसानी से घुला देने वाला दर्शन वह उनके लिए कभी नहीं बना। जैसा कि 'साहित्य और साहित्यकार का दायित्व' नामक अपनी प्रसिद्ध व्याख्यानमाला में कवि-आलोचक विजयदेव नारायण साही ने बड़े सपाट ढंग से दर्शाया है, "लेखक का दायित्व एक साथ सामाजिक चेतना, पारिवारिक चेतना, मानवीय चेतना और ब्रह्माण्ड व्यापी चेतना इन चारों स्तरों पर बनता है। अगर कवि इनमें से सिर्फ़ एक को पकड़ ले तो परिवर्तन की दिशा भी उसके हाथ से छूट जाएगी और साहित्यकार वह दायित्व भी पूरा नहीं कर पाएगा।" यह एक बहुत ही गौरतलब नुक्ता है, जो आधुनिक भाव-बोध का अनिवार्य अंग बन चुका है। अपनी इसी बात को आगे बढ़ाते हुए साही जी ने लिखा है कि "अगर कवि केवल ब्रह्माण्ड-चेतना पकड़ेगा तो बाबा लोगों का चेला हो जाएगा; केवल प्रेम वाली बात पकड़ेगा तो सिनेमा का गीतकार हो जाएगा; अगर केवल समाज-चेतना पकड़ेगा तो किसी न किसी पार्टी लाइन से बँध जाएगा; और तब उसमें यह क्षमता ही नहीं रह जाएगी कि चारों चेतनाओं को एक साथ ध्वनित कर सके। या कि मनुष्य के निर्माण के लिए जो कुछ दिया जा रहा है, उस पर निरन्तर प्रश्नचिह्न भी लगाता रहे।"

कुँवर नारायण की कविता में अगर यह प्रश्नचिह्न लगाने की क्षमता हमें निरन्तर और अद्यतन रूपों में दिखाई देती रही है, तो इसीलिए, कि यह कविता लेखकीय दायित्व के उक्त सभी स्तरों से जुड़ी हुई है और अपने विरल क्षणों में उन्हें एक साथ झंकृत भी कर सकती है। ऐसी बहुआयामी कविता में पता भी नहीं चलता कि कहाँ कॉस्मिक चेतना पूरी हुई और कहाँ सामाजिक चेतना शुरू हुई। साही जी के शब्दों में, "यह साहित्य का बहुत बड़ा दायित्व है और ऐसा नहीं कि यह परिवर्तन के विरुद्ध पड़ता है। उल्टे, यह परिवर्तन को आवश्यक गम्भीरता प्रदान करता है और समाज के अन्तिम लक्ष्यों के साथ निरन्तर हमारे परिवर्तन की गति को जोड़ता है।" निश्चय ही, कुँवर नारायण की कविता में, एकदम आरम्भिक दौर की कविता में भी, साहित्य के इस संश्लिष्ट दायित्व की बड़ी तीखी पहचान सक्रिय रही है। आखिर यह हर तरफ से वेध्य, किन्तु अनेक स्तरों पर संवेदित हो सकने वाली बुद्धि-सम्पन्न मानवीय चेतना ही तो है, जिसमें, स्वयं कुँवर जी की ही एक प्रसिद्ध कविता की शब्दावली में 'इन्द्रियों से परे अनेक भूख जागृत हैं'; और जिसके लिए ज़िन्दगी का आशय मात्र 'आमाशय, यौनाशय और गर्भाशय' तक सीमित नहीं। क्या यह सहज-स्वाभाविक नहीं, कि कुँवर नारायण के ही समकालीन कवि-आलोचक साही जी भी काव्य में अनेक मूल्य स्तरों के एक साथ झंकृत होने की बात करें और इसे निरपवाद रूप से श्रेष्ठ कवित्व की कसौटी मानें?

कुँवर नारायण की कविता में यह जो आत्म-सजग बुद्धि-ऊर्जा और भाव-ऊर्जा का सन्तुलन है, वह उन्हें अपने समकालीनों के बीच विशिष्ट पहचान तो देता ही था,

आज के सामाजिक-साहित्यिक परिवेश में भी उसकी धार और गूँज घटी नहीं, बल्कि और अधिक बढ़ी ही है। कुँवर जी की ही एक कविता है जिसमें 'ईश्वर का मनोवैज्ञानिक रूप' भी एक 'पैरेडॉक्स' है :

तुम इस जीवन के आगे
मेरा निदान निश्चय हो
घटाकर जिसे रचा है, वह महाशक्ति संचय हो
मेरे साहस के उद्‌गम, तुम मेरा अन्तिम भय हो।

ध्यान देने की बात है कि कवि इस विरोधाभासी स्रष्टा से स्वयं को बराबर एक चुनौती या क्रीड़ा के रिश्ते में बँधा हुआ महसूस करता है। घोर अवसाद के क्षणों में भी वह नियतिवादी नहीं बन पाता। 'ज़्यादा थक गया हूँ देख सूनाकाश', वह कहता है; पर उसी साँस में यह भी जोड़ देता है कि '...शायद पंख के बल आज भी निरुपाय उतने नहीं।' जिस तरह सूनाकाश उसके आरम्भिक काव्य में अक्सर आने वाला प्रतीक है, उसी तरह 'पंख' भी। कवि की चेतना का यह पंख के बल वाला 'तन-पक्ष' ही है जो निरन्तर स्वयं को नियतिबद्ध परिक्रमा के साथ संघर्षरत रखता आया है। यह 'बॉडी-स्पिरिट डायलेक्टिक' आधुनिक विश्व काव्य का एक सुपरिचित चारित्रिक द्वन्द्व रहा है। कुँवर नारायण इस अर्थोन्मेष्टा अन्तर्द्वन्द्व के कवि हैं। उनकी एक कविता का नायक किसी 'अंदेशे' के भयानक किनारे पर बैठा आकाश की नीली सतह पर तैरती उन असंख्य सीपियों को देख रहा है, जो किसी जुए की फेंकी हुई कौड़ियों की तरह अभी-अभी बटोर ली जाएँगी और, 'फिर भी/ किसी संदेश से आशान्वित/ वे एक असम्भव बूँद के लिए खुली हैं।'

और हमारे पास उन अनंत ज्योति-संकेतों को भेजती हैं जिनसे आकाश नहीं, धरती की गरीब मिट्टी को सजाया जाता है।

जाहिर है कि अगर ऐसी कविता ज़िन्दगी को 'उसके काल्पनिक अक्ष पर झकझोर कर विचलित कर देने' की, और उसे उसकी 'नियतिबद्ध परिक्रमा से मोड़कर पराक्रम की धुरी पर स्थापित करने की बात करती है तो वह बात उससे लगी त्रिपटी रोमानी आकांक्षा के अलावा भी अलग से समझ में आती है और वह 'प्रगति-बिन्दु' भी, जो उक्त कविता के ही शब्दों में 'यांत्रिकता की अपेक्षा मनुष्यता की ओर ज़्यादा सरका हुआ है।' यह 'कोई दूसरा नहीं' संग्रह की पहली ही कविता है। इससे अगले संग्रह 'अपने सामने' की भी पहली ही कविता को देखें कि वह किस 'विरोधाभास' को अभिनीत करती है : 'शुरू-शुरू में सब यही चाहते हैं/ कि सब कुछ शुरू से शुरू हो/लेकिन अन्त तक पहुँचते-पहुँचते हिम्मत हार जाते हैं।'... कवि की आकांक्षा इस 'अन्त तक हिम्मत न हारने की ही है; 'सच्चे और सुदृढ़ शब्दों की हिम्मतों' की ही है। कवि का यह 'प्रगति-बिन्दु' भी मात्र एक लकीरी प्रगतिवाद क्यों नहीं है, इसका तगड़ा जवाब भी हमें यही कविता दे देती है : 'कितना स्पष्ट होता आगे बढ़ते जाने

का मतलब/ अगर दसों दिशाएँ हमारे सामने होतीं/ हमारे चारों ओर नहीं/ कितना आसान होता चलते चले जाना/ यदि केवल हम चलते होते/ बाक़ी सब रुका होता/ मैंने अक्सर इस ऊलजलूल दुनिया को/ दस सिरों से सोचने और बीस हाथों से पाने की कोशिश में/ अपने लिए बेहद मुश्किल बना लिया है'

कुँवर नारायण का कवि इस 'ऊलजलूल' को भी उतनी ही उत्कट संवेदना से जानता है, जितना 'दस सिरों से सोचने' की नितान्त आधुनिक बौद्धिक यंत्रणा को। किताबी 'ऐब्सर्ड' वाले आधुनिकतावाद से भी वह उतना ही दूर है, जितना लकीरी प्रगतिवाद से। 'चक्रव्यूह' संग्रह की कविता में हमने पढ़ा था, 'अभी तो जूझ लेने का प्रलोभन/ शून्य से भी जूझ लेने का प्रलोभन/ फिर कभी क्या मिल सकेगा ज़िन्दगी में/ ज़िन्दगी से भी बड़ा कुछ?' यह ज़िन्दगी में ज़िन्दगी से भी बहुत कुछ पाने की उम्मीद, जो 'कुछ नहीं' के सिर पर चढ़कर बोलती है, क्या कोई मामूली बात है? कुँवर नारायण एक तरह से देखा जाए, तो इसी उम्मीद और इसी पुरुषार्थ के कवि हैं। इस पुरुषार्थ की कौंध उन्हें कभी किसी गाँव के किसी 'खब्ती सम्मेदीन' में दिखाई दे जाती है, तो कभी वह 'बिना लड़े अपनी ही तुच्छताओं की अधीनता स्वीकार करते चले जाने वाले देश' के उस नागरिक की 'चीख' में, जो स्वाभिमान के अर्थ को नए सिरे से 'ईजाद' करना चाहता है।

कविता की प्रेरणा और शक्ति के ठीक विपरीत भी एक शक्ति है जो मानवीय पुरुषार्थ की सारी उपलब्धियों को नष्ट कर देती है। कविता तत्काल कुछ नहीं बदलती, किन्तु यह शक्ति तत्काल बहुत कुछ उलट-फेर कर सकती है। वह शक्ति है, विजेता की महत्त्वाकांक्षा। 'नालन्दा और बख़्तियार' सरीखी रचनाएँ उसी को उघाड़ती हैं। हज़ार साल पहले घटी वह घटना कवि के अनुसार अभी बीती नहीं है; अभी भी घट रही है : 'लड़ाई से मुँह फेर कर भाग गए थे कुछ विचारक/ घने जंगलों की ओर–केवल कुछ ग्रन्थ बचाकर/ वे आज भी भाग रहे उसी तरह मदरसे और क़िले में/फ़र्क न कर सकने वाले विजेताओं से घबराकर'।

हालाँकि मुझे लगता है, यहाँ 'विजेता की महत्त्वाकांक्षा' के अलावा भी एक कारक सक्रिय है और वह है साम्राज्यवादी मज़हबी उन्माद में निहित मूर्तिभंजक मनोवृत्ति। बहरहाल, यह इतिहास कुँवर नारायण की कविता में शुरू से ही घुसपैठ करता रहा है। उनके वेदन-तंत्र का इस ऐतिहासिक विभीषिका से बड़े दुर्निवार्य किस्म का उलझाव रहा है। 'नालन्दा और बख़्तियार' ही क्यों, 'गोलकुण्डा' और 'विजयनगर' और 'इब्नेबतूता' भी वहाँ मौजूद हैं। कहना न होगा कि इतिहास-बोध शून्य इतिहासवाद भी हमारे समय की एक कड़वी सच्चाई में शामिल है, जिससे कुँवर नारायण की कविता सीधे-सीधे टकराती रही है। इसी तरह यांत्रिकता भी इस कवि की दृष्टि में मनुष्यता का प्रतिपक्ष है। उनकी एक कविता है 'जल्दी में' शीर्षक से, जो आधुनिक सभ्यता की बदहवासी और दिग्भ्रान्ति को बुरी तरह उखाड़ देती है : 'हर बड़ी जल्दी से/ और बड़ी जल्दी में बदलने की/ लाख जल्दबाज मशीनों का/ हर रोज़ आविष्कार कर रहे हैं/ ताकि

दिन-दूनी, रात चौगुन बढ़ती हुई/ हमारी जल्दियाँ हमें जल्दी से जल्दी/ किसी ऐसी जगह पहुँचा दें...जहाँ हम हर घड़ी/ जल्दी से जल्दी पहुँचने की जल्दी में हैं मगर कहाँ?'

यांत्रिकता का यह संत्रास ज़्यादा जहाँ हमारे सिर पर चढ़कर बोल रहा है, वह है 'आँकड़ों की बीमारी'। 'आँकड़ों पर सचमुच कोई दवा काम नहीं करती'–यह इलाज करने वाला डॉक्टर इसी नाम की कविता में कह रहा है, जो कि स्वयं इन्हीं आँकड़ों के आत्मविश्वास से ही एक स्वचालित यंत्र की तरह काम कर रहा है।

ध्यान देने की बात है कि कुँवर नारायण की कविता किसी नैतिक पूर्णतावादी विश्वास से परिचालित है, बल्कि मानवीय स्खलनों को यथातथ्य स्वीकार के और पचा के चलने वाली कविता है। इसीलिए मनुष्य में उसकी आस्था भी जोखिम से निखरी हुई आस्था है। यों, मनुष्य में विश्वास खो देने के पर्याप्त कारण स्वयं मनुष्य की ही लाइलाज़-सी लगने वाली अमानुषिकता उसके समूचे इतिहास में जुटाती रही है और हम देख ही आए हैं कि किस प्रकार वे इस कवि के कवित्व में ही अन्तर्भुक्त हैं। फिर भी इन दुर्दान्त वास्तविकताओं के आर-पार देखती हुई उनकी कविता कहती है : 'पहला शब्द एक घटना थी/ और पृथ्वी की/ जिस पर अमिट कुछ लिखने के लिए/ समय की स्याही थी।'

'मैच्योरिंग ऐज़ अ पोएट मीन्स मैच्योरिंग ऐज़ अ व्होल मैन', एक आधुनिक कवि-विचारक का कथन है। अर्थात् कवि की हैसियत से प्रौढ़ होने का अर्थ है अपने समूचे वेदन-तंत्र के साथ, अपनी त्रि-आयामी मनुष्यता की समग्रता में परिपक्व होना। कुँवर नारायण एक अर्द्धशती से भी अधिक समय से काव्य-साधना में–उन्हीं के शब्दों में कहें तो, 'सच्चे और सुहृद शब्द' की साधना में सलंग्न रहे हैं। न केवल उनकी कविताएँ, 'आकारों के आसपास' की कहानियाँ भी बीसवीं सदी के भारतीय भाव-बोध 'सेन्सेबिलटी' का, उसकी अन्तरात्मिक वेदना का ही नहीं; अभूतपूर्व मानवीय विकल्पों से समृद्ध उसके बौद्धिक सामर्थ्य का भी विश्वसनीय अन्तःसाक्ष्य प्रस्तुत करती रही हैं। इतिहास-बोध और मानव-केन्द्रित आस्था, बुद्धिमत्ता और संवेदनशीलता, करुणा और व्यंग्य-विद्रूप-समन्वित विक्षोभ का यह प्रखर द्वन्द्वात्मक संयोग अपने समकालीनों के बीच तो उनकी विशिष्ट पहचान बनाता ही है, ठेठ आज के परिदृश्य में भी वह उतना ही सार्थक और प्रासंगिक प्रतीत होता है। अपने अत्यन्त आधुनिक और नागर मुहावरे में यह कवित्व हमारे समय के कई सारे अन्तर्विरोधों को, उसकी मानवीयता और अमानवीयता को, उसकी नैतिक वेध्यता और सांवेदनिक भोंथरेपन को, खुले विकल्पों वाली रचनात्मक बुद्धि-ऊर्जा तथा अभूतपूर्व मूल्यमूढ़ता को एक तरह उजागर करने और उसके प्रति पर्याप्त प्रतिक्रिया की आवाज़ उठाने में समर्थ है। संवेदना और विवेक की जिस क्षुरधार पर अपने कवित्व को चरितार्थ करने का मार्ग उन्होंने चुना था, आज से कोई साठ वर्ष पूर्व, उसके दोनों तरफ की खाइयों से सुरक्षित वे अपना नाजुक सन्तुलन बनाए रख सके हैं : एक तो वह आधुनिकतावादी खाई, जिसका प्रलोभन है : अपने ही आत्मावसाद और मोहभंग की एक शैली में ढल जाने देने की विवशता

का बन्दी बन जाना (उनकी अपनी ही एक कविता के शब्द उधार लेते हुए कहें तो 'क्षय की लय पकड़ चुकी शैली' में जकड़ जाना।), जिस नियति के प्रति वे स्वभावत: सजग-सावधान रहे हैं। साथ ही दूसरी ओर वे उस प्रगतिवादी प्रलोभन के दुष्चक्र से भी अपने सहज विवेक को अक्षत-अनाहत रख सके हैं जो उन्हीं के समानधर्मा कवि साही जी की पदावली में 'साथियो! इतिहास का संदेश है बहुजनहिताय/आज मर लें मार लें, कल मौज करना है हमें' वाले घोर नियतिवादी इतिहासवाद की गुलामी से उपजने वाला प्रलोभन है।

आज के खासे रेहटॉरिकल साहित्यिक परिवेश के घटाटोप में इस वयस्क आवाज़ को कान लगा के सुनना कुछ ज़्यादा ही ज़रूरी लगने लगा है। क्योंकि आज जिस चीज़ का सर्वाधिक टोटा महसूस होता है, बल्कि जिस टोटे को भी काव्यगुण की तरह प्रचारित करने वाले लोग भी कम नहीं हैं। वह यही है : वयस्क भाव-बोध का, अर्थात् भरपूर बुद्धि-ऊर्जा से प्रेरित और संयुक्त भाव-ऊर्जा का टोटा। आधुनिक काव्यालोचक एफ.आर. लीविस की वह चेतावनी यहाँ बरबस ही याद आ जाती है कि 'देयर आर काइंड्स ऑव रोबस्टनेस अ पोएट एज़ बैस्ट बिदाउट'। अर्थात् एक आत्मविश्वास ऐसा भी होता है, जिससे अपने कवित्व की कुशल चाहने वाला कवि वंचित ही रहा आए, तो अच्छा।' इसी प्रसंग में कुँवर जी के 'इन दिनों' संग्रह की एक कविता अचानक मन में कौंध जाती है—जिसे उद्धृत करके मैं इस वक्तव्य (आलेख) का समापन करूँगा :

अगर मुझमें अपनी दुनिया को
बदल सकने की ताक़त होती
तो सबसे पहले
उस 'मैं' को बदलने से शुरू करता
जिसमें दुनिया को बदलने की ताक़त होती।

इस काव्य-तर्क के बाद भला किसी भी अतिरिक्त वाग्मिता के लिए गुंजाइश ही कहाँ बचती है? गुंजाइश बचती है तो सिर्फ़ यह कहने की, कि :

दिनोंदिन मेरा यह प्रेम-रोग बढ़ता ही जा रहा
और इस वहम ने पक्की जड़ पकड़ ली है
कि वह किसी दिन मुझे
स्वर्ग दिखाकर ही रहेगा।

प्रश्नाकुलताओं से फूटती चिन्तन की लपट

कृष्णदत्त पालीवाल

आज के स्मृति विध्वंसक आधुनिक समय और सर्जना में कुँवर नारायण की समकालीन भारतीय कविता विशेषकर हिन्दी कविता में उपस्थिति का विशेष व्यंजक अर्थ और सन्दर्भ है। उनका इतिहास, मिथक, परम्परा और संस्कृति के प्रति एकाग्र रचना-कर्म स्मृति के आलोक से विस्मृति के अंधकार को विदाई देने का संकल्प है। उनके लिए रचना-कर्म जयशंकर प्रसाद और अज्ञेय की तरह संकल्पात्मक अनुभूति है, ऐसी अनुभूति, जो दर्शन को कवि कर्म में घुलाकर काव्यार्थ का आविष्कार करती है। स्मृति अर्थात् मिथक, परम्परा, कल्पकथा, जातीय स्मृति और जातीय-संवेदन का सार कवि कर्म में भर देती है। परम्परा के बासीपन को झाड़कर यह कवि नई प्रश्नाकुलताओं, चिन्ताओं, अवधरणाओं के शिखरों को स्पर्श करते हुए सर्जनात्मकता का विस्तार करता है। वाग्देवी के बन्द द्वारों को खोलकर। अज्ञेय, भवानीप्रसाद मिश्र और रघुवीर सहाय के बाद यह 'सप्तक' परम्परा का पहला नया भाव-बोध सम्पन्न कवि है, जिसने अपना अलग काव्य-मुहावरा ईजाद किया है। एकदम अलीकी, मौलिक और चिन्तन के यर्थाथ प्रत्ययों से निर्मित। 'भारतीय ज्ञानपीठ' ने कुँवर नारायण के कवि-कर्म की तपनिष्ठ और तपसिद्ध भारतीय निर्विकार सर्जनात्मकता के प्रति जो सम्मान व्यक्त किया है, वह वास्तव में भारतीय चिन्तन के वैदिक, उपनिषद, वाल्मीकि- कालिदास, भवभूति और कबीर, प्रसाद, निराला और अज्ञेय लय की निरन्तरता और परिवर्तन का सम्मान है—एक गहरी आंतरिक निष्ठा का भाव।

कुँवर नारायण कवि-कर्म में मिथकों, आख्यानों, रूपकों की सर्जनात्मक दृष्टि की अथक तात्विकता से अर्थ-मीमांसा प्रस्तुत करते हैं और दर्शन के क्षेत्र का विस्तार कवि कर्म की अन्त:प्रक्रिया तक कर सकने में समर्थ हैं। खुली आँखों से सम्पूर्ण मनुष्य जाति की समस्याओं को उजागर करना उनका कवि स्वभाव है और अनुभव संवेदन को निचोड़कर 'काव्य पाक' की निर्मिति काव्य साधनों की शक्ति। इसी शक्ति से वे स्मृति और सर्जना, चिन्तन और कवन को उपनिषद, इतिहास-पुराण, परम्पराओं में पिरोकर अतीत की वर्तमानता का स्वरूप प्रदान करते हैं। उनके लिए पुराण का

अर्थ पुराना नहीं है, उसका अर्थ है जो पुराने को नित नूतन करता है, नए-नए अर्थोन्मेष की निष्पत्ति करता है। वे इन अर्थोत्कर्ष के क्षणों में वहाँ पहुँचने की सर्जन-शक्ति रखते हैं, जहाँ ध्यान-सम्पन्न ऋषियों-मनीषियों-कवियों ने मन से वाक की सृष्टि की है, रूढ़ियों से विद्रोह के साथ। पहले काव्य-संग्रह 'चक्रव्यूह' में रूपण-निरूपण, कथन, फिर कथन को अकथित में समर्पित कर लेना। अपने को पूरा उलीच कर खाली करना, फिर भरना ताकि मानव के मंगल और आत्मोन्नयन का पथ प्रशस्त हो सके।

कठोपनिषद् के आधर को लेकर रची गई कृति 'आत्मजयी' का नचिकेता अपने पिता वाजश्रवा की बासी चिन्तन परम्परा को अस्वीकार करता है। यह अस्वीकार का साहस ही आधुनिकता है। हम भारतीयों की परम्परा रही है किसी चिन्तन-परम्परा, सम्प्रदाय-सिद्धान्त, निरूपण पर संशय उठाना, तर्क करना, बुद्धि की आग में गलाकर, उसकी धातु के खरे-खोटेपन का परीक्षण करना। अनंत प्रश्नों के साथ अनंत जिज्ञासाओं की शिव जटाओं से सत्य की गंगा को निकालना। मूलतः कुँवर नारायण का कवि-स्वभाव चिन्तनपरक है। वे 'परिवेश : हम तुम' की भूमिका में कहते हैं कि 'कवि का काम हमें बौद्धिक बनाना नहीं, बुद्धिमत्ता के प्रति संवेदनशील बनाना है, हमारी समझ के उपकरणों को पैना रखना है ताकि हम वास्तविकता को बुद्धि, मन और प्रज्ञा के विभिन्न स्तरों पर साथ-साथ ग्रहण कर सकें।' कहना होना कि कवि के लिए अनुभव-अनुभूति के साथ चिन्तन की शक्ति अनविार्य है। यह चिन्तन का तनाव ही कुँवर नारायण के कवि-कर्म में प्रश्नाकुलता की मुद्रा अपनाता है। कुँवर नारायण का अभिमन्यु चक्रव्यूह में घिरकर भी मृत्यु और अस्तित्व के अर्थ-बहुल सन्दर्भों में नए तरह के अभिप्राय पैदा करता है। कवि की सर्वाधिक प्रसिद्ध कृति 'आत्मजयी' के आने पर यह स्पष्ट हो गया है कि कुँवरजी भावात्मक आस्फालन, आवेग के कवि नहीं है, उनमें क्लासिकल संवेदना का संयम है। इस दृष्टि से 'आत्मजयी' जैसा मिथक काव्य क्लासिक प्रतिमान है, ऐसा क्लासिक, जिसे टी.एस. इलियट के विचार लेकर कहें तो समय जिसे पुराना नहीं बना सकता। पुराना पीढ़ी के प्रतीक वाजश्रवा से नई पीढ़ी का प्रतीक नचिकेता निरन्तर संघर्ष-विरोध, नया भाष्य चाहता है। कुँवर नारायण ने 'आत्मजयी' की भूमिका में कहा है, 'आत्मजयी' में उठाई गई समस्या मुख्यतः एक विचारशील व्यक्ति की समस्या है, केवल ऐसे प्राणी की समस्या नहीं, जो दैनिक आवश्यकताओं से आगे नहीं सोच पाता।' सोच की गहन गति के कारण नचिकेता में 'बृहत्तर जिज्ञासा' है, जिसके लिए केवल सुखी जीना काफी नहीं है, सार्थक जीना जरूरी है। इस दृष्टि से 'आत्मजयी' मूलतः जीवन की सृजनात्मक सम्भावनाओं में आस्था के पुनर्लाभ की कहानी है। नचिकेता निरन्तर सोचता है, प्रश्नाकुल होकर कि जीवन क्या है? मृत्यु क्यों? ईश्वर कहाँ है? मुक्ति का क्या अर्थ? ये सभी प्रश्न अनस्तित्व की उस भयानक शून्यता से फूट-फट पड़े हैं, जिसके विषय में पास्काल कहते हैं, 'अनंत विस्तार का अटूट मौन मुझे भयभीत करता है।' ध्यान में रखने की बात है कि नचिकेता उपनिषद

का पात्र है और आधुनिक मनःस्थिति के कारण आधुनिक चिन्तनशील मानव का ज्वलंत प्रतीक है।

कुँवर नारायण ने कठोपनिषद् की कल्प कथा का मिथक में अन्तर्प्रवेश करते हुए परम्परा को आधुनिक परिप्रेक्ष्य दिया है। इतना ही नहीं, मिथक या पुराकथा को देश-काल के दायरे से बाहर निकालकर उसे सनातन व्यापार के प्रकरण से जोड़ दिया है। हिन्दी कविता में आजादी के बाद मिथक विशिष्ट विचार उपादान बनकर उभरा है और कृतियों में अपरिभाषित अनंत अर्थ का वाहक। प्रयोग-परम्परा, प्रगति, आधुनिकता को पहली बार चिन्तन के केन्द्र में लाने वाले सर्जक अज्ञेय ने कहा है, 'मिथकों के मामले में संशोधन-परिवर्तन करते चलें तो समझना चाहिए कि आधुनिकता की पहुँच कहाँ तक हो सकती है। मिथक में कतर-ब्योंत नहीं हो सकती। मिथक फैशन की पोशाक की तरह नहीं होते कि बदलती सोच के साथ इधर-उधर से काटकर या खोलकर उसे नई रुचि के अनुकूल बना लिया।' मिथक शक्ति स्त्रोत होते हैं। इस तरह मिथक एक कहानी भर नहीं होता, एक चुनौती होता है। हर मिथक के भीतर एक गुठली होती है, गुठली के भीतर एक शक्ति बीज। इसी शक्ति बीज को कुँवर नारायण ने 'आत्मजयी' में महावृक्ष बनाया है।

कुँवर नारायण ने अपनी सर्जनात्मकता से चाहे वह उनकी अभी हाल में आई कृति 'कोई दूसरा नहीं' हो या 'वाजश्रवा के बहाने' हो, यह सिद्ध किया है कि मिथक केवल धर्मगाथा नहीं है। अन्स्र्ट कैसिरर के विचारों को लेकर कहें तो मिथक का क्षेत्र बहुत विस्तृत है। मिथक एक पूरा समाज है, परम्परा और आधुनिकता की चक्रिल गतियों के साथ। इस तरह मिथक नार्थप फ्राई की दृष्टि से मानव सत्य का व्याख्याकार होता है। हिन्दी में आचार्य हजारी प्रसाद द्विवेदी ने मिथक मीमांसा की पहल की और कहा कि मिथक वास्तव में, भाषा का पूरक है। मानव चित्त में संचित तमाम अनुभूतियाँ मिथक के रूप में प्रकट होने को बेचैन रहती हैं। वस्तुतः मिथक सामूहिक मानव की भावनिर्मात्री शक्ति की अभिव्यक्ति है, जिसे मनोविश्लेषणशास्त्री 'आर्किटाइपल इमेज' (आद्य बिम्ब) कहते हैं। इस मिथक शक्ति का उपयोग कुँवर नारायण ने नई कविता में निर्भय होकर किया और पाया कि मिथक नए समाज की व्याख्याओं को करने में सर्वाधिक समर्थ होते हैं। इसीलिए उन्होंने मिथकों की पुनर्रचना की और उनमें नई दृष्टियों का समायोजन किया। इस रचनाकार ने मिथक की सृजन-चिन्तन की शक्ति को अग्निधर्मा मानकर इतिहास, पुराण, धर्मगाथा, कल्पकथा तथा लोकगाथा के रूप में 'आत्मजयी' तथा 'वाजश्रवा के बहाने' जैसी कृतियों से नए वैचारिक प्रयोग किए और अपने को 'वाद' और 'दल', विचारधारा और सम्प्रदायवाद से मुक्त रखा। उन्होंने सृजन विधि में वैयक्तिक अवचेतन तथा सामूहिक अवचेतन दोनों में एक संवादसेतु का निर्माण किया। 'वाजश्रवा के बहाने' कृति में वाजश्रवा के पास नचिकेता की वापसी का अर्थ अपनी व्यंजकता में नया 'डिस्कोर्स' चाहता है, क्योंकि पीढ़ियों का संघर्ष नए जीवन के युगीन सन्दर्भों के 'इंटरप्रिटेशन' या भाष्य का सार्थक प्रयास है। 'आत्मजयी'

का यही वैचारिक आलोक इसकी सत्ता-महत्ता की महत्तर व्यंजना है, संस्कृति के बहुलतावादी-बहुवचनात्मक परिप्रेक्ष्य के साथ।

कुँवर नारायण ने जीवनानुभव से यह सत्य कमाया है कि आज के निरन्तर हिंसक, क्रूर और उपभोक्तावादी समाज में भद्र-भले मानुष के लिए जगह नहीं बची है। 'कोई दूसरा नहीं' संग्रह में जिन सरोकारों को स्थान न मिला, उनमें भ्रष्ट राजनीति का वर्चस्व है। नीति का अर्थ नहीं रहा, राजनीति का राक्षसी चेहरा उभरकर पश्चिमी आधुनिकता के पीछे पागल होकर 'संस्कृति' की सर्जनात्मक मूल्य चेतना को स्पष्ट कर रहा है। मूल्यांधता ने डि-ह्यूमनाइजेशन या अमानवीकरण को दृढ़ किया है। कुँवर नारायण ने 'अमानवीकरण के खिलाफ तीव्र प्रतिक्रिया' शीर्षक लेख में कहा है कि कविता का पढ़ा जाना चाहे कम हुआ हो, पर कविता का लिखा जाना कम नहीं हुआ है। ध्यान रखना होगा कि 'कविता मानवीय मूल्यों का पक्ष है और किसी भी तरह के अमानवीकरण के खिलाफ तीव्र प्रतिक्रिया, चाहे वह सामाजिक और व्यावसायिक अनैतिकता हो, चाहे व्यवस्था की हृदयहीन जकड़।' यह चिन्ता कवि दायित्वों को बढ़ाती है। फिर आजादी के बाद देश में चिन्तनरहित राजनीति का हस्तक्षेप तेजी पकड़ता रहा है और राजनीति का हस्तक्षेप एक खास माने में साहित्य के लिए चिन्ता का कारण है।' यूरोप में राजनीति ने साहित्य के साथ रिश्ता गहरा बनाया हुआ है, चाहे वह मार्क्स हों, लुकाच हों, गोल्डमान हों या फिशर हों, लेकिन भारतीय सन्दर्भों में ऐसा रिश्ता गाँधीवाद, समाजवाद, मार्क्सवाद की विचारधाराओं से साहित्य में नहीं बना है। इसलिए नया सृजन राजनीतिक यथार्थ को लेकर व्यग्र बेचैन तो रहा है, विचारशील कम।

कुँवर नारायण का पूरा रचना-कर्म इस यथार्थ को रचना-स्थिति बनाकर प्रस्तुत हुआ है। उनका कथन है 'भाषा की पारिस्थितिकी में आग यदि लगी तो पहले वहाँ लगेगी, जहाँ ठूँठ हो चुकी होंगी, अपनी ज़मीन से रस खींचने वाली शक्तियाँ।' भाषा के लगातार क्षरण अवमूल्यन की इस कवि को चिन्ता है। वे जानते हैं कि हमारा समय सरलीकरणों में लेकर मनुष्यता को छोटा करता है। इसलिए उनके रचना-संसार में न सतही अध्यात्म है, न झूठी दार्शनिक तत्त्व मीमांसा।

समय की चुनौतियों से जूझता अदम्य अपराजेय मानव है, जो त्रासद स्थितियों के सामने पावनताजनित विवेक के साथ मौजूद है। उनमें 'हम' और 'वे' की सत्यानाशी मानसिकता के लिए कोई स्थान नहीं है। सच बात यह है कि उन जैसा बड़ा रचनाकार-चिन्तक ही समाज को दिशा और दृष्टि दे सकता है। तभी तो 'आज मैं शब्द नहीं/किसी ऐसी विश्वास की खोज में हूँ/जिसे आदमी में पा सकूँ।' उनके सामने यह सत्य ध्वनित है कि 'व्यक्ति को विकार की तरह पढ़ना जीवन का अशुद्ध पाठ है।' बाजारवाद और भूमंडलीकरण के इस लूटतंत्र में संस्कृति-इतिहास तथा परम्परा को बचा पाने का पाठ बहुत भीतर 'क्लोज रीडिंग' से पढ़ा जाना चाहिए। उनका कवि-कर्म अधूरा अपंग मनुष्य नहीं चाहता। एक समग्र मनुष्य चाहता है, जो जीवन को घटिया यांत्रिकता से निकालकर अर्थ दे सके। उस प्रकृत जीवन लय को पा सके,

जिसे राजनीति की क्रूरताओं ने तोड़ दिया है। इस दृष्टि से उन्हें अज्ञेय और विजयदेव नारायण साही के 'लघुमानव' चिन्तन से परहेज नहीं है। वे अनेक मुद्दों पर अलग ढंग से सोचने पर भी अज्ञेय के साथ हैं, नई राहों के अन्वेषी रूप में।

उनकी कृति 'वाजश्रवा के बहाने' का पाठ-विमर्श न जाने कितने व्यंग्य- व्यंजक अर्थों को संकेतित करता है। गहरे अर्थ में उनकी कविता सोम और अग्नि दोनों के मिथकत्व को आत्मसात करती हुई अपने अर्थ आयामों को विस्तृत करती चलती है। उनकी रचना स्थिति और रचना भाषा प्राणतत्त्व का संचार वह क्लासिकल संवेदना करती है, जिसमें हमारी जातीय स्मृति या परम्परा बाँसुरी की तरह बजती सुनाई देती है। यहाँ सुन्दरता से 'वरिबस' अर्थात चिन्तन के लिए कवि-कर्म में पूरा 'स्पेस' है। इस तरह यह हिन्दी का काव्य और कला दोनों को फेंटकर तैयार किया हुआ चिन्तन है, जिसमें वाग्देवी की सृष्टि का आकाश तत्त्व और भूमि तत्त्व अबाधित है। इस कवि की कृतियों में हमारी पूरी सांस्कृतिक परम्परा अधिकार से बोलती है। इस दृष्टि से इस सृजन के पाठ का कुपाठ न करके उपपाठ और अन्त:पाठ करना चाहिए ताकि पाठ या टेक्स्ट को डी-कंस्ट्रक्ट या विनिर्मित किया जा सके।

'आत्मजयी' में मृत्यु की ओर से जीवन को देखा गया है तो 'वाजश्रवा के बहाने' में जीवन की ओर से मृत्यु को देखने की एक कोशिश है। (वाजश्रवा के बहाने, पूर्वकथन) इस तरह इस बड़े रचनाकार को पढ़ना जीवन की एक बड़ी उपलब्धि है। जीवन के विविध काव्यानुभवों का ऐसा सघन संश्लिष्ट पाठ नई कविता में अज्ञेय को छोड़कर और कहीं नसीब नहीं है। कवि की सर्जनात्मक बिम्ब बहुल काव्य-भाषा ने हिन्दी साहित्य के रचना-कर्म को इतनी बड़ी ऊँचाई पर पहुँचाकर संयम से दम लिया है। पश्चिमी आधुनिकतावाद, मानववाद, अस्तितत्वाद की छलनाओं से दूर यह कवि-कर्म भारतीय चिन्तन परम्पराओं के उत्तमांश को अपने में आत्मसात किए हुए है। कितनी विचित्र बात है कि कि जो प्रश्न कालिदास, प्रसाद और अज्ञेय को मथते हैं, वे ही प्रश्न कुँवर नारायण के कवि-कर्म में समिधाओं की अग्नि बनकर धधक रहे हैं।

कुँवर नारायण के कवि-कर्म में कवि और चिन्तक एक रूप हैं, उनमें कहीं आपसी टकराव नहीं है। आप चाहें तो इसे विरुद्धों के सामंजस्य का नाम दे सकते हैं। शब्द उनके अर्थ की लय में अनबिद्ध है और तमाम शाब्दी अन्त:प्रक्रियाएँ वर्तमान की ओर तन्मयता से उन्मुख। उनके लिए चुनौती है, वर्तमान या नए वर्तमान की राजनीतिक, सामाजिक विद्रूपताएँ, विडंबनाएँ। इसलिए नई सर्जना का आधार है—वर्तमान की जटिल, उलझी विसंगतियाँ। ये विसंगतियाँ नए बाजारवाद, मीडिया, क्रान्ति की शक्तियों का सहारा लेकर स्मृति विनाश पर आमादा हैं और सर्वाधिक प्रबल संकट भाषा पर, सर्जनात्मक भाषा की सूक्ष्म गहन व्यंजकता पर है। हम जिस सांस्कृतिक और भाषिक परम्परा में जन्मे हैं, उसके संस्कार चेतन-अवचेतन में बिंधे हुए हैं। कितनी ही वरण की स्वतंत्रता हो, हम परम्परा-संस्कृति को अँगूठा दिखाकर नहीं जी सकते। परम्परा हमारी जमीन है, जिस पर हम जीते-मरते हैं, उसे छोड़ कर हमारी सर्जनात्मक

नियति बंजरता की ओर भाग पड़ेगी। परम्परा ही हमारी माता है, वही हमें जन्म देती है, बड़ा करती है और फिर बंधनों से मुक्त भी करती है। नचिकेता बहुत कुछ को अस्वीकार करने पर भी 'परम्परा' में से ही नया चिन्तन खींच पाया है। मूलतः कविता का स्वराज्य भी चिन्तन के पथ का स्वराज्य है। स्वराज चेतना के क्षेत्र को निरन्तर खोलना और अर्थ सन्दर्भ देकर विस्तृत करना ही उसके दायित्व की इति है। हमारी चिन्तन-परम्परा में स्वातंत्र्य क्षेत्र का कर्ता-धर्ता वरुण है और वही ऋत का पालक-रक्षक। उसकी दृष्टि यह रहती है कि ऋत, सत्य के रूप में कैसे प्रतिफलित होता है। उसके अंकुश की थोड़ी धमक सरस्वती पर भी रहती है, लेकिन सरस्वती उससे अपना मार्ग अलग रखती है। कवि और चिन्तक को परम्परा की विरासत सरस्वती ही सौंपती है, इसलिए रूढ़ियाँ तोड़ती है और नया मार्ग सुझाती है, इसी अर्थ में कवि चाहें वह अज्ञेय हों या कुँवर नारायण, नई राहों के अन्वेषी हैं। नई राहों के लिए जो जितना जोखिम उठाता है, उससे वाग्देवी उतनी ही प्रसन्न होती हैं और दे देती हैं अपनी हला शक्ति का वरदान। यह वरदान कवि में विद्रोह का बीज बो देता है। विद्रोह का अर्थ यह नहीं है कि वह परम्परा से पूरी तरह मुक्त हो गया है।

'आत्मजयी' या 'वाजश्रवा के बहाने' जैसी कृति एक शाब्दी संरचना के रूप में परम्परा और संस्कृति के अस्तित्व का रूपाकार पा जाती है। शब्दों की लीला में जीवन-मृत्यु के बृहत्तर प्रश्न अपना खेल खेलते हैं और नए अर्थ-स्फोट की दीप्ति भर जाती है या कहिए शब्द में समय समा जाता है। इसलिए कृति विचारों का पुलिंदा होती है, अनेकार्थक आयामों से युक्त। कृति का पूरा पाठ या टेक्स्ट संस्कृति के अन्तरंग को ध्वनित करता है। संस्कृति की जड़ें अतीत में होती हैं लेकिन अतीत में होकर भी उसके वर्तमान को सामने लाना कवि का अभिप्रेत होता है। इसी अर्थ में 'असाध्यवीणा' हो या 'आत्मजयी', वह पाठक को बदलती है। उसकी जिज्ञासा का ध्येय शास्त्र रचना नहीं, पुरुषार्थ चिन्तन होता है। कवि का परम पुरुषार्थ है सबके घट में बैठकर सबकी ओर से सोचना, मानुष-भाव की रक्षा करना। हमारे उपनिषदों में मुनि-परम्परा के बीज प्रमुख हैं, लेकिन उन्नीसवीं शताब्दी में हमने पश्चिमी विचारधराओं को ज्यादा लपककर अपनाया। नतीजा यह हुआ कि हम भारतीय चिन्तन-परम्पराओं से कटते गए हैं। कुँवर नारायण का विचार है कि जरूरत अपनी जड़ों को जिन्दा रखने की है, अपनी ही जमीन सर्जनात्मकता को हरा-भरा सकती है। इस तरह के विचार वे अपने चिन्तनपरक निबंध-संग्रह 'आज और आज से पहले' तथा 'साहित्य के कुछ अन्तर्विषयक सन्दर्भ' के अनेक निबन्धों में जोर देकर कहते रहे हैं। इस कवि की मिथक में जन्मजात रुचि रही है। यही लगाव उन्हें टी.एस. इलियट के 'वैस्ट लैंड' के साथ फ्रेजर के 'गोल्डन बाउ' की ओर ले गया। हिन्दी के साथ तमाम कलाओं से जुड़े और अंग्रेजी साहित्य के गम्भीर अध्येता कुँवरजी लेवीस्त्रोस की ओर गए तथा पश्चिमी मिथकों के साथ भारतीय मिथक चेतना ने भी उनका ध्यान खींचा।

हमारे पास अथाह मिथक सम्पदा का भंडार मन में उल्लास और गर्व पैदा करता है। इसी गर्व से भरे कुँवरजी ने मनोविश्लेषण शास्त्र के महाचिन्तक सी.जी. युंग को मथा तथा माड बाडकिन की दो पुस्तकें 'आर्कीटाइपल पैंटर्स इन पोयट्री' तथा 'स्टडीज ऑव इमेजेज इन पोएट्री, रिलीजन एंड फिलासफी' ने मिथक सर्जना की शक्ति को उनकी मानसिकता में उजागर किया। लेवीस्त्रोस की एक बात उन्हें भा गई कि कला अपने आप में भाषा होती है, फिर भाषा ही कविता का 'कच्चा माल'। 'कविता उस समय संगीत या मिथक की अवस्थाओं के निकट होती है, जब वह 'शब्दों' का उनके प्रचलित भाषायी सन्दर्भों से विचलित करके एक नया कविताई सन्दर्भ दे रही होती है यानी भाषा से कला बन रही होती है। इसे ही लेवीस्त्रोस ने कविता की अलग भाषा (मेटा लैंग्वेज) कहा है।' (मेरे साक्षात्कार, पृ. 21)

प्रतीकवादियों में विशेषकर मलार्मे ने शब्द और संगीत के अपूर्व क्षणों की मिठास का संकेत दिया था। इस तरह के अनुभवों को कुँवर नारायण ने 'चक्रव्यूह' की अनेक कविताओं में रचने-पकड़ने का प्रयास किया है। प्रतीकवादियों के पास श्रेष्ठ-कविता थी, लेकिन 'दृष्टि' के अभाव में रूपवाद की अंधी गलियों में भटक गए तथा 'रिडक्शन' के शिकार हुए। कुँवरजी ने प्रतीकवाद का प्रभाव-ग्रहण करते हुए अपनी दृष्टि का विकास किया। क्योंकि उनके लिए साहित्य न तो धंधा था, न कला-विलास, वह एक गम्भीर चिन्तन का क्षेत्र रहा। उन्होंने यह भी पाया कि हिन्दी समाज बड़ा है, उसके साहित्य पर अनेक देशों के साहित्य की तरह राजनीति, प्रशासन, पत्रकारिता, सिनेमा, दूरदर्शन का प्रभाव पड़ा है। हिन्दी भाषा में चिन्तन का क्षेत्र गहरा नहीं हुआ, जबकि सृजन की भाषा एक तरह के चिन्तन का रचनात्मक तनाव झेलकर पुष्ट होती है। हिन्दी साहित्य का साधारण पाठक भाषा के इकहरेपन में जीता है, वह कविता भाषा की बहुस्तरीय गति को नहीं पकड़ पाता। कविता की भाषा के प्रति कुँवर नारायण में अज्ञेय और प्रसाद, निराला वाला चौकन्नापन मिलता है। इसलिए काव्य-भाषा हो या संगीत भाषा या ललित कलाओं की भाषा या राजनीति की भाषा, वे सभी के प्रति बहुत सतर्क रहते हैं। भाषा के सम्पूर्ण-बोध को, भाषा की संरचना को गहने में सक्षम कवि हैं। इसलिए उनकी भाषा गहरे और सतही के बीच अनेक अर्थ स्तरों पर सक्रिय रहती है। उनके लिए कविता न केवल कंटेंट है, न केवल 'फार्म', वह कंटेंट एवं फार्म दोनों हैं।

कुँवरजी का यह कथन पाठक को विस्मित कर सकता है कि 'कविता अपने 'फार्म' द्वारा भी पाठक को उतना ही चकित कर सकती है, जितना 'कंटेंट' या कथ्य द्वारा।' (वही, पृ. 11)। वे मलार्मे के इस कथन पर रीझे रहे हैं कि कविता की बुनियादी इकाई शब्द होते हैं और कविता करने की पहली चेष्टा शब्द क्रीड़ा का रस। कुँवरजी ने 'चक्रव्यूह' की 'माध्यम' शीर्षक कविता में अपना काव्य-भाषा, विषयक मंतव्य प्रस्तुत भी किया है। यह दृष्टिकोण क्या है? अनुभव की प्रामाणिकता, सच्चाई और खरेपन को भाषा में, शब्दों में पकड़ने की ईमानदार कोशिश। कवि के तमाम 'काव्य-प्रयोग' और काव्य-चिन्तन इसी साक्ष्य को सामने लाते हैं।

माध्यम या मीडिया द्वारा जो भाषा प्रदूषण पैदा किया गया है और किया जा रहा है, उससे कुँवरजी का कवि चिंतित रहा है। उनके लिए कविता 'शब्दों से सच्चाई का भंडाफोड़ है।' इतना ही नहीं 'कविता करते समय भी भाषा लगभग उसी तरह की प्रजननात्मक (जेनेरेटिव) या रूपांतरण (ट्रांसफार्मेशन) की प्रक्रिया से गुजरती है, जिसकी ओर चाम्स्की जैसे लोग संकेत करते रहे हैं। 'कम से कम अपने लिए मैं कविता में होनवाले भाषा के रूपांतरण, चामत्कारिक रूपांतरण को इसी तरह समझना पसन्द करता हूँ, जिस तरह बच्चा कुछ ही शब्दों और वाक्यों के द्वारा अनेक नए पैटर्न बनाता है, कुछ कुछ उसी तरह कविता भी।' इस तरह कविता की भाषा एक स्वयंसिद्ध अस्तित्व है और मुक्त शब्दों की सम्पूर्ण सम्पदा। पाठकों को याद है कि 'आत्मजयी' में कुँवरजी ने वैदिक शब्दों के साथ, उर्दू के शब्द भी गूँथ दिए हैं और कई प्रकार के शब्दों को मिलाकर सर्जनात्मक भाषा शक्ति की उनमें निष्पत्ति की है। इसलिए 'आत्मजयी' केवल उपनिषदकालीन भाषा का खेल भर बनकर नहीं रह गई है। वैदिक भाषा में उर्दू भाषा के मेल-मिलाप से भारतीयता की पहचान समृद्ध हुई है।

विदेशी अनुवादों ने भी कुँवर नारायण की कवि मानसिकता को एक कोण से गढ़ा है। सन् 1949-50 में उन्होंने बहुत से प्रतीकवादी कवियों के काव्य के अनुवाद किए। अज्ञेयजी ने उनके द्वारा किए गए मलार्मे की कविताओं के अनुवाद 'प्रतीक' में छापे थे, उन्हीं दिनों लेख 'इमेजिस्ट मूवमेंट' पर लिखा, जिसमें टी.ई. ह्यूम, एजरा पाउंड आदि की कविताओं के अनुवाद किए। उनकी मनोभूमिका के निर्माण में टी.एस. इलिएट, आडेन, एजरा पाउंड, एंपसन, पॉल वेलरी का भी गहरा हाथ है और इन प्रभावों से उनके सृजन-चिन्तन का क्षेत्र विस्तृत और रचनात्मक हुआ है। फिर रचनाकारों के समीक्षात्मक लेखन ने भी इस सदी के कवि-कर्म को कम प्रेरित-प्रभावित नहीं किया है। छायावाद तक हिन्दी साहित्य अंग्रेजी के रोमांटिक कवियों की जकड़ में रहा और उसके बाद इस जकड़न से छूटकर यूरोप के अन्य कवियों-आन्दोलनों से प्रभावित हुआ।

लगातार बढ़ती हुई विश्व साहित्य की जानकारी ने हिन्दी कविता की संवेदना को कहीं-न-कहीं भीतरी स्तर पर गह लिया। हिन्दी कविता नए फार्म और नए कंटेंट के साथ अज्ञेय, मुक्तिबोध, प्रभाकर माचवे, कुँवर नारायण, विजयदेव नारायण साही को लेकर आगे बढ़ी तो इसके पीछे विश्वकाव्य की प्रेरणा रही है। यह प्रभाव इन हिन्दी कवियों पर नकल के स्तर पर न पड़कर, रचनात्मक दृष्टि पर अधिक पड़ा। कहना न होगा कि 'प्रयोग', 'प्रतिबद्धता', 'आधुनिकता' आदि की प्रामाणिक पहचान और खोज विश्व साहित्य के प्रभाव से ही आगे बढ़ी है, जिसने हिन्दी समीक्षा-चिन्तन का पूरा क्षेत्र ही बदल दिया। इस बदले हुए क्षेत्र में कुँवर नारायण की सक्रियता अद्भुत ढंग से रही है। वे चिन्तन को प्राथमिकता देते हैं और कृति के साथ चिन्तन को जोड़कर देखने के आदि हैं। इसलिए वे मार्क्सवादी दृष्टिकोण हो या मनोविश्लेषणवादी, न्यू क्रिटिसिज्म की समीक्षा हो या फ्रेंकफुर्त स्कूल की साहित्यालोचना, सभी पद्धतियों

का स्वागत करते हैं, उनसे परहेज नहीं। वे मानते हैं कि जटिल कविता के साथ समीक्षा भी जटिल हुई है और उसमें विश्लेषणात्मक 'एनालिटिकल प्रोसेस' तेज हुआ है। संरचनावाद, उत्तर संरचनावाद, मिथक शास्त्र तथा नव्य फ्रायडवाद ने कविता तथा कला को भीतर से खोलकर व्याख्यायित करने का प्रयास किया है, क्योंकि रचना किसी एक विचार की दलील नहीं है, वह जीवन-विविधता का बहुलतावादी पाठ है।

व्यापार को छोड़कर रचना-कर्म के क्षेत्र में आए कुँवर नारायण के मन पर गाँधी, आचार्य नरेंद्रदेव और राममनोहर लोहिया का बहुत गहरा असर है। इतना गहरा कि उस असर को समीक्षा में छानकर 'चक्रव्यूह' (1956), 'आत्मजयी' (1965), 'तीसरा सप्तक' (1959), 'परिवेश : हम-तुम' (1961), 'अपने सामने' (1979), 'कोई दूसरा नहीं' (1993), 'इन दिनों' (2002) और 'वाजश्रवा के बहाने' (2008) जैसे काव्य-संग्रहों से दिखा पाना सम्भव नहीं है। उनके कहानी-संग्रह 'आकारों के आसपास' (1973) तथा 'आज और आज से पहले' (1998) तथा 'सहित्य के कुछ अन्तर्विषयक सन्दर्भ' (2003) जैसे समीक्षात्मक- लेखों में भी यह असर सीधे-सीधे नहीं है, घुलकर आया है। दोस्तोयवस्की, हेमिंग्वे, टी.एस. एलियट, पाउंड और तमाम प्रतीकवादी रचनाकार भी इनमें छिपे बैठे हैं, वे भीतर ही भीतर 'संवाद' करते हैं, लेकिन इस संवाद को बाहर नहीं सुना जा सकता। न जाने कितने भारतीय और विदेशी प्रभावों, प्रेरणाओं से निर्मित हुआ है कुँवर नारायण का रचनात्मक मानस, लेकिन उनकी रचना-प्रक्रिया में उन प्रभावों को सीधे-सीधे रेखांकित नहीं किया जा सकता, केवल गूँजें-अनुगूँजें सुनी जा सकती हैं। उन्होंने यायावरी जमकर की—कभी पौलेंड, कभी चेकोस्लोवाकिया, कभी रूस, कभी चीन में रहे। पाब्लो नेरूदा, नाजिम हिकमत से मेलजोल रहा और उनकी साहित्यिक समझ पर इनका भी असर पड़ा। दुनिया भर के विश्व-विद्यालयों में व्याख्यान दिए तथा यूरोप, इंग्लैंड, अमरीका को छान मारा। काफी समय तक ऑक्सफोर्ड और कैम्ब्रिज में रहे। अन्तर्राष्ट्रीय सेमिनारों में हिस्सेदारी की। इस तरह कुँवर नारायण में अज्ञेय से बहुत कुछ मिलता-जुलता है। दोनों ही विश्वकाव्य और चिन्तन से निर्मित रचनाकार हैं।

कुँवर नारायण का अपना अनुभव साक्षी है कि बाजारवाद और मीडिया की ताकतों ने मनुष्य में छिछलेपन-सस्तेपन को जन्म दिया है। जीवन में गम्भीर, महान और उदात्त का क्षरण हो जाने के कारण चिन्तन में हर कोण से 'रिडक्शन' आया है। इटली का प्रतिष्ठित 'प्रीमियो फेरानिया' (2006) पुरस्कार ग्रहण करते हुए उन्होंने कहा है कि, 'क्योंकि कविता बाज़ार नहीं है और मुझे यह स्वीकार करने में कोई शर्म नहीं आती कि यह नहीं बिकती। मेरा पक्का विश्वास है कि यदि किसी के मन में आर्थिक लाभ की बात तो हो लिखना बेहद बुरा निवेश होगा। मैं केवल इसिलए लिखता हूँ कि मुझे इससे सुख मिलता है, जब वह सहज स्वभाव से मेरे पास आती है, मुझे विवश करती है। यह बात कि मनुष्य के सर्वोत्तम सृजन में से कुछ अमूल्य है और उस पर मूल्य की कोई चिप्पी नहीं लगी है मुझे धुँधला-सा विश्वास देता है कि कविता का जीवन

न तो बाज़ारों पर निर्भर है, किसी प्रकार के संरक्षण पर, बल्कि स्वयं कविता की इच्छा पर निर्भर है, इस तरह कुँवरजी के लिए काव्य-सृजन का प्रयोजन भारतीय परम्परा में कालिदास, भवभूति और तुलसीदास की तरह 'स्वांतः सुखाय' है। 'स्वांतः सुखाय' का अर्थ लोक निरपेक्ष व्यक्तिवाद कुलवाद नहीं है। इसमें 'शिवेतरक्षतये' को अनिवार्य स्थान है और इसी सातत्य को पादाचार्य अभिनवगुप्त ने 'सहृदय' की अवधारणा में स्थान दिया है। काव्यात्मक प्रेरणा और कवि के कर्म में लोक का घनिष्ठ सम्बन्ध है, यह तो कवि ही है जो क्षण में 'अनंत' को बाँधने की सामर्थ्य रखता है। यह कार्य 'कला' नहीं कर सकती, 'काव्य' कर सकता है। वही गा सकता है 'वर्णानामर्थ संघानां रसानां छंदसामपि' अर्थात् सर्जना शब्दार्थ का योग है, समाधि है, सरस्वती की प्रेरणा है, निर्मल प्रज्ञा के वरदान से युक्त शक्ति या प्रतिभा है। 'प्रतिभा अपूर्ववस्तु निर्माण क्षमा प्रज्ञा'। इस प्रज्ञा में न बाजारवाद को स्थान है, न संरक्षणवाद को। यह तो शब्द से प्राप्त अर्थ की संपत्ति है, अ-मूल्य है, सांसारिक मूल्यों से ऊपर बहुत ऊपर। प्रतिभा के नवोन्मेष, स्फुरण एवं लोकालोक से प्राप्त अनुभूति को व्यक्त करने की विवशता और शब्द अर्थ से प्राप्त सुख। यह सुख 'विलास' और 'लज्जत' या घटिया मनोरंजन नहीं है, यह तो शब्द की अनेकार्थकता का आनन्द है। इसे ही आचार्य रामचंद्र शुक्ल ने 'भावयोग', 'अनुभूति योग' माना है। यह 'अनुभूति योग' शब्द-साधना के गम्भीर चिन्तन पर आधारित होता है ताकि लोक की जड़ता को काट सके, यही इसका व्यंग्यार्थ है, इसी से पाठक अर्थ के सेंस, फीलिंग, टोन और इंटेंशन को गहता है, तात्पर्यवृत्ति से साक्षात्कार करता है। इस तरह अर्थ की लय केवल ध्वनियों की नियोजना नहीं है, वह भाषा की तह में रहनेवाला सारतत्त्व है। अर्थ के प्रकाशन तथा अर्थबोध कराने वाले चौदह-पंद्रह उपकरणों की चर्चा की गई है जिनमें प्रमुख स्थान प्रकरण का है। व्यंजना में प्रकरण की भूमिका को कुँवर नारायण ने 'आत्मजयी' तथा 'वाजश्रवा के बहाने' में सर्वोच्च स्थान दिया है।

कुँवर नारायण के कवि-कर्म पर प्रतीकवादियों के साथ 'नई समीक्षा' के चिन्तक एंपसन की गहरी धमक है। एंपसन के एंबिग्युटी अर्थात् अनेकार्थता से सम्बन्धित सिद्धान्तों के आधरभूत तत्त्वों को कुँवरजी की कृतियों में खोजना और पाना चाहिए। एंबिग्युटी काव्य में अर्थ की वह शक्ति है, जिसके द्वारा अनेक अर्थों की उपलब्धि होती है। कुँवर नारायण कृतियों के नामकरण में ही अनेकार्थक क्षमता रखते हैं जैसे 'कोई दूसरा नहीं।' इस नाम के काव्य-संग्रह के शीर्षक के अनेक अर्थ हैं कि हमारी परम्परा में 'आई' एंड 'अदर' वाला सत्यानाशी पश्चिमी विभाजन या अलगाव नहीं है। हमारे 'मैं' में 'अन्य' को पूरा स्थान है, कोई पराया नहीं है, जिसे अन्य मानकर हम त्याज्य मानें। सभी धर्म, सभी संस्कृतियाँ, सभी चिन्तन, हमारे लिए 'अन्य' नहीं हैं। न हमारे भीतर पश्चिम के 'आई' पर 'मैं' का वर्चस्ववादी दंभ है और न ही 'अन्य' को हीन मानने की प्रवृत्ति। उस पर वाक्य-विन्यास अथवा शब्द एक ही साथ अनेक अर्थों की निष्पत्ति कराता है। कुँवर नारायण की सर्जनात्मक काव्य-भाषा में चिन्तनपरक अर्थों की अनेक तहें हैं और व्यंजना के अनेक चमत्कार और अर्थ स्फोट। सन् 1956

में प्रकाशित काव्य-संग्रह 'चक्रव्यूह' की कविता 'आशय' को लीजिए-'आमाशय/ यौनाशय/ गर्भाशय/ जिसकी ज़िन्दगी की यही आशय/ यहीं इतना भोग्य/ कितना सुखी है वह/ भाग्य उसका ईर्ष्या के योग्य/ हाय, पर मेरे कलपते प्राण/ तुमको मिला कैसी चेतना का विषम जीवन मान/ जिसकी, इंद्रियों से परे/ जाग्रत हैं अनेकों भूख।' भारतीय दर्शन और काव्य चिन्तन ने पश्चिम के इंद्रियवादी सिद्धान्त को कभी स्वीकार नहीं किया। क्योंकि इंद्रियों से परे जो 'विराट्' है, उस को पाना समझाना ही काव्य की उपलब्धि है। इसलिए पश्चिम के यौनाशयवाद को कुँवर नारायण अस्वीकार करते हैं, वे इंद्रियों से परे जाग्रत अनेक भूखों को प्रसाद-अज्ञेय की तरह संकेतित करने वाले रचनाकार हैं और स्पष्ट कहें तो भौतिकता, सांसारिकता, इंद्रियों की स्थूलता, मांसलता का अतिक्रमण करनेवाले सूक्ष्म गहन चिन्तन के कवि। साथ ही लोकोत्तर-रहस्यमय विचारों से उलझते कवि हैं। इंद्रियों की भूख से परे 'जो है कि ऐहिक सिलसिलों से दूर।' यह 'ऐहिक सिलसिलों से दूर का चिन्तन' कुँवरजी को हर कोण से सुलगाता रहता है।

दरअसल, कुँवर नारायण अनुभूति को अनुभव और दर्शन में जज्ब कराने के साथ मनन में प्रवृत्त रहते हैं। उनकी कविता में 'मृत्यु', 'अमरत्व', 'नियति', 'विराट्', 'अनंत' जैसे शब्द मिथक-अर्थों की एकाग्रता में गहरा भाष्य चाहती है, क्योंकि उनमें जिज्ञासा मूलक प्रश्नाकुलता चुकती नहीं है, निरन्तर चिन्तन के उठान को और अधिक ऊपर उठाने में सक्रिय रहती है। इसी अर्थ में कुँवर नारायण को अज्ञेय-साही और श्रीकांत वर्मा की तरह जीवन की जटिलताओं का कवि मानना होगा। 'आत्मजयी' का नचिकेता हमारे लिए उपनिषद का ही नचिकेता नहीं है। मूलतः वह कवि का प्रतीक है, प्रतिरूप है, जिसके अन्दर आज के वर्तमान की चिन्ताएँ धधक रही हैं। यही धधकती चिन्ताएँ 'वाजश्रवा के बहाने' में इक्कीसवीं शताब्दी के आरम्भ की विचार-यात्राएँ कर रही हैं। इक्कीसीं शताब्दी के आरम्भ में ही इतना अंधकार क्या है? बीसवीं सदी के उत्तरार्ध का वैचारिक परिदृश्य, जिसमें समय ने सभी विचारधराओं, महत् वृत्तांतों का अन्त कर दिया है। तमाम वर्चस्ववादी, सांस्कृतिक, राजनीतिक गतिविधियाँ पूँजी और एकाधिकारवादी शक्तियों को हवा दे रही हैं। यह नया सांस्कृतिक उद्योग नव-पूँजीवाद से मिलकर व्यापक जनसमाज में अनेक तरह के छलावों की भूमिका अदा कर रहा है। आज तीन तरह का वर्चस्व चिन्ता पैदा कर रहा है। पहला स्तर मनुष्य द्वारा प्रकृति पर नियंत्रण, दूसरा स्तर मनुष्य द्वारा मनुष्य की भीतरी प्रकृति पर नियंत्रण और तीसरा इन दोनों स्वरूपों में कुछ मनुष्यों के द्वारा तमाम मनुष्यों पर वर्चस्व। पश्चिमी सभ्यता अपने को 'आई' या 'मैं' में कर्ता मानकर 'अन्य' को कुचल रही है, उनका शोषण कर रही है, भाषा-संस्कृति-परम्परा-दर्शन का नाश कर रही है। उसकी पूरी 'माइंड-मनी-मांसल' पर आधरित तर्क पद्धति मीडिया संस्कृति की टेक्नालॉजी पर आधारित सर्वसत्तावादी निरंकुश समाजों के रूप में सामने आई है। उसकी नंगई 'तीसरी दुनिया' को अपना 'उपनिवेश' बनाने पर आमादा है। इसलिए कुँवरजी उत्तर-आधुनिकता से चौकन्ने हैं।

वैश्विक पूँजीवाद का सांस्कृतिक तर्क उनसे छिपा नहीं है कि बाजारवाद उपभोग का लंपट समय और वस्तुओं की लीलाएँ कर रहा है, यही बाजार में चीरहरण की पूँजी-द्रौपदी का असमाप्त अपमान है। अर्थव्यवस्था की पूरी अवधारणा 'एब्सर्डिटी' के कगार पर खड़ी है। जनसाधरण का मनोजगत एक 'ब्लैक होल' की तरह है, जिसमें कुछ पता नहीं चलता। समाज पर मास-मीडिया का कब्जा क्या है? सर्वाधिक समर्थ लोगों का अधिनायकवादी वर्चस्व। उत्तर आधुनिकता ने इतिहासहीनता के संकट से वास्तविकताओं के मूल सन्दर्भ भ्रष्ट कर दिए हैं। मीडिया के प्रतीक स्मृति को विरूपित करने में लगे हुए हैं। इंटरनेट का अतिवादी यथार्थवादी ही हमारे समय की 'हाइपर रियलिटी' है। इसलिए पॉप कल्चरवाली नई पीढ़ी हत्या और पोर्नोग्राफी में गर्क है। मीडिया ने मूल यथार्थ को कृत्रिम आभासित यथार्थ वर्चुअल रियलिटी में बदलकर पूरा खेल अपने काबू में कर लिया है। नचिकेता का संकट आज के नए मनुष्य की यातना विषाद का संकट है–'एक घर जिसमें न दरवाज़े हैं/ न बाहर निकलने के रास्ते/ केवल दीवारें/ पेंचदार अंधे गलियारे/ और एक सहमी आवाज़ का/ दबे पाँव पीछा करते/ हत्यारे।'

'आत्मजयी' की धरोहर 'वाजश्रवा के बहाने' कृति में मौजूद है। 'यहाँ पिछली कुछ यादें बरकरार हैं तो भीतर के कमरों-गलियारों में वर्तमान की जीती-जागतीं हलचलें और आवाजाही है।' (वाजश्रवा के बहाने, भूमिका)। अच्छी बात यह है कि यहाँ कुँवरजी प्रसाद, महादेवी वर्मा की तरह दर्शन की परिक्रमा नहीं करते। वे दर्शन को अनुभूत में गलाते हैं। उनकी राह अज्ञेय वाली है, लेकिन वे अज्ञेय के कदमों पर नहीं चलते हैं। स्मृति का छंद कुँवर नारायण में अद्भुत ढंग के नाना रंग लिए है। 'वाजश्रवा के बहाने' में एक खंड है 'उसे याद आने लगे अपने कई जीवन', जहाँ स्मृतियों के अनेक द्वार खुलते हैं। 'उलट-पुलट जाता है इतिहास/ नायक और महानायक/ बदल जाते हैं विदूषकों और/ साधारण चरित्र नायकों में/ और दर्शकों में से निकलकर/ कोई घोषित करता है/ कि मैं हूँ इस रंगशाला का सूत्रधार।' (पृ. 4) लेकिन इस सूत्रधार के हाथ लगती है मोहभंग की कुंठा। यहाँ इस काव्य का द्वितीय खंड 'वाजश्रवा के बहाने' ही मूलकृति का शीर्षक बनता है। परम्परावादी पिता का उत्तर आधुनिक पुत्र। सभी स्थितियों-परिस्थितियों, मूल्यों-प्रत्यययों पर नया 'डिस्कोर्स' करता हुआ नचिकेता मौजूद है। पूरी चीख में ईश्वर की चुप्पी। इस चीख और चुप के बीच से शुरू हुआ 'उपरान्त जीवन' का श्रीमद्भागवत पाठ। नचिकेता की वापसी का अर्थ है अतीत के तलघर में नई हलचल, प्रश्नों के भीतर प्रश्नों की अनेक तहें। पूरी परम्परा का नया जटिल पाठ और पाठ के भीतर के पाठ की अर्थ मौन दहाड़।

जीवन वन का छंद 'कभी एक महाकाव्य/ कभी एक निर्वासन/ कभी एक महाकवि/ कभी एक महाद्रष्टा/ कभी वह युधिष्ठिर का वन पर्व/ कभी हिमालय पर गलता शरीर/ कभी दशरथ से सूने महल/ कभी राम की कुटी/ वह आता रहता है हमारे जीवन संघर्षों में/ हम जाते रहते हैं उसकी प्रशस्ति के आश्रमों में'

(वाजश्रवा के बहाने, पृ. 132)। इस तरह वन के अनेक गूढ़ार्थ हैं, अनेक बहुवचन, अनेक प्रतीयमान ध्वन्यर्थ।

यह कृति वर्तमान के सन्दर्भों की नई भाषा है, जिसे बहुत गहरे में 'क्लोज रीडिंग' से समझा जाना चाहिए। हिन्दी आलोचना की अर्थ-मीमांसा को यह कृति चुनौती देती है, जिसे कविता के नए प्रतिमानों से नहीं समझा जा सकता। इसे समझने के प्रतिमान या विचार-सूत्र इस कृति के भीतर से ही खोजने होंगे, क्योंकि यह कृति स्मृति-भाषा में जीवन का पुनःपाठ है और पाठ का पुनर्नवा प्रकरण से युक्त नया सन्दर्भ। मिथक होता हुआ भी मिथक को ध्वस्त करता जीवन का नया अर्थ-भंडार। 'आत्मजयी' की 'बृहत्तर जिज्ञासा' के आगे का नया काव्य-प्रयोग है। एक अभिनव मन या कुँवर नारायण के मन का नचिकेता यहाँ नए सन्दर्भों को व्यंजित कर रहा है। इस तरह कुँवर नारायण की यह नई कृति नए जीवन का जटिल उपनिषद् है।

हमारा पाठक मन या प्रमाता यह कैसे भूल सकता है कि कुँवर नारायण के कवि-कर्म में 'हत्या', 'आत्महत्या', 'फौज', 'क़ैद', 'विश्वासघात', 'भय' के प्रश्न सन्दर्भ बहुतायत से हैं। कवि की केन्द्रीय चिन्ता में 'भय' का तनाव है और मनुष्यता के लिए खतरा बनी सजाओं के बर्बर चेहरे। 'ख़ामोशी जिसकी अपनी जुबान होती है/ और भयानकता/ जैसे एक मटमैली जिल्दोंवाली किताब/ अचानक एक रात कहीं से खुल जाए/ और बीच में दबी मिले एक कटी हुई जीभ।' लगातार आक्रमण करने वाली बर्बर ताक़तों का भय और आतंक 'ठीक अपने सामने' है, 'मुझे सूँघता हुआ/ किसी भी क्षण/ आक्रमण कर सकने वाली/ एक बर्बर ताक़त।' वह क्या चाहता है? इस बर्बर ताक़त का अकेले सामना क्या वह कर सकता है, 'वह कौन है जिसकी हमेशा हिम्मत नहीं/ केवल घुटने तोड़े जा सकें?/ उसके ऊँचे उठे सिर पर एक बोझ रखा है/ काँटों के मुकुट की तरह/ बस इतने से ही पहचानता हूँ/ आज भी/ उस मनुष्य की जाति को?' समकालीन मनुष्य की चिन्ताएँ कभी 'कुतुबमीनार' बनाती हैं, कभी 'इब्नेबतूता' शीर्षक कविताएँ : 'दिन में इतना अँधेरा/ या सुलतान अन्धा है/ जिसकी अंधी आँखों से मैं देख रहा हूँ/ मशाल की फीकी रोशनी में छटपटाता/ तवारीख का एक पन्ना?'

किसी भी गुट से स्वतंत्र इस कवि की चिन्ता के केन्द्र में है, 'सम्पूर्ण मनुष्य' अर्थात् मनुष्यता का इतिहास। इसलिए कवि के लिए स्थापित सत्यों का कोई महत्त्व नहीं है, वह अपनी बुद्धि से इतिहास के नए सत्यों की निरन्तर तलाश करता है। एक ऐसा सत्य, जो बुद्ध के आत्मान्वेषण की ओर ले जाता है। उनके लिए 'वे मूल्य कोई महत्त्व नहीं रखते, जो समाज के नाम पर व्यक्ति के अधिकांश सर्जक और सांस्कृतिक स्रोतों को कुंठित कर दें।' व्यक्ति की स्वाधीनता और स्वाधीन व्यक्ति का स्वाधीन चिन्तन। कुँवर नारायण का विरोध और विद्रोह उन सभी परम्पराओं के प्रति है, जो व्यक्ति की स्वाधीनता को छीनने का मंत्र पढ़ती रही हैं। कुँवरजी के मन या नर में 'नारायण' का यह प्रखर तेज कभी कवि-कर्म में कम नहीं हुआ है। आज के मनुष्य की सबसे बड़ी चिन्ता है, 'स्वाधीनता' और 'समानता' और चारों तरफ से इन्हें ही घेरकर नष्ट करने

का नया षड्यंत्र चल रहा है। सर्वसत्तावादी ताकतें मनुष्य की स्वाधीनता के विरुद्ध हैं, इसलिए यह कवि इतिहास और कल्पना को फेंटकर इन्हीं के विरुद्ध आवाज उठाता है।

नई कवि कल्पना में सबसे अलग पहचान बनाने वाले कुँवर नारायण न 'वाद' हैं न दलबद्ध 'विवाद'। वे केवल जागरूक पाठक के लिए सजग बौद्धिक 'संवाद' हैं और संवाद भी ऐसे, जो पतनशील राजनीतिक चेतना से चौकन्ना करते रहते हैं। चिन्तनरहित राजनीति ने कवि और कविता को भटकाया है और राजनीति का यह हस्तक्षेप चिन्ता का विषय है। समाजवादी और मार्क्सवादी विचारधाराओं को लेकर साहित्य में 'बात-बात पर गाली दे' का माहौल पनपा है, प्रबुद्ध करनेवाली वैचारिकता नहीं। इसलिए यह सही कहा गया है कि "कुँवर नारायण न तो किसी क्यू के कवि हैं और न ही उनके पीछे कोई क्यू है। उनका महत्त्व उनके अलग होने में है, पर इस अलग होने में कोई मुखर या नाटकीय क्रांतिकारिता नहीं है। उसमें चुनौती भरी ललकार भी नहीं है। अपने प्रतिपक्ष में होने का कोई इजहार या दावा भी नहीं है। उसमें दूसरों की ज़िन्दगी और बेहतर बनाने की अनर्जित व्यवस्था भी नहीं है, अपने को ही 'मनुष्यतर' बनाने की चिन्ता है।" (अशोक वाजपेयी, कविता का गल्प, पृ. 112)

सच बात यह है कि कुँवर नारायण का यह अनुभव अज्ञेय के भाव-बोध के अधिक निकट है। दोनों की मानववादी निष्ठा का दायरा बड़ा है, यह दायरा मनुष्यता के उच्चतर अर्थ को आलोकित करता रहा है। अज्ञेय की पीढ़ी के बाद के कवि-आलोचक विजयदेव नारायण साही और कुँवर नारायण अपनी कवि और चिन्तक की मनोभूमिकाओं में एक-दूसरे के निकट और परस्पर पोषक हैं। रमेशचन्द्र शाह ने लिखा है, "कुँवर नारायण भाषा के कोण से इस समस्या का संवेदन जगाते हैं और साहीजी सांस्कृतिक और राजनीतिक कोणों से। कुँवर नारायण समकालीन चिन्तन में धर्मिक शब्दावली की उपस्थिति या वापसी पर ध्यान जमाते हैं और जानना चाहते हैं कि यह प्रवृत्ति प्रत्यासन्न संकट से एक तरह का पलायन सूचित करती है या कि अमानवीयता के खिलाफ एक नैतिक मोर्चे का संकेत उभारती है? अपनी परम्परा के पक्ष में वे अनुभव करते हैं कि हिन्दी भाषा में भी एक मनोपचारिक व्यवस्थाबद्ध मूल है और उसके ऐतिहासिक कारण हैं।" (भूलने के विरुद्ध, पृ. 17) शाहजी इन ऐतिहासिक कारणों के विश्लेषण के चक्कर में न पड़कर, सीधे साही का उद्धरण देते हैं, "भारतीय ऐतिहासिक अनुभव युद्ध की विभीषिकाओं से भरा पड़ा है और उसकी सांस्कृतिक चेतना में उपस्थित धर्मिकता किसी हद तक उन अनुभवों का परिणाम भी हो सकती है।" इतिहास, मिथक और परम्परा के प्रति एक नया दृष्टिकोण कुँवर नारायण को एक नया काव्य-विजन देता है, जिसमें धर्म और धर्मिकता कर्तव्य-बोध या आचरण बन जाती है। उनकी कविता में अनुभव की बोध कथा कहती है, 'तुमसे फिर मिल रहा हूँ/ तुम जैसे एक कथानक के पूर्व/ और मैं एक ट्रेजेडी के बाद।' मार्मिक जीवनानुभवों की घनिष्ठ व्यंजकता कहती है, 'ये घनिष्ठ पीड़ाएँ और पराये लोग/ जैसे तारों के बीच/ आकाश की अथाह व्याकुलता के अनंत वियोग।' सारांश यह

कि भवभूति की पीड़ा का एक नया अर्थ सन्दर्भ कुँवर नारायण में रचाव के साथ सर्जनात्मकता में फूट-फूट पड़ता है। दुनिया को 'भीतर' से समझते हुए दुनिया को बदलने का अदम्य-अरमान उनकी चेतना के सीमांतों पर अडिग खड़ा रहता है। इसलिए हमारी प्रश्नाकुल परम्परा का द्वंद्व कुँवर नारायण में नया भावबोध बनकर अवतरित होता है। यह परम्परा का द्वंद्व उन्हें रामायण, महाभारत, उपनिषद् और बौद्ध के संदेहशील चिन्तन से मिला है। कुँवर नारायण यह भ्रम तोड़नेवाले कवि हैं कि भारतीय परम्परा द्वंद्वशील है, उसमें द्वंद्व हैं और इन द्वंद्वों का अतिक्रमण भी यही परम्परा सिखती और सुझाती रही है।

क्या यह सच नहीं है कि मनुष्य का जो अखंडित आदर्श हमें परम्परा से मिला था, उस बिम्ब को आधुनिक समाजों की विकृतियों ने खंडित कर दिया है। इतना ज्यादा खंडित किया है कि आज हम विनाश और आत्मउन्मूलन के बलुई तटों पर खड़े हैं। हमने उस 'पावनता' को खो दिया, जिसे मनुष्य ने सृष्टि से संबद्ध बनाकर अर्जित किया था। इस बात को पश्चिमी ढंग का बुद्धिजीवी नहीं समझ सकता कि कैसे परम्परा 'जातीय स्मृति' के रूप में निरन्तरता रखती रही थी, आधुनिक भारतीय मनुष्य ने 'प्रकृति' को देश-निकाला दिया तो उसकी 'आन्तरिक जीवन-लय' खंडित हो गई और यह खंडहरों में बदलता गया। कुँवर नारायण के कवि-कर्म की चिन्ता इस लगातार मरुथल में बदलते-मरते मनुष्य की चिन्ता है। 'अन्य' के विनाश दर्शन ने ही आधुनिक मानव को हत्या-आत्महत्या का दर्शन दिया है। आधुनिकता, प्रगति, विकास की अवधारणाएँ जिस बर्बरता से परम्परा को मटियामेट कर रही हैं, उसकी एक करुण कहानी मानव के पास है। आज के मानव के पास विरोधों में सामंजस्य स्थापित करने वाली परम्परा का ही विकल्प बचा है। इसलिए कुँवर नारायण इस विकल्प को ही 'कंस्ट्रक्ट' करने में जुटे रहे हैं। 'कंस्ट्रक्टशन' के द्वारा ही हम अपनी सांस्कृतिक असिमता को विस्मृति के अंधकार से बाहर निकालकर बचा सकते हैं। इसके लिए हमें यूरोप की अहंग्रस्त आक्रामक, हिंस्र, कामुक, सत्ताओं की छलनाओं से बचकर चलना होगा। पश्चिमी विद्वानों की नकल में हम भारत के धर्म, दर्शन, अध्यात्म, कर्म, ऋत, भाषा, आत्म, पुनर्जन्म आदि की भ्रांतिमूलक सेकुलर व्याख्याएँ कर रहे हैं, जिनका हमारी संस्कृति के मूलाधरों से कहीं कोई सम्बन्ध नहीं। विचारों के औपनिवेशिक प्रदूषण से बचकर ही हम कुँवर नारायण के कवि-कर्म का सुपाठ कर सकेंगे अन्यथा उनके 'पाठ' का 'कुपाठ' ही हमारी आँखों को फोड़ता रहेगा। इस कुपाठ के कारण ही हिन्दी आलोचना में कुँवर नारायण का पूरा 'गलत पाठ' वामपंथी पढ़ते-पढ़ाते रहे हैं। आज जरूरत इस बात की है कि कुँवर नारायण को शब्दिक अर्थ में नहीं, उसके साथ जुड़े समस्त सांस्कृतिक और दार्शनिक सन्दर्भों के साथ प्रस्तुत किया जाना चाहिए।

कुँवर नारायण एक भद्दे आधुनिकतावाद और बड़बोले प्रगतिवाद से बचकर चले हैं। क्यों बचकर चले हैं? इसलिए कि वे विचारों में सन्तुलन सथापित करना चाहते हैं। किसी भी तरह की एकांगिकता उन्हें स्वीकार नहीं है। 'कविता की जरूरत' का

तात्पर्य है, भाषा को सहूलियत से बरतने का सलीका और इस सलीके से 'आदमी और भगवान के बीच की दूरी' को कम से कम करना। लड़ाई से मुँह फेरकर भाग गए विचारकों को घने जंगलों से बाहर लाकर फिर जीवन-संग्राम में प्रवृत्त करना ताकि 'नालंदा' पुनर्जीवित किए जा सकें। 'नालंदा और बख़्तियार, का यही संदेश है। 'इब्नेबतूता' सूलियों से बिंधे लोगों को देखकर बर्राता-बरसता है, 'काफिर' या मनुष्य? कौन है मेरे इर्द-गिर्द जो/ शरीअत के ख़िलाफ़/ शराब पिए जा रहे हैं।' शरीअत में शराब पीना मना है और वक्त पर नमाज पढ़ने का आदेश, लेकिन हिन्दू-धर्म में वर्जनाएँ नहीं हैं। वह न संस्थागत धर्म है न कि पैगंबर या मुल्ला के आदेश पर चलता है। उसके भीतर से पुरोहितवाद ऐसे ही फूटा है जैसे स्वस्थ शरीर में फोड़ा निकल पड़ता है। इस फोड़े का इलाज करना ही नचिकेता धर्म है। इसलिए वे कुमारस्वामी, नरेंद्रदेव और लोहिया की तरह सोचते और रचते हैं। इस रचाव की हिन्दुस्तानी लय में बुद्ध और उपनिषद, गीता और गाँधी एक स्वर में बोलते मिलते हैं। इसलिए आत्मालोचन, आत्मविश्लेषण, आत्म उद्‌बोधन के साथ जीवन जगत की 'सभ्यता-समीक्षा' यहाँ निरन्तर सक्रिय रही है। आधुनिक बुद्धिवाद ने भयाक्रांत असुरक्षा तथा यांत्रिकता का जो दैत्य खड़ा किया है, उससे 'मानव' की रक्षा कैसे हो? हर बार एक नए भय से मानव को मुक्त कैसे किया जा सके? ताकि वह निर्भय और सार्थक जीवन जी सके। उनके सामने 'पूजा के दूब-सी नीहार धुली संस्कृति' को बचाने का कवि दायित्व है और बोध भी कि कवि कर्म को 'उपनिषद' सरीखी याद में ढलना चाहिए। इसलिए वे मिथकों को गहते हैं, फिर उनके विचार से मिथक पुराने जमाने के किस्से कहानी भर नहीं, उनमें पुराने आदि रूप और आज के रूपों की समानता है। इस समानता की जड़ें मनुष्य के भावों-मनोविकारों में हैं, जो आज भी ज्यादा नहीं बदली हैं। कविता में बदलाव का अर्थ है, 'आत्म' और 'अन्य' में पराएपन से उत्पन्न दूरियों को कम करना। उस त्रासदी का साक्षात्कार कराना, जिसने उपभोक्तावाद, बाजारवाद, भूमंडलीकरण का मायाजाल फैलाकर आदमी का अवमूल्यन किया है। उसे व्यक्ति से वस्तु में बदल दिया है, बाजार बना दिया है।

कुँवर नारायण मानते रहे हैं कि साहित्य का जनवाद, राजनीति के जनवाद से ज्यादा पुराना और ज्यादा व्यापक है। इसलिए सृजन-कर्म मौलिक एवं स्वायत्त चिन्तन है, जो किसी भी विचारधारा की गुलामी ग्रहण करते ही अपनी सर्जनात्मक स्वाधीनता से वंचित हो जाता है। रचना-कर्म अपने स्वाधीन ढंग से यथार्थ की जटिलता को प्रस्तुत करता है। यह कार्य कोई भी मतवाद करने में अक्षम है। इसलिए साहित्य एक समग्र, एकाग्रचित्त की सामूहिक चेतना है। उन्हें युवा लेखन, दलित लेखन, नारी लेखन जैसे वर्गीकरण बहुत सहज नहीं लगते हैं। यह सब एक तरह के एकांगी प्रतिबद्ध लेखन हैं। यूरोप के देशों का यथार्थ हमारा यथार्थ नहीं हो सकता। वह हमारी सांस्कृतिक परिस्थितियों से भिन्न है। इसलिए पश्चिमी मॉडल्स हमारे काम के ज्यादा नहीं हैं, उनसे बहुत कम मदद मिलती है। पाश्चात्य समीक्षाशास्त्र के प्रतिमानों से भारतीय कृतियों

को जाँचना-परखना अन्याय है, हमें अपने रचनात्मक साहित्य से अपने प्रतिमानों को निर्मित करना होगा।

भारत का काव्यशास्त्र हमारी धरोहर है, नई सोच से उस धरोहर का उपयोग होना चाहिए। रस और ध्वनि का सरलीकरण न करके नए सन्दर्भों में उसकी व्याख्या होनी चाहिए ताकि काव्य-मीमांसा के नए काव्य-स्रोतों को समझा जा सके। इसलिए अपने क्लासिक्स पर बार-बार चर्चा हो तो परम्परा को शक्ति मिलती है। हमें यह नहीं भूलना चाहिए कि कोई भी वर्तमान अपने अतीत से एकदम संवादहीन नहीं होता, नहीं हो सकता। आधुनिक संवेदना अपने क्लासिक्स से संवाद करके ही तगड़ी होती है। इसलिए क्लासिक्स को मृत समझकर पढ़ना मूर्खता है। अपराध है। मूल बात यह कि कुँवर नारायण के विचारों पर अज्ञेय की तरह टी.एस. इलियट का बहुत दूर तक असर है। वे यह भी कहते हैं कि लम्बी कविताओं का शिल्प ढिल्लड़ और शब्द-प्रचुर होता है। लेकिन छोटी 'हाइकू' कविता का शिल्प कसा हुआ और कला संयमी, जबकि सच यह है कि कुँवर नारायण को लम्बी कविताओं ने अधिक लुभाया है और उन्होंने 'आत्मजयी' तथा 'वाजश्रवा के बहाने' जैसी तमाम लम्बी कविताएँ लिखी हैं। अद्‌भुत बात यह है कि उनकी लम्बी कविताओं में शिल्प की ढिलाई नहीं है और मितकथन का आदर्श भी। टी. एस. इलियट और मुक्तबोध की लम्बी कविताओं की परम्परा में उन्होंने अपनी लम्बी कविताओं को तराश कर प्रस्तुत किया है और इनकी वैचारिकता केन्द्रित प्रबन्ध-चेतना अपनी अन्तर्योजना में खंडित नहीं है। कुँवर नारायण जटिल संवेदना में प्रबन्ध चेतना के कवि हैं, लेकिन 'दुर्बोध कवि' नहीं हैं, एक सहज जीवन-बोध का करंट उनमें प्रवाहित है। साथ ही काव्य की मूल शक्ति कल्पनाशीलता, बिम्बात्मकता, लयात्मकता और भाषा की सर्जनात्मकता प्रभावी ढंग से 'उपस्थित' रही है। इतना ही नहीं, कहानी, उपन्यास के कथा-तत्त्व का ढाँचा उनके काव्य में नामों, स्थानों, चरित्रों में ठोस यथार्थ बनकर लुभावने रूप में आया है।

इस घटना का भाष्य पाठक स्वयं करता है तो पाता है कि उनके काव्यारंभ में अज्ञेय ने आलोक स्तंभ का कार्य किया। 'रघुवीर सहाय एम.ए. में मेरे साथ पढ़ते थे। उन दिनों अज्ञेय का 'हरी घास पर क्षण भर' निकला था, शायद रघुवीर ने उसकी कुछ कविताएँ मुझे पढ़कर सुनाई थीं। तब लगा था कि मेरी रुचि इस दिशा में हो सकती है। वैसे अंग्रेज़ी में कुछ कविताएँ मैंने यूनिवर्सिटी के दिनों में लिखी थीं।' (मेरे साक्षात्कार, पृ. 58)। फिर 'युग-चेतना' के सम्पादन ने साहित्य समीक्षा के संस्कारों को चमकाया। साहित्य में राजनीति की बर्बरता से बचने का अर्थ भी समझ में आया और सांस्कृतिक चेतना ने गाँधी, नरेंद्रदेव, नेहरू और लोहिया से दृष्टि पाई और पाया कि राजनीति का महत्त्व साहित्य के लिए है, लेकिन साहित्य कोरी राजनीति नहीं है। मार्क्सवाद के कई पक्षों ने उन्हें आकृष्ट किया, लेकिन साही, रघुवीर सहाय, निर्मल वर्मा की तरह मार्क्सवादियों की राजनीति उन्हें कभी पसन्द नहीं आई, जबकि ताल्स्तॉय, दोस्तोवस्की तथा काफ्का ने मन मोह लिया। नाजिम हिकमत की मित्रता ने

पाब्लो नेरूदा से ज्यादा रंगत पैदा की। इसलिए कविता में बौद्धिकता अलग चीज है, विचार अलग चीज। 'विचार' को प्रमुख मानकर वे कविता नहीं लिखते, पर उनकी कविता में विचार प्रमुख हो जाते हैं। यह अलग बात है।

'कविता में भाव विचार की पत्ती होती है। उसकी रीढ़ मजबूत होनी चाहिए और किनारे नरम। कवि अगर रीढ़ को नरम करता है और किनारों को पक्का और मजबूत तो उसका पत्तीपन खतरे में पड़ जाता है। इसलिए कविता में भावुकता और बौद्धिकता का अपेक्षित महत्त्व ख़ास माने रखता है।' अतः रचनात्मकता की कीमत पर रचनाकार को किसी से समझौता नहीं करना चाहिए। रचना समझौता नहीं है, नई समझ है, नया प्रयोग और नए तरह का विद्रोह। वह न फार्मूला है, न नारा, न विचार का कैप्सूल। वह अंधकार में जीवन की लौ है, आत्म-संवदेना की रोशनी। उनके सामने सृजन के प्रतिमान निरालाजी रहे हैं, इसलिए वे भाषा शैली के किसी भी ढर्रे में नहीं पड़ते। निरन्तर नए प्रयोगों में भाषा को बीनते और रचते हैं। वे मिथकों तक सीमित नहीं है, उन्हें इस्तेमाल करने पर भी उनके काव्य की सीमाएँ बहुत विस्तृत हैं। मिथक-कथाएँ एक अर्थ में जनभाषाएँ हैं, लेकिन कवि को उनसे बंधना नहीं चाहिए। काव्य तो भाषा में मुक्ति है, हर तरह के बंधन से मुक्ति। इसलिए भाषा उनके लिए पूरी संस्कृति है। साहित्य समाज शास्त्र की तरह अपने को परिभाषित नहीं करता। वह स्वयं जीवन है, उसका अपना तंत्र है और वह उन सभी तंत्रों को अस्वीकार करता है, जो जीवन को संकुचित करते हैं।

'आत्मजयी' मूलतः जीवन में मृत्यु-भय से उबरने की चेष्टा है तो 'वाजश्रवा के बहाने' जीवन भयों पर विजय पाने का संकल्प। इस तरह उनकी कविता जीवन का पुनर्भाष्य है, खोज है, शक्ति-स्रोतों से जुड़ने की प्रेरणा है; वक्तव्य नहीं, गवाह है। 'उसे कोई हड़बड़ी नहीं/ कि वह इश्तहारों की तरह चिपके/ जुलूसों की तरह निकले/ नारों की तरह लगे/ और चुनावों की तरह जीते/ वह आदमी की भाषा में/ किसी तरह ज़िन्दा रहे, बस।' ('कोई दूसरा नहीं' की एक कविता) जीवन के ज्यादा से ज्यादा बड़े क्षेत्रों का स्पर्श कुँवर नारायण के कवि-कर्म को सार्थकता प्रदान करता है। इस सार्थकता का पाठक के लिए मूल्य इसलिए है कि वह जीवन की चुनौतियों को स्वीकार करती है और संघर्ष करने की शक्ति देती है। यह कविता केवल अपने समय को ही नहीं देखती, समय के आर-पार देखने की अन्तर्दृष्टि प्रदान करती है। यह कम बड़ा प्रदेय नहीं है। यह ऐसा कवि है, जो अंग्रेजों से नफरत करना चाहता है तो शेक्सपियर आड़े आ जाते हैं। मुसलमानों से नफरत का सवाल उठता है तो ग़ालिब आ खड़े होते हैं। सिखों से नफरत करना चाहता है तो नानक आँखों में छा जाते हैं और कंबन, तयागराज तथा मुत्तु स्वामी को अपनाए बिना मन नहीं मानता। इसलिए इस कवि को ऐसा प्रेम-रोग है, जो प्रेम को जीवन का परम पुरुषार्थ मानता है। प्रेम की इस सूफियाना कविता का कोई दूसरा जवाब नहीं है। यह कविता 'मानुष प्रेम भयौ बैकुंठी' का सच्चा अर्थ खोलती कविता है।

पूर्णतर मनुष्यता का कवि

मंगलेश डबराल

शब्द ही देते हैं शीशे को शीशा
रक्त को रक्त और जीवन को जीवन

(पाब्लो नेरूदा : 'शब्द')

जर्मनी के महान् नाटककार और कवि बेर्टोल्ट ब्रेश्ट ने बड़ी रचना की पहचान की एक विचित्र-सी कसौटी बनाई थी कि उसे एक वाक्य में परिभाषित या व्याख्यायित किया जा सकता है। इस प्रतिमान से कुँवर नारायण के रचना-संसार को देखें तो कह सकते हैं कि वे 'पूर्णतर-मनुष्यता' के कवि हैं। उनकी कविता में ऐसे उदात्त शब्द बार-बार लौटते हैं जो काफी पुराने, कमजोर, खोखले या निरर्थक तक हो चुके हैं। मनुष्य, मनुष्यता, प्रेम, कृतज्ञता, ईमानदारी, अच्छाई, सच्चाई, बेहतरी, पूर्णता, सार्थकता, बृहद्ता आदि ऐसे शब्द हैं जो हमारे वक्त की राजनीतिक, सामाजिक, सांस्कृतिक सत्ताओं द्वारा किए गए भारी दुरुपयोग के कारण अब या तो अपने अर्थ देना बन्द कर चुके हैं या उनसे उलट अर्थ भी निकलने लगे हैं। शायद एक बड़ी नैतिकता ही ऐसे शब्दों को फिर से उनके ठीक-ठीक अर्थों में अभिव्यक्त, प्रतिष्ठित और ऊर्जस्वित कर सकती है। पुनः प्रतिष्ठा का यह काम वही कर सकता है जिसका शब्द की नैतिक संवेदना, उसके मूल्य पर अविचल विश्वास हो। शायद यही वह विश्वास है कि कुँवर नारायण पुराने और उदात्त शब्दों को बेझिझक इस्तेमाल में लाते हैं और उन्हें उनके बृहत्तर अर्थों से प्रकाशित कर देते हैं। उनकी कविता के वाक्य कई जगह मानवीय गुणों की सूक्तियों-सुभाषितों की तरह दिखते हैं, जैसे वे एक नए सिरे से पुरानी चीजों की परिभाषा दे रहे हों, उन्हें प्रासंगिक बना रहे हों। कभी मिर्जा ग़ालिब ने तकलीफ के साथ 'आदमी को मयस्सर नहीं इंसां होना' कहा था और रघुवीर सहाय ने एक दूसरे स्तर पर यह महसूस किया था कि 'क्या अब नहीं होगा मनुष्य से एक दर्जा नीचे रहने का दर्द।' कुँवर नारायण को पढ़ते हुए ये दोनों वाक्य याद आते हैं कि आदमी का इंसान होना अब भी मुमकिन है। वे जब अपनी कविता में यह कहते हैं कि 'अबकी अगर लौटा तो मनुष्यतर लौटूँगा' या 'अगर बचा रहा तो कृतज्ञतर लौटूँगा'

तो जैसे मनुष्यतर और कृतज्ञतर को फिर से कहते हुए, उनमें पुराने और निष्कासित किए गए अर्थों को भरते हुए लौटते हैं।

एक कविता में कुँवर नारायण ने 'व्यक्ति को विकार की ही तरह पढ़ना जीवन का अशुद्ध पाठ' मानते हुए कहा है कि 'समाज के लक्षणों को पहचानने की एक लय व्यक्ति भी है/अवमूल्यित नहीं/पूरी तरह सम्मानित/लगभग स्वायत्त।' ऐसी ही एक परिकल्पना 'ऊँचा उठा सिर' कविता में दिखती है जिसमें एक व्यक्ति को एक 'अन्तहीन मृत्यु ने अपने सीने से चिपका रखा हो' और–फिर 'उसकी लटकी हुई छाती, धंसा हुआ पेट, झुके हुए कंधे/वह कौन है हमेशा जिसकी हिम्मत नहीं केवल घुटने तोड़े जा सके/उसके ऊँचे उठे सिर पर एक बोझ रखा है/काँटों के मुकुट की तरह/बस इतने से ही पहचानता हूँ/आज भी/उस मनुष्य की जीत को।' कुँवर नारायण ईश्वर की छवि में रचे गए मनुष्य की ही तरह हमारे समय के यातनाग्रस्त व्यक्ति को जैसे ईसा मसीह की छवि में रचने का प्रयत्न करते हैं और यह कुछ कम उदात्त–कुछ ज्यादा साधारण मनुष्य उनकी काव्य–चेतना में काँटों का मुकुट पहने हुए जगह–जगह झाँकता दिखाई देता है। बाद की एक कविता 'प्रेमरोग' में जैसे ही वे मुसलमानों से घृणा करना चाहते हैं तो उन्हें तुरंत ग़ालिब याद आते हैं या अंग्रेजों से घृणा करना चाहते हैं तो शेक्सपियर सामने हाज़िर हो जाते हैं। ऐसे कई स्मृति–बिम्बों से कुँवर नारायण उस घृणा, साम्प्रदायिकता और क्रूरता के विरुद्ध एक विनम्र लेकिन सशक्त विमर्श बनाते हैं जो समाज में कई मुखौटों के साथ चारों ओर आक्रमण करती दिखाई देती है और जब कभी व्यक्तियों, वस्तुओं और घटनाओं को एक 'विकार' में तब्दील कर दिया जाता है तो कुँवर नारायण उस 'अशुद्ध पाठ' को 'अपठनीय' करार देते हुए सिरे से खारिज करते हैं।'

'एक अजीब दिन' शीर्षक कविता में कुँवर नारायण अपनी दिनचर्या के ब्योरे इस तरह देते हैं : 'आज सारे दिन बाहर घूमता रहा/और कोई दुर्घटना नहीं हुई/आज सारे दिन लोगों से मिलता रहा/और कहीं अपमानित नहीं हुआ/आज सारे दिन सच बोलता रहा/और किसी ने बुरा न माना/आज सबका यक़ीन किया/और कहीं धोखा नहीं खाया।' ग्यारह पंक्तियों की यह डायरीनुमा कविता अन्त में बताती है कि 'और सबसे बड़ा चमत्कार तो यह कि घर लौटकर/मैंने किसी और को नहीं/अपने को ही लौटा हुआ पाया।' विरोधाभासों को एक–दूसरे के पास रखकर नए काव्यार्थ पैदा करना कविता की पुरानी प्रविधि रही है, लेकिन कुँवर नारायण की विलक्षणता यह है कि दैनंदिन घटनाओं में वे विचार के स्तर पर पहले एक दूरी और द्वंद्व पैदा करते हैं और फिर उन्हें इतने पास–पास ले आते हैं कि समय की विचलित करने वाली एक तस्वीर उजागर हो उठती है। इस अजीब दिन का वर्णन भी जिस गैर–रूमानी ढंग, कमखर्ची और वस्तुपरकता के साथ एक तटस्थ इंदराज की तरह किया गया है वह कुँवर नारायण की कविता का पुराना गुण रहा है जिसे हम 'बौद्धिकता' के नाम से जानते हैं।

एक और कविता 'इंतिजाम' में एक अस्पताल की फंतासी को निर्मित किया गया है। एक कथित ऑपरेशन रूम में एक अधमरा बच्चा लाया जाता है जो बीमार नहीं, बल्कि भूखा है। डॉक्टर मेज से ऑपरेशन का चाकू उठाता है जो कि दरअसल एक जंग-लगा छुरा है और फिर, छुरे को बच्चे के पेट में भोंकते हुए 'उसने कहा/अब यह बिलकुल ठीक हो जाएगा।' कुँवर नारायण इस भयानक अनुभव को कैथार्सिस से बचाते हुए वस्तुपरक और लगभग 'क्लिनिकल' शैली में लिखते हैं। अगर इस अस्पताल को अस्पताल से बाहर ले जाकर देखें तो यह एक 'क्लोज-अप' को एक 'लांग शॉट' या 'वाइड एंगल' में देखने, एक जगह को एक मनुष्य-विरोधी राजनीतिक व्यवस्था के रूप में पहचानने जैसा होगा। यहाँ भी कुँवर नारायण दो स्थितियों को, 'है और नहीं है' को आश्चर्यजनक ढंग से एक-दूसरे के करीब ले आते हैं। यह एक विरूपित, विचलित करने वाला द्वंद्व है, जिसमें हमारे समय की भयानक खबर छिपी हुई है। सहसा हिन्दी के आचार्य रामचंद्र शुक्ल की 'विरुद्धों के सामंजस्य' की प्रसिद्ध अवधारणा याद आ जाती है, लेकिन कुँवर नारायण के यहाँ वह सिर्फ सौंदर्यात्मक निर्मिति नहीं है, उसके आशय सघन रूप से नैतिक-सामाजिक हैं। दरअसल उनके विरुद्धों में कोई सामंजस्य नहीं है क्योंकि वे एक सतत द्वंद्व में, लगभग काले और सफेद के वर्णपट में स्थित हैं, हालाँकि ज्यादातर कविताओं में अन्ततः खरगोश और कछुए वाली कहानी की तरह अच्छाई-बुराई से पहले अपने मुकाम तक पहुँच जाते हैं।

नई कविता के बहुत से कवियों की तरह प्रकृति, मिथक और इतिहास कुँवर नारायण की कविताओं की विषयवस्तु बने हैं लेकिन इन तीनों के अनुभव का ढंग उनके यहाँ विलक्षण और अलग है। मसलन, वे प्रकृति को 'कड़वी मीठी औषधीय गन्ध' से भरे नीम के फूलों की तरह देखते हैं जिनकी उपस्थिति हमेशा एकवचन नहीं, बल्कि बहुवचन में होती है। जो पेड़ के नीचे रखे पिता के शव पर माँ के आँसुओं जैसे गिरते हुए दिखाई देते हैं या वे एक छोटे से पहाड़ी गाँव को 'भूख से जैसे बिलखता हुआ बालक/सिरहाने रक्खे दीए की रोशनी में/अभी थक कर सो गया हो' की तरह चित्रित करते हैं। दरअसल प्रकृति के प्रति यह यथार्थपरक दृष्टिकोण कुँवर नारायण में शुरू से ही रहा है और साठ के दशक की उनकी कविताओं में कभी गर्मी में गुलमोहर के फूलों को 'उमड़ कर मिट्टी बनी आकाश' के रूप में तो कभी कमरे की धूप को एक कुर्सी पर बैठकर किरणों के ऊन का स्वेटर बुनते हुए दर्ज किया गया है। बहुत पहले मुक्तिबोध ने उनके 'बाह्य सौन्दर्य चित्रों' को 'बहुत प्रभावोत्पादक' और 'साथ ही नई कविता के विकसित रूप को सूचित करने वाला' बताया था और उनकी काव्यकला में 'न केवल आत्मपक्ष का वरन् बाह्य पक्ष के भी चित्रण' को इस तरह रेखांकित किया था कि वह टिप्पणी आज के कुँवर नारायण पर भी उतनी ही सच लगती है।

मिथकों, प्रतीकों और इतिहास को भी कुँवर नारायण एक अद्वितीय और समकालीन दृष्टिकोण के साथ उपयोग में लाते हैं। उनकी एक चर्चित कविता 'दिल्ली की तरफ़'

इस सन्दर्भ में आदि-रूप मानी जा सकती है जिसमें दिल्ली जाने वाले घुड़सवारों के पीछे बंधे हुए दो हाथ घिसटते हुए जाते हैं और यह पता नहीं चलता कि वह कौन था क्योंकि पीछे बंधे हुए दो हाथ ही दिल्ली पहुँचते हैं। 'इब्नबतूता', 'उस टीले तक', 'नीरो का संगीत-प्रेम', 'सन्दर्भ-गुएर्निका', 'शाहनामा', 'तुग़लक' सरीखी कई रचनाएँ उनकी इसी इतिहास दृष्टि का उदाहरण हैं जो दरअसल एक निम्नवर्गीय या सबाल्टर्न दृष्टि है और ताकत के इतिहास के सामने साधारणजन, शासक के सामने शासित की कहानी को दर्ज करती है। कुँवर नारायण प्रकृति की तरह इतिहास का भी कायाकल्प करते हैं और उसे अपने कालखंड से, मिथकीय दूरियों और आवरणों से निकालकर समकाल में लाते हुए इस तरह जाँचते हैं जैसे वे घटनाएँ अभी हो रही हों। उनकी यही दृष्टि 1965 में प्रकाशित लम्बी कविता 'आत्मजयी' में भी सक्रिय है जहाँ वे सर्वाधिक दार्शनिक रचना 'कठोपनिषद्' में नचिकेता और यम के मिथक को वर्तमान समय में मृत्यु की ओर से जीवन की पड़ताल में बदल देते हैं और उसके 43 वर्ष बाद 2008 में प्रकाशित एक लम्बे और पूरक कविता-क्रम 'वाजश्रवा के बहाने' में मृत्यु के कथानक को जीवन की ओर से जाँचने की कोशिश करते हैं।

कुँवर नारायण की कविता का एक पड़ाव 1979 में प्रकाशित संग्रह 'अपने सामने' है जिसमें कवि और एक वैयक्तिक उत्कटता से बाहर आते हुए समाज में विरूपित होती स्थितियों, अपने आसपास पैदा होती बुरी खबरों के घिराव में है। यह वह दौर है जब हमारा लोकतंत्र एक दमन तंत्र में बदलने लगता है, आपातकाल लागू होता है और लोकतांत्रिक संस्थाओं का क्षरण शुरू होता है। इस दौर की कविताओं में कहीं व्यंग्य और आत्मव्यंग्य के साथ अपने समय की गवाहियाँ मिलती हैं : 'वही शायद फिर आ गया है लौटकर/मेरे दरवाजे पर मुझे पुकार-पुकार कर जगाता हुआ/गुलामों और सुल्तानों का ज़माना।'' ़क्र अजीब दिन', 'दिल्ली की तरफ़', 'लापता का हुलिया', 'इंतिजाम', 'इब्नबतूता', 'बर्बरों का आगमन' आदि इसी दौर की उल्लेखनीय कविताएँ हैं। 'आपने सामने' के चौदह वर्ष के अन्तराल के बाद 1993 में कुँवर नारायण का अगला संग्रह 'कोई दूसरा नहीं' प्रकाशित हुआ जिसे उनकी काव्य-यात्रा में एक महत्त्वपूर्ण प्रस्थापना-परिवर्तन माना जाएगा। इस दौर की कविताओं में भारत के वर्तमान इतिहास के एक गहरे संकट के साक्ष्य मिलते हैं जब अन्तर्राष्ट्रीय बाजार और विशाल पूँजी ने अपनी उपभोक्ता वस्तुओं के साम्राज्य और मुक्त व्यापार के साथ प्रवेश किया था और इसके आसपास ही, खासकर उत्तर भारत में साम्प्रदायिक ताकतें सामाजिक ताने-बाने को छिन्न-भिन्न करती हुई राजनीतिक सत्ता की तरफ बढ़ने लगी थीं, जिनकी त्रासद परिणति अयोध्या में बाबरी मस्जिद के विध्वंस में हुई। इस दौर में अस्मिता की पहचान के रूप में 'दूसरेपन' की अवधारणा की राजनीति सक्रिय हुई और पुनरुत्थानवादी ताकतों ने 'दूसरा इसलिए अस्वीकार्य' को एक उन्माद की तरह प्रचारित करना शुरू किया। कुँवर नारायण अपने कविता-संग्रह के शीर्षक से ही इस दौर का प्रतिकार करते हैं। 'कोई दूसरा नहीं' की ज्यादातर कविताएँ तकलीफ और विकलता का दस्तावेज हैं

जिनमें कवि को यह अहसास है कि 'एक भाषा जब सूखती/शब्द खोने लगते अपना कवित्व/भावों की ताजगी/विचारों की सत्यता/बढ़ने लगते लोगों के बीच/अपरिचय के उजाड़ और खाइयाँ।' लेकिन इसके बावजूद कविता की गवाही पर से उनका विश्वास और गहरा होता जाता है : 'कभी हमारे सामने/कभी हमसे पहले कभी हमारे बाद/कोई चाहे भी तो रोक नहीं सकता/भाषा में उसका बयान/जिसका पूरा मतलब है सचाई/जिसकी पूरी कोशिश है बेहतर इनसान।' सन् 2002 में प्रकाशित संग्रह 'इन दिनों' में भी कुँवर नारायण के नैतिक-सामाजिक आशय ज्यादा गहरे हुए हैं। गुजरात के नरसंहार पर लिखी गई एक कविता 'एक जले हुए मकान के सामने' की कुछ मार्मिक पंक्तियाँ कहती हैं : 'फिर भी लगता है कि हर जगह वही है/नया-सा लगता कोई बहुत पुराना आदमी/किसी गुमनाम गली में/एक जले हुए मकान के सामने/खड़ा हैरान/कि क्या यही है उसका हिन्दुस्तान?'

कुँवर नारायण को पढ़ते हुए एक स्तर पर रघुवीर सहाय की याद आ सकती है जिन्होंने अपनी रचनाओं में लोकतंत्र और नागरिकता के संकटों और सत्ता और साधारण मनुष्य के सम्बन्धों की एक बड़ी बहस शुरू की थी। एक ही शहर लखनऊ के बाशिंदे रघुवीर सहाय और कुँवर नारायण समकालीन भी हैं और दोनों अपने अलग-अलग रास्तों से शायद किसी एक ही जगह पहुँचते दिखते हैं। रघुवीर सहाय साहित्य का उद्‌देश्य उपलब्ध यथार्थ के सामने एक दूसरे और ज्यादा मानवीय यथार्थ की ओर संकेत करना मानते थे तो कुँवर नारायण उस यथार्थ के बरक्स जैसे कल्पना का एक आईना रख देते हैं। रघुवीर सहाय के सरोकार अगर राजनीतिक अर्थात् समाज-नैतिक हैं तो कुँवर नारायण उन्हें व्यक्ति-नैतिक स्तर पर व्यक्त करते हैं। जीवन के आखिरी दौर में रघुवीर सहाय जिस उम्मीद को प्राय: खोते हुए दिखते हैं, कुँवर नारायण उसे निजी तौर पर बचाए रखने के साहसिक और सूफियाना तर्क खोजते चलते हैं : 'इन गलियों से/बेदाग़ गुज़र जाता तो अच्छा था/और अगर दाग़ ही लगना था तो फिर/कपड़ों पर मासूम रक्त के छींटे नहीं/आत्मा पर किसी/बहुत बड़े प्यार का जख़्म होता/जो कभी न भरता।' सात पंक्तियों की 'जख़्म' शीर्षक इस कविता के तीन स्तर हैं : शुरू की पंक्तियाँ-'इन गलियों से बेदाग़ गुज़र जाता तो अच्छा था'-किसी ग़ज़ल के मिसरे की तरह हैं और एक पुरानी स्मृति को, एक गहरे सूफी विराग को या कबीर की 'ज्यों की त्यों धरि दीन्ही चदरिया' जैसे अनुभव को जगाती हैं। दूसरा दृश्य हमारे समय की क्रूरता का है जहाँ मासूमों का रक्त है और कपड़ों पर उसके छींटे हैं। फिर इस यथार्थ के बरक्स 'आत्मा पर किसी बहुत बड़े प्यार के कभी न भरने वाले जख़्म' की आकांक्षा की गई है। यहाँ कुँवर नारायण जैसे उस क्रूरता के सामने, उसके प्रतिरोध में प्रेम की गहरी भावना का एक आईना रखते हैं। यह कविता पढ़कर हम वली दकनी(या वली गुजराती) की कविता या 'आफताबे-मौसीकी' फैयाज खां साहब के संगीत को भी याद कर सकते हैं जिनके मजार और मकबरे गुजरात के साम्प्रदायिक उन्मादियों ने ध्वस्त या क्षतिग्रस्त किए थे। इसी तरह एक छोटी सी कविता में कुँवर नारायण कहते हैं कि

'इतना कुछ था इस दुनिया में लड़ने-झगड़ने को मारने-मरने को/पर ऐसा मन मिला कि जरा से प्यार में डूबा रहा/और जीवन बीतता रहा।' एक और कविता कई भाषाओं में प्यार करने को व्यक्त करती है और केवल कुछ 'अधमिटे अक्षरों' और 'अस्फुट ध्वनियों को किसी तरह जोड़कर' भी प्यार की भाषा निर्मित कर लेती है।

कुँवर नारायण की संवेदना का विकास उस दौर में हुआ जिसे नई कविता का 'साहित्यिक समय' माना जाता है, लेकिन उनकी कविताएँ शुरू से ही साहित्यिक न होकर सामाजिक रही हैं। उनके वैचारिक और सांस्कृतिक सरोकार भी काव्य से आगे आधुनिक चिन्तन, मनुष्य के सांस्कृतिक संकटों, सिनेमा, शास्त्रीय संगीत आदि तक गए हैं और गैर-व्यावसायिक सिनेमा पर उनका लेखन बहुत महत्त्वपूर्ण माना जाता है। हिन्दी में उनकी नैतिक और प्रगतिशील उपस्थिति का एक उदाहरण यह है कि सोवियत संघ के विघटन के बाद जब मार्क्सवादी विचारधारा एक लगभग सार्वजनिक भर्त्सना का विषय बन रही थी, कुँवर नारायण ने कहा कि 'अब मार्क्सवाद सोवियत संघ से निकलकर विचारों की एक ज्यादा बड़ी दुनिया में आ गया है' और उनकी यह दिलचस्प मान्यता भी काफी चर्चित हुई कि 'साहित्य का जनवाद राजनीति के जनवाद से बहुत पुराना है।' मुक्तिबोध ने कुँवर नारायण को 'जनतांत्रिक' कवि कहा था। दरअसल घोषित प्रगतिशील और मार्क्सवादी न होते हुए भी कुँवर नारायण की चेतना में प्रगतिशील विवेक अन्तर्निहित है इसीलिए वह कह सकते हैं कि 'केन्द्रीय मार्क्सवादी चिन्तन में भी' आध्यात्मिक शब्द बहिष्कृत नहीं है, उसके सही सन्दर्भ के मानवीय मूल्य हैं, जिनके पूरे विकास की कल्पना समाजवादी व्यवस्था में की गई है। यहाँ फिर से रघुवीर सहाय याद आते हैं जो अपने पूरे लेखन को सामाजिक बदलाव का कर्म मानते थे या कुछ और पीछे प्रेमचंद याद आ सकते हैं जो संगठित समाजवादी चेतना के आने से पहले ही अपनी कृतियों में समाजवाद के पक्षधर बन चुके थे। कुँवर नारायण को हिन्दी के सबसे अधिक पढ़े-लिखे लेखकों में भी शुमार किया जाता है और इनकी इस बौद्धिकता का विस्तार कविताओं के अलावा 'आलोचना और रचनात्मक साहित्य', 'साहित्य और विचार', 'मुश्किल वक़्त में समीक्षा', 'आधुनिकता : विचारों की सार्वभौमिकता', 'जनरुचि और कविता', 'कविता के बहाने एक सही आदमी पर बहस', 'मुक्तिबोध की कविता की बनावट', 'शमशेर : इतने पास अपने', 'प्रेमचंद और सत्यजित राय', जैसे गम्भीर और सम्यक् रूप से तार्किक निबन्धों में मिलता है, जो उनके गद्य की किताब 'आज और आज से पहले' में संकलित हैं। बिल्हण की 'चौर पंचाशिका' से लेकर एडवर्ड सईद तक को कुँवर नारायण वैचारिक बहुलतावाद के मानवीय पाठ के रूप में देखते हैं।

मिथकीय और ऐतिहासिक सन्दर्भों से लेकर चेतना के धुंधले आभ्यंतरों तक जाती हुई, पढ़ी हुई चीजों को भी देखी हुई चीजों में बदलती, निजी, बौद्धिक, अप्रत्यक्ष होती हुई कुँवर नारायण की कविता शब्दों की कमखर्ची, मित-कथन और संक्षिप्ति के लिए जानी जाती है, हालाँकि उसे अन्तःकथनों और अन्तर्ध्वनियों की कविता कहना बेहतर

होगा। इस बीच उसमें बाहरी और आन्तरिक अनुभवों के अनूठे अन्तस्सम्बन्ध और उनका संश्लेषण करने की सिफत और साथ ही मनुष्य से प्रेम करने की आकांक्षा लगातार बढ़ती गई है। हिन्दी में आज शायद कुँवर नारायण अकेले काव्य-व्यक्तित्व हैं जिनकी अन्तर्दृष्टि गहरी दार्शनिक है और दृष्टिकोण बहुत समकालीन। एक तरह की 'सामाजिक आध्यात्मिकता' उनकी कविताओं में शुरू से मौजूद रही है और यह देखना सचमुच सुखद है कि करीब 55 साल के रचना-कर्म के साथ न सिर्फ उनके सरोकार व्यापक हुए हैं बल्कि उनकी संवेदना में प्रज्ञान-'विजडम' के नए आयाम प्रकट हो रहे हैं और वह विराग भी गहरा हुआ है जो किसी बड़ी रचना की नैतिक रीढ़ होता है। एक कविता में वे 'कभी-कभी' टहलते हुए बाजारों की तरफ भी निकल जाते हैं और 'इन दिनों क्या बिक रहा है किस दाम/फैशन में क्या है आजकल' की पड़ताल करते हुए अन्त में एक खुशी से भर उठते हैं कि इतनी ढेर-सी चीज़ें/जिनकी मुझे कोई ज़रूरत नहीं। यह 'अनुभव के आत्मपक्ष और वस्तुपक्ष के योग' का एक विलक्षण उदाहरण है जिसका संकेत मुक्तिबोध ने कुँवर नारायण पर लिखते हुए किया था।

ताकत के तंत्रों द्वारा घृणा, विद्वेष और बर्बरता की शिकार बनाई जा रही दुनिया में कुँवर एक जिद की तरह बार-बार प्रेम और मनुष्यता की ओर लौटते हैं और कविता को 'कभी अपने सामने, कभी हमसे पहले, कभी हमारे बाद' एक गवाह मानते हैं : 'अबकी अगर लौटा तो/हताहत नहीं/सबके हिताहित को सोचता/पूर्णतर लौटूँगा।' ऐसी कविता उन्हें भी पूर्णतर बनाने का काम करती है जो उसे पढ़ते हैं। पूँजी और बाजार के दौर में भले ही ऐसी ज्यादातर गवाहियाँ और पूर्णतर होकर लौटने की कोशिशें अब किसी हाशिए पर धकेल दी गई हों लेकिन अपने समय के प्रति निष्ठावान कवि वहाँ रहते हुए भी यह विश्वास करता है कि 'किसी भी शब्द को/आतशी शीशे की तरह/जब भी घुमाता हूँ/आदमी, चीज़ों या सितारों की ओर/मुझे उसके पीछे/एक अर्थ दिखाई देता है/जो उस शब्द से कहीं बड़ा होता है।' अब ये आतशी शीशे कुँवर नारायण की कविता में पहले से इतने अधिक और सघन हो गए हैं कि उनके जरिए एक कवि अपनी आत्मकथा को किसी भी देश, किसी भी काल में लिख और पढ़ सकता है : 'जिसके लिए कहीं भी जन्म/कहीं भी मृत्यु सम्भव है/जो किसी भी प्रस्तावना से पहले/या उपसंहार के बाद/अनायास शुरू हो सकती है/जैसे पुरुष/किसी धरती पर प्रकट हो सकती है/जैसे प्रकृति/किसी आकाश में ध्वनित हो सकती है/जैसे-प्रेम।'

ऐसा वही कवि कर सकता है जो शब्दों को नेरूदा की तर्ज पर 'रक्त को रक्त' और 'जीवन को जीवन' देने वाला मानता हो।

जीवन से बड़ा एक सपना

पुरुषोत्तम अग्रवाल

मध्यकालीन चर्च ने अपने विरोधियों, धर्म-द्रोहियों को सबक सिखाने के लिए एक संस्था रची थी–इक्विजिशन। इस संस्था के सर्वोच्च पदाधिकारी–'ग्रेंड इंक्विजिटर' की देखरेख में मध्यकालीन यूरोप में लाखों स्त्री-पुरुषों को महाभयंकर यातनाएँ दी गईं ताकि सब लोग दीनो-दुनिया के मामलों में चर्च का प्रभुत्व स्वीकार कर लें–स्वतंत्र चिन्तन और अन्तरात्मा के विवेक जैसी 'फालतू चीजों' से छुट्टी पा जाएँ। 'पावर' के चमत्कार को नमस्कार करना सीख जाएँ। लौकिक और लोकोत्तर पर धर्मसत्ता का एकाधिकार स्वीकार कर लें। 'कष्टदायी स्वतंत्रता का बोझ' उतार फेंकें और आनन्द से अपना लोक-परलोक सुधारें। ईसा मसीह के प्रेम और करुणा की चर्च द्वारा की गई इस अद्‌भुत व्याख्या की पवित्र (!) हिंसा की चपेट में आस्थावान ईसाई भी आए। गैर ईसाइयों–यहूदियों, पैगनों की तो बिसात ही खैर क्या थी।

दॉस्तॉयवस्की के उपन्यास 'करामाजोव बंधु' का नायक इवान एक फैंटेसी रचता है। इस फैंटेसी में, धरती पर फिर से चले आए ईसा मसीह को ग्रेंड इंक्विजिटर के हुजूर में पेश किया जाता है, और वह ईसा मसीह से कहता है–

"शान्ति, बल्कि मृत्यु एक शुभाशुभ के बीच चुनाव की स्वतंत्रता से बेहतर है मनुष्य के लिए...इस स्वतंत्रता का प्रलोभन बहुत बड़ा है, लेकिन यही तकलीफ की सबसे बड़ी वजह भी है। हमने आत्मा के स्वतंत्र विवेक के स्थान पर चमत्कार, रहस्य और सत्ता को स्थापित कर के तुम्हारी भूल सुधार दी है। तुम्हारे डरावने उपहार–स्वतंत्र विवेक-से पिंड छुड़ाकर मनुष्य खुशी से नाच उठे हैं। कष्टदायी स्वतंत्रता का भयावह बोझा उनके दिलों से उतर गया है। तुम्हीं बताओ, क्या वह नेक काम नहीं है? क्या हम मनुष्यों से सच्चा प्रेम नहीं करते?...

"और अब तुम फिर से चले आए सब किए-धरे पर पानी फेरने, हमारी नेक राह में रोड़े बिछाने...जाओ...वापस जाओ...और खबरदार, अब कभी लौटकर न आना... कभी भी नहीं।"

इवान की फैंटेसी के ईसा यह धिक्कार सुनते हैं, चुपचाप, एक भी शब्द बोले बिना, अन्त में ग्रेंड इंक्विजिटर का मुँह चूमते हैं–बाहर निकल जाते हैं।

दॉस्तॉयवस्की के बृहद् उपन्यास का यह अंश पाठक की स्मृति में घर कर लेता है–'बैकड्रॉप' सा बन जाता है–मन के रंगमंच का। विवेक और 'पावर', स्वतंत्रता और 'निश्चिंतता' (!) के मुखामुखम के इस भयावह रूपक की छाप बनी रहती है और कुछ प्रसंगों में यह छाप एकदम सक्रिय स्मृति का रूप ले लेती है।

कुँवर नारायण की कविताओं से समग्र रूप से गुजरते हुए इस छाप ने सक्रिय स्मृति का रूप लिया, क्यों? धर्मसत्ता के प्रतिनिधि द्वारा मुक्तिदाता का ऐसा प्रचंड तिरस्कार करता एकालाप और मुक्तिदाता–मसीहा–का ऐसा मौन प्रतिवाद इन कविताओं से गुजरते हुए बार-बार याद आता रहा–क्यों?

समाधान शायद इस विचार के दौरान ही कहीं हो जाए। तब तक हम बात शुरू करें, अठारहवीं सदी के जर्मन कवि होल्डरिन के सवाल को सामने रखते हुए–'किसी दरिद्र समय में कवियों के होने का मतलब क्या है?'

सबसे पहले तो, हर समय की अपनी दरिद्रता की विशिष्ट सूरत पहचानने और समझने के लिए! कवियों, वस्तुतः सर्जनात्मक समुदाय के किसी भी सदस्य, के होने का मतलब अपने छोटे से समुदाय के परस्पर प्रशंसा सम्बन्धों को निभाने तक सीमित नहीं होना चाहिए। समय की जो दरिद्रता आँखों से ओझल हो गई है, या कर दी गई है, उसे पहचानने की कोशिश करना रचनात्मकता का धर्म है। शब्दों के जो अर्थ भ्रष्ट कर दिए गए हैं, उनकी फिर से पहचान, अर्थों का पुनराविष्कार कविता का काम है। नैतिक और राजनीतिक के बीच जो फांक सहज लगने लगी है, उसके प्रति असहज होना सच्चे कवि-कर्म का प्रमाण है।

मानवीय अस्तित्व, चेतना और विशिष्ट ऐतिहासिक स्थिति को टुकड़ों में बाँटकर देखना बहुतों को बहुत स्वाभाविक लगता है। समग्र बोध के 'डरावने उपहार' से पिंड छुड़ा चुके लोग अपनी-अपनी मर्जी का टुकड़ा चुनकर सचमुच 'खुशी से नाच उठते हैं।' प्रसंग चाहे ईसा जैसे मसीहा का हो, चाहे कबीर जैसे कवि का, अन्तरात्मा की स्वतंत्रता और समग्रता का विवेक ऐसे लोगों को नहीं सुहाता। कोई नैतिक को राजनीतिक से जुदा करके खुश है, कोई समकालीन को ऐतिहासिक से। किसी को केवल समयबद्ध से वास्ता है, किसी को केवल आध्यात्मिक। किसी को केवल लौकिक से मतलब है, किसी को केवल लोकोत्तर से।

ऐसे खंड-खंड बोध और इससे अनिवार्यतः उपजने वाले पाखंड को दूर करने की उम्मीद कविता से की जाती है। कविता रोजमर्रा की ज़िन्दगी को शाश्वत सरोकारों से जोड़ने वाली विद्या मानी जाती है, किसी समय और स्थान विशेष की 'दरिद्रता' को दरिद्रता के अन्यान्य रूपों, अनुभवों और सरोकारों से जोड़ने वाली विद्या। इस तरह कविता 'दरिद्र समय' की दरिद्रता की विशिष्टता और सामान्यता के अन्तस्सम्बन्ध का बोध सम्पन्न करती है और शायद इसी तरह कविगण होल्डरिन के सवाल के उत्तर बनने का प्रयास करते हैं।

हमारा समय भी एक विशिष्ट दरिद्रता का समय है, कविता के भीतर भी, बाहर भी। कवि विनोद कुमार शुक्ल ने याद दिलाया है–'यह ऐसा गरीब समय है, जिसमें

गरीबी मुद्दा नहीं। यह ऐसी भुखमरी का समय है जिसमें पेट भरना कोई मुद्दा नहीं बनता।' इस गरीबी की पहचान कराना कविता का काम है, लेकिन इस पहचान की प्रामाणिकता निर्भर करती है दरिद्रता के अन्य पहलुओं की भी साथ-साथ पहचान पर। गरीबी को मुद्दों की सूची से ही हटा देने वाले समय की गरीबी के और भी पहलू हैं—गरीबी का मुद्दों की सूची से हट जाना स्वयं नैतिक कल्पना की दरिद्रता का ही प्रमाण है।

कविता के भीतर, यह ऐसा कल्पना-दरिद्र समय है जिसमें कवियों ने खंड-खंड दृष्टि को खुशी-खुशी अपना लिया है। 'उसके चेहरे को आईना-ए-हुस्न-ए-प्यार में देखने' की चुनौती स्वीकारने की बजाय; 'राजनीति के आगे मशाल लेकर चलने वाली सच्चाई' की भूमिका निभाने की बजाय राजनीति के निर्देशों पर कदमताल करना सीख लिया है। कवियों को जरूर अपनी पसन्द की राजनीति के लिहाज से 'करेक्ट' होने का सुख मिला है, लेकिन कविता के भीतर कल्पना- दरिद्र समय पसरता चला गया है।

यह कल्पना-दरिद्र समय तुरंता संस्कृति का समय है। बाहर वक्त की कमी है, भीतर धीरज की। फास्ट फूड और इंस्टैंट कॉफी की तरह समाधान भी तुरंता किस्म के चाहिए। छायावादी कविता के सांस्कृतिक सन्दर्भ को विजयदेव नारायण साही ने 'सन्तुलन के नाटक का युग' कहा था। हमारा वर्तमान सपाटे के समाहार का दौर है। ऐसा 'सिस्टम' बन चला है जो समाधान की दिशा और समस्या रखने के ढंग को पहले से तय कर देता है। विचार, भाव, संवेदना मानकीकृत हो चले हैं। प्रतिवाद तक के मानकीकृत सिस्टम हैं और स्वयं उन सिस्टमों को चुनौती देना साहस का काम है। विवेक की प्रक्रिया पर नहीं, बल परिणति पर है। परिणति भी ऐसी जो कविता के बाहर ही अर्जित कर ली गई है, कविता को तो सिर्फ उसका वहन करना है। 'ब्रह्म निरूपण' आचार्य लोग करते हैं, कवियों का काम लोकरंजन के लिए उपदेश करने तक सीमित है। आलोचना का ध्यान कविता में निहित विवेक-प्रक्रिया पर नहीं, पहले से अपना ली गई भंगिमा और उस भंगिमा को सूक्ति में बदलती आखिरी पंक्ति या पंक्तियों पर केन्द्रित है। अब इंस्टैंट के इस युग में 'कालोहऽयं निरवधि विपुला च पृथिवी' के भरोसे कोई कब तक कविता लिखे, सो आलोचना का ध्यान आकृष्ट करने के लिए कवि नए सूक्तिपरक रूढ़िवाद का निर्वाह करने लगे हैं। कविता और आलोचना के बीच इत्मीनान की सुखद जुगलबन्दी है और यह इत्मीनान तुरंता समाधान की आशा को, तज्जनित सरलता की आकांक्षा को काव्य-संस्कार का स्थायी भाव बना रहा है। बोध को खंड-खंड करने की खुशी से उपजा यह इत्मीनान कविता के भीतर-बाहर की निरन्तर समस्या का समकालीन रूप है।

सवाल है : जरूरत ही क्या कविता की, और कवियों की—यदि कविता भी फार्मूले और 'क्लीशे' में बदल जाए? जरूरत ही क्या कविता की यदि वह भी याद न दिला पाए कि सिर्फ पूँजीवादी खगोलीकरण ही नहीं, संकीर्ण जनपदीयता भी समस्या ही है।

खगोलीकरण के अशुभ रूपों में प्रतिवाद का प्रस्थान स्वयं खगोलीकृत, विश्वजनीन चेतना में ही खोजा जाना चाहिए–संकीर्ण जनपदीयता और 'शुद्धता' प्रेमी अस्मितावाद में नहीं। क्या जरूरत है कविता के स्वतंत्र अस्तित्व की यदि उसे उधार लिए गए आर्ष वाक्यों को सिद्ध करने की रंगस्थली ही बन जाना है। कैसे उत्तर देंगे कवि यदि वे प्रश्न तक स्वयं के नहीं, दूसरों के ही सुझाए पूछेंगे?

यदि उपरोक्त प्रश्न आपको दु:खी या चिंतित करते हैं, तो कम से कम, कुछ आश्वस्ति पाने के लिए कुँवर नारायण की कविताओं से गुजर जाइए। अपने समय की दरिद्रता की पहचान भी मिलेगी और उस दरिद्रता से टकराने को कटिबद्ध नैतिक विवेक की सम्पन्नता का सुखद स्पर्श भी।

कुँवर नारायण के काव्य-संसार में 'नैतिक' की केन्द्रीयता को लक्ष्य किया गया है लेकिन कभी-कभी ऐसे लहजे में मानो इस काव्य-संसार में 'नैतिक' राजनीतिक से कवि की विरक्ति का भी प्रमाण हो। वास्तविकता यह है कि कुँवर नारायण का काव्य-संसार अपनी विवेक-सम्पन्नता का सर्वाधिक भास्वर प्रमाण नैतिक-राजनीतिक के अन्तर, बल्कि कई बार तो विरोध को स्वीकार करने से इनकार करने में देता है। इस तरह के आरोपित द्वैतभाव और खंड-खंड दृष्टि को नकारने की प्रतिज्ञा कुँवर नारायण कविता में भी निभाते हैं और वक्तव्य में भी। 'तीसरा सप्तक' में संकलित कविताओं के वक्तव्य में उन्होंने कहा था–"अस्तित्व की मैंने दो बुनियादी परिस्थितियाँ मानी हैं–एक तो व्यक्ति और अज्ञात, तथा दूसरी व्यक्ति और उसका सामाजिक वातावरण। अस्तित्व की आस्था सम्बन्धी समस्याएँ मूलत: अनस्तित्व की भयानक शून्यता से उपजती हैं... 'मैं क्या हूँ? मैं क्यों हूँ?' का चिर असन्तुष्ट प्रश्न जीवन की हर आस्था को रौंदता रहता है। इससे भिन्न वह वस्तुवादी पक्ष है जो परोक्ष के प्रति सर्वथा निरपेक्ष रहकर सामाजिक यथार्थ को ही सम्पूर्ण सत्य मानकर चलता है जिसके लिए व्यक्ति की सामाजिक उपयोगिता ही उसके जीवन की परम सार्थकता है जो जीवन के प्रत्यक्ष मूल्यों के आगे किसी अतिभौतिक रहस्य को नहीं मानता।

"मेरी कविताओं में उपर्युक्त दोनों ही पक्षों से जीवन की तथा उसकी सांस्कृतिक, धार्मिक, नैतिक आदि संचित और संभावित मान्यताओं की विवेचना मिलेगी।"

महत्त्वपूर्ण बात यह है कि कुँवर नारायण यह विवेचना सम्भव करते हैं–संवेदना और विचार के नाजुक सन्तुलन को अपनी काव्य-भाषा में निरन्तर साधते हुए। सामाजिक और आध्यात्मिक, नैतिक और राजनीतिक में से किसी एक पक्ष को डॉग्मा बना लेने के प्रलोभन का निरन्तर प्रतिवाद उनकी कविता को अद्‌भुत ऊर्जा और सघनता देता है–और अपनी स्थिति को बेबाकी से कहने का साहस भी–

नहीं चाहिए तुम्हारा यह आश्वासन
जो केवल हिंसा से अपने को सिद्ध कर सकता है।
नहीं चाहिए वह विश्वास, जिसकी चरम परिणति हत्या हो।
मैं अपनी अनास्था में अधिक सहिष्णु हूँ।

अपनी नास्तिकता में अधिक धार्मिक।
अपने अकेलेपन में अधिक मुक्त।
अपनी उदासी में अधिक उदार।

ये पंक्तियाँ यों तो कवि के 'आत्मजयी' नचिकेता ने कहीं, लेकिन इन्हें स्वयं कवि द्वारा अपने लिए तय की गई कसौटी के रूप में पढ़ने में भी कोई हर्ज नहीं। और यह कहने में अतिशयोक्ति भी नहीं कि कवि बहुत दूर तक इस कसौटी पर खरा उतरा है। उपरोक्त पंक्तियाँ जब रची गईं, तब हिंसा के महिमामंडन का प्रलोभन उतना ही जबर्दस्त था, जितना कि 'अकेलेपन' या 'मुक्ति' में से एक को डॉग्मा बना लेने का लालच। अस्तित्व में समग्र बोध के स्थान पर सामाजिक या आध्यात्मिक में से एक ही को महत्त्वपूर्ण मानना और दूसरे को फिजूल या छद्‍म समझना तो जैसे आधुनिक मानस की जन्म-कुंडली में ही लिखा है। जन्म-कुंडली के लेख की जगह आत्मविवेक की इबारत लिखने की जिद्‍द करने वाले हर समय में विरल ही होते हैं। कुँवर नारायण ऐसे ही विरल कवि हैं।

कुँवर नारायण की अध्यात्म-सजग सामाजिक संवेदना से ही परिभाषित होती है उनकी अहिंसा दृष्टि। 'मैं क्या हूँ, मैं क्यों हूँ' जैसे 'चिर असन्तुष्ट प्रश्न' के साथ निरन्तर मुखामुखम से ही सम्भव होता है उनका वह सुंदर संकोच जिसके कारण उनकी प्रेम कविताएँ कवि के अपने प्रेमानुभव के वर्णन से कहीं ज्यादा सम्भव करती हैं वह अवकाश जिसमें उनकी कविता का भावक खुद अपने प्रेम की आवाज सुन सके।

अहिंसा दृष्टि का आग्रह केवल नैतिक भंगिमा नहीं। वह राजनीतिक वक्तव्य भी है। 'हिंसा और अहिंसा क्या है—जीवन से बढ़कर हिंसा क्या है'—जैसी पंक्तियाँ अमूमन हिंसा-अहिंसा के बुनियादी मंथन से पिंड छुड़ाने की विधि के रूप में गढ़ी (शायद कही भी!) जाती हैं—गोकि इसी पंक्ति को सचमुच व्यथापूर्ण सवाल के रूप में भी कहा और पढ़ा-सुना जा सकता है। शर्त यह है कि हिंसा के स्वरूप और मानवीय सम्बन्धों को निर्धारित करने वाले उपकरण के रूप में उसके इतिहास का कुछ बोध हमें हो। इस तथ्य का हम ध्यान रखें कि केवल धर्म ही नहीं, विविध विचारधाराएँ भी पवित्र और अपवित्र हिंसा में फर्क करती हैं। हिंसा अपने आप में आपत्तिजनक नहीं मानी जाती, वह तभी आपत्तिजनक मानी जाती है जबकि वह किसी और के द्वारा किसी और लक्ष्य की सिद्धि के लिए की जाए। जब अपने धर्म/विचार/आस्था के 'आश्वासन' को 'सिद्ध' करने के लिए हिंसा की जाए तो वह वैदिकी/पवित्र/क्रान्तिकारी हिंसा है—जिसका महिमामंडन ही कवियों का दायित्व है।

ऐसे 'स्वाभाविक' बोध से आगे बढ़ सकें तो यह देखना असम्भव तो नहीं कि हिंसा स्वयं को रिप्रोड्यूस भी करती है। 'सही' विचार या आस्था के नियंत्रण से मुक्त होकर हिंसा पवित्र-अपवित्र का भेद मिटा डालती है। हिंसा अपने आप में आलोचनात्मक विश्लेषण का, नैतिक समीक्षा का विषय है, केवल तभी नहीं, जबकि वह किसी 'अन्य' द्वारा 'अपवित्र' लक्ष्यों के पक्ष में की जाए। हाना एरेंट की गम्भीर चेतावनी याद

करें–'हिंसा, किसी भी गतिविधि की तरह दुनिया में बदलाव तो करती ही है, लेकिन बदलाव होता है और अधिक हिंसापूर्ण दुनिया की दिशा में।'

इक्कीसवीं सदी की मानवीय चेतना के पास अनगिनत यादें हैं। यह समझाने वाली कि साधन सुचिता का आग्रह कोरी, हवाई नैतिकता का 'रिटॉरिक' नहीं, बल्कि मानवीय कर्म की प्रामाणिकता का मूलभूत प्रतिमान है। ऐसी प्रामाणिकता से वंचित राजनीतिक कर्म में, 'राज' और 'नैतिक' के बीच जो अलंघ्य खाई पैदा हो जाती है, उस खाई को इतिहास विधाता की इच्छा भी यों तो माना ही जा सकता है, लेकिन कवि होने का मतलब ही है ऐसी 'इच्छा' से जिरह करना। आस्तिकों, आस्थावानों के ईश्वर का ही नहीं, आधुनिकों, परिवर्तनकामियों के 'इतिहास' का भी मनोवैज्ञानिक रूप एक ओर साहस का उद्‌गम है, तो दूसरी ओर अन्तिम भय का रूप भी–

तुम इस जीवन के आगे मेरा निदान निश्चय हो
घबरा कर जिसे रचा है वह महाशक्ति सम्भव हो
है वहाँ काल का भय भी
कुछ फीका-फीका लगता...
मेरे साहस के उद्‌गम! तुम मेरा अन्तिम भय हो!

धर्मसत्ता हो या राजसत्ता–वह चाहती है अन्तिम भय के लौकिक या अलौकिक स्रोत पर एकाधिकार। मनुष्य का विवेक छटपटाता है–'ग़लत बाजी को मिटाकर फिर सिरे से खेल सकने' के लिए–

अगर तुमने यही चाहा
कि मैं भी खेलता तुम से
तुम्हारी ही तरह दिल से
तो मेरे पाँव भी उस न्याय पर टिकते
जहाँ से शह बराबर डाल सकता मैं
तुम्हारी ही तरह...
मुझे भी ग़लत बाजी को मिटाकर
फिर सिरे से खेल सकने की वही सामर्थ्य दी होती!

ऐसी सामर्थ्य पाने का भरोसा दिलाना ही 'मसीहा' का वह अपराध था, जिसके कारण ग्रैंड इंक्विजिटर ने उसे चेतावनी दी थी : 'खबरदार अब कभी लौटकर न आना!'

'फिर सिरे से खेल सकने की सामर्थ्य' का हमारे अपने समय में एक अर्थ यह भी है–प्रतिशोध भाव से मुक्त हो सकने का नैतिक बल जुटाना। प्रतिशोध हिंसा द्वारा स्वयं को रिप्रोड्यूस करने की, स्वयं को शाश्वत बनाने की ऐतिहासिक प्रक्रिया की विधि है–हिंसा को मनुष्य के 'सहज-संस्कार' (!) की गरिमा दिलाने वाली मनोवैज्ञानिक विधि। ऐतिहासिक स्मृतियों को खास ढंग से संजोने की विधि। ऐसे ढंग से कि और

अधिक हिंसा न केवल राजनीतिक बल्कि संस्कारगत, मानसिक जरूरत लगने लगे। प्रतिशोध और घृणा सहज, स्वास्थ्य लक्षण प्रतीत होने लगे और प्रेम एक रोग-सा लगने लगे।

लेकिन स्मृतियाँ शायद किसी और ढंग से भी संजोई जा सकती है। ऐतिहासिक अन्यायों की जिम्मेवारी किन्हीं जनसमूहों के स्थान पर शायद व्यवस्थाओं के नाम भी की जा सकती है। परम्परा की विशिष्टता के पूरे बोध को शायद विश्व नागरिकता की संवेदना में भी गूंथा जा सकता है। सारे के सारे जनसमूहों से प्रतिशोध लेने की भावना से परिभाषित होने वाली सामूहिकता के विकल्प की कल्पना की जा सकती है। हिंसा के पुनरुत्पादन की प्रतिशोध विधि से अपने तथा दूसरे के मन को युक्त करने का अनुष्ठान किया जा सकता है और इस तरह पवित्र/अपवित्र हिंसा की नहीं (हिंसा मात्र की) मूलगामी समीक्षा की जा सकती है।

ऐसी समीक्षा यों तो 'आत्मजयी' से लेकर आज तक, कुँवर नारायण के काव्य-कर्म में विन्यस्त है। अहिंसा दृष्टि उनकी समूची काव्य-वस्तु में व्याप्त है, लेकिन इसका सर्वाधिक सघन, मार्मिक और विडंबनापरक विन्यास हुआ है, बहुचर्चित कविता 'एक अजीब-सी मुश्किल' में–

एक अजीब-सी मुश्किल में हूँ इन दिनों
मेरी भरपूर नफ़रत कर सकने की ताक़त
दिनोदिन क्षीण पड़ती जा रही

अंग्रेज़ों से नफ़रत करना चाहता
जिन्होंने दो सदी हम पर राज किया
तो शेक्सपीयर आड़े आ जाते
जिनके मुझ पर न जाने कितने अहसान हैं

मुसलमानों से नफ़रत करने चलता
तो सामने ग़ालिब आकर खड़े हो जाते
अब आप ही बताइए किसी की कुछ चलती है
उनके सामने?

और वह प्रेमिका
जिससे मुझे पहला धोखा हुआ था
मिल जाए तो उसका खून कर दूँ
मिलती भी है, मगर
कभी मित्र
कभी माँ
कभी बहन की तरह
तो प्यार का घूँट पीकर रह जाता

दिनोंदिन मेरा यह प्रेम-रोग बढ़ता ही जा रहा
और इस वहम ने पक्की जड़ पकड़ ली है
कि वह किसी दिन मुझे
स्वर्ग दिखा कर ही रहेगा।

यह कविता पहले 'प्रेम-रोग' शीर्षक से छपी थी–और वही बेहतर शीर्षक था। प्रतिशोध के 'स्वास्थ्य' के बरक्स प्रेम का 'रोग'। कबीर बिगर्‌यौ, तुम जिन बिगरो मेरे भाई!'

सांस्कृतिक स्मृति की कौंधें कुँवर नारायण की कविताओं में बहुतों ने लक्ष्य की हैं। ध्यान देने की बात है वह कोशिश जो कुँवर नारायण निरन्तर करते हैं–स्वकीय/परकीय का भेद मिटाने की कोशिश। बहुत ही सकारात्मक रूप से उनकी संवेदना 'कॉस्मोपॉलिटिन' संवेदना है। इस कविता में यह संवेदना बहुत ही मार्मिक ढंग से विन्यस्त है। कितना 'सहज' और 'स्वाभाविक' है कि हम भारतीय अंग्रेज़ों से नफ़रत करें कि 'उन्होंने दो सदी हम पर राज किया' लेकिन...।

और कविता कौंधा देती है साम्राज्यवादी व्यवस्था तथा सर्जनात्मक प्रतिभा के बीच का फर्क आपकी चेतना में। रद्द कर देती है अस्मितावादी 'एसेंसियलाइजेशन' को, याद दिला देती है भारतीय स्वाधीनता संग्राम की मूलभूत प्रतिज्ञा, विरोध विदेशी राज से है, 'विदेशी' मनुष्य मात्र से नहीं। अपने सांस्कृतिक आत्म की भरपूर चेतना के साथ अपने व्यक्तिगत आत्म के विफल प्रेम की स्मृति को गूँथती यह कविता दोनों ही सन्दर्भों में प्रतिशोध को 'स्वभाव' मानने का प्रतिवाद करती 'प्रेम-रोग' की स्वर्गिक सम्भावना में आस्था रखती अद्‌भुत कविता है। ऐसे सघन प्रेम-रोग की कविता, जो मुहावरे के 'खून के घूँट' को भी 'प्यार के घूँट' में बदल डालती है।

बात इसी एक कविता की नहीं। संकीर्ण जनपदीयता और उसी के तनिक विकसित रूप संकीर्ण राष्ट्रवाद के बरक्स कुँवर नारायण की नैतिक संवेदना और सांस्कृतिक स्मृति अपने/पराए की पहचान का वैकल्पिक प्रस्ताव रचती है। इस प्रस्ताव में नचिकेता भारतीय होने के कारण 'अपने' और शेक्सपियर अंग्रेज होने के कारण 'पराए' नहीं। दोनों ही 'अपने' हैं क्योंकि दोनों कवि के प्रिय मूल्यों–जिज्ञासा, सर्जनात्मकता और स्वाधीन चिन्ता–के रूपक हैं। कवि कुँवर नारायण के प्रिय मिथकीय, ऐतिहासिक व्यक्तित्वों का समूह और उनकी स्मृतियों का संचय 'रक्त सम्बन्धों' के आधार पर नहीं, साझे मूल्यों के आधार पर रचा गया है। अभिनव गुप्त से लेकर अमीर खुसरो तक, सरहपा से लेकर सबीना तक।

जिन नैतिक मूल्यों के आधार पर कवि अपने सम्बन्धों और स्मृतियों का संचय रचता है, उनकी राजनीतिक परिणतियाँ, उनके राजनीतिक निहितार्थ क्या अलग से गिनाने की जरूरत है? अगर सचमुच है, तो यह जरूरत कवि की नहीं, पाठक की ही सीमाओं को व्यंजित करती है।

अध्यात्म-सजग समाज संवेदना और अहिंसा दृष्टि के साथ ही कुँवर नारायण की कविताओं में गुंथी हुई है बहुत मार्मिक और सूक्ष्म प्रेम संवेदना। कयास लगाया

जा सकता है कि बहुत गहरी प्रेमानुभूति ही इस संश्लिष्ट, सम्पन्न काव्य-संवेदना में फलीभूत हुई है। इतना तो कविताओं से ही स्पष्ट है कि ये कविताएँ प्रेम करते मन की नहीं, प्रेम को याद करते मन की कविताएँ हैं। याद इतनी गहरी, इतनी जीवंत है कि जिसमें 'करने' से व्यंजित सायासता अटपटी लगने लगती है, जिसमें पहले और बाद का फर्क मिट जाता है—बाकी बचती है दर्द भरी कौंध—

सोचते-सोचते सो गया था एक गहरी नींद
जैसे अब सुबह न होगी
कि एक आहट से खुल गईं आँखें
जैसे वही हो दरवाजे पर
बरसों बाद
जिसे बहुत पहले आना था।

हमारे समय की दरिद्रता का, प्रेम के प्रसंग में, मार्मिक अंकन रोलां बार्थ ने किया है—"प्रेमी का विमर्श आज आत्यंतिक अकेलेपन का विमर्श है। इसे बोलने वाले शायद हजारों हैं—चाहने वाला शायद कोई नहीं। आसपास की भाषाओं ने और मुहावरों ने इसे पूरी तरह त्याग दिया है। ये भाषाएँ इसकी उपेक्षा ही नहीं, निन्दा भी करती हैं। सत्ता और सत्ता की प्रक्रियाओं से प्रेमी का विमर्श पूरी तरह खारिज है।"

खारिज क्या, सत्ता और सत्ता की प्रक्रियाओं में (विडंबना यह है कि सत्ता को बदलने का दावा करने वाली प्रक्रियाओं में भी) प्रेमी का विमर्श लगभग अपराध है। कविता इस 'अपराध' की सार्वभौम अभियुक्त है। इस अभियोग को स्वीकार करने की जिद ही भाषा के विशिष्ट प्रयोग को कविता बनाती है। 'प्रेमी के विमर्श' को खारिज करने का दौर यों तो कविता में भी आया था, लेकिन सौभाग्य से कविता ने अपनी जिद के चलते उस दौर को ही खारिज कर दिया। हमारी अपनी कविता में प्रेमी के विमर्श की पुनः प्रतिष्ठा उसके शुभ और सार्थक जिद्दीपन की आश्वस्तिदायक वापसी का ही प्रमाण देती है।

लेकिन इस प्रसंग में भी कुँवर नारायण की कविताओं का मिजाज कुछ और ही है। अनुभव को स्मृति में बदल चुकी ये कविताएँ अपने प्रेम का विमर्श तो गढ़ती हैं, लेकिन ज्यादा अवकाश भावक को देती हैं कि वह अपना विमर्श गढ़ सके। इन कविताओं में प्रेम की बात करता कवि वस्तुतः पाठक को मौका और न्योता देता है कि वह स्वयं अपने प्रेम की बात सुन सके। कवि के अपने प्रेमानुभव का वर्णन (यदि उसे वर्णन कहा जा सके तो) इतना सांकेतिक और झीना है कि वह बस एक 'बैकड्रॉप' है और मंच पर पाठक स्वयं अपने प्रेम को संवाद और एकालाप करते देख-सुन सकता है। कवि के लिए उसके प्रेम का अनुभव सघन रूप से वैयक्तिक है। शायद यही वजह है कि अभिव्यक्ति में संकोच और सांकेतिकता की, लेकिन उतने ही सघन रूप से वह सामाजिक भी है और आध्यात्मिक भी। (असल में तो 'आध्यात्मिक' की बनावट ही प्रेम के ताने-बाने से होती है)—

एक शून्य है
मेरे और तुम्हारे बीच
जो प्रेम से भर जाता है

एक शून्य है
मेरे और संसार के बीच
जो कर्म से भर जाता है

एक शून्य है
मेरे और अज्ञात के बीच
जो ईश्वर से भर जाता है

एक शून्य है
मेरे हृदय के बीच
जो मुझे मुझ तक पहुँचाता है।

यह शून्य है, प्रेम का, जो अब केवल स्मृति है। व्यक्ति को नष्ट कर देने वाली आत्महंता स्मृति नहीं, 'मुझे मुझ तक पहुँचाने' में प्रेम को फलीभूत करने वाली वेदना प्रकाशित स्मृति। स्मृति जिसकी रेखाएँ इतनी झीनी भी नहीं कि कवि की जीवन कथा में पहचानी ही न जा सकें, स्मृति इतनी वायवीय भी नहीं कि दैहिकता के नक्श ही न बचे हों।

उसके स्कर्ट से जूझती शरारती हवा
उसकी आँखों में एक मासूम परेशानी
कि 'ये मानती क्यों नहीं?'
मेरा केवल उन आँखों में हँसना रह-रह
याद हैं दो नीली आँखें कुछ इसी तरह।

कितना स्वाभाविक है कि कुँवर नारायण 'कवि सरहपा' के अद्‌भुत, साहसपूर्ण प्रेम का आख्यान याद करते हैं। यह आख्यान स्वयं सरहपा, उन्हें याद करते कवि और इस याद से गुजरते भावक–तीनों के ही प्रेमानुभव के मूलभूत अर्थ-अभेद और मुक्ति को एक सूत्र में गूंथ देता है। दो देहों के भेद को अभेद में बदलने की अभीप्सा, 'निषेधों को पार करने के दुस्साहस' की डगर पर चलकर काया से उगते वसन्त का रूप लेती है–और कविता में गूँज उठता है–'उस खेल का कवित्व', 'मनुष्य के मुक्त होने का अर्थ–'

दोनों मिलकर खेलते एक खेल
जिसमें दोनों जीतते हैं एक साथ।
बचा रह जाता

उस खेल का कवित्व,
और स्त्री-पुरुष, ऊँच-नीच के अभेद में
मनुष्य के मुक्त होने का अर्थ।

कुँवर नारायण की प्रेम कविताएँ–प्रेम के अथाह वैभव–के स्पर्श की, उस स्पर्श के प्रति कृतज्ञ स्मृतियों की कविताएँ हैं। अपने आप को बस पृष्ठभूमि में रखते हुए, भावक के लिए उसकी अपनी प्रेम कृतज्ञता का वितान रचते, 'अपनी उदासी में अधिक उदार' प्रेम की कविताएँ।

अध्यात्म-सजग समाज संवेदना, अहिंसा दृष्टि और प्रेम कृतज्ञता से परिभाषित काव्यदृष्टि स्वाभाविक ही है कि 'झूठ या सच से नहीं/इस तरह सोचने वालों के बहुमत' से 'डरती' है। इस दृष्टि की जनपक्षीयता असंदिग्ध है, लेकिन अधिक महत्त्वपूर्ण है–झूठ या सच के मनमाने, साफ-सुथरे विभाजन के परे जाकर उस धुँधलेपन की पड़ताल करने का साहस जिसे 'इस तरह सोचने वालों का बहुमत' या तो समझ नहीं पाता या समझना नहीं चाहता। यह दृष्टि ठेठ राजनीतिक सन्दर्भ में एक बहुत ही जरूरी और बहुधा उपेक्षित दायित्व का निर्वाह करती है। दायित्व राजनीतिक को नारेबाजी से बचाते हुए उसकी नैतिक पड़ताल का। दायित्व 'राज' और 'नैतिक' के बीच की खाई को लाँघने का। दायित्व रोजमर्रा की ज़िन्दगी के राजनीतिक सम्बन्ध सूत्रों और स्वयं राजनीतिक कार्यवाहियों, प्रक्रियाओं पर गहरा, सघन विचार करने का। सार्थक कवि की राजनीतिक चेतना ऐसे विचार से–संवेदना और स्मृतिसम्पन्न विचार से–भी प्रमाणित होती है–और कुँवर नारायण की राजनीतिक चेतना ऐसी सार्थकता को अपने कवि-कर्म में साधने का निरन्तर प्रयत्न करती रही है।

हिंसा की चिन्ता और उस पर संवेदनासम्पन्न चिन्तन कुँवर नारायण का केन्द्रीय नैतिक/राजनीतिक सरोकार है। भय, प्रतिशोध और प्रतिहिंसा की विवशता 'डर' और 'खूँख्वारियत' खतरे और सुरक्षा के फर्क को धुंधला कर देती है। नैतिकताविहीन राजनीति हर वक्त को ऐसे मुश्किल वक्त में बदल देती है जो आदमी और जानवर के फर्क को भी मिटा डालने पर उतारू है–

शायद उसी मुश्किल वक़्त में
जब मैं एक डरे हुए जानवर की तरह
उसे अकेला छोड़कर बच निकला था ख़तरे से सुरक्षा की ओर
वह एक फँसे हुए जानवर की तरह
खूँख्वार हो गया था।

जो 'खूँख्वार' हो गया था उसकी निन्दा करना आसान है। बहुत से अहिंसा प्रेमी ऐसी निन्दा के जरिए नैतिक ऊँचाई पा लेते हैं, लेकिन गहरी अहिंसा दृष्टि का ध्यान उस पर है जो खतरे से सुरक्षा की ओर बच निकला था। फँसे हुए जानवर के खूँख्वार होने का डरे हुए जानवर के डर या चतुराई से क्या रिश्ता है? कवि की नैतिकता

इस असुविधाजनक सवाल को उठाने में ही है—ख़ूँख़्वारियत की कोरी निन्दा या उसके महिमामंडन में नहीं।

कुँवर नारायण 'जनता' नामक अमूर्तन का भी महिमामंडन नहीं करते। वे इस अमूर्तन को ठोस ऐतिहासिक या मिथकीय कर्ताओं के माध्यम से जाँचते-परखते हैं। ऐसे कर्ताओं पर ध्यान देती उनकी कविता जनसंघर्षों को परखती है अधिक आत्मीय सन्दर्भ में। कर्ताओं की पहचान, बल्कि उनकी काव्य-रचना जरूरी है, वरना तो 'जनता' नामक अमूर्तन से न तो ठोस लगाव सम्भव है, न उस अमूर्तन के नाम पर होने वाले राजनीतिक, नैतिक-अनैतिक कर्मों की पड़ताल—

जनता का कुसूर नहीं होता। उसने तो
हर बार की तरह इस बार भी
सिर्फ़ जला दिया था हंगामों और पटाखों के बीच
रद्दी अख़बारों का बना एक पुतला और।

लेकिन जब कविता नैतिक कर्ताओं की पहचान या रचना करती है तो सम्मेदीन नामक चरित्र अपनी समकालीनता और साधारणता के साथ ही, पाठकीय स्मृति में बसे चिर-परिचित मिथकीय चरित्र का भी रूप ले लेता है। व्यक्ति के रूप में, जिसका मारा जाना पहले से तय है, वह निहत्था सम्मेदीन नैतिक संघर्षशीलता का शाश्वत, मिथकीय रूप बन जाता है। जान पर खेलकर लड़ी जा रही उसकी लड़ाई चतुर व्यावहारिकता, साक्षी मनुष्य को अकेला छोड़कर सुरक्षा की ओर चल देने वाले 'जानवर के डर' का 'खब्ती' प्रतिकार बन जाती है—

बचाए रखना
उस उजाले को
जिसे अपने बाद
ज़िन्दा छोड़ जाने के लिए
जान पर खेलकर आज
एक लड़ाई लड़ रहा है
किसी गाँव का कोई खब्ती सम्मेदीन।

धर्म है—इस उजाले को बचाए रखना, ताकि कुछ तो फर्क बचा रहे। 'धर्मयुद्ध और कीटयुद्ध' में। कर्तव्य है सम्मेदीन के खब्त को अपनाना ऐन अपने आसपास के सन्दर्भ में—आज के भारत के सन्दर्भ में—इस वक्त में जो कि—

अजीब वक़्त है
बिना लड़े ही एक देश-का-देश
स्वीकार करता चला जाता
अपनी ही तुच्छताओं की अधीनता!

नैतिक और राजनीतिक के बीच संवाद के बिन्दु खोजती संवेदना गहन चिन्तन के साथ जब मिलती है तो 'जंगी प्रतिहिंसा के नरभक्षी प्रेत' को साफ देख पाती है। यह देख पाना इत्मीनान की जुगलबन्दी से बाहर आना है। इस 'नरभक्षी प्रेत' को ही मानव का स्वभाव मान लेने की 'सहजता' ने जो नरक इतिहास में और हमारे आसपास में रच दिया है, उस नरक से 'समझती हुई दृष्टि' के साथ गुजरना सचमुच 'सजा' ही है। मिथकीय चरित्र को यह सजा धर्मच्युत होने के फलस्वरूप मिली थी, नैतिक विवेक सम्पन्न कवि के लिए तो यह उसकी नियति ही है–

सजा सिर्फ़ इतनी थी
कि नरक से होते हुए गुज़र जाना था।
नर और कुंजर के फर्क़ को मिटाते ही
मिट गया जो
वह एक शोकातुर पिता था।
जो बचा रह गया
हमारे बीच
जंगी प्रतिहिंसा का नरभक्षी प्रेत
पशु है न मानव–
दोनों के बीच का मिटा हुआ अन्तर है।
सजा सिर्फ़ इतनी थी
कि इस अन्तर को समझती हुई दृष्टि से
नरक देखना पड़ा था धर्मराज को।

कहते हैं, अश्वत्थामा अमर है और अमर है उसके माथे का रिसता घाव, उसकी आत्मा में रिसती प्रतिहिंसा। यह अद्वितीय कविता जो मार्मिक संकेत करती है वह है–उन धर्मराज की तरफ जिन्होंने नर और कुंजर के फ़र्क को मिटाया था।

कुछ लोगों के लिए सारा इतिहास ही सतत प्रतिहिंसा का आख्यान है। ऐसे लोगों के नैतिक (!) और राजनीतिक आत्मबोध में वे स्वयं सदा 'शिकार' हैं–सर्वथा निर्दोष हैं। सच-झूठ के सरल बहुमत में सारी चीजों को घटा देने का काम ऐसे लोगों की रणनीति का अनिवार्य अंग है और बहुत से लोग जाने-अनजाने शिकार बनते हैं ऐसी रणनीति के। प्रतिहिंसा के आख्यान में बदले जा रहे इतिहास से जिरह कुँवर नारायण की कविता का केन्द्रीय सरोकार है। इस आख्यान के रूपक बनते हैं–मध्यकाल का नालंदा और अभी कुछ बरस पहले की अयोध्या जिसे देखता कवि प्रभु से निवेदन करने को विवश है–

सविनय निवेदन है प्रभु कि लौट जाओ
किसी पुराण–किसी धर्मग्रंथ में
सकुशल सपत्नीक...

अबके जंगल वो जंगल नहीं
जिनमें घूमा करते थे–वाल्मीक!

लेकिन, उम्मीद नहीं छोड़ती कविता। नहीं छोड़ती शब्द और अर्थ की पुनः प्रतिष्ठा करने का संकल्प। इस संकल्प को धारण करने वाले कवि ही उत्तर देते हैं–'किसी दरिद्र समय में कवियों की ज़रूरत' को लेकर उठाए गए सवालों का। संकल्प कविता का उपयोग स्वयं भाषा की छानबीन के लिए करने का, और भाषा का उपयोग भीतर-बाहर निरन्तर भी संश्लिष्ट वास्तविकता की छानबीन के लिए करने का। ऐसी कविता किसी नितांत कविता रहित ज़िन्दगी में भी सचमुच बहुत कुछ हो सकती है और हर समय की तरह हमारे समय को भी ऐसी कविता की जरूरत है–

हम बचाए रख सकते हैं उसके लिए
अपने अन्दर कहीं
ऐसा एक कोना
जहाँ ज़मीन और आसमान
जहाँ आदमी और भगवान के बीच दूरी
कम से कम हो।

अपनी ही नहीं, आधुनिक हिन्दी कविता मात्र की भाषा के सामने मौजूद सर्जनात्मक चुनौती को कुँवर नारायण ने 'तीसरा सप्तक' के वक्तव्य में, इन शब्दों में लक्ष्य किया था, "...एक पचास वर्ष की बालभाषा को युग के ऐसे प्रौढ़ व्यक्तित्व को अभिव्यक्ति देनी है जिसकी जानकारी के पीछे तीन हज़ार साल पुरानी परम्परा और सामने आधुनिक जीवन के सैकड़ों नए-नए पहलू हैं।"

शुरू से लेकर अब तक की कविताएँ सिलसिलेवार पढ़ी जाएँ तो कुँवर नारायण की भाषा से बदलते मिजाज को लक्ष्य किया जा सकता है। आरम्भिक कविताओं पर नई कविता के दौर की काव्य-भाषा की स्वाभाविक छाप स्पष्ट है। इस छाप के बावजूद–छटपटाहट है कविता के वाक्य-विन्यास को आरोपित सजावट से जुदा कर सहज वाक्य-विन्यास के निकट लाने की। यह छटपटाहट व्यक्त होती है उसी दौर की ऐसी पंक्तियों में–

दोनों ही बत्तख हैं
दोनों ही पानी हैं
छोटी-सी तलैया के
राजा और रानी हैं।

और–

'कभी बचपन में सुनी थी
शाहजादे की कहानी

याद आता है
समुंदर पार कैसे दानवी
माया-नगर में वह बिचारा भूल जाता है...'

आगे चलकर यह वाक्य विन्यास कुँवर नारायण की कविता के लिए स्वभावसिद्ध हो गया है। लेकिन उनकी विशेषता यह है कि उन्होंने सहज वाक्य-विन्यास को बोध के सरलीकरण का पर्याय अधिकांशतः नहीं बनने दिया। सहज रहते हुए सरलीकरण से बचे रहना साधना की, कठिन अभ्यास की माँग करता है। 'सहज-सहज सब कोई कहै-सहज न चीन्हे कोये!'

'बाल भाषा' में 'प्रौढ़ व्यक्तित्व को अभिव्यक्ति' देने की चुनौती को कुँवर नारायण ने बहुत गहरे में लिया और जिया है। परम्परा की स्मृति और 'सैकड़ों नए-नए' पहलुओं को धारण करने वाली अपनी विशिष्ट काव्य-भाषा सम्भव करने के लिए जो साधना उन्होंने की होगी, उसका अनुमान ही किया जा सकता है। पृष्ठ पर मौजूद कविता में तो हम केवल वह अनायासता देखते हैं, जिसके पीछे इतना सचेतन आयास और इतना सतत अभ्यास है। कुँवर नारायण इस महत्त्वपूर्ण सच्चाई के प्रति सजग हैं कि 'कलाकार-वैज्ञानिक के लिए कुछ भी अग्राह्य नहीं।' यह सजगता उनकी भाषा में विन्यस्त नैतिक बोध को 'नैतिकतावाद' से एकदम अलग कर देती है। वे इस गहरी सच्चाई से भी वाकिफ हैं कि 'चिन्तन की वास्तविक भाषा काव्यात्मक ही होती है।' चिन्तन चाहे दार्शनिक प्रश्नों पर किया जाए-चाहे वैज्ञानिक तथ्यों पर-बात जब अस्तित्व की गतिविधि की हो, तो भाषा को काव्यात्मक होना ही पड़ता है- क्योंकि काव्यात्मक भाषा ही प्रत्यक्ष दीखने वाले विरोधों के परे जा कर मूलभूत सत्यों को धारण करने का हौसला कर पाती है।

स्वयं के कवि-कर्म के नैतिक आग्रहों के साथ मिलकर, अपनी भाषा की विशिष्ट ऐतिहासिक स्थिति का यह बोध कि उसकी अपनी उम्र भले पचास साल हो, लेकिन उसकी स्मृति की उम्र तीन हजार साल है, कुँवर नारायण की भाषा को उसकी अपनी पहचान देता है। एक निबन्ध में उन्होंने 'काव्य-मीमांसा' को याद किया है : "बुद्धि के तीन हिस्से माने गए हैं-स्मृति, मति और प्रज्ञा-तथा तीनों को ही कवि के लिए आवश्यक कहा गया है...याद रखने वाली बुद्धि स्मृति, वर्तमान को सोचने वाली बुद्धि मति तथा भविष्यद्रष्टा बुद्धि को प्रज्ञा कहा गया है।"

चिन्तन की भाषा 'काव्यात्मक' होती है क्योंकि चिन्तन को संवेदना से और संवेदना को चिन्तन से विच्छिन्न नहीं होना चाहिए। बुद्धि के तीनों हिस्से कवि के लिए आवश्यक भी इसी कारण कहे गए हैं। अविच्छिन्नता की यह आवश्यकता पूरी हुई या नहीं-इसका प्रमाण कवि के वक्तव्यों में नहीं, कविताओं में ही खोजा जाना चाहिए।

जब स्मृति केवल परम्परा-प्रेम की रूढ़ि बन जाए तो मति और प्रज्ञा से उसका सम्बन्ध टूट जाता है। सांस्कृतिक स्मृतियों के कवि कुँवर नारायण इस सम्बन्ध का अपनी भाषा में पुनर्वास करते हैं। उनका स्मृति कोष चीजों, घटनाओं और शब्दों के चयन में संकीर्ण जनपदीयता और संकीर्ण परम्पराबोध से मुक्ति का सचेत प्रयत्न करता

है। खगोलीकरण का इन दिनों कुछ ऐसा आतंक है कि बहुत से लोगों को विश्वजनीनता और सार्वभौमिकता कविता तक में संदिग्ध लगने लगी है। ऐसी संदिग्धता की भाषा में रची गई कविता संकीर्ण राष्ट्रवाद के अनुकूल होगी या अन्तर्राष्ट्रीय जनवाद के? दूसरी ओर, जिस भाषा की परम्परा में कवि, बतौर कवि के जन्मा है, उस भाषा की परम्परा को धारण किए बिना कविता क्या सचमुच कविता हो पाएगी?

इस प्रश्न का सार्थक उत्तर वही कविता दे सकती है जो स्मृति, मति और प्रज्ञा को; गत, वर्तमान और आगत के बोध को एक बहुत ही नाजुक सन्तुलन को धारण करने में सक्षम हो। कुँवर नारायण की कविता में आने वाली, दुनिया भर के इतिहास की सांस्कृतिक स्मृतियों की कौधें, उनके आसपास रचा गया वाक्य-विन्यास एक नाजुक सन्तुलन उनकी भाषा में लाता है। बहुत ही सधे हाथों से तराशा गया यह सन्तुलन भावक की स्मृति में भी मार्मिक कौंध पैदा करता है–

घर रहेंगे, हमीं उनमें रह न पाएँगे
समय होगा, हम अचानक बीत जाएँगे।

अनायास याद आते हैं, भर्तृहरि 'कालो न यातो वयमेव यातास्तृष्णा न जीर्णा वयमेव जीर्णा:'! सचमुच, 'प्रौढ़ व्यक्तित्व को अभिव्यक्ति' देती कविता जब रची जाती है तो कविता की पूरी परम्परा या उसके कुछ मार्मिक क्षण ऐन आसपास स्पंदित हो उठते हैं।

मिथकों के प्रति गम्भीर संवेदनशीलता रखते हुए कुँवर नारायण उन्हें न तो जबरन इतिहास बनाते हैं, न उनमें अपने समकालीन राजनीतिक आग्रहों को ठूँसते हैं। भाषा के प्रति संवेदनशील कवि जानता है कि मिथकों की वास्तविक सार्थकता उनकी बहुलार्थ संभाव्यता में ही है, सुज्ञात, सुपरिभाषित ऐतिहासिक तथ्य या व्यक्ति बन जाने में नहीं। कवि मिथक की पुनर्रचना करता है। इस पुनर्रचना में उसके अपने आग्रहों का आना स्वाभाविक, बल्कि निर्णायक है, लेकिन इस पुनर्रचना की विश्वसनीयता, कवि के अभिप्रेत को व्यंजित कर सकने की क्षमता निर्भर करती है–भाषा के उसी नाजुक सन्तुलन पर। आधुनिक मानस मिथकों की अन्तर्वस्तु को सचमुच निश्चित रूप से नहीं जानता। जानता होता तो वे मिथक होते ही कैसे? चुनौती मिथक को मनचाहे उपदेश के बदलने से बचने की ओर उसे वक्त की बर्फ में जम गया मान लेने से बचने की है। यों जम गया होता तो भी, वह मिथक होता कैसे?

मिथक की अनिवार्य गतिशीलता और बहुलार्थकता माँग करती है प्रौढ़ कवित्व की। 'आत्मजयी' की पंक्तियाँ हैं–

यह सब धर्म नहीं–धर्म सामग्री का प्रदर्शन है।
अन्न, घृत, पशु, पुरोहित, मैं...
शायद इस निष्ठा में हर सवाल बाधा है।
जिसमें मनुष्य नहीं, अदृश्य का साझा है।
तुम सब चतुर और चमत्कारी।
बहुमत यही है–ऐसा ही सब करते–

'अदृश्य का साझा', 'बहुमत'—इस तरह के शब्द मिथकीय नचिकेता के रहे होंगे या ये शब्द पुनर्रचित नचिकेता के हैं? कहना मुश्किल है—क्योंकि इस मिथक की अन्तर्वस्तु और जो हो या न हो, जिज्ञासा और साहस अवश्य है। नचिकेता के प्रश्न धर्म के वास्तविक स्वरूप से सम्बन्धित थे, और धर्म का प्रचलित स्वरूप चाहे जितना बदल जाए, उसके 'वास्तविक रूप' की जिज्ञासा तो बनी रहेगी। मिथक की वस्तु की रक्षा करते हुए ही उसे अपने समय के सरोकारों से जोड़ने का यह प्रयत्न एक भी शब्द की लापरवाही से विफल हो सकता है।

सन्दर्भ मिथकों, किंवदंतियों या ऐतिहासिक व्यक्तियों का हो चाहे आसपास के पर्यवेक्षण का, कुँवर नारायण भाषा के नाजुक सन्तुलन को हाथ से छूटने नहीं देते। इस सन्तुलन के ही फलस्वरूप डर और खूंख्वारियत की परस्पर निर्भरता किसी भयानक खबर की तरह पाठक तक पहुँचती है। नर और कुंजर का भेद मिटाने वाले नैतिक विचलन की परिणति उस भयानक युद्ध तक सीमित न रहकर न जाने कितनी छोटी-छोटी लड़ाइयों और कितने शीत युद्धों तक पहुँचने का समाचार पाठक तक पहुँचता है।

और साथ ही, मुहावरों का रूपांतरण हो जाता है। खून का घूँट प्यार के घूँट में बदल जाता है, किसी एक वस्तु से जुड़े मुहावरों पर कवि दृष्टि पड़ती है तो वह वस्तु—'तारा' जैसे अपने विविध वाचक रूपों में पाठक से बतियाने लगती है। दीखने, चमकने, टूटने, फूटने और खोने के रूपों में।

ये कविताएँ भी अपने विविध रूपों में आप से बोलने-बतियाने को उत्सुक हैं। बोलने-बतियाने को इनके पास जीवन तो है ही, जीवन से बड़ा एक सपना भी है और उस सपने का लक्ष्य है आप—

तुम शुरू होना--एक घटना
मैं याद रखूँगा
पहला अंक-प्रस्तावना

तुम बोलते रहना—एक ध्वनि
मैं सुनूँगा
पहला शब्द—कैसे बना

तुम देखते रहना—कोई स्वप्न
मैं रचूँगा—
पहला स्वप्न—एक रचना

तुम लिख कर मिटा देना मुझे
मैं लिख कर सिद्ध करता रहूँगा।

बार-बार तुम्हें—जीवन से बड़ा एक सपना।

जीवन से बड़ा एक सपना—जो कवि का प्रेम है—जो कवि की प्रतिज्ञा है।

My intimate neighbour : Kunwar Narain's poetics of trees

Danuta Stasik

SUMMARY : This article, dealing with the poetry of Kunwar Narain, focuses on poems in which trees are the central theme or its essential element. In the opening part of the paper, the most significant aspects of Narain's poetry are emphasized : (1) it is poetry written from the perspective of an attentive observer who tries to give evidence of what he sees or experiences; (2) it contemplates human life and man's attitude to values; (3) it immerses itself in the past and present but also looks to the future with anxiety and acts as a catalyst in the process of understanding reality, one's social and cultural milieu; (4) it also resounds with mythological motifs and references to the Indian and world cultural heritage, allowing us to identify Kunwar Narain as a poet of culture. However, the poet also dialogizes with nature that, especially in his later works, becomes more and more prominent – a fully anthropomorphized protagonist, as e.g. the tree in the poem *Merā ghaniṣṭh paṛosī* (*My Intimate Neighbour*). In the main part of the article, which is based on the analysis of ten such "tree-poems", I discuss these poems' structure as well as different linguistic and stylistic devices in the use of trees adopted by the poet that together translate into Kunwar Narain's poetics of trees.

1. Embodying experience : introductory notes

The poetry of Kunwar Narain (Kunvar Nārāyaṇ, b. 1927),[1] one of India's outstanding literary figures and a major voice in Hindi, has become – in the words of the title of one of his best poems[2] – "my intimate neighbour" (*merā ghaniṣṭh paṛosī*). This became especially true when I was working on a collection of Polish translations of Kunwar Narain's verse and they seemed to me so close and intimate like a tree to the speaker of the poem.

To a certain extent this personal comment draws our attention to the first realisation of the most characteristic feature of Narain's poetic stance. It is poetry written from the perspective of an attentive bystander who, though per definition, usually is not actively involved in what he sees or experiences, nevertheless always tries to take a stand on the world around him, to bear witness to it. And this is equally true not only of the speaker of *Merā ghaniṣṭh paṛosī* but also of the tree, his intimate neighbour, which he is referring to. Such an attitude, noticeable already in Narain's early poems, becomes more and more vocal with the passage of time and the development of his artistic world-view. The titles of his two most recent published volumes : a collection of poetry *Hāśiye kā gavāh* (*A Marginal Witness*[3]) of 2009 and a collection of interviews *Taṭ par hū par taṭasth nahī* (*On a Borderline but Not On the Sidelines*[4]) of 2010, are the best, most eloquent proof of the fact that his poetry is written from the perspective of a thoughtful observer. Narain's stance results in a form of poetry that contemplates human life and man's attitude to values, reaching out to the fathomless secret of existence – outside all epochs and cultures. It is poetry that immerses itself in the past and present and looks to the future with anxiety, acting thus as a catalyst in the process of understanding reality, one's social as well as cultural milieu.

What's more, in many poems, mythological motifs and references to Indian and world heritage play a prominent role, which is especially true in the case of his later collections, i.e. published after *Apne sāmne* (*In Front of Us*) of 1979. The poet, paving the way for his readers, focuses his attention on great works of the Indian past such as the *Upanishad*s, on the historic sites of Śrāvastī, Nālandā, Fatehpur Sīkrī, as well as on Kafka's Prague. He also dwells on great writers, thinkers, painters and their works, such as Amir Khusro, Ibn Batutah, Kabir, Pablo Neruda, Picasso's *Guernica*, or on important historical figures such as the Roman Emperor Nero. Musing over cultural personae, artefacts and phenomena, the poet dialogizes with them and engages his audience in this dialogue. In such a way, tradition intertwines with the present and poetry serves as a tool with which the bridge of continuity is built and maintained. This artistic strategy allows us to identify Kunwar Narain as a poet of culture in the full sense of this term.[5]

No matter how valid this statement is, it is also true that Kunwar Narain frequently and consciously engages in dialogue not only with culture but also with nature. Narain's poetry draws upon his experiences with nature and with imagining it. As literary material, the experiences become universalized in metaphors and transferred to a symbolic dimension. Such an attitude has evolved over time and is visibly different in his earlier and in his later works. While Narain's earlier lyrical poems, set in natural scenery, tend to lean towards the unearthly and the fantastic, as in *Sāgar ke kināre* (By the Sea) from the collection *Cakravyūh* (*Circular Formation*) of 1956, in a number of later works a more realistic nature comes to the fore and with the passage of time becomes increasingly prominent – the protagonist with not only a much more familiar, even 'domesticated', countenance but also fully anthropomorphized. The title poem of this article – *My Intimate Neighbour* / *Merā ghaniṣth paṛosī* – can serve as a very good example of such an artistic treatment of nature and the most telling piece among those of Narain's works in which trees are ascribed a special role and also serve as a tool to make the main metaphor of a poem, as an axis around which its imagery revolves. This paper, based on the analysis of ten such poems,[6] is aimed at discussing different devices that together make up the strategy of the use of trees adopted by Kunwar Narain and that can be termed the "poetics of trees".

It should be noted here that the idea of Kunwar Narain's poetics of trees owes a great deal to the structuring of an English translation of his poems by Apurva Narain (Narain 2008), published with Hindi originals, where eleven[7] poems have been grouped into one chapter entitled *Trees*. Such an arrangement seems to indicate clearly that trees are an important motif in Kunwar Narain's poetry and an interesting theme awaiting further analysis.

2. Structuring the world of trees

The poems under discussion are in free verse, though they observe a convention concerning the poetic line and generally individual verses of different length are built up into stanzas of a more or less regular structure within a single poem. Stanzas form relatively self-contained units of poetic discourse that support each other and build into an indivisible whole. One feature linking all the poems under discussion is trees – as single plants or as a whole forest – as their central object or its essential element and in most cases, i.e. in six out of ten poems (*Ek vrikṣ kī hatyā*, *Phir ek peṛ*, *Vrikṣō ke śikhar*, *Nīm ke phūl*, *Ek harā jaṅgal*, *Pūrā jaṅgal*), trees also figure in their titles. It may be added here that Narain's poems commonly have titles, though this does not necessarily mean that they evoke the central theme of a poem in any specific way and this also applies to the poems under analysis.

In the body of the poems themselves, trees may appear as single specimens, usually of unnamed species, such as in *Phir ek peṛ*, which simply refers to "a tree", or in *Ek vrikṣ kī hatyā*, which speaks of

the old tree that always stood to attention,
like a guard, at the door to my house. (Narain 2008, p. 159)[8]

Another example would be the expressive opening lines of the poem *Merā ghaniṣṭh paṛosī*, which clearly seem to indicate that the name of the tree does not matter, even though, or maybe because (?), it has become an intimate neighbour of the lyrical I :

My intimate neighbour is
an old tree

Who knows what its name is, what is its family? (Narain 2008, p. 155)[9]

Trees are also spoken of in general with the use of plural forms, as e.g. in the refrain-like line of *vrikṣō ke śikhar* "the pinnacles of trees" (*vrikṣō ke śikhar*), recurring at the end of each of the poem's four stanzas. Or else trees may be referred to as a forest / jungle, as in *Ek harā jaṅgal* and *Pūrā jaṅgal*, or in *Ek vrikṣ kī hatyā* where it is said that in the same way as the house has to be protected from thieves, the city from oppressive looters, and the nation from its enemies, so jungles have to be saved from becoming deserts and people from becoming jungles.[10]

All the poems form a kind of snapshot that is developed by the speaker, who sometimes can be equated with the author (e.g. *Merā ghaniṣṭh paṛosī*, *Nīm ke phūl* or *Ek vrikṣ kī hatyā*). They seem to be closely linked to a more or less specific time : in the majority of cases, this is the lyrical past and present, sometimes intertwining, as well as to a specific place that often refers to home and its surroundings. But in fact, they reach much further and deeper, well beyond their time and place setting. For example, at first glance the poem *Nīm ke phūl* may seem to have no other purpose than to record the poet's early memories, firstly of his house being filled with "a bitter-sweet medicinal smell" (*kaṛvī-mīṭhī auṣadhīy gandh*) when a neem tree growing in the courtyard used to come into flower, secondly of those flowers being entangled in his mother's hair, thirdly of "a bristly yet affable earthen fragrance, like grandpa's nature" (*ek tīkhī par mitr-sī sōndhī xuśbū, jaise bābā kā svabhāv*), and fourthly of "a childhood playing with neem buds" (*nibauliyōn se kheltā ek bacpan*). However, the last, fifth stanza – that can be seen as the climax of the poem – introduces into this gentle and nostalgic image an element of the tragic and painful. It is a memory of the father's death, when "hesitant flowers blankly fall (…) on father's shroud placed below the neem" (*nīm ke nīce rakhe / pitā ke pārthiv śarīr par / sakucāte phulōn kā vah vītrāg jharnā*). These tiny flowers falling on his father's mortal remains as if from mother's hair are said to be not like tears but like consolation.[11] Such an ending, which at first sight may seem as an antithesis of the preceding pleasing scenes, in fact unfolds what has already been expressed earlier in the third stanza, where the poet builds an image of neem flowers that, after having blossomed, somewhat unexpectedly ("I never saw them wilting"[12]) drop off the tree. This is a scene in which there was "something serene and dignified" (*śālīn aur garimāmay*) and "which was neither joy nor remorse" (*jo na harṣ thā / na viṣād*). It emanates a contemplative mood in which falling flowers remind the reader of the general law of the natural order of things that cannot be escaped or reversed, like the death of the father, though it may happen that one has not seen him wilting...

The question of the natural order of things, which is in fact a process leading both towards death and life, is also addressed in other poems. For example, in *Maddhim ujāle mein* an anthropomorphized tree, described as "an incomplete creation",[13] "returns to earth again and again",[14] while in *Phir ek peṛ* the wheel of existence comes full circle from a tree to a splinter, and again to a tree and a forest :

> where now there is peace
> sprouts a bud
>
> again a tree
> again a forest
> again a dream
> from the same splinter. (Narain 2008, p. 161)[15]

The general law of the cyclical nature of (life)time is interestingly addressed in the poem *Varṣōn isī tarah*, where a tree is visualized as harmonizing with the seasons :

> For years like this,
> tireless in lilt and doom,
> its maniac refrain
> to somehow not let the life-song break
> till its last breath shall wane. (Narain 2008, p. 177)[16]

The theme of the passage of time, addressed from a different point of view, can also be found in the poem *Ek vrikṣ kī hatyā* which opens with the following lines :

> This time, he was not there –
> the old tree that always stood to attention
> like a guard at the door to my house (Narain 2008, p. 159)[17]

that unfold into a serene scene describing this fully personified guardian tree :

His worn leathery trunk,
weather-beaten life
wrinkled rough upright shabby,
branch like a rifle,
hat of leafy flowers,
rugged boots on feet
creaking coarse courage.

In sun in rain
in heat in cold
untiringly alert
in khaki fatigues. (Narain 2008, p. 159)[18]

Such a sedate image with the sentinel of a tree protecting from theft, damage, or attack, in fact, serves the poet as a stepping stone for taking up issues of a much more universal and timeless character than an old tree by the door of anyone's house that has been cut down. It evolves into an ecological appeal, calling for the protection of rivers, air and food, culminating in the already quoted lines with an appeal to protect jungles from becoming deserts and people from becoming jungles.[19] Interestingly, the metaphor featuring in these lines is a seemingly unexpected antithesis in the context of the poetry being analysed – the juxtaposition of culture and nature. People who have become jungles connote something that is decidedly negative and has to be avoided. But what do these jungles stand for? Do they mean just a mass of trees? Is this a wild space of uncontrollable growth, as one would be prone to think of jungles or forests? Or is it an empty, lifeless space – the desert of the preceding line, in which no (normal) existence of any kind is possible? Or both?

Ecological concerns also form the central theme of *Bhāṣā kī dhvast pāristhitikī mein* which is evoked as early as from the poem's title itself and directs the reader's attention not to a tree (absent from the title) but to ecology and a language that functions as its nominal attribute. As it soon turns out, the structure of the poem is founded on the parallel between a tree and a language. The two first stanzas[20] evoke the image of an artificial, man-made nature :

Rubber birds
Nylon flowers
Plastic trees (Narain 2008, p. 163),[21]

and half-forgotten, or half-remembered (!), tunes of folk melodies (*bhūle bisre lokgītōn kī ... laṛiyān*). All this serves as a background to the image created in the third stanza, relying on a reflection on the process of the drying out of a tree that begins from its flowers and leaves. A language endowed with the qualities of a tree comes onto the scene in the fourth stanza, which is a fine example of an extended metaphor that continues to the very end of the poem.

And finally the title poem of this paper – *Merā ghaniṣṭh paṛosī* – an example of Narain's most sublime craftsmanship, with its speaker who can be equated with the poet and its central object – the already mentioned poet's "neighbour" : an old tree. They are both very close indeed.

> A deep friendship has grown between us
> so much that when the wind sweeps
> he seems to take my name
> and call me,
> when the dawning sun wakes him
> he gets up coughing like granddad
> and wakes me too. (Narain 2008, p. 155)[22]

They talk for hours of this and that, like good old friends, though each in his own language, as, according to the tree, "language does not make a difference" (*bhāṣā se koī fark nahī paṛtā*). What unfolds in the middle of the poem and towards its end is the fact that they are exposed to the same natural cycle of recurring seasons :

> winter summer rainfall come to us in the same way,
> the gloom of fall
> the bloom of spring
> so many times have we celebrated
> together, like our birthdays. (Narain, p. 155)[23]

In the penultimate two-line stanza, the tree's arms of branches are said to be a shelter for birds, so they are always present there and we learn from the last stanza that they also come to the poet's house.

> Occasionally, when presuming it their own,
> they come to my house
> and stay put as his guests,
> it feels my home is but a bird's nest,
> and my belongings
> a fleeting season's bequest. (Narain 2008, p. 157)[24]

The last image provokes a question : What is what? Where are the borders? Are there any borders? This unity of culture (a house – an element of a man-made environment) and nature (birds) brings to mind, from a somewhat different perspective, oft-quoted lines from E. M. Forster's *A Passage to India* : "…no Indian animal has any sense of an interior. Bats, rats, birds, insects will soon nest inside a house as outside; it is to them a normal growth of the eternal jungle, which alternately produces houses trees, houses trees" (Forster 2010, p. 35). But above all, such imagery of the world testifies to Narain's non-anthropocentric humanism (cf. Iovino 2010).

3. Style and imagery

It can be said that in general the analyzed poems do not diverge stylistically from Narain's other poems dealing with different subject matters. Seemingly simple and unadorned diction and sentence structure are a result of an extremely scrupulous process of artistic selection that leads to refined sophistication.

As far as the lexis is concerned, the natural Hindi – *tadbhava* – vocabulary (henceforth marked as H.) predominates, though Perso-Arabic (P. and A., respectively), as well as – yet to a much lesser extent – English (E.), loanwords are not infrequent, and *tatsama* words (S.) also occur. In this context, it may be noted that the keyword of this analysis, i.e. the noun "tree", appears in the form of two synonymous lexemes: *peṛ* (H.), which is the word of first choice, and *vrikṣ* (S.), which appears in a higher register characteristic of lines in contemplative mood and of deliberations of a more philosophical, existential character – and they are never both used in the same context. Symptomatically, their synonym of Persian origin, the noun *daraxt*, does not appear in the analyzed poems at all. The other keyword of this study, the noun "forest", is *jaṅgal* (H.). And once, in *Maddhim ujāle mein*, the noun *āraṇyak* (S.) – translated by A. Narain as 'the woods' (Narain 2008, p. 151) – is also used. Its meaning, referring to a wild region (probably, but not necessarily, covered with trees), evokes the image not just of a wilderness but of the wilderness of the class of texts in Indian tradition – of the *Āraṇyaka*s. Studied in the forest, away from human settlements and throwing light on the secret of the Vedic ritual, they helped one to muse upon the wonder of creation and existence, to understand the ultimate reality (cf. Olivelle 2014). The not so distant echo of this tradition can be heard in the stanza opening with the line featuring the noun *āraṇyak* :

> The woods whose second part this is,
> had no flower in their first part
> nor any discourse on it

Just a question
that a seed in which is set
the lineage of a whole tree –
how is it that after coursing through
the many branches and sub-branches,
genres and sub-genres, loops and sub-loops,
sequence and starts, of its development
and reaching its highest zenith
there is still saved
an unassuming beauty. (Narain 2008, p. 151)[25]

The poem *Merā ghaniṣṭh paṛosī* is a fine specimen of Kunwar Narain's diction. In its forty lines, *tadbhava* words (H.) decidedly outweigh lexemes of a different origin but fifteen words of Perso-Arabic origin (including one hybrid),[26] a smaller number (nine) of Sanskrit *tatsamas*[27] as well as one English loanword[28] are also used. Each of these words is finely tuned with the idea or the image and the mood of given lines, the adjacent vocabulary, its stylistic register, sound value and all the constitutive elements of a poem (see the examples above). The overall result, not only in this poem, is a piece of exquisite craftsmanship concerned with the minutest detail.

The syntax of the analyzed poems is relatively simple and regular with occasional inversions in word order, particularly in the case of the subject and the object (with their complements) that occasionally succeed the verb instead of preceding it, something which is especially visible in the opening lines, e.g. :

kabhī-kabhī ek phūl ke khilte hī
us par mugdh ho jātā hai ***pūrā jaṅgal*** (Nārāyaṇ 1989, p. 108);[29]

band kar lẽin
band varṣõ kī or khult huī khiṛkiyā (Nārāyaṇ 1994, p. 130);[30]

merā ghaniṣṭh paṛosī hai
ek purānā peṛ(Nārāyaṇ 2002, p. 52).[31]

As can be seen in the quoted examples, the inversion serves the purpose of emphasis. The unusual word order – with the noun at the very end of a sentence / clause – represents a natural way of drawing the reader's attention to a constituent element of an image. It can be noted here that a similar purpose is also served by the device of enjambement that occurs e.g. in the poem *Pūrā jaṅgal* :

andhere ko kātatī ūskī ākhōn kī lau
chāyā hai*? (...)* (Nārāyaṇ 1989, p. 108)

peṛōn jhurmuṭōn mē bahtī
havā*. (...)* (Nārāyaṇ 1989, p. 108)

In many of the lines quoted in this paper (see esp. quotations from *Ek vrikṣ kī hatyā*), the metaphorical association of trees and human beings (cf. Capps 2011, p. 437), realized by means of anthropomorphism and personification, is apparent. Thus, the tree of *Merā ghaniṣṭh paṛosī*, visualized as having arms and a forehead, not only can speak but even talks for hours. Awakened by the morning sun, it coughs and at times keeps looking lovingly, in a cow-like manner (*gaū-sā*), at the speaker with its meek eyes. It can also respond empathically to the mood of the speaker who contemplates this in the following manner :

Whenever I sit down tired
beside him
  day or night
he listens attentively to what I say,
  says nothing himself
only gives to my restless nights a new dawn. (Narain 2008, p. 157)[32]

The valiant trees (*puruṣārthī vrikṣ*) of *Vrikṣōn ke śikhar* : "dole out blessings, / their magnanimous arms swinging in the wind..." (Narain 2008, p. 177),[33] and their pinnacles kiss the skies. A jungle of *Maddhim ujāle mein* has a body and mind, gets infatuated, walks, talks but can also become speechless.

Interestingly, while a single tree is a person(alized) partner, a forest tends to be ambivalent, not only calm, clement and dazzling but also disturbing and dreadful as in *Pūrā jaṅgal* (Narain 2008, p. 175). It can be difficult to control as well – but not impossible as the poem's ending proves – like in a beautiful love poem, *Ek harā jaṅgal*. In the veins of its speaker's beloved, a blazing green forest, serving as a vehicle for youth brimming with sensuality, sets on fire the *ānchal* of her *sārī*.[34] These meanings of the forest merge with the aforementioned opposition of culture / social life versus nature and trees, enhancing its semantic value and broadening the scope of its interpretation.

As previously stated, a strong metaphorical association of trees and human beings, their existence and the world of their ideas as well as their concerns, is the main force structuring the imagery prevalent in Narain's "tree poems" (cf. Andersson 1993).

4. Conclusions : Narain's poetics of trees

Summing up the foregoing analysis, it is worth noting that trees, however, should not simply be viewed as a metaphorical resource in the poetry of Kunwar Narain, or – to state it in a slightly different manner – as merely a resort of the poetic imagination (Galvany 2009, p. 72; cf. also Garner 2004, p. 84). They are not only the structural element of the analyzed poems around which their main theme revolves but, something that is especially significant, they also mediate or translate different levels and dimensions of existence, *de facto* playing in Narain's poems the role of constant actants[35] (cf. Huggan, Tiffin 2010, p. 190). Thanks to this, the metaphor of a tree in his poetry "suffuses daily life in its totality, profoundly determining thought and action" (Galvany 2009, p. 72) and results in a non-anthropocentric paradigm of life. At the same time, thanks to trees, which are visible and knowable, Narain's audience can cross the border of what is invisible and unknowable, and eventually can grasp and digest the secrets of existence. Finally, Narain's non-anthropocentric humanism, by means of his poetics of trees, culminates in the poetics of ecology.

Notes

1. Collections of Kunwar Narain's poetry include : *Cakravyūh* (1956), *Tīsrā saptak* (1959), *Pariveś : ham-tum* (1961), *Ātmājayī* (1965), *Apne sāmne* (1979), *Koī dūsrā nahīn* (1993), *In dinōn* (2002), *Vājaśravā ke bahāne* (2008), and *Hāśiye kā gavāh* (2009). For more on Kunwar Narain's works and life see e.g. Miśra (2002), esp. vol. 2, and essays by Caturvedī (2008a–d).
2. From the collection *In dinōn* (Nārāyaṇ 2002, pp. 52-53)
3. Lit. "a witness [signed] in the margins [of a document]".
4. Lit. "I'm on the bank / shore / edge / at the end [of my way] but not on the sidelines / not impartial".
5. Cf. the way in which it is commonly applied to two great Polish "poets of culture", viz Kamil Cyprian Norwid (1821-1893) and Zbigniew Herbert (1924-1998).
6. These poems are : *Ek harā jaṅgal* (A Green Forest) and *Pūrā jaṅgal* (The Whole Forest) from the collection *Apne sāmne* (Nārāyaṇ 1979, pp. 73 and 108 respectively); *Bhāṣā kī dhvast pāristhitikī mein* (In the Ravaged Ecology of a Language), *Varṣōn isī tarah* (For Years Like This), *Vrikṣōn ke śikhar* (The Pinnacles of Trees) and *Nīm ke phūl* (Flowers of Neem) from *Koī dūsrā nahīn* (Nārāyaṇ 1993, pp. 41, 122, 130 and 154); *Phir ek peṛ* (Again a Tree), *Merā ghaniṣṭh paṛosī* (My Intimate Neighbour), *Ek vrikṣ kī hatyā* (The Killing of a Tree) and *Maddhim ujāle mein* (In the Hazy Light) from *In dinōn* (Nārāyaṇ 2002, pp. 49, 52, 54-55 and 58).

7. One of those poems – *Dīvārōn par caṛhte phūl* (*Flowers on a Wall*) – has been left out of the present analysis.
8. *vah būṛhā caukīdār vrikṣ̄ jo hameśā miltā thā ghar ke darvāze par taināt.* English translations of the poems quoted in this paper are by Apurva Narain (Narain 2008).
9. *merā ghaniṣṭh paṛosī hai / ek purānā peṛ / – na jāne kyā to hai uskā nām, kyā uskī jāt.*
10. *ghar ko bacānā hai luṭerōn se / śahar ko bacānā hai nādirōn se / deś ko bacānā hai deś ke duśmanō se / (...) bacānā hai – jaṅgal ko maruthal ho jāne se, / bacānā hai – manuṣya ko jaṅgal ho jāne se.*
11. *nanhe-nanhe phūl jo ānsū nahīn / sāntvanā lagte haīn.*
12. *unhē kumhlāte kabhī nahī dekhā.*
13. *ek adhūrī racnā.*
14. *lauṭtī hai prithvī par bār-bār.*
15. *jahān ab śāntī hai / ug rahā hai ek aṅkur / phir ek peṛ / phir ek jaṅgal / phir ek svapn / usī phānk se.*
16. *varṣōn isī tarah / athak lay vilay mein / antim sāns tak jīvan-rāg ko / kisī tarah na ṭūṭne dene ko / uskī pāgal dhun!*
17. *abkī ghar lauṭā to dekhā vah nahīn thā – / vah būṛhā caukīdār vrikṣ / jo hameśā miltā thā ghar ke darvāze par taināt.*
18. *purāne camṛe kā banā uska śarīr / vahī saxt jān / jhurriyōndār xurdurā tanā mailākucailā, / rāifil-sī ek sūkhī ḍāl, / ek pagṛī phūl-pattīdār / pāvōn mein phaṭāpurānā jūtā / carmarātā lekin akkhaṛ bal būtā // dhūp mein bāriś mein / garmī mein sardī mein / hameśā caukannā / apnī xākī vardī mein.*
19. *bacānā hai – / nadiyōn ko nālā ho jāne se / havā ko dhuān ho jāne se / khāne ko zahar ho jāne se : / bacānā hai – jaṅgal ko maruthal ho jāne se, / bacānā hai – manuṣya ko jaṅgal ho jāne se.*
20. In this analysis, I refer to the number of stanzas in the Hindi original, which is six. Its English translation consists of seven stanzas, though the overall number of lines in both the original and the translation is the same (twenty-five). Cf. Narain 2008, pp. 162–163.
21. *plāsṭik ke peṛ / nāilan ke phūl / rabar kī ciṛiyān.* Please note the order of lines, different in the original and the translation.
22. *merī usse gāṛhī dostī ho gaī hai / itnī ki jab havā caltī / to lagtā vah merā nām lekar / mujhe bulā rahā, / subah kī dhūp jab use jagātī / vah bābā kī tarah kharkharāte hue uṭhtā / aur mujhe bhī jagā detā.*
23. *jāṛā garmī barsāt use bhī usī tarah bhāste jaise mujhe, / patjhar kī udāsī / vasant kā ullās / kitnī hī bār hamne sāth manāyā hai / ek dūsre ke janmadin kī tarah.*
24. *kabhī-kabhī jab apnā hī ghar samajhkar / mere ghar mein ākar ṭhahar jāte haīn / uske mehmān, / to lagtā ciṛiyōn kā ghōslā hai merā makān, / aur ek bhāgtī ritu bhar kī sajāvaṭ hai merā sāmān.*
25. *yah jis āraṇyak kā dūsrā hissā hai / uske pahle hisse mein phūl nahīn thā /*

na uspar koī vimarś / keval ek praśn thā / ki jis bīj mein nirbaddh hai / pūre vrikṣ kī vaṁśāvalī / uske vikās kī tamām śākhāōn praśākhāōn, jātiyōn prajātiyōn, cakrōn kucakrōn, kramōn upakramōn se / hote hue kaise uske sarvocc śikhar tak pahūc kar / bacī rah pātī hai / ek vinamr sundartā.

26. *hameśā* (P.), *tarah* (A.), *dostī* (P.), *havā* (A.), *subah* (A.), *aksar* (A.), *lekin* (A. → P.), *fark* (A.), *garmī* (P.), *bagal* (P.), *har* (P.), *mehmān* (P.), *makān* (A.), *becain* (p. *be* + H.), *sāmān* (P.). Some of them are used more than once; their order is according to the Hindi original.
27. *ghaniṣth, nikaṭ, nirīh, bhāṣā, vasant, ullās, janma(din), dhyān, ritu.*
28. *varāṇdā* (with a prolonged medial *-ā-*, representing the influence of the Portuguese *barāmdā*).
29. Sometimes, when a flower blooms / the whole jungle dotes on it; Narain 2008, p. 151.
30. Close up / the windows that open up to closed years; Narain 2008, p. 167.
31. For the translation of these lines see above (p. 4; plus note 9)
32. *jab bhī baiṭh jātā hūn thakkar / uske bagal mein / cāhe din ho cāhe rāt / vah dhyān se suntā hai merī bātōn ko, / kahtā kuch nahīn / bas, ek nayā saverā detā hai merī becain rātō ko.*
33. *āśīrvād luṭāte vrikṣōn kī / udar bāhēn haīn havā mein jhūltī...*
34. *ek harā jaṅgal dhamāniyōn mein jaltā hai. / tumhāre ācal mein āg...*
35. In the basic meaning of the "actant" of the actantial model of Algirdas Julien Greimas (see esp. Greimas 1987 and Prince 2003, pp. 1–3). Cf. also its role in the actor-network-theory (e.g. Callon 2001, Law and Hassard 1999).

References

Andersson, T., 1993, Real Forests in Our Minds. Metaphors and Prototypes in Discourse. *Lund University Cognitive Studies*, vol. 19 (*www.lucs.lu.se/LUCS/019/LUCS.019.pdf*; accessed 10 May 2014).

Bergthaller, H., 2006, "Trees are what everyone needs:" *The Lorax*, Anthropocentrism, and the Problem of Mimesis. In: Gersdorf 2006, pp. 155-175.

Brill's Encyclopedia of Hinduism. Edited by K. A. Jacobsen, H. Basu, A. Malinar and V. Narayanan. Brill Online (*http://referenceworks.brillonline.com/entries/brill-s-encyclopediaofhinduism/upanisads-and-aranyakas-COM_2020020* and *https://www.utexas.edu/cola/ files/1227705*, accessed 7 July 2014).

Callon, M., 2001, Actor Network Theory. In : Smelser and Baltes 2001, pp. 62-66.

Capps, D., 2011, Trees and Us : Poetic Metaphors and Pastoral Images. *Pastoral Psychology*, vol. 60, issue 3, pp. 437-449.

Caturvedī, P., 2008a, Madhyam-marg kī kavitā. *Saṁved*, 4, December, pp. 5-11.

Caturvedī, P., 2008b, Vicārōn kī indradhanuṣī ābhā. *Saṁved*, 4, December, pp. 12-27.

Caturvedī, P., 2008c, Loktantr ke patan kī pīṛā. *Saṁved*, 4, December, pp. 28-50.

Caturvedī, P., 2008d, Parākram kī dhurī par ek pragati-bindu. *Saṁved*, 4, December, pp. 51-68.

Forster, E. M., 2010, *A Passage to India*. Rosetta Books LLC, New York (1st published 1924).

Galvany, A., 2009, Discussing Usefulness : Trees as Metaphor in the *Zhuangzi*. *Monumenta Serica : Journal of Oriental Studies* 57, pp. 71-97.

Garner, A., 2004, Living History, Trees and Metaphors of Identity in an English Forest. *Journal of Material Culture* 9, 1, pp. 87-100.

Gersdorf, C., Mayer, S., (eds.), 2006, *Nature in Literary and Cultural Studies. Transatlantic Conversations on Ecocriticism*. Rodopi, Amsterdam – New York.

Greimas, A. J., 1987, Actants, Actors, and Figures. In : Greimas 1987, pp. 106-120.

Greimas, A. J., 1987, *On Meaning : Selected Writings in Semiotic Theory*. Trans. P. J. Perron and F. H. Collins (*Theory and History of Literature*, vol. 38). University of Minnesota Press, Minneapolis.

Haley, M. C., 1988, *The Semeiosis of Poetic Metaphor* (Peirce Studies, No. 4). Indiana University Press, Bloomington.

Huggan, G., Tiffin, H., 2010, *Postcolonial Ecocriticism Literature, Animals, Environment*. Routledge, London and New York.

Law, J., Hassard J., (eds.), 1999, *Actor Network Theory and After*. Blackwell Publishers, Oxford.

Iovino, S., 2010, Ecocriticism and a Non-Anthropocentric Humanism: Reflections on Local Natures and Global Responsibilities. In: Volkmann et al. 2010, pp. 29-53.

Miśra, Y., (ed.), 2002, *Kūnvar Nārāyaṇ : Saṁsār. 1* and *Kūnvar Nārāyaṇ : Upasthiti. 2*. Vāṇī Prakāśan, Naī Dillī.

Narain, K., 2008, *No Other World. Selected Poems*, translated by Apurva Narain. Rupa & Co., India.

Nārāyaṇ, K., 1995, *Cakravyūh*. Rādhākriṣṇa, Naī Dillī (1st published 1956).

Nārāyaṇ, K., 1989, *Apne sāmne*. Rājkamal Prakāśan, Naī Dillī (1st published 1979).

Nārāyaṇ, K., 1993, *Koī dūsrā nahī*. Rājkamal Prakāśan, Naī Dillī.

Nārāyaṇ, K., 2002, *In dinōn*. Rājkamal Prakāśan, Naī Dillī.

Olivelle, P., 2014, Upaniṣads and Āraṇyakas. In : *Brill's Encyclopedia of Hinduism*, 2014, pp. 41-55.

Prince, G., 2003, *A Dictionary of Narratology*. University of Nebrasca Press, Lincoln.

Smelser, N. J., Baltes P. B. (ed.), 2001, *International Encyclopedia of the Social and Behavioral Sciences*. Elsevier, Amsterdam – Oxford.

Volkmann, L., Grimm, N., Detmers, I., Thomson, K. (eds), 2010, *Local Natures, Global Responsibilities: Ecocritical Perspectives on the New English Literatures*, ASNEL Papers 15 (Cross/Cultures 121). Rodopi, Amsterdam – New York.

साधारण जीवन की असाधारण कविता

विजय बहादुर सिंह

कुँवर नारायण ने अपनी पहली कविता बीस साल की उम्र में सबसे पहले अंग्रेजी में लिखी पर जल्दी ही वे वह भाषा-मंच छोड़ खड़ी बोली के उस कुरुक्षेत्र में चले आए जहाँ न केवल रोमानी और रोमान विरोधी कविता का मूल्य-युद्ध छिड़ा हुआ था बल्कि वादग्रस्त काव्य-दृष्टि और जीवन-सापेक्ष अनुभवों की गतिशीलता की तकरारें भी जारी थीं। यानी कि एक ऐसे उलझे और प्रश्नाकुल बेचैन समय में उन्होंने कलम उठाई जिसमें परम्परागत विश्वासों के पहाड़ भी कुछ कम नहीं थे। इन पहाड़ों को एकबारगी नकारना या झुठलाना यदि कुँवर नारायण के लिए भी अन्धों की तरह सम्भव हो पाता तो शायद हो भी जाता पर कुँवर नारायण का मानना था कि उनका कवि जिन भाषा-परम्पराओं और स्रोतों से बँधा है उनकी उम्र तीन हजार साल पुरानी है। यहाँ तक कि शब्दों के वे जाने-पहचाने अर्थ भी जिन्हें अब नए तेवर और नई भंगिमा से अलंकृत करना है, वे भी कोई कम चुनौतीपूर्ण नहीं हैं।

कुँवर नारायण इसीलिए उस तरह से उतने और वैसे अतिवादी आधुनिक कवि नहीं हैं जो कविता और भाषा की विरासतों से शत्रु जैसी कठोरता और उपेक्षा बरतते रहे हैं। इस अतिवादी दृष्टि से वे शायद ही कभी सहमत हो पाए हों। तथापि वे यह कहते रहे हैं कि कवि-प्रज्ञा का बुनियादी काम उन सृष्टि-सत्यों की खोज और पहचान का है जिनसे कविता अपने समय के अनुभवों का ताल-मेल बिठा सके। या फिर जीवन के प्रत्यक्ष अनुभवों की जमीन पर उन सत्यों की दोस्ताना आवाजाही का सौन्दर्य रच सके। इसलिए कुँवर नारायण में न तो निषेध का कठमुल्लापन है न स्वीकार की दुर्भाग्यपूर्ण अंधता। ऐसा भी नहीं कि वे व्यक्ति की इकाई के सच को सिरे से नकारते ही हों पर उसकी सीमाओं के विस्तार के प्रति वे गहरी ललक का भाव रखते हैं। इसी तरह किसी वाद, विचार, सम्प्रदाय और सिद्धान्त के घेरे को वे अन्तिम नहीं मानते। उन्हें लगता है कि इससे केवल कविता का जीवन छोटा नहीं होता सृष्टि की सतत गतिशीलता और उसके अनंत विस्तार की आकांक्षा का जगजाहिर प्रत्यय भी झूठा पड़ता चला जाता है। उनके कहने में ऐसा शायद न भी आया हो कि प्रसरणशीलता

सृष्टि की स्वाभाविक आकांक्षा और सहज नियति है। कई-कई बार कई-कई ढंग से टूट-बिखर कर भी वह अन्ततः अपनी गतिशीलता ही जाहिर करती है। इसलिए जहाँ गति है, वहाँ किसी एक वाद या विचारधारा को 'न भूतो न भविष्यति' का ब्रह्मसत्य मानकर अपनी अवैज्ञानिकता का ही प्रमाण देना है। 'तीसरा सप्तक' में कुँवर नारायण की सबसे पहली कविता 'ये पंक्तियाँ मेरे निकट' की कुछेक सतरें हैं : 'ये पंक्तियाँ मेरे निकट आई नहीं/ मैं गया उनके निकट उनको बुलाने/ ग़ैर को अपना बनाने/ क्योंकि मुझमें पिंडवासी/ है कहीं कोई अकेली-सी उदासी/ जो कि ऐहिक सिलसिलों से दूर/ कुछ सम्बन्ध रखती उन परायी पंक्तियों से।'

इतना ही कहकर वे सन्तुष्ट नहीं हो लेते। यहीं वे अपनी कवि-कर्म की जिम्मेदारियों की उद्घोषणा जैसी करते हैं : 'और जिसकी गाँठ भर मैं बाँधता हूँ/ किसी विधि से/ विविध छन्दों के कलावों से।'

कविता में प्रयुक्त दो-तीन शब्द मुझे खासतौर से सचेत करते हैं। पहला है 'पिंडवासी', दूसरा 'ऐहिक' और तीसरा 'कलावों'। धर्म-दर्शन और कर्मकाण्ड-शास्त्र से चलकर आए इन शब्दों में कवि-दृष्टि की वह उदार ग्रहणशीलता और परम्परा-सजगता प्रतिफलित हुई है जिसमें एक क्रान्तिकारी सनातनता के बहुमुखी संकेत हैं।

'तीसरा सप्तक' के अपने वक्तव्य में कुँवर नारायण ने एक और पद-समूह 'मौसमी-सरगर्मी' का प्रयोग करते हुए कहा है कि जीवन को उसकी विच्छिन्न तात्कालिकता या अर्जित किए जा चुके सच को इयत्ता में ठहराया नहीं जा सकता। वह तो सच के बाद का भी सिलसिलेवार सच है। कवि का काम इस सिलसिले को महसूस करते हुए अपने अर्जित सच की दावेदारी को विनम्र होकर प्रकट करना है।

ऐसा भी नहीं है कि कुँवर नारायण अपनी कविता में भारतीय दर्शन की कोई शाखा रोपने की कोशिश लिए हुए हों पर भारतीयता के बोध या उसके प्रति किसी भी भारत जन्मे कवि की उपेक्षा या सांस्कृतिक मुहावरे में उद्दण्डता का भाव उन्हें तर्कपूर्ण नहीं लगता। अपने गर्भ-केन्द्र की प्रकृति का अध्ययन किए बगैर किसी शब्द का जायकेदार या हो-हल्ला वाला प्रयोग तात्कालिक असर तो पैदा कर सकता है किन्तु ऐसा शब्द जल्दी ही मुरझा और मर भी जाता है। कविता में ऐसी अकाल मौतें होती भी रही हैं। नया शब्द कहने में ही पुराने की प्रतिक्रिया है। किन्तु कोई नया शब्द जल्दी ही पुराना पड़कर पुराने गुड़ या चावल की तरह अधिक मूल्यवान हो पाएगा या फिर संस्कृति के कचरे और घूरे की नियति को प्राप्त होगा, कौन कहे। नए की सार्थकता तभी है जब वह पुराना होकर पहले से भी अधिक अर्थवान बन जाए। अन्ततः नए को पुराना तो होना ही है। उसे दूसरे आने वाले नए से खतरा भी कम नहीं है किन्तु नया पुराना पड़कर कभी बासी और अग्राह्य न बने यह चिन्ता कौन करेगा, सिवाय सर्जक के और सर्जक तो सचमुच वही है जो सृष्टि के सर्जना रहस्यों को जाने। इन्हें जाने बिना शब्द के पास जाना मुगालते में रहना है। याद दिलाने की जरूरत नहीं कि हर युग में ऐसे काव्य-अनाड़ियों की बहुतायत रही है। वे शब्द को

या तो शब्द कोश या फिर चालू भाषा-कोश से उठा लिया करते हैं। कभी-कभी तो उन्हें इसकी भी कोशिश नहीं करनी पड़ती। राह चलते यह बगैर किसी साधना के उन्हें मिल जाता है। तब भला वे कवि की रचना-यातना और उसके अन्त:संघर्ष को कैसे समझेंगे। उन्हें ये मुश्किलें कभी घेरती ही नहीं। वे और ही होते होंगे जो इसे जगजाहिर करते हुए कहते होंगे, 'वाणी की दीनता/अपनी मैं चीन्हता।' आत्मचेतस कवि भवानी प्रसाद मिश्र की इस पंक्ति में कवि की यातना महसूस की जा सकती है।

कुँवर नारायण जैसे कवि ही ईमानदारी से यह कह पाते हैं कि खड़ी बोली हिन्दी, अंग्रेजी के कारण न तो पूरी तरह से शिक्षित वर्ग की भाषा रह पाई, न साधारण बोल-चाल की जिसमें उसके अपने ताकतवर मुहावरों की अपार और उन्मुक्त आवाज़ ही बच सकी हो। ऐसे में उसमें कविता की सम्भावना यदि सम्भव होगी तो केवल तात्कालिक मुहावरों में ही नहीं, नए पुराने तमाम मुहावरों को जुटाकर ही सम्भव होगी। ऐसा कौन कर सकेगा। इसका जवाब खोजने के लिए हमें मीर और ग़ालिब जैसे महान शायरों की भाषा-दृष्टि से मदद लेनी पड़ेगी या फिर निराला-नागार्जुन जैसों से। इनकी भाषा-दृष्टि कोरी शब्द-दृष्टि नहीं है, शब्द में समाई अर्थ दृष्टि भी है।

16वीं सदी के पण्डितराज जगन्नाथ पूर्ववर्ती महान आचार्यों से कुछेक कदम आगे बढ़कर यह कहने का सौन्दर्य प्रदर्शित करते हैं कि केवल अर्थ नहीं, अपितु रमणीय अर्थ। रमणीय अर्थ को हम चाहें तो मार्मिक अर्थ कह सकते हैं। कविता इसी मार्मिक जीवन-सत्य की सतत खोज और पुनर्रचना का दूसरा नाम है। कवि को वैज्ञानिक या वैज्ञानिक को कवि का अगर समानधर्मी मानते हैं तो इसीलिए। यही कारण है कि कवि में भी वे वैसी ही पूर्वग्रह मुक्तता, उदारता, सहिष्णुता और बहुमुखी सतर्कता की माँग करते हैं। कवि-प्रज्ञा का यह वितान कुँवर नारायण जैसे कवियों को अन्यों से भिन्न करता है। कह सकते हैं कि वे समकालीनों के बीच एक प्रतिकवि संसार वाले कवि हैं जिन्हें अनुभवों की सतर्क खोज के साथ-साथ उनकी मार्मिक विदग्ध-लीलाओं का रहस्य रचना भी आता है। इस तरह रहस्यों के पार का वह यथार्थ भी वे संप्रेषित कर पाते हैं जो सभ्यताओं की प्रयोगशालाओं से निकलकर सांस्कृतिक इतिहास का हिस्सा बन जाया करता है। कुँवर नारायण के कवि-कर्म को इस फलक पर देखना शायद एक सुविधा जनक स्थिति हो।

उन पर सोचते हुए यह भूल नहीं जाना चाहिए कि वे एक ठेठ देशी कवि हैं गो कि उनकी विश्वविद्यालयी पढ़ाई अंग्रेजी साहित्य की है, ठीक रघुपति सहाय, फिराक, बच्चन और रामविलास शर्मा की तरह। पर उनकी बातचीत और कविता में जो सहजता और सरलता है, तनाव मुक्तता है, जिजीविषापूर्ण प्रश्नाकुलता और बौद्धिकता है, उसका मूल उस वेदांतिक दृष्टि में है जिसे कोई और साफ करके कहना चाहे तो औपनिषदिक कह सकता है। इस दृष्टि में भौतिक सच्चाइयों का नकार अगर होता तो यह कभी न कहा जा सकता कि अन्न ही ब्रह्म है। उपनिषदों ने हमें चेताया कि जो भोजन हम करते हैं वह तीन प्रकार का हो जाता है। उसका स्थूल भाग मल हो जाता है। मध्यभाग

मांस और चर्बी और जो सूक्ष्म भाग है वह मन हो जाता है। पिया हुआ जल भी तीन प्रकार का हो जाता है। स्थूल भाग मूत्र, मध्यभाग रक्त और सूक्ष्म भाग प्राण। खाया हुआ घृत आदि भी तीन प्रकार हो जाता है। स्थूल भाग हड्डी, मध्यभाग मज्जा और सूक्ष्म भाग वाणी हो जाता है। इसलिए मन अन्नमय है, प्राण जलमय है और वाणी तेजोमयी है। यही भारतीय जीवन-विवेक है जिसके तीन आश्रम और पुरुषार्थ शुद्ध भौतिक हैं। धर्म, अर्थ, काम और क्या हैं। इसीलिए भारतीय वह हो कैसे सकता है जो भौतिकता को नकारता हो। समझा और कहा यही गया है कि भौतिकता की प्रयोगशाला में ही कहीं आध्यात्मिकता की कोई खिड़की दबी-छिपी है जो बराबर खुलने के इन्तजार में रहती है। पर स्थूल भौतिक दृष्टि अपनी सँकरी सीमाओं के चलते वहाँ तक की यात्रा ही नहीं कर पाती। आधुनिक भौतिकवाद, जिसे द्वन्द्वात्मक भौतिकवाद कहा जाता है, जो कला और साहित्य में यथार्थवादी दृष्टियों का प्रवर्तन करता है, उसे तो इसकी परवाह तक नहीं है। सम्भवतः इस परिपूर्ण-बोध को वह जानना भी नहीं चाहता।

हिन्दी कथा-साहित्य और कविता में व्याप्त यथार्थवादी दृष्टियाँ अब तक जो और जितना कुछ कर पाई हैं, उसका तीन चौथाई तो स्थूल और सपाट राजनीतिक है। हमारे समय के तमाम छोटे बड़े कथित तौर पर चमकीले कवि और लेखक यथार्थ की जिस सतही भूमि पर खड़े रहकर समय की साधना कर रहे हैं, वह तो आन्दोलनी राष्ट्रवादी कवियों जैसी भी नहीं है। कहने की जरूरत नहीं कि यह सारा नया यथार्थ एकाध अपवादों के अलावा पुराना और बासी पड़ जाने वाला है। इसका सबसे बड़ा कारण उस सांस्कृतिक समझ का अभाव और रचना में उसकी अनुपस्थिति है जिससे कविता में प्रयुक्त काव्य-पद और मुहावरे लोक की चेतना से संवाद करने में सक्षम हो पाते हैं। समकालीन कविता अगर इतने सारे स्थूल यथार्थ के भारी जमघट के बावजूद हिन्दी भाषा-समाज की चेतना के लिए अजनबी बन चुकी है तो कारण यही है। इसमें सांस्कृतिक अनुगूँजें नहीं के बराबर हैं। अपवाद स्वरूप नागार्जुन आदि एकाध बड़े माने जाने वाले यथार्थवादियों की कविता आज की पीढ़ी के लिए गुरु-गम्भीर है और वह लोक संवाद-सक्षम अगर है तो इसीलिए कि उसमें सांस्कृतिक जीवन-संगीत की पदचापें बहुलता से सुनी जा सकती हैं। बड़े कवि की तरह वे अपने पूर्ववर्ती निराला से लगभग प्रतिस्पर्धा सी करते हुए उन तमाम बैरियर्स को तोड़-ताड़ डालते हैं जिनसे कोई हदबन्दी घटित होती है। उनके यहाँ हद से कहीं अधिक बेहद का सौन्दर्य अनुभव किया जा सकता है। उनका तो समूचा जीवन और काव्य-विवेक ही अतिक्रामक है। गौर करें तो निराला के परवर्ती अज्ञेय, मुक्तिबोध और भवानी प्रसाद मिश्र में भी ये अनुगूँजें प्रचुर हैं। कुँवर नारायण की कविताएँ भी एक अर्थ में इन्हीं अनुगूँजों में रमण किया करती हैं। कौन कहे ये सब नैतिकता-रहित हैं।

आप घबराएँ नहीं कि मैं बेहद पुराना शब्द 'रमण' लेकर एक कवि की अभिनवता को पीछे ठेलने की राजनीति कर रहा हूँ। नहीं, यह खुद कुँवर नारायण का अपना

और प्रयुक्त किया गया शब्द है। शोधछात्र लताश्री को दिए गए एक साक्षात्कार में उन्होंने कविता की भूमिका पर विचार करते हुए कबीर की याद की है और 'रमण' या 'रमैनी' को समझाते हुए कहा है कि कविता की जो कल्पनाशीलता है वह जड़ के साथ ही चेतन में भी प्रवेश करती है, बाहर आती है, घूमती है, यही रमण है। जड़ से चेतन और चेतन से जड़, व्यक्ति से समष्टि और घर से विशाल और विराट संसार तक का रमण। कल्पना का सौन्दर्य और उसका गौरव यही है कि वह मनुष्य की इस रमणशील संवेदना का अनथक विस्तार है। इसलिए वह एक सत्य तक पहुँच वहीं विलम या थम नहीं जाती। चली चलती और चलती चली जाती है। उसे यों ही 'अविराम कालयात्री' नहीं कहा गया होगा। रवीन्द्रनाथ ठीक ही कहा करते थे : 'यात्री आभि ओ रे/पारबे न केऊ आमा के धोरे।' वह कवि ही क्या जो किसी एक विचार या सिद्धान्त के खूँटे से बँधकर सन्तुष्ट रह जाए। फिर तो वह अपनी ही सृष्टि के स्वभाव और प्रयोजन का ही अपमान करेगा क्योंकि सृष्टि तो कभी थमकर रहने वाली नहीं रही। कवि, जो बुनियादी तौर पर उसका सबसे लाडला बेटा है, वह अगर इस रहस्य को नहीं समझता तो कौन समझेगा। तब तो यह सृष्टि का ही दुर्भाग्य है।

कुँवर नारायण जैसे कवि यही सम्प्रेषित करते हैं कि सृष्टि स्वयं एक लयात्मक छंद है। इस छंद को कभी नचिकेता के बहाने तो कभी वाजश्रवा के छोर से समझना और पकड़ना होता है। उन्होंने जो कहा है उसे उनके ही शब्दों में सुनना कहीं अधिक भरोसेमंद लगेगा, "मैंने हमेशा ही संकेत दिया है कि नचिकेता, स्वयं को केन्द्र में रखकर जीवन को सोचता है। वाजश्रवा को मैंने वैदिक दृष्टिकोण का प्रतीक माना है इसलिए पूरे जीवनानुभव से सोचता है। वह प्रौढ़ है, लेकिन नचिकेता अभी बालक है। उसने जीवन को उतना नहीं जाना है जितना वाजश्रवा ने जाना है। मेरी कोशिश रही है कि वाजश्रवा में पूरे जीवन अनुभव को समेट सकूँ जो मैंने खुद जाना है।"

जिज्ञासा होती है कि कवि ने ऐसा क्या जान लिया है। तब उसका ऐतिहासिक उत्तर सचेत सा करता हुआ हमें सुनाई देता है, "ऐसा नहीं कि सब कुछ यूँ ही छोड़ दिया गया है नष्ट होने के लिए बल्कि इन्हें बचाने की भी युक्तियाँ इन्हीं में रखी गई हैं, इसी जीवन में। जिसने इसे खोज लिया समझो उसने जीवन के सच्चे अध्यात्म को खोज लिया।"

यह जो दृष्टि है, वह दृष्टि नहीं है जो नथिंगनेस का सच लेकर हमें उदास, निराश और निरुपाय करती है। इसके ठीक विपरीत हमारी वह जातीय चेतना और दृष्टि है जो जिजीविषा और अपराजेयता में जीती है। कुँवर नारायण इस जातीय दृष्टि के, समकालीनों के बीच, अकेले उदाहरण हैं। उनका यह अकेलापन नचिकेता की प्रश्नाकुलता और समय से तो सम्पन्न है ही, वाजश्रवा के उस व्यापक जीवन-बोध से भी मण्डित है जो जीवन की तमाम भौतिक सच्चाइयों में संलिप्त होकर भी उनकी सीमाओं का अतिक्रमण कर सकने की सामर्थ्य रखता है। कैसी भी स्थिति में यहाँ जीवन का नकार नहीं है। यही वैदिक दृष्टि है जो अन्य तमाम निवृत्तिमार्गी संसार

विरोधी दृष्टियों से स्वयं को अलग करती है। जीवन को भरपूर जीते हुए जीवन के पार के अपार में चले जाने की योग्यता ही कुँवर नारायण की कविता का मर्म है। कोई तुलना इस सन्दर्भ में अगर याद भी आती है तो जल में कमल की तरह रहने का कला। त्येन त्यक्तेन भुञ्जीथा।

कुँवर नारायण ही कह सके हैं : 'इस जन्म-मरण आवागामन पाने-खोने के चक्कर में/ कौन लौटता है बार-बार/ उसी जीवन में/ आश्चर्य करता कि कुछ भी तो मरा नहीं/ अनारम्भ से निकल कर/ अनन्त से भी आगे तक निकल जाती/ जीवन की अथाह अन्त्याक्षरी' (वाजश्रवा के बहाने, पृष्ठ 94)।

एक ऐसे समय में जिसमें पश्चिमी सभ्यता की चकाचौंध ने सबको बौद्धिक दृष्टि से हतचेत और पराभूत कर डाला हो, किसी हिन्दी कवि का इतने सचेत और गहरे ढंग से कविता में होना, एक असाधारण और विलक्षण अपवाद है। आत्मविश्वास से भरी इतनी दर्पहीन स्वाधीनता तो केवल गाँधी या फिर 'कामायनी' के कवि प्रसाद में ही दिखाई देती है। यों भी कुँवर नारायण का काव्य-स्वभाव अन्यों से नहीं ही मिलता। 'तीसरा सप्तक' की अपनी कविताओं में भी उनकी वैचारिक रुझानें प्रयोगवादियों और अस्तित्ववादी हिन्दी कवियों से नहीं मिलतीं। अज्ञेय जैसे नेता कवि से भी नहीं। शमशेर, मुक्तिबोध, रघुवीर सहाय, भारती से भी नहीं। 'अन्धायुग' और 'कनुप्रिया' में भारती ने जीवन बोध को जिस तरह विभक्त करके देखा है, वह भी कुँवर नारायण की जीवन-दृष्टि और विश्व-दृष्टि से मेल नहीं खाता। इस विभाजित और निषेधात्मक परिसर से बाहर निकल यह कहना ज्यादा उचित होगा कि कुँवर नारायण अपनी कविता में वही कठिन लड़ाइयाँ लड़ रहे हैं जिसे लोक में गाँधी, साहित्य में रवीन्द्रनाथ और छायावाद के प्रसाद और निराला जैसे कवि लड़ रहे थे। यह एक सांस्कृतिक युद्ध था और आज भी है जिसका एहसास पहले की तुलना में अब कहीं अधिक तीव्र हो चला है। इस दुर्वह सांस्कृतिक साम्राज्यवाद के विरुद्ध कुँवर नारायण की कविता हमें उस दृष्टि और शक्ति का बोध कराती है जो किसी कवि के उसके अपने 'स्वदेश' में रहने से बनती और विकसित होती है। पश्चिम के भारी हंगामे वाले समय में इतनी अडिग देशजता या आत्मस्थता कुँवर नारायण ने कैसी साधी और अर्जित की होगी, यह एक स्वतंत्र प्रश्न है। क्यों कर उनका बेड़ा भी इस तूफानी बहाव में रुद्ध नहीं हुआ? आधुनिकता के अस्त्र-शस्त्र से भी वे पराजित क्यों और कैसे नहीं हो पाए? क्या यह उनकी विरलता नहीं कही जाएगी?

उत्तर खोजने निकलें तो कह भी पाएँगे कि कुँवर नारायण चूँकि एक निर्द्वन्द्व भारतीय कवि हैं इसलिए बेखटके कह सके हैं कि 'उपनिषद् आत्मा या मनुष्य के आन्तरिक जीवन को प्राथमिकता देते हैं, यह मानते हुए कि बिना जीवन को आन्तरिक स्तर पर संयमित किए सारी भौतिक प्रगति न केवल बेकार बल्कि खतरनाक साबित हो सकती है।' नचिकेता वाली पुराकथा की तरफ जाकर वे उस वैचारिक स्वतंत्रता को अपनी कविता में सम्भव कर सके हैं जो आज के मनुष्य की प्राथमिक माँग है। आधुनिक

भारतीय मनुष्य, केवल आधुनिक मनुष्य नहीं। 'आत्मजयी' में नचिकेता यही आधुनिक भारतीय मनुष्य है। धर्मशास्त्र और पुराण से बचकर वे अगर कामायनीकार की तरह दार्शनिक भाव-बोध वाले क्षेत्र में प्रवेश कर गए हैं तो इसीलिए कि वे अपने समय के भारतीय मनुष्य से काव्य-संवाद कर सकें। विडम्बना यही कि यह भारतीय मनुष्य अब दुर्लभ हो उठा है। सब के सब तो बुरी तरह आधुनिक हो चुके हैं। कुँवर नारायण तब अनसुने भी रह सकते हैं।

तो क्या कुँवर नारायण की भारतीयता आधुनिक जीवन के प्रश्नों से मुँह मोड़े बैठी है? क्या उत्तर होगा इसका? पहला तो यही कि वे बुनियादी तौर पर विचारपूर्ण या बुद्धिजन्य संवेदनाओं वाले कवि हैं। कविता में ही नहीं, जीवन में भी वे उस संतुलित लोक विवेक के हामीकार हैं जिसे भारतीय काव्य परम्परा हमेशा रेखांकित करती आई है। तभी तो वे कह सके हैं, 'घर रहेंगे, हमीं उनमें रह न पाएँगे।' संस्कृत की बड़ी लोक प्रचलित उक्ति है, हम काल को नहीं भोगते। सच यह कि काल के द्वारा हमारा ही भोग किया जाता रहता है। काल अनादि भी है, अनंत भी। यह हमारी पारम्परिक जीवन-दृष्टि है। किन्तु इसका यह अर्थ भी नहीं कि जो हमारा वर्तमान है, उसका कोई मतलब ही नहीं। सच जबकि यह है कि वर्तमान ही मापक केन्द्र है हमारे लिए अपने जीवनकाल को मापने का।

ऐसा भी समय आया जब कुँवर जी निजी जीवन में घटित हादसों के चलते नचिकेता की तरह मौत से जूझने निकल पड़े पर 'जीवन सौभाग्य है, जीवन अलभ्य है' 'प्रसाद' के सच के पास जल्द लौट भी आए। उनका यह लौटना ही उनकी आधुनिकता है। कहें तो भारतीय कवि की आधुनिकता।

निश्चय ही यह फौरी वापसी तो नहीं है बल्कि अनुभवों के उस ऐतिहासिक समय में वापसी है जहाँ कोई भारतीय कवि एक असाधारण सांस्कृतिक लेखाकर की तरह अस्तित्व की तमाम हकीकतों को दर्ज करता हुआ अपनी विशिष्ट भूमिका निभा रहा होता है। इधर मेरे पढ़ने में उनकी एक गजब सी कविता आई। उसका शीर्षक है 'मैं जरा देर से इस दुनिया में पहुँचा।' उसे पढ़ते हुए मेरी उत्तर आधुनिकता मारे भय के थरथराती रही : 'चारों तरफ लोहे और कॅन्क्रीट के/ बड़े-बड़े घने जंगल उग आए थे/ जिनमें दिखाई दे रहे थे/ अत्यन्त विकसित तरीक़ों से/ आदमी का ही शिकार करते कुछ आदमी...'

एक और बात जो इस कवि के बारे में कही जानी चाहिए कि वह एक आडम्बरहीन सादगी और तत्वाभिमुख सरलता का सौन्दर्य लिए हुए है और उसके ये हथियार, न सही, कहिए औजार, इतने धारदार हैं कि हमारे तमाम चकाचौंधकारी अँधेरों को चीर डालते हैं। आधुनिक सभ्यता जैसे कि चर्चिल और कुँवर नारायण गाँधी हों। हममें से कोई यह भी पूछ सकता है कि यह क्या आधुनिकता हुई? यह तो प्रति आधुनिकता हुई। तब यही कहना उचित होगा कि यह जैसी भी है, इसे वैसी ही रहने दें क्योंकि यह देशजता का अहिंसक वैचारिक तेज और सौन्दर्य लिए हुए है। आक्रामकता के

विरुद्ध एक ऐसी आत्मविश्वासी विनयी आवाज जिसमें गम्भीर जीवन की तमाम सांगीतिक अनुगूँजें सुनाई देती हैं।

कविता में छन्द की धड़कन पर विचार करते हुए कहा गया है कि वह हमारे ही भीतर पहले से प्रवाहित किसी लय की प्रतिध्वनि है। यानी कि लय गूँज और छन्द उसकी अनुगूंज है। आधुनिक कलाचिन्तकों की मानें तो यह लय सिर्फ शब्द की नहीं बल्कि अर्थ की भी होती है और सब जानते हैं कि कविता में अर्थ और कुछ नहीं अनुभवों की ही प्रतिभाषा है। दीपक की बाती में मुस्कराती हुई लौ की तरह। कुँवर नारायण का समूचा कवि व्यक्तित्व इसी लौ की मानिन्द है। उसमें राष्ट्रीय जीवन की वे तमाम पदचापें सुनी जा सकती हैं जो किन्हीं स्थानीय शोर-शराबे और हो-हल्ले की तरह समकालीन कविता की आवाजाही बन चुकी हैं। कुँवर नारायण की कविता में तथापि इस शोर का सार-समाचार तो पढ़ा जा सकता है पर उनकी कविता यहीं समाप्त नहीं हो जाती और न वह इसे कोई काव्य पौरुष ही मानती है। उनके हिसाब से सच्चा काव्य पौरुष तो उस लोकचित की सहजता तक पहुँचना है जो दूसरे अर्थों में विशुद्ध विश्वचित्त है। उनकी कविता इसी यात्रा का इतिहास है।

अपनी कविता में जिस जीवन और मृत्यु को लेकर वे बार-बार आए गए हैं या अभी भी यही आवाजाही कर रहे हैं, वह भारत की कविता का कोई नया विषय-क्षेत्र नहीं है। 'गीता', 'उपनिषद्', 'कामायनी' और हमारे अपने समय के कवि भवानी प्रसाद मिश्र की अँधेरी कविताओं में भी यह मौजूद है। पर यह भी सही है कि सबके ऐंगल अलग हैं। तथापि यह एक पुराना और परिचित भाव-क्षेत्र है जो हर बार हमारे अपने अनुभवों की आँच पाकर नया होता चलता है।

पुराने और नए की यह सनातन जुगलबन्दी कालिदास, जायसी, तुलसीदास, मीर, ग़ालिब, प्रसाद, निराला सबमें देखी और समझी जा सकती है। कुँवर नारायण भी इसी अर्थ में पुराने और उतने ही नए भी हैं। सबसे बड़ी बात यह कि उनका नयापन परम्परा विच्छिन्न नयापन नहीं है। वह पुरानी टहनी से फूटा एक और नया अँखुआ है। मूल की एक और नई छवि जिसे परम्परा में नवोन्मेष कहा गया है। यह तो उनके लेखन से स्पष्ट ही है कि वे मिथ, मिथक या पुराण शब्द का जिक्र नहीं करते। इनके बदले वे बार-बार एक और एक शब्द 'पुराकथा' का प्रयोग करते हैं। इस प्रसंग में उनकी इस समझ की भी अनदेखी सम्भव नहीं है कि ग्रीक पुराकथाओं की तुलना में भारतीय पुराकथाओं पर परवर्ती धार्मिक रंग इतना चढ़ा हुआ है कि विशुद्ध मानवीय रंग उनमें से निकाल सकना कठिन ही है। कहीं यह भारतीय जीवन-बोध के संश्लेषणवाद का ही एक परिणाम न हो। तथापि वे इस क्षेत्र से बाहर निकल सकने में समर्थ हो सके हैं। इसे वे खुद दर्शन का क्षेत्र कहते हैं। प्रश्न यह भी है कि दार्शनिक क्षेत्र की कथाएँ भी क्या पुराकथा के अन्तर्गत आएँगी? क्या इसका कोई औचित्य हम ढूँढ़ पाएँगे? हमारे पुरखों के पास आखिर वह कौन सा ऐसा निर्विघ्न समय रहा होगा जब वे जीवन के बुनियादी संघर्षों से मुक्ति पाकर इन गहन दार्शनिक प्रश्नों की ओर चले आए होंगे?

निश्चय ही यह कोई सुव्यवस्थित राजतंत्र का समय ही रहा होगा। तब भी क्या ये पुराकथाएँ ही कहीं गईं होंगी? या इन्हें किसी और नाम से उन दिनों पुकारा गया होगा?

नचिकेता की कथा तो निश्चय ही पुराकथा या मिथक न होकर एक दार्शनिक कथारूपक है। भारतीय जीवन और सभ्यता के ऐतिहासिक विकास क्रम वाले मिथक में इसका शायद ही कोई वैसा महत्त्व हो जैसा कि सृष्टि के उद्भव या विनाश की कथा का है। विपरीत इसके उपनिषदों के सार-सत्य 'पिण्ड में ब्रह्माण्ड...और ब्रह्माण्ड में पिण्ड' की मोहि-तोहि नाते अनेक वाली प्रतीतियों और बोध से भरा पड़ा है। 'उपनिषदों की कहानियाँ' दुहराते हुए भगवान सिंह की यह सोच और कथन हमारे लिए महत्त्वपूर्ण है कि 'उनकी दुनिया से होते हुए अपनी दुनिया में प्रवेश करने का' यह छोटा-सा रास्ता है। ऐसा जो विरक्ति की ओर नहीं ले जाता किन्तु अंधानुरक्ति के प्रति जो हमें सचेत भी करता है।

कवि कुँवर नारायण कहीं यही तो नहीं करते अपने कवि-कर्म से? मेरी अपनी समझ तो उनको लेकर कुछ ऐसी ही बनती है। वे एक विचारक या चिन्तक कवि हैं। कविता उनके लिए कोई साध्य वस्तु नहीं है। सम्भवत: इसीलिए वे उन सारे प्रयोगशील नवोन्मेषवादी समकालीनों के जोशीले काव्य-उद्यमों से एकदम अलग रहकर ऐसी छवि निर्मित करते हैं जो वादों, विचारधाराओं और काव्यान्दोलनों की गहमागहमी और चमक-दमक से परे रहकर ऐसी कविता का संदेश देती है जो जीवन का विश्वविद्यालय बन जाने की शक्तियाँ लिए हुए है। उसमें शिक्षा भी है, संदेश भी और अनूठी नसीहतें भी कुछ कम नहीं। जिन दिनों मैं 'वागर्थ' का सम्पादन कर रहा था मेरी नजर अचकचाकर उनकी एक कविता की तरफ गई। बेहद सरल शब्दों की इतनी तेज और आक्रामक धार कि मेरा पाठक उसे पढ़ते ही फिर हिल गया : 'फोन की घंटी बजी/ मैंने कहा-मैं नहीं हूँ/ और करवट बदलकर सो गया/ दरवाज़े की घंटी बजी/ मैंने कहा-मैं नहीं हूँ/ और करवट बदलकर सो गया/ अलार्म की घंटी बजी/ मैंने कहा-मैं नहीं हूँ/ और करवट बदलकर सो गया/ एक दिन/ मौत की घंटी बजी.../ हड़बड़ा कर उठ बैठा-/ मैं हूँ-मैं हूँ-मैं हूँ/ मौत ने कहा-/ करवट बदलकर सो जाओ।'

समकालीन जीवन और घिनौने-तुच्छ विवेक पर इतनी तीखी मार करने वाला यह कवि हमें यह महान संदेश भी देता है : 'मेरी आकांक्षाओं में/ न थी विश्वविजय न टकराहटें/ गले में 'बिकाऊ है' की तख्ती लटका कर/ बाज़ारों में घूमना भी नहीं था/ मेरी प्रतिज्ञाओं में/ मैंने सुरक्षित रखा/ एक साधारण मनुष्य की तरह/ जीने के अपने अधिकार को...' (वाजश्रवा के बहाने, पृ. 100)

कुँवर नारायण के कवि का मेरी दृष्टि में अगर कोई महत्त्व है तो यही कि वे हमें जीने के इस अधिकार से सचेत और सम्पन्न करते हैं। हमारी साधारणता की गरिमा की रक्षा करती हुई उनकी कविता हमें एक ऐसी वैश्विक मनुष्यता और लोकतांत्रिकता की ओर ले जाती है जहाँ हम कवि या वैज्ञानिक या राजकर्मी नहीं, सिर्फ और सिर्फ मनुष्य बचे रहते हैं।

नैतिक चेतना और संस्कृति का कवि

रविभूषण

हिन्दी कविता में और सम्भवतः भारतीय कविता में भी कुँवर नारायण (1927) की उपस्थिति अन्य कवियों से भिन्न और विशिष्ट है। उनकी कविताएँ किसी एक 'फ्रेम' में बंधी नहीं हैं। वे जीवन को उसकी समग्रता और व्यापकता में पूरी गहराई से देखते हैं। उनके लिए देखने (पश्य) का विशेष महत्त्व है। नई कविता के दौर के कवि जीवन, समय, समाज और कविता को जहाँ से जिस प्रकार देखते थे, कुँवर नारायण की कविता में उनसे एक भिन्नता है। आधी सदी से अधिक की उनकी काव्य-यात्रा अपने समय और समाज से जुड़ी है। नई कविता के दौर में अस्तित्व सम्बन्धी प्रश्न प्रमुख थे। समकालीन कविता के सभी प्रमुख स्वर ही नहीं, जीवन, समय और समाज के सभी प्रश्न भी यहीं मौजूद हैं। छात्र-जीवन में ही कुँवर नारायण ने कई प्रतीकवादी कवियों के अनुवाद किए थे और उनका पहला काव्य-संकलन 'चक्रव्यूह' (1956), 'तीसरा सप्तक' (1959) से पहले प्रकाशित हो चुका था।

कुँवर नारायण नैतिक चेतना और नैतिक संस्कृति के कवि हैं। काव्य-कर्म में इन दोनों की केन्द्रीयता उनके लिए आवश्यक है। घृणा, तिरस्कार और अवमानना से उनकी कविता बहुत दूर है। वहाँ इनका निषेध है। उनकी कविता भारतीयता और हिन्दी कविता–दोनों के स्वस्थ और उदार पक्ष का विकास है। उनका काव्य बोध, जीवन बोध, सौन्दर्य बोध और इतिहास बोध कहीं से भी खंडित नहीं है। अस्तित्व के प्रश्न से लेकर सामाजिक-सांस्कृतिक प्रश्नों के साथ वहाँ एक आत्मसजगता है। उनकी कविता मनुष्य के 'बृहत्तर', 'कृतज्ञतर', 'मनुष्यतर' और 'पूर्णतर' होने के पक्ष में है। एकध्रुवीय विश्व में विभिन्नताओं का स्वागत नहीं है, पर कुँवर नारायण विभिन्नताओं को एक-दूसरे की दुश्मन न मानकर 'एक-दूसरे की पूरक विशिष्टताएँ' मानते हैं। उत्तेजना, घृणा, आवेग, आवेश, उन्माद उनकी कविता में नहीं हैं। कविता उनके अनुसार 'आत्मिक ढंग से हमारी उन संवेदनाओं को आंदोलित करती है उनका हिस्सा बन जाती हैं, जिनमें दूर तक नैतिक चेतना और सौन्दर्य बोध को ऊर्जा प्रदान करने की शक्ति होती है।'

कुँवर नारायण की कविताओं में एक आन्तरिक संगति है। जीवन-दृष्टि एवं इतिहास-दृष्टि के साथ वहाँ संगीत, लय और अनेक अन्तर्ध्वनियाँ हैं। इन कविताओं में ज्ञात और अज्ञात, यथार्थ और स्वप्न, इतिहास और मिथक, दृश्य और अदृश्य, वर्तमान और अतीत हैं और ये सब एक-दूसरे से विच्छिन्न नहीं हैं। पूरी काव्यगरिमा के साथ वहाँ अभेद उपस्थित है। वे सहिष्णुता, धार्मिकता, मुक्तता और उदारता के पक्ष में हैं क्योंकि इसी से जीवन निर्मित होगा। उनकी कविता प्रतिवादी नहीं है। साहित्य उनके लिए 'स्वयं जीवन पर विचार है।' कविता की जड़ें वे जीवन में देखते हैं और समीक्षा की जड़ें विचार में।

कुँवर नारायण की कविता भाव-पक्ष के साथ विचार-क्षमता को भी सम्बोधित है। वे केवल 'अनुभव' पर बल नहीं देते, 'अध्ययन' को भी प्रमुख और प्रामाणिक मानते हैं। इतिहास और मिथक से वे अपने समय को भी देखते हैं, मिथक उनके लिए 'पुराने जमाने के किस्से-कहानी भर' नहीं हैं। 'कठोपनिषद्' ने उन्हें अधिक प्रभावित किया है। 'आत्मजयी' (1965) में वे जीवन को मृत्यु की ओर से देखते हैं और 'वाजश्रवा के बहाने' (2008) में मृत्यु को जीवन की ओर से। दोनों खंड-काव्य हैं और दोनों कृतियों के बीच चालीस वर्ष से अधिक का अन्तराल है। वे फासलों को मिटाने वाले कवि हैं और उनका मार्ग संघर्ष का न होकर सन्तुलन और समझौते का है। आज फासले बढ़ रहे हैं जैसे, जनता और सरकार के बीच, जैसे उसूलों और व्यवहार के बीच, जैसे संपत्ति और विपत्ति के बीच, जैसे गति और प्रगति के बीच। कुँवर नारायण आत्मिक और भौतिक के बीच द्वंद्व के पक्षधर नहीं हैं। वे दोनों के बीच 'वाजश्रवा के बहाने' सन्तुलन स्थापित करते हैं।

'कुतुब का परिसर', 'इब्ने बतूता', 'ज़जीरा का किला', 'श्रावस्ती', 'फतेहपुर सीकरी', 'नालंदा और बख़्तियार', 'अयोध्या 1992', 'लखनऊ', 'दिल्ली की तरफ़', 'आज का ज़माना', 'गुजरात 2002', 'आजकल कबीरदास' और 'अमीर ख़ुसरो' जैसी कविताओं में इतिहास और समय को देखने की दृष्टि महत्त्वपूर्ण है। 'कभी-कभी' इतने करीब से/अपने को दुहराता है इतिहास/कि साफ सुनाई देती/सुनसान रातों में सागर-तट पर/ दूर से आती/ कभी सिक्कों तो कभी सिसकियों की आवाज़' और 'कौन कह सकता है कि जिसे/ हम जी रहे आज/वह कल की मृत्यु नहीं/और जिसे हम जी चुके कल/वह कल का भविष्य नहीं?'

'आत्मजयी' (1965) के पूर्व कुँवर नारायण की कविता-पुस्तक 'परिवेश : हम-तुम' (1961) प्रकाशित हुई थी और उसके बाद 'अपने सामने' (1979)। इस कृति के बाद 'कोई दूसरा नहीं' (1993) और 'इन दिनों' (2002) कविता-पुस्तकें प्रकाशित हुईं। सत्तर के दशक के मध्य से ही भारतीय जीवन और समाज में एक बदलाव आरम्भ होता है और इस दौर में कुँवर नारायण इतिहास को देखते हैं। मिथक, इतिहास और वर्तमान से जुड़ी हुई हैं उनकी कविताएँ। उनके यहाँ ऐतिहासिक व्यक्ति और घटनाएँ प्रमुख न होकर-इतिहास के अनुभव प्रमुख हैं, जिन्हें वे 'विस्तारित प्रासंगिकता'

(एक्सपैंडेड कंटेक्सचुएलिटी) कहते हैं। इनमें सरहपा, अमीर ख़ुसरो, तुलसी, कबीर की याद अर्थपूर्ण है। उनकी काव्य-संवेदना की परिधि व्यापक है। पुरुषोत्तम अग्रवाल के सम्पादन में 'प्रतिनिधि कविताएँ' (2008) में 'चक्रव्यूह' (1956) से 'इन दिनों' तक (2002) तक के संकलनों की अनेक कविताएँ संकलित हैं और अपूर्व नारायण द्वारा अंग्रेजी में अनूदित चुनी कविताओं का संकलन 'नो अदर वर्ल्ड' (रूपा, 2008) द्विभाषी (हिन्दी और अंग्रेजी) संकलन है।

कुँवर नारायण कवि होने के साथ प्रमुख निबन्ध-लेखक, चिन्तक कहानीकार, साहित्य-समीक्षक तथा कला-समीक्षक हैं। 'आकारों के आसपास' (1973) उनका कहानी-संकलन है और 'आज और आज से पहले' (1998) उनकी आलोचना-पुस्तक है। साक्षात्कारों की पुस्तक 'मेरे साक्षात्कार' (1999) है और साहित्य के अन्तर्विषयक सन्दर्भों से जुड़ी पुस्तक है 'साहित्य के कुछ अन्तर्विषयक सन्दर्भ, (2003)। सिनेमा जैसे नए कला-माध्यम और संगीत जैसे पुराने कला-माध्यम से कुँवर नारायण गहरे जुड़े हुए हैं।

कुँवर नारायण देश-विदेश के अनेक पुरस्कारों से सम्मानित हो चुके हैं। साहित्य अकादेमी पुरस्कार, कुमारन आशान पुरस्कार, व्यास सम्मान, राष्ट्रीय कबीर सम्मान, शलाका सम्मान, पोलैंड का 'मेडल ऑफ वार्सा यूनिवर्सिटी' और रोम का अन्तर्राष्ट्रीय 'प्रीमिओ फेरोनिआ' के बाद अब उन्हें ज्ञानपीठ पुरस्कार से सम्मानित किया गया है। उनके अनुसार पुरस्कार 'एक ऋण की तरह है, जिसे अपने काम को और आगे बढ़ाते हुए चुकाना है।'

एक कवि की जेनेसिस और रिवर्स जेनेसिस

गीत चतुर्वेदी

रूसी भाषा के जोसेफ ब्रॉडस्की ने थॉमस हार्डी पर एक लेख लिखा था, जिसमें उन्होंने इस बात पर जोर दिया था कि इतने बरसों बाद भी हार्डी अपनी ही भाषा में उपेक्षित हैं और उन चीजों को नहीं पा सके हैं, जिसके वे हकदार थे। उनका मानना था कि हार्डी को उनके आलोचक आधुनिक भावबोध से देखते हैं, जबकि उन्हें उससे एक सीढ़ी पहले यानी आधुनिकता से पूर्व-बोध को ध्यान में रखना चाहिए। कविता को पढ़ने के तरीकों पर यह एक सुन्दर लेख है। बाद के बरसों में ब्रॉडस्की के निबन्धों पर लिखे एक लेख में जे. एम. कोएट्ज़ी ने उनकी इस प्रवृत्ति की ओर ध्यान दिलाया कि ब्रॉडस्की जब भी अपने प्रिय कवियों के बारे में लिखते हैं, उनमें वे सारी बातें खोज लेते हैं, जो दरअसल वह अपने भीतर पाना चाहते हैं।

समीक्षक या आलोचक को अपने विषय-लेखकों पर अपने आग्रहों को आरोपित नहीं करना चाहिए, ऐसा आम तौर पर माना जाता है। उससे उम्मीद की जाती है कि वह उन्हीं चीजों के इर्द-गिर्द घूमे, जिन्हें मूल लेखक ने अपने रचना के स्वभाव व रचना-कर्म से अर्जित किया है, पर लेखकों से नियमों का पालन नहीं हो पाता। साधारण तौर पर ऐसे नियमों को तोड़ जाना उनकी रचनात्मक विवशताओं का ही हिस्सा होते हैं। इसीलिए आम तौर पर दुर्गुण मानी जाने वाली चीजें बड़े कवियों के यहाँ शृंगार बन जाती हैं। यह एक दुर्लालित्य है, जो अकसर चीजों को नए तरीके से देखने या कुछ नई सुन्दरताओं तक पहुँचने का माध्यम बन जाता है।

अपनी उल्लेखनीय या सूक्ष्म, विशेषताओं को अपने पहले प्रिय कवियों में प्रत्यारोपित कर ब्रॉडस्की परम्परा के पहियों को थोड़ा सा उलटा घुमा देते हैं। जिन चीजों को वह अपने भीतर विकसित पाते हैं, उन चीजों के बीज उन्हें हार्डी से मिले थे, ऐसा बताकर वह अपनी जेनेसिस की मैपिंग का रास्ता ही दिखा रहे थे। उन्हें पढ़ते हुए मुझे हमेशा लगता है कि क्या एक रिवर्स-जेनेसिस भी हो सकती है, जिसमें ऐसा हो कि जिन चीजों के बीज हमें ब्रॉडस्की में मिलते हैं, पहले से ही हार्डी के भीतर उन सबकी एक भरे-पूरे विकसित वृक्ष के रूप में उपेक्षित अनुपस्थिति थी? यह सम्भव है।

कुँवर नारायण की कविताओं को पढ़ते हुए मुझे यह सम्भव दिखाई देता है। उनकी कविताओं की संरचना जिस तरह स्वीकृत-सरल-शास्त्रीयता की देह पहनती है और उनकी कविताओं का भावबोध जिस तरह लगभग अस्वीकृत, दुविधा में डाल देने वाला, जटिल भावबोध होता है—ये दोनों चीजें यह सोचने पर विवश कर देती हैं कि क्या कुँवर नारायण मोनो-जेनेसिस के कवि हैं? यानी क्या उनके कवि, उनकी कविता और उनकी कविता के जीवन की उत्पत्ति सिर्फ एक कोशिका से होती है? कोई आदिम, प्राचीन, प्रारंभिक कोशिका?

वह पॉली-जेनेसिस के कवि हैं? यानी उनके कवि, उनकी कविता और उनके कविता के जीवन की उत्पत्ति किसी एक कोशिका से होने के बजाय, फूलों की तरह उनके बीजारोपण में एक खास किस्म का बंजारापन छिपा हुआ है? जैसे परागकणों को मधुमक्खियाँ, चिड़ियाँ, हवाएँ उड़ा ले जाती हैं और किन्हीं दूसरे पर्यावरणों में वह कण जब पैदा होता है, तो अपना स्वभाव थोड़ा सा बदल लेता है, अपनी विशेष पारिस्थितिकी से समन्वय के क्रम में। इस तरह, हर बार उसमें कुछ न कुछ बदलाव आता है और एक दिन वह एक स्वतंत्र नस्ल बन जाता है।

ब्रॉडस्की की ही तरह कुँवर नारायण में जेनेसिस और रिवर्स-जेनेसिस की यह प्रक्रिया एक साथ दिखाई पड़ती है। ये दोनों चीजें एक ही सरल रेखा या परस्पर समांतर सरल रेखाओं में नहीं होतीं, बल्कि रिवर्स-जेनेसिस बहुधा जिग-जैग, आड़ी-तिरछी, रैंडम रेखाओं में होता है। वह अपनी कविताओं में समय के व्यक्तित्व को नष्ट होने से बचाने की कोशिश करते हैं, समय को अपने विचारों के वाहन के तौर पर इस्तेमाल करते हुए। वह अपने समय और उसके बीतेपन को, पुराने समय और उसके बीतेपन को, सतत जिज्ञासु और शंकालु, जवाबों के बीच से निकलने वाले सवालों के जरिए देखते हैं। वह वर्तमान को अतीत से देखते हैं और अतीत को वर्तमान से देखते हैं। वह जीवन की सुन्दरताओं की खोज में एक बहुत लम्बी यात्रा करते हैं और सुदूर मिथिहास में जाकर यह बताते हैं कि उनकी कविता का उत्स शायद यहीं-कहीं है। वह जीवन, प्रेम और मृत्यु के त्रिगुणसूत्री भारतीय चिन्तनवृक्ष को अपने भीतर उगा हुआ महसूस करते हैं, तो समय की इसी सुदूर यात्रा के कारण। यह वृक्ष बीजरूप में मिथिहास में मौजूद है। यह जेनेसिस की प्रक्रिया के अन्तर्गत है। फिर वह मिथिहास और इतिहास की कंदराओं में भटकते हुए ठीक आज के समय के बारे में बताते हैं, पर वह सिर्फ प्रॉफेसी नहीं होती। वह मानवीय गुणों की विरासत को सहर्ष स्वीकार करते हैं। कवि के रूप में वह यथार्थ समय और काल्पनिक समय के बीच लगातार आवाजाही करते हैं, इस तरह से कि यथार्थ और कल्पना उनके लिए लगभग समार्थी शब्द बन जाते हैं—समार्थी जैसे कि अर्थ के सम तक पहुँचाने वाले शब्द। इन दोनों समयों की यात्रा के दौरान उन्हें कई अनुभव होते हैं, वह विभिन्न पर्यावरणों में रहते हैं, कई देशों और उपदेशों में अतिथि की तरह या नागरिक की तरह रहते हैं, उससे उनमें कई बदलाव आते हैं। वह इन सारी चीजों को विरासत में मिले अपने सांस्कृतिक

अनुभव में मिश्रित कर देते हैं। लोहिया ने मिथकों को 'मनुष्य की कलात्मक कल्पनाएँ' कहा है। यह दृष्टि दरअसल आज दिन में बैठकर उस पूरे मिथिहास को देखने से बनती है। कुँवर नारायण अपनी रचनाओं में इस दृष्टि में भरोसा करते दिखते हैं, तो यह मनुष्य की तमाम वर्तमान व ऐतिहासिक कलात्मकताओं और कल्पनाओं के प्रति उनकी प्रतिबद्धता को दर्शाती है। व्यक्ति और समाज के अद्वैत और गुणों के परस्पर समावेश की जो प्रवृत्ति उनकी कविताओं में बीजरूप में मौजूद हैं, वे दरअसल वृक्ष के रूप में मिथिहास में मौजूद है। यह उनकी रिवर्स-जेनेसिस है।

ऐसा करते समय वह प्रस्तुत लीनिएज को नकार देते हैं। जो लीनिएज उन्हें जेनेसिस की प्रक्रिया में मिलती है, उसे वह थोड़ा-सा स्वीकार करते हैं और उलटी प्रक्रिया में वह नए पड़ावों, नए मार्गदर्शकों को शामिल करके नितांत नई मिश्रित लीनिएज का प्रस्ताव करते हैं। बड़ा कवि अपना लीनिएज खुद बनाता है। इसे अगर सरल शब्दों में कहने की जरूरत हो, तो बिलकुल सड़क की भाषा में यह कहा जा सकता है कि बड़ा कवि यह खुद तय करता है कि उसकी कविता का बाप कौन होगा। ऐसा करके वह परम्परा में अपनी तरह से उलटफेर करता है। ऐसा करके वह अपने समय की कविता के इतिहास को दुबारा लिखने के लिए विवश कर देता है। ऐसा कवि अमूमन पॉली-जेनेटिक कवि होता है। कुँवर नारायण ऐसे ही कवि हैं।

मोनो-जेनेटिक कवि अकसर एक समय, एक विचारधारा, एक विशेष राजनीतिक-सामाजिक परिस्थिति, एक विशेष निष्ठा, एक विशेष आस्था यानी संक्षेप में, अपनी रचनाओं के व्यक्तित्व के लिए एकलताओं का चयन करता है। उसमें नजरअंदाज न की जा सकने वाली 'एक्सक्लूसिवनेस' होता है। उसकी निजी ज़िन्दगी जोखिम से भरी होती है, लेकिन ज्यादातर वह अपनी कला में बड़ा जोखिम नहीं उठा पाता। मेरी नजर में लोर्का और ब्रेख्त शिम्बोर्स्का और सिल्विया प्लाथ इसी श्रेणी में आते हैं।

पॉली-जेनेटिक कवि, जैसा कि ऊपर के विलोम से इशारा मिल जाता है, अकसर एक साथ बहुत साफ समयों, कई राजनीतिक-सामाजिक परिस्थितियों के बीच, कई आध्यात्मिक यात्राओं को भी पूरा करते हुए, कई सांस्कृतिक रिसेप्शंस को समाहित करते हुए, यानी अपनी रचनाओं के व्यक्तित्व के लिए बहुलताओं का चयन करता है। वह सतत आर्गुमेंटेटिव, समाधानों से ज्यादा नई समस्याओं का अनुसंधान करता, सहज ही 'इन्क्लूसिव' और यूनिवर्सल अप्रोच व अपील का कवि होता है। उसकी निजी ज़िन्दगी जोखिम से भरी हो सकती है या नहीं भी हो सकती, लेकिन अपनी कला में वह बड़े से बड़े जोखिम उठाता है। मेरी नजर में बोर्हेस और मिवोश, नेरुदा और एलियट ऐसे ही कवि हैं।

मेरे लिए यह सवाल मायने नहीं रखता कि इन दोनों श्रेणियों के बीच कवियों की बड़ी श्रेणी कौन सी है? पर यह देखना फिर भी जरूरी है कि मोनो-जेनेटिक कवि संख्या में बहुत होते हैं, लेकिन उनमें से बहुत कम ही मेजर पोएट्स बन पाते

हैं। जबकि पॉली-जेनेटिक कवि हमेशा संख्या में कम होते हैं और उनमें से बहुत ही कम माइनर पोएट्स कहलाते हैं।

पिछले कुछ समय से हम जैसा समाज देख रहे हैं, आक्रांताओं ने अपना रूप बदल लिया है, तलवारों की धार भले सान न चढ़ाई गई हो, रुपए के नोटों की धार इतनी तेज है कि गला रेत दे, एक निश्चित दिशा में एक अनियंत्रित दौड़ चल रही है, आदमी को आत्मा की तरह नहीं, एक वस्तु की तरह देखा जा रहा है, स्वीकार कर लेने की विवशताएँ और लाभ बताकर अस्वीकार करने के सामूहिक बोध को समाप्त किया जा रहा है, मुझे ऐसा लगता है कि आज के सारे बड़े कवि पॉली-जेनेटिक कवि ही होंगे। वे ऐसा चयन करें या न करें, पर ऐसा होना उनकी रचनात्मक और आत्मिक विवशता होगी।

आगे की पंक्तियों में संक्षेप में मैं उन विशेषताओं की चर्चा करूँगा, जो कुँवर नारायण की कविताओं में प्रधानता से हैं। प्रधान शब्द अपने भाव और व्यवहार में एकल होता है, लेकिन कुँवर जी की कविताओं के बारे में बात करते समय यह बहुलताबोधी हो जाता है। दरअसल, बहुलताबोध भी उनका एक गुण ही है। अकेले व्यक्ति पर बात करते हुए भी उनमें बहुलताबोध होता है–

फूलों को जब भी देखता हूँ,
बहुवचन में देखता हूँ

या

पूरे विश्वास के साथ बहुलता को दे जाना चाहता हूँ

कुँवर नारायण मुझे गहरे अस्वीकार के कवि लगते हैं। उनकी कविता अपने समय के प्रचलित वादों, मुहावरों, दृश्य-विधानों, तेजी, भाषा के साथ चंचल व्यवहार, अत्यन्त मुखर जोश-खरोश, वैचारिक खूनखराबा आदि को वृहत्तर अस्वीकार करती है। जिस समय कविता के भीतर कम्पोजीशन, फॉर्म और स्ट्रक्चर के स्तर पर क्लासिकीय होने से सतर्क तरीके से बचा जा रहा था, वह इस बचने को अस्वीकार करते हैं और उसी क्लासिकीय टोन की प्रतिष्ठा करते हैं। जब कविता वृहत्कथाओं की रचना नहीं कर रही थी, वह खंड-काव्य लिख रहे थे। जब भाषा के घोड़ों को ऊबड़खाबड़ मैदानों पर दौड़ाया जा रहा था, वह उसके गोल या नुकीले किनारों को नफासत से सहला रहे थे। जो चल रहा था, वह उससे अलग चल रहे थे। खुद उन्हीं के शब्दों में कहा जाए, तो कवि वही है, जो अस्वीकार करना जानता हो। अस्वीकार कवि की बहुत बड़ी शक्ति होती है। वह उसे अपने लिए नए रास्ते तलाशने को प्रेरित करती है। आजादी के बाद एक देश के तौर पर इस भूगोल ने खूब भौतिक तरक्की की है, लेकिन एक समाज के तौर पर इसका नैतिक बल लगातार कमजोर होता गया है। अपने अकेलेपन में भौतिकता समाजों के नैतिक बल व मनोबल पर आघात करती है। ऐसा अस्वीकार इसी बल को बढ़ाता है और उनकी कविता को फकीराना सादगी

के वैभव से भर देता है। अस्वीकार प्रतिरोध की बुनियादी शर्त है और जिन लोगों को कुँवर जी की कविता में प्रतिरोध के स्वर नहीं मिलते, उन्हें इन कविताओं के नैतिक अ़स्वीकार का पुनर्पाठ अवश्य करना चाहिए।

जिस समय कुँवर नारायण ने कविता लिखना शुरू किया था, उस समय भारत पाँच किस्म के परिवर्तनों से एक साथ गुजर रहा था–शहरीकरण, औद्योगिकीकरण, राष्ट्रीयतावाद, लोकतंत्र की समझ और सामाजिक बदलाव। इतिहासकार रामचंद्र गुहा ने इन सबको अलग-अलग क्रान्तियाँ कहा है और जोर इस बात पर दिया है कि ये सब 'एक साथ' हो रहे थे। इतने स्तरों पर एक साथ होने वाला परिवर्तन व्यक्ति पर इनसे भी ज्यादा प्रभाव डालता है। इन सबने मिलकर एक व्यक्ति को नागरिक, उपभोक्ता, वस्तु, कलपुर्जा, संसाधन में तब्दील करने की प्रक्रिया में कोई कसर नहीं छोड़ी। पाँचों स्तरों पर चलने वाला यह परिवर्तन अभी भी पूरा नहीं हुआ है और उसमें बाजार, अर्थव्यवस्था आदि ने और नए आयाम जोड़ दिए हैं। व्यक्ति का समाज के साथ क्या सम्बन्ध होता है और ये सारी चीजें उसके मेटाकॉन्शस को किस तरह डिस्टर्ब करती हैं, इस पर बहुधा बातें होती हैं। कुँवर नारायण हिन्दी के उन बहुत थोड़े कवियों में हैं, जिन्होंने व्यक्ति और समाज के मेटाकॉन्शस को अपनी कविताओं में केन्द्रीयता दी है। उनकी कविताएँ यथार्थ का सिर्फ सामाजिक-राजनीतिक-आर्थिक पहलू ही नहीं देखतीं, बल्कि इनके बीच एक आत्मिक-आध्यात्मिक यथार्थ की जगह को परिभाषित भी करती हैं। उनमें जीवन को जीने लायक बनाने की बुनियादी भौतिक शर्तों, उसके लिए संघर्ष करने, स्वप्न देखने का स्वाभाविक अनुमोदन करते हुए मनुष्य की आध्यात्मिक आवश्यकताओं को भी सम्बोधित करने का साहस है। आज और पिछले पचास बरसों की हिन्दी कविता में मनुष्य की आध्यात्मिक आवश्यकताओं को भी सम्बोधित करने का साहस है। आज और पिछले पचास बरसों की हिन्दी कविता में मनुष्य की आत्मिक आवश्यकताओं का जिक्र भर कर देना बड़ी बौद्धिक आपदाओं, सुनियोजित उपेक्षाओं और पीठ पीछे उपहासों को आमंत्रित करने का बड़ा खतरा पैदा करना है। उनकी कविता, जीवन, जीवन मूल्यों और कविता की उपस्थिति-ताकत में गहरा भरोसा करती है, इसीलिए वह इनटैक्ट रहते हैं।

अध्यात्म को हमारे यहाँ जितनी कैजुअल सरलता के साथ सीधे-सीधे धार्मिक अंधत्व से जोड़कर देख लिया जाता है, उसे गली-मुहल्लों-टीवी चैनलों में दिखने वाले बाबाओं के उपदेशों-प्रवचनों मात्र से जोड़ दिया जाता है। एक फूहड़ जिद के साथ यह मानने से इनकार कर दिया जाता है कि अपने व्यावहारिक-ऐतिहासिक अर्थों में हमारे अन्तर्मन को भी एक अ-भौतिक भोजन की आवश्यकता होती है। एक चित्र को देखने से जो आनन्द मिलता है, संगीत की कोई ध्वनि हमारे भीतर किसी लहर को पैदा कर देती है, एक अजनबी चेहरे को मुस्कराता हुआ देखना किस तरह का सुख और सन्तोष देता है? ये सब हमारे भीतर के कवि के अध्यात्म हैं। मनुष्य की आत्मा का भोजन। क्या खुद कविता ही बहुधा इसी रूप में हमारे पास नहीं आती? अनुभूतियों

के बीहड़ ज्वार के साथ? हमारे समय के महान् पोलिश कवि एडम जगायेवस्की इसे 'मिस्टिसिज्म फॉर बिगिनर्स' कहते हैं।

कुँवर नारायण पूरे समाज की आत्मिक-आध्यात्मिक चेतना को झिंझोड़ते हैं। उनकी कविताएँ सिर्फ इंडिविजुअल नहीं, कलेक्टिव अनकॉन्शस को सम्बोधित हैं। यह सीधी नहीं, असेंबली लाइन प्रक्रिया है। प्रतिरोध की कविता भी अनिवार्य रूप से मिस्टीक होती है। तभी वह मनुष्य के अधि-जगत् को सूक्ष्मता से टिटिलेट कर पाती है। इतिहास के सबसे प्रतिरोधी व्यक्तित्वों ने भी, प्रतिरोध की अपनी मुहिम के दौरान मनुष्य के मेटाकॉन्शसनेस को लगातार एड्रेस करते रहना कभी नहीं छोड़ा था। यलगार कहने से ठीक पहले तक इसी मेटाकॉन्शसनेस को सहलाते रहने की एक प्रक्रिया होती है-याद कीजिए, 'सेवन समुराई' में काम्बेई आखिरी मुकाबले से पहले अपनी टोली का मनोबल इसी तरह ऊँचा करता है।

एक कमजोर नैतिक बल वाले इस समाज में, उपनिवेशों और आक्रांताओं से टूटे हुए मनोबल वाले इस इतिहास में, आत्मबल जुटाने की कोशिश में हाँफ रहे इस भूगोल में, एक कवि जब अपनी कविताओं के जरिए यह भूमिका अदा करता है, तो दरअसल वह कितनी बड़ी भूमिका है। इसीलिए कुँवर नारायण की कविताएँ कलेक्टिव मेटाकॉन्शस को सम्बोधित एक मानसिक-मनोवैज्ञानिक मोर्चा हैं। वे हमारी कलात्मक, सांस्कृतिक और मानवीय अनुभूतियों की गहराई तक को छूने वाली आवाज हैं।

येट्स की एक पंक्ति याद आती है कि रेटरिक क्या है? दूसरों के साथ संघर्ष की हमारी भाषा है। कविता क्या है? खुद के साथ संघर्ष की हमारी भाषा का नाम है।

इस समय लिख रहे कवियों में कुँवर सबसे ज्यादा भारतीय हैं। यहाँ भारतीय का अर्थ वैसा ही डेफिनिट नहीं है, जैसा कहीं और का होना। जैसे अमेरिकी होना प्रतिस्पर्धी होना है। ब्रिटिश होना ऐसी कॉमेडी का होना है, जिसे सिर्फ वे ही लोग समझ पाते हैं। फ्रेंच होना ऐसे विट या प्रतीकों के बीच जाना है, जिनकी अब उम्र हो चली। कुँवर उन्हीं अर्थों में भारतीय हैं, जिन अर्थों में कुरोसावा और ओजू जापानी हैं। ये दोनों फिल्मकार जापानी दुनिया में पश्चिमी सिनेमा से सबसे ज्यादा प्रभावित रहे, लेकिन अन्ततः वे विशुद्ध जापानी फिल्मकार हैं, जो जापानियत के वैश्विक सन्दर्भों को पुनर्परिभाषित करते हैं। पश्चिमी संस्कृति और शैली ने उन्हें अपनी कला में प्राचीन जापानी शैली और मूल्यों की ओर लौटने को प्रेरित किया। कुँवर नारायण के साथ भी यही हुआ। वे जितना पाश्चात्य दर्शन से जुड़ते गए, उनके भीतर भारतीयता की पहचान पुख्ता होती गई। सिर्फ सामूहिक मिथकीय स्मृतियों की पुनर्यात्रा में ही ऐसा हुआ हो, ऐसा नहीं है। वह अपनी इच्छा से भारतीय हैं और अपनी 'कलात्मक कल्पनाओं' से भी भारतीय हैं। उन्होंने समावेशीकरण के चिरंतन भारतीय मूल्य को अपनी कला में प्रतिष्ठित किया। इसीलिए शुरुआत से अब तक उनकी कविता का टोन लगभग एक-सा बना हुआ है। उनका टोन उनकी कविता का पक्ष स्पष्ट कर देता है। उनकी कविता की पंक्ति है-

न पकड़ से छूटता पुराना सामान
न पकड़ में आता छूटता वर्तमान

पुराने और नए दोनों के साथ सहज सम्बन्ध स्थापित कर लेने के कारण जब उनका कवि एक पुराने, सुदूर स्थित समय में जाता है, तब वह खुद को किसी आश्चर्यबोध में फँस जाने से बचा लेता है। ऐसा करके उनका कवि अपनी औपनिवेशिक विरासत को कमोबेश झटक देता है। अपनी पहचान का आविष्कार, उनकी उपस्थिति के प्रति गहरा आश्चर्यबोध, उनकी स्वीकृति को लेकर मन में रहने वाली शंका और उससे उपजी आइडेंटिटी क्राइसिस पुराने उपनिवेशों की कलाओं में बहुधा एक ऐतिहासिक विकार, किन्तु समकालीन दुर्लालित्य की तरह दिखती हैं। कुँवर नारायण अपनी गहरी वैचारिकता और बीहड़ संयम से इस आश्चर्यबोध को जाँच कर रोकते हैं, भावनात्मकता का मुकाबला कर उसे बाहर का रास्ता नहीं दिखा देते, बल्कि खुद भावनात्मकता को थोड़ा चकित कर देते हैं। वह अपनी दृष्टि को परिमित या रेस्ट्रिक्ट कर देते हैं, ताकि वह और दूर तक देख सकें। वह अपनी दुनिया को सीमाबद्ध कर देते हैं, ताकि वह दुनिया की सीमाओं का अतिक्रमण कर सकें। देखना उनकी कविताओं का महत्त्वपूर्ण अन्तर्कर्म है। उन्हें अपने इस देखने पर यकीन है और उनमें अनदेखे से कन्फ्रंट करने का, उत्साह और आकांक्षा की भाषा का रोमांस है।

यही कारण है कि कुँवर की कविताएँ कॉनफ्लिक्ट्स से भरी हुई हैं। उनकी कविताओं में वर्तमान और अतीत, नीति और राजनीति, सत्य और असत्य, अनुभूति व विचार, जीवन और मृत्यु, नया व पुराना, सही और गलत, क्लासिक और रोमांटिक, इन सबके भीतर एक कॉनफ्लिक्ट लगातार चलता रहता है। उनमें भारतीय और पश्चिमी सभ्यता, संस्कृति और विचार-दर्शन प्रणाली का कॉनफ्लिक्ट प्रमुखता से आता है। वह लखनऊ में हैं या क्राकोव में? शेक्सपियर में हैं या अमीर खुसरो में? काफ्का के प्राहा में हैं या ग़ालिब की दिल्ली में? वेनिस की पानीदार गलियों में हैं या बेखुद में? भौतिक दर्शन में हैं या आध्यात्मिक दर्शन में? जीवन में हैं या अयोध्या की उदास तंग गलियों में? बोर्हेस में हैं या निराला में? एकता में हैं या बहुलता में? खुद में हैं या बेखुद में? भौतिक दर्शन में हैं या आध्यात्मिक दर्शन में? जीवन में हैं या मृत्यु में? उनकी कविताएँ इन सारी चीजों, मनःस्थितियों, विचार-प्रणालियों के कॉनफ्लिक्ट से बनती हैं।

यहाँ यह स्पष्ट कर दूँ कि कॉनफ्लिक्ट उनकी कला का अन्तर्कर्म है, देशों और समाजों में होने वाले कॉनफ्लिक्ट से इतर। भिड़ंत और युद्ध के अर्थों से भिन्न। यह सागर और तट की तरह है। कला में कॉनफ्लिक्ट सुमेल की सम्भावनाओं को बलवती करता है। इसलिए कला में एक-दूसरे से लड़ती हुई दो तिरछी रेखाएँ एक-दूसरे की सहयोगी रेखाएँ बन जाती हैं। इसीलिए एक-दूसरे से बैर रखते दीखते दो शब्द एक-दूसरे को सहयोग देकर एक नया अर्थ स्थापित कर देते हैं। वह अलग-अलग दिखने वाली स्थितियों, विलोमों, विचारधाराओं के इसी कलात्मक कॉनफ्लिक्ट से अपने कविता

का जीवन-सत्व हासिल करते हैं। कल्पना और यथार्थ का कॉनफ्लिक्ट एक सम्पूर्ण जीवन-यथार्थ की दृष्टि देता है, जो केवल देखी-पढ़ी व्यक्त दुनिया से ही नहीं, बल्कि अदेखी-अपढ़ी, अव्यक्त काल्पनिक दुनिया से भी बनता है। सम्पूर्ण काव्यदृष्टि के तौर पर वह इन सारी चीजों को अपने में शामिल कर लेते हैं, जैसे मानव कल्याण से जुड़ी सारी अनुभूतियों और विचारधाराओं को अन्ततः मानवतावाद के विराट बिन्दु में जाकर मिल जाना होता है। सांस्कृतिक और वैचारिक आवाजाही के नैरंतर्य से सम्भव हुआ यह कॉनफ्लिक्ट उनके यहाँ संयोजन के एक औजार के रूप में इस्तेमाल होता है। इसीलिए मैं उन्हें 'कलात्मक कॉनफ्लिक्ट्स का महाकवि' कहना पसन्द करता हूँ।

यहीं वह विशुद्ध अर्थों में एक लेखक के रूप में दिखते हैं, जिसके सरोकार में (सबसे छोटी इकाई) व्यक्ति की बाहरी और भीतरी दोनों दुनिया होती हैं, लेकिन जिसकी प्रतिबद्धता अन्ततः अपनी रचना के प्रति है क्योंकि उन सरोकारों के प्रति उस लेखक का एकमात्र वही प्रस्ताव सम्भव और श्रेष्ठतम होता है।

जैसा कि पहले कहा मैंने, वह अपनी कविताओं के जीवन-सत्व की तलाश में बौद्ध दर्शन की तरफ भी जाते हैं, लेकिन सिर्फ इसी आधार पर उन्हें मध्यममार्गी कहना, किसी कवि को एक शब्द में रिड्यूस कर देने के जल्दबाज चिन्तन से ज्यादा कुछ नहीं। जो कवि यह लिखता हो कि तट पर हूँ पर तटस्थ नहीं, वह मध्यममार्गी नहीं हो सकता। बुद्ध की तरह वह अपने लिए एक पक्ष चुन लेते हैं—जीवन और उसके सत्य का अन्वेषण। तभी तो नचिकेता एक पिता की क्रूरता के खिलाफ एक पुत्र का विद्रोह है, जो आध्यात्मिक संघर्ष, ईश्वरीय सत्ता के खिलाफ बगावत और अन्ततः जीवन की जीत का पर्व-प्रतीक बन जाता है। एक नॉलेज फैनेटिक कवि का नॉलेज फैनेटिक चरित्र खुद को जीत लेता है।

ऊपर जो विशेषताएँ मैंने गिनाई हैं, और वे भी, जो समय के अभाव में इस बातचीत में नहीं आ पाई हैं, वह सिर्फ अकेले उन्हीं के कवि नहीं हैं। वह इन सारी विशेषताओं की सामूहिकता के कवि हैं। दरअसल, कुँवर नारायण में इतना वैविध्य है कि उन्हें किसी एक कल्ट में बाँधा ही नहीं जा सकता। अच्छे कवियों का अकेला होना बहुत जरूरी है। जैसा कि बोर्हेस ने 'अ पोएट्स क्रीड' में कहा है—बड़ा कवि अपना क्रीड या कल्ट खुद ही होता है। कुँवर भी अपनी क्रीड के इकलौते कवि हैं। मेरी नजर में वह दूसरी भाषाओं में इस समय लिख रहे इसी तरह के कवियों एडम जगाएवस्की, बेई दाओ, को उन आदि के समकक्ष हैं।

एक बार सत्यजित राय से एक इंटरव्यू में पूछा गया कि आपने, कुरोसावा, बर्गमैन और फेलिनी ने लगभग एक साथ काम शुरू किया था, फिर अब आप उनसे पीछे क्यों हैं? उनका जवाब था—क्योंकि मेरे पास उनके जैसे दर्शक नहीं। कई बार मुझे लगता है कि यह सिर्फ राय की समस्या नहीं, हमारे पूरे कला-परिदृश्य, कलाकार और समाज की त्रासदी है।

डूब कर जो कुछ उबारा ज़िन्दगी है

देवशंकर नवीन

हिन्दी की समकालीन कविता पर बात करने हेतु कुँवर नारायण एक जरूरी नाम है, जिनकी रचनात्मक यात्रा तब शुरू हुई, जब हिन्दी कविता में प्रयोगवाद का बोलबाला था; 'तार सप्तक' और 'दूसरा सप्तक' का प्रकाशन हो चुका था। अपने पहले ही कविता-संग्रह 'चक्रव्यूह' (1956) से उन्होंने हिन्दी कविता में समर्थ और सार्थक पहचान बना ली। इस संकलन के प्रकाशन के थोड़े ही दिनों बाद समर्थ कवि सच्चिदानंद हीरानंद वात्स्यायन 'अज्ञेय' के सम्पादन में प्रकाशित 'तीसरा सप्तक' में उनकी कविताएँ संकलित हुईं।

अपने पहले संग्रह 'चक्रव्यूह' के प्रभाव से कुँवर नारायण हिन्दी पाठकों के प्रिय कवि के रूप में समादृत हो गए। यह दौर नई कविता का था। सन् 1943 में प्रयोगवाद की घोषणा के साथ 'तार सप्तक' के संकलक/सम्पादक सच्चिदानंद हीरानंद वात्स्यायन अज्ञेय ने जिन सात प्रयोगधर्मी कवियों की कविताएँ वक्तव्य सहित प्रकाशित की थी, उस शृंखला का तीसरा संकलन 'तीसरा सप्तक' शीर्षक से सन् 1959 में प्रकाशित हुआ। कुँवर नारायण 'तीसरा सप्तक' संकलन के महत्त्वपूर्ण कवि के रूप में जाने जाते हैं। लेकिन इस संकलन के प्रकाशन से पूर्व ही कुँवर नारायण हिन्दी की पत्र-पत्रिकाओं में अपनी कविताई के उत्कर्ष का संकेत देने लगे थे। उस दौर की अत्यन्त प्रतिष्ठित पत्रिका 'नई कविता' के तीसरे अंक में प्रसिद्ध आलोचक जगदीश गुप्त ने उन्हें 'आधुनिक जीवन की विषमताओं के प्रति जागरूक एवं अनुभूतिशील व्यक्तित्व, परिष्कृत सौन्दर्य बोध तथा निहित शिल्प-कौशल' से परिपूर्ण कवि घोषित करते हुए विशेष कवि के रूप में उनका परिचय दिया, और उनकी कविताएँ प्रकाशित कीं। 'चक्रव्यूह' कविता सबसे पहले उसी में प्रकाशित हुई, जो बाद में उनके पहले कविता-संग्रह की शीर्षनाम-कविता हुई। जगदीश गुप्त ने इस संकलन को पढ़कर लिखा–'लगता ऐसा ही है कि जैसे गहरे में पैठकर उस (कुँवर नारायण) ने जीवन के कण-कण और क्षण-क्षण को जीने का यत्न किया है और तमाम उलझनों और विषमताओं के बावजूद वह उसे प्यार भी करता है...'चक्रव्यूह' का कवि जीवन की

घनीभूत भावनात्मक जटिलता के बीच उसकी विषमताओं का स्वयं अनुभव करते हुए एक सुस्थिर गम्भीर जीवन-दृष्टि पाने के लिए ईमानदारी के साथ यत्नशील है।'

'तीसरा सप्तक' के प्रकाशन से दो वर्ष पूर्व ही उनके इस पहले कविता-संग्रह 'चक्रव्यूह' को पढ़ने के बाद प्रसिद्ध साप्ताहिक 'द लीडर वीकली' में बालकृष्ण राव ने लिखा-'ऐसा कैसे हुआ कि कुँवर नारायण की तरह लिखने वाला कवि...अर्से तक अपना काव्य-संग्रह प्रस्तुत करने के प्रलोभन से बचा रह पाया?'

इस संकलन के बारे में नेमिचंद्र जैन ने कहा कि 'कुँवर नारायण की काव्यभूमि निस्संदेह बड़ी सूक्ष्म संवेदनशीलता की और गहनतम जीवन-सत्यों की है, जिसमें पूरी अनुभूति की प्रामाणिकता आने पर आज की कविता को नया ही स्तर प्राप्त होने का आश्वासन है।'

गरज यह है कि किसी भी नए कवि के पहले संकलन से ही सुधी समालोचक और सामान्य पाठकवृंद यदि इस हद तक आश्वस्त और जागरूक हो जाते हैं, तो यह निश्चय ही उस कवि की ऊर्जस्वित तीक्ष्णता का परिचायक है। और इन जानकारियों के आधार पर यह मानने में कतई कोई संकोच नहीं होना चाहिए कि 'तीसरा सप्तक' में कुँवर नारायण की कविताओं का समावेश निस्संदेह उस संकलन की गरिमा बढ़ाता है।

प्रामाणिक सत्य है कि किसी रचनाकार की कृतियों और उनके कृतिकर्मों के विवेचन में उनकी रचना-दृष्टि, जीवन के प्रति उनका दृष्टिकोण, और उनका सामाजिक-नागरिक सरोकार बहुत सहायक होता है। बड़े-बड़े समालोचकों के वक्तव्यों से पृथक् कुँवर नारायण के प्रारंभिक दिनों के वक्तव्य पर नजर जाती है, जो उन्होंने 'तीसरा सप्तक' में दिया था, तो दंग रह जाना पड़ता है। अपने उस छोटे से वक्तव्य में कवि ने गागर में सागर भर दिया है। एक-एक वाक्य-खंड विस्तृत व्याख्या की दरकार रखता है। उनका मानना है कि-

- साहित्य जब सीधे जीवन से सम्पर्क छोड़कर वादग्रस्त होने लगता है, तभी उसमें वे तत्त्व उत्पन्न होते हैं, जो उसके स्वाभाविक विकास में बाधक हों...
- कलाकार या वैज्ञानिक के लिए जीवन में कुछ भी अग्राह्य नहीं; उसका क्षेत्र किसी वाद या सिद्धान्त-विशेष का संकुचित दायरा न होकर सम्पूर्ण मानव-परिस्थिति है जो उसके लिए एक अनिवार्य वातावरण बनाती है और जिसे उसका जिज्ञासु स्वभाव बराबर सोचता-विचारता रहता है...
- मैं अर्नाल्ड के शब्दों में व्यापक अर्थ में कविता को जीवन की आलोचना मानता हूँ...
- मुझे वह एप्रोच पसन्द है जो किसी भी सत्य को स्वयं न मानकर उसे अगले सत्य तक पहुँचने का साधन मानता है : जिसके लिए सत्य का अर्थ अपने से बड़े सत्य में विकसित हो सकने की सक्रियता है, रास्ते का पहाड़ बन जाने की जड़ता नहीं...
- कविता मेरे लिए कोई भावुकता की हाय-हाय न होकर यथार्थ के प्रति एक प्रौढ़ प्रतिक्रिया की मार्मिक अभिव्यक्ति है।...मैं कविता के किसी पूर्व-निर्मित

आकार को ही अन्त न मानकर उसकी विकासशील सम्भावनाओं को अधिक महत्त्व देता हूँ...

सन् 1943 में 'तार सप्तक' की भूमिका लिखते हुए अज्ञेय ने जिन 'राहों के अन्वेषी' कवियों की प्रयोगशीलता का जिक्र किया था; सन् 1963 आते-आते उन 'प्रयोगों' को 'सन्दर्भ' कह दिया और 'तब की सम्भावना' को 'अब की उपलब्धि' में परिणत मान लिया। उस 'प्रयोग' शब्द पर कुँवर नारायण ने साफ-साफ कहा कि 'प्रयोग का महत्त्व किसी वाद से सम्बन्धित करके समझना ग़लत है... प्रयोग वैज्ञानिक दृष्टिकोण का स्वाभाविक उपप्रमेय है–एक ऐतिहासिक आवश्यकता है। मेरी कविताओं में प्रयोग का आधार मुख्यतः भाषा शास्त्र और सौन्दर्य शास्त्र सम्बन्धी प्रश्न रहे हैं।'

सृजन कर्म के सम्बन्ध में कवि की इन घोषणाओं के साथ, जब कुँवर नारायण की सृजनात्मक यात्रा पर नजर जाती है तो बड़ी स्पष्टता से जीवन और साहित्य के पारस्परिक सम्बन्धों के गुणसूत्रों के बारे में कवि की समझ और दृष्टिकोण की तस्वीर सामने आ जाती है। ऐसा शायद इसलिए भी सम्भव हुआ कि कुँवर जी जितने विराट् फलक के कवि हैं, उससे भी विराट् मानवीय संवेदना के इनसान भी हैं। मनुष्य जाति की मानवीयता और उसकी सृजनशीलता को वे जीवन भर बड़ी उदारता और सकारात्मक स्वीकृति के साथ परखते रहे हैं। सामाजिक परिदृश्य और आम जनों के जीवन संघर्ष से गहन अनुराग बनाए रखना और अपने अध्ययन फलक को निरन्तर विराट् बनाते रहना उनकी मूल प्रवृत्ति रही है। यह बात उनके मित्रों और करीब रहे कई लोगों द्वारा व्यक्त संस्मरणों के साथ-साथ उनकी कविताओं एवं वक्तव्यों में ध्वनित होती है। उन्होंने साफ-साफ कहा है–'अपने को ठीक से समझे बिना हम दूसरों को भी ठीक से नहीं समझ सकते। अच्छे सर्जनात्मक लेखन की एक बड़ी पहचान यह भी है कि उसके पीछे किस स्तर का लेखकीय व्यक्तित्व और सोच-समझ झलकता है–अपने बारे में भी, और दूसरों के बारे में भी...'

अपने इसी सोच के बूते कुँवर नारायण अपनी कविताई में पूरी तरह आश्वस्त और आस्थावान दिखते हैं। सामान्य स्थिति में ऐसा देखा जाता है कि लोग खुद को पहचानने से पूर्व दूसरों को पहचानने लगते हैं। लिहाजा वे अपने आसपास ऐसे आभामंडल की रचना कर बैठते हैं, जो कवि को दूसरों से भिन्न साबित करने में लग जाते हैं। कुँवर नारायण ने इसके विपरीत खुद को पहचानना शुरू किया, फलस्वरूप उनके इर्द-गिर्द कोई प्रभाव-क्षेत्र नहीं बना, कोई आभामंडल नहीं बना, जो उन्हें औरों से, अपने समाज, संस्कृति और परिवेश से अलग करे। उन्होंने अपनी कविताओं की भाषा संरचना तक में खुद को किसी सीमा रेखा में नहीं बाँधा। शब्द प्रयोग की कोई सीमा निर्धारित नहीं की। उन्हें न तो उर्दू की शब्दावलियों से परहेज रहा, न संस्कृत से। न केवल बोलचाल की भाषा में अपने को सीमित किया, न ही काव्य भाषा के किसी स्थापित भाषा विधान में अपने को बाँधा। उन्हें इस बात की चिन्ता सदा परेशान करती रही कि दी हुई परिस्थितियों में एक कम शिक्षित समाज में गम्भीर लेखन की जगह

हाशिए पर चली गई है। सत्य है कि शैक्षिक दृष्टि से जो समाज पिछड़ा हुआ है, उसमें ढेर सारे गम्भीर विमर्श अप्रासंगिक लग जाएँ तो यह कोई अनहोनी नहीं है। दिन-रात अस्तित्व के संकटों से जूझता हुआ मनुष्य, अज्ञान और अशिक्षा के अंधकार के जंगल में भटकता हुआ नागरिक; अपने खून, प्राण, पसीना खर्च कर दूसरों के लिए सुरक्षा कवच तैयार करने वाला मजबूर नागरिक अपने समय में ऐसा सुअवसर कब पाएगा कि वह समाज-व्यवस्था, नागरिक संस्कृति और राष्ट्रीय अस्मिता के बुनियादी विमर्श का हिस्सा बने। पर कुँवर नारायण इन परिस्थितियों से कभी हताश नहीं हुए। उन्होंने साफ-साफ देख लिया था कि–'जीवन को सीधे-सादे ढंग से प्रस्तुत करने वाली कविता भी महान् कविता हो सकती है, लेकिन यह यकीन भी इतना बेलोच नहीं होना चाहिए कि उसके रहते एक नज़ीर अकबरावादी की सम्भावनाएँ बनें, लेकिन एक ग़ालिब के लिए मुश्किलें पैदा हो!'

दरअसल अपने लम्बे रचनात्मक जीवन काल में कुँवर नारायण ने नागरिक जीवन की उथल-पुथल के कई रूप देखे हैं। स्वाधीनता पूर्व के नागरिक जीवन की दमित और दयनीय स्थिति जैसी थी, स्वाधीनता प्राप्ति के पश्चात् उससे बहुत बेहतर नहीं हो पाई। फिरंगियों की बर्बरता से प्रेरणा लेकर हमारे स्वदेशी नागरिक कुछ नया और सकारात्मक करने के बजाय, उनका नकल करने लगे। हर किसी पर शक करना, अपनी बुद्धि और निर्णय पर आश्वस्त रहना; और शासितों की कामनाओं, दुविधाओं से निरपेक्ष रहना, उन पर फब्तियाँ कसना हमारे स्वदेशी नियामकों का मूल धर्म-सा हो गया। और इन प्रवृत्तियों ने हमारे नागरिक परिवेश को दुर्गंधियों से भर दिया। स्वाधीन होकर भी हम स्वाधीन नहीं हो पाए। और इस तरह, उत्तर उपनिवेशकाल की औपनिवेशिक छाया में हम जीवन बसर करने लगे। किन्तु कुँवर नारायण इस भयावह परिस्थिति में भी हताश नहीं हुए। भारत का बौद्धिक समाज, खासकर हिन्दी पट्टी का बौद्धिक वर्ग सामाजिक-सांस्कृतिक संवर्द्धन की चिन्ता छोड़कर आजाद भारत की शासकीय व्यवस्था में कहीं कोई अपनी जगह आरक्षित करने के फिक्रमंद हो गए थे। ऐसे समय में कुछेक रचनाकार ही बच गए थे, जो उन परिस्थितियों में अपने दायित्वों के प्रति सावधान थे। कुँवर नारायण उनमें अग्रगण्य हैं। उन्होंने उन बौद्धिक वणिकों को खुली चुनौती देते हुए अपने आत्मसंघर्ष की घोषणा की–

कौन कब तक बन सकेगा कवच मेरा?
युद्ध मेरा मुझे लड़ना
इस महाजीवन समर में अन्त तक कटिबद्ध :
सिर्फ मेरे ही लिए यह व्यूह घेरा
मुझे हर आघात सहना...

अजीब-सी बात यह है कि अपने को सभ्य और सुसंस्कृत कहने वाले हम आज के लोग, किसी को गाली देने के लिए 'जंगली' और 'जानवर' शब्द का इस्तेमाल

करते हैं। जरा हम इस बात पर गौर करें, तो पाते हैं कि जिस किसी व्यवस्था, वातावरण, और भूखंड में कोई जानवर एक बार चोट खा जाता है, उधर दुबारा रुख नहीं करता। कोई त्रासदी सामने आ जाए तो पूरे जंगल के सभी जानवर उसका संज्ञान लेते हैं। पर मनुष्य ही एक ऐसा समूह है जो हर समय, हर परिस्थिति से उलटी दिशा में प्रेरणा लेता है। आजादी के बाद भारत के जिन नागरिकों के चारों ओर अँधेरा ही अँधेरा छाया था, और उनकी इस त्रासदी को देखकर जिन बौद्धिक समाज को अपनी विरासत की भव्यता तक याद नहीं आ रही थी, सब के सब खामोश बैठे थे, उस समय कुँवर नारायण को चिन्ता हुई कि–

कितना खामोश है मेरा कुछ आसपास

और उन्होंने बहुत गम्भीरता से इच्छा व्यक्त की कि–

इन मुरदा महलों की मीनारें हिल जाएँ
इन रोगी ख़्यालों की सीमाएँ धुल जाएँ
अन्दर से बाहर आ सदियों कि कुंठाएँ
बहुत बड़े जीवन की हलचल से मिल जाएँ...

कुँवर नारायण का बचपन फैजाबाद और अयोध्या में बीता। सरयू तट पर बसे इन दोनों ही शहरों की सांस्कृतिक विरासत से उनकी रचनात्मकता भरी-पूरी है। जब वे ग्यारह वर्ष के थे, तभी उनकी माँ टी.बी. की बीमारी के कारण चल बसीं। उनकी बहन का देहांत भी उन्हीं दिनों हुआ। बचपन के तमाम खट्टे-मीठे अनुभवों ने उन्हें अपने रचनात्मक विवेक और जीवन दर्शन तय करने में सहयोग दिया।

हिन्दी में गजानन माधव मुक्तिबोध से लेकर आज तक की पीढ़ियों के लगभग सभी क्रियाशील रचनाकारों ने उनकी रचनाशीलता की सराहना की और गरिमामय ढंग से उन्हें रेखांकित किया। हिन्दी में ऐसे गिने-चुने ही रचनाकार हैं, जिन पर अन्य पीढ़ियों के अलावा उनकी पीढ़ी के लगभग रचनाधर्मियों ने महत्त्वपूर्ण आलोचनात्मक लेख लिखे, कुँवर नारायण उनमें से प्रमुख हैं। गौरतलब है कि उनकी पहली कृति से लेकर बाद तक सभी कृतियों का भारतीय साहित्य में पुरजोर स्वागत हुआ। अपनी रचनात्मकता में एक वृहत्तर मानवीय सन्दर्भ का समावेश करने की जिद ठाने हुए कवि कुँवर नारायण को इस बात की 'गहरी निराशा होती है कि अपने लेखकीय जीवन के पचास वर्षों के बाद भी एक बड़ा प्रबुद्ध पाठक वर्ग तैयार नहीं हो पाया है। हमारी नई पीढ़ी का बड़ा हिस्सा हमारे साहित्यिक और सांस्कृतिक जीवन से लगभग कटा-सा लगता है। विदेशी प्रभाव उथले अर्थों में हमारे यहाँ आ रहा है। हम लोगों में से कई अंग्रेजी साहित्य के विद्यार्थी रहे हैं और अधिकांश विदेशी साहित्य को पढ़ा, और जाना है; लेकिन हमारी भारतीय जड़ें हमेशा मजबूत रहीं। लेकिन आगे की पीढ़ियों के लिए एक विश्वास भी है कि वे अपने आधारों को वृहत्तर परिप्रेक्ष्य में समझेगी।'

भारतीय जड़ों के प्रति इस तरह के आश्वस्त कवि की प्रतिबद्धता न केवल उनके वक्तव्य में बल्कि रचनाशीलता के दौरान उनकी भाषा संरचना में, विषय के साथ रचनात्मक बर्ताव में, और बिम्ब-विधान एवं प्रतीक-योजना तक में दिखता है। पौराणिक प्रतीकों और मिथकीय बिम्बों से भरी उनकी रचनाएँ इन घोषणाओं का सबूत हैं।

'चक्रव्यूह' (1956) उनकी लगभग सत्तर कविताओं का संकलन है। जाहिर है कि इस संकलन की सारी कविताएँ कवि के उस मानस भूमि की उपज होंगी, जो उससे पूर्व के वर्षों में भारतीय परिवेश को जीते हुए कवि ने अपनी जीवन-दृष्टि के आधार पर तय की होगी। इस समय तक कवि तरुणाई की समस्त फैंटेसी से निश्चय ही मुक्त हो गए थे। यूँ, अपनी पीढ़ी के अधिकांश कवियों की तुलना में कुँवर नारायण सोच के स्तर पर समय से पहले ही काफी गम्भीर हो चुके थे। भारतीय स्वाधीनता के भी दशक पूरे होने को थे। भारत के राजनीतिक तिकड़मी और बौद्धिक वणिक लोग एक साझी संस्कृति गढ़कर आजादी का जश्न मनाकर निश्िंचत हो चुके थे। साहित्यिक क्रियाशीलता का छद्म, बौद्धिकता का पाखंड, और प्रतिबद्धता का ढोंग कुँवर नारायण जैसे समकालीन रचनाकारों के समक्ष स्पष्ट हो चुका था। पुरजोर ध्वनि के साथ कहा जाता है कि हर समय की जनक्रान्ति का अगुआ समाज का मध्यवर्गीय बौद्धिक वर्ग होता है। पर आजाद भारत के पहले दशक के बुद्धिजीवियों की लोलुपता और व्याकुलता देखकर कोई भी संवेदनशील प्राणी व्यथा से भर सकता था। ऐसे माहौल में यदि कुँवर नारायण ने एक कवि के रूप में खुद को अभिमन्यु माना और अपने देश के पैतृक युद्ध में टूटे हुए पहिए के साथ घोषणा की कि–

मैं नवागत वह अजित अभिमन्यु हूँ
प्रारब्ध जिसका गर्भ ही से हो चुका निश्चित परिचित
अपरिचित ज़िन्दगी के व्यूह में फेंका हुआ उन्माद
बंधी पंक्तियों को तोड़
क्रमशः लक्ष्य तक बढ़ता हुआ जयनाद...

तो यह वाजिब ही है। बल्कि दी हुई परिस्थितियों में किसी संवेदनशील कवि के पास खुद को सुरक्षित, संबद्ध, और तल्लीन बनाए रखने के लिए आत्मबल की घोषणा के अलावा और कोई रास्ता शेष भी नहीं रह जाता है। जहाँ आजाद होकर भी भारतीय नागरिक ठगा हुआ-सा मुँह देखता रहे, जन-प्रतिनिधि अपनी गरिमा-महिमा साबित करने लगे और देश भर की जनता के लिए अनाज-पानी के आपूरक बनने की घोषणा करने लगे; बौद्धिक वर्ग इस तंत्र में अपने लिए कोई सुरक्षित और बेहतर जगह बनाने लगे और साहित्य की दुनिया में खुद को समय का देवता घोषित करने में व्याकुलता से तल्लीन हो जाए; वहाँ कोई ईमानदार रचनाकार अपने को अभिमन्यु के अलावा और मान भी क्या सकेगा? निश्चय ही उस दौर की स्थिति किसी ईमानदार रचनाकर्मी को हतप्रभ करने लायक थी। पूरा का पूरा परिदृश्य इस गहरे अवसाद से

इस तरह भरा था कि प्रचलित भाषा-रूप उसे अभिव्यक्त करने में अक्षम हो रहा था। राजनीतिक और प्रशासनिक तिलिस्म एवं समाज-व्यवस्था के नियामकों का आचरण पूरी तरह मानव-मूल्य, और नैतिक-मूल्य के प्रतिकूल था। ऐसे में अधिकांश ईमानदार रचनाकारों की संघर्ष-पद्धति मानसिक तौर पर वैयक्तिक हो ही जाएगी। अकारण नहीं है कि आज के समय में भी सामाजिक विषमताओं, विद्रूपताओं से संघर्ष करता हुआ चेतना-सम्पन्न रचनाकार खुद को अभिमन्यु-सा निहत्था महसूस करने लगता है। हिन्दी में इस पौराणिक-रूपक का उपयोग अपने-अपने तरीकों से कई रचनाकारों ने किया है। आलोचक इस बात की झाल बजाते रहें कि किसी कवि के लिए यह स्थिति 'मानसिक संघर्ष का वैयक्तिक रूप' है, 'पौराणिक रूपक को दूर तक निबाहने का आग्रह कविता की मूल संवेदना से पाठक के ध्यान को पृथक् कर देता है।' पर सचाई है कि यही वैयक्तिकता उस रचनाकार की आत्मशक्ति को पुष्ट करती है, जो उसे समाज से लुप्त होती नैतिकता और नियंताओं की स्वार्थपरता के विरुद्ध संघर्षरत रहने की ऊर्जा देती है। वस्तुतः कुँवर नारायण की कविताएँ बर्फ से ढके सर्द माहौल में भी जीवन-संघर्ष की ऊष्मा बचाए रखने की प्रेरणा देती हैं। जहाँ तक पौराणिक रूपकों और मिथकीय बिम्ब-प्रतीकों के सहारे अभिप्रेत को अभिव्यक्त करने का सवाल है, उसे इस तरह से देखना श्रेयस्कर होगा कि भारतीय मानस में पौराणिक आख्यान ने इस सघनता से अपनी जड़ें जमा रखी है, और भारतीय भाषाओं में पारम्परिक गाथाओं का संस्कार इस तरह रचा-बसा है कि वह हरसमय की सामाजिक विद्रूपताओं को जीवंत कर देता है। इन अर्थों में कुँवर नारायण की कविताएँ पाठकों के ध्यान को पृथक् नहीं करतीं, बल्कि उसे और अधिक आकृष्ट करती हैं। वस्तुतः पौराणिक प्रतीक ही वह मूल कारण है जो कुँवर नारायण की रचनाशीलता के भारतीय सरोकारों को रेखांकित करता हुआ उसे अधिक प्रभावकारी बनाता है, और जनसंवेदना को खरोंचकर उद्‌बुद्ध करता है। 'पैतृक युद्ध' और 'विरासत' जैसी इस संकलन की कई कविताएँ इन बातों का प्रमाण हैं।

'अँधेरे के किसी संकेत को पहचानता-सा' या 'उजागर इस क्षितिज से उस क्षितिज तक/जागता-सा' या 'एक क्षण की सिद्धि/प्रामाणिक, परिष्कृत चेतना से/ युगों-युगों को माँजता-सा' जैसी कवि की पंक्तियाँ उनकी जीवन-दृष्टि को रेखांकित करती हैं कि कवि को अँधेरे का संकेत पहचानने, क्षितिज तक जाने और उसे उजागर देखने, जागते रहने, प्रामाणिक और परिष्कृत चेतना से क्षण भर की सिद्धि को माँजने की आकांक्षा पूरी तरह भरे रहती है। निश्चय ही ऐसे शब्द-संस्कार कवि के मानवीय सरोकार और निरन्तर धनात्मक सोच के सूचक हैं।

'परिवेश : हम-तुम' (1961) संग्रह की कविताओं में कवि का क्रोध थोड़ा कम हुआ है। 'चक्रव्यूह' की कविताओं में जिस तरह व्यंग्य, धिक्कार और उत्साह भरी घोषणाएँ, स्थापनाएँ दी गईं; चतुर्दिक व्याप्त स्वार्थपरता और मानव-मूल्य के प्रति निरपेक्षता देखकर कवि जिस मानसिक तनाव, आन्तरिक द्वंद्व में चेतना की फुँफकार

सुन रहे थे; वस्तुतः वह उस समय की माँग थी। अपनी तमाम आग और ताप को खोकर जब पूरी बौद्धिक दुनिया राख का ढेर बन जाने को तत्पर थी, उसमें अपनी चिनगारी का तेज और भविष्य की परिणति को घोषित करना वाजिब ही था। इस कारण ही शायद 'चक्रव्यूह' की कविताओं में उन विडंबनाओं से जूझते रहने और निरन्तर किसी सुखद परिस्थिति तक पहुँच पाने की कामनाएँ भरी हुई हैं। जबकि 'परिवेश : हम-तुम' में कवि का क्रोध कम और प्रौढ़ता अधिक दिखती है। दरअसल इस समय के आते-आते स्थिति थोड़ी और भ्रष्ट हो गई थी। जनता व्याकुल, अवसाद की काली चादर ओढ़े किसी अगली त्रासदी की प्रतीक्षा करती जा रही थी; शासक, सामाजिक कार्यकर्ता और जन-प्रतिनिधि स्व-निर्मित पाखंड को मनोवांछित परिणति तक पहुँचाने में तल्लीन थे; और शिक्षक, पत्रकार, रचनाकार एवं अन्य बौद्धिक समुदाय अपने महत्त्व की मीनार पर अगली ईंट जोड़ते जाने में बेहाल थे। ऐसी परिस्थिति में कुँवर नारायण जैसे थोड़े-से ईमानदार और निष्ठावान रचनाकारों का बचा रह जाना; भीड़ में शामिल न होना पर्याप्त सुखकर है। पर इतने झंझावातों को झेलते हुए थक जाना भी गैरमुनासिब नहीं। इस परिस्थिति को देखते हुए गजानन माधव मुक्तिबोध की पंक्तियाँ सतर्क और सार्थक लगती हैं–'महत्त्व की बात यह है कि आज जबकि साधारणतः लेखक और कवि इसी व्यवहार क्षेत्र में कार्य कुशल होकर अपने को अधिकाधिक सफल और प्रभावशाली बनाने के प्रयत्न में लीन रहते हैं और इसके लिए बिक जाते हैं, कुँवर नारायण ऐसा कवि है जो उसी व्यवहार क्षेत्र के विरुद्ध तीव्र संवेदनात्मक प्रतिक्रियाएँ करता हुआ, पीड़ित अन्तरात्मा के स्वर को उभारता है। उसे वास्तविक मानवीय सार्थकता की तलाश है।'

वैसे यह कोई जरूरी भी नहीं कि कोई रचनाकार अपने पूरे रचनात्मक संधान में एक ही लकीर को पीटता रहे। ज़िन्दगी के अनुभव बदलते रहते हैं, परिणतियाँ नई निष्पत्तियों का सामना कराती रहती हैं। इसलिए फैसलों का बदलता रहना वाजिब ही है। महत्त्वपूर्ण यह है कि उस पूरे दौर में कवि की जीवन-दृष्टि क्या है, जीवन-मूल्य की वस्तुनिष्ठता को देखने का दृष्टिकोण क्या है। कहना पड़ेगा कि कुँवर नारायण का यह रचनात्मक दृष्टिकोण बहुत ही ठोस, सुविचारित, और मानव-जीवन की मूल्यवत्ता एवं आदर्श को, कवि की प्रतिबद्धता को रेखांकित करता है। कवि देख रहे हैं कि–

या तो अ ब स की तरह बेसबब जीना है
या तो सुकरात की तरह जहर पीना है...

भूख से जैसे बिलखता हुआ बालक
सिरहाने रखे दीये की रोशनी में
अभी थककर सो गया...
सारी परिस्थिति की एक और भी सूरत थी
शायद उस आदमी को मदद की ज़रूरत थी...

इन तमाम गैरमानवीय परिस्थितियों में कवि की पंक्तियाँ उचित जान पड़ती हैं कि–

इस दौड़ में इतना थक चुका हूँ
कि अब केवल आराम चाहता हूँ...

पर इस आराम में भी कवि निस्पंद और निष्क्रिय नहीं हैं, वे चाहते हैं कि–

चुपचाप एक बन्द कमरे में पड़े-पड़े
बिस्तर से लेकर तारों तक धड़कता रहूँ
इस नासमझ, दयनीय ज़िन्दगी की
अनधिकार कल्पनाओं में...

कवि घोषणा करते हैं कि–

विश्वास रखो
मैं तुम्हारे साथ हूँ
उस तम विवश उम्मीद में
जो रोशनी को प्यार करती हैं...

वे कहते हैं–

मैं समूह से विच्छन्न हूँ
क्योंकि कुछ भिन्न हूँ...

वे उस समूह से पूछते हैं कि–

क्यों चाहते हो समर्पित कर दूँ तुम्हें
यह मुक्ति भी
जो तुम नहीं हो...

वे निवेदन करते हैं–

सीले, व्यथावादी अक्षरों के बीच
ताजी धूप आने दो :
इन्हें लाखों दिलों की खुशी में जी भर नहाने दो

तमाम त्रासदी के बावजूद कवि अशक्त होने के बजाय अपने हासिल पर आश्वस्त होते हैं–

डूब कर जो कुछ उबारा
ज़िन्दगी है

टूटकर जो कुछ सँवारा
ज़िन्दगी है...

और अपने जिस लक्ष्य के लिए कवि कृत संकल्प हैं, तथा जिस भावी उपलब्धि पर विश्वस्त हैं, उसकी घोषणा करते हैं–

आज नहीं
वर्षों बाद शायद पा सकूँ
वह विशेष संवेदना जिसमें उचित हूँ...

वस्तुतः किसी भी रचनाकार का मूल्यांकन उनकी समग्र सोच–प्रक्रिया और जीवन के प्रति रचनात्मक दृष्टिकोण के आधार पर होना चाहिए। कोई रचनाकार अपनी रचनाओं के शब्दों, वाक्यों, वर्णों, पदों के प्रयोग और उनके बीच छिपे निहितार्थ से भी बहुत कुछ कहता है। इस संकलन की कविताएँ जिस सामाजिक परिवेश में लिखी गई हैं, उस दौर के अन्य कविता परिदृश्य को भी देखने की जरूरत है। हिन्दी ही नहीं, अन्य भारतीय भाषाओं में भी वह ऐसा समय था जो गम्भीरता से रचनाशील लागों के मन में एक विचित्र तरह का नकार भाव भरता जा रहा था, जो आगे चलकर भूखी पीढ़ी, आहत पीढ़ी और अकविता आन्दोलन में तब्दील हुई। पर कुँवर नारायण के कवि मन पर इन परिस्थितियों ने जो प्रभाव डाला था, उसका असर यूँ प्रकट हुआ कि 'निरर्थक जीने' और 'सुकरात की तरह जहर पीने' की स्थिति में भी विकल्प चुनने की बात सामने आई। किन्तु जहर पीने से पहले सुकरात की तरह 'जीने' और 'जीवन संग्राम' में डटे रहने की बात कवि भूल न सके। वर्षों बाद 'उचित' पा लेने की सम्भावना से वे निराश नहीं हुए; टूटकर भी ज़िन्दगी को सँवारते गए; अवांछित आचरण में लिप्त समूह को धिक्कारते रहे; अंधकार के पराभव में फँसी, लेकिन रोशनी से प्यार करने वाली उम्मीद में साथ रहने का आश्वासन देते गए; लाखों दिलों की खुशी में ताजा धूप के आने और नहाने का अनुभव करते गए...ये सारे परिदृश्य, जीवन के प्रति कवि के दृष्टिकोण को रेखांकित करते हैं और अपने रचना–संधान में निरन्तर प्रौढ़ होते जाने तथा अपने ही बनाए फलक को लगातार विस्तार देते जाने के संकेत देते हैं। इस संकलन की कविताओं के लिए कवि की घोषणा बहुत सुचिंतित है कि यहाँ 'बाहरी जीवन को स्नेह और समझदारी से छूने का प्रयत्न किया है, कभी गम्भीरता से कभी छोटे–छोटे खिलवाड़ी वाक् चित्रों द्वारा।' प्रकृति के मानवीकरण का बहुत ही अप्रतिम और ममत्व भरा उदाहरण इस संकलन में दिखता है। प्रकृति के मानवीकरण का यह स्वरूप जिन्हें छायावाद की याद दिलाता है, उन्हें इस नजरिए को अपनाना होगा कि वे इसे कवि के जुड़ाव के रूप में देखें और इस बात पर अपने को राजी करें कि जड़ों से कटकर कोई भी इनसान विकास की कोपलें नहीं खिला सकता। 'प्यार के सौजन्य से', 'रोशनी', 'एक स्थापना और समझौता', 'अजामिल मुक्ति', 'सबेरे सबेरे', 'एक मूड', 'कार्निस पर', 'कमरे में धूप' आदि इस संकलन की महत्त्वपूर्ण रचनाएँ हैं।

कुँवर नारायण की अट्ठाइस शृंखलाबद्ध कविताओं का संकलन 'आत्मजयी' (1965) है, जिसमें 'कठोपनिषद्' के पात्र और ऋषि वाजश्रवा के पुत्र नचिकेता के आख्यान की प्रस्तुति हुई है। हिन्दी में मूल्यांकन की जो पद्धति वस्तुतः इन दिनों विकसित, पल्लवित, पुष्पित हुई है; उसकी बुनियाद 'तार सप्तक' के प्रकाशन के दिनों में ही विकसित हो गई थी। खेमेबाजी जैसे शब्दों का प्रचलन उसी प्रवृत्ति के लिए हुआ है, पर मेरी समझ से इस प्रवृत्ति को अखाड़ेबाजी कहना कुछ श्रेयस्कर होगा। भारतीय परिवेश में दो ऐसी विद्याएँ अभी भी बची हुई हैं, जिसमें गुरु का कद्र होता है, वे हैं पहलवानी और संगीत। पर इन दोनों में एक भयानक गड़बड़ी है–और वह है अहंमन्यता; अर्थात् इस संसार में मुझसे बड़ा पहलवान, या संगीतज्ञ कोई है नहीं; हाँ, मेरी तुलना में एक व्यक्ति थोड़ा बीस पड़ते हैं, वे हैं मेरे गुरुजी। किन्तु संगीत की दुनिया के लोग ऐसा केवल सोचते हैं, सार्वजनिक रूप से अभद्रता पर नहीं उतरते। ऐसा सिर्फ पहलवानी में ही होता है कि लंगोट धारण कर अखाड़े पर उतरते ही लोग मदांध हो जाते हैं, अपने गुरु के अलावा अन्य कोई चेहरा याद नहीं रहता, ऐसा अब साहित्य में भी होने लगा है। उन्हें अपने अखाड़े के लेखकों के अलावा कोई और अच्छे नहीं लगते। जिन दिनों 'आत्मजयी' प्रकाशित हुआ, इस पुस्तक के बहाने कवि कुँवर नारायण पर कई लेख लिखे गए, पर्याप्त चर्चा हुई, लोग अपने-अपने चश्मे से उनकी कविताओं का मूल्यांकन करने लगे। अब औरों की बात तो क्या करें, नंददुलारे वाजपेयी जैसे सचेत और सावधान आलोचक तक ने (धर्मयुग, 6-20 अगस्त, 1970 में) लिखा कि 'इसे काव्य की अपेक्षा कहानी का रूप अधिक दिया गया है क्योंकि विभिन्न अध्यायों में आख्यान के विविध पक्ष समय के पल पर अंकित किए गए हैं। यह कथा या आख्यान का शिल्प है, वह भी कुछ पुराना। काव्य-शिल्प इसकी अपेक्षा नहीं रखता। यदि कुँवर नारायण ने इस काव्य का आरम्भ नचिकेता की आत्महत्या के प्रयत्न से किया होता और आत्मबोध की उपलब्धि के साथ नचिकेता के चरित्र को दिखाया होता, तो शिल्प की दृष्टि से ही नहीं, कदाचित् वस्तु-उपस्थापना की दृष्टि से भी अधिक सुन्दर और मूल्यवान वस्तु प्रस्तुत की जा सकती थी।' मुझे लगता है कि किसी रचनाकार के मूल्यांकन का इस तरह का कोई आधार बनाना मुनासिब नहीं है। यदि इस तरह का आधार बनाकर कुँवर नारायण कहें कि आलोचक ने अपना चश्मा लगाकर यह किताब पढ़ ली, वे जरा रससिद्ध साहित्यज्ञ का चश्मा लगाकर, अथवा मेरा चश्मा लगाकर इस संकलन को पढ़ें, तो वे कैसा महसूस करेंगे? भारतीय साहित्य में कथा-काव्य की प्राचीन विरासत है, जो आदिकाव्य 'रामायण' से अब तक चली आ रही है, और पर्याप्त प्रशंसित-पल्लवित है, फिर 'आत्मजयी' की कथात्मकता पर अरुचि का क्या कारण हो सकता है? सचाई है कि 'आत्मजयी' काव्य पुस्तक कठोपनिषद् के आख्यान, वाजश्रवा-नचिकेता-यम संवाद की पुनर्प्रस्तुति नहीं है, बल्कि उस आख्यान का समकालीन संस्करण है। 'आत्मजयी' का नचिकेता, कठोपनिषद् के नचिकेता की तरह सशरीर यमलोक नहीं जाता, आत्महत्या करने की चेष्टा करता है

और बचा लिया जाता है, और मूर्च्छा में उसे स्वप्न आता है कि यम के साथ उसे साक्षात्कार हुआ। अब इस प्रसंग में चिकित्सा विज्ञान का यथार्थ ढूँढ़ा जाने लगता है कि मूर्च्छा की अवस्था में मनुष्य स्वप्न नहीं देख सकता। यहाँ आकर मेरी समझ से आलोचना-कर्म की साहित्यिक संवेदना खत्म हो जा रही है। साहित्य के उद्देश्य की सीमा खंडित हो जाती है। किसी आलोचक को किसी साहित्यिक कृति का मूल्यांकन करते हुए कितना साहित्यिक रहना चाहिए और कितना वैज्ञानिक—यह बात उसकी जीवन-दृष्टि के आधार से तय होती है। साहित्य का मूल्यांकन करते हुए कोई आलोचक यदि जीव विज्ञान का सहारा लेना शुरू कर दे तो उन्हें सारे ही पौराणिक, मिथकीय और लोक-साहित्य को खारिज करना पड़ेगा। वाजश्रवा-नचिकेता-यम संवाद में 'आत्मजयी' के कवि कुँवर नारायण की मंशा सिर्फ नई-पुरानी पीढ़ी के सोच का संघर्ष दिखाना था। मूलकथा के जिन सन्दर्भों को आधुनिक सन्दर्भ में देखने का उद्यम दिखाया गया है। उनका जिक्र उन्होंने भूमिका में स्पष्ट रूप से कर दिया है, इसलिए यह भी नहीं कहा जा सकता कि उन्होंने मिथक या पौराणिक रूपकों को विरूपित किया है। यह भी नहीं दिखता कि आधुनिकता की होड़ में कवि ने पुरातन को सिरे से खारिज कर दिया है। कवि का उद्देश्य सिर्फ इस बात को रेखांकित करना है कि नई पीढ़ी को नचिकेता की तरह निर्भीक, तार्किक, दृढ़, दुर्दम्य मुमुक्ष और नैतिक रहना चाहिए। यूरोप से उठी भोग-विलास और निर्लज्जता की आँधी का जो प्रभाव दुनिया भर के सामाजिक जीवन पर पड़ रहा था, 'आत्मजयी' की काव्य-दृष्टि उस दिग्भ्रम को खंडित करने का हथियार साबित हुई। इस काव्य के जरिए और नचिकेता के आत्म-संधान के सहारे कवि कम से उस काल-प्रवाह के दौरान नई पीढ़ी को यह संदेश अवश्य देते हैं कि यदि यज्ञ-कर्म के दौरान किए जा रहे दान-पुण्य के द्वारा पिता भी इस तरह का पाखंड कर रहे हों, जो समाज सम्मत नहीं है, और खुद को एक अंधविश्वास और पाखंड के कुएँ में डाल रहे हैं, तो शालीनतापूर्वक डटकर उनका विरोध किया जाए और यदि यम वरदान माँगने को कहें, तो पिता के क्रोध-शमन का वर भी माँग लिया जाए। वस्तुतः इस कृति के मूल्यांकन के समय आलोचक को यह भी संवेदना रखने की आवश्यकता थी कि जिस दौर में हिन्दी कविता में तरह-तरह के आन्दोलनों की आँधी चल पड़ी थी, उस दौर में उन्हीं आन्दोलनों के मैदान से निकला एक ताजातरीन कवि अपने समय को एक पौराणिक रूपक में किस तरह देख रहा है। वस्तुतः अस्तित्ववाद से सीधे मुठभेड़ करते हुए कुँवर नारायण का काव्य-पुरुष किस तरह आत्मजयी होता है, वह इन पंक्तियों में साफ-साफ परिलक्षित है—

यदि पीना ही हो जहर
उसे दो तरह पिया जा सकता है—
डरते-डरते
मरने से पहले मरकर!
या उसी चरम भय से

कोई अन्धा बल पा
जीवन से भी ऊपर उठकर...!

ध्यातव्य है कि यह समय हिन्दी कविता में निषेधात्मक ध्वनियों के तुमुल कोलाहल से भरा हुआ था। पर उस कोलाहल में भी कुँवर नारायण पहाड़ की तरह डटे रहे, उनकी दृढ़ता को किसी तरह की कोई आँच नहीं आई।

'अपने-सामने' (1979) उनकी इकहत्तर कविताओं का संकलन है। यह संकलन काफी अन्तराल के बाद आया। तीन खंडों में विभक्त इस संकलन की समस्त कविताएँ कवि की असन्तुष्ट चेतना की उग्रता और प्रश्नाकुलता को; समाज और शासन व्यवस्था की विडंबनाओं से डटकर मुकाबला करने की आत्मशक्ति को उजागर करती हैं। विदित है कि इस संकलन के प्रकाशन से पूर्व के सम्पूर्ण परिदृश्य ने भारतीय नागरिक के जीवन को किसी भी तरह सहज नहीं रहने दिया था। राजनीतिक उथल-पुथल, जनहित से पराङ्मुख सामाजिक आचार संहिता, जन-जन के शंकालु स्वभाव, संशयों से भरे हुए नागरिक परिदृश्य, सही पहल को हमेशा गलत साबित करते जाने की नीति, शासन व्यवस्था की क्रूरता, समाज-व्यवस्था की हृदयहीनता, सम्बन्धों का पाखंड, जनाक्रोश की लहर, राजनीतिक दलों में आपसी फूट, बंटवारा और विभाजित दलों के नेतृत्व के मसले पर वैमनस्य, सीमा संघर्ष का सिलसिला, राजनीतिक परिदृश्य में आन्तरिक और बाह्य संकट...ये तमाम बातें इन्हीं दौरान हुईं। जाहिर है कि कुँवर नारायण की कविताओं ने इन्हें गम्भीरता से रेखांकित किया। ये कविताएँ अपने पूरे दौर की इसी सिलसिलेवार दुर्घटनाओं का ब्योरा प्रस्तुत करती हैं, जिसमें कवि सदा प्रश्नाकुलता और आत्म-मंथन के साथ सावधानी से डटे हुए हैं, और नृशंसता, निरंकुशता, अमानवीयता, पाखंडपूर्ण मैत्री, धूर्तता और संशय के पर्वतों से टकराकर थकी हुई सामान्य जनता को, न हारने की, डटे रहने की, प्रेरणा देते हैं–

जब तुम अपने मस्तक पर बर्फ़ का पहला तूफ़ान
झेलोगे और काँपोगे नहीं–
तब तुम पाओगे कि कोई फ़र्क़ नहीं
सब कुछ जीत लेने में
और अन्त तक हिम्मत न हारने में...

अपने समय की नृशंसताओं, बर्बरताओं को रेखांकित करते हुए कवि ने बार-बार अपने इतिहास की नृशंसताओं को भी याद किया है; उन प्रतीक-प्रसंगों के सहारे, स्थिति-छवि कुछ बेहतर और प्रभावी हो पाई है। इतिहास की उन नृशंसताओं, बर्बरताओं, निरंकुशताओं के बरक्स समकालीन अत्याचार, अहंकार, दुर्भावना, षड्यंत्र, नीचता...कहीं अधिक नग्न होकर सामने आई हैं। 'भागते हुए', 'आज का ज़माना', 'फ़ौजी तैयारी', 'दिल्ली की तरफ़', 'इब्नेबतूता', 'मस्तकविहीन बुद्ध प्रतिमा', 'कुतुबमीनार' आदि कविताओं को इस नजर से प्रमुखता से देखा जा सकता है। इतिहास-पुराण के रूपकों

के सहारे अपना मंतव्य स्पष्टता से प्रस्तुत करने में कुँवर नारायण की ख्याति तो है ही, वे इस बात के लिए भी ख्यात हैं कि कविताओं में कवि का क्रोध कभी बम-पिस्तौल की भाषा में नहीं, बल्कि व्यंग्य की तीक्ष्ण धार के साथ कविता का संस्कार बन जाता है, तेज जहर की तरह पूर्ण त्वरा से फैलकर आहत करता है। मानवीय रिश्तों के प्रति कवि का आग्रह यहाँ बहुत स्पष्टता से सामने आता है, जब कवि कहते हैं–

मुझे एक मनुष्य की तरह पढ़ो, देखो और समझो
ताकि हमारे बीच एक सहज और खुला रिश्ता बन सके
माँद और जोखिम का रिश्ता नहीं...

कवि का यह अनुभव उस दौर के नागरिक परिवेश में समाए हुए संशय को रेखांकित करता है। वे इस बात से चिंतित हो उठते हैं कि–

क्यों खोजना पड़ता है मिथकों में, वक्रोक्तियों में, श्लेषों में, रूपकों में
झूठ की उलटी तरफ़ क्यों इतना रास्ता चलना पड़ता है
एक साधारण सचाई तक भी पहुँच पाने के लिए...

यह चित्र पूरी समाज-व्यवस्था के आचार-विचार की उस प्रक्रिया में निर्मित हुई, जिसमें शासन-पद्धति की निरंकुशता, थोड़े से लाभ-लोभ के कारण समस्त मानवीय सम्बन्धों की हत्या करते हुए लोगों का जी तनिक भी नहीं घबराया। पाखंड और विश्वासघात का हाल ऐसा बन गया, हर परिस्थिति को अपने दुष्कर्मों के पक्ष में कर लेने की पद्धति इतनी कारगर हो गई कि कवि को कहना पड़ा–

उसके दोनों हाथ उसके पीछे बाँध दो
और एक बेहतरीन झूठ उसकी आँखों पर
शायद वह कुछ नहीं कहेगा...
वह छटपटाएगा
लेकिन छटपटाना कोई तर्क नहीं...

यह 'छटपटाना कोई तर्क नहीं' कहकर कवि ने कितने बड़े पाठ को रेखांकित किया है, सामर्थ्यवानों और सामर्थ्यहीनों के बीच चल रहे दो मानवीय भावनाओं के संघर्ष को कितनी सूक्ष्मता से रेखांकित किया है–यह गौर करने लायक है। इस संकलन की तमाम कविताएँ अपने शीर्षक के अनुकूल, कवि और नागरिक को, कभी खुद के, तो कभी नागरिक परिदृश्य और समाज व्यवस्था के, 'अपने सामने' खड़ा करती हैं। ये कविताएँ वस्तुतः हमारी आँखों में उँगली डालकर समकालीन परिदृश्य की वास्तविकता से परिचय कराती हैं।

इस संकलन के लगभग चौदह वर्ष बाद कुँवर नारायण की सौ कविताओं का संकलन 'कोई दूसरा नहीं' (1993) प्रकाशित हुआ। सम्भव है कि इसमें उनकी पहले

की लिखी कुछ कविताएँ भी शामिल हों, पर इन कविताओं को सन् 1979-1993 के दौर के नागरिक परिदृश्य, शासन-पद्धति, और समाज-व्यवस्था के साथ मिलाकर देखें तो बड़ी स्पष्टता से चित्र सामने आते हैं। यह सम्पूर्ण परिदृश्य भारतीय जनजीवन की त्रासदियों से भरा रहा है। आपातकाल के परिणामस्वरूप जो विद्रोह की भावना जन-जन में उठी थी और आम चुनाव के बाद जो नई व्यवस्था भारतीय नागरिक के सिर पर आई, उसमें भारत के नागरिक, खासकर युवा वर्ग, अपने ही किए पर पछताने की स्थिति में आ गए। शायद जनता ने सोचा था कि सड़ांध को भी उधेड़ने से किसी बेहतरी का संकेत मिले, पर हुआ इसके विपरीत। चुनाव दर चुनाव, एक सिलसिला चल पड़ा। राजनीतिक दल के लोग अपने तमाम बचे-खुचे संस्कारों को त्यागकर जन निरपेक्ष हो गए। जन-प्रतिनिधियों की नजर में नागरिक अभिलाषा और जनहित की कोई कद्र नहीं रह गई। राजनीतिक अनस्थिरता के कारण महँगाई सिर चढ़कर बोलने लगी। अपराध का राजनीतिकरण और राजनीति का अपराधीकरण आम शिष्टाचार की तरह होने लगा। क्रान्ति में धोखा खाए नौजवान पिछले दरवाजे की तलाश में जुट गए। साम्प्रदायिक दंगा, मन्दिर-मस्जिद विवाद को निरन्तर अधिक घातक बनाने की कोशिश, जातीय द्रोह, धार्मिक उन्माद, क्षेत्रीय समस्याएँ, क्षेत्रवाद का प्रेत पूरे देश में तांडव पर उतर आया। आसाम और पंजाब की स्थिति बेकाबू होने लगीं। बाढ़, तूफान, आँधी, अकाल, सूखा आदि के कारण किसान समुदाय की शामत आ गई। घूसखोरी और बेरोजगारी इस तरह बढ़ी कि सारे के सारे मानव-मूल्य उस आग में जलकर स्वाहा हो गए। इंदिरा गाँधी और राजीव गाँधी की नृशंस हत्या ने प्रमाणित कर दिया कि ईर्ष्या, द्वेष और प्रतिशोध की आग में झुलसकर मनुष्य पूरी तरह राक्षस बन गया है। राजनीति से प्रेरित हत्याओं, अपरहण, फिरौती, लूट-पाट का सिलसिला चल पड़ा। कवि कुँवर नारायण की रचनात्मक संवेदना को इन परिस्थितियों ने बड़ी बेरहमी से आहत किया। एक ही साँस में उन्होंने महँगाई और मानव-मूल्य के ह्रास को रेखांकित किया–

आज जबकि हर चीज़ का दाम सिर्फ़ बढ़ने की ओर है
आदमी की क़ीमत में भारी छूट का शोर है...

इन तमाम परिस्थितियों में कहीं बचाव का एक रास्ता ढूँढ़ पाने, अपने लिए कोई सुरक्षित समय और जगह ढूँढ़ लेने को बेचैन नागरिक के प्रतिनिधि के रूप में व्याकुल कवि कुँवर नारायण कहते हैं–

आज मैं शब्द नहीं
किसे ऐसे विश्वास की खोज में हूँ
जिसे आदमी में पा सकूँ...

विडंबनाओं से भरी शासन व्यवस्था पर व्यंग्य का तीखा प्रहार 'सफलता की कुंजी' कविता में रोमांचक है–

उस वक़्त वहाँ वे दो ही थे
लेकिन जब गोलियाँ चली
मारा गया एक तीसरा जो वहाँ नहीं
चाय की दुकान पर था...
पकड़ा गया एक चौथा
जो चाय की दुकान पर भी नहीं
अपने मकान पर था, उसकी गवाही पर
रगड़ा गया एक पाँचवाँ जिसे किसी छठे ने
फँसवा दिया था–सातवें की शिनाख़्त पर
मुक़दमा जिस आठवें पर चला, उसके फलस्वरूप
सजा नवें को हुई
और जो दसवाँ बिलकुल साफ़ छूटकर
एक ग्यारहवें के सामने गिड़गिड़ाने लगा वह
उसकी मार्फत
एक नई सफलता तक पहुँचने की कुंजी को
उँगलियों पर नचाने लगा...

वस्तुतः सफलता के इस तिलिस्म में इस पूरे दौर की अन्तःप्रक्रिया रेखांकित है। इस पूरी प्रक्रिया का तंत्रजाल इस तरह गढ़ा जाता है कि दोषी की कौन कहे; कोई निर्दोष भी अपने को निर्दोष करार दिए जाने से सुकून की साँसें लेता है। जहाँ की न्याय व्यवस्था इतनी जन-निरपेक्ष हो कि–

जिन्हें सुनाई गई
मौत की सजा
कब के मर चुके थे...

और

जिन्हें रिहाई दी गई
पूरी सजा काट चुके थे...

जैसी स्थिति हो, वहाँ कवि हिसाब लगाकर देखते हैं–

...एक दिन जब
कुल जमा पूँजी में से
घटाकर देखा पिछला सब रहा सहा
तो ढूँढ़े नहीं मिल रहा था
वह ख़्वाब जो लगा था ज़िन्दगी से भी बड़ा...

पर कवि की जीवनी शक्ति फिर भी अपराजेय ही रहती है, जीवन-मूल्यों के प्रति सकारात्मक भाव उनमें भरे रहते हैं। वे कहते हैं–

अगर आँखें हूँ
तो तिल भर जगह में भी वह सम्पूर्ण विस्तार हूँ
जिसमें जगमगा सकती हैं–असंख्य सृष्टियाँ...

उनका विश्वास है कि–

कि सूर्योदय हो रहा
उसकी कोमल टहनियों से झाँकती धूप
देखते-देखते...
भर उठेगा पूरा घर...

वे बड़े विश्वास के साथ कहते हैं–

अबकी अगर लौटा तो
हताहत नहीं
सबके हिताहित को सोचता
पूर्णतः लौटूँगा...

वर्तमान सन्दर्भ के जीवन-यापन में सुलह-समझौते की महत्त्वपूर्ण भूमिका और उसकी व्याख्येय सत्ता को रेखांकित करते हुए 'गोलकुंडा की एक शाम' की ये पंक्तियाँ समकालीन सन्दर्भ की विशद व्याख्या की ओर संकेत करती हैं–

टैक्सी ड्राइवर रहमत अली शाह
या गाइड मत्सराज के पूर्वजों के युद्धों से
कहीं ज़्यादा कठिन है
वर्तमान से उन दोनों की लड़ाई
उससे पराजित न होने के उनके मनसूबे...
बारूद में आग लगाने के इतिहासों से अलग
एक तीसरा इतिहास भी है
रहमत शाह की बीड़ियों और
मत्सराज की माचिस के बीच सुलहों का...

सन् 1993 में प्रकाशित इस संकलन की सौ में से अधिकांश कविताएँ भले ही लिखी गई हों पिछले चौदह वर्षों में; कवि का ताजातरीन अनुभव भले ही आपातकाल के बाद के चुनाव और मध्यावधि चुनाव से लेकर मन्दिर-मस्जिद प्रकरण के दुरुपयोग और राजनीति के घिनौने खेल से उपजे हों; पर इतना तय है कि कवि के सोच-विचार

का फलक और जीवन-दृष्टि की गहनता उस समय तक के गुजारे गए पूरे जीवन, अध्यवसाय और सामाजिक परिवेश की रही होगी।

वस्तुतः कवि-मनुष्य के आसपास परिस्थितियाँ कितनी भी भयावह हो जाएँ, उसकी आत्मशक्ति और उसका विवेक उसे टूटने नहीं देता। सन् 1947 से 1993 तक के साढ़े चार दशक से अधिक दिनों की प्रौढ़ आजादी के बावजूद भारत के नागरिक परिदृश्य में ऐसा कुछ कायदे का दिख नहीं रहा था। जिसे बहुत सन्तोष के साथ आशावान होकर देखा जाए। विडंबनाओं की अग्निवृष्टि थमने का नाम ही नहीं ले रही थी। और इस विकराल परिस्थितियों में भी कवि की आशा बनी हुई थी, उजाले के प्रति उनका आकर्षण बना हुआ था। 'सम्मेदीन की लड़ाई' कविता में उन्होंने साफ-साफ कहा--

बचाए रखना
उस उजाले को
जिसे अपने बाद
ज़िन्दा छोड़ जाने के लिए
जान पर खेलकर आज
एक लड़ाई लड़ रहा है
किसी गाँव का कोई खब्ती सम्मेदीन...

विपरीत परिस्थितियों, घिनौनी करतूतों, मानव विरोधी आचार-संहिताओं के तूफान के बीच भी ये कविताएँ कई बार विडंबनाओं से टकराकर हिलती हुई दिखती हैं। पर हर समय कवि के जीवन-मूल्यों के प्रति सकारात्मक सोच को रेखांकित करती हैं, ज्योति कलश की दीप शिखा को बचाकर रखती हैं, जनशक्ति की अपराजेय ताकत को चिह्नित करती हैं।

'आकारों के आसपास' (1972) उनकी सत्रह कहानियों का संकलन है और पहला कहानी संकलन है। इन कहानियों के बुनावट और भाषा संरचना में कुँवर नारायण का कवि रूप, और कहानी की सम्पूर्णता में उनका विचारक रूप, हर जगह परिलक्षित होता रहता है। बावजूद इसके यह ईमानदारीपूर्वक कहा जा सकता है कि भाषा और बुनावट की यह काव्यमयता और उद्‌देश्य की विचारशीलता में ये क़हानियाँ कहीं उलझाऊ, अबूझ, और बोझिल नहीं हुई हैं, बल्कि इन कहानियों में चमक पैदा करती रही हैं। राजा-रानी की कहानियाँ पढ़ने के अभ्यस्त पाठकों को यहाँ किसी-किसी कहानी में किस्सागोई का अभाव दिख जाए, तो और बात है; पर हिन्दी कहानी-लेखन के विभिन्न आन्दोलनों से गुजरते हुए भी कुँवर नारायण उस धारा में बह नहीं गए, अपने कथा-लेखन का एक खास शिल्प बरकरार रखा, यह बड़ी बात है। कुँवर नारायण की कविताई से परिचित पाठकों को ये कहानियाँ निश्चय ही बड़ी आह्लादित करती हैं। क्योंकि यहाँ न केवल घटनाओं के क्रम को सहेजा गया है, बल्कि एक चमत्कृत

करने वाली काव्यमंयता और उस काव्यमयता के कारण परत दर परत उनका अर्थोत्कर्ष एक नएपन का अहसास कराता है। यद्यपि 'मुगल सल्तनत और भिश्ती' तथा 'कमीज' जैसी कहानियाँ अपनी किस्सागोई में भी सबसे आगे है। इन कहानियों में वस्तुतः रचनाकार कोई दूर की कौड़ी लाने की कोशिश करते नहीं दिखते। वे अपने परिवेश से, आसपास की ज़िन्दगी के सुपरिचित अनुभवों से ही अपनी बात शुरू करते हैं; पर उन घटना-प्रसंगों को देखने का नजरिया और उसे अभिव्यक्त करने का भाषा-रूप उसमें नया चमत्कार भरता है। इनमें से करीब-करीब कहानियों में मानवीय सम्बन्धों की परतें प्याज के छिलकों की तरह परत दर परत उधेड़कर देखी गई हैं। यथार्थ और फैंटेसी के तालमेल से शिल्प का जैसा विस्मयकारी सौन्दर्य इन कहानियों में है, वस्तुतः वही उसका वैशिष्ट्य है; पर सचाई है कि अपनी परिणति में ये कहानियाँ निर्मम यथार्थ और समकालीन जनजीवन का अनुवाद है। 'संदिग्ध चालें', 'दो आदमियों की लड़ाई', 'अफ़सर', 'गुड़ियों का खेल', 'जनमति', 'दूसरा चेहरा', 'आत्महत्या', 'बड़ा आदमी', 'आशंका' आदि इस संकलन की विशिष्ट कहानियों में से हैं। समग्रता से कहें तो इस संकलन की सारी कहानियाँ तब और अर्थवान लगने लगती हैं जब इसकी भूमिका में लिखे कथाकार के वाक्य याद आते हैं। कुँवर नारायण ने यहाँ 'पाठक से एक नए दृष्टिकोण की माँग की है, जिसमें वह कहानी के जादू से मुग्ध होकर नहीं, कहानीकार के साथ पूरी तरह जागा रहकर अपने आप से तर्क-वितर्क करता चलता है। इस कोशिश में कहानियाँ कभी-कभी कविता और निबन्ध की विधा के काफी निकट आ गई हैं लेकिन शायद इस तरह नहीं कि उनकी बुनियादी पहचान गुम हो गई हो।' वस्तुतः कुँवर नारायण की कहानियाँ मनोरंजन और निठल्लेपन को मिटाने का साधन नहीं हो सकतीं, ये कहानियाँ मनुष्य की निष्क्रियता को झकझोरती हैं; निश्चेष्टता, शिथिलता और निरपेक्षता को उद्वेलित करती हैं; स्वार्थपरता और क्रूरता के दंश की कलई खोलती हैं; मनुष्य को आत्मालोचन के लिए प्रेरित करती हैं, कभी-कभी धिक्कारती भी हैं। इन कहानियों का वैशिष्ट्य पाठकों को काम में लगाने के इसी तकनीक में निहित है। व्यंग्य, विद्रूप और विडंबनाओं की तल्ख धार से ये कहानियाँ बहुत प्रभावी बन सकी हैं।

'आज और आज से पहले' उनके वैचारिक और आलोचनात्मक निबन्धों, टिप्पणियों का संकलन है, जो पुस्तकाकार सन् 1998 में प्रकाशित हुआ। ये सारे निबन्ध सन् 1957 से 1995 तक विभिन्न अवसरों पर लिखे-पढ़े गए तथा प्रकाशित हुए। इनमें साहित्य, समाज एवं वैचारिक श्रृंखला के विविध प्रसंगों पर विचार किया गया है। कविता से सम्बन्धित लेख अपेक्षाकृत अधिक हैं। चार खंड में विभक्त इस पुस्तक में कुल बाईस लेख हैं। दूसरे खंड में अज्ञेय, नेमिचंद्र जैन और अशोक वाजपेयी की गद्य पुस्तकों पर, 'पूर्वग्रह' पत्रिका पर और एक संस्कृत पुस्तक पर आलेख हैं। तीसरे खंड में जयशंकर प्रसाद, निराला, अज्ञेय, मुक्तिबोध, शमशेर बहादुर सिंह, विजयदेव नारायण साही, श्रीकांत वर्मा, सर्वेश्वर दयाल सक्सेना, रघुवीर सहाय तक की कविताओं पर दस निबन्ध हैं। चौथे खंड में प्रेमचंद, यशपाल, अमृतलाल नागर, भगवती चरण वर्मा, अज्ञेय,

हजारी प्रसाद द्विवेदी, निर्मल वर्मा, श्रीलाल शुक्ल तक के कथा-साहित्य पर चौदह निबन्ध संकलित हैं। इन बड़े-बड़े रचनाकारों और उनकी महत्त्वपूर्ण कृतियों पर लिखे गए उनके ये आलेख परवर्ती काल के तमाम लेखकों के लिए प्रेरणास्पद हैं। स्पष्ट ही है कि हर तरह से अपनी मौलिक चिन्तन पद्धति के हिमायती रचनाकार कुँवर नारायण की वैचारिक दृष्टि अलग होगी। एक विराट् कवि की लगभग चार दशकों की विचार-दृष्टि को समग्रता से देखने का अवसर यहाँ मिलता है, और यहाँ आकर उनकी काव्य-चेतना के भी कई रंग, कई अर्थ-रूप उजागर होने लगते हैं। खासकर उनके अन्तिम कविता-संग्रह 'कोई दूसरा नहीं' की कविताओं का करीब-करीब मर्म कोई पाठक चाहे तो इस निबन्ध-संग्रह की भूमिका की इन पंक्तियों को देख ले सकता है कि–'पहचान' या 'अस्मिता' की समस्या को जब हम अपने ही राष्ट्र, राज्य, देश, प्रदेश, जाति, धर्म, समाज, संस्कृति, भाषा, साहित्य, परम्परा, राजनीति, स्थानीयता, परिवार आदि जैसे स्थूल आधारों को सबसे आगे रखकर सोचते हैं, तो वह सुलझने के बजाय और उलझती चली जाती है। हमारे आपसी सम्बन्धों में दरारें और दूरियाँ बढ़ने लगती हैं।–बीसवीं शताब्दी के अन्तिम चरण में आम नागरिक की नज़रों के सामने फैले इस धुँध ने जैसा मानव-द्रोह पैदा किया, उसमें न केवल मनुष्य को बल्कि साहित्यिक प्रसंग और साहित्यकारों के रचना-कर्म को पहचानने के लिए भी बड़ी पैनी नज़र की आवश्यकता थी।

स्थापित सत्य है कि हर समय के साहित्य का समकालीन समाज के गुण-सूत्रों से रागात्मक सम्बन्ध होता है और हर समय का सामाजिक जीवन-यापन समकालीन राजनीतिक गतिविधियों और आचरणों का भोक्ता होता है। इस स्थिति में हर समय के साहित्य का रिश्ता किसी हद तक समकालीन राजनीतिक व्यवस्था से बनता है। इस प्रसंग से कुँवर नारायण अपनी पुस्तक की भूमिका में स्पष्ट उल्लेख करते हैं कि–'साहित्य और राजनीति के बीच, मैं समझता हूँ कभी भी गठबंधन का रिश्ता वांछनीय नहीं। राजनीति की पहली ज़रूरत है सत्ता और शक्ति : इसके बिना वह कुछ नहीं कर सकती, और इसके लिए वह कुछ भी कर सकती है–उन्हीं लोगों के साथ धोखा तक, जिनका समर्थन उसे सत्ता देता है।...बड़ा साहित्य न तो राजनीति का गुलाम रहा है, न ही उसका दुश्मन। साहित्य चिन्ता के मूल में रहते हैं वे जीवन-मूल्य जो मनुष्य के हित में हों–जो उसकी रक्षा कर सकें उसकी अपनी ज़्यादतियों से, और दूसरों की ज़्यादतियों से भी। संतुलित बुद्धि और उदार संवेदनशीलता से साहित्य अपने चारों तरफ़ देखता है, केवल राजनीति की तरफ नहीं...यह चौतरफा दृष्टि तभी सम्भव है जब...एक निरीक्षक और विवेचक की तरह अपने समय और समाज पर चौकन्नी नजर रखे।'–इस संकलन के सभी निबन्धों में कुँवर नारायण अपनी इस आलोचकीय दृष्टि का परिचय देते हैं। इन तमाम विषयों पर हिन्दी में बहुत कुछ लिखा जाता रहा है, पर ये निबन्ध, इन प्रसंगों की व्याख्या के लिए निश्चय ही पाठकों को एक चौकन्नी दृष्टि अपनाने की प्रेरणा देते हैं।

'वाजश्रवा के बहाने' (2008) खंडकाव्य वस्तुतः पूर्व प्रकाशित खंडकाव्य 'आत्मजयी' की ही अगली कड़ी है। इसमें दो खंड हैं–'नचिकेता की वापसी' और 'वाजश्रवा के बहाने'। पहले में दस शृंखलाबद्ध कविताएँ हैं और दूसरे में ग्यारह। प्रथम खंड में जीवन का आह्वान है तो दूसरे में आसन्न अवसान। जीवन से मृत्यु की ओर देखते जाने की वाजश्रवा की कोशिश एक तरह के आत्मालोचन का भाव देती है, पर अपने अनुभवों का एकालाप भी वहाँ दिखता है। पिता-पुत्र के इस द्वंद्व को हम आज के सन्दर्भ में देखें तो इसकी झलक बड़ी आसानी से मिल जाती है। पूर्वकथन में कवि ने स्वयं लिखा है–'जीवन का अपना सम्मोहन होता है, जो मृत्यु के संत्रास के बावजूद हमें जीने की शक्ति देता है ...'आत्मजयी' में यदि मृत्यु की ओर से जीवन को देखा गया है, तो 'वाजश्रवा के बहाने' में जीवन की ओर से मृत्यु को देखने की एक कोशिश है...वाजश्रवा के मन में गहरा विक्षोभ भी है अपने उस 'अशुभ क्रोध' को लेकर जिसके कारण जीवन-यज्ञ में इतना बड़ा व्यवधान पड़ जाता है।'

वस्तुतः इन दोनों खंडकाव्यों में उल्लिखित सन्दर्भों को हमें आधुनिक सन्दर्भों से जोड़कर देखने की चेष्टा करनी चाहिए। दो पीढ़ियों के वैचारिक द्वंद्व को जितने संतुलित रूप में यहाँ रेखांकित किया गया है, वह सन्तुलन वस्तुतः कुँवर नारायण की चिन्तनशीलता का सन्तुलन है। वे इतने आधुनिक भी नहीं होना चाहते कि अपने सारे अतीत, सारी परम्परा से मुँह मोड़कर चल पड़ते; और न ही परम्परा-मोह के कैद में बैठकर आत्मालाप करते। उनकी यह सन्तुलन वृत्ति न केवल चिन्तन पद्धति, बल्कि उनके भाषा-व्यवहार और रचना शिल्प तक में दिखती है। सम्भवतः यही कारण हो कि जब कभी उन्हें अपनी बात स्पष्ट रूप से तर्कसम्मत ढंग से कहने की जरूरत होती है, और उन्हें लगता है कि ऐतिहासिक, पौराणिक, मिथकीय रूपक-प्रसंगों से इसे बेहतर कहा जा सकता है, तो वे तनिक भी देर नहीं लगाते और उन्हीं पौराणिक प्रसंगों में आधुनिक जनजीवन के मानवीय जीवन-मूल्यों को बखूबी पिरो देते हैं।

नचिकेता की आँखें खुलने से वाजश्रवा को नई दृष्टि और नई सृष्टि की उपलब्धि होती है क्योंकि अब तक उन्हें यह समझ आ गई होती है–

कि एक संसार इतना पर्याप्त हो सकता है
सबके लिए
और वही इतना छोटा हो सकता है
किसी एक के लिए
...कि इतना बड़ा अहं
डूब सकता है एक पल में...

और उसे इस बात का भी अनुभव हो गया होता है कि–

मैंने उसकी चीखों को सुना
उसकी सिसकियों को नहीं

...मेरी सब से प्रिय वस्तु!–भूल हुई
'वस्तु' माना अपने सबसे 'प्रिय' को
अपना अभिन्न नहीं...

उसके मन में यह बात भी अच्छी तरह बैठ चुकी है–

कि समय हमें कुछ भी
अपने साथ ले जाने की अनुमति नहीं देता
पर अपने बाद
अमूल्य कुछ छोड़ जाने का पूरा अवसर देता है...

पुरानी पीढ़ी के लोग नई पीढ़ी से थोड़े समय के लिए अलग रहकर यदि नई पीढ़ी की नवता और तार्किकता को, और जीवन-मूल्य के गूढ़ार्थ को इतनी सूक्ष्मता से समझ ले, तो यह इस काव्य-शृंखला की अतिरिक्त खूबी दिखती है। साथ ही यहाँ नई पीढ़ी के प्रतीक-प्रसंग में, नवता का कोई उच्छृंखल आचरण, या विद्रोह जैसा कोई स्वर नहीं दिखता। वहाँ बड़े सामान्य और शालीन आचरण के साथ दृढ़ इच्छाशक्ति से भरी असहमति है, जिसमें वैचारिक वैषम्य है, वैयक्तिक द्रोह नहीं। आखिरकार इसीलिए तो नचिकेता यम से एक वरदान यह भी माँगता है कि लौटने पर पिता नाराज न दिखें। और वापसी के बाद–

पिता से गले मिलते
आश्वस्त होता नचिकेता कि
उनका संसार जीवित है!
...उसकी इच्छा होती
कि यात्राओं के लिए
असंख्य जगहें और अनंत समय हो
और लौटने के लिए
हर समय हर जगह अपना एक घर...

यह वापसी, सम्बन्धों की मासूमियत में कोई खिंचाव तक पैदा नहीं करती। वाजश्रवा के अनुभवों से कवि ने जीवन-दर्शन की कितनी बड़ी-बड़ी बातें रेखांकित की हैं–

तुम्हें खोकर मैंने जाना
हमें क्या चाहिए–
कितना चाहिए
क्यों चाहिए सम्पूर्ण पृथ्वी?
जबकि उसका एक कोना बहुत है
देह-बराबर जीवन जीने के लिए...

फिर आगे कहते हैं–

दल और कतारें बनाकर जूझते सूरमा
क्या जीतना चाहते हैं एक दूसरे को मार कर
जबकि सब कुछ जीता–
हारा जा चुका है
जीवन की अन्तिम सरहदों पर?...

इन उद्धरणों को पौराणिक कथा-प्रसंग की पुनर्प्रस्तुति, अथवा जीवन-स्मरण की दार्शनिक व्याख्या के बजाय, इस तरह देखना श्रेयस्कर होगा कि मानव जीवन का अन्तिम सत्य यही है, इसलिए जो लोग खुद को समय का देवता साबित करने में जुटे हैं, और अपने सिंहासन की ऊँचाई बढ़ाने के चक्कर में सर्वाधिक प्रिय और अपरिहार्य वस्तु 'मानवीयता' को कूड़ेदान में डाल रहे हैं, उनके लिए यह समझना अधिक जरूरी है कि–

हर निर्माण में
यह कैसी कमी
कि दुश्मन होकर घेर लेते हमें
हमारे ही प्रियजन...

वस्तुतः कुँवर नारायण की रचनाएँ प्रकारांतर से व्यवस्था के शिकारियों की चालबाजी, और उन चालबाजियों से खुद को किसी तरह बचाए रख पाने में सफल-विफल कोशिशों और संघर्षों में परेशान हो रहे शिकारों के चित्र-खंडों की कोलाज हैं। पर उनकी रचनाओं के तीक्ष्ण और प्रहारक निशाने पर सदा वे 'शिकारी' ही रहते हैं। उन शिकारियों के लिए कुँवर नारायण ने अपने वाजश्रवा के अनुभव से बेहतरीन वाक्य कहलवाया है–

बार-बार देखता हूँ
सिर घुमाकर
कोई तो–कुछ तो–
आ रहा होगा
मेरे पीछे-पीछे?
नहीं, कोई नहीं! कुछ भी नहीं
मेरी अपनी छाया तक नहीं

जब ऐसी स्थिति है, तब फिर लोग किस संपत्ति, किस शक्ति, किस सत्ता, किस साम्राज्य के लिए नृशंसता की इतनी क्रूर सीढ़ियाँ चढ़ते जाते हैं? कभी तो वे खुद के आमने-सामने हों, फिर कुँवर नारायण के आमने-सामने होने में लाज न आएगी और वे खुद 'आत्मजयी' हो जाएँगे।

कुँवर नारायण के काव्यबोध की संरचना

श्रीप्रकाश शुक्ल

समर्पित मत हो त्वचा को
स्पर्श गहरे मात्र...
इससे श्रेष्ठतर मूर्धन्य सुख। जल-बेड़ियों से
कहीं ऊपर
कहीं गहरे ठहर कर आधार–मूलाधार।

जीवन–हर नए दिन की निकटता।
आत्मा–विस्तार।

(आत्मजयी : 'शान्तिबोध')

एक बार साहित्य अकादेमी द्वारा आयोजित एक काव्य समारोह में कवि हरीशचंद्र पांडेय व एकान्त श्रीवास्तव के साथ मुझे भी जाने का अवसर मिला। चूँकि लम्बे समय बाद दिल्ली गया था। सो मित्रों व शुभेच्छुओं से मिलने के क्रम में मैं इन मित्रों के साथ आदरणीय रवींद्र कालिया से मिलने ज्ञानपीठ के दफ्तर चला गया। कालिया जी, अपने स्वभाव के अनुसार बड़े ही आत्मीय भाव से मिले और बातचीत के क्रम में ही उन्होंने भारतीय ज्ञानपीठ पुरस्कार से सम्बन्धित एक प्रपत्र हमें पकड़ा दिया। साथ में यह निर्देश भी कि इसे शीघ्र ही आप लोग भरकर वापस भेज दें।

बात आई गई हो गई। वापस लौटकर इस पूरी घटना को मैंने अपने आत्मीय भाई अनुभव दास को बताया और उनसे पूछा कि वे हिन्दी के कुछ लेखकों के नाम बताए जिन्हें इस वर्ष का ज्ञानपीठ पुरस्कार मिलना चाहिए। अनुभव दास ने जो संभावित नाम बताए थे वे इस प्रकार हैं–कुँवर नारायण, कृष्णा सोबती, श्रीलाल शुक्ल, केदारनाथ सिंह।

...और एक दिन 24 नवंबर को खबर आई कि इस वर्ष का भारतीय ज्ञानपीठ पुरस्कार हिन्दी के कवि कुँवर नारायण को दिया गया है। चूँकि कुंवर नारायण से न तो मेरी कभी मुलाकात हुई और न ही कोई दूरभाषी संवाद। इसलिए मन ही मन

उन्हें बधाई देते तय किया कि एक लेख उनकी कविताओं पर लिखना चाहिए। यह बधाई भी होगा और संदेश भी।

यथार्थपरक समकालीनता का लोक

मेरे लिए कुँवर नारायण एक ऐसे कवि रहे हैं जिन्हें पढ़ना आसान रहा है लेकिन समझना कठिन। मुझे बार-बार लगता रहा है कि इस कवि में वह कौन सा तत्त्व है जो मुझे आकर्षित तो बहुत करता है लेकिन सम्मोहित उतना ही कम। मुझे लगा यदि इस आकर्षण का कारण समझ में आ जाए, तब सम्भव है कि इस पर थोड़ा ठहरकर सम्मोहित भी हो सकूँ और इन्हीं कारणों की पड़ताल के क्रम में जब उनके समग्र काव्य वैभव को खँगालना शुरू किया तब अचानक मेरी दृष्टि 'आत्मजयी' (1965) नामक संग्रह की भूमिका पर टिक गई। यहाँ वे लिखते हैं–'नचिकेता की चिन्ता अमर जीवन की चिन्ता है। अमर जीवन से तात्पर्य उन अमर जीवन-मूल्यों से है जो व्यक्ति जगत् का अतिक्रमण करके सार्वकालिक और सार्वजनीन बन जाते हैं।' यदि इसी बात को खुद कुँवर जी के बहाने किया जाए तो बात कुछ यूँ बनती है– 'कुँवर नारायण की चिन्ता अमर कविता की चिन्ता है। अमर कविता से तात्पर्य उन अमर काव्य मूलों से है जो व्यक्ति जगत् का अतिक्रमण करके सार्वकालिक बन जाते हैं।' कुँवर नारायण अपनी कविता में इस अमर खोज के लिए तैयार हैं। व्यक्तिगत का सार्वकालिक में, यथार्थ का समकालीनता में, स्थिति का गति में रूपांतरण ही तो उनके काव्य का वैभव रचता है। इस दिशा में नचिकेता की तरह ही वे हठी भी हैं–वस्तु के भीतरी तहों तक जाने के उत्सुक भी। इसीलिए 'आत्मजयी' में वे साफ लिखते हैं कि 'यह कृति मूलत: जीवन की सृजनात्मक सम्भावनाओं में आस्था के पुनर्लाभ की कहानी है।' (भूमिका)। स्वाभाविक है कि आस्था का यह 'पुनर्लाभ' जिज्ञासा के दायरे में काल से होड़ लेता, शमशेर की याद दिलाता है–'काल तुझसे होड़ है मेरी'। कुँवर नारायण को सुनें–

जब जब समर्थ जिज्ञासा से
काल की विदेह अतिशयता को
कोई ललकारे–
सीमा-सन्दर्भहीन साहस को इंगित दो।

पिछली पूजाओं के ये फूटे मंगल-घट।
किसी धर्म ग्रंथ के
पृष्ठ-प्रकरण-शीर्षक–

सब अलग अलग।
वक्ता चढ़ावे के लालच में
बाँच रहे शास्त्र वचन

ऊँघ रहे श्रोतागण।...

ओ मस्तक विराट्
इतना अभिमान रहे–
भ्रष्ट अभिषेकों को न दूँ मस्तक
न दूँ मान...
इससे अच्छा
चुपचाप अर्पित हो जा सकूँ
दिंगत प्रतीक्षाओं को...। (आत्मजयी)

भ्रष्ट अभिषेकों को मान देने की अपेक्षा, दिंगत प्रतीक्षाओं को चुपचाप अर्पित हो जाना, निश्चय ही कवि को स्वाभिमानी, आत्मसंयमी और चयनधर्मी बनाता है। आज जब चारों ओर भ्रष्ट अभिषेकों को मस्तक देते हर मंच पर बगैर चयन किए, प्रपंच चल रहा हो और लोग हैं कि तय नहीं कर पा रहे हैं कि कौन सा अभिषेक सार्थक है और कौन निरर्थक, कुँवर नारायण की तरह हर समझदार दिगंत प्रतीक्षाओं को चुपचाप अर्पित कर काल की विदेह अतिशयता की ललकार में अपने को चरितार्थ करेगा। कौन जाने कि स्वयं कवि ने भी इन्हीं किन्हीं स्थितियों में अपने को एक 'विराट्' के हवाले किया हो। 'युद्ध' की विभीषिका का उत्तरवर्ती पक्ष व्यक्ति की सांस्कृतिक चेतना को यूँ भी एक 'नैतिक आयाम' देता है। 'एक जागरूक समकालीन चेतना' का अर्थ ही यह है कि वह अपनी समग्रता में उसी तरह अपने अतीत को भी सोच व इस्तेमाल कर सके जैसे अपने वर्तमान को और उसे आज की सही ढंग की जानकारियों से जोड़कर देख सके। (आज और आज के पहले–पृ. 135)

विराट् की यही समझ उनमें सृजनात्मक सम्भावनाओं के बीच आस्था के पुनर्लाभ की कहानी है जो उनके 'नैतिक विजन' के आलोक में अन्यत्र भी दीप्त हो उठा है। 'चक्रव्यूह' (1956) से शुरू होकर 'परिवेश : हम तुम' (1961), 'अपने सामने' (1979), 'कोई दूसरा नहीं' (1993), 'इन दिनों' (2002) से होते हुए यह प्रवृत्ति 'वाजश्रवा के बहाने' (2008) तक में देखी जा सकती है और यह भी कि यह प्रवृत्ति उत्तरोत्तर मजबूत होती है। कोई बड़ी रचना, इसी नैतिक विजन से विराट् संस्कृति का हिस्सा बनती है। यहीं उसमें वह ताकत भरता है जिससे एक रचनाकार जीवन को देखता ही नहीं, जीवन को रूपांतरित भी करता है। यहीं से उसमें एक दृष्टि मिलती है जो केवल, कवि के ही शब्दों में, तत्काल पर नहीं रहती क्योंकि वह केवल 'नया कुछ' ही नहीं, 'स्थायी कुछ' भी रचना चाहता है (आज और आज से पहले–1998, पृ. 17) यही संकल्प है और यही त्याग का साहस भी है। यही मनुष्य का जयबोध भी है। इसी जयबोध के दायरे में कुँवर नारायण अपनी रचना को संस्कृति में ले जाते हैं और इसी कारण कविता में वे एक बड़ा स्पेस रचते हुए किसी 'समूह' में अपने को नहीं करते, बल्कि उसके समानांतर अपने को खड़ा करते हैं। भीड़ के साथ लेकिन

अलग। तभी वे कहते हैं–'मैं समूह से विच्छिन्न हूँ/क्योंकि कुछ भिन्न हूँ।' (परिवेश : हम-तुम, पृ. 47) यह भिन्नता आती ही इसीलिए है क्योंकि वे उस परिधि को स्वीकार नहीं करते जिससे सिर्फ एक शून्य बनता है या कि ऐसा व्यक्तित्व नहीं होना चाहते जिससे केवल संख्याएँ बनती हैं।

स्पष्ट है कि कुँवर नारायण के व्यक्तित्व की भिन्नता में उनका 'जिज्ञासु' होना तथा 'चिन्तनशील' होना, ये दो ऐसे घटक हैं जिनका एक छोर 'आत्मजयी' (1965) में मिलता है तो दूसरा 'वाजश्रवा के बहाने' (2008) में। यहाँ यह भी कहा जा सकता है कि 'आत्मजयी' की पूर्णता 'वाजश्रवा के बहाने' में दिखाई देती हैं। 'आत्मजयी' के केन्द्र में नचिकेता है तो 'वाजश्रवा के बहाने' के केन्द्र में वाजश्रवा। नचिकेता मृत्यु से साक्षात्कार में जीवन देखता है जबकि वाजश्रवा, जीवन के साक्षात्कार में मृत्यु। कवि ने स्वयं लिखा है कि 'आत्मजयी' में यदि मृत्यु की ओर से जीवन को देखा गया है जो 'वाजश्रवा के बहाने' में जीवन की ओर से मृत्यु को देखने की एक कोशिश है। स्पष्ट है कि 1965 का 'मृत्युबोध' 2008 तक आते-आते गहरे 'जीवनबोध से जुड़ जाता है। पहले में प्रस्थान मृत्यु है, दूसरे में जीवन। यूँ तो जीवन व मृत्यु दोनों के यहाँ है किन्तु क्रम बदल जाता है। क्रम का यह बदलना, कहीं न कहीं कुँवर नारायण के कवि में उस इतिहासबोध को विकसित करता है जिसमें आत्मिक ऊहापोह कम होती है और वैदिक जीवन की लौकिकता प्रमुख। वैदिक जीवन, लौकिक ही है, यह ऋग्वेद के अधुनातम अध्ययन से भी स्पष्ट है। (देखें–वैदिक संस्कृति : गोविंद चंद्र पांडेय) स्वयं ऋग्वेद इतिहास के साथ मुठभेड़ करता है। प्रो. गोविंद चंद्र पांडेय ने 'वैदिक संस्कृति' में लिखा है कि 'वेद न केवल भारतीय परम्परा के मूलाधार हैं बल्कि मानवीय इतिहास मात्र में मानवीय आत्मोपलब्धि और विमर्श के ऐसे प्राचीनतम दस्तावेज हैं जिनकी भाषा व विचार आज भी हमारे लिए सर्वथा अजनबी नहीं है।...वेद का अध्येता प्राचीन मानव के साथ जैसा हृदय संवाद स्थापित कर सकता है वैसा अन्यत्र असम्भव है। (पृ. 7) साफ है कि यह हृदय संवाद अपनी आत्मा के विस्तार से होकर ही जाता है जिसमें तमाम रूढ़िवादी मंतव्य स्वत: ही स्पष्ट हो जाते हैं।

कुँवर नारायण ने 'वाजश्रवा के बहाने' में इन्हीं रूढ़िवादी मंतव्यों व पिछड़े मूल्यों को अपदस्थ करने की कोशिश की है। इसी कारण वाजश्रवा के मन में अपने अशुभ क्रोध को लेकर एक गहरा विक्षोभ विकसित होता है। यहाँ यह वाजश्रवा के बहाने, कुँवर नारायण का सनातनी भारतीय मन नहीं है जहाँ हर व्यक्ति के भीतर उम्र के अन्तिम पायदान पर यह विक्षोभ उत्पन्न होता है बल्कि यह भारतीय मन का प्रौढ़ विवेकी रूप है जिसमें यह समझ विकसित होती है कि 'आत्ममुक्ति' के लिए कभी-कभी 'आत्महनन' की प्रक्रिया जरूरी होती है। कह सकते हैं कि आत्महनन की यह प्रक्रिया पारम्परिक न होकर आधुनिक है और इसी कारण यह संग्रह भी अतीतगामी न होकर आधुनिक मनोभावों से युक्त है। यहाँ कुँवर नारायण का कवि

अतीत में जाता ही इसीलिए है कि उसे आधुनिक जीवन सन्दर्भों का कोई स्रोत मिल जाए। और तब उसे वहाँ मिलता है–प्रकृति के भीतर 'आत्मदान' का सहज रूप। 'प्रकृति से कुछ ग्रहण करने से पहले अर्पण का भाव।' यहाँ स्वार्थ है लेकिन विनम्रता के दायरे में। यहाँ तक आते-आते कुँवर नारायण ने आधुनिक बर्बरता के बरअक्स विनम्रता का, आक्रामकता के बरअक्स नैतिक संकल्प का, पराधीनता के बरअक्स स्वाधीनता का तथा संग्रह के बरअक्स त्याग की विजय का आख्यान रचा है। उनकी कविताएँ यहीं पर आकर व्यापक संस्कृति का हिस्सा बन जाती हैं और स्वाधीनता की वकालत करती हैं जहाँ कोई भी मनुष्य बंधन में समर्पित नहीं, स्वाधीन होता है। 'आत्मजयी' में नचिकेता के इस वाक्य से यही अर्थ ध्वनित होता है–

वे जो लौट गईं केवल छूकर मुझे
छीनती हुई पराई इच्छाएँ
जिनकी व्याकुल माँगों से
मैं विचलित नहीं, वंचित होता रहा
बाल बाल बचा गईं मुझे
उन तमाम परिस्थितियों में बँट जाने से
जिनके आतंक, आग्रहों और आकर्षणों से गुज़रकर भी
मैं घटा नहीं, संचित होता रहा। (पृ. 48)

प्रतिकूल परिस्थितियों के दबाव में भी लगातार संचित होते जाने का यह भाव एक मांगल्यमूलक प्रेरणा का स्रोत भी है और उसकी परिणति भी। यहाँ इस बात का प्रत्याख्यान है कि 'लगता है मैं यहाँ नहीं कहीं और जिया गया हूँ/अपने लिए व्यय होने के पहले/किसी और हित माँग लिया गया हूँ।' (पृ. 48, 'आत्मजयी')

असल में कुँवर नारायण का कवि मन वस्तुवादी व आत्मवादी दोनों के बीच एक सन्तुलन स्थापित करना चाहता है। वस्तुवाद में भौतिक पक्ष व आत्मवाद में आध्यात्मिक पक्ष महत्त्वपूर्ण होता है और उनकी 'नचिकेता' विषयक आरम्भिक कविताओं से यही लगता है कि वे आत्मिक पक्ष को ज्यादा महत्त्व देते हैं। इसी समझ के कारण कइयों को उनके अध्यात्मवादी व व्यक्तिवादी होने का भ्रम हो जाता है लेकिन यह अधूरा सच है। वे मूलतः 'वस्तुवादी' हैं। इस वस्तुवाद को वे कहीं भी अस्वीकार नहीं करते। जीवन के प्रति उनके यहाँ एक गहरा सम्मान भाव है लेकिन सड़ने की हद तक इस जीवन से लिप्तता उन्हें स्वीकार नहीं है। साफ है कि जीवन में भौतिकता को नियंत्रित करना भी जरूरी है जो एक आवश्यक आत्मिक क्रिया है। इसलिए नचिकेता के खुद के व्यक्तित्व की तरह जो स्वयं कवि के द्वारा ही खड़ा किया व्यक्तित्व है, उनका विरोध जीवन से नहीं, उस 'दृष्टिकोण' से है जो जीवन को सीमित करता है। यहाँ साफ है कि जीवन के विस्तार के लिए आत्मिक उन्नयन की बौद्धिक क्रिया आवश्यक है। यह भी कि वैदिक कालीन भौतिकवाद, उपनिषदों के 'आत्मवाद' से

बराबर संयमित होता रहा है। यह एक प्रकार से 'आत्मशक्ति' का संचय है, जो उनसे यह लिखवाती है–

> *लेकिन तू आत्मा की*
> *एक ऐसी स्वायत्तता बना*
> *जिसमें जीवन को*
> *वस्तुओं के शासन से मुक्त जी सके।*
>
> *जहाँ अपनी इच्छाओं के अन्तर्विरोध से*
> *समाप्त होकर नहीं, उन्हें समाप्त करके*
> *जीवन को कोई सन्तुष्ट अर्थ दे सके।* (पृ. 97, 'आत्मजयी')

साफ है कि यहाँ कवि जिस आत्मा की स्वायत्तता की बात करता है, वह कलावादियों की समाज से कटी 'स्वायत्तता' नहीं है बल्कि समाज से गुजरकर ही इसे अर्जित किया जा सकता है जहाँ किसी की अपेक्षा में जीना या मरना नहीं है, बल्कि यूँ सामाजिक मूल्यों की अपेक्षा में जीवन को अर्थ देना है। यह इच्छा, जीवन में अर्थ पाने से ज्यादा बड़ी व महत्त्वपूर्ण है। यहीं पर कवि कहता है–'मरने से पूर्व/उऋण हो सके/उन सबसे जिनकी अपेक्षा/तू जीता है या मरता है। स्वाभाविक है कि यह वह 'तत्त्वज्ञान' है जो किसी और हित माँग लिए जाने से पहले 'अपने हित व्यय होना है' और 'यह व्यय होना', लेना कम देना ज्यादा है।'

कह सकते हैं कि कुँवर नारायण ने भारतीय संस्कृति के पौराणिक आख्यानों के प्रति अपनी गहरी रुचि यदि दिखाई है, तो इसका कारण भी मनुष्य की नैतिक अभिवृद्धि करना ही रहा है। आज के भौतिकवादी युग में मानवीय गुणों की तलाश करना है जिसमें 'संग्रह' से ज्यादा त्याग की जरूरत है। उन्होंने लिखा भी है कि वस्तुओं की अपेक्षा मनुष्य को अधिक महत्त्व प्रदान करना मूल्यों की इसी समझ की ओर इंगित करता है जो जोर देकर कहती है कि भौतिक उन्नति का प्रयोजन मानवीय चेतना को दास बनाना नहीं, बल्कि उसकी सेवा करना है। (आज और आज से पहले, पृ. 23) इस रूप में परम्परा में एक उद्‌बोधनात्मक शक्ति है जिसकी एक प्रगतिशील भूमिका होती है क्योंकि परम्परा की जीवंतता पुराने विश्वासों को आगे बढ़ाने और उनका संरक्षण करने की जिद पर नहीं, नई चुनौतियों का मुकाबला करने की क्षमता पर भी निर्भर करती है (वही, पृ. 25) यह परम्परा चिन्तकों व आस्थावादियों में भेद करती है और कुँवर नारायण की परम्परा चिन्तकों की परम्परा है जिसमें वाद-विवाद व आलोचनाओं के लिए जगह तो है ही, उसमें एक गतिशील प्रगतिशीलता भी है जो बंधन में डालती नहीं, मुक्त करती है। जाहिर-सी बात है, लेखक व पाठक को जोड़ने वाला सूत्र यह चिन्तनशीलता है, जिसमें पाठक अपने समय के यथार्थ को देखता है। यह चिन्तनशीलता ही मनुष्य के आत्मिक विकास को पूरी तरह से मनुष्य के भौतिक परिवेश से जोड़कर देखती है जहाँ "अतीत का अर्थ उतना ही नहीं जितना

वह एक परम्परा में बरकरार रहता है (बल्कि) बहुत कुछ ऐसा भी होता है जो एक परम्परा के बाहर अतीत में छूट जाता है।" (आज और आज से पहले, पृ. 135)

यहाँ यह स्पष्ट है कि कवि कुँवर नारायण का एक आध्यात्मिक रुझान किसी धार्मिक मनोवृत्ति के दायरे विकसित न होकर मानवीय सम्बन्धों के दायरे में ही विकसित हुआ है और इसी कारण वे उन भारतीय पुराकथाओं के पास गए हैं जिससे उनके मानवीय महत्त्व को रेखांकित कर सकें। इस रूप में पुराकथाओं पर चढ़े धार्मिक रंग को साफ करना इन कृतियों का एक प्रमुख उद्देश्य रहा है। लगभग इसी समय प्रो. गोविंद चंद्र पांडेय ने अपनी ऐतिहासिक संवेदनशीलता के दायरे में वैदिक संस्कृति की व्याख्या करके उसके लोकवादी रुझानों को स्पष्ट किया है। उन्होंने अपनी पुस्तक 'वैदिक संस्कृति' (लोक भारती प्रकाशन, वर्ष 2001) में ॠग्वेद की भाषा को 'मानव भाषा' माना है और इसीलिए काव्य और भाषा दोनों ही उनके यहाँ मानव द्वारा रचित हैं। यहाँ लोगों को देवत्व भी उनके लौकिक कार्यों से ही प्राप्त होता है। इन्हीं लौकिक कार्यों द्वारा भौतिक संस्कृति के प्रति एक आकर्षण पैदा होता है और इसी आकर्षण ने भावी शक्ति सम्पन्नता की आवश्यकता पैदा की है जिसकी अराजकता से बचने के लिए उपनिषदों ने आत्मिक उन्नयन के मार्ग को सराहा। इस 'शक्ति सम्पन्नता' में धार्मिक रुझानों के संकेत मिलते हैं जिस पर आगे चलकर, इसी शक्ति आकर्षण के दायरे में, धार्मिक रंग चढ़ता गया और पुराकथाओं का मानवीय पक्ष धुँधला होता गया। कुँवर नारायण ने कविता के माध्यम से इसी मानवीय पक्ष का उद्घाटन किया है और यही काम प्रो. गोविंद चंद्र पांडेय ने अपनी सद्यः प्रकाशित पुस्तक 'ॠग्वेद : तीसरा, चौथा और पाँचवाँ मंडल' (लोकभारती प्रकाशन, 2008) में किया है। यहाँ प्रतिष्ठित आलोचक अजय तिवारी की यह बात महत्त्वपूर्ण है कि प्रो. पांडेय का यह प्रयत्न इसलिए भी महत्त्वपूर्ण है कि वैदिक युग की सजीव संस्कृति आगे चलकर कुछ मुट्ठी भर लोगों का निहित स्वार्थ बन गई (नया ज्ञानोदय–दिसंबर 2008, ॠग्वेद की संस्कृति कविता, पृ. 109)। यह बात यहाँ इसलिए भी उल्लेखनीय है कि इस वैदिक संस्कृति के विकास का एक लौकिक पक्ष है (सेक्युलर) जिसका विकास आगे चलकर निराला, नागार्जुन, केदारनाथ अग्रवाल से होता हुआ कुँवर नारायण व केदारनाथ सिंह जैसे कवियों में होता है और यह क्रम आज तक जारी है। नए कवियों में लोक रुझान जहाँ भी मिलता है, कहीं न कहीं यह चेतना स्वतः ही प्रवाहित होती है। पुनः अजय तिवारी के शब्दों में 'ॠग्वेद की संस्कृति मूलतः विकासमान, प्रवहमान और प्रगतिशील संस्कृति है। उसे निश्चित ही किसी रूढ़ विचारधारा से बाँध देना अनुचित होगा। यह विचारधारा चाहे रूढ़िवादियों की हो या फिर क्रान्तिकारियों की। कोई भी प्रवहमान संस्कृति जड़ता को अस्वीकार करती है, जड़ता से बँधती नहीं। हिन्दी कविता की प्राणधारा कुछ ऐसी ही है।'

जाहिर सी बात है जिस प्राणधारा की बात वैदिक संस्कृति के बहाने अजय तिवारी कहते हैं वही प्राणधारा आज के समय में कुँवर नारायण की कविताओं को

स्वर देती है। अपनी कविताओं में कुँवर नारायण ने वैदिक संस्कृति की रूढ़ि पर प्रहार करते हुए उसे सीधे लोक से जोड़ने की कोशिश की है। इसलिए उन्होंने वैदिक संस्कृति के दार्शनिक पक्ष को अधिक लिया है, धार्मिक पक्ष को कम क्योंकि यहाँ मानवीय ऊष्मा की गुंजाइश अधिक रहती है। इसी कारण नचिकेता से जुड़ा पुराकथात्मक पक्ष आज के मनुष्य के जटिल जीवन स्थिति का बखूबी उद्घाटन कर सका है। उस रूप में ये पूर्णतः आधुनिक मंतव्यों के कवि हैं। इस आधुनिकता के जटिल तंत्र को सबसे पहले 'वाजश्रवा के बहाने' में देखें–पुस्तक के पहले ही खंड में नचिकेता की वापसी में एक आह्वान है–'उस अपराजेय जीवन शक्ति का/जिससे फैल जाता है/दशों दिशाओं में/भस्म हो कर मेरा अंधकार।' साफ है कि इस जीवन शक्ति के आह्वान में अहं का विसर्जन है अर्थात् यह भी कि अहं के विसर्जन के लिए जीवन शक्ति का आह्वान आवश्यक है। यही तो है जिजीविषा जिसे द्विवेदी जी ने कहा है–'शुद्ध है केवल मनुष्य की जिजीविषा।' यह हर दिन को नए ढंग से देखता है। हर शुरुआत को नया मानता है जो अपनी निरन्तरता में स्थायी है और स्थायित्व में निरन्तर है '...वह लौट आया है आज/जो चला गया था कल/वही दिन नहा धोकर/फिर से शुरू हो रहा है/सृष्टि का पहला दिन।' (पृ. 28, 'वाजश्रवा के बहाने') कुछ ऐसा ही 'आत्मजयी' में भी है–'तुझे अपने अन्तों के/प्रत्येक असन्तोष से/फिर शुरू होना पड़ सकता है।' (पृ. 96)

नचिकेता के इस 'पहले पहले दिन' में जो ऊर्ध्व गति दिखाई देती है वह केवल आत्मिक उन्नयन नहीं है। वह भौतिकता से बचते हुए भौतिक जीवन की स्वीकारोक्ति है। जहाँ यह स्वीकारोक्ति है, वहीं पर अनुगूँज है। जहाँ पर अनुगूँज है वही टकराहटें भी हैं। 'तय' करने वाले टकराते नहीं। जिनमें चुनाव की जद्दोजहद होती है, टकराहट वहीं पर होती है। आधुनिक मानव की यह एक विलक्षण विशेषता है। वहाँ कुछ भी निर्जीव नहीं है। सब कुछ निर्णय की प्रक्रिया में है। कुछ भी न तो तय है न ही अन्तिम। 'कई बार लगता है वह दुनिया मिल गई/पर जल्दी ही एक भ्रम टूटता/और टूटता अन्दर ही अन्दर कुछ/किसी बच्चे के विश्वास-सा नाजुक।' (पृ. 68, 'वाजश्रवा के बहाने') इस प्रकार कुँवर नारायण द्वारा सृजित नचिकेता एक आधुनिक मनुष्य है–'टकराहटें भी वहीं हैं/जहाँ निकटताएँ हैं/जहाँ कंधे मिलाकर दौड़ती/स्पर्धाओं की रगड़ है/संघर्ष भी वहीं हैं' (पृ. 34, 'वाजश्रवा के बहाने')

लेकिन इन निकटताओं में अन्तराल भी जरूरी है अन्यथा अस्तित्व का संकट खड़ा हो सकता है। इसमें इतना अन्तर तो रहना ही चाहिए कि संघर्ष की पूरी गुंजाइश हो। कुँवर नारायण आधुनिक समाज के इस 'जनतांत्रिक स्पेस' को समझते हैं। 'आत्मजयी' में खुद वे असहमति को आमंत्रित करते हैं जो तर्क के साथ आधुनिक सवालों को उठाता है–

असहमति को अवसर दो। सहिष्णुता को आचरण दो
कि बुद्धि सिर ऊँचा रख सके...

उसे हताश मत करो काइयाँ स्वार्थों से हरा-हराकर।
अविनय को स्थापित मत करो
उपेक्षा से खिन्न न हो जाए कहीं
मनुष्य की साहसिकता।
अमूल्य धरती है यह सबकी
इसे स्वर्ग की लालच में छीन लेने का
किसी को अधिकार नहीं।

फिर देखिए कि नचिकेता किस तरह से पिता से संवाद करता है–

आह, तुम नहीं समझते पिता, नहीं समझना चाह रहे
कि एक एक शील पाने के लिए
कितनी महान् आत्माओं ने कितना कष्ट सहा है...
सत्य, जिसे हम सब इतनी आसानी से
अपनी-अपनी तरफ मान लेते हैं, सदैव
विद्रोही-सा रहा हैं।

'सत्य के विद्रोही होने' की यह समझ नितांत आधुनिक है और जनतांत्रिक भी। इसलिए कुँवर नारायण नचिकेता के बहाने सम्पूर्ण समर्पण के भाव का निषेध करते हैं। फिर चाहे वह आस्था के प्रति हो या फिर धर्म व ज्ञान के प्रति। यही 'निषेध' वैयक्तिकता की रक्षा करता हुआ सामाजिकता को अवकाश देता है। जनतंत्र की इस आधुनिक वैयक्तिकता को कुँवर जी ने बड़े सम्मान के साथ रेखांकित किया है–'निकटताओं के बीच भी/ज़रूरी है दूरियों के अन्तराल/चमकने के लिए/जैसे दो शब्दों को जोड़ती हुई/खामोश जगहों से भी/बनता है भाषा का पूरा अर्थ/ बनता है तारों भरा आकाश।' (पृ. 34, 'वाजश्रवा के बहाने')

कहना न होगा कि कुँवर जी की भाषा का पूरा अर्थ यहीं कहीं छिपा है 'अनुभूतियों के अन्तराल में।' उनका यही अन्तराल उनकी कविताओं को यथार्थवादी घातक विस्फोटों से जहाँ बचाता है वहीं आध्यात्मिकता के रहस्यमयी रंगों को फीका भी करता है। कविताओं में वे एक ऐसे रहस्यमयी संसार को रचते हैं जिसमें द्वंद्व हों, नैतिक दृष्टि हो और हो संघर्ष की अदम्य आकांक्षा। वह लोक में ही परलोक की मुक्ति का आख्यान हो। इसके लिए इन्हें कोई भी दूसरा लोक स्वीकार्य नहीं। यहाँ पर इनका दर्शन पक्ष उनकी संवेदनगत तीव्रता की आँच में काफी पककर निकलता है। वे इस बात से सहमत हैं कि आध्यात्मिक मुक्ति का रास्ता इसी लौकिक मुक्ति से होकर जाता है। लोक के घर से अध्यात्म के आकाश में जाने के लिए सबसे पहले लोक के भीतर आना होगा क्योंकि अध्यात्म में जाने के लिए जिन दरवाजों को बार बार बाहर की ओर धकेला जाता है, वह अन्ततः अन्दर की ओर ही खुलता है। 'केवल वही था/जो बाहर निकलने की उतावली में/बाहर की ओर ढकेलता रहा उस दरवाज़े को/जो अन्दर

की ओर खुलता है।' (पृ. 54, 'वाजश्रवा के बहाने') यहाँ कुँवर जी की कवि दृष्टि अचूक है और काव्यबोध कसा हुआ। याद आते हैं नामवर सिंह–'निकट की चीजों को देखने के लिए दूर से आना पड़ता है।' कुँवर जी का कवि बार-बार यहीं लौटता है। वह चाहता है कि आत्मिक उन्नयन की प्रक्रिया में वह दूर तक उड़े लेकिन जब वह लौटे तो लोक का, 'जीवन का यहीं एक घर हो/सबसे विश्वसनीय व भरोसेमंद घर/जहाँ जीवन 'माँ' की तरह है, महज एक शब्द नहीं बल्कि एक सम्पूर्ण भाषा।' तभी नचिकेता के बहाने वे कहते हैं–'उसकी इच्छा होती कि यात्राओं के लिए/असंख्य जगहें व अनंत समय हो/और लौटने के लिए/हर जगह अपना एक घर।' इस 'घर' की चर्चा हिन्दी कविता में काफी हुई है। एक ऐसा घर जहाँ दीवारें न हों, विश्वास हो। ग़ालिब यही घर नहीं पाते तो गुस्से में कह बैठते हैं–'घर में क्या था कि तेरा ग़म हमें गारत करता/हम जो रखते थे हस्रते-तामीर, सो तो हैं।' साफ है कि 'हस्रते-तामीर' को ही वे घर बना डालते हैं। लेकिन यदि लौटने के लिए एक घर हो, जहाँ संवाद हो, संवेदनाएँ हों और हो आत्मीयता भरी स्वीकार्यता, तब 'हस्रते-तामीर' की अलग से बात नहीं की जा सकती।

इस प्रकार कवि के यहाँ 'लौटने' की क्रिया बड़ी ही अर्थपूर्ण है। यही समझ, स्वयं वाजश्रवा को मिलती है, जब वह अपनी भौतिक संसक्तियों से 'आत्मिक जीवन' में लौटता है। इस बात का अहसास वह बार-बार करता है कि जीवन विवेक, 'वस्तुबोध' से कहीं बड़ा है जो बगैर आत्मिक उन्नयन के सम्भव नहीं है। यही उसका समयबोध भी है जो और कुछ नहीं, निरन्तरता की चेतना है। कुँवर नारायण के कवि ने जीवन की इस निरन्तरता में व्यक्ति की सार्थकता को देखा है और इसका अहसास कराया है कि हर जीवन एक अपूर्ण क्रिया है, अगले में पूर्ण होने के लिए। यहाँ 'बौद्ध धर्म' का मायावाद नहीं है जिसके कारण यह जीवन एक निरन्तर प्रक्रिया है जब तक कि इच्छाएँ हैं बल्कि इच्छाओं के साथ जीते जाने की वैदिक अभिव्यक्ति है जहाँ इच्छाओं का होना बुरा नहीं है। बुरा होता है उनका चढ़कर बोलना। यदि इतनी सी सामान्य समझ विकसित हो जाए तब हर जीवन एक नई शुरुआत हो सकता है क्योंकि एक जीवन के अन्त में भी यह अहसास हो जाए कि कुछ महत्त्वपूर्ण छूट गया है, तो अगले की यह एक महत्त्वपूर्ण पृष्ठभूमि बन सकता है। 'लेकिन यदि इस बार भी/अधूरा ही छूट जाए कोई संकल्प/तो इतना विश्वास रहे/कि सही थी शुरुआत'। यह अधूरापन असल में एक सम्पूर्णता की तलाश ही है जो कहीं होती नहीं और कभी मिलती नहीं। इसी तलाश में लेकिन हमारे संकल्प बनते हैं और शुरुआत के सही होने का विश्वास बनता है। इससे हमारी गति 'अधो' न होकर 'उर्ध्व' होती है। कुँवर नारायण खुद भी कहते हैं कि 'पूर्णता' के पीछे भागना व्यर्थ है और व्यर्थताबोध संसार के भीतर पूर्णता की तलाश है लेकिन यह भी सच है कि पूर्ण से पूर्णतर होते जाने का बोध ही जीवन का नैरंतर्य है। स्वयं 'आत्मजयी' में कवि ने कहा है–'जीवन हर नए दिन की निकटता/आत्मा विस्तार' (पृ. 116)

जाहिर-सी बात है 'आत्मा-विस्तार' की यह चेतना जिस समाज में आ जाए वह शक्ति सम्पन्न हो जाता है क्योंकि वह हमेशा आगे देखता है और भौतिक के साथ 'आत्मिक' की भी बात करता है। भौतिक संसाधन व्यक्ति को फैलाते हैं, आत्मिक चिन्तन उसे नई दिशा देते हैं। यह समझ ही पक्का 'समयबोध' है और वही मनुष्य के शक्ति का साधन भी। तभी तो कवि कहता है-'हर समय हम लड़ ही नहीं रहे हैं/उससे कहीं अधिक समय हम जी भी रहे हैं/एक ऐसे बल पर/सद्भाव के इस रूपक में अधिक दम है/युद्ध की ज़रूरत/बुद्धि की हार की सबसे बड़ी शर्म है। (पृ. 144, 'वाजश्रवा के बहाने') बुद्धि की हार माने, इस समझ की पराजय कि 'हम अकेले नहीं हैं'। यह भी कि हमें सब कुछ अकेले ही करना है क्योंकि इस संसार पर हमारा ही कब्जा है। यह 'सामूहिकता' का ही है जो आज की सबसे बड़ी त्रासदी है। युद्ध, पराजय, तनाव, आतंक इसी मानस की अधुनातम परिणतियाँ हैं। इसीलिए कवि ने बहुत ही सकारात्मक रूप से उसे दर्ज किया है कि--शक्ति है इस विश्वास में/कि हम अकेले नहीं हैं/अकेले हो जाते हैं हम/यह मानते हैं कि हम अकेले हैं। (पृ. 143, वाजश्रवा)

कवि इस दुनिया को श्रेष्ठ मानता है। उसके अनुसार, इसे समझने के लिए कोरा तत्त्वज्ञान सहायक नहीं हो सकता। यदि ऐसा हुआ तो वह नचिकेता की नियति को ही प्राप्त होगा। 'नचिकेता' बार--बार एक 'अज्ञात कृती' की, नई व अच्छी दुनिया खोजता रहता है लेकिन पाता नहीं और इसलिए परेशान रहता है। कारण कि वह अज्ञात दुनिया, ज्ञात व जानी हुई दुनिया से अच्छी नहीं हो सकती। इसलिए एक अलग दुनिया खोजे जाने से ज्यादा मूल्यवान है इसी दुनिया को समझना। इसी समझ को विस्तार देने के लिए कवि ने लिखा है-

कोरे तत्त्वों से घिरी चेतना
अनाम कृति की।
त्यागे अपूर्ण जीवन को
जिज्ञासा एक व्रती की।
हो सकता है नचिकेता
तू खोजे किन्तु न पाए
(जीते जी देख न पाए)
वह दुनिया, इससे अच्छी
अपने अज्ञात कृती की। ('आत्मजयी', पृ. 92)

इस प्रकार अपनी पूरी काव्य बनावट में कुँवर नारायण इतने सकारात्मक हैं कि कह उठते हैं-'वन का अर्थ अ-जीवन नहीं/एक अन्य जीवन है' (पृ. 36, वाजश्रवा) इसे वे 'महानिजता' की संस्कृति में प्रवेश मार्ग मानते हैं। यानी इस संसार में हर पदार्थ की अपनी सत्ता है। जरूरत उसे समझने की है। वैदिक चिन्तन का आधार भी यही

है और इसी आधार पर रामकथा का 'वनगमन' प्रसंग एक 'शक्ति काव्य' जैसा लगता है। यह कल सुबह भी खिलेगा सूरज की आस्था है जिसमें 'जीवन विवेक ही नहीं' एक 'जीवन संदेश' भी है कि 'समय हमें/कुछ भी/अपने साथ ले जाने की अनुमति नहीं देता/पर अपने बाद/अमूल्य कुछ छोड़ जाने का/पूरा अवसर देता है' (पृ. 92, वाजश्रवा) जाहिर बात है, इस दुनिया में अपने होने का अर्थ इसी कुछ को 'छोड़' जाने में है। जो छूट जाता है, हमारे होने का अर्थ होता है। यहीं से कुँवर नारायण वह 'जीवन विवेक' भी अर्जित करते हैं जो 'समयबोध' का ज्ञापक हुआ करता है। यह 'जीवन विवेक' पाने का नहीं, देने का विवेक है। जो जितना ही लुटाता है, उतना ही पाता है। यह कुँवर नारायण को पूर्णतः लौकिक भावभूमि का कवि बनाता है लेकिन यह 'लोकवाद' नहीं है और न ही यह आध्यात्मिकता के बरअक्स कुछ है। यह है वह 'जीवन विवेक' जो इसी जीवन से शुरू होता है और अगले जीवन तक चलता रहता है। यह है 'संलग्न निर्लिप्तता'। तभी वे 'वाजश्रवा के बहाने' में कहते हैं–'तपश्चर्या नहीं/सम्पन्न दिनचर्या हो/जीवन की पूजा का अर्थ' (पृ. 121) और यह भी कि व्यक्ति को अपने अकेलेपन की पूर्णता के लिए 'सन्दर्भ' देने की जरूरत है। उसे अपनी भूमिका का निर्वाह करना है। 'सन्दर्भ देना' असल में अपने 'अस्तिबोध' को 'समाजबोध' से जोड़ देना है। 'आत्मजयी' में वे कहते हैं–

शब्द
पहला शब्द
हर व्यक्तित्व
अपनी सृष्टि के सारांश में
अणुवात अकेला है।
उसे सन्दर्भ देना है। (पृ. 112)

यहाँ कुँवर नारायण का 'साधु विवेक' स्पष्ट है जहाँ 'तप' से ज्यादा 'श्रम' और 'आस्था' से ज्यादा 'आत्मविश्वास' का महत्त्व है। यहाँ 'अध्यात्म' को 'ऐच्छिक' बनाने का संकल्प है। पुनः जहाँ इसका विवेक है कि 'जहाँ पहुँचा जा सकता है/आकाश मार्ग से जीवन को लाँघकर/वहीं पहुँचा जा सकता है थल मार्ग से भी/जीवन को जीते हुए', तो 'जीते जीवन' तक अध्यात्म के प्रवेश की इच्छा साफ है। यह अलौकिक नहीं, लौकिक अध्यात्म है जो इसी जीवन को समझने का विवेक देता है, जो कुंठाओं को जड़ करता है और जड़ को गतिमान। यहाँ आकर पता चलता है कि 'अध्यात्म' की सच्ची अनुभूति तो लोक की इयत्ता में ही है जहाँ अस्तिबोध को 'वस्तुबोध' पर एकाग्र करने का संकल्प है। इससे ही लौकिक वस्तुओं में एक हलचल दिखाई देती है। साफ है कि वस्तु को उसकी तहों में उतरने के लिए एक अध्यात्म की ऊँचाई तो चाहिए ही। तभी बर्बर महत्त्वाकांक्षाओं व कर्कश तर्क-वितर्क से मुक्ति मिल सकती है। यह आधुनिक मनुष्य की एक बड़ी समस्या है जहाँ वस्तु ठस एवं निर्जीव हालत

में है जबकि उन्हें ही महत्त्व के साथ पकड़ा गया है। कवि इस पकड़ को थोड़ी ढीली करना चाहता है। इसीलिए वे कहते हैं–'अपने अस्ति बोध को/एकाग्र करो वस्तुओं पर/निर्जीव वस्तुएँ भी जी उठेंगी/और देंगी तुम्हें मनमाना वर'/ (पृ. 110, वाजश्रवा) इसी में 'चीजों' की ठसाठस भीड़ में वस्तुओं द्वारा सुरक्षित अनुभव करने की बात भी कही गई है। अस्तिबोध की यही ऐहिकता साधारण से साधारण वस्तुओं में भी 'जीवन शक्ति' का संचार करती है। यहाँ पता चलता है कि 'जीवन को समझने' के लिए जीवन के बाहर के अध्यात्म की कितनी जरूरत है। साफ है कि 'तर्क से बहुत चिपक कर नहीं/जरा परे हट कर देखना और सोचना जरूरी है/अपने समय को।' (पृ. 115) और इस तर्क के परे क्या है? वह है 'प्रज्ञा' जो एक संश्लिष्ट मानवीय अनुभूति को जन्म देती है। ध्यान दें, 'आत्मजयी' में नए 'जीवनबोध' के लिए तर्क की जो 'अनिवार्यता' थी, वह 'वाजश्रवा' में और भी आगे बढ़ गई है। यहाँ तक आते-आते कुँवर नारायण तर्क की अगली सीढ़ी 'प्रज्ञा' पर पहुँच जाते हैं।

इन दोनों पुस्तकों के समवेत अध्ययन के पश्चात् यह तो कहा ही जा सकता है कि 'आत्मजयी' में मृत्यु के बहाने जीवन को देखने की कोशिश कहीं न कहीं उन्हें अतीत की तरफ ले जाती है जबकि 'वाजश्रवा के बहाने' में जीवन से मृत्यु को देखने की कोशिश उन्हें भविष्य की दुर्गम पहाड़ियों की सैर कराती है। इन्हीं दुर्गम पहाड़ियों में उन्हें जीवन की दार्शनिक ऊँचाइयों के दर्शन भी होता है। यहाँ आकर हमें अहसास होता है कि 'आत्मजयी' में जो अनुभूति मृत्यु के साक्षात्कार के समय 'दर्शन' की ऊँचाइयों तक चली जाती है, 'वाजश्रवा' तक आते-आते जीवन के साक्षात्कार में यही 'दर्शन', 'अनुभूति' में रूपांतरित हो जाता है। इस पूरी प्रक्रिया में कुँवर नारायण की काव्यानुभूति 'प्रसाद' को उलटकर 'अज्ञेय' के साथ खड़ी हो जाती है लेकिन इसमें वर्तमान की गूँज के लगातार बने रहने के कारण यह अपने आयतन में भरी व भारी लगती है। 'वाजश्रवा' में यही होता है और इसीलिए यहाँ पर 'जाना हुआ', 'पहचाना हुआ' हो जाता है। यहीं पर 'सत्य', आस्था सम्मत शाश्वत सत्य न होकर एक खास क्षण के यथार्थ के साक्षात्कार में संक्रमित होता है। साफ है कि 'आधुनिक भावबोध' ने 'आस्थावान शाश्वतता' की जगह 'यथार्थपरक समकालीनता' को ज्यादा महत्त्व दिया है।

इसलिए 'वाजश्रवा के बहाने' एक प्रौढ़ कवि की प्रौढ़ कृति लगती है। किसी कृति के 'क्लासिक' होने का रास्ता भी यही है जहाँ बुद्धि, प्रज्ञा को प्राप्त करके, संस्कृति का हिस्सा बन जाती है।

लघुता का वैभव

ऊपर के सन्दर्भों से साफ है कि अपनी प्रदीर्घात्मक कविताओं में कुँवर नारायण लघुता के वैभव के कवि ठहरते हैं। लघुता का यह वैभव उन्हें विराट् की समझ के दायरे में मिला है। स्पष्ट है कि लघुता की समझ के लिए विराटता की समझ जरूरी है। जब

वे 'वाजश्रवा के बहाने' में कहते हैं–'देश विदेश घूम कर/मैंने नाप कर देखा है/किसी भी सिंहासन की नाप/एक खाट की नाप से/ज़्यादा बड़ी नहीं होती' (पृ. 103), तो यहाँ साफ होता है कि यह घूमा हुआ देश-विदेश, असल में ज्ञान के उन्नयन की अवस्था ही है जिसमें प्रतिभा, सहज और समझ स्वाभाविक होती है। यह वैदिक चित्त की वह द्रवीभूत अवस्था है जो अणु अणु में मनुष्यता को सम्भव बनाती है। यहाँ 'कण' को भी हिमालय के समक्ष खड़ा किया जाने का नैतिक साहस है तो 'आकाश' को भी एक 'दूब' से छोटा दिखाने का संकल्प। यहाँ कुँवर नारायण आधुनिक मनुष्य के समाजिक संकट का नैतिक समाधान खोजते दिखाई देते हैं और यह उन्हें भारतीय संस्कृति के उस 'विराट् बोध' में मिलाता है जो वर्तमान की सचाइयों के बीच 'एक सत्यापित दस्तावेज-सा' मिलता है।

कुँवर नारायण के कवि की ये विशेषताएँ उनके अन्य संग्रहों जैसे 'चक्रव्यूह' (1956), 'परिवेश : हम-तुम' (1961), 'अपने सामने' (1979), 'कोई दूसरा नहीं' (1993), 'इन दिनों' (2002) में भी मिलती हैं।

'इन दिनों' संग्रह में बाजार का तीखा विरोध है। इसमें वर्तमान की समस्याओं को समझना व उनसे टकराने की नैतिक बेचैनी मिलती है। यहाँ 'बाज़ारों की तरफ़ से' नामक कविता में बाजार के बीच मनुष्य के अकेलेपन को बताया गया है और यह भी कि इससे बचने के उपाय को भी दर्ज किया गया है। यहीं पर 'सादगी' के पक्ष में तर्क भी हैं जिसे कवि के ही शब्दों में–'सादगी अभाव की नहीं/एक संस्कृति की परिभाषा है' (पृ. 85)। इसी प्रकार 'कोई दूसरा नहीं' में संकलित 'एक जन्मदिन जन्म स्थान पर' नामक कविता में एक गरीब घर की दर्दनाक दास्तान को बताया गया है जिसमें 'लड़की का भाग्य–कौन जाने क्या होना है/भरेगी माँग या अभी और रोना है' जैसी काव्य पंक्तियाँ महत्त्वपूर्ण हैं।

इसी लघुता के दायरे में बड़े-बड़े युद्धों की नियति को वे उजागर करते हैं। संसार की असारता का ज्ञान कराते हैं। सिकंदर जैसों के बारे में लिखते हैं कि इतना लड़ने के बाद भी 'उसकी सारी जीतों का क्षेत्रफल/दो गज से अधिक नहीं निकला' (पृ. 130 'इन दिनों')। इसी प्रकार 'कोई दूसरा नहीं' नामक संग्रह में जब 'वृक्षों के शिखर' (पृ. 130) को सम्बोधित करते हैं तब न केवल लघुता की गरिमा को प्रतिष्ठित करते हैं बल्कि विराट् के संकुचन को भी अतिक्रमित करते हैं। यह मुक्ति का आवाहन है जिसमें 'मुक्त हों जैसे होते हैं पुरुषार्थी वृक्ष/दे देकर सूखी ठठरियों तक को जीवन' जैसी बात कामना है। इस क्रम में इसी संग्रह में 'कभी जड़ों से न सूखने वाली-मालती' के खिलने को वे 'एक भीनी खुशबू की कड़ी कार्यवाही' मानते हैं। यह 'मर मर कर जी उठने वाली/देसी हिम्मत है' इनके यहाँ!

इस लघुताबोध के दायरे में इनके यहाँ एक 'विद्रोही मन बराबर ही गतिशील रहता है। फिर चाहे वे 'स्थितियों पर कविताएँ लिख रहे हों या फिर 'स्थानों' पर। ये छोटी-छोटी कोशिशों को भी दुनिया को बड़ा रखने की कोशिश मानते हैं। हर

'उद्यान' के पीछे दबे होते एक पराजित जंगल के मन से एक 'नई सभ्यता' के व्याकरण की बात करते हैं जिसमें 'एक बीज आक्रमण करता/सबसे पहले/दिखाई देती उसकी बर्बर जीवन शक्ति/फिर एक ज़्यादा बड़े फलक पर/उसकी विजयों की सूक्ष्मतर अभिव्यक्ति।' (पृ. 59, 'विजय नगर'–'कोई दूसरा नहीं' संग्रह)।

साफ है कि कुँवर नारायण के यहाँ कोई भी आदमी मामूली नहीं होता। 'मामूली न होने की कोशिश/दरअसल किसी के प्रति भी गैर न होने की कोशिश है।' (पृ. 25, 'वही')

कालबोध की निरन्तरता

'इन दिनों' कविता-संग्रह में 'आजकल कबीर' नामक कविता में एक जगह वे लिखते हैं–'कौन कह सकता है कि जिसे/हम जी रहे आज/वह कल की मृत्यु नहीं/और जिसे हम जी चुके कल/वह कल का भविष्य नहीं।' इस कविता में, जो अपने छोटे कलेवर में बड़ी कविता है, कबीर के माध्यम से प्रतिवाद का जो स्वर सुनाई देता है, वह किसी भी घोषित प्रतिवाद से ज्यादा सार्थक व महत्त्वपूर्ण है। यह काल की निरन्तरता के भीतर प्रतिरोध को स्थायित्व देने की कोशिश है–

आज भी यक़ीन नहीं होता
कि वह जीवन द्रोही नहीं
एक सच्चा गवाह था जीवन का
जिसने जाते जाते कहा था–
कहाँ जाऊँगा छोड़कर
इतनी बड़ी दुनिया को
जो मेरे ही अन्दर बसती है
हज़ारों वर्षों से–(पृ. 19)

साफ है कि 'कबीर' कहीं नहीं गए। कोई कहीं नहीं जाता। वह यहीं रहता है अपनी ध्वनियों के साथ जिसमें उसके द्वारा 'सबके बीच/लेकिन थोड़ा हटकर' की स्थिति में किए गए कार्य मौजूद रहते हैं। यह 'स्वभाव की दार्शनिकता, (कालबोध) के भीतर 'दर्शन की स्वाभाविकता, (स्थान) है जिसमें एक कवि हमेशा जीना चाहता है क्योंकि 'सही को जानना/सही हो जाना है।'

काल की यह निरन्तरता, कवि के अद्वैतवादी मन के भीतर से विकसित हुई है। इसी में 'शाश्वत' के दायरे में वे 'समकालीन' होते हैं। क्योंकि उनका कहीं कुछ भी नहीं जाता। अन्तरिक्ष की ऊर्जा की तरह उसका क्षरण नहीं होता। केवल 'वस्तु' बदल जाता है। यह विराट्बोध 'मानवचित्त' को ज्यादा मानवतावादी बनाता है। यह एक प्रकार की 'आर्गेनिक' सोच है जिसमें 'चाहिए एक ऐसी मुक्ति/जिसमें न प्रसन्नता हो, न उदासी/न किसी प्रकार का प्रभाव हो, न दबाव/केवल एक दार्शनिक हो अपना स्वभाव/सबके बीच लेकिन सबसे/ थोड़ा, हटकर भी।' इसी प्रकार की एक कविता

है 'ये शब्द वही हैं' जिसमें कहते हैं कि 'यह जगह वही है/ जहाँ कभी मैंने जन्म लिया होगा/ इस जन्म से पहले। (पृ. 68, 'इन दिनों') मतलब कहीं कुछ भी नहीं छूटता लेकिन हर अगला, पिछले की आवृत्ति नहीं होता। वह पिछले का विस्तार होता है क्योंकि पिछला जो छूट जाता है, वहाँ 'शब्द' होते हैं, अपने पूरे सन्दर्भ के साथ।

नैतिकता का पुनर्पाठ

कुँवर नारायण उच्च नैतिक भावबोध के गहरे कवि हैं। यही भावबोध उन्हें वैश्विक चेतना का कवि बनाता है। वे 'स्थितियों' से ज्यादा सन्दर्भों के कवि हैं। 'घटनाओं' से ज्यादा 'प्रसंग' उनके यहाँ दिखाई देते हैं। इसी दायरे में वे कविता की जरूरत महसूस करते हैं और यहीं पर से वे कविता की प्रासंगिकता की बात भी करते हैं। प्रेम का स्फुरण भी यहीं कहीं दिखाई देता है।

'इन दिनों' संग्रह की 'एक अजीब सी मुश्किल' नामक कविता में वे लिखते हैं कि 'दिनों दिन मेरा यह प्रेम रोग बढ़ता ही जा रहा/और इस वहम ने पक्की जड़ पकड़ ली है/कि वह किसी दिन मुझे/स्वर्ग दिखाकर ही रहेगा। प्रेम के भीतर 'स्वर्ग' देखने की यह आकांक्षा, वासना का दिनोंदिन बढ़ता व्यापार नहीं है बल्कि मानवीय आकांक्षाओं का वह उदात्त आवेग है जहाँ 'वैयक्तिकता' समाप्त हो जाती है। यही 'जख़्म' नामक कविता में पहुँचकर यह कहलवाता है कि–'आत्मा पर/किसी गहरे प्यार का जख़्म होता/जो कभी न भरता।' (पृ. 20) साफ है कि प्रेम के भीतर से विकसित हुई उदात्तता ही इस नैतिकता का पार्श्व रचती है।

यह नैतिकताबोध केवल नारा का स्वर नहीं है और न ही कोई मनोकामना। कुँवर जी के यहाँ यह कुछ 'बचाने' की कोशिश है। 'बचाना' क्रिया इनकी कविताओं में खूब आती है–'बचाना है–जंगल को मरुथल हो जाने से/बचाना है–मनुष्य को जंगल हो जाने से' (पृ. 54, 'इन दिनों')। जो आदमी नैतिक होगा वह यहीं पर रुक नहीं जाएगा बल्कि इन्हें भविष्य के लिए तैयार भी करेगा। इसी में वे चीजों को छूते हैं और महसूस करते हैं कि एक दरवाजा 'केवल एक दीवार का हिस्सा नहीं/अपने बाहर का दृश्य/और अन्दर का अन्तरंग भी है' (पृ. 56, 'इन दिनों')। यह जीवन का गहरा स्वीकार है जिसमें एक 'बहुलता' को लगातार दिए जाने का विश्वास है। यह दे दिया जाना उन्हें 'अज्ञेय' के करीब लाता है–'इसी बहुलता को/दे जाना चाहता हूँ पूरे विश्वास से/इन विह्वल क्षणों में/कि कभी-कभी एक चमत्कार हुआ है पृथ्वी पर/जीवन के इसी गहरे स्वीकर से।' (पृ. 57, 'इन दिनों')। इसी 'स्वीकार' के दायरे में बार-बार इस जीवन में लौटकर आना है जैसे बीज, वृक्ष बनने के बाद अपनी पंखुड़ी के साथ बीज में पुनः आता है लेकिन यह 'बीज' पिछले बीज से अलग और आगे का है। यहाँ कवि सचेत है क्योंकि इस बीज का पूरा इतिहास 'किसी की कल्पनाओं में छूट गया है/अपने अलौकिक दृष्टि के साथ' (पृ. 59) 'वाजश्रवा' में भी बार-बार लौटकर आने का यही चिन्तन है और इसे ही 'अपने सामने' नामक संग्रह में लिखते हैं कि 'घर लौटकर

मैंने किसी और को नहीं/अपने को ही लौटा हुआ पाया।' (एक अजीब दिन, पृ. 25) साफ है कि यह एक 'खोज' है और यह वही कर सकता है जो अपनी चेतना को लगातार क्रियाशील बनाए रखे। यह ही 'एक पशु से मनुष्य होने का विनम्र पराक्रम है।' (पृ. 114, 'इन दिनों')

इसी विनम्र पराक्रम के दायरे में कवि, स्वयं कविता को भी देखता है और इस अर्थ में अज्ञेय व कुँवर नारायण दो ऐसे कवि हैं जिन्होंने बराबर 'कविता' की भूमिका पर भी बात की है और कविता लिखी है। इन्होंने अपनी 'भूमिका' को लेकर बार-बार बात की है। इनके यहाँ कवि होना, 'एक सम्पूर्ण मनुष्य होना है। इसी प्रकार ये बार-बार कविता बराबर ही सही, मनुष्यता के साथ जुड़े रहने की कामना रखते हैं। 'कोई दूसरा नहीं' में लिखा है–

नहीं किसी और ने नहीं
मैंने ही तोड़ दिया है कभी-कभी
अपने को झूठे वादे की तरह
यह जानते हुए भी कि
बार-बार लौटना है मुझे
प्रेम की तरफ़
विश्वास बनाए रखना है
मनुष्य में
सिद्ध करते रहना है कि मैं
टूटा नहीं हूँ
चाहे कविता बराबर ही
जुड़े रहना है किसी तरह
सबसे। (पृ. 160, 'किसी और ने नहीं')

कह सकते हैं कि यह कविता बराबर भी जुड़े रहना असल में संवेदना की सम्पूर्ण निश्छलता में जीते रहना है। ऐसा इसलिए कि यह कविता ही है 'जहाँ ग़लत से ग़लत वक़्त में भी/सही से सही बात कही जा सकती है।' (पृ., 157) और 'ऐसी विषम घड़ी में हमारे अन्तःकरण/कम से कम एक बार तो/बना सकते हैं ईश्वर को साक्षी–/माँग सकते हैं उससे भी स्पष्टीकरण (पृ. 157, 'कोई दूसरा नहीं')। इसी स्पष्टीकरण में उन्होंने 'अयोध्या 1992' जैसी कविताएँ भी दीं जहाँ लिखते हैं कि 'इससे बड़ा क्या हो सकता है हमारा दुर्भाग्य/एक विवादित स्थल में सिमटकर/रह गया तुम्हारा साम्राज्य।' यह 'ईश्वर' के खिलाफ मनुष्य का विनम्र प्रतिरोध है जिसकी गूँज दूर तक जाती है।

कह सकते हैं कि कुँवर जी कविता में उन तत्त्वों को उभारते हैं जिनका सम्बन्ध सबसे पहले मनुष्य से है। इसलिए वे 'तथ्यमूलक' तार्किकता को मनुष्य की चेतना का पूरा अभिप्राय न मानकर उसकी कल्पनाशीलता व रचनाशीलता को महत्त्व देते

हैं। इसी में मानव भविष्य के संकेत भी मिलते हैं और यहीं बुद्धि, स्मृति, मति को लाँघकर 'प्रज्ञा' तक पहुँच जाती है। 'प्रज्ञा' माने भविद्रष्टा 'बुद्धि'। यहाँ आकर भाषा केवल यथार्थ का अनुवाद नहीं रह जाती बल्कि वह मनुष्य के संचित अनुभवों का प्रतिबिम्ब बन जाती है। इसके लिए वे ऐसी भाषा ईजाद करते हैं जिसमें एक ज़िन्दगी नहीं, एक पूरी जाति की ज़िन्दगी के अनुभव होते हैं। स्वाभाविक है कि इसके लिए मिथक व पुराण की कथात्मक पहचान जरूरी हो जाती है। यहाँ आकर देखने का मतलब, किसी एक आदमी के तमाम अनुभवों से नहीं, बल्कि पूरे इतिहास व उसकी सम्भावनाओं में देखने से होता है।

गहरा सामयिकबोध

कुँवर जी के पास अपने समय का एक तीखा बोध है। उनके पास व्यर्थता की भी एक व्यग्रता है जिसमें वे कल हो चुके हालात को देखकर कल होने वाले हालात की 'स्कैनिंग' कर लेते हैं। वे समझते हैं कि दुष्टात्माएँ हर समय, हर समाज में व्याप्त हैं जिन्होंने सभ्यताओं को रौंदा है, जिन्होंने एक भी साबुत घर नहीं छोड़ा है। यह 'उन्माद' की चरम अवस्था होती है जिसमें आतंकवाद से लेकर अवसरवाद तक फलता-फूलता है। जिन्हें कुँवर जी के इस पक्ष को समझना हो वे अभी 'नया ज्ञानोदय' (दिसंबर, 08) में प्रकाशित कविता 'क्या फ़र्क़ पड़ता...' पढ़ें जिसमें बेगुनाहों के कत्लेआम को ठीक से रेखांकित किया गया है और दुष्टों से पूछा गया है कि 'तुम जो बेदर्दी से हत्याएँ कर सकते हो/ क्या किसी का दिल भी जीत सकते हो।' यह कविता 26 नवंबर '08 को मुंबई पर आतंकवादी हमले की याद दिलाती है। इस कविता को पकड़े गए आतंकवादी को जरूर पढ़ानी चाहिए—

कौन हो तुम? सोच कर बताओ
अगर सोच सकते हो, इतनी आसान भाषा में
कि दम तोड़ता एक बच्चा भी समझ सके
तुम्हारी बहादुरी
और अपनी कुर्बानी का मतलब...।

इसी से मिलती-जुलती कविता है 'चौराहे पर बुत' जो 'इन दिनों' में संकलित है। 'एक कार पर सवार/विश्व विजेताओं की एक टुकड़ी ने/दो हज़ार साल पुरानी शैली में/एक सभ्यता पर चढ़ाई की/उसे विधिवत् ध्वस्त किया/और आँखों से ओझल हो गए।' क्या इसे पढ़कर 'ताज' व 'ओबेराय' पर हुए हमले याद नहीं आते!

भाषा की ताकत

कुँवर जी के पास भाषा की एक ऐसी ताकत है जो शब्दों के गहरे मौन को तोड़ देती है। यह ताकत उनके 'कालबोध' की समझ के भीतर से विकसित होती है। उनका

कलाबोध, उनके भीतर देखने को ही बदल देता है। वे भाषा को उसकी पूरी सम्भावना में देखते हैं। जो आपको जाता हुआ दिखता है वही कुँवर जी को आता हुआ दिखता है। 'इन दिनों' में संकलित कविता 'सीढ़ियाँ' में एक व्यक्ति लगातार सीढ़ियाँ चढ़ता जाता है लेकिन कुँवर जी इसी में सीढ़ियों को नीचे उतरता हुआ देखते हैं। यह देखना ही 'परिप्रेक्ष्य' का निर्माण करता है। वे किसी बात की स्पष्टवादिता के पक्षधर हैं और भाषा भी इसी स्पष्टवादिता का परिचायक है। 'अपने सामने' में साफ कहते हैं–'असंगत या न्यायसंगत ज़रूरी नहीं/बात निश्चयात्मक हो।' यही निश्चयात्मकता असल में शब्दों के माने की खोज है और यह खोज सामाजिक जीवन सन्दर्भों में ज्यादा मूल्यवान लगती है। कम से कम एक ऐसे समाज में जहाँ 'कुछ भी कर गुजरने के बाद/कुछ भी खेद करने का सिलसिला जारी रहता है।'

इसी के साथ कुँवर जी की भाषा की ताकत का पता उनके ऐतिहासिक स्थलों व स्थितियों पर लिखी कविताओं में चलता है। एक बड़ी ऐतिहासिक घटना को कैसे वे आधुनिक सन्दर्भ देते हैं, यह देखना हो तो इन कविताओं को पढ़ना चाहिए। यहाँ वे 'भाषा को सहूलियत के साथ बरतते' हैं। इसकी ताकत को पहचानते हैं और इसकी ध्वस्त पारिस्थितिकियों को समझने की कोशिश करते हैं। जहाँ ऐसा होता है वहाँ कहते हैं–

एक भाषा जब सूखती
शब्द खोने लगते अपना कवित्व
भावों की ताजगी
बढ़ने लगते लोगों के बीच
अपरिचय के उजाड़ और खाइयाँ... (पृ. 41, 'कोई दूसरा नहीं')

इस दृष्टि से 'कोई दूसरा संग्रह' कवि का महत्त्वपूर्ण संग्रह है। इसमें इतिहास के खंडहर सबसे ज्यादा हैं। 'अयोध्या-1992', 'महाभारत', 'टूटे हुए खंजर की मूँठें', 'विजयनगर', 'गोलकुंडा की एक शाम', 'नालंदा और बख़्तियार', 'जजीरा का किला', 'सम्मेदीन की लड़ाई' जैसी कविताएँ इसी में हैं। इसके साथ 'अपने सामने' में 'कोणार्क', 'कुतुबमीनार' जैसी कविताएँ भी हैं जिनमें कवि अशोक वाजपेयी के शब्दों में–'भाषा की पारिस्थितिकी को बचाने की चिन्ता है। (जहाँ) मनुष्य की सूक्ष्म नैतिक चेतना से भाषा का गहरा व अनिवार्य सम्बन्ध वे पहचानते हैं।' (कवि कह गया है, पृ. 125)

कह सकते हैं कि आज जब लोग 'आत्म विस्मृति' के शिकार हैं, इसके कारणों की खोज की जाने लगी है तो कुँवर जी की कविताएँ हमें इसका जवाब देती हैं। वे बताती हैं कि इस आत्म-विस्मृति में बाजार उपभोक्तावाद का अंधवाद है। 'वस्तुबोध' इस कदर गड़बड़ा गया है कि 'आत्मबोध' के लिए जगह ही नहीं बची है। ग़ालिब भी एक समय में यही कह रहे थे–'बेखुदी बेसबब नहीं ग़ालिब कुछ तो है जिसकी पर्ददारी है। इस 'पर्ददारी' के पीछे भी यही 'बाजार' है जो अपने से बाहर तो दिखता

है लेकिन अपने भीतर नहीं। कुँवर नारायण अपनी कविताओं में बार-बार अपने भीतर झाँकने का आवाहन करते हैं। वे कहते हैं–'लौट आओ प्राण/पुनः हम प्राणियों के बीच/तुम जहाँ कहीं भी चले गए हो...।' बार-बार लौटने की यह इच्छा असल में अपने को बार-बार पाने की इच्छा ही है जो मानव मुक्ति का स्रोत भी है। यहाँ आकर पता चलता है कि कुँवर जी की सादगी अजब किस्म की है। यह विश्वास से भरे एक जीवंत आदमी की सादगी का दुर्लभ उदाहरण है। कुल मिलाकर कुँवर नारायण 'जीवन सन्दर्भ' के कवि हैं, 'जीवन स्थितियों' के नहीं। इसलिए उनकी कविताओं में 'घटनाओं' से ज्यादा सन्दर्भों के, 'तात्कालिकता' से ज्यादा 'सार्वकालिकता' के तत्त्व मिलते हैं। आज जब बहुत सी कविताएँ केवल 'जीवन स्थितियों' को आधार बनाकर लिखी जाती हैं, कुँवर नारायण का कवि, कविता की सन्दर्भ बहुलता के दायरे में हमें आश्वस्त करता है और कविता की सार्थक उपस्थिति को सम्भव बनाता है। जीवन की तरह यहाँ कविता भी बार-बार उठती है, पुनः पुनः जीवन के लिए।

तुम लिखकर मिटा देना मुझे, मैं लिखकर सिद्ध करता रहूँगा

ओम निश्चल

फिर कभी कागज़ हुआ/तो चेष्टा करूँगा/ज़िन्दगी किसी ऐसे पत्र का इन्तजार हो/जिसे कोई प्यार से लिखे/सँभाल कर एक लिफ़ाफ़े में रखे/और अपने होंठों से चिपका कर/देर तक सोचे/कि उसे भेजे न भेजे?

(कोई दूसरा नहीं, कागज़, कलम और स्याही)

मैं अकसर सोचता हूँ कि कुँवर नारायण की कविता में ऐसा क्या है जो मुझे बरसों से अपनी ओर खींचता रहा है। हिन्दी कविता के इन तेजस्वी दिनों में जहाँ कवियों की अनेक पीढ़ियाँ कार्यरत हैं, कविता की अनेक रंगतें हैं, कुँवर नारायण की कविता अपनी निरलंकृत सादगी के बावजूद मेरे मनोजगत् को आह्लादित करती रही है। तो क्या इसका कारण उनकी कविताओं का सीधा-सहज विन्यास भर है, अथवा उक्ति वैशिष्ट्य जो सादगी की परतों के भीतर से अंखुए निकालकर जहाँ-तहाँ अपनी मौजूदगी का अहसास दिलाता और औचक चमत्कृत कर जाता रहा है। पर मैं कहूँ कि यह भी कोई वजह नहीं है क्योंकि इस धारा में भी अनेक कवि निष्णात और पारंगत हैं जिनके यहाँ जानी-पहचानी मासूमियत और सादगी है—कलागत भाषिकी और चेष्टाएँ हैं, तो फिर वह क्या है जो कुँवर नारायण की कविताओं से मुझे जोड़ता-संबद्ध करता है। मैं शायद इसका कोई मुकम्मल उत्तर भी न दे सकूँ, फिर भी उनकी कविताओं के सम्मोहन से बंधना मेरी नियति है। 'आत्मजयी' के औपनिषदिक आख्यान में छिपे जीवन-मरण का मर्म हो या 'चक्रव्यूह' की कविताओं में छिपी अटूट प्रश्नाकुलता और तात्त्विक विकलता हो या फिर 'परिवेश : हम-तुम' की कविताओं में मुक्तिबोध के शब्दों में 'पीड़ित अन्तरात्मा का स्वर' सन्निहित हो—कुल मिलाकर जीवन की वास्तविकताओं, विडंबनाओं, रूमानियत, नैतिकता, दार्शनिकता और सुतार्किकता को समेटे कुँवर नारायण की कविता मानवीय मार्मिकता का अनन्य उदाहरण है। उनके यहाँ सरलता का उपार्जन अत्यन्त कठिनाई से किया गया प्रतीत होता है। कविता के भीतर न्यस्त कल्पनाशीलता का ऐसा विन्यास बहुत कम कवियों में मिलता है। यह संयोग नहीं कि 'सहित' (सं. यतीन्द्र मिश्र) में छपी सत्तर के दशक की उनकी कुछ

कविताओं में जिस एक 'और' शीर्षक कविता पर मेरी निगाह टिकी और उसकी ऐंद्रियता को देर तक महसूसता रहा, वह साधारण होकर भी असाधारणता का आख्यान है। वह आत्म-कथ्य होकर भी एक वृहत्तर भाव-जगत् का अंश लगता है। उसमें समर्पण की भवदीयता है तो मानवीय सत्ता का किंचित् दर्प भी, किन्तु ऐसा दर्प, जिसमें किसी को अपदस्थ करने का विजयोन्माद नहीं, बल्कि अपनी सार्थकता-अस्मिता को चरितार्थता देने की कोशिश मौजूद है।

कविता का शीर्षक है : 'और'

तुम शुरू होना—एक घटना
मैं याद रखूँगा
पहला अंक—प्रस्तावना

तुम बोलते रहना—एक ध्वनि
मैं सुनूँगा पहला शब्द—कैसे बना

तुम देखते रहना—कोई स्वप्न
मैं रचूँगा
पहला स्वप्न—एक रचना

तुम लिख कर मिटा देना मुझे
मैं लिख कर सिद्ध करता रहूँगा

बार-बार तुम्हें—जीवन का सबसे बड़ा एक सपना।

कहने की आवश्यकता नहीं कि कुँवर नारायण अन्तिम पंक्तियों तक पहुँचकर जिसे सिद्ध करना चाहते हैं वह है उनके जीवन का सबसे बड़ा एक सपना। सत्तर के दशक की उनकी ये कविताएँ अपने कथ्य, संवेदन और भाषिक स्थापत्य में बेजोड़ हैं। कविता उनके लिए 'एक उड़ान है चिड़िया के बहाने। फूल एक घटना है और खुशबू एक ख़बर।' जिसके भीतर का कवि एक साफ-सुथरे चौकोर कागज की तरह ज़िन्दगी के बारे में कुछ लिखने की सोचता है किन्तु फिर वह उसे कई मोड़ देकर एक नाव बनाकर बहते पानी पर छोड़ देता है क्योंकि बहाव में कागज नहीं, एक बच्चे की खुशी है (बहाव में वह)। ये पंक्तियाँ यह सिद्ध करने के लिए पर्याप्त हैं कि कुँवर नारायण की कविता के सरोकार कितने मानवीय हैं।

हम यह न भूलें कि यही वह कवि है जिसने लिखा है : 'मुझे एक मनुष्य की तरह पढ़ो/देखो और समझो/ताकि हमारे बीच एक सहज और खुला रिश्ता बन सके/माँद और जोखिम का रिश्ता नहीं' (अपने सामने/विकल्प-2)। यह वही दौर है जब धूमिल दूसरे शब्दों में कह रहे थे, अक्षरों में गिरे हुए आदमी को पढ़ो। इस तरह मनुष्यता की एक उज्ज्वल आभा से कुँवर जी की कविताएँ आलोकित हैं। हम

बहुधा कुँवर जी की 'आशय' शीर्षक कविता के उद्धरण देखते आए हैं जो यह इंगित करता है कि एक कवि का अपना मकसद आम आदमी की भौतिक जरूरतों से ऊपर है। उसकी भूख इंद्रियातीत है। उसकी चेतना का जीवन-मान अलग है। किन्हीं शाश्वत जीवन-मूल्यों के लिए उसके प्राण कलपते हैं–

आमाशय यौनाशय गर्भाशय
जिसकी ज़िन्दगी का यही आशय
यही इतना भोग्य
कितना सुखी है वह
भाग्य उसका ईर्ष्या के योग्य।
हाय, पर मेरे कलपते प्राण,
तुमको मिला कैसी चेतना का विषम जीवन मान
जिसकी इंद्रियों से परे
जाग्रत है अनेकों भूख। (चक्रव्यूह, पृष्ठ 34)

यह कविता उनके पहले संग्रह 'चक्रव्यूह' की है। 'चक्रव्यूह' की कविताओं में जीवन को नया अर्थ देने की कोशिश तो मिलती ही है, रूमानियत, छांदिकता और सम-विषम लयात्मकता का एक नाजुक सन्तुलन भी लक्षित किया जा सकता है। यहाँ अगाध आवेग से भरी प्रेम कविताएँ हैं जो लगता है छायावादी कविता की एकरसता को तोड़ते हुए एक नए भावात्मक और भाषिक विन्यास में रची गई हैं। इस पर हम आगे विचार करेंगे।

कविता के प्रति उनकी संजीदगी अन्य तमाम कवियों से भिन्न लगती है। वे हड़बड़ी के कवि नहीं हैं। कविता की दुनिया में–सृजन-संसार में उनकी छवि धैर्य के साथ रचने वाले कवि की है। वे कविता को उसका पूरा समय देते हैं और रचना प्रक्रिया से गुजरते हुए शब्दों की अहमियत और निस्सारता दोनों बखूबी समझते हैं। कुँवर जी की कविताएँ अकसर छोटी होती हैं–एकाधिक को छोड़कर जबकि वे 'आत्मयजी' जैसा प्रदीर्घ काव्य लिख चुके हैं। किन्तु वे जानते हैं कि 'कविता शब्दों से नहीं लिखी जाती/पूरे अस्तित्व को खींच कर एक विराम की तरह/कहीं भी छोड़ दी जाती है' (अपने सामने/बाक़ी कविता) कहीं भी छोड़ दिए जाने का आशय अधूरे छोड़ने से नहीं बल्कि पाठकों के लिए एक स्पेस छोड़ने की है जहाँ वह कविता को उसकी शब्द-सीमा से परे जाकर इन्ज्वाय कर सके, उस अलक्षित को पा सके जिसकी अनंत सम्भावनाएँ कविता में होती हैं। तभी तो एक कविता में उन्होंने संकेत किया है : 'दूसरों ने समझा कि वह अधूरा है/लेकिन यह उसकी अपनी शैली थी।' यह क्या उन तमाम कवियों के लिए एक नसीहत नहीं है जो शब्दों की मितव्ययिता नहीं बरतते और पाठकों के लिए कोई स्पेस न छोड़ते हुए सब कुछ कविता के माध्यम से ही कह देना चाहते हैं।

कुँवर नारायण की कविता वैविध्य का समवाय है। भाषा, अनुभव और छंदों का यह वैविध्य उनकी कविताओं को किसी तयशुदा फार्मेट, सांचे और परिणति में ढलने से विरत करता है। उनकी कविता में कोमलता है और जीवन-यथार्थ की कठोरताएँ भी। किसी विचारधारा का स्लोगन बनने की बजाय वे स्वान्तःसुखाय की सीमाओं से टकराती हैं और ऐसी अनुशासनिकता से बंधना पसन्द करती हैं जिसमें कोई बंधन न हो, वैचारिक आग्रह न हो, जीवन के दुर्निवार संकटों से उलझने की आजादी हो। उनकी कविता के बारे में अशोक वाजपेयी का मत है कि 'उसकी अपनी आभा है, वह किसी और का प्रतिबिम्बन नहीं है, वह छोटी छोटी सचाइयों से घिरी और उन्हीं से अपनी चरितार्थता पाती है। उसे शक्ति या सत्ता की दरकार नहीं क्योंकि वह आत्मबल से लैस है।' (कविता का गल्प, पृ. 112) इसमें संदेह नहीं कि हिन्दी कवियों में कुँवर नारायण सर्वथा मौलिक कवि हैं। वे सहजता से मिले, महसूस किए अनुभवों को ही कविता का आधार बना लेते हैं। 'एक अजीब दिन' की संरचना में यही सहजता मौजूद है। इसके पीछे एक ऐसी विडंबना की ओर इशारा किया गया है जो हमें चकित करती है। हम विश्वास ही नहीं कर पाते कि कोई दिन ऐसा भी हो सकता है जैसे कवि ने लक्षित किया है : 'आज सारे दिन बाहर घूमता रहा/और कोई दुर्घटना नहीं हुई/आज सारे दिन लोगों से मिलता रहा/और कहीं अपमानित नहीं हुआ/आज सारे दिन सच बोलता रहा/और किसी ने बुरा नहीं माना/आज सबका यक़ीन किया/और कहीं धोखा नहीं खाया' (अपने सामने, पृ. 25) यह विडंबना बहुत कुछ उस अखबार की-सी है जिसमें किसी दिन किसी भी दुर्घटना की खबर ही न हो। कुँवर नारायण की यह खूबी है कि वे दृश्य को ही नहीं, दृश्य के नेपथ्य को पकड़ते हैं, वे उन वजहों की शिनाख्त करते हैं जिन परिस्थितियों में कोई हत्या घटित होती है। वे हत्या के पीछे व्यवस्था के हर मोर्चे पर तैनात आदमी को उसका दोषी मानते हैं क्योंकि एक हत्या किसी एक वजह से नहीं, अनेक वजहों से अनेक स्तरों पर घटित होती है। एक बच्चे की अस्पताल में हुई मृत्यु उन्हें सहज मृत्यु के रूप में नहीं, अजीब परिस्थितियों में की गई हत्या नजर आती है। 'इंतिज़ाम' इसी आशय की एक लोमहर्षक कविता है जो कवि के सहज कौशल का परिचायक है–

कल फिर हत्या हुई
अजीब परिस्थितियों में।
मैं अस्पताल गया
लेकिन वह जगह अस्पताल नहीं थी।
वहाँ मैं डॉक्टर से मिला
लेकिन वह आदमी डॉक्टर नहीं था।
उसने नर्स से कुछ कहा
लेकिन वह स्त्री नर्स नहीं थी।
फिर वे ऑपरेशन रूम में गए

लेकिन वह जगह ऑपरेशन रूम नहीं थी।
वहाँ बेहोश करने वाला डॉक्टर
पहले से ही मौजूद था–मगर वह भी
दरअसल कोई और था।
फिर वहाँ एक अधमरा बच्चा लाया गया
जो बीमार नहीं, भूखा था।

डॉक्टर ने मेज़ पर
ऑपरेशन का चाकू उठाया
मगर वह चाकू नहीं
जंग लगा भयानक छुरा था।
छूरे को बच्चे के पेट में भोंकते हुए उसने कहा
अब यह बिलकुल ठीक हो जाएगा। (अपने सामने, पृ. 28–29)

यह बेशक विस्मय, विपर्यय और अति यथार्थ के ताने–बाने से बुनी गई कविता हो किन्तु यथार्थ का सबसे तीखा उदाहरण है यह। यह एक सुनियोजित हत्या में लगी मशीनरी का उदाहरण है। जो जहाँ, जिस भी व्यवस्था में संलग्न है, उसके विपर्यस्त आचरण में लीन है। कुँवर नारायण यद्यपि ऐसी आक्रामक भाषा से बचते हैं जो अलग से विद्रोही तेवर का प्रदर्शन करती हो परन्तु कविता के भीतर से उठती व्यंग्यात्मकता का सहारा वे जरूर लेते हैं और बिना किसी पूर्वाभास के उनकी कविता वह काम कर जाती है जो क्रांतदर्शियों की कविताएँ भी नहीं कर पातीं। कुँवर नारायण भाषा को अनेक स्तरों पर अपने अनुभूत सत्य के निकट लाते हैं और चेष्टा करते हैं कि उनकी कविता तात्कालिकता का नहीं, समकालिकता और तार्किकता का आधार ग्रहण करे। 'बाक़ी कविता' में वे कहते हैं, 'पत्तों पर पानी गिरने का अर्थ/पानी पर पत्ते गिरने के अर्थ से भिन्न है।' तभी तो अशोक वाजपेयी कहते हैं, 'वे अतिरेक के नहीं, सुस्पष्टता के कवि हैं।' 'अपने सामने' की एक कविता 'लाउडस्पीकर' में कवि ने रात भर लाउडस्पीकर पर किए गए मुहल्ले के लोगों के कीर्तन–भजन को मुहल्ले के लड़ते–झगड़ते कुत्तों द्वारा किए गए रात भर के शान्ति–भंजन के सापेक्ष रखकर देखा है। भूंकने से होते शान्ति भंजन और लाउडस्पीकर पर कीर्तन–भजन दोनों से होते शान्ति–भंग को कवि ने समतुल्यता के सिद्धान्त पर आंका है।

कुँवर नारायण की कविता को हम चालू अर्थों में केवल उत्तरोत्तर विकास की कविता नहीं कह सकते क्योंकि वह निरन्तर वैविध्य की कविता भी है। इसलिए यह कहना गलत नहीं कि उनकी कविताएँ किसी एक ही तरह की भाषा या विषय में विसर्जित–सी हो गई नहीं लगतीं–दोनों को विस्तृत करती लगती हैं। उनकी कविताओं के सांचे एक–से परिलक्षित नहीं होते। उनमें गतियाँ हैं, सूक्ष्मताएँ हैं, अनुभव का खुलापन है, अनुभूति की मार्मिकता है तथा कविता में कुछ न कुछ मानवीय बचाने

की कोशिश है। व्यास सम्मान प्राप्त करने के अवसर पर अपनी ही एक कविता का उदाहरण देते हुए कुँवर नारायण ने कहा था, 'जीवन में ऐसा कुछ नहीं जहाँ कविता न हो, जहाँ वह नहीं होती, वहाँ भी अगर उसके न होने की तकलीफ का अहसास ज़िन्दा है, कविता भी ज़िन्दा है–हमारी भाषा में, हमारे रहने–सहने में, हमारी चेतना में।' उनकी कही कविता–पंक्तियाँ हैं : 'वह इश्तहारों की तरह चिपके/जुलूसों की तरह निकले/नारों की तरह लगे/और चुनावों की तरह जीते/वह आदमी की भाषा में ज़िन्दा रहे बस।' (कोई दूसरा नहीं, पृ. 53) कविता को जीवन से सहबद्ध कर देखने की यह विकलता 'उत्केन्द्रित' की इन पंक्तियों में भी है, जहाँ वे कहते हैं–'मैं ज़िन्दगी से भागना नहीं/उससे जुड़ना चाहता हूँ–उसे झकझोरना चाहता हूँ/उसके काल्पनिक अक्ष पर/ठीक उस जगह जहाँ वह/सबसे अधिक बेध्य हो कविता द्वारा' (वही, पृ. 7)

उनकी निगाह एक सतत चौकन्ने और सयाने कवि की निगाह है जो ठीक उस जगह झकझोरना चाहती है जो कविता द्वारा सर्वाधिक बेध्य है। अन्यत्र भी उन्होंने कहा है, कभी–कभी शब्दों की तरफ से भी दुनिया को देखता हूँ। ऐसा करने से उन्हें उसके पीछे एक ऐसा अर्थ दिखाई देता है जो शब्द से कहीं बड़ा होता है। उन्हें यह भी मालूम है कि 'भाषा की ध्वस्त पारिस्थितिकी में/आग यदि लगी तो पहले वहाँ लगेगी/जहाँ ठूँठ हो चुकी होंगी/अपनी ज़मीन से रस खींच सकने वाली शक्तियाँ।' कुँवर नारायण की कविता अपने उत्तरदायित्व से वाकिफ है। वह बृहत्तर और मनुष्यतर की तलाश की कविता है, जिसमें हताहत नहीं सबके हिताहित की चिन्ता है। वे कहते हैं, 'मेरे लिए कविता लिखना शब्दों के माध्यम से जीवन को देखने का एक तरीका है और रचनात्मक लेखन एक जीती–जागती प्रक्रिया है–भावनात्मक, आग्रही और काफी हद तक अनिश्चितताओं भरी...और शायद उसका ऐसा होना ही उसका सबसे बड़ा आकर्षण भी है।' (साहित्य अकादेमी पुरस्कार पाने के अवसर पर दिए गए वक्तव्य से) 'कोई दूसरा नहीं' की भाषा बहुत सजग किन्तु बहुत सहज है। सहजता में उसकी शक्ति के स्रोत छिपे हैं। खड़ी बोली की भाषिक परम्परा के अनेक स्तर उनकी कविताओं में भाव–सम्पदा तथा कथ्य की बेचैनियों के रूप में गुंथे हैं। कविता की सिद्धि के लिए भाषा का कैसा भी इस्तेमाल उन्हें अभीष्ट है। इस सन्दर्भ में वे कबीर का उदाहरण अपने समक्ष रखते हैं जिन्होंने जैसे चाहा, अपनी तरह से हिन्दी को तोड़ा–मरोड़ा और सधुक्कड़ी आजादी से उसे अपने काम लायक बनाया। उनके यहाँ शब्दों के लिए भागमभाग नहीं है और न ही अनपेक्षित शब्दों से काम चला लेने की कोशिश। बल्कि वे अर्थ के संधान में जुटे शब्दों और भाषा का भी निरन्तर परिष्कार करते रहना चाहते हैं जिससे कि वह अपनी धार न खो दे, उसकी चूड़ियां न घिस जाएँ। विनोद भारद्वाज से एक बातचीत में उनके द्वारा कही गई यह बात उनकी कविता को समझने की कुंजी बन सकती है कि 'कविता एक तरह से कहें तो उस भाषा का भंडाफोड़ है जिसके पीछे केवल व्यावसायिक, राजनीतिक या अन्य किसी प्रकार के स्वार्थों की

मक्कारी और चालाकी हो।' (मेरे साक्षात्कार, पृ. 12) मनुष्य को मनुष्य का गुलाम बनाने वाली और उसे अपनी ही रची दुनिया में बेगाना करने वाली भाषा से वे भरसक बचना चाहते हैं।

किसी कवि की अपनी ही रचनाओं के मध्य छोटा-बड़ा सिद्ध करने की कोशिश यों तो बहुत बचकानी लगती है, फिर भी मेरा ही नहीं, बहुतों का मानना है कि कविता, कथ्य, कलात्मकता और भाषा के सधे हुए इस्तेमाल–इन सभी दृष्टियों से 'कोई दूसरा नहीं' एक मुकम्मल रचना है। इस संग्रह की कविताओं में कुँवर नारायण का दशकों पुराना चेहरा नई आभा और अन्विति के साथ देखा जा सकता है तो कविता के नए सरोकारों के प्रति उनकी विकलता भी लक्षित की जा सकती है। अपनी विदग्धता भरी मासूमियत में जब वे अपने विचार रख रहे होते हैं : 'ज़्यादातर कुत्ते पागल नहीं होते/न ज़्यादातर जानवर हमलावर/ज़्यादातर आदमी डाकू नहीं होते/न ज़्यादातर जेबों में चाकू/ख़तरनाक तो दो-चार ही होते लाखों में/लेकिन उनका आतंक चौंकता रहता हमारी आँखों में' (कोई दूसरा नहीं, पृ. 45) तो उनकी निगाह में पदच्युत होती मनुष्यता के अस्तित्व का भी गहरा बोध होता है। किन्तु वे उस व्यवस्था और न्यायपालिका की हकीकत को भी जानते हैं जिसके चलते दो के बीच चली गोलियों में तीसरा मारा जाता है, चौथा पकड़ा जाता है और उसकी गवाही पर पाँचवें को रगड़ा जाता, किसी छठे के फंसाने पर–सातवें की शिनाख्त पर, आठवें पर मुकदमा चलता और सज्जा नौवें को होती है। (वही, सफलता की कुंजी, पृ. 61) इस कविता में 'इंतिज़ाम' जैसी कविता की युक्तियों को नए ढंग से पुनर्स्थापित किया गया है। न्यायपालिका पर प्रहार करती हुई उनकी कविता 'मुक़द्दमे' में व्यक्त यथार्थ कितना भयावह है। इसके पाठ में कितनी सचाई, जिस पर कोई कवि ही उंगली रख सकता है–

एक भी आदमी
साबुत नहीं बचा था
दूर दूर तक
उनका चूरा ही चूरा फैला था
वे जो थक थक कर
चूर हो गए थे
फ़ैसलों के आजीवन इन्तज़ार में।
जिन्हें सुनाई गई
मौत की सज़ा
कब के मर चुके थे

जिन्हें रिहाई दी गई
पूरी सज़ा काट चुके थे। (वही, पृ. 105)

यह है एक कवि का यथार्थ जो मामूली मानवीय दृष्टि से नहीं देखा जा सकता है। इसे किसी कवि की चौकन्नी निगाह ही देख पाती है कि समाज भीतर से कितना सड़ चुका है, न्यायपालिका किस हद तक जड़ीभूत हो चुकी है।

कुँवर नारायण की कविता के बारे में प्राय: यह समझा जाता है कि वह निहायत गैर-राजनीतिक कविता है या कि वह बकौल अशोक वाजपेयी, ऊबड़-खाबड़ में, सर्वथा अप्रत्याशित और अपरिभाषेय में जाने का जोखिम कदाचित् नहीं उठाती। किन्तु कुँवर नारायण की कविता, प्रकटत: अपने राजनीतिक इस्तेमाल के विरुद्ध रहती हुई भी, राजनीतिक आशयों से टकराती है। 'अयोध्या-1992' ऐसी ही कविता है, जिसकी पर्याप्त चर्चा हुई और उस विध्वंस वेला में इस प्रसंग को लेकर लिखी गई अनेकानेक कविताओं के अंबार में जिस कविता की बेधकता का उल्लेख बहुधा किया गया, वह कुँवर जी की यही कविता थी। सहज अनुभूति और प्रार्थना के तल पर टिकी इस काव्याभिव्यक्ति का गहरा असर इसके गैर-राजनीतिक स्वरूप के बावजूद हुआ और ताज्जुब की बात यह कि यह राम को सम्बोधित तथा उनके ही उदारचरित पर सवाल उठाने वाली कविता थी। एक धीर-गम्भीर शिल्प में लिखी इस कविता में किसी राजनीतिक शोर-शराबे के विपरीत एक गतिमयता है। कुँवर नारायण की कविता में भले ही कोमल गांधार की-सी धुन सुनाई देती हो, किन्तु उसकी आन्तरिक बुनावट में मानवीय नियति की पेचीदगियों को समझने की पुरजोर कोशिश दिखाई देती है। वे जीवन की दुहरी-तिहरी नैतिकताओं को अपने 'कवित-विवेक' से उधेड़ते हैं, उन्हें प्रश्नों के कटघरे में खड़ा करते हैं। ईश्वर तक से स्पष्टीकरण लेते हैं : 'ऐसी विषम घड़ी में हमारे अन्त:करण/कम से कम एक बार तो/ बना सकते हैं ईश्वर को साक्षी–/माँग सकते हैं उससे भी स्पष्टीकरण' (वही, पृ. 157) उनके भीतर साधु-साधु कहकर चुप लगा जाने की तटस्थता नहीं, बल्कि इस असार संसार के कुटिल जीवन-व्यापार के प्रति असहमति का सबल हस्तक्षेप भी दीख पड़ता है : 'मैं अस्वीकार करता हूँ/रियायती दरों पर/आसान किश्तों में/अपना भुगतान/' इस तरह जीवन की विसंगतियों, सत्ता-प्रतिष्ठान के उन्माद और सामाजिक विचलनों के प्रति कुँवर जी की कविता अपने आक्रोश में कोई रियायत नहीं करती। सच कहें तो उनकी कविताएँ एक कड़वी-मीठी औषधीय गन्ध से भरी हैं। नीम के फूल की-सी सात्त्विक गन्ध और तुलसी की सदाशान्त छाया की उदार गुणवत्ता से भरी उनकी कविताओं में निबौलियों से खेलता बचपन है, नीम-तले पिता के पार्थिव शरीर की यादें हैं, कल को इतिहास की तरह, आज को साहित्य की तरह और अन्त को धर्मग्रंथ की तरह लिखने की अभीप्सा है, चाहे कविता बराबर ही, सबसे किसी भी तरह जुड़े रहने और मनुष्य में विश्वास बनाए रखने की लालसा है।

कुँवर जी की कविता मनुष्यता के मिथक को गरिमामंडित करने की कविता नहीं है, वह सीधी कार्रवाई से इस अनुभूत सत्य से गुजरने की चेष्टा है : 'आज जब अपना सामान खुद उठाया/एक आदमी का चेहरा याद आया/।' बार-बार यह जो

आदमी कुँवर नारायण की कविता में आ धमकता है, वही उनकी ताकत भी है। 'मनुष्यता' शब्द की महिमा से बड़ी चीज है। शब्द की तयशुदा पारिभाषिकी है किन्तु मनुष्यता की गन्ध असीमित, अपरिमित, इसीलिए कवि कहता है : 'आज मैं शब्द नहीं/किसी ऐसे विश्वास की खोज में हूँ/जिसे आदमी में पा सकूँ।' कहने में कितना सरल है पर यह किसी सरलीकरण की उपज नहीं, यह कवि की आन्तरिकता का हिस्सा है। वह यह जानता है कि 'अगर तुम मालामाल हो/तो हर आदमी एक बिकाऊ माल है।' किन्तु इसके पीछे उसके भीतर एक ऐसी चिन्ता, वेदना भी है जो 'मनुष्यता' के गिरते हुए ग्राफ से विचलित है : 'आज जब कि हर चीज का दाम सिर्फ़ बढ़ने की ओर है/आदमी की कीमत में भारी छूट का शोर है।' विजय कुमार को इन कविताओं में जो एक खास गुण नजर आता है वह यह कि ये 'निराडंबर' हैं, किन्तु वहीं वे इनमें एक अधूरेपन का अनुभव करते हैं तथा पाते हैं कि यहाँ एक शीत-ताप नियंत्रित भाषा है जिसमें से कोलाहल गायब हो गए हैं। मैं विजय के इस मत से एकात्म नहीं हो पा रहा कि 'उनकी भाषा में अन्त:वृत्तियाँ इस हद तक गायब हो गई हैं कि अन्त में जो बचा रह जाता है वह लगभग एक समरस और श्लथ अनुभव है।' कुँवर नारायण की कविता में जिस 'ऐंबियेंस' और 'अन्त:वृत्तियों' की गैर-मौजूदगी की बात विजय ने की है, वह सम्भवत: उनकी अपनी व्यक्तिगत चित्तवृत्ति की माँग है, कुँवर नारायण की कविता समय के पूरे पसार को केन्द्र में रखती है और उसकी अनुगूँज एक बार बजकर निर्वाक् नहीं हो जाती है, बल्कि हमारे चेतन-अवचेतन में ध्वनित होती रहती है।

पीछे हमने 'चक्रव्यूह' की चर्चा करते हुए उसमें रूमानियत, छांदिकता और लयात्मकता के एक नाजुक सन्तुलन की ओर इशारा किया था। 'चक्रव्यूह' की कविताओं में 'आत्मजयी' की प्रबन्धात्मकता की आभा दीख पड़ती है, जैसे वह 'आत्मजयी' रचने का पूर्वाभ्यास हो। 'चक्रव्यूह' की कविताओं में मानवीय नियति और उसके प्रारब्ध को दार्शनिक प्रत्ययों के जरिए परखा गया है। उसकी भाषा में अलग-सी ऊष्मा है : 'मेरे हाथ में टूटा हुआ पहिया/पिघलती आग-सी संध्या/बदन पर एक फूटा कवच/सारी देह क्षत-विक्षत' (चक्रव्यूह, पृ. 127) 'लिपटी परछाइयाँ', 'चिटके स्वप्न', 'शीशे का कवच' और 'चक्रव्यूह' चार खंडों में फैली 'चक्रव्यूह' की कविताओं का पाट अत्यन्त चौड़ा है। इनमें छायावादी एकरसता से अलग भाषा-आकाश रचने की कोशिश है। तब कुँवर नारायण की कविता का यथार्थ और कल्पना से एक लिरिकल रिश्ता था : 'कितना गहन/हर एक क्षण/रात मीठी चाँदनी है/मौन की चादर तनी है/...एक मुझमें रागिनी है जो कि तुमसे जागनी है।' 'लिपटी परछाइयाँ' में अनुराग की सरस व्यंजना है तो 'चिटके स्वप्न' में जीवन-पहेलियों को बूझने की कोशिश। 'शीशे का कवच' में विषाद की रेखाएँ हैं और कुछ ऐसे कथन : 'जिसे कोई नहीं जानता/तुम वो पता हो/ और जिसे किसी ने न सुना/मैं वो हाल हूँ।' (मैं जानता हूँ, पृ. 86) 'चक्रव्यूह' खंड में वे नियति को चुनौती देने वाली मुद्रा में आ खड़े होते हैं : 'कौन कब तक

बन सकेगा कवच मेरा/युद्ध मेरा, मुझे लड़ना/इस महा जीवन समर में अन्त तक कटिबद्ध।' एक पूरी अभिमन्यु-संवेदना से रची इस खंड की कविताओं में कवि का चेहरा तो सामने आता ही है, उसका विनयी भाव भी छिपा नहीं रहता। एक सौन्दर्य उसे बांधता है, एक शिवत्व उसे आलोड़ित करता है: 'मैं उठूँ मन अतल मथ/सौन्दर्य के अस्फुट गगन तक/तुम झुको आकाश/मेरे प्यास की अमृत तहों तक/शिव रहूँ मैं देह का हर पक्ष छूकर/मृत्यु तक मेरी विजय हो। (सूर्य संतति, पृ. 118) 'चक्रव्यूह' की इन तेजस्वी कविताओं में नदी का-सा प्रवाह है, लहरों-सा कंपन है और जीवन के अमिट अनुभव के सौन्दर्य की थाह लेने की अभीप्सा है। 'चक्रव्यूह' की रूमानियत 'कोई दूसरा नहीं' तक आकर खत्म नहीं हो जाती है, वह एक उद्दाम आकर्षण में एक ऐसी इच्छा-नदी में बदल जाती है, जो कभी बूढ़ी नहीं होती–

साथ बहें :
जिन तटों को हम छुएँगे बसा जाएँगे।
हज़ारों नाम देंगे
इस उन्माद के वशीभूत होने को,
एक आवेग में बह जाने को कहेंगे जीवन,
अपने ही प्रवाह में नहा उठने को
एक अलौकिक संज्ञा में बाँधेंगे (कोई दूसरा नहीं, पृ. 145)

कुँवर नारायण के नए संग्रह 'इन दिनों' में न केवल बाजार से अप्रभावित एक शख्स के सूफी मिजाज का पता चलता है बल्कि भीड़ में भी निविड़ एकान्त तलाश लेने वाले कवि-हृदय की तटस्थता का भी। किन्तु यह तटस्थता अलग-थलग होकर धूनी रमाने वाली तटस्थता नहीं, बल्कि बाजार के फैशन को जानने-समझने की किंचित् जिज्ञासा के साथ बरती गई तटस्थता है–

बाज़ार एक ऐसी जगह है
जहाँ मैंने हमेशा पाया है
एक ऐसा अकेलापन जैसा मुझे
बड़े-बड़े जंगलों में भी नहीं मिला,
और एक ख़ुशी
कुछ-कुछ सुकरात की तरह
कि इतनी ढेर-सी चीज़ें
जिनकी मुझे कोई ज़रूरत नहीं!

किन्तु यह तटस्थता उदासीनता का पर्याय नहीं। दुनिया के प्रति अपने सरोकारों का भरोसा दिलाते हुए ही उनका कहना है–'तट पर हूँ/ पर तटस्थ नहीं/देखना चाहता हूँ/एक जगमगाती दुनिया को/ डूबते सूरज के आधार से।'

'एक अजीब-सी मुश्किल' कविता के बहाने कुँवर नारायण संकीर्णताओं के विरोध में मानवीय उदारताओं का वृहत्तर जीवन-मूल्य स्थापित करते हैं। कवि की नफरत कर सकने की ताकत दिनोंदिन इसलिए क्षीण पड़ती जा रही क्योंकि शेक्सपियर के चलते अंग्रेजों, ग़ालिब के चलते मुसलमानों तथा गुरुनानक के चलते सिखों से नफरत सम्भव ही नहीं। प्रेम और सौहार्द की एक ऐसी दुनिया के वे हामी दिखते हैं जहाँ एक साथ शेक्सपियर, ग़ालिब, गुरुनानक, कंबन, त्यागराज और मुत्तुस्वामी के लिए हृदय में जगह हो। 'आजकल कबीरदास' में वे कबीर को लेकर एक सच्चे सहृदय कवि की एक ऐसी छवि अंकित करते हैं जिसने काशी के बदले मगहर में मरना स्वीकारा, सत्ता के दरबारों से दूर दरवेशों-सूफियों-फकीरों का जीवन जिया-जो वस्तुतः न काशी, न मगहर में-कहीं नहीं था बल्कि उसे खोजने का अर्थ वस्तुवत् होकर देखने, सही को जानने में है तथा सही को जानना ही सही हो जाना है। वह हमारे जीवन का एक सच्चा गवाह था, हजारों वर्षों से एक बड़ी सी दुनिया अपने अन्दर बसाए, जिसका मानना था-'यहीं रहूँगा/इसी मिट्टी में मिलूँगा/इसी पानी में बहूँगा/इसी हवा में साँस लूँगा/ इसी आग से खेलूँगा/इन्हीं क्षितिजों पर होता रहूँगा उदय-अस्त/इसी शून्य में दिखूँगा खोजने पर।' ध्यान से देखें तो आग से खेलने का यह दुस्साहस केवल कबीर में ही नहीं, कुँवर जी के यहाँ भी है-पहली ही कविता 'नदी के किनारे' में-खेलूँगा आग से।

कुँवर नारायण की कविता की यह खासियत है कि वह स्फीति से कतराती और शब्द-संयम बरतने वाली कविता है। वे ऐसे प्रौढ़मति कवि हैं जिन्हें मासूम रक्त के छींटों की अपेक्षा आत्मा पर प्यार का जख्म सह्य है : 'इन गलियों से/बेदाग़ गुज़र जाता तो अच्छा था/और अगर/ दाग़ ही लगना था तो फिर/कपड़ों पर मासूम रक्त के छींटे नहीं/आत्मा पर/ किसी बहुत बड़े प्यार का जख़्म होता/जो कभी न भरता' (जख़्म, पृ. 20) यह उचित और अनुचित का सद्विवेक है, हिंसा के बरक्स प्यार की हिमायत-और शायद यही वह ताकत है जिसके भरोसे कवि यह कहने का साहस रखता है-'तुम लिखकर मिटा देना मुझे/मैं लिखकर सिद्ध करता रहूँगा/बार बार तुम्हें--जीवन का सबसे बड़ा एक सपना'

मेरी दृष्टि में कुँवर जी की कविता में मनुष्यता की उज्ज्वल आभा है। उसमें मानवीय चिन्तन की गहराइयां हैं, उसके बहुतेरे भाष्य हो सकते हैं। वे यह जानते हैं कि बिना करुणा के मनुष्यता की साधना सम्भव नहीं। मनुष्य होने की चरितार्थता ही मनुष्यता को धारण करने में है। उनके यहाँ मनुष्यता के मापन का कोई भी मानदंड उनकी निगाह से ओझल नहीं होता। एक भिक्षुक के पात्र में अन्न डालने का दातव्य भाव यदि भिक्षुक के विनय-भाव से कम हो तो यह मनुष्यता की सच्ची सार्थकता न्न होगी। कवितांश देखें-'मुट्ठी भर अन्न डालते हुए/उसके कटोरे में देखें/हमारा दिया उसकी विनय से छोटा तो नहीं/मिट्टी के ख़ाली पात्र को नहीं/करुणा से भरी उसकी आँखों को देखें/कि हमारे द्वार पर आया भिक्षुक कहीं बुद्ध तो नहीं?' (उसे ख़ाली हाथ लौटाने से पहले, पृ. 129) उनके यहाँ करुणा प्रकट करने का अर्थ किसी को

विनय या भवदीयता में झुका देना या अहसान लादना नहीं, बल्कि ऐसी करुणा जो विनय से कमतर दिखने में ही अपना सच्चा पुरुषार्थ मानती है।

जीवनानुभवों के कई स्तर कुँवर नारायण के यहाँ देखे जा सकते हैं। सहज ही वे कविता में जीवन और जीवन में कविता बखान करते हैं। कविता और जीवन का एक स्वाभाविक सम्बन्ध उसके सह-अस्तित्व में ही नहीं, समतुल्यता में भी है। इस अनुभव को ही वे मुहावरे की भाषा में यों कहते हैं–'एक ही कविता में होती हैं/कई कई कविताएँ/जैसे एक ही जीवन में कई जीवन.../छोटी-छोटी सम्पूर्णताओं का एक अधूरा संग्रह/पूरा जीवन (कुछ छोटी कविताएँ, पृ. 101) ऐसे मुहावरे और सुभाषित उनके यहाँ बिखरे पड़े हैं जो जीवन और अनुभव के तात्त्विक चिन्तन से उपजे हैं। मसलन, 'कोई दुःख/ मनुष्य के साहस से बड़ा नहीं–/वही हारा/ जो लड़ा नहीं' या 'सादगी अभाव की नहीं/एक संस्कृति की परिभाषा है।'

कविता जीवनानुभवों का सारांश होती है। वह देश, काल, समाज की सीमाओं का अतिक्रमण कर एक ऐसी अनुभूति में घटित होती है जो भाषा-भेद के बावजूद मानवीय संवेदनाओं को छूती है, जो भाषा और भाषा के अभेद से उत्पन्न होती है और किसी भी देश, किसी भी काल में लिखी और पढ़ी जा सकती है। विदेश प्रवास के दौरान देखा गया क्राकाउ का चिड़ियाघर, काफ्का का प्राहा या फिर कुतुब-परिसर हो–कवि ऐसे अवलोकनों से गुजरता और अतीत और वर्तमान से होता हुआ ऐसी अनुभूतियों से रू-ब-रू होता है जिनमें एक अलभ्य मौलिक चिन्तन की छाया नजर आती है। कुँवर नारायण की कविताएँ अनुभव, अनुभूति, संवेदना और हार्दिकता से मिलकर बनी हैं। एक सहज दिनचर्या बिताते, घूमते-फिरते यात्राएँ करते, बाजार से गुजरते, पुस्तकें पढ़ते, आदमियों से बोलते-बतियाते उनकी कविताएँ पैदा हुई हैं। उनमें जीवन के कोलाज समाहित हैं। उनकी कविताओं में इतिहास और स्मृतियों की आवाजाही नई नहीं है। 'आत्मजयी', 'चक्रव्यूह', 'अपने सामने', 'कोई दूसरा नहीं'– सभी कृतियों में इसकी शिनाख्त मिलती है। इस संग्रह में भी 'अभिनवगुप्त', 'चंद्रगुप्त मौर्य', 'सरहपा', 'अमीर खुसरो' और 'खजुराहो' पर कविताएँ हैं–ऐतिहासिक-पौराणिक और पर्यटकीय महत्त्व की जगहों पर पहुँचकर कवि वर्तमान के करघे पर अतीत के चलचित्र आंकता है। एक लम्बा अतीत और व्यतीत समय जैसे कवि की कल्पना-कूची से चमक उठता है। वह अपने विचारों को मिथकों, संस्कृतियों, शिलालेखों, भित्तिचित्रों और पुरा प्रतीकों से मथता-भेदता और माँजता है–'एक दिन हुआ/–जैसे सुबह/चला–जैसे हवा/बहा–जैसे नदी/सब जगह गया/लेकिन हर जगह बेपहचान/सबमें प्रवाहित हुआ/लेकिन अन्तर्ध्यान... /एक दिन /जिया एक शिलालेख/एक भित्ति-चित्र/एक पुराकथा' (कुछ दिन अन्य देशकाल में, पृ. 35)

शब्द-संयम कुँवर जी की एक अन्य विशेषता है। शब्दों के बीच की नीरवता–यानी खाली जगह की उज्ज्वलता से ही 'शब्द' जगमगा उठते हैं, जैसे पूरा पृष्ठ खाली निरभ्र जगह पर 'फूल' लिखते ही खिल उठता है। उनकी कविताएँ उपस्थिति से ज्यादा

अनुपस्थिति का बखान हैं, वर्तमान से ज्यादा अतीत का और जब वे लिखते हैं कि 'कभी-कभी एक ज़िन्दगी से/ ज़्यादा अर्थपूर्ण हो सकती है/उस पर टिप्पणियाँ/एक प्रेम से ज़्यादा मधुर हो सकती है /उसकी स्मृतियाँ/एक पूरी सभ्यता की वीरगाथाओं से/ कहीं अधिक सारगर्भित हो सकती है/एक स्मारक की संक्षिप्त भाषा' तो यह उनके विरल कवित-विवेक का ही परिचायक है। चिड़ियाघर में एक हाथी की उदासी को पढ़ सकना, समुद्र किनारे महत्त्वाकांक्षी मन को लहरों की तरह उठते और अपने ही सारांश में बिखर जाते देखना, पेड़ की जगह फांक, नीड़ की जगह राख और स्वप्न की जगह शान्ति का अवलोकन, पेड़ से पड़ोसी-सी घनिष्ठता कायम कर लेना, उसकी गऊ-सी निहारती निरीह आँखों की नमी पहचानना और चौकीदार-से बूढ़े वृक्ष की हत्या पर शोक-विह्वल हो उठना वस्तुतः एक कवि की ही प्राथमिकता सूची में आ सकता है। एक 'दरवाज़े' के लिए उसका कहना कि वह केवल एक दीवार का हिस्सा नहीं, उसके अतीत में भी है एक वृक्ष का बीज, एक महावन की गौरव-गाथा, उसकी तराशी गई काष्ठ काया में भी स्वाभिमान के रेशे हैं—निर्जीव वस्तु के बारे में भी मानवीय ढंग से सोचना है। पर्यावरण के प्रहरियों के प्रति कवि का लगाव कुछ इस हद तक घनिष्ठ है कि 'एक वृक्ष की हत्या' में कवि की गुहार लगभग एक सार्वजनिक गुहार बन जाती है : 'बचाना है—/नदियों को नाला हो जाने से/हवा को धुआँ हो जाने से।/ खाने को ज़हर हो जाने से/बचाना है—जंगल को मरुथल हो जाने से/बचाना है—मनुष्य को जंगल हो जाने से।' अकारण नहीं कि पेड़ को लेकर संग्रह में कई कविताएँ हैं तथा उनके नष्ट होते जाने के प्रति कवि-चिन्ता भी उतनी ही गहरी है जैसी नरेश सक्सेना ने 'एक वृक्ष भी बचा रहे संसार में' शीर्षक कविता में व्यक्त की है : 'मैं घोषित करता हूँ कि विद्युत शवदाह गृह में किया जाए मेरा अन्तिम संस्कार/ताकि मेरे बाद एक बेटे और बेटी के बाद/एक वृक्ष भी बचा रहे संसार में।'

कुँवर जी की कुछ कविताएँ अपनी ही ऊब, डूब और आसक्तियों से बनी हैं—'यह जगह वही है जहाँ कभी मैंने जन्म लिया होगा/इस जन्म से पहले' अथवा 'मुझमें घर लौटती चिड़ियों का शोर/मुझमें शान्त जल पर पड़ती परछाइयों की स्थिरता'—जैसी उद्भावनाओं के पीछे उनका सतत एकात्म चिन्तन है जो उन्हें बार-बार बाहरी जगत् से अपनी ओर खींचता है। तिनके-तिनके में जीवन खोजते हुए वे बार-बार एक घर-सा सुन्दर कुछ बनाते हैं। उनकी 'कविता का स्थापत्य' भी कुछ ऐसा ही है। उनकी कविता प्रतिबद्धता का प्रदर्शन नहीं बल्कि शाश्वत मानवीय उपस्थितियों का सविनय समावेशन है जो कविता के क्षेत्र में विरल है। अनुभव में परिपक्व, कथ्य में सशक्त, चिन्तन में सटीक और भाषिक दृष्टि से संवेदना-प्रवण कुँवर नारायण की कविताएँ एक ऐसे सृजन-संयम का प्रतिफलन हैं जिनमें मानवीय चिन्ताओं की बेचैन कर देने वाली गहराइयाँ निहित हैं—'उस वक़्त आना ऐसे कि लगे/किसी ने द्वार खटखटाया/कोई न हो/पर लगे कि कोई आया/इतना आत्मीय /इतना अशरीर/जैसे हवा का एक झोंका/और मुझमें समाकर निकल जाना/जैसे निकल गई एक पूरी उम्र।'

छंद का जो जादू 'चक्रव्यूह' में था, वह 'इन दिनों' तक बरकरार है। 'एक दिन जन्मस्थान पर', 'पर्यावरण', 'शोक सभा : एक दुर्घटना' और 'पालकी' जैसी कविताओं का केवल बाहरी ही नहीं, भीतरी छंद भी मुकम्मल है और यह जैसे हमारे उस अहसास को ही पुख्ता करता है कि जीवन के रास्तों में जैसे ऊबड़-खाबड़ मिलते हैं, छायाएँ मिलती हैं, भटकाव मिलते हैं और ऐसे ही गुजरते हुए कहीं मंजिलें भी, ठीक उसी तरह उनकी कविताओं में भी छंदों का वैविध्य मिलता है, जो जीवन की सम-विषम लय से मेल खाता है। मैंने इस निबन्ध की शुरुआत में 'सहित' में छपी कुँवर नारायण की एक कविता की चर्चा की थी, इसका समाहार भी 'बहुवचन-7' में छपी उनकी एक अन्य कविता 'काफ़्का के प्राहा में' से करता हूँ जो यह सिद्ध करती है कि कविता में हर बार कुँवर नारायण का जादू नए ढंग से बोलता है–

एक उपस्थिति से कहीं ज़्यादा उपस्थित
हो सकती है कभी-कभी उसकी अनुपस्थिति
एक वर्तमान से ज़्यादा जानदार
और शानदार हो सकता है उसका अतीत
एक शहर की व्यस्त दैनंदिनी से
अधिक पठनीय हो सकते हैं
उसकी डायरी के पुराने पन्ने
एक अपरिचित भीड़ में भटकने से
ज़्यादा रोमांचक हो सकती है
उसकी प्राचीनताओं में बसी
सदियों पुरानी आत्माओं की आवभगत
बाज़ार की चौंधिया देने वाली जगमगाहट के बीच
अचानक संगीत की एक उदास ध्वनि में
हम पा सकते हैं
उसके वैभव की एक ज़्यादा सच्ची पहचान
कभी-कभी एक ज़िन्दगी से
ज़्यादा अर्थपूर्ण हो सकती हैं
उस पर टिप्पणियाँ
एक प्रेम से ज़्यादा मधुर हो सकती हैं
उसकी स्मृतियाँ
एक पूरी सभ्यता की वीरगाथाओं से
कहीं अधिक सारगर्भित हो सकती है
एक स्मारक की संक्षिप्त भाषा।

कुँवर नारायण की कविता का अन्तःकरण

विनोद दास

कुँवर नारायण एक लम्बी यात्रा पर हैं। यात्रा भी सहज और समतल नहीं, ऊबड़-खाबड़ और दुर्गम। कभी उपनिषत्कालीन नचिकेता के जीवन-मृत्यु सरीखे शाश्वत और गूढ़ प्रश्नों से उलझे हुए और कभी इतिहास के जर्जर पन्नों में आदमी की साँस और हाँफ सुनते हुए। फिलहाल अपने देशकाल के अनुभवों की अटैची के साथ वह अभी रास्ते में हैं और अपने स्टेशन नहीं पहुँचे हैं। दरअसल वह उनमें नहीं हैं जो अनायास और अविलम्ब अपने गंतव्य पहुँच जाते हैं। वह चल रहे हैं—अनथक और लगातार। टीका-टिप्पणियों की धूल-गर्द झाड़ते हुए। सिर्फ ठहरा रहता है उनका काव्य स्वर—एक उस यात्री की तरह जो ट्रेन में बैठकर जहाँ लम्बी दूरी तय कर रहा है, वहीं अपनी सीट से सटा टिका रहता है। यह अकारण नहीं है कि 'चक्रव्यूह' से लेकर 'कोई दूसरा नहीं' तक की काव्य-यात्रा में कुँवर नारायण के यहाँ गति और ठहराव का ऐसा ही रूप देखने को मिलता है।

कुँवर नारायण के काव्य स्वर में एक निमिष में संसार बदल देने सरीखी काव्य मुद्रा की न तो उग्रता है और न ही उनमें तरल संवेदना का ऐसा छलछलाता उफनता प्रवाह है जो मन की किताब को भिगोकर उसे भावनाओं की लुगदी बना दे। इनका काव्य स्वर ठंडा, शान्त और निरावेग है। आसव की तरह सांद्र और संश्लिष्ट।

कुँवर नारायण का काव्य स्वर इतना ठंडा और निरावेग क्यों है, इसे समझने के लिए हिन्दी कविता के इतिहास के उन पन्नों को उलटना होगा जहाँ से उन्होंने अपनी काव्य-यात्रा शुरू की थी। यह वह समय था जब साहित्यिक परिदृश्य पर नई कविता अपना आकार ग्रहण कर रही थी। वास्तव में नई कविता शुद्ध साहित्यिक आन्दोलन था। किसी सामाजिक अभिप्रेरणा से इसका जन्म नहीं हुआ था। नई कविता में यथार्थ की मुखर अभिव्यक्ति को लेकर गहरा संशय था। नई कविता के कवि मानस में यह धारणा किसी न किसी रूप में काम क रही थी कि प्रगतिशील कविता की तरह यथार्थ की मुखर अभिव्यक्ति से बचते हुए उसे एक साहित्यिक संस्कार देते हुए प्रस्तुत करना

है। गहरा काव्यानुशासन, शिल्पगत सतर्कता और नियंत्रित भाव संवेदना इस काव्य आन्दोलन के मूलमंत्र थे। कुँवर नारायण नई कविता के सहचर थे। अतः यह अकारण नहीं है कि इनका काव्य स्वर कहीं न कहीं हिन्दी कविता के इस भावबोध से प्रभावित है। इनकी कविता में उद्वेग-ताप, तनाव और बेचैनी की कमी को हम इसी परिप्रेक्ष्य में देख सकते हैं। यह वह काव्य धारा रही है, जहाँ काव्य पदार्थ का अपव्यय नहीं मिलता है। कवि के यहाँ एक अदृश्य सेंसर काम करता है जो भाव और शब्दों की किफायत पर कड़ी नजर रखता है। कवि की सतर्कता और चौकसी इस हद तक बढ़ जाती है कि वह अपने संवेगों की रास को ढीला नहीं छोड़ता। उसे बराबर आशंका बनी रहती है कि कहीं भाव संवेगों का बांध टूट जाने से उसकी रचना साहित्य के मानदंडों से स्खलित न हो जाए। रचना साहित्य के शील को नष्ट-भ्रष्ट न कर दे। यह जीवन को साहित्य की आँख से देखने की प्रक्रिया है। 'कोई दूसरा नहीं' संग्रह की अपनी पहली ही कविता उत्केन्द्रित में वह कहते हैं कि–

मैं ज़िन्दगी से भागना नहीं,
उससे जुड़ना चाहता हूँ
उसे झकझोरना चाहता हूँ
उसके काल्पनिक अक्ष पर
ठीक उस जगह जहाँ वह
सबसे अधिक वेध्य हो कविता द्वारा

अर्थात् कवि उस जीवन से जुड़ना और उसे झकझोरना चाहता है जो कविता द्वारा वेध्य हो। जीवन जो साहित्य की परिधि में आ सके। यहाँ यह सहज मन में कौंधता है कि वह जीवन कहाँ जाएगा जो साहित्य से बाहर है। जो जीवन साहित्य और समाज दोनों को चुनौती देते हुए उसे बदलने के लिए प्रतिश्रुत है।

दरअसल साहित्य सृजन की एक प्रक्रिया जीवन की कच्ची सामग्री से सीधे उत्पाद बनाने की होती है। इसके अगले चरण में तैयार सामग्री से एक नई वस्तु की रचना की जाती है। इसे स्पष्ट करने के लिए हम एक उदाहरण ले सकते हैं। कपास से धागा और धागे से कपड़े का थान बनाना एक प्रक्रिया है और उसके अगले चरण की प्रक्रिया थान के कपड़े से पैंट-कमीज सरीखे परिधान तैयार करना है। साहित्य की पहली रचना-प्रक्रिया में जीवन गन्ध अधिक होती है और दूसरी प्रक्रिया में शिल्प और हुनर का जादू महत्त्वपूर्ण भूमिका निभाता है। कुँवर नारायण दूसरी प्रक्रिया के कवि हैं। जीवन से अर्जित विचार दर्शन उनकी कविता की कच्ची सामग्री होती है और इससे वह एक-दूसरे विचार की रचना करते हैं। कहना न होगा कि इनके यहाँ यह विचार दर्शन अकसर एक स्थिर यथार्थ की शक्ल में आता है। ऐसा नहीं है कि कुँवर नारायण जीवन की वास्तविक वस्तुओं, दृश्यों या चरित्रों को नहीं उठाते। वह उन्हें भी उठाते हैं लेकिन उनकी कविता में वह भी अकसर एक विचार दर्शन के

रूप में संघनित हो जाता है। इनकी कविता 'जन्मकुंडली' इसका अच्छा उदाहरण है। वह कहते हैं–

फूलों पर पड़े-पड़े अक्सर मैंने/ओस के बारे में सोचा है–
किरणों की नोकों से ठहराकर/ज्योति बिन्दु-फूलों पर
किस ज्योतिर्विद् ने/इस जगमग खगोल की
जटिल जन्मकुंडली बनाई है?/फिर क्यों निःश्लेष किया
अलंकरण पल भर में?/ एक से शून्य तक
किसकी यह ज्यामितिक सनकी जमुहाई है?

यहाँ फूल और ओस सरीखे ऐंद्रिक वस्तुओं को कवि एक दार्शनिक संस्पर्श देता है। यह भी एक यथार्थ है लेकिन स्थिर यथार्थ है। वास्तविक जीवन के दृश्य या चरित्र या वस्तु की तरह यह यथार्थ गत्यात्मक नहीं होता। किन्तु हमें यह विस्मृत नहीं करना चाहिए कि कुँवर नारायण इस स्थिर यथार्थ को अपने अन्तःकरण में ले जाकर उसे गत्यात्मक बनाते हैं। फूलों और ओस के साथ कवि की दार्शनिक यात्रा इसी गति की ऊर्जा से संचरित होती है। सामान्य कोटि का रचनाकार इस स्थिर यथार्थ को अपने अन्तःकरण में ले जाकर उसे जड़वस्तु में बदल देगा। अगर कुछ विवेकशील हुआ तो उसे अपने निजी और वैयक्तिक संभ्रमों के जाल में उलझा लेगा। कुँवर नारायण की काव्य क्षमता इससे बहुत आगे है। वह विचार-दर्शन के स्थिर यथार्थ को अपने अन्तःकरण के कारखाने में अन्तर्विवेक के रसायन में पकाकर उसे एक नए विचार मधु के रूप में समाज को वापस लौटा देते हैं। यह प्रक्रिया ऐंद्रिक कम और मस्तिष्कीय अधिक होती है। जीवन पदार्थ से सीधी रची कविता सरीखी नसों को झनझना देने वाली उत्तेजना शायद इसलिए उनके यहाँ कम मिलती है।

उनकी कविता की देह में उस तरह रक्त नहीं बजता जो जीवनानुभव को सीधे कविता में व्यक्त करते हैं। शायद यही कारण है कि उनकी कविता कुछ कम सरस लगती है। उनके लिए दुरूह और जटिल भी हो जाती है जो रागात्मक कविता के पढ़ने के अभ्यस्त हैं और विचारपरक कविता को बौद्धिक विवेक से नहीं, रागात्मक संवेदना से पढ़ने का प्रयत्न करते हैं।

कुँवर नारायण दरअसल सांस्कृतिक चेतना के कवि हैं। शायद यही कारण है कि उनकी कविता अकसर अपनी साहित्यिक-सांस्कृतिक परम्परा के अनेक उत्पादों का प्रचुरता से उपयोग करती है। 'अपने सामने' कविता-संग्रह की कविता 'अन्तिम ऊँचाई' में कुँवर नारायण कहते हैं कि मैंने अकसर इस ऊलजलूल दुनिया को दस सिरों से सोचने और बीस हाथों से पाने की कोशिश में अपने लिए बेहद मुश्किल बना लिया है। यहाँ दस सिरों से सोचने और बीस हाथों से पाने का बिम्ब जहाँ हमारे प्राचीन महाकाव्य का एक मिथकीय चरित्र है, वहीं यह हमारी स्वभाव की सांस्कृतिक चेतना का अभिन्न अंग है। कुँवर नारायण अपने समय के जीवन और समाज को संस्कृति और प्राचीन

काव्य परम्परा के उत्पादों की आँखों से देखना और उनकी बाँहों से पाना चाहते हैं। नंगी आँख से दुनिया को देखने–जानने और पाने की यह प्रक्रिया नहीं है।

इस रचना–प्रक्रिया से तैयार कविता के संप्रेषण में कई बाधाएँ भी आती हैं। इस कविता में दस सिर और बीस हाथ का ही सन्दर्भ लें। यह हमारे समाज का एक लोकप्रिय सुपरिचित मिथकीय बिम्ब है। इससे हम कविता तक पहुँचने की राह बना लेते हैं लेकिन जब कोई अपरिचित दार्शनिक या वैचारिक बिम्ब या प्रतीक का उपयोग कवि करता है तो कविता की अन्तर्वस्तु पाठक के पल्ले नहीं पड़ती है। नतीजा यह होता है कि पाठक कविता को दुरूह और जटिल समझने लगता है। यहाँ उल्लेखनीय है कि साहित्य–संस्कृति के ऐसे उत्पादों के प्रयोग से कई बार काव्यार्थ को लेकर भी उलझनें पैदा होती हैं। मसलन इस कविता में दुनिया को दस सिरों से सोचने और बीस हाथों से पाने का जब जिक्र आता है तो कई बार हमारे मन के दर्पण में लोकमानस में व्याप्त रावण की छवि सहज ही गश्त लगाने लगती है। उस रावण की जो अन्यायी, शोषक और अत्याचारी रहा है। दस सिर और बीस हाथों से जिसने अन्याय, दमन और पीड़ा का साम्राज्य खड़ा किया था। यह सच है कि वह दुनिया को बहुलतावादी दृष्टि से देखने–पाने के लिए इस बिम्ब को एक नया परिप्रेक्ष्य और संस्कार देने की चेष्टा करते हैं लेकिन इस बिम्ब के साथ पहले से चली आ रही अर्थ रूढ़ियाँ कविता को एक ऐसे भिन्न धरातल पर ले जाती हैं जहाँ कोई यह भी अर्थ लगा सकता है कि कवि रावण सरीखे एक अन्यायी शासक की तरह समाज को देखना और पाना चाहता है। इस सिलसिले में इनकी अपेक्षाकृत नई कविता 'सम्मेदीन की लड़ाई' पर चर्चा करना असंगत न होगा। यह कविता जीवन से सीधे कविता रचने का उदाहरण है। कुँवर नारायण ने ऐसी कविताएँ कम लिखी हैं–

ख़बर है कि
भ्रष्टाचार के विरुद्ध
बिलकुल अकेला लड़ रहा है एक युद्ध
कुराहा गाँव का ख़ब्ती सम्मेदीन

यहाँ एक जीवंत और वास्तविक प्रसंग को काव्य विषय बनाया गया है। काव्य नायक को पूरी तरह विश्वसनीय और यथार्थपरक बनाने के लिए कवि ने उसके नाम और ठिकाने का भी हवाला दिया है। लेकिन कुँवर नारायण का सांस्कृतिक संस्कार इस जीवित चरित्र के संघर्ष को रेखांकित करने के लिए मचल उठता है जिसके परिणामस्वरूप सम्मेदीन के संघर्ष को रूपायित करने के लिए वह उस प्रयोग सिद्ध बिम्ब का उपयोग करते हैं जो हमारे प्राचीन महाकाव्य महाभारत से अर्जित है। वे कहते हैं–

एक छोटे से चक्रव्यूह में घिरा है वह
और एक महाभारत में प्रतिक्षण
लोहुलुहान हो रहा है सम्मेदीन

यहाँ सम्मेदीन के संघर्ष को महाभारत के चक्रव्यूह से व्यक्त किया गया है। लेकिन हमें यहाँ यह विस्मृत नहीं करना चाहिए कि महाभारत दो राजपरिवारों का आपसी सत्ता संघर्ष था जिसमें चक्रव्यूह की रचना करके एक निहत्थे राजपुत्र का वध किया गया था। ध्यान देने की बात यह है कि यह राजपुत्र निहत्था और अकेला होने से पहले गर्भ से ही सैन्यशास्त्र के ज्ञान में पारंगत, शस्त्रों से सुसज्जित और सैन्यबल के साथ था। सम्मेदीन का संघर्ष एक निहत्थे, साधनहीन और निर्बल मनुष्य का प्रतिरोध है जिसके पास लड़ने के लिए अपने आत्मबल के अलावा और कुछ नहीं है। कहना न होगा कि परम्परा से अर्जित इस मिथकीय बिम्ब के प्रयोग से सम्मेदीन के संघर्ष की सिर्फ आँच और तपन ही कम नहीं हो जाती है, बल्कि इस बिम्ब का रूढ़ अर्थ सम्मेदीन के संघर्ष की दिशा को बदलकर इसकी संवेदनात्मक धार को मंद कर देता है।

दरअसल कुँवर नारायण का यह काव्य स्वभाव है कि वह ज़िन्दगी को सीधे कुछ कम, किसी माध्यम के जरिए अधिक देखते-पहचानते हैं। यह माध्यम विचार-दर्शन हो सकता है और इतिहास भी। यह आकस्मिक नहीं है कि कुँवर नारायण के यहाँ बड़ी संख्या में ऐसी कविताएँ हैं जहाँ मिथहास के माध्यम से जीवन विमर्श किया गया है। 'दिल्ली की तरफ़', 'क़ुतुबमीनार', 'इब्नेबतूता', 'उस टीले तक' जैसी अनेक कविताएँ इसका प्रबल साक्ष्य हैं। यहाँ उनकी कविता 'पहला सवाल' पर चर्चा करना उपयुक्त होगा। यह पूरी कविता समकालीन राजनीति की संस्कृति की विकृतियों पर केन्द्रित है जहाँ लोगों को आशा का आकाश दिखाकर छला जाता है। लेकिन इस समकालीन राजनीतिक टिप्पणी में भी कवि कविता के अन्तिम पंक्तियों में कहता है-

एक बार लगा कि अब धमाका होगा
और सब कुछ बदल जाएगा...
लेकिन तभी
भभकते गुस्सों और मँझौली औक़ात के
संगठन-कर्ताओं ने घोषित किया कि वे जो
हमारी तरफ़ थे
अब दूसरी तरफ़ हैं
अब दूसरी तरफ़ के इतिहासों के
सबसे ऊँचे दरज़ों में दाखिला खोजते हुए...

कहना न होगा कि इन दिनों राजनीतिज्ञ शायद ही इतिहास के ऊँचे दरजे में अपने नाम दर्ज कराने के लिए दल बदलते हों। दल बदलने के पीछे उनका तत्कालीन हित-लाभ छिपा रहता है। कवि भी इस यथार्थ को जानता है कि उनकी काव्य प्रक्रिया की चेतना सांस्कृतिक अधिक है, इसलिए स्वतः स्फूर्त ही उनकी कविता में इतिहास का सन्दर्भ अपनी जगह बना लेता है।

लेकिन हमें यह विस्मृत नहीं करना चाहिए कि सांस्कृतिक चेतना की कविता की इधर सिर्फ चुनौतियाँ ही नहीं बढ़ी हैं, इसकी जरूरत और महत्त्व का ग्राफ भी काफी ऊपर चला गया है। दरअसल इस समय हम एक बड़े सांस्कृतिक संकट का सामना कर रहे हैं। यह संकट कई स्तरों पर है। एक ओर मुक्त बाजार, उपभोक्तावाद, विज्ञापन, उपग्रह संचार माध्यम और वैश्विक अर्थव्यवस्था का जगमग संसार मनुष्य को लुभा रहा है, वहीं दूसरी ओर सांस्कृतिक राष्ट्रवाद और फासीवादी पोषक शक्तियाँ हमारे समाज को संकीर्णता और धार्मिक कट्टरता के गर्त में धकेलती जा रही हैं। धैर्य, सहिष्णुता और उदारता के बरअक्स उग्रता, आक्रामकता, हिंसा, लूट-खसोट नए मूल्य के रूप में अपनी जगह बनाते जा रहे हैं। इस परिप्रेक्ष्य में कुँवर नारायण सरीखी सांस्कृतिक चेतना की कविता प्रतिरोध का एक सशक्त आधार बनती है। यह सुखद है कि कविता का अभी तक वैसा कोई बाजार नहीं बना है। कविता बाजार के लेन-देन के कुचक्र से बाहर है। थियोडोर एडोर्नो के शब्दों में जो इस बाजार के लेन-देन के कुचक्र से बाहर है, वही बाजार को चुनौती दे सकती है। कुँवर नारायण के नए संग्रह 'इन दिनों में' भी ऐसी अनेक कविताएँ हैं जो हमारे साझा सांस्कृतिक मूल्यों की वकालत करती हैं। 'एक अजीब-सी मुश्किल' कविता की कुछ पंक्तियाँ पढ़कर इसे सहज ही समझा जा सकता है–

एक अजीब-सी मुश्किल में हूँ इन दिनों–
मेरी भरपूर नफ़रत कर सकने की ताक़त
दिनोंदिन क्षीण पड़ती जा रही

अंग्रेज़ों से नफ़रत करना चाहता
जिन्होंने दो सदी हम पर राज किया
तो शेक्सपियर आड़े आ जाते
जिनके मुझ पर न जाने कितने एहसान हैं।

मुसलमानों से नफ़रत करने चलता
तो सामने ग़ालिब आकर खड़े हो जाते
अब आप ही बताइए किसी की कुछ चलती है
उनके सामने?

साम्प्रदायिकता, क्रूरता और मनुष्य के प्रति घृणा से भर रही इन दिनों की भाषा के विरुद्ध इस कविता की बुनावट और शिल्प एक नई संरचना और भावबोध को जन्म देती है। 'आजकल कबीरदास' कविता में जात-पाँत के पीछे छिपी झूठी अहमन्यता को ललकारा गया है।

जिन नामों को लेकर
झूठे पड़ जाते वे देखते-देखते,

लाशों में बदल जाते
फूलों के ढेर,
करुणा और सुन्दरता का अनाम भाव
स्वाहा हो जाता है
नामों की जात-पाँत के धधकते पड़ोस में।

सरहपा, अभिनव गुप्त, अमीर ख़ुसरो, संपाति का संताप–कविताएँ समकालीन सांस्कृतिक संकट से संवाद करती हैं।

इस विश्लेषण से हम पाते हैं कि कुँवर नारायण मनुष्य की नियति और उसके अस्तित्व की पहचान से जुड़े जटिल और गुंफित प्रश्नों को अकसर साहित्य की क्यारियों में रोपते हैं जहाँ इतिहास, संस्कृति, परम्परा की आबोहवा में वे पल्लवित और पुष्पित होते हैं। इस प्रक्रिया में उनकी भाषिक व्यंजना और शिल्प का कौशल खाद-पानी का काम करता है जिससे उनके यहाँ विचार संवेदना की नई-नई सरणियाँ विकसित होती हैं। वह किस तरह अपनी भाषिक व्यंजना और अनेकानेक काव्य रूपों और शिल्पों की सम्पदा के माध्यम से काव्य अर्थ के नए-नए अंकुर उगाते हैं, इस पर विस्तारपूर्वक अलग से अध्ययन करने की जरूरत है। हिन्दी काव्य परिदृश्य में वह उन विरल कवियों में हैं जिनके यहाँ भाषिक व्यंजना और नाना प्रकार के काव्य शिल्पों का समृद्ध वैभव मौजूद है। लेकिन फिलहाल हम उनके काव्य स्वभाव की ओर फिर लौटें।

चूँकि कुँवर नारायण जीवन को किसी और माध्यम से देखते हैं, इसलिए उनकी कविता की काव्य वस्तु और संवेदना के बीच एक ओट आ जाती है। इस ओट के कारण अनुभवों की गहमागहमी से वह एक सुरक्षित दूरी बनाए रखते हैं। सुरक्षित दूरी बनाए रखने की काव्य पद्धति कहीं न कहीं अंग्रेजी के प्रख्यात कवि-आलोचक टी.एस. इलियट के काव्य सिद्धान्त 'आब्जेक्टिव को- रिलेटिव' के करीब प्रतीत होती है।

यह अकारण नहीं है कि कवि अपनी कविता के भाव सरोवर में पूरी तरह नहीं डूबता। यहाँ तक कि कवि भाव संवेदना को भी न्योछावर करने में पीछे नहीं हटता। उनकी कविता में बराबर एक हिचक बनी रहती है। यह हिचक और काव्य वस्तु से दूरी का ही परिणाम है कि उसकी कविता में निज का अक्स बहुत कम झिलमिलाता है। कुँवर नारायण की कविता काव्य वस्तु से दूरी बनाए रखने के इस साहित्यिक शील का अनुसरण करती दिखती है। शील और नैतिकता सहचर होते हैं। यह नैतिक विवेक ही है जिससे शील का जन्म होता है। कहने की जरूरत नहीं कि यह नैतिक विवेक कुँवर नारायण की कविता की आधारशिला है।

क्या है यह नैतिक विवेक? विचारधारा जनित विवेक नहीं है यह। यह लोकसमर्थित विवेक है। नैतिकता समाज द्वारा पोषित होती है। हर समाज अपने को स्वस्थ एवं सुन्दर बनाने के लिए आचार-विचार के कुछ मानदंड निर्धारित करता है। इन मानदंडों का अनुपालन देश के संविधान, विधि या कानून की तरह अनिवार्य नहीं होता। इसमें वरण की स्वतंत्रता होती है। इसके व्यक्ति का 'स्व' अपनी भूमिका अदा

करता है। यह अन्तर्तम का विवेक है। आज के ऐसे समय में जब हमारी विधि व्यवस्था की धज्जियाँ उड़ाकर जघन्य अपराधी बच निकलते हैं, वहीं कुँवर नारायण उस नैतिक विवेक पर बल देते हैं जहाँ मनुष्य अपनी आत्मा की अदालत में खड़ा होकर स्वयं अपने बारे में न्यायाधीश की भूमिका का निर्वाह कर सके। कुँवर नारायण की कविता मनुष्य के इसी अन्तःकरण को बचाए रखने की कविता है। दूसरे शब्दों में कुँवर नारायण की कविता का यही अन्तःकरण है। द्वंद्व यहाँ भी है। लोक जीवन के मूल्यों और व्यक्ति के चयन सम्बन्धी स्वतंत्रता के बीच रस्साकशी चलती रहती है। कवि के अन्तःकरण में यहाँ सामाजिक संघर्ष वैयक्तिक पीड़ा में परिवर्तित होता है। हमें यह भी स्मरण रखना चाहिए कि यहाँ वह काव्य प्रक्रिया नहीं है जहाँ वैयक्तिक संघर्ष सामाजिक संघर्ष में रूपांतरित होता है। शायद इसीलिए कुँवर नारायण कहते हैं कि 'अबकी अगर लौटा तो/ हताहत नहीं/ सबके हिताहित को सोचता/ पूर्णतर लौटूँगा।' अर्थात् वह अभी तक वैयक्तिक संघर्ष को अपने अन्तःकरण पर झेलते हुए हताहत हुए हैं और उनका संकल्प है कि अगली बार सामाजिक संघर्ष के साथ सबके हिताहित को सोचते पूर्णतर लौटेंगे। बताने की जरूरत नहीं कि यह टीस और कसक की भाषा है। इसमें कवि का पश्चात्ताप परिलक्षित होता है। यह पश्चात्ताप और कसक ही कुँवर नारायण की कविता को सच्ची और ईमानदार बनाता है। यह कोई आत्मछल नहीं है, एक विनम्र स्वीकार है। समकालीन हिन्दी कविता के आत्मछल से यह भिन्न ही नहीं, महत्त्वपूर्ण भी है। कवि के यहाँ जो बदलने को रह गया है। वह उसे बदलने का संकल्प ले रहा है, इसलिए यह एक अन्तहीन यात्रा है। यात्रा जो कभी पूर्णता की ओर नहीं ले जाती। यात्रा जहाँ नई चुनौतियाँ हैं और नई उम्मीद भी।

जीवन से जुड़ाव का कवि

कुसुम खेमानी

कवि कुँवर नारायण (समग्रता और सन्तुलन के प्रतिमान) के लिए कुछ भी कहते समय जान बड़ी सांसत में फँस जाती है। आश्चर्य की बात है कि भलमनसाहत के जीते-जागते मुजस्मे की बात करते समय यह उलटबांसी कैसी(?)... हाँ, यह सघन भलमनसाहत!...यह आभिजात्य!...यह बातों को बसरा के मोतियों की तरह चुन-चुनकर कहना!...वाक्य तो क्या, एक शब्द भी विवेक के तराजू पर तौले बिना मुँह से न निकालना!...सारा कुछ सुविचारित, सुघड़, सुमधुर!...सतर्कता ऐसी जैसे आँख की पलक भी कहीं ऐसे न झपक जाए कि किसी को चोट लग जाए!...किसी की भावना या अहं (झूठा ही सही) को जरा-सी भी ठेस न पहुँच जाए...हर क्षण...हर पल...ऐसी गहन विचारशीलता!...क्या किसी औसत से साधारण मंदमति की जान को सांसत में डालने के लिए काफी नहीं है (?) विशेषकर तब जब वह उस श्लाघनीय व्यक्तित्व का परिचय अपनी सीमित बुद्धि से देने की कोशिश करे। बहरहाल ऐसी 'फंसी' में ही उन्हीं के कहे वाक्यों की मदद ली जा सकती है–

'जीवन को उसकी समग्रता में सोचने की कोशिश करता हूँ। कभी जीवन की ओर से सोचता हूँ कभी मृत्यु की ओर से सोचता हूँ। इस तरह दोनों के बीच कहीं एक जगह बना पाता हूँ। एक सन्तुलन पाने की कोशिश करता हूँ जिसमें न तो उद्दाम आकांक्षा होती है, न कहीं बहुत ज़्यादा कोई उदासी या डिप्रेशन होता है। कोशिश रहती है एक ऐसी स्थिति, सन्तुलन बिन्दु को पा सकूँ जहाँ से मैं स्थिर होकर के इसकी समग्रता को आत्मसात् कर सकूँ।'

इतने सोच-विचार के बाद भी कुँवर नारायण को लगता है–'एक ही कविता में होती हैं/कई-कई कविताएँ/जैसे एक ही जीवन में कई जीवन/छोटी-छोटी सम्पूर्णताओं का अधूरा संग्रह/ पूरा जीवन।'

यहाँ वही ईमानदारी की अतल गहराइयों को छूती संदिग्धता है। वजह शायद यह है कि व्यक्ति का कद जितना ऊँचा होता जाता है उतना ही वह अपने बारे में और सतर्क, और सचेत होता जाता है। अन्ततः यह स्थिति बन जाती है कि वह बार-बार

अपनी विचार-गंगा में अपने ही मानदंड खंगालने लगता है, और अपने बारे में अधिक से अधिक संदिग्ध होता जाता है। लेकिन क्या इस भरी दुनिया में कोई भी इसे कुँवर नारायण के सन्दर्भ में सही मानेगा?

उनके बारे में यदि एक ही शब्द चुनना पड़े तो उनकी 'नैतिक सच्चाई' को सर्वोपरि मानना होगा क्योंकि उनके लेखन और जीवन का अथ...मध्य...सारा कुछ...एक गहरी नैतिक जिम्मेदारी का अक्स है। आम तौर पर माना जाता है कि जब लेखक ऐसी किसी शास्त्रीय जिम्मेदारी को अपनाता है तो उसके व्यक्तित्व और कृतित्व यकसां नहीं होते। लेकिन कुँवर नारायण ने इसे सम्भव कर दिखाया है। उनके रोजमर्रा के जीवन में भी यही शिष्टता और वैचारिक दृढ़ता देखी जा सकती है। उनके तेवर आक्रामक न होते हुए भी वे गलत चीजों को बख्शते नहीं हैं। हाँ! इससे एक नया 'मिथ' जरूर रच दिया है और वह है कि वह विजित को ही नहीं विजयी को भी करुणा भरी दृष्टि से देखना क्योंकि शायद उसे भी अकेलेपन में एक निरर्थकताबोध सालता हो–'हिमालय को जीतकर 'अकेला' लौटा है बख़्तियार/लखनौती के बाज़ारों में स्वागत करती छाती पीट-पीटकर बेवाएँ/आत्मग्लानि की अँधेरी कोठरी में बन्द, शर्म से/दम तोड़तीं एक विजेता की महत्त्वाकांक्षाएँ...'

महत्त्वाकांक्षा के विरुद्ध उनका कहना कि–'हमेशा की तरह/वैभव और ज़ोर-जबरदस्ती का रास्ता/एक बहुत ठंडी और अँधेरी घाटी में पहुँचकर/अचानक कहीं खो जाता है?' विजित की इस हताशा को मात्र कुँवर नारायण ही इतनी गहराई से महसूस कर सकते हैं।

सोचने की बात है कि आज तक यह नजरिया न कभी किसी ने कहा, न लिखा। पर इन कुँवर नारायण को यह अनूठा पहलू सूझ गया–'शायद ये ग़ालिब के वह 'दुश्वार इंसां' हैं जिनके आतिशी शीशे वाले दिलो-दिमाग में मानवमात्र की संवेदना इतनी घनीभूत है कि वह भयंकर भूल को भी माफ कर देती है।

अपने लेखन में कुँवर नारायण 'घूम-फिर' कर नैतिकता के गवाक्ष में ही आ खड़े होते हैं और चिन्तन करने लगते हैं कि यदि 'साहित्य में नैतिकता के प्रश्न पर न सोचा जाए तो मुझे यह अजीब लगता है। आज जो हालत हम देख रहे हैं, अपने समाज की, राजनीति की, औसत मनुष्य की, तो मुझे यह बड़ा स्वाभाविक लगता है कि हमारा ध्यान बार-बार नैतिकता की ओर जाए और उन आधारों की ओर जाए जो नैतिकता को हमारे समाज में, हमारी राजनीति में, हमारी दिनचर्या में सम्भव बना सकें–इस हद तक सम्भव बना सकें कि वह स्वाभाविक हो जाए'–'अबकी अगर लौटा तो/मनुष्यतर लौटूँगा/घर से निकलते/सड़कों पर चलते/बसों पर चढ़ते/ट्रेनें पकड़ते/जगह बेजगह कुचला पड़ा/पिद्दी-सा जानवर नहीं/अगर बचा रहा तो/कृतज्ञतर लौटूँगा/अबकी अगर लौटा तो/हताहत नहीं/सबके हिताहित को सोचता/पूर्णतर लौटूँगा।'

वैसे, किसी साहित्यकार का परिचय दिया जा सकता है...और किसी 'निंखूत' (खरा) व्यक्ति का भी...पर जब दोनों एक-दूसरे से होड़ कर रहे हों...और न्याय के

तराजू पर दोनों पलड़े एक ही स्तर पर झूल रहे हों...तोला, माशा के फर्क के बिना...तो फैसला कैसे किया जाए?...ऐसे में हो सकता है आपको यह सोच अतिशयोक्ति-सा लगे पर कोई उपाय नजर ही नहीं आ रहा सिवा यह मानने के कि 'कुँवर नारायण सारी अलौकिकता को समेटे एक लौकिक व्यक्ति हैं।' हाड़-मांस से रचे-बुने पर चैतन्य, जो छोटी-छोटी बातों में भी आध्यात्मिकता की सरहदें पार कर जाते हैं, जिन्हें अपने आंगन में उगा एक साधारण-सा नीम का पेड़ भी उपनिषदों-सी स्वच्छ और सरल जीवन शैली की स्मृतियों से घेर देता है। उसकी सदा शान्त छाया में व्याप्त उदार गुणवत्ता अपनी सादगी में जब उदात्त रूप धरती है तो वह ऊर्ध्वगामी मूल्यों की ओर उठती है और यह सच्चाई और सादगी ही 'नचिकेता' को आत्मजयी बना देती है। उसे साहस देती है, स्थापित जीर्ण-शीर्ण मूल्यों को न मानने का, यहाँ तक कि यम को भी चुनौती देने का–'असहमति को अवसर दो/सहिष्णुता को आचरण दो/कि बुद्धि सिर ऊँचा रख सके.../उसे हताश मत करो काइयाँ स्वार्थों से हरा-हराकर।/ अविनय को स्थापित मत करो/उपेक्षा से खिन्न न हो जाए कहीं/मनुष्य की साहसिकता। अमूल्य थाती है यह सबकी/इसे स्वर्ग के लालच में छीन लेने का/किसी को अधिकार नहीं...'

कुँवर नारायण की स्थापना है कि मृत्यु के बारे में चिन्तन हताशा पैदा नहीं करता, मृत्यु का भय हताशा पैदा करता है। चिन्तन के द्वारा हम उस भय को जीतने की, और उससे उबरने की कोशिश करते हैं। मृत्यु से हमें निराशा होती है लेकिन यदि हम उसे इस जीवन की एक तार्किक परिणति मान लें तो यह उत्कंठा बनती है कि हम अधिक से अधिक कार्य कर लें क्योंकि भारतीय दर्शन में भी मृत्यु के अधिकतर चिन्तन आशावादी हैं।

अपनी आस्था की लौ को कवि चिरंतन और चिर-स्थायी मानता है–'एक अन्तिम साँझ अभी शेष है/साक्षी उन दिनों की जिन्हें उसने/किसी तरह जीवित रखा/निरन्तर सींचकर आत्मा के रक्त से!'

कुँवर नारायण की अमरत्व की परिभाषा भी जीवन से ही निकली है–'किसी ऐसे मूल्य के लिए जीना आवश्यक है जो मनुष्य में जीवन की अनश्वरता का बोध कराए। वह सत्य कोई ऐसा जीवन-सत्य हो सकता है जो मरणधर्मा व्यक्तिगत जीवन से बड़ा, अधिक स्थायी या चिरस्थायी हो। यही मनुष्य को सांत्वना दे सकता है कि मर्त्य होते हुए भी वह किसी अमर अर्थ में जी सकता है...।' कुँवर नारायण की संवेदनशीलता, शालीनता, अभिजात्य, कोमलता आदि गुणों से सभी परिचित हैं। ऐसे में दिलचस्प होगा एक छोटी सी पुरानी घटना का जानना–'कुँवर जी अन्तर्राष्ट्रीय फिल्म महोत्सव देखने कलकत्ते आए हुए थे, और अपने बुद्धिजीवी मित्रों के साथ चुनी हुई फिल्में देखते थे। उनके साथ एक पिछलग्गू की तरह मैंने भी बिना उनके कहे या माने अपने आप को उनका स्थानीय मेजबान मान रखा था। एक दिन हम 'कैपिटल पनिशमेंट' (मृत्यु दंड) पर बनी एक फिल्म देखकर घर लौट रहे थे कि 'विनोद भारद्वाज' (प्रख्यात सिने आलोचक) और कुँवर नारायण में इस फिल्म पर तर्क होने लगा।...(आम

तौर पर कुँवर नारायण कभी बहस नहीं करते) पर कुँवर जी को भला मृत्यु दंड की क्रूरता कहाँ बर्दाश्त होती?...वे इसके घनघोर विपक्ष में थे...। कुछ ही क्षणों में मुझे लगा शायद वे कुछ 'थरथरा' से रहे हैं (शायद वहम ही हो) पर उनसे न विनोद जी के आक्रामक विचार सहे जा रहे थे, न आक्रामक भाषा।...उन महामनाओं के बीच मेरी क्या बिसात? पर मैंने विनोद जी की ओर घिघियाई-सी मुद्रा में देखा और कुँवर नारायण जी के घुटने पर माफी की मुद्रा में हाथ रख सहमी-सी बगलें झाँकने लगी। इतने में कानों ने सुना-'विनोद जी, अब बस छोड़ दीजिए इस बात को।' यह कुँवर नारायण की आवाज थी जो इसे सही मानना तो दरकिनार इस पर बहस करना भी बर्दाश्त नहीं कर पा रहे थे।

कुँवर नारायण पर अकसर आरोप लगाए जाते हैं कि वे मतामत से बचते हैं, आक्रामक होने से बचते हैं, पर ध्यान दें उनका लेखन अत्याचारों और आतंक के प्रति तटस्थ नहीं है। वे अपने शिष्ट तरीके से आज की लल्लोचप्पो वाली राजनीति के परचम उखाड़ते हैं। राजनीतिज्ञों की कूटनीति से घिरी आज की भोली जनता की विवशता और दयनीयता की मार्मिक अभिव्यक्ति करते हैं-

'अब किसी भी बात को लेकर/चिन्ता करना व्यर्थ है/ वे आ गए हैं/ उन्होंने/फिर एक बार हमें जीत लिया है।.../चारों तरफ/छा गए हैं। वे सब के सब/वापस आ गए हैं।/शहर की सभी ख़ास और आम जगहों पर उनका कब्जा है।' उनके जत्थे अब/लूट की खुली छूट के लिए बेताब हैं।'

राजनीति में व्याप्त भ्रष्टाचार और शासन की विरूपताओं को दर्शाते खुशामद और मानसिक गुलामी के प्रतीक 'दो बँधे हाथ'...आम आदमी की मजबूरी को गहरे दर्द से व्यक्त करते हैं-

'जिधर घुड़सवारों का रुख़ हो/उसी ओर घिसटकर जाते हुए/मैंने उसे कई बार पहले भी देखा है/दोनों हाथ बँधे, मजबूरी में, फिर एक बार/कौन था वह? कह नहीं सकता/क्योंकि केवल दो बँधे हुए हाथ ही/दिल्ली पहुँचे थे।'

बाबरी मस्जिद के विध्वंस को मानवतावादी रूप देकर मनोविज्ञान की अतल गहराइयों में डूबकर वे इसके कारक तत्त्वों की खोज-पड़ताल करते हैं-'हे राम,/जीवन एक कटु यथार्थ है/और तुम एक महाकाव्य!/तुम्हारे बस की नहीं/इस अविवेक पर विजय/...इससे बड़ा क्या हो सकता है/हमारा दुर्भाग्य/एक विवादित स्थल में सिमट कर/रह गया तुम्हारा साम्राज्य/अयोध्या इस समय तुम्हारी अयोध्या नहीं/योद्धाओं की लंका है/'मानस' तुम्हारा 'चरित' नहीं/चुनाव का डंका है!/हे राम, कहाँ यह समय/कहाँ तुम्हारा त्रेता युग/कहाँ तुम मर्यादा पुरुषोत्तम/और कहाँ यह नेता-युग!/सविनय निवेदन है प्रभु कि लौट जाओ/किसी पुराण-किसी धर्मग्रंथ में/सकुशल सपत्नीक.../अबके जंगल वो जंगल नहीं/जिनमें घूमा करते थे वाल्मीक!

आपके लेखन के केन्द्रीय सरोकार मनुष्य से मनुष्यतर होने की कोशिश है जिनमें विचार और अनुभूति का सघन मिश्रण मिलता है। 'आत्मजयी' के अतिरिक्त भी एक

निर्भीक प्रयोगशीलता आपके सुदीर्घ रचनाकाल में रची गई अधिकांश रचनाओं में परिलक्षित है जिनमें आप नैतिक और आध्यात्मिक प्रश्नों से परम्परा का पुनराविष्कार करते हैं।

कुँवर नारायण ने रूढ़ियों की सड़ी-गली मिट्टी में सुघड़ और कल्पनाशील आधुनिकता की खाद डालकर कविता के अश्वत्थ वृक्ष की रचना की है। विवेकशील होने के कारण स्वाभाविक है कि ये अतिरेक के विरोधी हों--पर इन्होंने अपने समय के साथ कभी धोखा नहीं किया। गुजरात हो या अयोध्या, या 'इमरजेंसी' यहाँ तक कि वियतनाम के युद्ध पर भी कुँवर नारायण की कलम कभी थमी नहीं। पर इन्होंने दोनों पक्षों को पूरी ईमानदारी से अपने लेखन में उकेरा है। जिसमें बेईमानी तो दूर सच्चाई की इंतिहां देखी जा सकती है। इसका मुख्य कारण है कि आप इतिहास के अनुभव को मात्र अत्याचार और दमन की ही नहीं करुणा की भी कहानी मानते हैं–'जहाँ पहले हमलों का क्रम था/वहाँ अब एक अँधेरा जंगल है/जहाँ द्विविधाओं का दलदल था और लूटने-लुटने का भ्रम/वहाँ अब केवल एक गहरी उदासी का मंजर है/हमेशा की तरह/वैभव और ज़ोर-जबरदस्ती का रास्ता/एक बहुत ठंडी और अँधेरी घाटी में पहुँचकर/अचानक कहीं खो जाता है।'

कुँवर नारायण जी के आभिजात्य, दार्शनिक तत्त्व और मानवतावादी दृष्टिकोण को लेकर कई बार उनसे यह शिकायत की गई है कि वे आसन्न समाज चिन्ताओं को लेकर मुखर नहीं होते। जबकि हम साधारण बुद्धिवालों की धारणा है कि वे न केवल इनका दृढ़ता से सामना करते हैं बल्कि उनके लिए प्रतिबद्ध भी हैं।

'अँधेरों के ख़िलाफ़...खबर रहे/किस किस के ख़िलाफ़ लड़ते हुए/मारा गया निहत्था सम्मेदीन/बचाए रखना/उस उजाले को/जिसे अपने बाद/ज़िन्दा छोड़ जाने के लिए/जान पर खेल कर आज/एक लड़ाई लड़ रहा है/किसी गाँव का कोई ख़ब्ती सम्मेदीन।'

बाबा नागार्जुन-सा जनवादी लेखक कौन? तीखी तेज धार, सीधी सपाटबयानी वाले बाबा कहते हैं–'हम ढोएँगे पालकी, यही हुई है राय जवाहरलाल की।' इसी 'पालकी' के रूपक पर दर्द से भरकर कुँवर नारायण भी लिखते हैं, जिसमें व्यंजना तो है ही साथ ही साथ यह पड़ताल भी है कि 'रानी' को आज भी पल-पल पर प्रजा को धोखा दे रही है। हालाँकि उसकी चालबाजी से भरी चालाकियों का अब पर्दाफाश हो गया है।

'कांधे धरी यह पालकी/है किस कन्हैयालाल की?/...इस गाँव से उस गाँव तक/नंगे बदन, फेंटा कसे/बारात किसकी ढो रहे?/किसकी कहारी में फँसे?/यह कर्ज पुश्तैनी अभी किश्तें हज़ारों साल की/कांधे धरी यह पालकी/ किस कन्हैयालाल की?/इस पाँव से उस पाँव पर/ये पाँव बेवाई फटे :/कांधे धरा किसका महल?/हम नींव पर किसकी डटे?/यह माल ढोते थक गई तकदीर खच्चर-हाल की/एक दिन आँधी चली/ऐसी कि पर्दा उड़ गया/अन्दर न दुल्हन थी न दूल्हा/एक कौव्वा उड़ गया.../तब भेद जाकर यह खुला–हमसे किसी ने चाल की/कांधे धरी यह पालकी ला ला अशर्फी लाल की!'

बहुत कोशिश करके कुँवर नारायण में कोई कमजोरी ढूंढ़िए तो हाथ आता है मात्र इनका एक 'अवगुण'–'नफ़रत करने की तमीज़ न होना'–

'एक अजीब-सी मुश्किल में हूँ इन दिनों–/मेरी भरपूर नफ़रत कर सकने की ताक़त/दिनोंदिन क्षीण पड़ती जा रही/अंग्रेज़ी से नफ़रत करना चाहता/जिन्होंने दो सदी हम पर राज किया/तो शेक्सपियर आड़े आ जाते/...मुसलमानों से नफ़रत करने चलता/तो सामने ग़ालिब आकर खड़े हो जाते/सिखों से नफ़रत करना चाहता/तो गुरुनानक आँखों में छा जाते/...और ये कंबन, त्यागराज, मुत्तुस्वामी.../लाख समझाता अपने को/कि वे मेरे नहीं/...और वह प्रेमिका/जिससे मुझे पहला धोखा हुआ था/मिल जाए तो उसका ख़ून कर दूँ!/मिलती भी है, मगर/ कभी मित्र/कभी माँ/कभी बहन की तरह/तो प्यार का घूँट पीकर रह जाता/हर समय/पागलों की तरह भटकता रहता/कि कहीं कोई ऐसा मिल जाए/जिससे भरपूर नफ़रत करके/अपना जी हल्का कर लूँ/पर होता है इसका ठीक उलटा/कोई न कोई, कहीं न कहीं, कभी न कभी/ऐसा मिल जाता/जिससे प्यार किए बिना रह ही नहीं पाता/दिनोंदिन मेरा यह प्रेम रोग बढ़ता ही जा रहा।'

और अब इनके जीवन जीने के सलीके की एक बानगी–'इन गलियों से/बेदाग़ गुज़र जाता तो अच्छा था/और अगर/दाग ही लगना था तो फिर/कपड़ों पर मासूम रक्त के छींटे नहीं/आत्मा पर/किसी बहुत बड़े प्यार का जख़्म होता/जो कभी न भरता।'

आज जब चारों ओर लोग कहते कुछ और करते कुछ और हों!...चारों ओर ऐसे आन्दोलनों का बोलबाला हो जिनमें नारे लगाने वाले, ज्ञापन देने वाले लोगों की कथनी-करनी में जमीन-आसमान का अन्तर हो!...मनुष्य मात्र के मनुष्यत्व को हर वक्त तोड़ा-मरोड़ा जा रहा हो, कुचालों के बवंडर ने सब कुछ घेर रखा हो ऐसे में अपनी मनुष्यता को बचा पाना कवि कुँवर नारायण को एक चमत्कार ही लगता है।

'आज सारे दिन बाहर घूमता रहा/और कोई दुर्घटना नहीं हुई/आज सारे दिन लोगों से मिलता रहा/और कहीं अपमानित नहीं हुआ/आज सारे दिन सच बोलता रहा/और किसी ने बुरा न माना/आज सबका यक़ीन किया/और कहीं धोखा नहीं खाया/और सबसे बड़ा चमत्कार तो यह/कि घर लौटकर मैंने किसी और को नहीं/अपने को लौटा हुआ पाया।'

आज कुँवर नारायण के रूप में एक ऐसा कवि हमारे बीच है जो ज़िन्दगी से भागना नहीं उससे जुड़ना चाहता है उसमें झाँकते रहना चाहता है जो 'पराक्रम की धुरी पर/एक प्रगति-बिन्दु/यांत्रिकता की अपेक्षा/मनुष्यता की ओर ज़्यादा सरका हुआ/... नज़र आ रहा है।

अन्ततः कहना है–कुँवर नारायण ठहरे 'फर्द' (बेजोड़)!...वैसे आज की दुनिया में इसे भी एक चमत्कार ही माना जाएगा।

'तट पर हूँ/पर तटस्थ नहीं/देखना चाहता हूँ/एक जगमगाती दुनिया को/डूबते सूरज के आधार से/अभी बाक़ी है कुछ पल/और प्यार का एक भी पल/बहुत होता है/इसी बहुलता को/दे जाना चाहता हूँ पूरे विश्वास से/इन विह्वल क्षणों में/कि कभी-कभी एक चमत्कार हुआ है पृथ्वी पर/जीवन के इसी गहरे स्वीकार से।'

जीवन की प्रतिबद्धताओं से मुखातिब

रंजना श्रीवास्तव

कविता में समय के निरर्थक कोलाहल का आख्यान कविता के अंधेरे पक्ष का चित्रांकन है जबकि कविता अपने आप में उजाले का सम्पादन है, सार्थक सहमतियों और जीवन के बंधुत्व की सहचरी है। अनुभवों की गहराई या सामयिक नकारात्मकता का चित्रण कविता के आकलन का विषय नहीं अपितु सार्थक बिन्दुओं के स्पर्श के जरिए समय के उजाले पक्ष का आह्वान और जीवन के प्रति आश्वस्ति की सहमति ज्यादा जरूरी है। कविता अपने आप में जीवन है, सृजन है, प्रकृति है, सहजता व स्वाभाविकता का संकल्प है। उसे अपनी बयानबाजी के जरिए भय या संत्रास की स्थिति पैदा करने की अनुमति जीवन से अलगाव का संकेत है क्योंकि कविता का मूल स्वभाव साँसों व प्राणों की संस्कृति को जीवित रखना है। संदेह और द्वंद्व की जर्जर भूमि पर कविता की काया का कमजोर होना स्वाभाविक है, उसे जीवन के घनात्मक संवेगों से आप्लावित करने का मंत्र सीखना होगा। हमें 'समय की कविता' की विवेचना की जगह 'कविता में समय' की विवेचना को जीवन के पक्ष में करने के प्रति दृढ़प्रतिज्ञ होना होगा तभी समकालीन चुनौतियों से जूझना सम्भव हो सकेगा। कविता के लिए की जाने वाली भविष्यवाणियां आदमी की घोर निराशा की परिचायक हैं। कविता की मृत्यु के साथ जीवन के स्पंदनों से वंचित मनुष्य की अहमियत क्या रह जाएगी? क्या सचमुच जीवन में कविता की अनुपस्थिति वर्तमान की उदासीनताएँ नहीं हैं? क्या मौसम, प्रकृति, प्रेम व वासनाओं से पृथक् समाज में करुणा, दया, साहचर्य व बंधुत्व की कल्पनाओं से पोषित सभ्यता का अभ्युदय सम्भव हो सकेगा? मानवीय मूल्यों के क्षरण की प्रक्रियाएँ क्या संवेदना के स्तर पर मनुष्य के खालीपन की ओर संकेत नहीं करती हैं? इन तमाम प्रश्नों से जूझते हुए हमें कविता में आश्वस्ति की अनुगूँज एवं उस धैर्य के मूल्यांकन के प्रति सजग व गम्भीर होना होगा जो समय की चुनौतियों को उम्मीदों की ओर मोड़कर लोक निर्माण के स्वप्न में लीन हो सकें और यथार्थ में इसके लिए एक ठोस जमीन तैयार कर सकें। विच्छिन्नवादी मानसिकताएँ आज आदमीयत के खात्मे के संकल्प में अपनी ऊर्जा का क्षय करने पर आमादा हैं। उनके विरुद्ध सहयोग व

भ्रातृत्व की मनोकामना का संकल्प ही युग के परिदृश्य को एक सकारात्मक सोच में बदलने का जोखिम उठा सकेगा और यह तभी सम्भव होगा जब कविता के मानदंड मनुष्य की तमाम निराशाओं को खारिज कर भविष्य के प्रति एक स्वस्थ चिन्तन की शुरुआत कर सकें। समकालीन कविताओं में आश्वस्ति की अनुगूँज ही काल की भयावहता को कम करके जीवन के स्पंदनों और धड़कनों से साक्षात्कार कर सकती है।

इस सन्दर्भ में कुँवर नारायण की कविताओं का समूचा परिदृश्य ही मानवीयता को बचाए जाने का संकल्प है। उनकी कविताएँ एक वृहत्तर जीवनाशय से सम्बोधित हैं। समय की अराजकता के बीच उनकी कविताएँ आत्मसंघर्ष की नैतिक सजगता को बचाए रखने के लिए निरन्तर प्रयासरत हैं। उनकी कविताओं की बानगी देखते ही बनती है–"एक अजीब-सी मुश्किल में हूँ इन दिनों/मेरी भरपूर नफ़रत कर सकने की ताक़त/दिनोंदिन क्षीण पड़ती जा रही...हर समय पागलों की तरह भटकता रहता/कि कहीं कोई ऐसा मिल जाए/जिससे भरपूर नफ़रत करके अपना जी हलका कर लूँ/पर होता है ठीक इसका उलटा/कोई न कोई, कहीं न कहीं, कभी न कभी/ऐसा मिल जाता/जिससे प्यार किए बिना रह नहीं पाता/दिनोंदिन मेरा यह प्रेम-रोग बढ़ता ही जा रहा/और इस वहम ने पक्की जड़ पकड़ ली है/कि वह किसी दिन स्वर्ग दिखाकर रहेगा/... (एक अजीब-सी मुश्किल–संग्रह : इन दिनों) कवि का यह 'प्रेम रोग' पूरी मानवीयता को समर्पित है। यही कवि का मूल स्वभाव है। वह नफरत करना चाहता है पर नफरत उसके क्रियात्मक संवेगों का हिस्सा नहीं बन पाती। कवि का यह सांवेदनिक विवेक भी है जिसे पूरी तरह ज्ञान के सुपुर्द नहीं किया जा सकता। ज्ञान का अस्तित्वबोध संवेदना के ज्वार को धीमा करता है पर कुँवर नारायण इस पर विजय पाने में पूरी तरह सफल हैं। यह उनके प्रौढ़ धीरज और जीवन दर्शन की व्याख्या भर नहीं है वरन् उन संवेगों के प्रति किया जाने वाला हस्ताक्षर है जो जीवन की तरलता के पक्ष में इंसानियत का फैसला सुनाते हैं और जिनकी बदौलत ही हम बदलाव के मानकों को परख सकने का जोखिम उठा सकते हैं। समय के भीषण घमासान में इसी मानसिकता के जरिए नैतिक चेतना का संचार कर हम युग परिवर्तन की दिशा में अग्रसर हो सकते हैं। शब्द की घोषणाओं से ज्यादा अर्थ की ध्वनियों से संचालित ये कविताएँ एक ऐसे सुख व सन्तोष का प्रतिनिधित्व कर सकने में सक्षम हैं जहाँ उदासीनताएँ भरपूर ऊर्जा के साथ उठ खड़ी होती हैं और हताशा से उबरकर एक नए जीवन स्वप्न की ओर अग्रसर हुआ जा सकता है। कविता के बारे में कुँवर नारायण की इन पंक्तियों पर गौर करें–'एक बार ख़बर उड़ी कि/कविता अब कविता नहीं रही/और यूँ फैली/कि कविता अब नहीं रही!/यक़ीन करने वालों ने यक़ीन कर लिया/कि कविता मर गई/लेकिन शक करने वालों ने शक किया/कि ऐसा नहीं हो सकता/और इस तरह बच गई कविता की जान/ऐसा पहली बार नहीं हुआ/कि यक़ीनों की जल्दबाजी से/महज एक शक ने बचा लिया हो/किसी बेगुनाह को/...(कविता–यक़ीन की जल्दबाजी) कुँवर नारायण की कविता ऋणात्मक संवेगों

को जीवन के पक्ष में ढालकर उन यंत्रणाओं से उबरने में सफल है जो इनसान की बुनियादी सोच को हिलाकर रख देती है। 'शक' की सहमतियों में वे एक ऐसे लोकतंत्र को चुनौती देते हैं जो सिर्फ 'यक़ीन' की अर्थवत्ता का हिमायती है। इस तरह कुँवर नारायण की दृष्टि का विस्तार निषेध की परम्पराओं के प्रति कड़ा रुख अख्तियार करके स्वीकार की सत्ता को प्रतिस्थापित करता है। ये स्वीकार ही हमें एक बेहतर जीवन की तलाश की ओर उन्मुख कर सकता है। उन्हें इस स्वीकार के पक्ष में बहुमत हासिल करने की कोई हड़बड़ी या बेचैनी नहीं है। 'कविता' शीर्षक कविता में उनके शब्दों का चित्रांकन कुछ इसी तरह होता है..."...उसे कोई हड़बड़ी नहीं है/कि वह इश्तहारों की तरह चिपके/जुलूसों की तरह निकले/नारों की तरह लगे/और चुनावों की तरह जीते/वह आदमी की भाषा में/कहीं किसी तरह ज़िन्दा रहे बस" आदमी की भाषा में कविता का ज़िन्दा रहना बेहद आवश्यक है, मनुष्यता के हित के लिए और जीवन-मूल्यों को संचित करने के लिए भी। कविता उनके जीवन की गति व लय की तरह है। वह कविता से ही जीवन को सिरजते हैं, यही वजह है कि उन्हें यह कहना पड़ता है-'तपती भूमध्य रेखा पर ही नहीं/भाषा के ठिठुरते ध्रुवांतों पर भी सम्भव है कविता...'

प्रकृति से तारतम्य स्थापित करती उनकी कविताएँ एक गहरे सौन्दर्यबोध के माध्यम से जीवन के मर्म को छूती चलती हैं। यही वजह है कि उनकी चेतना में सबसे पहले 'घर' आता है। निर्माण के सारे आयाम और तरलता की समस्त अनुभूतियाँ इसी घर की परिधि में सम्बन्धों का एक ऐसा व्यूह रचती हैं जो व्यक्ति की आन्तरिक दुनिया का अन्तरंग हिस्सा बन जाता है और यही वजह है कि मानवीय संवेदनाओं के क्षरण की प्रक्रिया घर में घर की अनुभूति के निरस्तीकरण से आरम्भ होती है। मनुष्यता का प्रबल आवेग निजी सम्बन्धों के गर्भ में पलकर ही बड़ा होता है। यहीं से भाषा की वर्णमाला और मौन की अलिखित लिपियों का स्नेह संयोजन समाज के प्रांगण तक विस्तार पाता है। हमारी सामाजिकता में हमारी सम्पन्न वैयक्तिकता ही मुखर होकर विस्तृत रुख अख्तियार करती है। एक कमजोर नींव पर एक मजबूत घर का स्वप्न अधूरा रह जाता है। कुँवर नारायण इस घर के बारे में किस तरह मनन व चिन्तन करते हैं-'पिता से गले मिलते हुए/आश्वस्त होता है नचिकेता कि/उनका संसार अभी जीवित है/उसे अच्छे लगते वे घर/जिनमें एक आँगन हो/वे दीवारें अच्छी लगतीं/जिन पर गुदे हों/किसी बच्चे के तुतलाते हस्ताक्षर/यह अनुभूति भी अच्छी लगती/कि माँ केवल एक शब्द नहीं/एक सम्पूर्ण भाषा है...' ('वाजश्रवा के बहाने' का एक काव्यांश)

इस संसार (घर) के जीवित होने में ही जीवन की समग्रता निहित है। व्यक्ति का आहत भाव या उसके चिन्तन की विपरार्थकता इसी घर के खोखलेपन की वह व्यथा है जो समाज और देश के विध्वंस में अपनी विरोधी शक्तियों के साथ सक्रिय हो उठती है। हिंसा, आतंक व घृणा की संस्कृति उन जर्जर दीवारों का प्रलाप है जिसमें वैयक्तिकता के क्षरण की कहानियाँ जन्म लेने को बाध्य हो जाती हैं। आगे वह लिखते

हैं–'अच्छा लगता है/बार-बार कहीं दूर से लौटना/अपनों के पास/उसकी इच्छा होती/कि यात्राओं के लिए/अनंत जगहें और अनंत समय हो/और लौटने के लिए/हर समय हर जगह अपना घर...' माँ शब्द को एक सम्पूर्ण भाषा मानना, भावनात्मक विस्तार योजनाओं में उस निजत्व की समृद्धता की ओर इशारा भी है जिसकी विपन्नता इनसान की अस्थिरता का मानक बनकर देश व समाज को गुमराह बनाने में सक्रिय हो उठती है। हम अपने खालीपन और भयावहता के अंधेरे को संसार पर पोतकर सबको अपनी श्रेणी में खड़ा करने का दुस्साहस करते हैं और इसी को अपनी वीरता व बहादुरी मान बैठते हैं। कुँवर नारायण इसी वैयक्तिकता को बचाए रखने के लिए एक घर की समर्थता का चित्रण 'माँ' शब्द के विस्तार के रूप में करते हुए एक ऐसी राष्ट्रीयता के हिमायती बन बैठते हैं जहाँ भाषा की चुनौतियों व सृजन की व्याख्याओं में शामिल होकर व्यक्ति की निजता को ज्यादा से ज्यादा वैभवशाली बनाया जा सके।

'खोना' और 'पाना' इन दो क्रियावाचक शब्दों में जीवन का सार छिपा हुआ है। पा लेने के बाद की आत्मसंतुष्टि व्यक्ति की सतही संवेदना की सूचक है क्योंकि पाने की चाहना के बाद भी पाने के लिए बहुत कुछ शेष रह जाता है। यह आधा-अधूरा आजीवन अतृप्ति की कहानी गढ़कर व्यक्ति को उसके उस उत्तम से वंचित रखता है जिसमें कि एक व्यक्ति का समष्टि में तब्दील हो जाना निश्चित है। जबकि 'खोना' एक ऐसा सार्थक क्रियावाचक शब्द है जो उसके सर्वोत्तम का सम्पादन करने की प्रेरणा को जन्म देता है। वह अपने दुःख के विस्तार का प्रतिनिधित्व करने में सक्षम हो उठता है। यह खोना उसे निर्भय बनाता है। उसे और खोने की चाहना से मुक्त कर पूरी समर्थता के साथ औरों के दुःख-दर्द से जोड़ने का मंत्र देता है। एक दार्शनिक व्यक्तित्व का प्रकटीकरण निराशा के चरम का ही अनुमोदन है। पर यह दार्शनिकता भटकाव से अलग जीवन की अर्थवत्ता को बनाए रखने का तर्क ढूँढ़ने में सक्रिय हो जाती है और अनिष्ट की आशंकाओं का खंडन कर सत्य के उद्घाटन का सर्वोत्तम उत्तरदायित्व निभाती है। 'हमें क्या चाहिए', 'कितना और क्यों चाहिए' की व्यापक सोच से अलंकृत कर उस भय का निवारण करती है जिसके बीच असुरक्षा का खतरा हर वक्त मंडराता रहता है। खोकर जानने की इस नियति का उद्घाटन कुँवर नारायण की कविताओं के जरिए कुछ इस तरह होता है–'तुम्हें खोकर मैंने जाना/हमें क्या चाहिए/कितना चाहिए/क्यों चाहिए सम्पूर्ण पृथ्वी?/जबकि उसका एक कोना बहुत है/देह-बराबर जीवन जीने के लिए/और पूरा आकाश ख़ाली पड़ा है/एक छोटे से अहम् से भरने के लिए...' आगे वे लिखते हैं, 'जबकि सब कुछ/जीता हारा जा चुका है/जीवन के अन्तिम सरहदों पर...' कुँवर नारायण का कवि प्यार के जख्म का हिमायती है। वह इस जख्म के कभी न भरने की कामना करते हुए अपने मनुष्यत्व को कायम रखना चाहते हैं। उनकी इन पंक्तियों पर गौर करें–'इन गलियों से/बेदाग़ गुज़र जाता तो अच्छा था/और अगर/ दाग़ ही लगना था तो फिर/कपड़ों पर मासूम रक्त के छींटे नहीं/आत्मा पर/किसी बहुत बड़े प्यार का जख़्म होता/जो कभी न भरता'(जख़्म) कुँवर नारायण

की सृजनात्मकता अपने आप में व्यक्ति के लिए वह चुनौती है जिसके जरिए सामाजिक परिवर्तन के स्वप्न को साकार करना सम्भव हो सकता है। प्यार व्यक्ति को इनसानियत के बेहद करीब ले आता है। उसमें उस बदलाव का मंत्र फूंकता है जो सर्वजन हिताय की कामना से लैस हो। यहाँ हिंसा या क्रोध के लिए कोई जगह नहीं।

'काफ्का के प्राहा में' जब वह कहते हैं 'एक उपस्थिति से कहीं ज़्यादा उपस्थित/हो सकती कभी-कभी उसकी अनुपस्थिति...' तो विचारों और भावों के उफान में चेतना का अंधड़ चलता है और कविता हमें चमत्कृत करती चलती है। एक गहरे भावबोध के जरिए हम अभाव की सम्पन्नता का अनुमोदन करने में समर्थ हो जाते हैं। जीवन में अप्राप्य के प्राप्य की संवेदना ज्यादा घनीभूत होती है। हम इस संवेदना के प्रभाव में बेहतर की ओर प्रस्थान करते हैं। समय जबकि आघातों-प्रतिघातों की भयावह क्रूरता की ओर अग्रसर है और मनुष्यता पूरी तरह से खारिज होकर मानवीय संवेदनाओं को लहुलुहान कर रही है, हिंसा और व्यभिचार सिर चढ़कर बोल रहा है, कुँवर नारायण प्रेम व भ्रातृत्व की भावना को अपनी कविताओं में जगह देकर उन कठोरताओं पर लगातार प्रहार कर रहे हैं जो मानव विरोधी कार्यों में लिप्त हैं। समय के निरर्थक कोलाहल में ये कविताएँ सुकून की आंच को सहेजती चलती हैं और जीवन के प्रति एक अर्थपूर्ण व्याख्या को जन्म देती हैं। वह कविता को एक जिद की तरह जीते हुए मानवीय आवेगों की सुरक्षा को तत्पर हैं और कविता की सम्भावना पर जोर देते हुए कह उठते हैं–'कविता शब्दों से नहीं लिखी जाती/पूरे अस्तित्व को खींचकर एक विराम की तरह/कहीं भी छोड़ दी जाती है...' इस अस्तित्व के खींचे जाने में ही उनके चिन्तन का निचोड़ व परिपक्वता शामिल है।

कुँवर नारायण को पढ़ते हुए हम कामनाओं के ऐसे गवाक्ष से गुजरते हैं जहाँ जीवन की प्रतिबद्धताएँ ज्यादा मुखर होकर हमें मानवीय सम्बन्धों के लिए तैयार करती हैं। हम सोचने पर विवश हो जाते हैं कि आखिर हमारी निष्ठाओं का वास्तविक चरित्र क्या है? हमारे लक्ष्य की सामाजिकता का लोकोपयोगी होना क्या आदमी के हितों की सुरक्षा नहीं है? हम सकारात्मकता के पक्ष में एक बेहतर मनुष्यता के लिए पैरवी क्यों नहीं कर सकते? देखें कुँवर नारायण की कामनाओं का लोकतांत्रिक चरित्र–'कुछ इस तरह भी पढ़ी जा सकती है/एक जीवन-दृष्टि–/कि उसमें विनम्र अभिलाषाएँ हों/बर्बर महत्त्वाकांक्षाएँ नहीं/वाणी में कवित्व हो/कर्कश तर्क-वितर्क का घमासान नहीं/कल्पना में इंद्रधनुषों के रंग हों/ईर्ष्या व द्वेष के बदरंग हादसे नहीं/निकट सम्बन्धों के माध्यम से/बोलता हो पास-पड़ोस...' जीवन के प्रति एक भरोसा, एक सहमति, एक सकारात्मक दृष्टिकोण, लालसाओं का एक विशाल आकाश जिसमें सबके लिए जगह हो। विषाद की, विपन्नता की, क्रोध की, ईर्ष्या की, हिंसा की असहमतियों से पैदा हुआ एक स्वच्छ आसमान और सबके परों में उड़ान की सम्भावनाएँ। युग को ऐसी ही सम्भावनाओं की जरूरत है। कुँवर नारायण की जिद कविताओं में कुछ इस तरह से मुखर होती है कि वह मृत्यु को भी जीव का अन्तिम वक्तव्य मानने को तैयार नहीं–'मृत्यु इस

पृथ्वी पर/जीव का अन्तिम वक्तव्य नहीं/किसी अन्य मिथक में प्रवेश करती/स्मृतियों, अनुमानों और प्रमाणों का/लेखागार हैं हमारे जीवाश्म...' कुँवर नारायण की जिजीविषा मनुष्यता के समारोह में आत्मा का आलोक फैलाकर संजीवनी बन जाने के लिए आग्रही हो उठती है। वे अन्त के पहले की शुरुआत में रोशनी के तजुर्बों से गुजरते हुए अंधकार की तमाम परछाइयों से मुक्ति का स्वप्न देखते हैं और शब्दों को कुछ इस तरह से आकार देते हैं कि विषय-वासनाओं का अन्तर्द्वंद्व हाथ मलता रह जाता है।

कुँवर नारायण की कविता समय के विरुद्ध उन तमाम संवेगों की संवाहक है जिसके क्षरण की कोशिशों में जीवन दाँव पर लगा हुआ है। यह समय भावनात्मक क्रूरता का है, अपनी स्मृतियों को खोता हुआ समय है, अध्यात्म को उपभोग में परिवर्तित करता हुआ समय है और एकान्त से घबराता हुआ समय है। उपभोक्तावाद के कुप्रभाव में फँसे हुए इस समय के पास कविता के लिए वक्त नहीं है तो आश्चर्य की भला क्या बात है। समय की असंवेदनशीलता ने सृजनात्मकता के कोमल तत्त्वों का खात्मा किया है। इस समय के पास समाज के नैतिक स्वास्थ्य के लिए तय की गई कोई दिशा नहीं है। कविता में कट्टरता के समर्थन की कोई परम्परा नहीं है इसीलिए सम्भवतः इस समय के बीच कविता की मृत्यु की घोषणाएँ प्रबल व प्रभावी होती जा रही हैं। कविता ऐसे समय की प्रतीक्षा में है जब उसकी संवेदनशीलता को सम्मानित होने का अवसर मिलेगा। ऐसे समय में जब एक सच्चा पश्चात्ताप नहीं है, सुलह की कोई गुंजाइश नहीं है, कुँवर नारायण 'वाजश्रवा के बहाने' में लिखते हैं–'एक सच्चा पश्चात्ताप–एक प्रायश्चित्त/एक हार्दिक क्षमायाचना से भी/परिशुद्ध की जा सकती है/भूल-चूक की पिछली ज़मीन...एक सुलह की शपथ हो सकती है पर्याप्त संजीवनी/कि आँखें मलते हुए उठ बैठे/एक नया जीवन संकल्प...' बाजार में तब्दील होता यह समय कुँवर नारायण के कवि को सुकरात की तरह दार्शनिक मुद्रा में जो खुशियाँ सौंपता है उसके बारे में किस तरह सोचते हैं कवि–'वैसे सच तो यह है कि मेरे लिए/बाज़ार एक ऐसी जगह है/जहाँ मैंने हमेशा पाया है/एक ऐसा अकेलापन जैसा मुझे/बड़े-बड़े जंगलों में भी नहीं मिला/और एक खुशी/कुछ-कुछ सुकरात की तरह/कि इतनी ढेर सी चीज़ें/जिनकी मुझे कोई ज़रूरत नहीं...' (बाज़ारों की तरफ़ भी–इन दिनों) इतना ही नहीं, कुँवर नारायण का नैतिक साहस अपराध की दुनिया के रहनुमाओं से उनकी बर्बर हिंसा के खिलाफ प्रश्न करते हुए पूछ बैठता है–'तुम जो बेदर्दी से हत्याएँ कर सकते हो/क्या किसी का दिल भी जीत सकते हो' (क्या फ़र्क़ पड़ता है–हाशिए का गवाह)

कुँवर नारायण जब अपने अनुभवों से गुजरते हैं तो कविता एक हौसला बनकर हमारे भीतर के अंधेरों से जूझने लगती है। दुःखों की समस्त पीड़ाएँ साहस में बदल जाती हैं। कुँवर नारायण की कविताएँ अतिक्रमण की परम्परा का निषेध करती हैं और मानवीय होने में ही इनसान के गौरव को बचाए रखती हैं। यही वजह है कि वह अपनी कविता 'उत्तरदायित्व' में कहने के लिए बाध्य हो जाते हैं–'मैं मनुष्य हूँ/भाग नहीं सकता एक मनुष्य होने की जिम्मेदारियों से/...मेरी कारीगरी में त्रुटियाँ हैं/मेरे आत्मबोध

में स्थूल के हस्तक्षेप हैं.../भाषा में व्याकरण के ढीठ उल्लंघन हैं/चिन्तन में कल्पना की आवारा सैरों की भटकनें हैं.../स्वीकार करता हूँ/कि मेरी ही तरह मेरी दुनिया भी मानवीय है..." (हाशिए का गवाह)

कुँवर नारायण की कविताएँ समय के कोलाहल में दिग्भ्रमित नहीं होतीं। उनकी एक अपनी अलग परम्परा है जो मनुष्यता के सवालों से रूबरू होती हुई शब्दों की जिन आकृतियों व बिम्बों को गढ़ती हैं वे जीवन के सत्य का उद्घाटन करती हैं। यह सत्य क्रूर नहीं है वरन् कवि की संवेदनाओं से गढ़ा गया सत्य है और जो जीवन के बीच ही नहीं जीवन से परे भी जीवन की समीक्षा कर सकने में सक्षम है। हमें समय की क्रूरताओं से संघर्ष करने के लिए ऐसी ही मेधा, ऐसे ही संवेगों का वाहक बनना होगा। कुँवर नारायण इस समय के अध्येता बनकर उन तमाम अराजकताओं से जूझ रहे हैं जिनके निवारण की गुंजाइशें ही एक स्वस्थ व सुरक्षित लोकतंत्र की कसौटी बन सकती हैं।

कुँवर नारायण का कवि-समय

सुरेश सलिल

छठे दशक के दौरान, जब हिन्दी कविता के लगभग सभी सक्रिय महारथी दो अलग-अलग खेमों में बँटकर एक-दूसरे पर निशाना साधने की मशक्कत कर रहे थे, तब गजानन माधव मुक्तिबोध, मानव सत्य की शर्त पर, एक ऐसा पुल निर्मित करने के लिए प्रयत्नशील थे, जो प्रतिभा और ऊर्जा के अपव्यय को रोकने में कारगर भूमिका अदा कर सके। तभी उन्हें जिद्दी प्रगतिशीलता के बरअक्स नई कविता-धारा के आस्थावान पक्ष को रेखांकित करने की जरूरत महसूस हुई थी। उन्होंने कहा था, "नई कविता का रूप चाहे जो हो, उसकी धारा बड़ी आस्थावान है।" ('प्रगतिशीलता' और मानव सत्य) उस समय की तुलना में आज हम ज्यादा बड़े-ज्यादा गम्भीर खतरों के सामने हैं। दुनिया का मानचित्र इस तरह आमूलचूल बदल चुका है कि पैरों के बल खड़े रह पाने के लिए संघर्षशील विश्व मानवता को मार्क्स-पूर्व के, सिर के बल खड़े होने वाले दौर में घसीट ले जाने की कोशिशें पूरे जोरशोर से जुट गई हैं। समूचे मानव-मूल्यों और रचनाधर्मिता का अस्तित्व संकट में आ पड़ा है। ऐसे विपरीत समय में, जब हिन्दी कविता की भूमिका ज्यादा अहम-ज्यादा कठिन हो गई है और मुश्किल दिनों के हमारे मार्गदर्शक कवि हमारे बीच नहीं हैं, तब जो महत्त्वपूर्ण कवि जीवन जीने लायक सन्दर्भ उपलब्ध करा रहे हैं, कुँवर नारायण का नाम उनमें अग्रणी है।

हम इतिहास की तिथियों के सहारे जीने और अपने होने की पुष्टि के लिए अभिशप्त हैं। शायद यही वजह हो कि हिन्दी कविता के 'स्वीकृत' मानचित्र पर कुँवर जी का नाम 'तीसरा सप्तक' के कवि के बतौर दर्ज हुआ, जबकि उनका पहला कविता-संग्रह 'चक्रव्यूह' उससे तीन वर्ष पहले (1956) आ चुका था और 'तीसरा सप्तक' (1959) के प्रकाशन तक उसकी खासी चर्चा हो चुकी थी।

कवि अथवा कलाकार का उत्प्रेरक उसका अपना समय होता है-ठेठ पारिभाषिक अर्थों में न जाएँ, तो उसका अपना कवि-समय। सर्वेश्वर दयाल सक्सेना, रघुवीर सहाय, श्रीकांत वर्मा आदि कुँवर नारायण के समकालीन कवि लीक-लीक चलकर कविता के खित्ते में आए थे-सर्वेश्वर की 'काठ की घंटियाँ' और 'बाँस का पुल', रघुवीर सहाय

की 'सीढ़ियों पर धूप में' और श्रीकांत वर्मा की 'भटका मेघ' की कविताएँ इसका प्रमाण हैं। किन्तु कुँवर नारायण का प्रथम काव्योन्मेष 'चक्रव्यूह' की जिन कविताओं से लक्ष्य किया गया, वे लीक-लीक चलकर नहीं सम्भव हुई थीं; कम से कम लगा ऐसा ही था। जिस बिन्दु पर पहुँचकर कवियों को विराम लेते और आगे का रास्ता निर्धारित करने की उधेड़बुन में व्यस्त देखा जाता रहा है, वहाँ से कुँवर जी ने शुरुआत की अपने कवि-कर्म की। 'चक्रव्यूह' की दुरूह और जटिल मन:स्थितियाँ और 'भटका हुआ सौन्दर्यबोध' कवि-चर्चा में इस कदर आड़े आया कि बालकृष्ण राव को सवाल करना पड़ा : "कहाँ? कवि यहाँ से कहाँ जाएगा?"

कविता और कलाओं का उत्प्रेरण आकांक्षाओं और सपनों से होता है। छोटी-छोटी आकांक्षाएँ, छोटे-छोटे सपने! कुँवर नारायण के सन्दर्भ में हम देखें और उनके जन्म (19 सितंबर, 1927) व बचपन से शुरू करें, तो सबसे पहले हमारा सामना होता है समृद्धि से उपजी विरक्ति से। फैजाबाद के जिस पितृ-परिवेश में उन्होंने आँखें खोलीं, वह समृद्धि से ऊभचूभ था। 1932-34 के जिस जमाने में साइकिल तक ऐयाशी से आगे की चीज हुआ करती थी तब उनके यहाँ मोटरकार थी और इस दस्तूर का मुस्तैदी से पालन होता था कि बच्चे अगर खेलने के लिए भी, घर की चारदीवारी से बाहर जाएँ, तो धुले, कलफ लगे, इस्तरी किए कपड़ों में ही जाएँ। ऐसे में 'नई कमीज़' या मोटरकार में बैठकर घूमने का सपना उनके पास कहाँ से आता? तब सपनों-आकांक्षाओं ने उलटा रास्ता पकड़ा। घर के बाहर एक लसोड़े का पेड़ था—मोटरकार उसी के नीचे खड़ी रहती थी। कुँवर उसके बोनट का इस्तेमाल पके लसोड़े तोड़ने के लिए सीढ़ी के बतौर करते और गोंद जैसे चिपचिपे रस वाले गुलाबी लसोड़ों के गुच्छे तोड़-तोड़कर कलफ-इस्तरी की हुई कमीज की जेब में ठूँसते जाते। आगे चलकर जिसे कुँवर जी का 'भटका हुआ सौन्दर्यबोध' कहा गया, उसके बीज उसी बचपन में उनकी संवेदना में पड़ गए हों, तो अचरज कैसा!

कुँवर जी के बौद्धिक लोक का निर्माण और विकास लखनऊ विश्वविद्यालय के उनके अध्ययनकाल में हुआ। उनके अध्ययन का विषय था अंग्रेजी साहित्य। अंग्रेजी साहित्य और भी कई कवियों-लेखकों के अध्ययन का विषय रहा—उनके ही सहयात्री रघुवीर सहाय, कृष्णनारायण कक्कड़ का, विजयदेव नारायण साही का, लेकिन कुँवर जी ने साहित्य की सीमाओं से आगे जाकर दर्शन, सौन्दर्यशास्त्र, भाषाविज्ञान की सरणियां भी पौर्वात्य व पाश्चात्य मनीषा के सम्पर्क में जाकर अवगाहीं और धीरे-धीरे उनकी ज्ञानात्मक-भावात्मक रुचियों का विस्तार समाज शास्त्र, इतिहास, संगीत, कला, सिनेमा आदि अनेक अनुशासनों तक होता गया। गौर करने की बात यह भी है कि उनका प्रारंभिक काव्याभ्यास हिन्दी की बजाय अंग्रेजी में हुआ—हिन्दी कविता की ओर वे बाद में अभिमुख हुए; काव्यानुवाद के जरिए। वैसी स्थिति में हिन्दी कविता में उनकी आमद अगर रिवायत से हटकर, अलग तरह से हुई, तो उसके तर्क समझ में आते हैं। 'तीसरा सप्तक' के अपने वक्तव्य में, अर्नाल्ड के हवाले से, कुँवर जी ने कविता

को 'जीवन की आलोचना' माना है, यानी 'यथार्थ के प्रति एक प्रौढ़ प्रतिक्रिया की मार्मिक अभिव्यक्ति' और इसके लिए वे उस बौद्धिक स्वतंत्रता को अनिवार्य मानते हैं 'जो सदा से जीवन के प्रति निडर और अन्वेषी प्रश्न उठाती रही है।' इसी वक्तव्य में आगे वे 'उस संयत और निस्पृह बुद्धिमत्ता' में आस्था व्यक्त करते हैं 'जो भरसक सत्यों की मौसमी सरगर्मी से बचकर धैर्य के साथ जीवन को उसकी सम्पूर्णता में समझने का प्रयत्न करती रही है।'

जीवन के प्रति निडर और अन्वेषी प्रश्न उठाने की बौद्धिक स्वतंत्रता और प्रतिबद्धता जहाँ होगी, 'यहाँ से कहाँ' जैसे प्रश्न वहाँ स्वयमेव गौण हो जाएँगे। कुँवर नारायण की कविता इसका सटीक प्रमाण है।

आचार्य शुक्ल का एक बहुचर्चित लेख है 'कविता क्या है', जिसमें उन्होंने कविता को मनोवेगों को उत्तेजित करने का उत्तम साधन माना है और यह कि 'कविता से मनुष्य भाव की रक्षा होती है।' निराला भी काव्य-व्यापार को मन से जोड़ते हैं और कविता को 'मनुष्य मन की श्रेष्ठ रचना' कहते हैं। बांग्ला कवि जीवनानंद दास के सामने कविता को परिभाषित करने का प्रश्न आया, तो उन्होंने कविता की कोई परिभाषा प्रस्तुत करने की बजाय उसकी व्यापकता, उसकी विविधता की ओर संकेत किया कि 'कविता के अनेक रूप हैं।' उनके सम्मुख वाल्मीकि, वेदव्यास, कालिदास, मिल्टन, बॉदलेयर, रिल्के-मलार्मे आदि तक फैली और रवींद्रनाथ से होती हुई स्वयं उन तक आती अनेकरूपा कविता थी। 'तीसरा सप्तक' के अपने वक्तव्य में कुँवर नारायण भी 'कविता है क्या?' प्रश्न से टकराते हैं और जीवन व कवि के अन्तर्संबंधों को समझने की कोशिश करते हैं : 'जीवन के इस बहुत बड़े 'कार्निवाल' में कवि उस बहुरुपिए की तरह है जो हज़ारों रूपों में लोगों के सामने आता है, जिस का हर मनोरंजक रूप किसी न किसी सतह पर जीवन अनुभूत व्याख्या है और जिस के हर रूप के पीछे उस का एक अपना गम्भीर और असली व्यक्तित्व होता है जो इस सारी विविधता के बुनियादी खेल को समझता है।' यहाँ कवि की समानता बहुरुपिए में देखी गई है और व्याकरण के आचार्यों ने 'कवि' शब्द का धातुगत अर्थ 'नाचने वाला नट अथवा नर्तक' किया है। दोनों में शायद बुनियादी फर्क नहीं है। कुँवर नारायण का बहुरुपिया जीवन से गहरे जुड़ा है—जितना गहरे व्यक्ति के जीवन से, उतना ही गहरे समाज के जीवन से. और यह जुड़ाव सिर्फ अनुभव के स्तर पर नहीं है, अपितु अनुभूति और मनन-शक्ति के स्तर पर भी, 'जो अनुभव के प्रति तीव्र और विचारपूर्ण प्रतिक्रिया कर सके।' कुँवर जी मानते हैं कि यह एक वैज्ञानिक दृष्टिकोण के बिना सम्भव नहीं है और वह वैज्ञानिक दृष्टिकोण वह सहिष्णु और उदार मनोवृत्ति ही है, 'जो जीवन को किसी पूर्वग्रह से पंगु कर नहीं देखती, बल्कि उसके प्रति एक बहुमुखी सतर्कता बरतती है।' यह बहुमुखी सतर्कता एक ओर यदि व्यक्ति और समाज के पारस्परिक द्वंद्व से उस तनाव को जन्म देती है, जो कवि के मन में यह बेचैनी पैदा करे 'कि या तो अ ब स की तरह बेसबब जीना है/या तो सुकरात की तरह ज़हर पीना है,'

तो दूसरी ओर 'वास्तविक मानवीय सार्थकता की तलाश' से जा जुड़ती है जो शब्द की बजाय कवि को 'किसी ऐसे विश्वास की खोज' से संलग्न करती है, जिसे आदमी में पाया जा सके। यहीं बरबस ध्यान जाता है इन पंक्तियों की तरफ–

लौटना है मुझे
प्रेम की तरफ़
विश्वास बनाए रखना है
मनुष्य में
सिद्ध करते रहना है
कि मैं टूटा नहीं...

मैं ज़िन्दगी से भागना नहीं
उससे जुड़ना चाहता हूँ।–
उसे झकझोरना चाहता हूँ...

पराक्रम की धुरी पर
एक प्रगति-बिन्दु
यांत्रिकता की अपेक्षा
मनुष्यता की ओर ज़्यादा सरका हुआ...

पोछो सब : फिर लिखो शुरू से
उन्हीं उपादानों से–मनुष्य,
सही समत्व-बिन्दु से अभी और
विस्तृत करो जीवन-परिदृश्य...

सही समत्व-बिन्दु से जीवन-परिदृश्य को और-और विस्तृत करते हुए ही कुँवर नारायण का कवि जीवन की आलोचना तक पहुँचता है, ऐसी जीवन की आलोचना तक जो मनुष्यता की ओर ज्यादा सरकी हुई हो, जिसका काम, दुष्यंत कुमार के शब्दों में, 'पाठक को बौद्धिक बनाना नहीं, बल्कि बौद्धिकता के प्रति संवेदनशील बनाना है।' यहीं अचानक याद आता है 'अन्तिम ऊँचाई' कविता का अन्तिम अंश–

...दुर्गम वनों और ऊँचे पर्वतों को जीतते हुए
जब तुम अन्तिम ऊँचाई को भी जीत लोगे–
जब तुम्हें लगेगा कि कोई अन्तर नहीं बचा अब
तुममें और उन पत्थरों की कठोरता में
जिन्हें तुमने जीता है–
जब तुम अपने मस्तक पर बर्फ़ का पहला तूफान झेलोगे
और काँपोगे नहीं–
तब तुम पाओगे कि कोई फ़र्क़ नहीं

सब कुछ जीत लेने में
और अन्त तक हिम्मत न हारने में।

जीवन की यह आलोचना, बौद्धिकता के प्रति संवेदनशील बनाने का यह उपक्रम आश्चर्य नहीं कि सजग पाठक को, कुँवर जी के प्रिय यूनानी कवि कवाफी और उनकी कविता 'इथाका' का स्मरण करा दे–

...इथाका को हरदम दिमाग़ में रखो।
वहाँ पहुँचना ही तुम्हारा लक्ष्य है।
किन्तु यात्रा के जल्दी सम्पन्न होने की बात
कत्तई मन में न लाना,
बेहतर हो कि वह वर्षों में सम्पन्न हो;
ताकि उस द्वीप पर पहुँचने तक तुम बूढ़े हो चुके हो।
मार्ग में जो-जो कुछ तुमने प्राप्त किया
उसी से अपने को समृद्ध मानो,
यह उम्मीद मत बाँधो कि इथाका तुम्हें समृद्धि देगा।
इथाका ने तुम्हें एक अद्‌भुत यात्रा का अवसर दिया।
उसके बिना इस यात्रा पर तुम क्यों निकलते भला...

कवाफी का सन्दर्भ सचेत पाठक को 'श्रावस्ती', 'मस्तकविहीन बुद्ध प्रतिमा', 'कोणार्क', 'फतेहपुर सीकरी', ('रास्ते', 'अनात्म देह'), 'कुतुबमीनार', 'इब्नेबतूता', 'लखनऊ', 'दिल्ली की तरफ़', 'जंजीरा का किला', 'नालंदा और बख़्तियार', 'गोलकुंडा की एक शाम', 'विजयनगर', 'खजुराहो', 'अभिनवगुप्त', 'चंद्रगुप्त मौर्य', 'सरहपा', 'अमीर खुसरो' आदि, 'अपने सामने', 'कोई दूसरा नहीं', 'इन दिनों', संग्रहों में सम्मिलित कुँवर जी की इतिहास-चेतना-सम्पन्न कविताओं की ओर भी अभिमुख करता है। कभी श्रीकांत वर्मा के 'जलसाघर', 'मगध' की कविताओं ने भी कवाफी की याद दिलाई थी, लेकिन वहाँ इतिहास-सन्दर्भों का उपयोग इतिहास-चेतना से जुड़कर नहीं, आत्मचेतना की गौरवानुभूति के रूप में हुआ था। इतिहास के निकट एक जिज्ञासु की तरह जाने और विभिन्न युगों की धड़कनें सुनने, युगीन सन्दर्भों में उन्हें पहचानने-अर्थाने की कोशिश कुँवर जी, कवाफी की भांति अधिक तार्किक धरातल पर करते हैं। 'अपने सामने' में संगृहीत 'बर्बरों का आगमन' कविता के साथ बाकायदे कवाफी का हवाला दिया गया है। कवाफी जिस तरह अपनी बहुप्रसिद्ध कविता 'वेटिंग फॉर दि बारबेरियंस' (1904) में अपने वर्तमान की विडंबना को इतिहास के समांतर रखकर पहचानते-व्याख्यायित करते हैं, कुँवर जी भी ठीक उसी तरह, अपने प्रिय कवि के बगलगीर होकर करते हैं–

अब किसी भी बात को लेकर
चिन्ता करना व्यर्थ है। वे आ गए हैं। उन्होंने

फिर एक बार हमें जीत लिया है।...

चारों तरफ़
छा गए हैं। वे सब के सब
वापस आ गए हैं।
शहर की सभी ख़ास और आम जगहों पर उनका कब्ज़ा है।
उनके जत्थे अब
लूट की खुली छूट के लिए बेताब हैं।

1970 के दशक में रची गई कुँवर नारायण की यह कविता हमारे आज के वर्तमान की विडंबना पर सटीक टिप्पणी की भांति पढ़ी जा सकती है। कुँवर जी की एक और कविता अलग तरह से पढ़ी और समझी जाने की माँग करती है–उसका शीर्षक है 'पालकी' और वह 'कोई दूसरा नहीं' संग्रह में शामिल है। पालकी और उसे ढोने वाले के रूपक पर एक बहुत लोकप्रिय राजनीतिक व्यंग्यपरक कविता नागार्जुन की है, जो एक विशेष सन्दर्भ में 1960 के आसपास लिखी गई थी। व्यंग्य की पैनी धार और जबान पर आसानी से चढ़ जाने वाला उसका शिल्प नागार्जुन के कवि की अपनी विशिष्टता है। उनकी अन्य अनेक कविताओं की तरह उसका अपना आस्वाद है, जो एक विशेष सन्दर्भ के बावजूद, कभी भी जबान पर थिरकने लग पड़ सकता है। लेकिन जब हम उसकी अन्तर्वस्तु पर ध्यान केन्द्रित करते हैं, तो उसमें वह पुरानापन साफ झलकता नजर आता है, जो किसी पुराने अखबार की खबरें पढ़ते हुए हम महसूस करते हैं। कुँवर जी की कविता किसी घटना या सन्दर्भ-विशेष को लेकर नहीं है। शिल्प उसका भी बहुत सादा, बच्चों तक की जुबान पर आसानी से चढ़ जाने वाला है, लेकिन नागार्जुन की कविता में व्यंग्य की जो तीखी-तेज धार है ('आओ रानी हम ढोएँगे पालकी/यही हुई है राय जवाहरलाल की'), उसके बरअक्स कुँवर की कविता में, मंद्र आरोह में, बहुत सादे-सधे लहजे में मानव-जीवन से जुड़ा एक विडंबनामूलक प्रश्न है–'कांधे धरी यह पालकी/है किस कन्हैयालाल की?' यह प्रश्न नंगे बदन, फेंटा कसे, बेवाई फटे पाँवों वाले उस सबसे नीचे के आदमी की ज़िन्दगी से जुड़ा है, जो पुश्तैनी कर्ज में डूबा है और अभी हजारों साल की किस्तें बकाया हैं। यह कविता जितनी अभिधा में है उससे कहीं ज्यादा व्यंजना में है और हम देखते हैं कि नागार्जुन के सामयिक व्यंग्य से कुँवर जी की इस कविता की ज़िन्दगी ज्यादा बड़ी है। कुँवर नारायण के कवि की एक और विशेषता भी उन्हें दूसरे कवियों से अलग खड़ा करती है–वे मनुष्य जीवन और सामाजिक विसंगतियों के बीच से अलग-अलग पहलुओं से प्रश्न उभारते हैं और उनके उत्तर उन्हीं प्रश्नों के बीच से स्वयमेव निकलते चले आते हैं–

...फिर, एक दिन आँधी चली
ऐसी कि पर्दा उड़ गया!

अन्दर न दुलहन थी न दूल्हा
एक कौव्वा उड़ गया...

तब भेद जाकर यह खुला—हमसे किसी ने चाल की
काँधे धरी यह पालकी ला ला अशर्फी लाल की!

कुँवर नारायण का बहुरूपिया हजारों रूपों में पाठक के सामने आता है और जीवन व अस्तित्वगत दार्शनिक प्रश्नों से लेकर रिक्शा और रिक्शा वाले के कुल वजन से ढाई गुना भारी ढोंढू भाई की हास्यास्पद परिणति तक न जाने कहाँ-कहाँ तक अपने मैग्नीफाइंग ग्लास को घुमाता नचाता रहता है। यहाँ 'रिक्शा पर' जिस शीर्षक, जिस कविता से ढोंढू भाई का उल्लेख हुआ है, गौर करने की बात है कि वहाँ जख्मी ढोंढू भाई होते हैं, उन्हें एंबुलेंस पर लादकर अस्पताल पहुँचाया जाता है, रिक्शाचालक साफ बच जाता है, लेकिन कवि, या कहें उसके बहुरूपिया, की सहानुभूति ढोंढू भाई की बजाय रिक्शा वाले के साथ है—'रिक्शा वाले का मतलब/रिक्शा का हिस्सा नहीं, आदमी होता, ढोंढू भाई!' यह आदमी ही, अपनी अनेक चिन्ताओं, अपने आदर्शों, अपनी विडंबनाओं, विवशताओं, अपनी सामर्थ्य और अपनी उदात्तता के साथ कुँवर जी की कविता को हमारे समय की सबसे जेनुइन, सबसे प्रामाणिक कविता बनाता है। यह जीवन का गहरा स्वीकार ही है, जो 'तट पर हूँ/पर तटस्थ नहीं' जैसा आत्मस्वीकार कवि से कराता है और 'सुनयना' जैसी प्रेम कविता लिखता है। नदी के किनारे फिर मिलने का आग का वादा बखूबी याद रखते हुए भी, यह जानते हुए भी कि 'हर शाम/इन्तजार करती है आग/नदी के किनारे,' कुँवर नारायण का नचिकेता मृत्यु से पराजित होने से इनकार करता है—'मिल सके अगर तो/एक दृष्टि चाहिए मुझे—/जीवन बच सके/अँधेरा हो जाने से,—बस!' और 'मैं तुझको जीवन फिर से वापस देता हूँ,' यम का यह वाक्य सुनकर स्वप्नांत के बाद नचिकेता के होंठों पर जागरण का तोष होता है—'मैं जाग्रत् हूँ—/सम्पूर्ण बोध/हो चुका काल को जो अर्पित/जीवन में वापस आया/वह शोधित प्रसाद,...'

जीवन और जागरण के अथक गायक कुँवर नारायण के सन्दर्भ में मुक्तिबोध एक बार फिर याद आ रहे हैं, विशेष रूप से उनका यह कथन— '...महत्त्व की बात यह है कि आज, जबकि साधारणत: लेखक और कवि इसी व्यवहार-क्षेत्र में कार्यकुशल होकर अपने को अधिकाधिक सफल बनाने के प्रयत्न में लीन रहते हैं और इसके लिए बिक तक जाते हैं, कुँवर नारायण ऐसा कवि है, जो इसी व्यवहार क्षेत्र के विरुद्ध तीव्र संवेदनात्मक प्रतिक्रियाएँ करता हुआ, जीवन के क्षण-क्षण को तड़िन्मय और संवेदनमय बनाने के लिए अकुलाता हुआ, पीड़ित अन्तरात्मा के स्वर उभारता है। उसे वास्तविक मानवीय सार्थकता की तलाश है...'

मुक्तिबोध का यह उद्धरण 1961-62 के बीच का है। इन चालीस-बयालीस सालों के दौरान कुँवर जी ने वास्तविक मानवीय सार्थकता की तलाश बहुत हद तक कर

ली है और उनके कवि ने, जिसमें वह अपने को सर्वाधिक उचित महसूस करे वह विशेष संवेदना प्राप्त कर ली है। वह संवेदना है 'मृत्यु से जीवन की ओर' लौट रहे कथानक की, अपना सामान खुद उठाते वक्त एक आदमी का चेहरा याद आने की और इस आत्मविश्वास की, कि 'कोई चाहे भी तो रोक नहीं सकता/भाषा में उसका बयान/जिसका मतलब है सचाई/जिसकी पूरी कोशिश है बेहतर इंसान।' वह संवेदना है–मरना चाहने के क्षणों में ज़िन्दगी को याद करने की, ज़िन्दगी से भागने नहीं, उससे जुड़ने, उसे झकझोरने की, जिजीविषा से जुड़ने की और कन्हैयालाल की जगह पालकी में छिपे बैठे लाला अशर्फीलाल को उनके सही चेहरे के साथ पहचानने की। हमारे वर्तमान में फर्श पर बिछा दिए गए कांच के चूरे, पैनी लपलपाती छुरियों-ब्लेडों, माहौल में भर दी गई जहरीली गैसों को कुँवर नारायण महज देखते, अनुभव करते और उनकी ओर उँगली ही नहीं उठाते हैं, बल्कि उनसे निबटने के लिए संकल्पित होते भी लक्ष्य किए जाते हैं–'मेरे ही दुर्दिन हैं, उनका तो क्या होना/लेकिन मुँह ढांक कर ऐसा भी क्या सोना!/आज नहीं कल सही, लड़ना तो होगा ही–/कहाँ तक न बोलेगी आख़िर बेगुनाही?'

लेकिन कुंवर नारायण के कवि के इस वर्तमान का पूर्वाभास सिर्फ मुक्तिबोध ही क्यों कर पाए? क्यों हमारा शीर्ष आलोचक आज भी 'कुलीन, संभ्रांत किस्म का आदमी' कहकर कुँवर नारायण से बचना चाहता है? क्यों जोखिम को ठीक-ठीक परिभाषित किए बिना घिसा-पिटा एल-पी. बजाए जा रहा है कि "कुँवर नारायण ने जीवन में कभी कोई जोखिम नहीं उठाया।" यहाँ याद आता है निराला का एक वाक्य–"अधिकांश आलोचक भी अपने ही विवर के व्याघ्र बने बैठे रहते, अपनी ही दिशा के ऊँट बनकर चलते हैं।" ('काव्य-साहित्य' माधुरी, दिसंबर, 1930)

समकालीन हिन्दी कविता का बोलता हुआ सत्य यह है कि आज के मनुष्य विरोधी समय में, जब सत्य के हिस्से खिड़की भर आसमान भी नहीं रह गया है और अधिकांश भूतपूर्व-अभूतपूर्व कमिसार और अकादमीशियन इतिहास और विचारधारा (हाँ, और कविता भी!) के अन्त के वृंदगान में सम्मिलित हो चुके हैं, कुँवर नारायण के रूप में एक ऐसा कवि हमारे बीच है जो 'पराक्रम की धुरी पर/एक प्रगति-बिन्दु/यांत्रिकता की अपेक्षा/मनुष्यता की ओर ज़्यादा सरका हुआ...' नजर आ रहा है।

किसी निर्व्याज काव्य-आस्वादक की एक टिप्पणी यह भी हो सकती है कि जीवन-जगत् की दार्शनिक गुंजलकों से कुँवर नारायण, अज्ञेय और निर्मल वर्मा की अपेक्षा, कहीं अधिक गम्भीरता से उलझते और आसन्न समाज-चिन्ताओं के बरअक्स, सामाजिक कलावादियों की अपेक्षा, कहीं अधिक प्रतिबद्ध दृढ़ता से खड़े दिखाई देते हैं।

और अन्त में एक उलटवांसी–

कविता कवि को जीवित रखती है
कि कवि कविता को जीवित रखता है?

कुँवर नारायण का गद्य

गजानन चव्हाण

कुँवर नारायण की अब तक प्रकाशित रचनाओं में पाँच रचनाएँ गद्य के अन्तर्गत आती हैं। 'आकारों के आसपास' (1971) में उनकी कहानियाँ–'आज और आज से पहले' (1998) तथा 'साहित्य के कुछ अंतर्विषयक सम्बन्ध' (2003) में उनकी समीक्षाएँ और 'मेरे साक्षात्कार' (1999) तथा 'तट पर हूँ तटस्थ नहीं' (2010) में उनके साक्षात्कार समाविष्ट हैं। कान्स्टैटीन कवाफी, खोर्खे लुई बोर्खेस जैसे विदेशी कवियों पर लिखे गए निबन्धों और विविध कला विषयों पर समय-समय पर लिखी गई टिप्पणियों के रूप में (कुँवर नारायण : संसार-1, कुँवर नारायण : उपस्थिति-2 में संकलित) भी उनका गद्य मिलता है।

काव्य की तरह, कुँवर नारायण का गद्य मात्रा में कम किन्तु महत्त्व में अक्षुण्ण है। यह एक बहुअधीत, प्रबुद्ध लेखक का गद्य है जिसमें जीवनानुभव एवं अध्ययन के आधार पर जीवन, जगत् और कला का आकलन समाया हुआ है। यह आकलन पाठकों को इस क्षेत्र का सही बोध कराने में सक्षम है।

सर्वप्रथम हम कुँवर नारायण के कहानी-संग्रह 'आकारों के आसपास' पर विचार करें। इसमें कुल सत्रह कहानियाँ संकलित हैं जो सातवें दशक में उठे विविध कहानी आन्दोलनों की परम्परा से भिन्न हैं। 'पाठकों से' किए गए निवेदन में कुँवर नारायण ने अपनी इन कहानियों को रोमांचकारी और सनसनीखेज तत्त्वों से रहित कहा है। कड़वे यथार्थ की झांकियों, मीठे प्रेम की कल्पनाओं, पहेली बुझाने वाले चारित्रिक दाँव-पेचों आदि को वे सनसनीखेज तत्त्व मानते हैं। इन तत्त्वों से मुक्त रखना, कहानी को एक नया स्वरूप देने के समान है। यथार्थ, प्रेम, चारित्रिक आयाम, सेक्स, क्राइम–यह सब इन कहानियों में भी है; पर लेखक ने इनकी योजना इस रूप में की है कि पाठकों में किसी प्रकार की उत्तेजनापूर्ण प्रतिक्रिया नहीं उपजती। इन कहानियों में 'सबको ठंडे दिल-दिमाग से सोचते हुए बातचीत का एक अंदाज है।' नितांत सामान्य प्रसंग, घटनाओं की विरलता, चिन्तन पक्ष की अधिकता के कारण ये कहानियाँ कहीं-कहीं अमूर्तन के स्तर पर उतर आई हैं। लेखक के शब्दों में–'कई बार किसी साहित्यिक

विधा को उसकी ठस जातीयता के बेलोचपन से उबारने के लिए भी ज़रूरी होता है कि उसमें एक विस्फोट पैदा किया जाए–बाहरी घुसपैठ करा के...इन कहानियों में कथा-तत्त्व को गौण रखा गया है। उसकी एक वजह यह भी रही कि मैं कहानी की शुद्ध प्रयोगात्मक सम्भावनाओं की छानबीन करना चाहता था। उपलब्धि जो भी हो, कोशिश मुझे बेकार नहीं लगती–निस्संदेह 'आकारों के आसपास' में कहानी की प्रयोगात्मक सम्भावनाओं की तलाश है। उदाहरण के तौर पर शीर्षक कहानी को ही लें। इसमें घटना या प्रसंग के नाम पर बस हवा की एक हलचल है जो दरवाजा खटखटाती है, 'मैं' का एकान्त टूटता है : एकान्त में चल रहा चिन्तन खंडित होता है; आत्मालाप रुक जाता है। उदासी में आशा, आशा के पश्चात् एक निराशा का दौर और उस दौर में एक घटना का गहरा अहसास। यही है वह कथा। इसे एक मूड की कहानी भी कहा जा सकता है। इस प्रकार, यह संग्रह एक अलग यथार्थ से रूबरू करता है–"यथार्थ के नाम पर कहानी की नहीं, कहानी के नाम पर यथार्थ की बात, उस यथार्थ की बात जिसे केवल व्यावहारिक स्तर पर नहीं, मुख्यतः मानसिक स्तर पर जिया जाता है। (आकारों के आसपास)

कुँवर नारायण के गद्य का बहुत बड़ा अंश समीक्षा से सम्बन्धित है। अकेले 'कुँवर नारायण : संसार' में समाविष्ट उनके गद्य को देखें, तो भी यह बात स्पष्ट हो जाती है। उनके समीक्षा-लेखन में समीक्षा सम्बन्धी चिन्तन भी है और कुछ महत्त्वपूर्ण रचनाओं की समीक्षा भी। 'मेरे साक्षात्कार', 'तट पर हूँ तटस्थ नहीं', 'आज और आज से पहले' में स्थान-स्थान पर कुँवर नारायण का समीक्षा सम्बन्धी चिन्तन बिखरा हुआ है, जो मुझे उनकी व्यावहारिक समीक्षाओं से ज्यादा महत्त्वपूर्ण लगता है।

कुँवर नारायण का समीक्षा-विचार बहुत ही सुलझा हुआ है। वह देश-विदेश के प्राचीन तथा आधुनिक साहित्य और समीक्षा में गहरे अवगाहन के परिणामस्वरूप बनी हुई समीक्षा दृष्टि है। समीक्षा का दायित्व, उसका व्यापक अन्तर्वेशी स्वरूप, मानक समीक्षा के मानदंड, संसार के मान्यवर समीक्षकों का योगदान आदि, समीक्षा सम्बन्धी न जाने कितने बिन्दुओं पर कुँवर नारायण बहुत स्पष्टता से बात करते हुए नजर आते हैं। उनके मत से अच्छी समीक्षा, कठिन अध्ययन, अनुसंधान और मेहनत की माँग करती है। उन्होंने कई जगहों पर अपनी इस बात को दोहराया है कि रचना में चूँकि अनेकता निहित होती है, समीक्षा को भी एकाधिक दृष्टियों से युक्त होना चाहिए। "सीमित दृष्टिकोण एक बड़ी रचना के मूल्यांकन के लिए काफी नहीं होता। उसे कई तरह से देखने, सोचने और परखने का गहरा धीरज समीक्षा में होना चाहिए। कविता की भीतरी जटिल रचना-प्रक्रिया को एक कवि समीक्षक बेहतर समझ पाता है, इसलिए मेरे लिए विभिन्न समीक्षा दृष्टियों का महत्त्व रहा है, न कि किसी एक ही दृष्टि का।" (तट पर हूँ तटस्थ नहीं) कुँवर नारायण की मान्यता है कि अच्छी समीक्षा में समीक्षक की सम्यक् तैयारी के ही नहीं, उसकी प्रगल्भता, ज्ञान, मान्यता, तर्क-क्षमता, विचार आदि के दर्शन होते हैं। अच्छी समीक्षा के माध्यम से पाठकों का साहित्यबोध विस्तृत होता है।

समीक्षा सैद्धांतिक हो या व्यावहारिक, उसका विकास तभी सम्भव है जब इस क्षेत्र के विद्वान् प्रतिपक्ष का भी आदर करेंगे। जनतांत्रिक पद्धति समालोचना के विकास के लिए अनुकूल पद्धति है। इसमें सबको अपने विचार प्रकट करने की छूट होती है। संवाद तथा खंडन-मंडन की पद्धति किसी भी क्षेत्र के चिन्तन को विकसित करने का उपयुक्त माध्यम होती है। कुँवर नारायण इस सन्दर्भ में बौद्ध विचारधारा, उपनिषद् का चिन्तन तथा संस्कृत साहित्य-शास्त्र की परम्परा का उदाहरण देते हैं–"संवाद-पद्धति में विचार-विनिमय की जनतांत्रिक जड़ें हैं। और यह मुझे बिलकुल तर्कसंगत लगता है कि भारतीय समीक्षा शास्त्र के विकास की मूल मानसिकता–शास्त्रार्थ और खंडन-मंडन की आवश्यकता को पूरी तरह आत्मसात् किए हुए विकसित हुई।" (आज और आज से पहले)

सैद्धांतिक समीक्षा के विकास में धर्म, दर्शन आदि क्षेत्रों की चिन्तन-स्मरणियों का बहुत बड़ा योगदान रहा है। कुँवर नारायण इस सन्दर्भ में संस्कृत तथा ग्रीक के प्राचीन साहित्य-शास्त्र का उदाहरण देते हैं। यथा–"संस्कृत काव्य-शास्त्र सदियों तक अपने समय के दार्शनिक विचारों के समानांतर और कभी-कभी उसे काटते हुए भी चलता रहा। लेकिन उसके प्रति निरपेक्ष कभी भी नहीं रहा। संस्कृत साहित्य-समीक्षा के सभी 'सम्प्रदाय' कुशल आचार्यों और उसके प्रति निरपेक्ष कभी भी नहीं रहा। संस्कृत साहित्य-समीक्षा के सभी 'सम्प्रदाय' कुशल आचार्यों और गुरुओं की देन हैं जो जीवन, विचारों और साहित्य के प्रति एकनिष्ठ भाव से समर्पित लोग थे। इसी तरह सुकरात, प्लेटो और अरस्तू में भी 'विचार' और 'साहित्य-समीक्षा' एक-दूसरे में घुले-मिले हैं।" (आज और आज से पहले)

समीक्षा के प्रयोजन को लेकर कुँवर नारायण की मान्यता बिलकुल ही साफ है। अच्छी समीक्षा कृति के सभी पक्षों को सामने लाती है। वह विचार सम्पन्न भी होती है। समीक्षात्मक जानकारियों से युक्त होने से वह एक संश्लिष्ट दृष्टि देती है। इतना सारा होने पर ही समीक्षा का महत्त्वपूर्ण प्रयोजन सिद्ध हो सकता है–रचनात्मक ऊर्जा के साथ-साथ जीवन के प्रति नई दृष्टि प्रदान करने का। कुँवर नारायण लिखते हैं–"एक कबीर, निराला, प्रेमचंद, मुक्तिबोध, अज्ञेय या शमशेर का साहित्य-जगत् जीवन की ही तरह जटिल और विविध है। उसी क्रम में ही उसे स्वीकार करते हुए लिखी गई संवेदनशील समीक्षा हमें न केवल कृति और साहित्य के बारे में बल्कि जीवन के बारे में भी नई समझ दे सकती है, यह एक बड़ा काम है जिसके लिए हम समीक्षा की ओर देखते हैं।' (तट पर हूँ तटस्थ नहीं)

कुँवर नारायण के गद्य में व्यावहारिक समीक्षाओं का भी अन्तर्भाव है, जिनमें अज्ञेय, शमशेर, मुक्तिबोध आदि कवियों की रचनाओं का सौन्दर्य उद्घाटित करते हुए कवि द्वारा साभिप्राय प्रयुक्त काव्य-युक्तियों पर भी प्रकाश डाला गया है। मुक्तिबोध की लम्बी कविताओं का विवेचन करते हुए उन्होंने यथार्थ के परस्पर गुंफित रूप पर प्रकाश डाला है। लम्बी कविताओं की संरचना को स्पष्ट करते हुए वे कहते हैं

कि इनमें शब्द, बिम्ब, अर्थ और ध्वनियाँ भी गुंफित होकर घूम-फिरकर पुनः-पुनः प्रयुक्त हुई नजर आती हैं। आवर्तन की इस युक्ति के कारण मुक्तिबोध की लम्बी कविताओं का एक अलग ही स्वरूप बनता है जिस पर कुँवर नारायण की मार्मिक आलोचनात्मक टिप्पणी उनकी पैनी समीक्षा-दृष्टि को उजागर करती है–"मुक्तिबोध की कविताएँ असंगठित लगती हैं–लगती हैं नहीं शायद होती भी हैं मानो उन्हें जानबूझकर इस तरह रचा गया हो कि वे उखड़े हुए, बड़बड़ाते यथार्थ के पागलपन का अहसास करा सकें–अपने कथ्य द्वारा ही नहीं अपने फॉर्म द्वारा भी।''

कुँवर नारायण के गद्य में निबन्धों तथा डायरियों में लिखी गई छोटी-बड़ी टिप्पणियों का भी समावेश होता है। कुँवर नारायण के लखनऊ वाले मकान पर राजनीति, साहित्य, फिल्म और संगीत के दिग्गजों की आवाजाही रहती थी। वहीं पर उन्होंने संगीत, सिनेमा के तत्त्वों, उनकी रचना-प्रक्रियाओं, प्रस्तुति के अलग-अलग अंदाजों की जानकारी पाई। आगे चलकर वे निरन्तर इन कलाओं का आस्वाद लेते रहे। साथ ही इन कलाओं के परस्पर सम्बन्धों पर भी गौर करते गए! यही कारण है कि कलाओं के अन्तःसम्बन्ध पर ये बराबर लिखते आए हैं। सिनेमा तथा संगीत विषयक इनकी टिप्पणियाँ अत्यन्त ही सटीक हैं।

कुँवर नारायण के साक्षात्कारों के दो संकलन निकल चुके हैं। ये दोनों संकलन ऊँचाई पर पहुँची हुई हिन्दी साक्षात्कार विधा के उदाहरण प्रतीत होते हैं। इन साक्षात्कारों में हाजिरजवाबी होने का, व्यर्थ का अहंकार कतई नहीं हैं, हाँ, साहित्य और कला से जुड़े हुए हर प्रश्न का प्रगल्भ उत्तर देने का गम्भीर दायित्व अवश्य झाँकना है। संक्षेप में, समीक्षाएँ हों, निबन्ध हों, डायरी की टिप्पणियाँ हों या साक्षात्कार, कुँवर नारायण के गद्य ने कला-संसार की, विशेषकर हिन्दी साहित्य-संसार की एक गहन समझ प्रस्तुत की है।

जहाँ ज़िन्दगी सबसे अधिक बेध्य हो कविता द्वारा

गिरिराज किराडू

1

कुँवर नारायण की कविता की 'महत्त्वपूर्णता' को ऐसे कहा जा सकता है, कहा जाता है कि उनकी कविता हिन्दी (कविता) में संस्कृति हो चुकी कमअक्ली और कमसुखनी की लद्धड़, सांस्थानिक, किलेबन्द अहमन्यता को भी हमदर्दी और परिष्कार बख्शता एक प्रतिकार, एक प्रत्याख्यान है; कि वह हिन्दी के दो संसारों के, उनके अतिचारों के आरपार एक प्रौढ़ मध्यमार्ग/तीसरा रास्ता है आदि-आदि। लेकिन ये उनकी कविता के 'एप्रोप्रिएशन' की न सिर्फ आसान बल्कि खतरनाक तरकीबें हैं क्योंकि इस तरह वह (पॉलेमिकल) परिप्रेक्ष्य अधिक महत्त्वपूर्ण हो जाता है जिसके समर्थन/विरोध में 'ही' इस कविता की सार्थकता सम्भव होती/सिद्ध की जाती है।

यहाँ ऐसा करने का पर्याप्त अवकाश नहीं है लेकिन एक प्रस्तावना की कोशिश है कि उनकी कविता को, एक स्वतंत्र काव्य-दृष्टि और सत्ता-दृष्टि की तरह पढ़ा जाए, उपलब्ध काव्य/सत्ता दृष्टियों के पक्ष/प्रतिपक्ष की तरह नहीं, उनके 'मध्यमार्ग' की तरह नहीं क्योंकि 'मध्यमार्ग' इस कविता का मार्ग नहीं, उन उपलब्ध दृष्टियों की सुविधा है। कुँवर नारायण की कविता ही कहती है–

हर एक के अपने-अपने ईमान धरम
इतने पारदर्शी
कि अपठनीय (अपठनीय)

2

कुँवर नारायण की कविता/उनका लेखन मनुष्य होने की, कवि/कविता होने की सम्पूर्णतर विधियों को लगातार खोजने, पाने का एक आत्मविश्वस्त उद्यम है। उनमें सेल्फ-सेंसरशिप बिलकुल नहीं है। वे मनुष्य की, 'यथार्थ' की, होने के उम्मीद और अजाब की अवश्य और सदैव हतप्रभ कर देने वाली, अकसर विलोम छवियों/संस्करणों को विरल सहजता

से और बहुत तरह के स्रोतों से मुमकिन करते हैं। उनकी ज्ञानमार्गी वस्तुनिष्ठता अपने नेपथ्य में, अपने डार्क-रूम में जितनी जटिल, विकट संघटना है, अपने प्रदर्शन के 'धोखे' में उतनी ही सहज (एफर्टलेस और सहजात दोनों अर्थों में, लेकिन 'सरल' के अर्थ में नहीं)। यूँ कहना चाहिए कि यह ऐसा पूरावक्ती ज्ञानमार्ग है जिसमें जटिल ही सहज हो गया है। हर कविता/रचना अपने में मनुष्य होने की वर्तमान, अतीत और भविष्य-सम्भव अवस्थितियों के संवाद से, इतिहास, पुराण और समकाल-सम्भव अन्योन्याश्रितता से, 'कला', 'समाज', 'यथार्थ', 'राजनीति', 'व्यक्ति', 'अध्यात्म' आदि 'विरुद्धों' के 'सामंजस्य' से नहीं उनके जैविक और डायलेक्टिकल एकत्व से, निर्मित होती हुई एक 'सम्पूर्ण (तर) संघटना' है। उनकी कविता/लेखन में समावेशिता और सम्पूर्णता के बीच एक अनोखा डायलेक्टिक्स है। बिना समग्रतामूलक सामान्यीकरणों/ महाख्यानों के बल्कि प्रायः उनके विसर्जन से सम्पूर्ण (तर) को मुमकिन करने की एक अजब कोशिश है यह जो 'अनोखा' और 'अजब' जैसे विशेषणों के अतिरिक्त से फुसलाई नहीं जा सकती।

3

*मैं ज़िन्दगी से **भागना** नहीं*
*उससे **जुड़ना** चाहता हूँ।*
*उसे **झकझोरना** चाहता हूँ*
उसके काल्पनिक अक्ष पर
ठीक उस जगह जहाँ वह
*सबसे अधिक **बेध्य** हो कविता द्वारा।* (उत्केन्द्रित)

(आपसे गुजारिश है आप उद्धृत काव्यांशों के बोल्ड किए हर्फों को गौर से पढ़ें क्योंकि मुमकिन है आपको भी वही 'धोखा' हो रहा हो जिससे मेरी वाकफियत बिलकुल न होती अगर कुँवर नारायण/बोरहेस जैसे लेखक न होते।)

एक बार धोखा हुआ
कि तितलियों के देश में पहुँच गया हूँ
और एक तितली मेरा पीछा कर रही है
दरअसल वह भी
मेरी ही तरह धोखे में थी
कि वह तितलियों के देश में है
और कोई उसका पीछा कर रहा है। (तितलियों के देश में)

4

उनसे सच्ची, जानलेवा, जिरही ईर्ष्या किए बिना उनसे प्रेरणा लेना तक मुश्किल है। यह उनके स्वावलम्बी ज्ञानमार्ग की शर्त भी है, वसीयत भी।

कलाओं का प्रदीप्त संसार और कुँवर नारायण

यतींद्र मिश्र

कुँवर नारायण जी के बारे में सबसे आसान परिभाषा यह है कि वे कवि हैं। मगर यह उतनी आसान नहीं क्योंकि कवि होने के साथ-साथ वे एक धीर आलोचक हैं। यह कठिनाई तब और बढ़ जाती है जब हम यह देखते हैं कि वे आलोचक के अलावा कला समीक्षक भी हैं, जिनकी परिधि में संस्कृति एक निकाय की तरह मौजूद रहती है और हमें यह जानने में देर नहीं लगती कि कुँवर नारायण का कवि और आलोचक संस्कृति के विभिन्न सोपानों में एक यांत्रिक की तरह गमन करता है। उन दोनों के मिश्रित सम्बन्ध से बनने वाली दृष्टि उनके लिए किसी विशिष्ट तर्क की स्थापना का अभिप्रेत बनती है, साथ ही संस्कृति के विभिन्न अवयवों के स्वरूप, उसके स्थापत्य, उससे होने वाले सम्मोहन और उन सम्मोहनों की अर्थछवियों की महत्ता का अभिप्राय भी संकेतित करती है। यहाँ मैं संस्कृति को तमाम सारी कला अभिव्यक्तियों के सन्दर्भ में प्रयुक्त कर रहा हूँ। सिर्फ कला समीक्षा का दायरा संकीर्ण जान पड़ता है फिर ऐसे आलोचक के सन्दर्भ में तो और भी कमतर लगता है, जिसने एक साथ सिनेमा, लोक, स्थापत्य, कला, संगीत एवं रंगमंच पर गहरी निस्संगता से विचार किया हो। यहाँ हम महसूस कर सकते हैं कि कुँवर जी के आलोचक का संस्कृति विमर्श उनके इर्द-गिर्द बनने वाले संसार के छोटे-बड़े अनुभवों को ऐसी अपूर्व व्याख्या है, जहाँ वह अपनी निर्मितियों से ऐसा आकाश सुलभ कराते हैं, जिसमें सारी कला समीक्षा समन्वय का एक विलंबित सुर ध्वनित करती है। कुछ-कुछ भक्तिकाल के उन संत कवियों जैसी, जिसमें एक साथ भक्ति और समर्पण, मोह और वैराग्य, जुड़ाव और निर्लिप्तता मौजूद है। जैसे कुँवर नारायण जी के लिए कुमार गंधर्व मात्र संगीत नहीं, पूरी भारतीय संगीत परम्परा में एक सभ्यता का होना है। वे संगीत के बरक्स कुमार गंधर्व के गायन में उस अचूक भक्त संवेदना का लोप पाते हैं जो गाते समय खुद की बनाई हुई आस्था परिधि को छोड़कर अपनी कला को ज्यादा बड़े आध्यात्मिक वृत्त में प्रतिष्ठित करती है। वे इस स्थापना तक पहुँचते हैं कि 'उनके संगीत में जनाश्रयी संगीत की व्यापक मानवीयता है एक उद्धत कोशिश, जो भारतीय संगीत को मानो उसकी सामंती सीमाओं

से बाहर लाकर सबकी चीज बना देना चाहती हो, उसी तरह जैसे कभी संगीत और नृत्य मंदिरों में था।'

इसी तरह पंडित मल्लिकार्जुन मंसूर पर बहुत कम शब्दों में उनकी गहरी व्याख्या ध्यान देने योग्य है—शुद्ध और अत्यन्त सधी हुई तानों के सघनतम आश्रय पर एक राग के सूक्ष्मतम भेदों का कुशल विन्यास। लयकारी में गम्भीर शास्त्रीय अनुशासन के साथ-साथ पूरी रोमांटिक ऊर्जा का लगभग आध्यात्मिक आनन्द की सीमा तक विस्तार। अब लगभग 70 वर्ष की आयु में भी आवाज में अद्‍भुत ठहराव, निखार और सफाई। अतरौली घराने की गायन शैली को एक नई ऊँचाई तक पहुँचा सकने वाले सिद्ध और धीर गायक। यह सधी हुई संश्लिष्ट स्थापना थोड़ी देर के लिए आलोचक को निरा आलोचक नहीं रहने देती बल्कि उसी विधा का एक संवाहक बनाती जान पड़ती है। लगता है कि संगीत को इस तरह परखते हुए स्वयं समीक्षक वाग्गेयकारों और संगीत के घरानेदार बुजुर्ग की श्रेणी में जा पहुँचा है जिसे सुर और स्वर की पकड़ गहराई से है।

अभी हाल ही में कुछ वर्षों पूर्व साहित्य अकादेमी के संवत्सर व्याख्यान में कुँवर जी ने एक महत्त्वपूर्ण प्रश्न उठाया था कि बहुत सारे शब्द, जो हमारी भाषा परम्परा में किसी विशेष अर्थ के बगैर इस्तेमाल होते रहे हैं, उनके पुनर्मूल्यांकन, पुनर्पाठ की जरूरत है। उनके अर्थों के प्रयोग का रूढ़ होते जाना, शब्द की गरिमा खो देता है। कुछ-कुछ अज्ञेय के उस प्रतीक की तरह जिसमें देवता जलहरी को घेरे बैठे हैं और जलहरी का पानी सूख चुका है। फिर यह आशय मुखर होता है कि देवता भी सूख गए हैं। हम पाते हैं कि धीरे-धीरे शब्दों की देवत्व आभा धूमिल पड़ती जाती है। कुँवर जी के यहाँ कला परख दरअसल इसी दृष्टि के माध्यम से संचालित होती है। वह इस बात के लिए बराबर सचेत हैं कि कला को, उसके प्रदर्शन को और उसकी अनुषंग वृत्तियों को उन रूढ़ अर्थों में न देखा-पढ़ा जाए, जिन अर्थों में व्यापक समाज उन्हें बरतता रहा है। जैसे—सिनेमा के लिए उनके मन में यह धारणा प्रबल है कि वह एक ऐसी कला है, जिसकी अभिव्यक्ति बहुत जल्दी और असरकारी होती है और अगर हम बेहतर फिल्म की समझ विकसित कर सकें, तो साहित्य और अन्य कलाओं को विश्लेषित और प्रसारित करने के लिए इस विधा को अचूक हथियार की तरह इस्तेमाल कर सकते हैं। उनके लिए यह पर्याप्त स्वागतयोग्य है कि किएस्लोवस्की बाइबिल के टेन कमांडमेंट्स पर टेन शॉर्ट स्टोरीज की फिल्म 'डीकालॉग' बना सकते हैं, और मृणाल सेन प्रेमचंद की कहानी 'कफन' को 'ओकाओरी' कथा के माध्यम से जनसमुदाय में प्रचलित कर सकते हैं। कुँवर जी और सत्यजित रे की मैत्री जगजाहिर है और यहाँ एक छोटा सा प्रकरण 'शतरंज के खिलाड़ी' फिल्म के निर्माण के सम्बन्ध में बताना चाहूँगा, जो प्रेमचंद की इसी नाम की कहानी पर बनाई जा रही थी। लखनऊ में फिल्म के आखिरी दृश्य का फिल्मांकन हो रहा था। इस अन्तिम दृश्य में मिर्जा और मीर एक-दूसरे के साथ बस्ती से दूर किसी खंडहर के निकट, खंडहर की दीवार के सामने शतरंज खेल रहे हैं। कुँवर जी ने पास ही पुराने बरगद का एक सूखा और जर्जर पेड़

देखा और निर्देशक को राय दी कि यदि इस पेड़ के नीचे हम दृश्यांकन करते हैं, तो फिल्म में सामने से देखने पर पेड़ के कई प्रतीकात्मक अर्थ निकलेंगे जो निश्चय ही फिल्म को एक नई व्याख्या दे सकता है। जर्जर पेड़ का प्रतीक उस परम्परा के टूटने का भी द्योतक था, जिसका इशारा प्रेमचंद की कहानी में है और फिल्म द्वारा जिसे सेल्युलाइड पर लाया जा रहा था। सत्यजित रे प्रसन्न हुए, उन्होंने तुरंत वह शॉट कैंसिल करके उसी पेड़ के सामने फिल्माया। यह उद्धरण एक संवेदनशील कलाकार के प्रति यह धारणा प्रबल करता है कि किसी भी विधा में रहते हुए हम संस्कृति को बिना नुकसान पहुँचाए उसकी ज्यादा गहरी अर्थान्विति के लिए प्रभावित कर सकते हैं।

यहाँ उस्ताद बिस्मिल्ला खां साहब से हुई बातचीत का एक अवांतर प्रसंग सुनाना चाहूँगा। मुसलमानों में संगीत को त्याज्य मानते हैं, इसी सवाल की एवज में खां साहब ने मुझसे कहा–"संगीत वह चीज है जिसमें जात-पांत कुछ नहीं है। मुझे लगता है हमारे मजहब में मौसिकी को इसलिए हराम कहा गया कि अगर इस जादू जगाने वाली कला को रोका न गया तो एक से एक फनकार इसकी रागिनियों में इस कदर डूबे रहेंगे कि दोपहर, शाम वाली नमाज कजा हो जाएगी। अब हमारे यहाँ तो सबका मालिक एक अकेला अल्लाहताला ही है। उसी की इबादत की इजाजत है। अब अगर दिन भर हम मौसिकी साधने में डूबे रहें तो पाँच वक्त की नमाज का क्या होगा? सोचेंगे थोड़ा और रियाज कर लें। अभी तो पंचम या गांधार का वह कण पकड़ में आया है, फिर नमाज में भी दस-पंद्रह मिनट हैं। इसी तरह सुर पकड़कर जहाँ हम तरन्नुम में गए कि नमाज का वक्त बीता। आपकी ही बात मैंने जब अपने उस्ताद जी से पूछी तो बोले कि देखो यह सही है कि अपने यहाँ संगीत जैसी बेहतरीन चीज नाजायज मानी जाती है; फिर भी उसे किसी ने छोड़ा तो नहीं। फैयाज खां साहब को देखो, रज्जब अली खां साहब, अमीर खां को देखो, मौजुउद्दीन खां, अलाउद्दीन खां जैसे लोग कहाँ हैं मौसिकी में। अब जब हराम है, तब तो यह हाल है अगर कहीं जायज होती तो ये सारे लोग या यों कहें सारे मुस्लिम फनकार कहाँ पहुँच गए होते?"

एक सच्ची कला यही करती है। वह स्वयं में खोने का अवकाश देती है। उसके डूबने में खुद कला के निजत्व को प्रतिष्ठा मिलती है। अगर एक गायक अपने द्वारा ली हुई बीहड़ तान के जंगल में फंस न सके और फंसने के बाद फिर से निकल न सके, तो उसकी कला मात्र प्रदर्शन होगी, समर्पण नहीं। साहित्य के लिए मोहभंग होना जरूरी है और प्रदर्शनकारी कला में आत्ममुग्ध होना। कलाभिव्यक्ति में बिना स्वयं पर मुग्ध हुए दूसरे किसी को भी मुग्ध नहीं किया जा सकता। उस व्यक्ति या भावक के लिए यह जरूरी है कि उसका जुड़ाव कला से तो हो ही, कला के संवाहक के साथ भी एक स्थायी रिश्ता बन सके। ऐसा रिश्ता जिसमें नमाज भूल जाए और दोपहर-शाम का फर्क जाता रहे।

कुँवर जी उस्ताद अमीर खां साहब पर लिखते हुए, उनसे एक सवाल करते हैं कि वे ठुमरी, गजल वगैरह गाना क्यों नहीं पसन्द करते, तब खां साहब की ओर से

जवाब मिलता है–"जो गाता हूँ उसमें सब शामिल है।" इस अर्थ में आलोचक की समीक्षा शास्त्रीय अर्थों के बदले लोक अनुभवों में विस्तृत हो जाती है। यह संगीत के लिए ही नहीं, संगीत की सीमाओं से बाहर निकलकर उस अद्वितीय बौद्धिकता को अपने लिए सृजित करने जैसा है, जिसमें व्यतीत कुछ नहीं होता; सब कुछ सिद्ध होता चला जाता है। जिन्होंने संगीत को जाना है और नृत्य को जाना है, उन्होंने भाषा और शब्द के उन उच्चतर सीमांतों को भी जाना है, जिसमें एक सभ्यता पूरी पराकाष्ठा पर अनूठे तरीके से अपनी व्युत्पत्ति को प्रदर्शित करती है। यह हमारा सौभाग्य है कि हम ऐसे देश की परम्परा में रहते आए हैं, जहाँ सबसे कठिन और विरोधी समय में जब सब प्रकार के उपक्रम रद्द हो जाते हैं–कलाएँ ही, प्रार्थना की तरह, सबसे अचूक आश्रय बनती हैं। कुँवर जी की कला परख की सामग्री को हम इन्हीं आश्रयों की तरह महसूस कर सकते हैं। यह भी जानना बड़ा सन्दर्भ युक्त और ऐतिहासिक है कि उनके लखनऊ महानगर के घर में विभिन्न कला विभूतियों ने अपनी कला को, 'जगह' और 'समय' से बड़ा बनाया है। शायद कलाओं और उनकी प्रदीप्त दुनिया के बारे में इतनी निस्संगता से विचार करने की धारणा उनमें उसी समय आई हो, संगीत और साहित्य का या किन्हीं दो अन्य कलाओं का अन्योन्याश्रित सम्बन्ध, दो भिन्न दुनियाओं को एक साझा दृष्टि से देखने का अवकाश देता है। यह दृष्टि उस दृष्टि से बिलकुल भिन्न नहीं, जिससे हम अपने निजी आशयों का 'सुख' परखते हैं। इस सुख का एक व्यापक चरित्र हो सकता है। उसमें बहुत सारा समय और बहुत सारी छोटी-बड़ी उम्मीदें शामिल पाई जा सकती हैं।

यह बहुत कम लोगों को मालूम है कि लखनऊ में रहते हुए कुँवर नारायण जी ने प्रदर्शनकारी कला के लिए ढेरों काम किए। पहली बार लखनऊ में ब.व. कारंत के साथ श्रीलाल शुक्ल एवं सुरेश अवस्थी की मदद से गिरीश कर्नाड के नाटक 'हयवदन' की प्रस्तुति करवाई। यह लखनऊ का वह समय था जब हिन्दी नाटकों से वहाँ के दर्शक लगभग कट चुके थे और उन्हें यह भी ठीक से पता न था कि रंगमंच पर हिन्दी की कोई सक्रिय या केन्द्रीय भूमिका हो सकती है। अपने घर में एक कमरे को स्टूडियो का रूप दिया और नरेश सक्सेना के साथ मिलकर पारम्परिक अवधी गायन की कुछ लुप्त हो रही विधाओं, मर्सिया आदि की रिकॉर्डिंग की व्यवस्था की। स्वयं दो नाटक लिखे, जिनका प्रदर्शन भी हुआ मगर अपनी लोकप्रसिद्ध आदत के अनुसार कभी छपवाया नहीं। उ.प्र. संगीत नाटक अकादेमी में रहते हुए 'छायानट' पत्रिका का प्रकाशन शुरू कराया। यह सारे तथ्य यहाँ इसलिए रेखांकित हुए हैं कि यह उस कवि की परिभाषा के अन्दर आते दिखाई पड़े, जिसने कुँवर नारायण जैसा गम्भीर कला-समीक्षक हमें दिया है। यह कुँवर जी की बड़ी सफलता है कि वे अपने रचना-कर्म में शब्दों और रागों को, मानवीय सरोकारों और उनके नाटकीय प्रदर्शन को, ध्वनि और सादृश्य को परस्पर समीप ला सके। दो भिन्न कलाओं की भिन्न दुनियाओं में यात्रा करते हुए जो महत्त्वपूर्ण तथ्य हाथ लग सका, उसकी सबसे बड़ी उपलब्धि

यह रही कि हमें हिन्दी में ऐसी कला-समीक्षा हासिल हुई जिसमें किसी गायक को उसके नितांत निजी आशयों के साथ हम साहित्यिक धरातल पर भी विश्लेषित कर सके, तो साहित्य का फैलाव हमने सेल्यूलाइड की चमक में भी ढूँढ़ना चाहा। सत्यजित रे के माध्यम से हम एक ज्यादा व्यापक प्रेमचंद पा सके और रंगमंच पर उस परम्परा का प्रतिनिधित्व होते देखा, साहित्य और रूपंकर अभिव्यक्तियाँ जहाँ मित्रवत् व्यवहार करती हैं।

कुँवर जी का साथ शास्त्रीयता का साथ है। वे लोक के विरोधी नहीं पर उससे सामंजस्य के बावजूद थोड़ी दूर-दूर चलते हैं। उनके यहाँ खयाल की अपूर्व प्रतिष्ठा है मगर कजरी-चैती का लोक उल्लास गाहे-बगाहे दिखता है। सत्यजित रे, मृणाल सेन, अदूर गोपालकृष्णन, कुरोसावा और किएस्लोवस्की तो उनकी चिन्तना में झलक जाते हैं मगर सिनेमा की पॉपुलर कल्ट कहीं दिखाई नहीं पड़ती। हो सकता है यह उनकी पसन्द का सवाल हो, मगर एक गम्भीर अध्येता और जागरूक रचनाकार से यह उम्मीद करना गलत या ज्यादती नहीं कि उसके रचना-संसार में यह लोकप्रिय तत्त्व अछूता क्यों रहा और खयाल की गम्भीरता में लोक गायन शैलियों का उल्लास कहीं धूमिल पड़ गया। यह दुर्भाग्यपूर्ण ही है कि श्रोताओं और समीक्षकों द्वारा इस लोक-संसार पर ठीक तरह से ध्यान न दिए जाने के कारण हमारे बीच से कुडियाट्टम रंग नृत्य शैली, यक्षगान परम्परा, गंधर्वगान, रास, मर्सिया गायकी, नौहा, सलाम आदि धीरे-धीरे लुप्त होने लगे हैं। कुँवर जी की कला-आलोचना एक संयत और आत्मसजग कलाकार की आलोचना है। वह जब तक कवि से मुखातिब रहती है हम कुमार गंधर्व और अमीर खां पर अनूठी टिप्पणियों के साथ 'अमीर खुसरो', 'अनारकली', 'मद्धिम उजाले में', जैसी कविताएँ पा जाते हैं और जब उसका साथ आलोचक का होता है, तब सिनेमा, रंगमंच और भाषा-परम्परा की महीन बुनावट का काम देखने को मिलता है। यह सारी रचनात्मक स्थिति, आलोचक की उस व्यापक 'स्मृति' का हिस्सा हैं, जो एक साथ सांस्कृतिक, राजनीतिक, ऐतिहासिक या बिलकुल निजी आशयों से उपजी हैं और इन स्मृतियों की पहचान का सन्दर्भ इतना जीवनधर्मी है कि यह पता लगाना मुश्किल हो जाता है कि ये स्थापनाएँ कितनी जल्दी अपनी अनुपमेय उपस्थिति का वृत्त बना लेती हैं। यह जानना कुँवर नारायण जैसे कला-समीक्षक के बारे में खासा दिलचस्प है कि उन्हें ग़ालिब सर्वाधिक प्रभावित करते रहें।

स्वयं ग़ालिब जो कहते हैं, वही दुहराना शायद यहाँ ज्यादा प्रासंगिक होगा।

है कहाँ तमन्ना का दूसरा कदम, या रब?
हमने दस्ते इम्कां[1] को एक नक्शे-पा[2] पाया।

सन्दर्भ

1. सम्भावनाओं का जंगल
2. पाँव का निशान।

एक पुकार की कातरता से गूँजती हैं दिशाएँ

पंकज पराशर

कुँवर नारायण हिन्दी कविता की ऐसी विरल उपस्थिति हैं जिनके यहाँ वह सब कुछ विद्यमान है, जो दूसरे कवियों के यहाँ मौजूद है, परन्तु जो चीज कुँवर जी के यहाँ है, वह अन्य कवियों के यहाँ नगण्य है। कुँवर नारायण की कविता में वर्तमान और मिथकीय इतिहास के बीच जो आवाजाही है, मिथकीय घटनाओं से वर्तमान संवेदना की जो टकराहटें हैं, काल और इतिहास का जो स्वअर्जित काव्य-विवेक है और अनुभूति की जैसी शुद्धता है, वह हिन्दी कविता के इतिहास में शमशेर बहादुर सिंह के सिवाय और कवियों में बेहद कम नजर आती है। अनुभूति की जैसी शुद्धता और शब्द-स्फीति से सायास बचने की जैसी अतिरिक्त सतर्कता शमशेर के यहाँ मौजूद है और कई बार उनकी यह खूबी उनकी सीमा भी बनती हुई-सी लगती है। लेकिन कुँवर नारायण बहुत खूबसूरती से इन चीजों से स्वयं को बचा लेते हैं। शब्द-स्फीति का आग्रह शमशेर में इतना प्रबल है कि इन आग्रहों के बीच इस वजह से कई बार क्रिया तक उपेक्षित रह जाती है और उनकी कविता का अर्थ-कवच और अधिक परुष बनकर रह जाता है। दूसरी बात यह कि नामवर जी ने शमशेर की इस प्रयत्नसाध्य पवित्रता के बारे में लिखा है, 'शमशेर की आत्मा ने अपनी अभिव्यक्ति का जो एक प्रभावशाली भवन अपने हाथों तैयार किया है, उसमें जाने से मुक्तिबोध को भी डर लगता था—उसकी गम्भीर प्रयत्नसाध्य पवित्रता के कारण।' इस पवित्रता का अहसास मुझे भी है और डर भी कम नहीं। परन्तु कुँवर नारायण में ऐसी प्रयत्न साध्य पवित्रता का प्रभावशाली भवन शायद ऐसा नहीं है, जहाँ जाने से किसी भी सहृदय पाठक को किसी भी तईं डरने की जरूरत हो। बल्कि कई बार उनकी कविता इतनी आत्मीयता से कंधे पर हाथ रखकर, दैनंदिन की बातों से इतिहास की यात्रा पर निकल जाती है, जहाँ से चीजें पूरे परिदृश्य को और अधिक आलोकित और स्पष्ट करती हुई-सी चलती हैं।

यह सच है कि इतिहास को समझे बगैर वर्तमान को ठीक से नहीं समझा जा सकता, लेकिन उसके साथ ही यह नहीं भूलना चाहिए कि इतिहास यदि वर्तमान को

प्रभावित करता है, तो कदाचित् वर्तमान भी इतिहास को प्रभावित किए बिना नहीं रहता। दोनों के बीच काल की टकराहटों को एक कवि जिस संवेदना और विवेक से देखता/विश्लेषित करता है और एक उत्तम काव्य में रूपांतरित करता है, उसके कुँवर नारायण अकेले बड़े उदाहरण हैं! 'आत्मजयी' और 'वाजश्रवा के बहाने' की कविताओं में जहाँ वे मृत्यु, काल और मिथकीय घटनाओं से टकराते हुए वर्तमान काल की विडंबनाओं को अनावृत्त करते हुए चलते हैं, वहीं आम जीवन की छोटी-छोटी घटनाएँ भी उनसे अलक्षित नहीं रहती हैं। उनकी काव्य-दृष्टि ऐसी है कि उनके छू भर देने से छोटी सी बात भी एक बड़े फलक और बड़े आयाम को पा जाती है। कहते हैं अन्तोन चेखव किसी भी चीज पर कहानी लिख सकते थे और नागार्जुन किसी भी विषय पर कविता लिख सकते थे या इसको इस तरह भी कहा जा सकता है कि वे मादा सूअर को भी 'मादरे-हिंद की बेटी' कह सकते थे। इसलिए नागार्जुन के यहाँ न केवल काव्य-विषयक वैविध्य की प्रचुरता है बल्कि अभिव्यक्तिगत वैविध्य की ऊँचाई भी कम नहीं है। कुँवर नारायण में जहाँ शमशेर जैसी अनुभूति की शुद्धता है, वहीं नागार्जुन की तरह काव्य-विषयक वैविध्य और अभिव्यक्ति-वैविध्य का शिखर भी विद्यमान है। कुँवर नारायण जैसे सजग और बहुपठित कवि अपनी भाषा की कवि-परम्परा से सकारात्मक चीजें ग्रहण करते हुए अपने निज कंठ-स्वर को बनाते/बचाते हुए अपने स्वर की ऐसी छाप छोड़ते हैं जिससे किसी भी भाषा-साहित्य का इतिहास समृद्धतर होता है। कुँवर नारायण जैसे कवि का व्यापक जीवन-विवेक उनके काव्य-विवेक और प्रतिबद्धता को और अधिक स्पष्ट करता हुआ चलता है। उनकी कविता है 'अबकी अगर लौटा तो' जिसमें वे कहते हैं, *'अगर बचा रहा तो/कृतज्ञतर लौटूँगा/अबकी अगर लौटा तो/हताहत नहीं/सबके हिताहित को सोचता/पूर्णतर लौटूँगा।'*

ऐसा नहीं है कि कुँवर नारायण अपने समय और जीवन की नकारात्मक घटनाओं/बातों से अनजान हैं या ऐसी चीजें जाने या अनजाने अपनी दृष्टि से ओझल कर देते हैं। वस्तुतः वे चीजों के सकारात्मक और प्रशंसात्मक पक्षों को देखने वाले कवि हैं। आज प्रेम और सृजन की शक्ति को हमारे समाज ने लगता है कहीं पीछे छोड़ दिया है और नफरत को एक जीवन-मूल्य सा मान लिया है। शायद इसलिए प्रेम करने से लोगों की सामाजिक हैसियत और इज्जत प्रभावित होती है और अपनी संतानों को मौत के घाट उतार देने में उन्हें तनिक भी हिचक नहीं होती। आखिर ये कैसा समाज हमने बना डाला है, जो प्रेम के प्रतिदानस्वरूप बच्चों को मृत्यु देता है और घृणा का महिमामंडन सार्वजनिक तौर पर करता है! कुँवर जी अपनी कविता 'इतना कुछ था' में कहते हैं, *'इतना कुछ था दुनिया में/लड़ने झगड़ने को/पर ऐसा मन मिला/कि जरा से प्यार में डूबा रहा/और जीवन बीत गया/'* जरा से प्यार में डूबे हुए मन वाले समाज में पिछले कुछ दशकों में जिस तरह सुनियोजित ढंग से घृणा के बीच बोए गए हैं उसने जरा सा प्यार में डूबे हुए जीवन जी लेने वाले समाज को असम्भव बना दिया है। अक्षय चक्रवर्तीत्व के स्वप्न में डूबे हुए समाज को कुछ

भी 'जरा सा' नहीं चाहिए। वह अपने स्वार्थ के लिए किसी चीज को नष्ट कर सकता है और अपनी निज-सफलता के लिए किसी भी स्तर तक जा सकता है।

सत्ता और शक्ति पर एकाधिकारवादी प्रवृत्ति के प्रसार ने मनुष्यता और संवेदना को कहीं पीछे छोड़ दिया है और दोहन और शोषण आज उसके मूल्य बन गए हैं। इसी मानसिकता ने सन् 1992 में अयोध्या और 2002 में गुजरात को घृणा और अमानवीयता के एक प्रतीक में प्रत्यावर्तित कर दिया है। कहना न होगा कि इसलिए अपने साक्षात्कारों तक में कुँवर नारायण कहते हैं कि 'तट पर हूँ, तटस्थ नहीं'। और वे यह बात महज ऐसे ही नहीं कहते, उदाहरण देखिए, *'हे राम/जीवन एक कटु यथार्थ है/और तुम एक महाकाव्य।/तुम्हारे बस की नहीं/उस अविवेक पर विजय/जिसके दस बीस नहीं/अब लाखों सर-लाखों हाथ हैं/और विभीषण भी अब/न जाने किसके साथ है।'* इस अविवेक पर विजय न प्राप्त कर पाने की राम की अक्षमता के बहाने दरसअल कवि राम के दैवीय शक्ति की शिथिलता के साथ-साथ वर्तमान समाज की रचनात्मक शक्तियों की दुर्बलता को रेखांकित करते हैं, जिसमें महाकवि का शायद वह पराजय बोध भी है-*'हो गया व्यर्थ जीवन/ मैं रण में गया हार।'* इसी कविता में कुँवर जी आगे कहते हैं, *'इससे बड़ा क्या हो सकता है/हमारा दुर्भाग्य/एक विवादित स्थल में सिमटकर/रह गया तुम्हारा साम्राज्य।'* जिस राम को पूरे जग में तुलसीदास सियाराममय मानते और *'करहुं प्रनाम जोरि जुग पानी'* कहते हैं उस राम की अयोध्या को आधुनिक मानव-समाज ने किस तरह दैहिक, दैविक और भौतिक तापों का प्रतीक बना दिया! यह सोचते हुए थोड़ा अजीब लगता है कि तुलसीदास की मिथकीय त्रेता की वह कैसी पुरातनता थी जिसमें किसी को किसी भी तरह का कोई ताप नहीं व्यापता था, जबकि तकनीक और विज्ञानसम्पन्न आधुनिकतासम्पन्न धर्म, शब्दों और अन्य अस्मिताओं की पृथकता को हिंसा और विध्वंस की वाजिब वजह मानती है! आज देश में अनेक तरह की अयोध्याओं को देखा और महसूस किया जा सकता है, जिसकी परिणति अन्ततः आम और निरीह जन को दैहिक, दैविक और भौतिक तापों से प्रताड़ित करना ही रह गया है। अयोध्या के गलियारों से राजनीतिक, आर्थिक सत्ता की सम्भावनाएँ फूटती रही हैं, इतिहास के पाठ-कुपाठ की सिसकियाँ निकलती रही हैं-वहाँ अब दैहिक, दैविक और भौतिक तापों से मानवता के त्राण की कोई *काव्य-सम्भावना* तक शायद शेष नहीं रही।

अयोध्या में रामशिला पूजन से जो राजनीति शुरू हुई और बाबरी मस्जिद के विध्वंस में भी जिसका पर्यवसान नहीं हुआ, जिसकी सांगठनिक उग्र परिणति गुजरात में दिखाई पड़ी क्या वह सब भारतीय समाज में अचानक ही घटित हुआ? किसी भी भाषा-साहित्य की कविता अपने समय की आँख होती है, तो क्या हिन्दी कवियों ने अयोध्या के बाद भी साम्प्रदायिकता के तीक्ष्ण नखों और क्रूरताओं को ठीक-ठीक लक्षित नहीं किया? साम्प्रदायिकता को लेकर अयोध्या के बाद हालाँकि हिन्दी में कविताएँ लिखी गईं, परन्तु उन कविताओं में कितनी मार्मिकता है और वे सही मायनों में वाकई कितनी 'कविता' भी है, यह विचारणीय है। साम्प्रदायिकता को लेकर अपने पक्ष को

चुनने के मामले में अधिकांश कवियों में कवि होहुं और चतुरता छिपाऊँ वाली मानसिकता के तहत 'पोलिटिकली करेक्ट' होने की करियरिस्ट व्याकुलता अधिक दिखाई देती है। सच्ची भावुकता के स्थान पर शायद पेशेवर रुदाली का रुदन अधिक दिखाई देता है। इस प्रतिमान पर देखें, तो कुँवर नारायण की 'अयोध्या' तो इत्तफाक से सिर्फ राम की ही अयोध्या नहीं है, स्वयं कवि की जन्मभूमि भी वही अवध है और षड्यंत्रपूर्वक जिसे साम्प्रदायिकता और घृणा के प्रतीक में बदला गया, उसकी दुर्दशा उन्हें आहत-मर्माहत ही नहीं करती, गहरे विषाद और अपराधबोध से भी भर देती है। इसलिए वे राम से कहते हैं कि हे राम वह त्रेता-युग था और यह नेता-युग है। नेता-युग की सारी कवायद सत्ता के लिए होती है, मनुष्यता के लिए, जीवन-रक्षा के लिए नहीं। यह कविता अपनी अयोध्या के लिए कवि का 'शोकगीत' है, ठीक वैसा ही शोक और निरर्थकता-बोध जैसा निराला के यहाँ है। अपनी पुत्री सरोज से क्षमायाचना करते पिता का वह चित्र कवि की ईमानदार अभिव्यक्ति और निरर्थकता-बोध का एक मार्मिक उदाहरण है, 'धन्ये मैं पिता निरर्थक था/तेरे हित न कुछ कर सका।' अपनी अयोध्या को साम्प्रदायिकता के इस प्रतीक में निरन्तर बदले जाते हुए देखते रहने की जो विवशता है और उसे न रोक पाने का जो सच्चा अपराध-बोध है, वह कुँवर नारायण की इस कविता में बहुत शिद्दत से उभरकर आया है।

जीवन, मृत्यु, प्रेम, शोक आदि कविता के ऐसे शाश्वत विषय हैं जिनसे हर काल का कवि किसी न किसी रूप में कभी न कभी अवश्य टकराता है। आज से लगभग आधी सदी पहले प्रकाशित अपने खंड काव्य 'आत्मजयी' में कुँवर नारायण ने जीवन और मृत्यु को जिस दार्शनिक अंदाज में देखा वह पाठकों को संसार और जीवन की नश्वतरता का जिस तरह बोध कराती है, उसके बाद कुछ देर के लिए ही सही एक प्रकार का 'श्मशान वैराग्य' उत्पन्न होता है। लेकिन अपने अगले खंड काव्य 'वाजश्रवा के बहाने' में वे इस भाव को बिलकुल उल्टे और अलग तरीके से देखने की चेष्टा करते हैं। स्वयं कवि के अनुसार, 'वाजश्रवा के बहाने जीवन के इसी प्रबल आकर्षण के स्पर्श की चेष्टा है। इस जिजीविषा के विभिन्न आयाम चाहे भौतिक हों या अत्मिक, चाहे बौद्धिक (दार्शनिक) हों या भावनात्मक, तत्त्वतः वे हैं जैविक ही। 'आत्मजयी' में यदि मृत्यु की ओर से जीवन को देखा गया है, तो 'वाजश्रवा के बहाने' में जीवन की ओर से मृत्यु को देखने की एक कोशिश है।'

इन दो खंड काव्यों के अतिरिक्त कुँवर जी की जो अन्य कविताएँ हैं, उनका काव्यात्मक फलक कम नहीं है। आज यह आवश्यक नहीं है कि कोई कवि काव्यशास्त्रीय मानकों को आधार मानकर धीरोदात्त नायक को लेकर, आठ-दस सर्गों में महाकाव्य लिखे तभी वह महाकवि होने का अधिकारी हो सकता है। महाप्राण निराला ने कोई महाकाव्य नहीं लिखा, इसके बावजूद वे पाठकों, विद्वानों और विद्यार्थियों के बीच महाकवि कहे और माने जाते हैं। प्रश्न तो यह भी पैदा होता है कि आप जितना लिखते हैं उसमें कितना कहते हैं? जो और जितना आप कह पाते

हैं उससे निर्धारित होता है आपकी कविता की अर्थवत्ता, प्रासंगिकता और कवि की महत्ता। परन्तु आज कवियों में जिस तरह 'अमरत्व' प्राप्त करने की औरंगजेबी प्रवृत्ति पनप चुकी है, उसमें कविता में महाकाव्यात्मक फलक तो दूर, कविता की सार्थकता तक ढूँढ़ना कठिन है। हड़बड़िया कविताओं की गड़बड़िया कवि-सैन्य प्रवृत्ति पर कुँवर नारायण की यह कविता कितनी सटीक बैठती है, देखिए, *'जल्दी का ज़माना है/सब जल्दी में हैं/कोई कहीं पहुँचने की जल्दी में/तो कोई कहीं लौटने की'* लेकिन हैरत तब होती है जब आप इन हड़बड़िया समुदाय से यह पूछ बैठें कि आखिर इस हड़बड़ी की मंजिल क्या है या इससे भी अधिक कि आखिर इसका हासिल क्या है, तो बकौल कुँवर जी, *'आपको आश्चर्य होगा/कि इस तरह रोके जाने के खिलाफ़/उसके पास कोई तैयारी नहीं।'*

कुँवर जी जीवन के जिस भी क्षण, पल या घटना को अपना काव्यविषय बनाते हैं, उसके छोर को पकड़कर आप जीवन की सम्पूर्णता को उसके पूरेपन में देख सकते हैं। वाजश्रवा सिर्फ मिथकीय चरित्र भर नहीं है, उसके चरित्र में हम आज के जीवन की घटनाओं-परिघटनाओं की प्रतिच्छाया भी देख सकते हैं। वे कहते भी हैं, 'वाजश्रवा के मन में आत्मिक ऊहापोह कम है, वैदिक जीवन दृष्टि की लौकिता प्रमुख है। आज की भौतिकता में भी उसकी एक झलक पहचानी जा सकती है। साथ ही, वाजश्रवा के मन में गहरा विक्षोभ भी है उस 'अशुभ क्रोध' को लेकर जिसके कारण उसके जीवन-यज्ञ में इतना बड़ा व्यवधान पड़ गया।' इसलिए कठोपनिषद् के वाजश्रवा को कुँवर जी आज के उत्तर आधुनिकोपनिषदीय परिदृश्य में जिस शोक, पश्चात्ताप और विडंबना के साथ रेखांकित करते हैं, दुर्भाग्य से हिन्दी काव्य-आलोचना में इसकी जैसी और जितनी पहचान, विश्लेषण और रेखांकन अपेक्षित था, उतना नहीं हुआ। वैदिक युग का जो आज था, जो कल था जो काल और काल का बोध और मनुष्य की आदिम प्रवृत्ति थी, उसमें कोई मूलभूत अन्तर नहीं आया है। 'वाजश्रवा के बहाने' की पहली कविता में कुँवर जी कहते हैं, *'यह 'आज' वैसा ही है/जैसा कोई 'आज' रहा होगा/इस आज से कहीं बहुत पहले/तब भी पूरी दुनिया को/जीत लेने की हड़बड़ियों से लैस/निकलते होंगे/सजे-धजे सूरमाओं के झुंड/और शाम को घर लौटते होंगे पस्त/दिन-भर की धूल चाटकर/थकी-मांदी हताशाओं के बूढ़े सिपाही!'* इस कविता की गहरी मारकता और प्रतीकात्मकता अद्‌भुत है! दुनिया को जीत लेने की सिकंदरी महत्त्वाकांक्षा की शिकार अकेली महाशक्ति अपने से आकार और शक्ति में कई गुणा छोटे देशों से थक-हारकर 'आज' भी उसी तरह बार-बार दुनिया जीतने की सिकंदरी इच्छा के साथ निकलती है, पराजित होती है और थकी-मांदी हताशाओं के सैनिक उसी तरह सोते, जगते और जीते हैं। 'आज' भी, जैसे कभी वैदिक युग के 'आज' में यह सब करते होंगे सैनिक और सजे-धजे सूरमा।

'वाजश्रवा के बहाने' में शक्ति के उग्र और विस्फोटक रूप की अपेक्षा संयत, उदार और अनुशासित पक्षों में अधिक आस्था व्यक्त की गई है। वाजश्रवा के भीतर

जो क्षमाभाव और पश्चात्ताप है उसकी आकुल पुकार की अत्यन्त मार्मिक अभिव्यक्ति इस संकलन की कविताओं में हुई है। वाजश्रवा–नचिकेता प्रसंग में लोकमानस में वाजश्रवा की जो लोक–छवि है उससे अलग एक पिता का पुत्र–प्रेम, पश्चात्ताप आदि के साथ–साथ जीवन के अनेक शेड्स यहाँ देखे जा सकते हैं। *'उसका रुदन जैसे एक स्तवन से/गूँज उठा हो भुवन का कोना–कोना/वह छा गया है आक्षितिज/व्योम से परे तक/प्रदीप्त हैं/लोक परलोक/'* भारतीय साहित्य की परम्परा में प्रिय या प्रिया से विछोह के बाद आकुलता, किए का पश्चात्ताप आदि भावों की अनेक कृतियों में अनेक मार्मिक प्रसंग हैं। कालिदास का यक्ष हो या सीता के वियोग में पेड़–पौधे और जीव–जंतुओं तक से सीता का पता पूछने वाले तुलसीदास के राम–'लौट आ ओ धार' की आकुल पुकार उनका स्थायी भाव होता है। तुलसीदास ने लिखा है *'रहे न आरत के चित चेतू/बार–बार कहे आपन हेतू।'* बार–बार आपन हेतू कहने की यह बारंबारता वाजश्रवा की व्यथा और करुणा में पूरी तरह सन्निहित ऐसे उदात्त भावों का सृजन करता है कि ठेठ नागार्जुनीय शब्दावली में उनसे यह पूछने का मन करता है–'कुँवर नारायण सच सच बतलाना/नचिकेता के दान–शोक से/वाजश्रवा रोया या तुम रोए थे?'

'वाजश्रवा के बहाने' की भूमिका में कुँवर जी लिखते हैं, 'पिता–पुत्र के सम्बन्धों को मूलतः द्वंद्वात्मक ढंग से न देखकर संयुक्त या 'दोहरी' जीवनशक्ति के रूप में देखा गया है।' यह सच है कि जीवन में संघर्ष भी हैं, पर संघर्ष–ही–संघर्ष नहीं हैं। संघर्ष और हिंसा अतिवाद में है न कि विभिन्नताओं में। वाजश्रवा के पश्चात्ताप की एक बानगी देखिए, *'लौट आओ प्राण/पुनः हम प्राणियों के बीच/तुम जहाँ कहीं भी चले गए हो/हम से बहुत दूर/लोक में परलोक में/तम में आलोक में/शोक में अशोक में/लौट आओ प्राण।'* पुत्र के लौटने की वाजश्रवा की एक पुकार की कातरता से गूँजती रहती हैं दिशाएँ, जिसे सदियों बाद भी एक कवि सुनता है, अपने समय में आवृत्ति और विडंबनाओं को देख अनावृत्त करता है। पीढ़ियों की दीवारें अक्सर पिता–पुत्र के सम्बन्धों में तनाव और दुःख का कारण बनती हैं। इसलिए वाजश्रवा कहता है, *'जानता हूँ/दीमक–लगी चौखटों की/बासी नक्काशियों को पार कर/भुतही हवेलियों में पाँव रखते/झिझकेगा एक नवागत पुत्र का भविष्य–बोध।'* इसलिए पुत्र के आज से पिता के कल को जो दीवार बांटती है, आज के युग से बीत चुके कल की दीवार को जो अन्तराल बढ़ाती है, उसे पाटना हमेशा से कठिन रहा है।

दीवार चाहे जो दिलों की बीच खिंच जाए, दो संस्कृतियों, दो धर्मों और दो समुदायों के बीच उठ जाएँ–कभी अच्छा नहीं होता। दीवारें अक्सर सुख का कारण कम और दुःख का कारण अधिक बनती हैं। दो समय में पैदा हुए दो लोगों के बीच बीता हुआ समय सिर्फ बीता हुआ समय भर ही नहीं होता, वह दो तरीके की मानसिकता और सोच को भी इन अन्तरालों में बना देता है। जीवन–विवेक और समय–बोध को पृथक् कर देता है। इस वजह से 'दीवारें' बन जाती हैं, *'कम दीवारों से बड़ा फ़र्क़ पड़ता है/दीवारें न हों/तो दुनिया से भी बड़ा हो जाता है घर।'* वाजश्रवा के जीवन–काल

में नचिकेता का लौट आना भर ही नहीं, संवाद और प्रेम का पुन: लौट आना सम्भव होना भी है। वाजश्रवा के लिए चौथे पहर में जीने और मरने का वही अर्थ नहीं रहा, जो जीवन के पूर्व पहरों में था। 'कठिन होता है समझ पाना जीने का अर्थ/आयु के चौथे पहर में/जब बदल जाते हैं/युद्ध और शान्ति के अर्थ/तब हम केवल जीतने के लिए नहीं/केवल न हारने की लड़ाई लड़ते हैं।'

कुँवर नारायण के 'वाजश्रवा के बहाने' में मंत्र जैसी शक्ति से परिपूरित इतनी अधिक कविताएँ हैं कि सारी कविताएँ उद्धरणीय प्रतीत होती हैं। उनके पास अपार जीवनानुभव के साथ-साथ विराट् और व्यवस्थित अध्ययन भी है। इस कारण चाहे वे आज के विषय-वस्तु पर कविता लिखें या वाजश्रवा-प्रसंग पर लिखें–इतिहास, आख्यान और वर्तमान तीनों में लगातार उनकी आवाजाही बनी रहती है। इसलिए प्रिय से विछोह के कारण नैकट्य की आकुलता को अभिव्यक्त करने वाले कवि को अति-नैकट्य के ऋणात्मक पक्षों का भी ज्ञान है। वे इसी संग्रह की 'असंख्य नामों के ढेर में' शीर्षक कविता में कहते हैं, *'निकटताओं के बीच भी/ज़रूरी है दूरियों के अन्तराल/चमकने के लिए/जैसे दो शब्दों को जोड़ती हुई/खामोश जगहों से भी/बनता है भाषा का पूरा अर्थ/बनता है तारों-भरा आकाश।'* संस्कृत की एक उक्ति है–'अति परिचयात् अपमानस्य कारणम्।' क्योंकि कुँवर नारायण ऐसे सामीप्य की व्यावहारिक मुश्किलों को जानते हैं, 'बचना होता है ऐसे सामीप्य से/जो नष्ट कर दे दो संसारों को/जो बदल दे नचिकेता के अर्थ को/एक घातक विस्फोट में!' प्रकृति का नियम है विकास के लिए एक निश्चित दूरी, रागानुराग के लिए एक निश्चित अन्तराल। जिस तरह धान के बीज को पहले एक खेत में उगाते हैं और फिर उन पौधों को वहाँ से उखाड़कर दूसरे खेत में उचित दूरी पर दोबारा रोपते हैं, जहाँ वह पर्याप्त जीवन-रस और पोषण पाकर फूलता-फलता है, उसी तरह सम्बन्धों के मामलें में भी सच है।

हिन्दी कविता के इतिहास में कुँवर नारायण का निज कंठ-स्वर उनके तमाम समकालीन कवियों से बिलकुल अलग है, जिसे बिना किसी अतिरिक्त प्रयास के लक्षित किया जा सकता है। जिस तरह निराला, मुक्तिबोध के निज कंठ-स्वर को हिन्दी कविता के सहृदय पाठक आसानी से पृथक् कर सकते हैं, कुँवर नारायण के समकालीन कवियों में जिस तरह रघुवीर सहाय और श्रीकांत वर्मा के निज कंठ स्वर को भी अलग से पहचाना जा सकता है, उसी तरह कुँवर जी का निज कंठ-स्वर भी अन्य कवियों से सर्वथा पृथक् है और निश्चित रूप से उनके समकालीनों में अलग से रेखांकित करने योग्य है। दूसरी बात, भाषिक वैविध्य और काव्य-शिल्प के वैविध्य के मामले में भी कुँवर जी का जो रेंज है, वह आप हर किसी में नहीं पा सकते, लेकिन हर बड़े और महान कवि में अवश्य पा सकते हैं। तुलसीदास में भाषा, भाव, काव्य-शिल्प और स्वरों की जितनी विविधता है, कालिदास और भवभूति के यहाँ जो वैविध्य है वह भारतीय कविता के इतिहास में कुछ ही गिने-चुने कवियों के यहाँ देखा जा सकता है। समकालीन हिन्दी कविता की एक बड़ी त्रासदियों में से एक यह

भी है कि चमकदार भाषा और एक समय-स्वीकार्य-शिल्प प्राप्त कर लेने वाले कवियों के यहाँ अपार परिमाणात्मक काव्य-वृद्धि तो मिलती है, गुणात्मक परिणाम कम और भाषा एवं स्वर-वैविध्य तो बेहद कम पाया जाता है। कवि-आलोचक विष्णु खरे ने एक ऐसे ही 'वरिष्ठ' कवि की कविताओं की समीक्षा करते हुए थोड़ी कठोर भाषा में कभी उन कविताओं को 'चुसे हुए शब्दों का मलबा' कहा था। निराशाजनक यह है कि आज चुसे हुए शब्दों को मलबा कही जाने लायक कविताओं के विशाल 'भांडार' को लेकर आलोचना चुनी हुई चुप्पी या कतिपय अन्य कारणों से खोटे सिक्कों की बड़ी ढेर से असली और खरे सिक्के को अलग नहीं कर पा रही है। परिणामस्वरूप सार्थक और प्रासंगिक कविताओं की पहचान और उसके महत्त्व के रेखांकन के साथ-साथ हिन्दी कविता के पाठकों के काव्य-विवेक को जाग्रत और परिष्कृत करने का काम जिस आलोचना को ईमानदारी से करना चाहिए था वह अपने दायित्व के निर्वहन में पूरी तरह सफल नहीं रही है। इस वजह से अच्छी और बुरी, बेहद अच्छी और बेहद बुरी कविता का फर्क मिटता जा रहा है और इससे न सिर्फ कविताओं की विश्वसनीयता और शक्ति में कमी आई है बल्कि आलोचना भी प्रश्नांकित होती है।

'वाजश्रवा के बहाने' में कुँवर जी अपने-अपने समय के हर बड़े कवि की तरह सामयिक प्रश्नों के साथ-साथ जीवन के शाश्वत प्रश्नों से भी टकराते हुए आगे बढ़ते हैं। आचार्य रामचंद्र शुक्ल 'कविता क्या है?' के प्रश्नों से सन् 1909 से लेकर अगले डेढ़-दो दशकों तक टकराते रहे, पंत को महसूस हुआ कि 'वियोगी होगा पहला कवि, आह से उपजा होगा गान' और धूमिल ने भी कविता में ही कविता को परिभाषित करने का प्रयत्न किया। इस कड़ी में यदि कुँवर जी को देखें तो वे 'कविता' शीर्षक से लिखी बहुत छोटी-सी कविता में कहते हैं, *'कोई चाहे भी तो रोक नहीं सकता/भाषा में उसका बयान/जिसका पूरा मतलब है सच्चाई/जिसकी पूरी कोशिश है बेहतर इनसान।'* जिस तरह सच्ची और बेहतर कविता की पहचान कठिन से कठिनतर होती जा रही है, उसी अनुपात में बेहतर इनसान की कोशिश और सच्चाई के पक्ष में खड़ी होने वाली कविताओं की संख्या वास्तविक तौर पर निरन्तर घटती जा रही है।

अनुभूति की शुद्धता और शमशेर की जिस 'प्रयत्नसाध्य पवित्रता' की चर्चा हमने शुरू में की थी, उसके साथ-साथ 'काल' बोध को लेकर दोनों कवियों में जो साम्य है, उसे सहज ही लक्षित किया जा सकता है। शमशेर काल से होड़ लेते हुए दिखाई देते हैं, तो कुँवर नारायण काल के अलग-अलग पहलुओं को बेहद बारीकी और दार्शनिक अंदाज में देखते हैं—अनेक कविताओं में अनेक बार काल अनेक रूपों में आता है। अब जैसे काल का यह रूप देख लीजिए, *'कभी उसे लगता है/ 'कल' एक भविष्य है/और वह उसका मिथक,/कभी लगता है 'कल' एक अतीत है/और वह उसका 'मृतक'। कभी लगता है 'आज' एक 'संधि' है/दोनों से युक्त और दोनों से पृथक्।'* आज और कल, कल और परसों, परसों और बरसों के माप में मापने की सामान्य मनुष्योचित कोशिशों से हटकर कुँवर नारायण एक दार्शनिक कवि की

तरह समय को देखते और परिभाषित भर करने की ही कोशिश नहीं करते, उसके बरक्स यह दृष्टांत भी रखते चलते हैं कि समय कहाँ बीतता है, हम बीत जाते हैं। मनुष्य शिशु से युवा और युवा से वृद्ध और फिर वयोवृद्ध होकर बीतता चला जाता है, समय कहाँ बीतता है।

कुँवर नारायण की कविता को पढ़ते हुए मेरे जैसा पाठक बार-बार आज लिखी जा रही कविताओं की तरफ मुड़-मुड़कर देखता है—जहाँ उसे दर्शन, यूटोपिया और कवि-स्वप्न लगभग विलुप्त दृष्टिगोचर होता है। शायद इसीलिए एक कवि सोच-समझ वालों को थोड़ी नादानी देने और एक कवि सपनों की मौत को खतरनाक घोषित करता है। मगर हिन्दी कविता से स्वप्न, सरलता और दर्शन का गायब होते चले जाना, प्रकृतिपरक कविताओं के साथ-साथ ग्राम केन्द्रित कविताओं का अभाव क्या अनायास है? गाँवों और प्रकृति से हिन्दी कवियों की खाई इतनी चौड़ी हो चुकी है कि आज की कविता में प्रकृति और ग्राम्य-जीवन लगभग सिरे से गायब है। दर्शन वगैरह की बात करना 'कलावादी' और दक्षिणपंथी होने जैसा मान लिया गया है। इसलिए आज यह दुर्भाग्यपूर्ण स्थिति अचानक नहीं पैदा हुई है कि संस्कृत, प्राकृत, पालि और अपभ्रंश साहित्य तो छोड़िए, ब्रज और अवधी साहित्य के मर्मज्ञ विद्वान भी बेहद कम हो गए हैं। आज समकालीनता पर इतना अधिक जोर है कि अब छायावाद तक पर बात करना पुरातनपंथी घोषित कर दिए जाने के लिए बहुत है। इसलिए साहित्य की ऐतिहासिक परम्परा और इतिहास-बोध से अपरिचय की स्थिति में इधर निरन्तर वृद्धि हुई है। आज भी क्लैसिक्स के पाठकों की संख्या में कमी नहीं आई है और लोग क्लैसिक्स की ओर हमेशा उन्मुख रहते हैं। कहना न होगा कि कार्ल मार्क्स जैसे विचारक भी प्रतिवर्ष निष्ठापूर्वक शेक्सपीयर का साहित्य पढ़ते और आनन्द लेते थे। यहाँ कुँवर जी का नचिकेता के बहाने यह स्वप्न देखें, *'उसकी इच्छा होती/कि यात्राओं के लिए/असंख्य जगहें और अनंत समय हो/और लौटने के लिए/हर समय हर जगह अपना एक घर।'*

कुँवर नारायण की कविताएँ क्लैसिक्स की कोटि में रखी जाने लायक हैं। क्लैसिक्स की कोटि की कविता किसी भी कालखंड में कालजयिता की माँग करती हुई नहीं पाई जाती हैं। रचनाओं की कालजयिता समय के साथ स्वयं ही स्पष्ट से स्पष्टतर होती चली जाती है। कभी किसी कालिदास को कोई मल्लिनाथ, कभी किसी घनानंद को ब्रजनाथ, कभी किसी निराला को रामविलास शर्मा मिल जाता है, तो आमजनों को भी ऐसे क्लैसिक्स का सच्चा आनन्द सुलभ हो जाता है। कुँवर नारायण की क्लैसिक्स सरीखी कविताओं को कोई मल्लिनाथ अभी तक मिला है या नहीं, यह तो मुझे ज्ञात नहीं है लेकिन यह विश्वास अवश्य है कि उनकी रचनाएँ समय के साथ अपनी शक्ति से क्लैसिक्स का दर्जा खुद ब खुद भी प्राप्त कर लेंगी। कुँवर नारायण की रचना और आलोचना दोनों से यह पता चलता है कि उन्होंने पाश्चात्य के साथ-साथ भारतीय साहित्य, दर्शन और ज्ञान के अन्य अनुशासनों का भी व्यवस्थित और गहन अध्ययन किया है। फिल्म संगीत और रूपंकर कलाओं का भी उन्हें गहरा ज्ञान है, इसलिए

इन माध्यमों की अभिव्यक्ति कला को ठीक से जाने बगैर उनकी कविताओं की उन सूक्ष्म तंतुओं को खोलना थोड़ा कठिन हो सकता है। भाषा को बरतने की जो उनकी शैली है, वह 'अरथ अमित अरु आखर थोरे' के साथ-साथ सुन्दरतानि के भेद को जानने वाली विदग्धता से भी परिपूरित है।

अब फिर से कुँवर जी की कविताओं की ओर लौटें। मृत्यु को लेकर क्या कहते हैं, *'मृत्यु इस पृथ्वी पर/जीव का अन्तिम वक्तव्य नहीं है/किसी अन्य मिथक में प्रवेश करती/स्मृतियों, अनुमानों और प्रमाणों का लेखागार हैं हमारे जीवाश्म।'*...और जिस समाज में सारा धार्मिक आचार-व्यवहार और कर्मकांड लोक-परलोक की सैद्धांतिकी पर आधारित हो, वहाँ परम्परा और साहित्य का यह बोध विशेष तौर पर द्रष्टव्य है, *'परलोक इसी दुनिया का मामला है/जो सब पीछे छूट जाता/उसी सब का/उसी माला से किंवदंती-पाठ।'* मनुष्य जीवन-काल में सब कुछ पा लेने का अवसर देने वाला समय मनुष्य के बीत जाने के बाद, मृत्यु के बाद कुछ भी साथ ले जाने का समय और अवसर नहीं देता। देता क्या है, यह देखिए : *'एक जीवन-संदेश/कि समय हमें कुछ भी/अपने साथ ले जाने की अनुमति नहीं देता। पर अपने बाद/अमूल्य कुछ छोड़ जाने का पूरा अवसर देता है।'* समय ने उन्हें यह जो अमूल्य अवसर दिया है, उसका उपयोग उन्होंने सच्ची मनुष्यता और जीवन को सार्थकता प्रदान करने में किया है। वृहत् से वृहत्तर और मनुष्य से मनुष्यतर की निर्मिति का काव्य-स्वप्न उनके जीवन-स्वप्न से गहराई से सन्नद्ध है। अन्त में 'वाजश्रवा के बहाने' की कुछ पंक्तियों से अपनी बात समाप्त करना चाहूँगा। *'जो बाक़ी है/वह कितना बाक़ी रहने के योग्य है/एक ऐसा सवाल है/जिसके सही उत्तर पर निर्भर है/केवल एक व्यक्ति की नहीं/बल्कि व्यक्तियों के पूरे समाज की/सफलता या असफलता।'*

ओस की बूँदों में टँकी बूँद-बूँद रोशनी

(कुँवर नारायण के काव्य में प्रकृति : एक अध्ययन)

संजय राय

एक सहानुभूतिपूर्ण स्पर्श के लिए भीतर की प्रकृति बाह्य प्रकृति से ऐसा सम्बन्ध खोजती है जिसका आधार सौन्दर्य हो, जिसका माध्यम मनुष्य हो और जिसकी उपलब्धि शान्ति हो।[1] –कुँवर नारायण

कुँवर नारायण की कविताओं में जीवन बहता है। जीवन को उसकी सम्पूर्णता और संश्लिष्टता में देखती हैं उनकी कविताएँ। सिर्फ मानव-जीवन को ही नहीं, मानवेतर को भी। उनकी कविताएँ जीवन के विराट् उत्सव में बड़ी सहजता से शामिल होती हैं उसके अन्तर्विरोधों को स्वीकार करते हुए, इस कोशिश के साथ कि उसको कम किया जा सके। यही कारण है कि उनकी कविता में प्रकृति भी आती है अपनी समग्रता और संश्लिष्टता के साथ जीवन की तरह।

साक्षी हैं
फूलदानों में सिसकते चन्द धुँधले फूल,
कुंठित सभ्यता के किसी तोषक अर्थ में
वनजात है सौन्दर्य की भाषा।
उसे स्वच्छंद रहने दो[2]

प्रकृति और कविता का गहरा रिश्ता है। बहुत लोगों ने प्रकृति में रमकर कविता लिखना सीखा। प्रकृति की स्वच्छंदता सामान्यत: लोगों को खींचती है। उसका सौन्दर्य लुभाता है। अत: स्वच्छंदता और सौन्दर्य ये दो तत्त्व हैं जो लोगों को प्रकृति की ओर खींचकर ले आते हैं। कवि स्वभावत: संवेदनशील होता है। उसकी दृष्टि में सौन्दर्य का वास होता है। अत: स्वाभाविक रूप से वह प्रकृति की ओर आकर्षित होता है। कुँवर नारायण जब 'सौन्दर्य की भाषा' को 'वनजात' कहते हैं तो कहीं न कहीं उनका

इशारा स्वाभाविकता की ओर ही होता है। स्वाभाविकता और सौन्दर्य का गहरा रिश्ता है। दरअसल वे स्वाभाविकता में ही सौन्दर्य की व्यापाति समझते हैं।

कविता की प्रकृति भी स्वच्छंद और सौन्दर्यपरक होती है। यही वह सूत्र है जो कविता और प्रकृति को जोड़ता है। हिन्दी की छायावादी कविता तक प्रकृति का स्वच्छंद और सौन्दर्यपरक चित्रण मिलता है या यूँ कहें कि प्रकृति का ऐसा चित्रण छायावाद में ही विस्तार और वैभव के साथ आता है। लेकिन छायावाद में प्रकृति के प्रति जो एक रूमानी भावबोध रहा, कविता आज उससे आगे निकल चुकी है। प्राकृतिक उपादानों का प्रयोग अब सिर्फ रूमानी भावबोध को व्यक्त करने के लिए नहीं होता। सिर्फ प्रकृति अब कविता विषय नहीं रह गई है। उससे आगे बढ़कर जटिल भावबोध को पकड़ने के लिए भी प्राकृतिक उपादानों का प्रयोग हो रहा है। प्रकृति पर लिखी कविताओं में अनायास रूप से जीवन के दूसरे जटिल प्रसंग चले आते हैं। कविता छायावाद के 'प्रकृति के मानवीकरण' और 'प्रकृति से रागात्मक सम्बन्धों' से आगे बढ़ चुकी है और समय की जटिलता व संवेदना की जटिलता को भी अभिव्यक्त कर रही है। कुँवर नारायण की कविताओं में प्रकृति से सिर्फ साहचर्य और रागात्मक सम्बन्ध ही नहीं हैं। बल्कि वे प्रकृति से एक ऐसा रिश्ता बनाते हैं जो बिलकुल आत्मीय और जीवंत हैं–

पैतृक सम्बन्ध है
वन से जीवन का[3]

कुँवर नारायण प्रकृति से पैतृक सम्बन्ध स्थापित करते हैं। एक कवि का प्रकृति से इस तरह का रिश्ता कायम करना कहीं न कहीं प्रकृति को देखने का नया और अनूठा नजरिया है जो छायावादी नजरिए से भिन्न है। इसे प्रकृति से मनुष्य के समकालीन बर्ताव के सन्दर्भ में भी देखा जाना चाहिए और स्वाभाविकता में भी।

कुँवर नारायण हमारे समय के महत्त्वपूर्ण कवि हैं। साठ वर्षों से अधिक समय से हिन्दी कविता में सक्रिय रहे हैं। उनकी कविताओं में भी स्वभावतः प्रकृति के रूप तैरते मिल जाते हैं। पर, उनकी कविता में प्रकृति ही प्रमुख हो ऐसा नहीं लगता। जीवन और समय की जटिलताओं में जाते वक्त स्वभावतः और प्रसंगवश प्रकृति चली आती है, लेकिन ऐसा भी नहीं है कि प्रकृति के प्रति किसी उपेक्षा का भाव है। उनकी कविताओं में प्रकृति अनिवार्यतः उतनी ही आती है, जितनी कविता के जीवन के लिए साथ ही मानव-जीवन के लिए भी जरूरी है।

कुँवर नारायण की कविताओं में मानव और प्रकृति के बीच के द्वंद्वपरक और समावेशी दोनों तरह के रिश्ते मिलते हैं, तो काव्य-उपादानों के रूप में प्रकृति का उपयोग भी मिलता है। कुँवर नारायण प्रकृति के सौन्दर्य से भी अभिभूत हैं। अतः स्वाभाविक रूप से उनकी कविता में प्रकृति का सौन्दर्यपरक उपयोग मिलता है। और वे प्रकृति से एक जीवंत रिश्ता भी कायम करते हैं। प्रकृति के प्रति उनका दृष्टिकोण

उपभोग का नहीं, बल्कि साहचर्य की सुखद अनुभूति का भी है। उनकी कविता में 'व्यक्ति' को जैसे एक खुला वातावरण मुहैया करने की कवायद है। ठीक वैसे ही प्रकृति को भी उसके तमाम रूपों में सुरक्षित रखने की कवायद भी है।

कुँवर नारायण मूलतः चिन्तनशील कवि हैं। अतः प्रकृति और पर्यावरण की चिन्ता भी चली आई है उनकी कविताओं में। उनके काव्य-समग्र को अगर हम ध्यान में रखें तो प्रकृति के प्रति उनका दृष्टिकोण सौन्दर्यपरक से पर्यावरणगत चिन्ता की ओर झुका हुआ मिलेगा। उस चिन्तन के परिमाण और घनत्व पर यह दिशा निर्धारित की जा सकती है। मतलब शुरू के दिनों में सौन्दर्यशास्त्रीय दृष्टिकोण प्रमुख रहा है, तो बाद के दिनों में पर्यावरणगत चिन्ता प्रमुख रही है। लेकिन शुरू से ही उनकी कविताओं में दोनों तरह के प्रयोग मिलते हैं।

कुँवर नारायण की शुरुआती रचनाओं 'चक्रव्यूह' (1956) और 'परिवेश : हम-तुम' (1961) में बाह्य प्रकृति के ढेर सारे चित्र मिलते हैं। जैसा कि पहले ही कहा जा चुका है इन चित्रों के प्रति कवि का दृष्टिकोण मूलतः सौन्दर्यशास्त्रीय ही रहा है। काव्य में बिम्बों और प्रतीकों के नए-नए प्रयोग मिलते हैं। बिलकुल ताजे और टटके। 'तीसरा सप्तक' (1959) में भी कुँवर नारायण के काव्य में प्रकृति चित्रण की स्थिति कमोबेश यही रही है। यानी प्रकृति के नए प्रयोग में कवि का कविमन रमता है। बाद की काव्य रचनाओं 'आत्मजयी' (1965), 'अपने सामने' (1979), 'कोई दूसरा नहीं' (1993), 'इन दिनों (2002), 'वाजश्रवा के बहाने' (2008), और 'हाशिए का गवाह' (2009) में प्रकृति के इतने अधिक चित्र नहीं मिलते। उनमें कमी होती है, लेकिन चिन्तन और दर्शन के आईने में प्रकृति को बिलकुल दूसरे सन्दर्भ में सोचते-समझते हैं कुँवर नारायण। जैसा कि पहले ही कहा जा चुका है यहाँ सौन्दर्यशास्त्रीय दृष्टिकोण के बजाय पर्यावरणगत चिन्ता प्रधान हो जाती है। पर ऐसा नहीं है कि सौन्दर्यशास्त्रीय दृष्टिकोण एकदम खत्म हो जाता है, बल्कि उसमें दार्शनिकता और चिन्तन का समावेश हो जाता है। बाद की रचनाओं में कवि समकालीन जीवन से अधिक संवाद करने लगता है कविता में। अतः समकालीनता के आयाम में बंधकर आता है कविता में कवि का प्रकृतिगत चिन्तन। कवि प्राकृतिक उपादानों का उपयोग समकालीन जीवन की जटिलताओं को पकड़ने के लिए करता है। प्रकृति पर बढ़ते दबाव और पर्यावरणगत चिन्ता से कैसे मुक्त रह सकता है समकालीन जीवन से घनिष्ठ रूप से जुड़ा एक चिन्तनशील कवि।

कुँवर नारायण की शुरुआती कविताएँ मानसिक द्वंद्व-चित्रों से भरी पड़ी हैं। मनुष्य का अन्तर्जगत् उन्हें आकर्षित करता रहा है। अन्तर्जगत् की जटिलताओं को उन्होंने कविता में स्थान दिया। अन्तर्जगत् या मानसिक जगत की वे जटिलताएँ जिन्हें व्यक्त नहीं किया जा सकता या व्यक्त करने में मुश्किल होती है। इसी अव्यक्त अन्तर्जगत् को व्यक्त प्रकृति के माध्यम से अभिव्यक्त करते हैं कुँवर नारायण। जगदीश गुप्त कहते हैं–"जो कवि मनोजगत् की बहुत सी अव्यक्त जटिलताओं के प्रति जागरूक

रहने में सक्षम हो वह व्यक्त जगत्-प्रकृति के रूप विस्तार में संलग्नता का अनुभव करे, संवेदनशील हो, यह स्वाभाविक ही है। दृश्य जगत् के अनेक रूप-खंड कुँवर नारायण की कुछ कविताओं में जीवंत चित्रात्मकता के साथ आलेखित हुए हैं।"[4] प्रकृति के विविध रूपों के चित्रण में इस जीवंतता के लिए बहुत सारे नए बिम्बों का सहारा लिया गया है। बिलकुल ताजे और टटके बिम्ब। कुछ उदाहरण देखे जा सकते हैं–

(क) *तुम्हीं बढ़ कर*
एक प्याला धूप छलका दो अँधेरे में[5]

(ख) *पश्चिमी आकाश में बिखरे बादल,*
कि सूरज के रंगीन छिलके[6]

(ग) *अशान्ति, धुआँ और बेबसी :*
सिगरेट पीता हुआ आसमान[7]

(घ) *तेज शराब की तरह*
मेज़ पर लुढ़की हुई शाम में
धीरे-धीरे डूब गया दिन[8]

(ङ) *ज़हरीली फफूँदी-सी उदासी*
छीलकर मन से अलग कर दो[9]

(च) *...चाँद*
जैसे खुले मैदान में एक डरा हुआ जंगली खरगोश :
बिदकते बछड़ों-सी लापरवाह हवा[10]

(छ) *जड़ें फूलों की आँखों से संसार को देखती हैं*[11]

इन खंडित प्राकृतिक दृश्यों को देखकर सहसा विश्वास ही नहीं होता कि ऐसे भी कहा जा सकता है। बिलकुल नए और ताजे बिम्ब; और सब कुछ जैसे जिन्दा। काव्य में प्रकृति चित्रण में इस तरह की जीवंतता से गुजरना एक दुर्लभ अनुभव ही है। कुँवर नारायण को सिनेमा बहुत प्रिय है। कविता में प्रकृति चित्रण की इस जीवंतता का बहुत गहरा रिश्ता है सिनेमा से। बिम्ब-ग्रहण की प्रक्रिया कविता और सिनेमा दोनों में एक-सी होती है। कुछ काव्य-पंक्तियों के उदाहरण द्वारा हम कविता के दृश्यों की जीवंतता को समझने की कोशिश कर सकते हैं–

(क) *केवल जागती हैं*
प्यार करती-सी हवाएँ
जो लिपट जाती हैं गले से,
और पथरीले पथों पर बड़बड़ाती हुई पागल नदी
ले-लेकर किसी का नाम[12]

(ख) *सोयी घाटियों की भीतरी अशान्ति*
पंछियों की उनींदी अथाह बोलियाँ–

अकस्मात् गहराइयों से छूट कर
सतह पर तैर आते बुदबुदों-सी[13]

पहले उद्धरण में एक घाटी में पक्षियों की उनींदी बोलियाँ ठीक वैसे ही ऊपर आ रही हैं जैसे पानी के बुदबुदे उठते हैं पानी की ऊपरी सतह पर। दूसरे उद्धरण का दृश्य है पहाड़ी ग्राम की रात की शान्ति में प्यार करती-सी हवाएँ दौड़कर गले से लिपट जाती हैं। एक नदी पथरीले पथों से होकर गुजरती है। नदी की तुलना कवि ने बड़बड़ाते हुए किसी पागल व्यक्ति से की है। अर्थात् पहाड़ी इलाके में नदी की कलकल ध्वनि पागलपन में किसी व्यक्ति के बड़बड़ाने में व्यक्त होती है कविता में। दोनों दृश्यों में चित्र हरकतों में है। ऐसा लगता है जैसे कई फ्रेम हो और उसके भीतर जो चित्र है वह अचल रूप में अथवा फ्रिज नहीं है, बल्कि चल रूप में है। हम महसूस कर पाते हैं पानी के बुदबुदों का लगातार बनना और नदी का बुदबुदाना यानी गतिशीलता और जीवंतता; वो भी एक स्थिर-अचल फ्रेम में। दोनों ऐसे दृश्य हैं जो कॉन्ट्रास्ट पैदा करते हैं चित्र के चल-अचल रूप का। शब्दों के माध्यम से अचल फ्रेम में चित्र का चल रूप चित्रित करना महत्त्वपूर्ण बात है। कुँवर नारायण के काव्य में ऐसे अनेक दृश्य मिलते हैं। कविता में दृश्यों को उनकी गतिशीलता में ही नहीं, चल-अचल रूप के कॉन्ट्रास्ट में देखना कुँवर नारायण के काव्य की महत्त्वपूर्ण विशेषता है।

कुँवर नारायण के काव्य की एक अन्य विशेषता ये है कि वे प्रकृति पर मानवीय आरोप कर उसकी धड़कनों को सुनने की कोशिश करते हैं। उनकी कविताएँ पढ़ते हुए पाठकों को महसूस होता है कि वे एक साबुत धड़कती हुई प्रकृति को देख, सुन और महसूस कर सकते हैं। एक उदाहरण देखा जा सकता है–

ये झरनों का खेल-कूद
ये हर्ष से महकता हुआ वन,
ये ठंडी हवाओं के साथ
चीड़ के जंगलों में भटकता हुआ मन,
ये बूँदों के घुँघरू-उमंग भरे बादल,
ये रिमझिम का राग गुनगुनाता हुआ जंगल[14]

ये अनायास ही नहीं हैं कि पूरा का पूरा जंगल जिन्दा हो उठता है पाठक के सामने। एक धड़कता हुआ जंगल महसूस किया जा सकता है।

कवि को एक समानता दिखती है जंगल और हवाओं के साथ मन की। जैसे हवाओं के भटकने पर कोई नियंत्रण नहीं किया जा सकता और जंगलों का सम्बन्ध भी इसी तरह की आवारा भटकनों से है, ठीक वैसे ही मन है। उस पर कोई नियंत्रण नहीं किया जा सकता। हवा अपनी तरह बहती है और जंगल भी अपनी तरह बनता है। मन भी अपनी तरह बहता और बनता है। हवाओं की सैर और आवारागर्दी

कुँवर नारायण के यहाँ मन की सैर और आवारागर्दी हो जाती है। एक महावन में मन का अन्तरण कर वे देखने की कोशिश करते हैं–

एक महावन हो जाएगा
मन[15]

हवाओं और वन की स्वाभाविकता कुँवर नारायण को आकर्षित करती है, जैसे कि मन की स्वाभाविकता। स्वाभाविकता को पाने और बरतने की एक निरन्तर कोशिश कुँवर नारायण के काव्य की एक अन्य महत्त्वपूर्ण विशेषता है।

यह अनायास नहीं है कि कुँवर नारायण 'तीसरा सप्तक' में अपने वक्तव्य में कहते हैं–"मेरी कविताओं में प्रयोग का आधार मुख्यतः भाषाशास्त्र और सौन्दर्यशास्त्र सम्बन्धी प्रश्न रहे हैं।"[16] वे सौन्दर्यशास्त्रीय दृष्टिकोण से जब प्रकृति का चित्रण करते हैं, तब मानवीकरण वाली प्रक्रिया से भी गुजरते हैं। पर उससे कहीं आगे बढ़कर अपनी बात कहते हैं। तभी तो प्रकृति का ऐसा मनोरम संसार रच पाते हैं अपनी कविता में। प्रकृति की कल्पना वे कभी स्त्री रूप में करते हैं, तो कभी बच्चों के रूप में, कभी युवाओं के रूप में और कभी बूढ़ों के रूप में। सामान्यतः प्रकृति की कल्पना स्त्री रूप में की जाती है। कुँवर नारायण के काव्य में भी ये रूप मिलता है–

(क) *प्रकृति के लावण्यमय उपमान,*
उनको दिया नारी रूप,
चुनकर सुन्दरता सँवारी
और उसकी नग्नता को हया से ढाँका[17]

(ख) *तालाब के सेवार-वन में जल की परछाइयाँ चंचल हैं,*
हरी काई के कालीन पर एक अनात्मा देह लेटी है
और मीनारें चाहती हैं
कि लुढ़ककर उसके उरोजों को चूम लें[18]

दोनों उद्धरणों से स्पष्ट हो जाता है कि प्रकृति का नारी रूप कुँवर नारायण को भी प्रिय है। प्रकृति पर नारी का आरोप कर उसके मांसल सौन्दर्य में देखना नई बात नहीं है। विशिष्ट बात यह है कि यह सौन्दर्य सिर्फ नैसर्गिक नहीं है, सर्जनात्मक भी है। स्त्री का लावण्यमय रूप हया में ढका हुआ ही सौन्दर्य की ऊँचाई पर पहुँचता है।

प्राकृतिक अवयवों पर बच्चों का भी आरोप करते हैं कुँवर नारायण। बच्चों की स्वाभाविकता, स्वच्छंदता और हरकतों में प्रकृति का साम्य देखते हैं–

नन्हे-मुन्ने फूलों को उठाए कंधों पर
वृक्षों के शिखर[19]

यहाँ फूलों पर बच्चों का आरोप है और परोक्ष ढंग से वृक्ष पर एक वयस्क व्यक्ति का। जैसे कि एक वयस्क व्यक्ति अपने कंधों पर बच्चों को बैठाता है ठीक उसी तरह एक वृक्ष फूलों को। बहुत सुन्दर चित्रण है ये। कुँवर नारायण कभी प्रकृति पर बच्चों का आरोप कर प्रकृति को बचपना करते देखते हैं तो कभी बच्चों और प्रकृति के बीच के रिश्ते का सहज, उदार और संवेदनशील चित्र खींचते हैं। ठीक ऐसे ही कभी किसी वृक्ष पर किसी बूढ़े का आरोप करते हैं, तो कभी युवाओं की शरारत का शरारती हवाओं पर। इस तरह स्त्री, बूढ़ों, युवाओं और बच्चों में प्रकृति तथा प्रकृति में उन्हें तलाश कर रचनात्मकता के नए आयाम की तलाश करते हैं। ऐसा लगता है जैसे प्रकृति अचानक स्त्री के लावण्य और शील में, बच्चों के उछल-कूद में, युवाओं की खुराफात में तथा बूढ़ों की उदारता में पिघलने लगती है। और, वे प्रकृति में पिघलने लगते हैं। इसीलिए तो देवीशंकर अवस्थी ने लिखा है कि उनकी कविताओं में "प्रकृति के कितने ही उजले और नए चित्र हैं। इस प्रकृति काव्य में जो उपमान आए हैं वे मात्र अप्रस्तुत विधान बनकर प्रस्तुत को स्पष्टता नहीं प्रदान करते बल्कि, उसे नए अर्थों से भरकर स्वयं प्रस्तुत का अंश बन जाते हैं।"[20] सिर्फ मानव जीवन को व्यक्त करने के लिए ही प्रकृति का प्रयोग नहीं होता बल्कि प्रकृति को व्यक्त करने के लिए भी मानवीय आरोपों का सहारा लिया जाता है। कुँवर नारायण का काव्य इसका महत्त्वपूर्ण उदाहरण है।

प्रकृति की स्वच्छंदता और सौन्दर्य के साथ प्रेम का भी गहरा रिश्ता है। प्रेम में सौन्दर्य, प्रकृति और स्वच्छंदता के प्रति गहरी संशक्ति होती है। यह स्वाभाविक है, कोई थोपी हुई चीज नहीं। अतः प्रकृति के साथ प्रेम जुड़कर चला आता है कुँवर नारायण की कविताओं में। प्रेम के प्रति कुँवर नारायण का 'एप्रोच' बिलकुल भी भावुक नहीं है। वह व्यावहारिकता के धरातल से प्रेम को देखते हैं। प्रकृति और प्रेम को फेंटकर कही गई उनकी काव्य-पंक्तियाँ द्रष्टव्य हैं–

प्रकाश के रंगीन झरने
जो असम्भव ऊँचाइयों से गिर रहे हैं
पत्थर को गुदगुदाकर,
एक तरह संगीत जगाकर,
कहीं दूर चले जाएँगे,
और तब मैं बन्द आँखों के अपार अंधकार में
झूलते हुए अपने ही चित्रों को नोचकर कहूँगा
कि सब कुछ
शायद मेरे उन्माद की छाया थी,
तुम नहीं[21]

यहाँ उन्माद की छाया निर्णायक की भूमिका में है। और कवि (प्रेमी) की भूमिका स्रष्टा की है। यहाँ प्रकृति सौन्दर्य का सृजन प्रेम के प्रति भावुकता से मुक्ति की भावुकता

में लिपटा हुआ आता है। प्रेम और प्रकृति का यह सम्बन्ध एक जादू पैदा करता है। विश्वनाथ प्रसाद तिवारी ने कहा है–"कुँवर नारायण की कविता में शुरू से ही प्रकृति के प्रति एक आकर्षण मिलता है। प्रेम और सौन्दर्य का जादू...जिसके भीतर एक बृहत्तर जिज्ञासा है, ऐसे मन का प्रकृति की ओर आकर्षित होना स्वाभाविक है। कुँवर नारायण एक ऐसे ही कवि हैं। अपनी कविताओं में वह बाह्य प्रकृति के साथ एक सम्बन्ध स्थापित करने की कोशिश करते हैं। इससे शायद उनके जिज्ञासु मन को शान्ति मिलती हो।"[22] इसी जिज्ञासा के कारण प्रेम के प्रति भावुकता की जगह एक नया रूप उनकी कविताओं में आता है बिलकुल ऐहिक, जागतिक, व्यावहारिक। सौन्दर्य और प्रेम के बिलकुल नए आयाम मिलते हैं कुँवर नारायण की कविता में।

कुँवर नारायण के पास प्रकृति के लिए कोई गैर भाव नहीं है। 'सबीना' जैसी चिड़िया और 'मालती' जैसे पौधे भी उनकी कविता का विषय बनते हैं। इससे यह तो स्पष्ट होता ही है कि प्रकृति का मामला हो या कोई और; बहिष्कार के कभी भी हिमायती नहीं रहे हैं कुँवर नारायण। दरअसल वे गैर भाव के प्रत्याख्यान के कवि हैं–

वन का अर्थ अ-जीवन नहीं
एक अन्य जीवन है,
निज से अ-निजता में होते हुए
एक महानिजता की संस्कृति में
प्रवेश का मार्ग[23]

प्रकृति बिलकुल अपनी तरह आती है उनकी कविताओं में जैसे जीवन में। वे प्रकृति के दान की प्रवृत्ति को एक अद्‌भुत घटना के रूप में देखते हैं। देने का अपार साहस है प्रकृति के पास, इसे वे समझते हैं। अतः प्रकृति से मनुष्य की प्रवृत्ति को मिलाने की कोशिश करते हैं–

अँधेरे को अचानक फूल बनाती हुई सुगन्ध
सुगन्ध को रूप देते हुए रंग
रंगों को एक चमक देता हुआ मौसम
मौसम को गोद देती हुई ज़मीन
ज़मीन को भर देते हुए बादल
बादल को आकाश देती हुई हवा...
आओ इन सबको अपने में भरकर
दूर तक फैल जाएँ...[24]

यहाँ प्राकृतिक उपादान एक-दूसरे से संश्लिष्ट रूप से जुड़े-गुंथे हुए हैं। अपने को दूसरे में समर्पित करते हुए। अपने को दूसरे में मुक्त करते हुए। कवि इच्छा व्यक्त करता है इन सभी प्राकृतिक अवयवों को अपने में भर लेने की, इनकी समर्पण की

भावना को अपने में भरकर एक नए रूप में किसी अन्य में अपने को मुक्त करने की। दान और समर्पण की यह भाषा मुक्ति की भाषा है। इन काव्य-पंक्तियों में यह स्पष्ट होता है कि एक कोण से यह व्याप्ति की भाषा भी है। अन्य की अपनी स्वाभाविकता की प्राप्ति में सहायक होना प्रकृति से हमें सीखना होगा।

यह अनायास नहीं है कि कुँवर नारायण के काव्य में प्रकृति से संवाद की कोशिशें भी मिलती हैं। प्रकृति की अपनी भाषा होती है। वह हमसे संवाद चाहती है। अपनी तरह संवाद करती भी है। इस तरह का संवाद तभी सम्भव है जबकि हम उसी की भाषा में उससे संवाद करने की कोशिश करें। कुँवर नारायण के काव्य में इस तरह के संवाद के अद्‌भुत दृश्य देखने को मिलते हैं–

रूखेपन से बिलकुल अछूती
दूर-दूर तक फैली हरियाली
वह शान्त स्थली
मैंने उसे एक शब्दरहित कविता सुनाई
वह सुनती रही चुपचाप
मंत्र-मुग्ध[25]

कविता के माध्यम से यह संवाद प्रकृति की भाषा के करीब जाकर प्रति संवाद की एक कोशिश है। प्रकृति से यह संवाद मनुष्य और प्रकृति के बीच रिश्ते के नए आयाम की तलाश है। किसी भी रिश्ते में संवाद की अहम भूमिका होती है। यह अनायास नहीं है कि संवाद की संस्कृति में अगाध विश्वास है कुँवर नारायण का।

कुँवर नारायण की कविताओं में प्रकृति के बाह्य रूप का ही चित्रण नहीं मिलता बल्कि जटिल मनोभावों की संवेदनशील अभिव्यक्ति भी मिलती है। जगदीश गुप्त कहते हैं कि कुँवर नारायण 'बाह्य प्रकृति का मात्र तटस्थ रूप-चित्र प्रस्तुत नहीं करते वरन् अपने को ध्यान की सूक्ष्मता से देखने वाली आँख और उसके पीछे उलझी वैयक्तिक भाव-सीमाओं के बीच स्पंदित हृदय को भी लक्षित'[26] करते हैं। उपर्युक्त उद्धरण में कुँवर नारायण के काव्य में प्रकृति चित्रण के सन्दर्भ में ये दो बातें कही गई हैं–एक बाह्य प्रकृति का तटस्थ रूप चित्र और दूसरा उलझी हुई वैयक्तिक भावनाओं का संवेदनशील चित्र। इस प्रकार कुँवर नारायण तटस्थ भाव से भी प्रकृति के दृश्यों का चित्र खींचते हैं अपनी कविता में और आन्तरिक भावनाओं की संवेदना की अभिव्यक्ति के लिए प्राकृतिक उपादानों का उपयोग भी करते हैं। यानी वे प्रकृति के बाहर से प्रकृति को देखते हैं। कुँवर नारायण प्रकृति के भीतर से भी बाहरी दुनिया को देखते हैं जैसे मनुष्य के अन्तर्मन से बाहरी दुनिया को देखते हैं ठीक वैसे ही प्रकृति की ओर से भी शेष दुनिया को देखते हैं। ऐसे में प्रकृति की धीमी कराह भी उन्हें सुनाई पड़ती है।

विकास के जो नए आयाम हमारे सामने खुले हैं, उनसे प्रकृति को खतरा बढ़ा है। हम कॉन्क्रीट सभ्यता के वासी हो गए हैं। इस सभ्यता के केन्द्र में मनुष्य है। इसीलिए

शेष प्रकृति से हमारा द्वंद्वात्मक रिश्ता बन रहा है। जरूरत है प्रकृति की स्वाभाविकता को ध्यान में रखते हुए हम सोचें और प्रकृति को बरतें। उन्होंने खुद कहा है–"प्रकृति हमारी तरह नहीं सोचती। जैसे हम प्रकृति की तरह नहीं सोचते। उसके सोच में अन्तिम फ़ैसले नहीं हैं क्योंकि न कुछ अन्तिम है, न आरम्भिक। प्रकृति के सोचने की 'भाषा' और 'गणित'–और दोनों के व्याकरण (नियम) हमारी 'भाषा' से बिलकुल भिन्न हैं। प्रकृति हमारे तर्कों और वितर्कों की–सी भाषा में नहीं सोचती, जीवन की भाषा में सोचती है। वह केवल घटित होती रहती है, और वह भी 'क्रमानुसार' नहीं–'व्यतिक्रमानुसार'! 'विकास' की सीधी और सरल अवधारणा उस पर लागू नहीं होती। उसका तरीक़ा अत्यन्त जटिल और बहुतरफा है। उसे यांत्रिक ढंग से समझने की चेष्टा अत्यन्त बुनियादी है। सीधी रेखाओं की भाषा कुछ–कुछ विरामों की तरह है जिनके बीच शब्दों–असरल शब्दों की–दूर तक फैली–उलझी दुनियाएँ हैं। प्रकृति की भाषा में विराम नहीं है। वह अविराम गति से प्रतिपल बदलती रहती है। हवा, पानी, आग, रोशनी आदि की अक्षर–वर्णमाला। मनुष्य उसमें आनुषंगिक है। वह अपने को केन्द्र में रखकर सरल रेखाओं में सोचता है। प्रकृति में सरल और सीधी रेखाएँ हैं ही नहीं।"[27] मनुष्य के अलावा सब कुछ हमारी सभ्यता में हाशिए पर है। प्रकृति से हमारा साहचर्य मात्र उपभोक्ता का रह गया है। जंगल को हम सभ्यता के विलोम की तरह देखते हैं। अंध औद्योगिकता, व्यावसायिकता ने विकास के जो पैमाने बनाए उसने प्रकृति को ताक पर रखकर अपना काम किया। यह हमारे लिए घातक साबित हुआ। प्राकृतिक असन्तुलन की स्थिति में हम पहुँच गए। मनुष्य जहाँ–जहाँ पहुँचा प्रदूषण लेकर पहुँचा।

इधर के समय में पूँजी और सत्ता के खेल ने एक नए तरह के वर्चस्ववादी ताकत को जन्म दिया। यह चिन्ता की बात है। कृष्णदत्त पालीवाल कहते हैं कि 'आज तीन तरह का वर्चस्व चिन्ता पैदा कर रहा है। पहला स्तर मनुष्य द्वारा प्रकृति पर नियंत्रण, दूसरा स्तर मनुष्य द्वारा मनुष्य की भीतरी प्रकृति पर नियंत्रण और तीसरा इन दोनों स्वरूपों में कुछ मनुष्यों द्वारा तमाम मनुष्यों पर वर्चस्व।'[28] प्रकृति पर वर्चस्व की बात घातक है। यह सम्भव नहीं। यह साम्राज्यवादी नीति का एक नया रूप है। प्रकृति को साधन बनाकर सम्पूर्ण मानव जाति पर अधिकार जमाने की घिनौनी कोशिश ही इसके मूल में है। यह प्रकृति पर ऊपर से खतरा है। प्रकृति पर भीतर से भी खतरा है। मनुष्य की उपभोक्तावादी प्रवृत्ति ने प्रकृति को मात्र उपभोग का साधन समझ लिया है। यह उपभोक्तावाद का चरम है। प्रकृति पर घोर उपभोक्तावाद और वर्चस्ववादी ताकतों का दोहरा खतरा है। यही खतरा मनुष्य के अस्तित्व के खतरे से भी जुड़ता है। कुँवर नारायण इसे भली–भांति समझते हैं। वह कहते हैं कि "सामान्यत: लोकहित या लोक–कल्याण की परिकल्पनाओं में भी 'आर्थिक मनुष्य' का आदर्श ही प्रमुख रहा है, कुछ इस तरह कि मानो मनुष्य की शैक्षिक और सांस्कृतिक जरूरतें दूसरे दर्जे की जरूरतें हों। लेकिन इधर अन्धाधुंध औद्योगिक, तकनीकी और आर्थिक विकास के परिप्रेक्ष्य में मनुष्य और पर्यावरण पर पड़ रहे

विपरीत प्रभावों ने विकास के नैतिक पक्ष को फिर से एक बार प्रासंगिक बना दिया है।"[29] प्रकृति पर खतरे ने सोचने के इस नैतिक ढंग का विकास किया। प्रकृति को आर्थिक ढंग के बजाय सांस्कृतिक ढंग से सोचने की जरूरत है। कुँवर नारायण सोचने-समझने के दुनिया के 'आर्थिक' केन्द्र को 'संस्कृति' द्वारा विस्थापित करते हैं अपनी अवधारणाओं में। ये नहीं होगा तो इस घोर उपभोक्तावाद का विकराल रूप हमें अपनी चपेट में ले लेगा।

प्रकृति के प्रति मनुष्य के भोगवादी दृष्टिकोण का प्रत्याख्यान करते हुए कुँवर नारायण कहते हैं कि "प्रकृति हमारे उपभोग के लिए ही नहीं बनी है, हम प्रकृति का एक अंग भी हैं इस भावना का विस्तार मानवता के वृहत्तर आशयों का आधार बनाता है। वस्तुपरक भोगवादी मानसिकता न केवल बाह्य प्रकृति को लेकर मनुष्यमात्र के प्रति भी निर्ममता की हद तक शोषक और विनाशक बन जाती है।"[30] यहाँ कुँवर नारायण का विरोध–प्रकृति को हम कैसे और कितना भोग रहे हैं–उससे कहीं अधिक हमारे अन्दर की उस प्रकृति और मानसिकता से है जो वस्तुपरक और भोगवादी है। इस दृष्टिकोण में परिवर्तन ही प्रकृति से हमारे सम्बन्धों के नए आयाम तलाश सकता है। मनुष्यता के वृहत्तर आशयों में ही प्रकृति के प्रति इस भोगवादी मानसिकता से मुक्ति की तलाश करते हैं कुँवर नारायण।

स्पष्ट है कि कुँवर नारायण के काव्य में प्रकृति पर मंडरा रहे इस संकट और प्रकृति से हमारे सम्बन्धों को बारीकी से पढ़ा गया है। पर्यावरणगत संकट को भाषागत संकट में फेंटकर देखने की कोशिश की गई है एक कविता में जिसका शीर्षक है 'भाषा की ध्वस्त पारिस्थितिकी में।' पंक्तियाँ हैं–

एक पेड़ जब सूखता
सबसे पहले सूखते
उसके सबसे कोमल हिस्से–
उसके फूल
उसकी पत्तियाँ।

सोच में हूँ कि सोच के प्रकरण में
किस तरह कुछ कहा जाए
कि सबका ध्यान उनकी ओर हो
जिनका ध्यान सबकी ओर है
कि भाषा की ध्वस्त पारिस्थितिकी में
आग यदि लगी तो पहले वहाँ लगेगी
जहाँ ठूँठ हो चुकी होंगी
अपनी ज़मीन से रस खींच सकने वाली शक्तियाँ[31]

इस कविता में प्रकृति और भाषा का प्रश्न इतना घुल मिल कर आया है कि उन्हें अलगाकर देखना कठिन लगता है और साथ में मिलाकर देखना महत्त्वपूर्ण। प्रकृति और भाषा दोनों के प्रदूषण की प्रक्रिया एक ही है। यहाँ भाषा को प्रकृति के साथ फेंटकर कुँवर नारायण ने खतरे को समझने का एक नया तरीका ईजाद किया है। उन्होंने कहा है कि 'एक कवि के रूप में मेरी चिन्ताएँ जैविक हैं। प्रश्न केवल प्राकृतिक सम्पदा के प्रदूषण और नष्ट होने का नहीं है, उस पूरे जीवन पर संकट का है जो प्रकृति पर निर्भर है।'[32] प्रकृति के संकट को हम केवल प्रकृति और पर्यावरण का संकट न मानें। वह तो पूरे के पूरे जीवन पर खतरा है क्योंकि उसी पर निर्भर है पृथ्वी का समग्र जीवन। यह दृष्टिकोण मनुष्य को प्रकृति के बाहर नहीं प्रकृति के अन्दर रखकर देखने का है। मनुष्य कोई अलग इकाई नहीं बल्कि प्रकृति का ही एक हिस्सा है।

पेड़, नदी, फूल, जंगल, हवा, पानी, बादल, पहाड़, तारे, समुद्र आदि बार-बार आते हैं उनकी कविताओं में। इन्हें वे इनके सौन्दर्य में तो देखते ही हैं, साथ ही एक आत्मीय रिश्ते में भी देखते हैं। एक घनिष्ठ पड़ोसी के रूप में चित्रित करते हैं एक पेड़ को। उससे गाढ़ी दोस्ती का जिक्र भी करते हैं। पेड़ की जात, उसके नाम से उन्हें कोई मतलब नहीं। पेड़ को इस तरह एक घनिष्ठ पड़ोसी के रूप में प्रतिष्ठित करना पर्यावरणगत चिन्ता से उपजकर आया है–

मेरी उससे गाढ़ी दोस्ती हो गई है
इतनी कि जब हवा चलती
तो लगता वह मेरा नाम लेकर
मुझे बुला रहा,
सुबह की धूप जब उसे जगाती
वह बाबा की तरह खखारते हुए उठता
और मुझे जगा देता।
अकसर हम घंटों बातें करते
इधर-उधर की बातें
अपनी-अपनी भाषा में
लेकिन भाषा से कोई फ़र्क़ नहीं पड़ता–वह कहता
हमारे सुख-दुःख की भाषा एक ही है[33]

प्रकृति से यह संवाद भले ही अपनी-अपनी भाषा में हो लेकिन कविता में पेड़ का यह कहना कि हमारे सुख-दुःख की भाषा एक ही है; प्रकृति के धीरज, उसकी उदारता का द्योतक तो है ही साथ ही साथ इस बात की ओर इशारा भी है कि प्रकृति अपनी तरह हमसे संवाद करने की कोशिश करती है। हम ही उसे समझने में कहीं न कहीं असमर्थ हैं। पेड़ों का मेहमान कहते हैं चिड़ियों को कुँवर नारायण। पेड़ के मेहमान कवि के मेहमान बन जाते हैं–

उसकी बाँहों में चिड़ियों का बसेरा है,
हर घड़ी लगा रहता उनका आना-जाना
कभी-कभी जब अपना ही घर समझकर
मेरे घर में आकर ठहर जाते हैं
उनके मेहमान
तो लगता चिड़ियों का घोंसला है मेरा मकान[34]

यहाँ प्रकृति और मनुष्य के घर या वास का फर्क मिट जाता है। प्रकृति से इसी तरह के सम्बन्ध और संवाद की जरूरत महसूस करते हैं कुँवर नारायण। इसीलिए प्रकृति की दान की भावना और मनुष्य की उपभोक्तावादी प्रवृत्ति को कॉन्ट्रास्ट में देखने की कोशिश करते हुए वे कहते हैं कि 'प्रकृति को आज हम जिस तरह बरत रहे हैं, यह उसका आत्मघाती दोहन और शोषण है। इस माने में वैदिक मनुष्य हमसे कहीं अधिक सभ्य था। प्रकृति से कुछ 'ग्रहण' (पाने) से पहले कुछ 'अर्पण' (देने) का यज्ञ-भाव जिसमें दोनों का हित निहित था, वैदिक मनुष्य की दिनचर्या में प्राथमिक महत्त्व रखता था। देवताओं को प्रसन्न रखने में उसका अपना स्वार्थ स्पष्ट था लेकिन इस भावना में सौजन्य और विनम्रता थी। पृथ्वी को उजाड़कर लूट लेने की अधीर बर्बरता नहीं। यह एक दृष्टिकोण था जो पृथ्वी और प्रकृति पर ही लागू नहीं होता, बल्कि एक-दूसरे के साथ रहने की संस्कृति और सदाचार को भी बल देता है। प्रकृति के प्रति इस बहिर्मुखी मानवता को हम उपनिषदों तक आते-आते एक आत्मिक संस्कृति में विस्तृत होते देखते हैं—द्वंद्वमूलक ढंग से नहीं, अधिक आत्मसजग ढंग से।'[35] प्रकृति और मनुष्य के वैदिककालीन रिश्ते से हमें सीखने की जरूरत है। प्रकृति हमसे जो कुछ लेती है उसे बेहतर बनाकर हमें वापस कर देती है। प्रकृति के पास एक जादू है। कुँवर नारायण इस जादू से कैसे बच सकते थे!

कुँवर नारायण की कविता के केन्द्र में जीवन मात्र की चिन्ता है। अन्धाधुंध शहरीकरण से मानव जीवन ही खतरे में है। प्रकृति की मार सभी झेल रहे हैं। जीवों की कई प्रजातियाँ तो मनुष्य की भौतिक साधनों की चाह में खत्म हो गईं। अगर समय रहते सचेत नहीं हुए तो विनाश के कगार पर खड़े होंगे हम। शहर और प्रकृति का अपना एक द्वंद्वपरक रिश्ता है। कुँवर नारायण शहर से भी प्रकृति को देखते हैं। प्रकृति का सौन्दर्य उन्हें वहाँ भी मिलता है। पर 'घटिया चीजों पर बढ़िया पॉलिश' की तरह। दरअसल पॉलिश में सिमटकर रह गया है शहरी सौन्दर्यबोध। स्वाभाविक ही कवि प्रकृति को बचाने का आह्वान करता है—

बचाना है—
नदियों को नाला हो जाने से
हवा को धुआँ हो जाने से
खाने को ज़हर हो जाने से :

बचाना है–जंगल को मरुथल हो जाने से,
बचाना है–मनुष्य को जंगल हो जाने से[36]

कवि की चिन्ता प्रकृति और पर्यावरण तक ही सीमित नहीं रहती बल्कि मनुष्य की मनुष्यता तक फैलती है। पर्यावरण की तरह मनुष्यता भी दूषित है। जरूरत है उसे भी बचाने की। प्रकृति और मनुष्य की सामूहिक चिन्ता कुँवर नारायण की कविता का जीवन है, उसका सौन्दर्य है।

कुँवर नारायण की कविता का अपना एक संगीत है। उस संगीत का अपना एक 'स्केल' है। अपनी एक धुन है। उनकी कविता के संगीत का 'स्केल' है–'मनुष्यता' और धुन है–'एक अदद मनुष्य की तरह बचे रहने की कोशिश।' संगीत का यह रूप शुरू से आखिर तक उनकी कविताओं में मिलता है। 'मनुष्यता' के स्केल पर 'एक अदद मनुष्य की तरह बचे रहने की कोशिश' की धुन बजती रहती है उनकी कविताओं में। प्रकृति को देखने का भी उनका दृष्टिकोण यही है। अत: स्वाभाविक ही पर्यावरणगत चिन्तन मुखर हो उठता है बाद के दिनों में। लेकिन ऐसा नहीं है कि सिर्फ पर्यावरणगत चिन्ता आती है। वे उम्मीद के कवि हैं। रोशनी बार-बार आती है उनकी कविता में उम्मीदों के अहसास में लिपटी हुई चाहे वह बूँदों में ही क्यों न टंकी हो! मनुष्य में विश्वास के साथ प्रकृति में भी उनका विश्वास लौटता है बार-बार; जैसे बार-बार लौटता है प्रेम में, उदारता में, सहिष्णुता में, संवाद में। पर्यावरणगत प्रदूषण की चिन्ता में नामधापा के वर्षा-वन उन्हें एक आश्वासन की तरह दिखते हैं–

आश्वस्त करता यह संयोग कि इस पृथ्वी की
परिचर्या में
अभी भी सुरक्षित हैं कुछ जगहें
जो ईश्वर के अधीन हैं[37]

अत: यह कह सकते हैं कि कुँवर नारायण की कविता में प्रकृति के बीच एक सचेत आवाजाही का आभास मिलता है।

सन्दर्भ

1. नारायण, कुँवर; परिवेश : हम-तुम, वाणी प्रकाशन, नई दिल्ली, तृतीय संस्करण : 2006, पृ. 8
2. वही, पृ. 16-17
3. नारायण, कुँवर; वाजश्रवा के बहाने, भारतीय ज्ञानपीठ, नई दिल्ली, दूसरा संस्करण : 2009, पृ. 132
4. गुप्त, जगदीश; 'चक्रव्यूह' का कवि (लेख), कुँवर नारायण : उपस्थिति-2, यतीन्द्र मिश्र (संपा.); वाणी प्रकाशन, नई दिल्ली, द्वितीय संस्करण : 2010, पृ. 34

5. नारायण, कुँवर; तीसरा सप्तक, अज्ञेय (संपा.); भारतीय ज्ञानपीठ, नई दिल्ली, नौवाँ संस्करण : 2009, पृ. 165
6. नारायण, कुँवर; परिवेश : हम-तुम, वाणी प्रकाशन, नई दिल्ली, तृतीय संस्करण : 2006, पृ. 30
7. वही, पृ. 36
8. वही, पृ. 36
9. वही, पृ. 54
10. वही, पृ. 74
11. नारायण, कुँवर; आत्मजयी, भारतीय ज्ञानपीठ, नई दिल्ली, नौवाँ संस्करण : 2009, पृ. 60
12. नारायण, कुँवर; परिवेश : हम-तुम, वाणी प्रकाशन, नई दिल्ली, तृतीय संस्करण : 2006, पृ. 78
13. नारायण, कुँवर; आत्मजयी, भारतीय ज्ञानपीठ, नई दिल्ली, नौवाँ संस्करण : 2009, पृ. 42-43
14. नारायण, कुँवर; अपने सामने, राजकमल प्रकाशन प्रा. लि., नई दिल्ली, पहली आवृत्ति : 2003, पृ. 74
15. नारायण, कुँवर; वाजश्रवा के बहाने, भारतीय ज्ञानपीठ, नई दिल्ली, दूसरा संस्करण : 2009, पृ. 131
16. नारायण, कुँवर; तीसरा सप्तक, अज्ञेय (संपा.) भारतीय ज्ञानपीठ, नई दिल्ली, नौवाँ संस्करण : 2009, पृ. 156
17. नारायण, कुँवर; चक्रव्यूह, राधाकृष्ण प्रकाशन, प्रा. लि., नई दिल्ली, पहली आवृत्ति : 2011, पृ. 36
18. नारायण, कुँवर; अपने सामने, राजकमल प्रकाशन प्रा. लि., नई दिल्ली, पहली आवृत्ति : 2003, पृ. 82
19. नारायण, कुँवर; कोई दूसरा नहीं, राजकमल प्रकाशन प्रा. लि., नई दिल्ली, दूसरी आवृत्ति : 2000, पृ. 130
20. अवस्थी, देवीशंकर; परिवेश : हम-तुम (लेख), कुँवर नारायण : उपस्थिती-2, यतींद्र मिश्र (संपा.); वाणी प्रकाशन, नई दिल्ली, द्वितीय संस्करण : 2010, पृ. 51
21. नारायण, कुँवर; चक्रव्यूह, राधाकृष्ण प्रकाशन प्रा. लि., नई दिल्ली, पहली आवृत्ति : 2011, पृ. 29
22. तिवारी, विश्वनाथ प्रसाद; कुँवर नारायण की कविता (लेख), कुँवर नारायण : उपस्थिति-2, यतीन्द्र मिश्र (संपा.); वाणी प्रकाशन, नई दिल्ली, द्वितीय संस्करण : 2010, पृ. 329
23. नारायण, कुँवर; वाजश्रवा के बहाने, भारतीय ज्ञानपीठ, नई दिल्ली, दूसरा संस्करण : 2009, पृ. 136-137
24. नारायण, कुँवर; अपने सामने, राजकमल प्रकाशन प्रा. लि., नई दिल्ली, पहली आवृत्ति : 2003, पृ. 75
25. नारायण, कुँवर; हाशिए का गवाह, मेधा बुक्स, दिल्ली, प्रथम संस्करण : 2009, पृ. 55

26. गुप्त, जगदीश; 'चक्रव्यूह' के कवि (लेख), कुँवर नारायण : उपस्थिति-2, यतीन्द्र मिश्र (संपा.); वाणी प्रकाशन, नई दिल्ली, द्वितीय संस्करण : 2010, पृ. 35
27. नारायण, कुँवर; दिशाओं का खुला आकाश, यतींद्र मिश्र (संपा.); वाणी प्रकाशन, नई दिल्ली, प्रथम संस्करण : 2012, पृ. 155-156
28. पालीवाल, कृष्णदत्त; हिन्दी का आलोचना पर्व, सामयिक प्रकाशन, दिल्ली, संस्करण : 2011, पृ. 205
29. नारायण, कुँवर; साहित्य के कुछ अन्तर्विषयक सन्दर्भ, साहित्य अकादेमी, नई दिल्ली, प्रथम संस्करण : 2003, पृ. 34
30. नारायण, कुँवर; तट पर हूँ तटस्थ नहीं, विनोद भारद्वाज (संपा.); राजकमल प्रकाशन प्रा. लि., पहला संस्करण : 2010, पृ. 29
31. नारायण, कुँवर; कोई दूसरा नहीं, राजकमल प्रकाशन प्रा. लि., नई दिल्ली, दूसरी आवृत्ति : 2000, पृ. 41-42
32. नारायण, कुँवर; तट पर हूँ तटस्थ नहीं, विनोद भारद्वाज (संपा.), राजकमल प्रकाशन प्रा. लि., पहला संस्करण : 2010, पृ. 53
33. नारायण, कुँवर; इन दिनों, राजकमल प्रकाशन प्रा. लि., नई दिल्ली, पहला संस्करण : 2002, पृ. 52-53
34. वही, पृ. 53
35. नारायण, कुँवर; वाजश्रवा के बहाने, भारतीय ज्ञानपीठ, नई दिल्ली, दूसरा संस्करण : 2009, पृ. 9
36. नारायण, कुँवर; इन दिनों, राजकमल प्रकाशन प्रा. लि., नई दिल्ली, पहला संस्करण : 2002, पृ. 55
37. नारायण, कुँवर; हाशिए का गवाह, मेधा बुक्स दिल्ली, प्रथम संस्करण: 2009, पृ. 57

भाषा में आदमी होने की तमीज की हद

निरंजन श्रोत्रिय

एक बड़ा कवि कालजयी कवि भी होता है। अपने समय में प्रासंगिक होने की अनिवार्यता को वह समझता है लेकिन उससे अधिक तेजी से बदलते समय में अपनी भाषा एवं शिल्प को अद्यतन बनाए रखना एक दुष्कर कार्य है जिसे महज भाषा के विकास जैसी चलताऊ उक्ति का नाम नहीं दिया जा सकता। यदि सन् 1956 से अपनी काव्य-यात्रा आरम्भ करता कोई कवि सन् 2012 में भी उतना ही प्रखर है तो उसकी 60 वर्षों की काव्य-यात्रा की पड़ताल जितनी आवश्यक है उससे अधिक जरूरी पहले-पहल फूटे उस काव्य-स्फुरण में छुपी सम्भावना की तलाश है जो किसी कवि को इतनी लम्बी और सफल यात्रा का संघर्षशील पथिक बनाती है।

1956 में जब कुँवर नारायण 'चक्रव्यूह' रचते हैं तो 'माध्यम', 'ओस नहाई रात', 'सागर किनारे', 'सिद्ध वेदना', 'चिटके स्वप्न' जैसी कविता और काव्य-भाषा के बीच अचानक 'गिद्धों की बस्ती में' जैसी कविता लिखते हैं जहाँ तत्कालीन समय के काव्य उपकरणों का उपयोग संवेदना के अतिक्रमण के लिए किया जाता है। 'गंदी दीवार पर/गिद्धों की बस्ती/खाने को मिलती है/लाश यहाँ सस्ती'। उसी तरह 'कुछ ऐसे भी यह दुनिया...' में–'पागल-से लुटे-लुटे/जीवन से छुटे-छुटे/ऊपर से सटे-सटे/अन्दर से हटे-हटे/कुछ ऐसे भी यह दुनिया जानी जाती है।' दर्शन का यह बखान तुकबन्दी की ऐसी काव्य-भाषा के जरिए व्यक्त किया गया है जिसे जनप्रिय भाषा कहा जाता है। दिलचस्प यह है कि इसी संग्रह में कवि का जीवन-दर्शन 'एक ही अनुरक्ति तक संसार जीता है : वह समर्पण है समझ का ज़िन्दगी को/जो किसी विश्वास तक/' मैं स्वप्न' को मरने नहीं देता।' जैसी पंक्तियों के रूप में सामने आता है–गोया दर्शन को अभिव्यक्त करने वाले ये दो भिन्न कवि हों। दरअसल अपने समय की प्रचलित भाषा का अतिक्रमण कवि का दुधारी तलवार जैसा संघर्ष है एक ओर उसका स्वयं का आत्म-संघर्ष जहाँ संवेदना भी इन्वॉल्व होती है और दूसरे अपने समय में व्याप्त भाषा का अतिक्रमण करने के खतरे। इसी जद्दोजहद के बीच कवि अपनी निर्णायक भाषा तय करता है। लेकिन कवि की इस प्रकट भाषा के घटाटोप में वह एकदम

भिन्न और लगभग चौंकाने वाली भाषा के साथ प्रकट होता है। दरअसल यह वैभिन्य उस चिनगारी की तरह है जिसमें आगामी भाषा (कवि की भी और कविता की भी) की तमाम ऊर्जा छुपी हुई है। इन उदाहरणों में जीवन-दर्शन की आभिजात भाषा के बीच 'गिद्धों की बस्ती' जैसी भाषा भी है जो कुँवर नारायण जैसे कवि अपने संघर्ष से अर्जित करते हैं–जैसे आने वाले कल को आज के भीतर खींच लाना। यह कवि-कर्म हालाँकि एक विरोधाभासी आभास-सा देता है लेकिन यह दरअसल उसका वह आन्तरिक संघर्ष है जिसके जरिए वह एक नई भाषा अर्जित कर पाता है।

ऐसा ही द्वैध कुँवर नारायण की कविता में शिल्प के स्तर पर भी देखा जा सकता है। 'तीसरा सप्तक' के कुँवर के रूपक जहाँ–'चाँद कटे पतंग-सा/दूर उस झुरमुट के/पीछे गिरता जाता.../किलकारी भर-भर खग/दौड़-दौड़ अंबर में/किरण-डोर लूट रहे' कविता को एक आलोकमयी उजास से भर देते हैं वहीं 'परिवेश : हम-तुम' में–'उसके स्कर्ट से जूझती हुई शरारती हवा/उसकी आँखों में एक मासूम परेशानी/कि 'ये मानती क्यों नहीं?'/मेरा केवल उन आँखों में हँसना रह-रह/याद हैं दो नीली आँखें कुछ इसी तरह।' जैसे अद्यतन, रूमानी, दैहिक होते हुए भी अशरीरी रूपकों में घटित होता है–प्रेम और सौन्दर्य के लिए एक नई भाव-भूमि तैयार करता हुआ!

कुँवर जी कविता में भाषा के समस्त अनुभवों का इस्तेमाल करना चाहते हैं और करते हैं। उन्होंने अन्यत्र लिखा भी है कि 'कविता को ज़्यादा से ज्यादा बड़ी भाषाई ज़मीन पर विचरण करना है, अपने लिए किसी ख़ास तरह की भाषा की रूढ़ि नहीं बनना है, चाहे वह भाषा नई कविता की ही क्यों न हो।' कुँवर जी की कविता को खंगालने पर इस तथ्य की स्पष्ट प्रतीति होती है कि इस रूढ़ि को तोड़ना उनकी मूल प्रतिज्ञा है। लेकिन ऐसा करते हुए वे अपनी भाषा को जरा-भी अराजक नहीं होने देते जैसा कि उस दौर और इस दौर के कई कवियों ने भाषा के प्रयोग के नाम पर किया है। कहना न होगा कि कई बड़े कवियों ने भी खिलंदड़े अंदाज में भाषा की लगाम को इतनी ढील दी कि लगता ही नहीं कि ये इसी कवि की पंक्तियाँ हैं। जिसे भाषा के छुट्टी पर जाने से हुई मौज कहते हैं, उस 'मौज' या छूट का लाभ कुँवर नारायण ने कभी नहीं लिया बल्कि अपनी भाषा को उत्तरदायी ढंग से लगातार परिमार्जित, अन्वेषित और समृद्ध किया है। क्या यह किसी कवि का कमतर अवदान है कि वह अपने निजी संघर्ष के जरिए शब्दों का ऐसा परिसर तैयार करता है जिसमें कविता की नई पारिस्थितिकी सम्भव हो सके। काव्य-भाषा के प्रति ऐसा दोस्ताना अन्यत्र दुर्लभ है। कुँवर जी की ही पंक्तियाँ हैं–

ये पंक्तियाँ मेरे निकट आई नहीं
मैं ही गया उनके निकट उनको मनाने।

कवि का खुद का आत्म-संघर्ष और भाषा के भीतर पैठकर किया जाने वाला संघर्ष कुँवर नारायण जैसे कवि के लिए दुर्द्धर्ष संघर्ष होता है क्योंकि वे जहाँ एक

ओर आज के बल्कि अभी के (कहें कि शब्दश: अद्यतन) काव्य-स्रोतों को चुनते हैं वहीं दूसरी ओर परम्परा से औपनिषदिक प्रसंगों को भी। 'चक्रव्यूह' (1956), 'आत्मजयी' (1965) और 'वाजश्रवा के बहाने' (2008) के बीच लखनऊ के कॉफी हाउस, प्लास्टिक के पेड़, आंकड़ों का वायरस और साड़ी का पल्ला भी है। ऐसा लगता है मानो कवि दो विपरीत ध्रुवों को एक साथ साध रहा है—संवेदना के स्तर पर ही नहीं, भाषा के स्तर पर भी। यह उसी कवि के लिए सम्भव हो पाता है जो कविता को 'वक्तव्य' नहीं 'गवाह' मानता हो और जिसका अभीष्ट यही हो कि कविता 'आदमी की भाषा में/कहीं किसी तरह ज़िन्दा रहे, बस!' इस 'बस!' की आकांक्षा कुँवर नारायण की कविता को न सिर्फ मानवीय बल्कि भाषा को इस कदर समर्थ और संवहनीय बनाती है जिसमें संस्कृति और आधुनिकता एक साथ यात्रा कर सकते हैं। कुँवर नारायण की कविता इस तथ्य का जीवंत साक्ष्य है कि परम्परा और आधुनिकता परस्पर विरोधी नहीं है। अब उन लोगों के बारे में क्या कहें जो परम्परा और अपनी जातीय स्मृतियों को संकुचित और यथास्थितिवादी समझते हैं। इन्हें इतनी सरल और सहज बात समझ क्यों नहीं आती कि आज का महल कल की नींव पर ही टिका है। काल के इस नैरन्तर्य को आखिर कैसे नकारा जा सकता है? महत्त्वपूर्ण है वह प्रगतिशील सोच जो परम्परा को रूढ़ि होने से बचाता है। परम्परा को नवीन और अद्यतन अर्थों में घटित कर उसमें नई ऊर्जा भर देता है। कम-अज-कम कालिदास से ही सीख ले लें जिन्होंने 'पुराणमित्येव न साधु सर्वम्' जैसी पंक्ति लिखकर अपने प्रगतिशील होने का प्रमाण उस समय दे दिया था। यह बात मैं इसलिए भी कह रहा हूँ कि कुँवर नारायण ने पारम्परिक स्रोतों को कभी भी रूढ़ और अवलम्ब की तरह नहीं लिया। उनके लिए हर पारम्परिक चरित्र चाहे वह नचिकेता, अभिमन्यु या वाजश्रवा हो, केवल दर्शन, चिन्तन या आख्यान का मामला न होकर वृहत्तर अर्थों में मानव-मुक्ति या जीवन-दर्शन की सदाशयतापूर्ण व्याख्या है। इन चरित्रों के भीतर उपज रही प्रश्नाकुलता, संशय और विचार-मंथन दरअसल किसी भी मनुष्य के भीतर होने वाली अद्यतन उथल-पुथल हो सकती है, बल्कि है। ये सीधे-सीधे जीवन से, मनुष्य से और उसके वृहत्तर संसार से जुड़े प्रश्न हैं। मूल बात यह है कि इन प्रसंगों और चरित्रों का एक लेखक किस प्रकार सर्जनात्मक उपयोग करता है। कुँवर नारायण अपनी समर्थ और ताकतवर भाषा से इन चरित्रों की आन्तरिक व्याकुलता को पाठकों के भीतर स्थानांतरित करते हैं और वह भी एकदम आधुनिक, प्रगतिशील और वैज्ञानिक सोच के स्तर पर! 'वाजश्रवा के बहाने' में वे लिखते हैं—'मृत्यु इस पृथ्वी पर/जीव का अन्तिम वक्तव्य नहीं है/परलोक इसी दुनिया का मामला है।' ये पंक्तियाँ हमें चार्वाक्-दर्शन की बेबाकी और व्यंजना के बजाय मनुष्य की आन्तरिक विह्वलता और अग्रगामी चेतना का साक्षात्कार कराती हैं—हमें मनुष्यता की ओर थोड़ा और धकेलती हुई।

जब हम कुँवर नारायण की 1956 और 2008 की काव्य-भाषा में एक नैरंतर्य पाते हैं तो वह इसलिए क्योंकि उन्होंने अपनी भाषा और शिल्प को न सिर्फ रूढ़ियों

से मुक्त रखा बल्कि अपने काव्य-उपादानों को लगातार संस्कारित किया। एक समर्थ और बड़ा कवि अपनी काव्य-भाषा के साथ-साथ आखिर अपनी भाषा को भी तो समृद्ध करता है। कुँवर की प्रतिज्ञा अपने समय, समाज और परिवेश से वह सब कुछ ग्रहण करने की है जो कविता को प्रासंगिक ही नहीं युगीन सन्दर्भों से संपृक्त कर अधिक मानवीय बनाती है। कुँवर जी की भाषा में औपनिषदिक और आधुनिक प्रसंगों के बीच कोई संरचनात्मक खाई नहीं है। वह समय के अन्तराल को बयां जरूर करती है लेकिन उसे अभिव्यक्त करने वाली भाषा खंडित नहीं है। एक तरह से कुँवर जी ने अपनी भाषा के संरचनात्मक नैरंतर्य को एक रेतघड़ी की तरह साधा है जिसमें रेत को गिरते हुए देखना दरअसल समय को व्यतीत होते देखना है–

इतनी भूमिका इतना उपसंहार
पर्याप्त है
मध्य की कथा-वस्तु को
पूर्व से जोड़े रखने के लिए।

(वाजश्रवा के बहाने)

कुँवर नारायण के कवि के लिए यह अनिवार्य था कि वह अपने इतने वैविध्यपूर्ण अनुभव-संसार को अभिव्यक्त करने के लिए वैसी ही संवेदनशील और ग्राह्य भाषा का सृजन करे। यह भी हम पाते हैं कि 50-60 वर्षों की इस काव्य-यात्रा में संवेदनों के स्तर पर भी कवि लगातार प्रखर हुआ है यानी उसके एंटेना अधिक संवेदित और बहुआयामी हुए हैं। जाहिर है इससे कवि के अनुभव-संसार का फलक अधिक व्यापक होगा और तब उसकी सफल अभिव्यक्ति हेतु भाषा-संसार का विस्तार भी उतना ही अनिवार्य होगा। कुँवर जी की जद्दोजहद दरअसल इसी भाषा-संसार को व्यापक, अधिक व्यापक बनाने की रही है भाषा यदि कवि के संज्ञान, अनुभव, प्रज्ञा, अभिप्राय और कौशल का मूर्त रूप है तो संवेदन जैसे अमूर्त तत्त्व के लिए भी यह जरूरी है कि वह अपने को प्रकट करने वाले माध्यम को खंगाले। मुझे लगता है संवेदन और भाषा का यह मामला उस 'तीन टाँग की दौड़' जैसा है जिसमें दो धावकों के दो पैरों को रस्सी से बाँध दिया जाता है। जाहिर है दौड़ जीतने के लिए न सिर्फ पैरों बल्कि दो शरीरों की तमाम हरकतों में किस कदर सामंजस्य होना चाहिए, आप खुद तय कर लें! हालाँकि यह एक्सरसाइज कवि की निजी रचना-प्रक्रिया का हिस्सा है लेकिन इससे बचा नहीं जा सकता। कुँवर नारायण ने अपनी काव्य-भाषा को इसी चेतस मनीषा से पाला-पोसा-संवारा है। साथ ही वे अपनी काव्य-भाषा में एक आन्तरिक प्रत्यास्थता (Elasticity) भी विकसित करते हैं। यह लचीलापन भाषा को अभिव्यक्ति की अपरिमित सम्भावनाओं से भर देता है, उसी तरह जैसे एक पिचका हुआ बैलून दिखने में भले ही छोटा लगे लेकिन उसमें अपने आकार से कई गुना अधिक वायु या गैस समा लेने की क्षमता होती है। ऐसी दग्ध प्रज्ञा उसी कवि के यहाँ सम्भव

होती है जो जीवन को चाहे जितना जटिल माने लेकिन जीवन-विवेक को किसी सुभाषित की तरह सुगठित और अकाट्य मानने में यकीन करता है। दरअसल यह यकीन, यह भरोसा केवल भाषा पर नहीं बल्कि कविता पर और कविता की ताकत पर किया गया भरोसा है। कुँवर नारायण की कविता को इसी यकीन या विश्वास के जरिए पाया जा सकता है। जीवन-विवेक से उत्पन्न कुँवर नारायण की कविता पाठक के भीतर एक काव्य-विवेक जगाती जान पड़ती है—एक उत्प्रेरक (Catalyst) की तरह! कुँवर नारायण अपनी तमाम विनम्र अभिलाषाओं के साथ, कर्कश तर्क-वितर्कों के घमासान से परे, कवित्व से भरपूर वाणी में आपकी अगुआई करते हैं, यह कहते हुए कि–'और कुछ नहीं, भरोसा रखो! बस!!'

नीरो का संगीत-प्रेम

राजेश जोशी

'पहल 82' में कुँवर नारायण की एक कविता छपी है 'नीरो का संगीत प्रेम'। यह एक विचलित कर देने वाली कविता है।

तकरीबन दो-तीन दशक पहले एक वाक्य अकसर कला और कविता के बारे में सुनाई देता था कि कला मनुष्य को बेहतर मनुष्य बनाती है। कला के बारे में यह वाक्य कलाकारों की ओर से बोला गया एक रोमानी वाक्य ही अधिक है। जो कला के बारे में एक सकारात्मक ढंग से विचार करता है। इसमें बेहतर मनुष्य एक सूटेबल ब्वाय जैसा लगता है। इसमें कभी यह नहीं जोड़ा गया कि कला मनुष्य को परिवर्तन की आकांक्षा से और उसके लिए किए जाने वाले सक्रिय संघर्षों से जोड़ती है। या यह कि कला यातना के विरुद्ध एक सक्रिय प्रतिरोध है। इसमें कला के एक-दूसरे चरित्र के बारे में विचार ही नहीं किया गया। गुस्ताव जैनुक से बातचीत में काफ्का ने कहा था कि सच्ची कला समय का दर्पण होती है...एक ऐसी घड़ी जो कभी-कभी समय से तेज चलती है। कम से कम काफ्का ने कला के आगे सच्ची जैसा विशेषण जोड़कर कला को एक सामान्यीकरण से अलग कर दिया था। यानी सच्ची कला के अलावा भी कलाएँ होती हैं, शायद वे ऐसी घड़ी की तरह होती होंगी जिनमें समय हमेशा ठहरा रहता है या जो वास्तविक समय से काफी पीछे चल रही होती है। ऐसी कलाएँ वर्चस्वशाली वर्गों और उनकी सत्ता के पक्ष में अपना काम करती रहती हैं। यही नहीं ऐसी कलाओं को अकसर वर्गीय समाजों में प्रभुत्व और केन्द्रीय स्थिति प्राप्त रहती है। काफ्का कला और प्रार्थना दोनों को कामना की उद्विग्न क्रियाएँ कहता है। वह मानता है कि मनुष्य उनसे अपनी इच्छाशक्ति को बढ़ाना और उसके पार जाना चाहता है। लेकिन कला के भी कई रूप हो सकते हैं। रघुवीर सहाय अपनी एक कविता में इसके दो विभेद करते हैं। एक वह कला है जो तकलीफों को जानकर भी उसका वर्णन नहीं करती। और दूसरी कला वह है जो बहुत-सी कला है। रघुवीर सहाय सवाल करते हैं कि कला बदल सकती है क्या समाज? और दूसरी ही पंक्ति में कहते हैं नहीं, जहाँ बहुत कला होगी परिवर्तन नहीं होगा। कला की प्रशंसा में बोले

जाने वाले अति वाक्यों से सोच का यह तरीका एकदम भिन्न था। यह कविता उस दौर में छपी थी जब भारतीय सत्ता अपनी छवि को आकर्षक बनाने के लिए इस बहुत सी कला का बहुत कुशलता से उपयोग कर रही थी।

कुँवर नारायण की कविता कला के एक भयानक और अमानवीय चेहरे की ओर इंगित करती है। वहाँ भी कला की दो श्रेणियाँ हैं। एक वह जो शासक की कला है और दूसरी वह जिसे शायद काफ्का ने सच्ची कला कहा था। कुंवर नारायण की यह कविता एक छोटी सी कहानी को बहुत सादगी से बयान करती-सी लगती है। कुँवर नारायण की कविता में यूँ भी तापक्रम बहुत परिवर्तित नहीं होता। क्रूर और त्रासद प्रसंगों में कुँवर नारायण अपनी भाषा के तापक्रम को लगता है और कम कर देते हैं जिससे स्थिति की क्रूरता और भयावहता को हम उसके नग्नतम रूप में महसूस कर सकें। बयान के बीच कवि का हस्तक्षेप कम हो जाता है। और आवेग इतना थमा हुआ-सा कि आप उसकी थरथराहट को भी महसूस न कर सकें। उनकी कविता पढ़ते हुए शब्दों की न्यूनतम लेकिन स्पष्ट आवाज को हम जितना महसूस करते और सुनते हैं, उसके आसपास फैली जगह की खामोशी को भी उतना ही महसूस करते और सुनते हैं। वह अपने आसपास की खामोशी से अपने शब्दों और अन्तर्वस्तु की ताकत प्राप्त करती है।

कहानी इतनी-सी है कि रोमन सम्राट् नीरो संगीत का प्रेमी था और बेला बजाता था। वह अपने को दुनिया का बेजोड़ बेलाकार मानता था। एक दिन उसके सिपाही एक गायक को पकड़कर लाते हैं जिसे लोग सबसे बड़ा गायक मानते थे। यहाँ एक-एक बारीक-सी बात को रेखांकित कर देना जरूरी है क्योंकि ऐसी बातें कई बार अलक्षित रह जाती हैं। नीरो के बारे में कवि ने लिखा है कि वह अपने को दुनिया का बेजोड़ बेलाकार समझता था। और पकड़कर लाए गए गायक के बारे में लिखा है कि उसे लोग देश का सबसे बड़ा गायक मानते थे। एक कला वह है जिसने अपनी श्रेष्ठता को स्वयं घोषित कर रखा है जबकि दूसरी कला वह है जो लोगों द्वारा स्वीकृति प्राप्त कर चुकी है। सिपाही लाए गए गायक को भाले से कोंचते हुए उससे सम्राट् के सामने गाने को कहते हैं। उसकी आवाज ही नहीं निकल पाती है। उसे यातनाएँ दी जाती हैं और वह दर्द से चीखने लगता है। सम्राट् को उसका चीखना सुरीला लगता है। उसने ऐसा आर्तनाद कभी अपने बेला पर नहीं निकाला था। यह है सेडिस्ट प्लेजर! परपीड़ा से उपजा सुख। लेकिन कविता यहीं समाप्त नहीं होती। वह इस परपीड़ा के सुख को परपीड़ा के सुख की कला में रूपांतरित होने की कहानी का आगे बखान करती है। हुक्म होता है कि गायक को कैद में रखा जाए जिससे वह भाग न सके। और रोज जब नीरो बेला बजाने का अभ्यास करे उसे नीरो के सामने लाया जाए और यातना दी जाए। धीरे-धीरे गायक अपना गायन भूल गया। उसे सिर्फ रोना याद रहा। सिपाही रोज-रोज उसे नई-नई यातनाएँ देकर तड़पाते थे। कुंवर नारायण इस टिप्पणी के साथ कविता को समाप्त करते हैं कि कला और दर्द के बीच रिश्ते को समझने

का नीरो का यह अपना तरीका था। इस कविता में जो बहुत कुछ अनकहा है। इंगितों में कहा हुआ है और पंक्तियों के बीच छिपा है उसके कूट खोलने की जरूरत है। शासक या प्रभुत्वशाली वर्ग की कला और जनता की सच्ची कला के रिश्ते। शासक की कला-दृष्टि और जनता की सच्ची कला के साथ उसके व्यवहार। यातना और रुदन को कला में बदलने की शासक की इच्छा और अभ्यास। ऐसी बहुत सी बातें हैं जो इसके अन्तरपाठ में विन्यस्त हैं। भारतीय समाज में विगत तीन दशकों में आए भयावह संकट और उस समय सत्ता और शासक वर्ग की कला-दृष्टि और संकट के प्रति उसके व्यवहार के कई उदाहरण हमारे सामने हैं। सत्ता के संस्कृति कर्म की व्याख्या के लिए इस कविता का पाठ शायद कुछ नई सूझ पैदा करे।

एक अजीब-सी मुश्किल

अनामिका

'एक अजीब-सी मुश्किल में हूँ इन दिनों/मेरी भरपूर नफ़रत कर सकने की ताक़त/दिनोंदिन क्षीण पड़ती जा रही।/ अंगरेज़ों से नफ़रत करना चाहता (जिन्होंने दो सदी हम पर राज किया)/तो शेक्सपियर आड़े आ जाते/जिनके मुझ पर न जाने कितने अहसान हैं)/मुसलमानों से नफ़रत करने चलता/तो सामने ग़ालिब आकर खड़े हो जाते/अब आप ही बताइए/किसी की कुछ चलती है उनके सामने?/सिखों से नफ़रत करना चाहता/तो गुरुनानक आँखों में छा जाते/और सिर अपने-आप झुक जाता/और ये कंबन, त्यागराज, मुत्तुस्वामी.../ लाख समझाता अपने को/कि वे मेरे नहीं/दूर दक्षिण के हैं/पर है कि मानता ही नहीं/बिना इन्हें अपनाए/और वह प्रेमिका/जिससे मुझे पहला धोखा हुआ था/मिल जाए तो उसका ख़ून कर दूँ।/मिलती भी है मगर/कभी मित्र, कभी माँ, कभी बहन की तरह/तो प्यार का घूँट पीकर रह जाता।/हर समय/पागलों की तरह भटकता रहता/कि कहीं कोई ऐसा मिल जाए/जिससे भरपूर नफरत करके/अपना जी हल्का कर लूँ।/पर होता है इसका ठीक उल्टा/कोई-न-कोई, कहीं-न-कहीं, कभी-न-कभी/ऐसा मिल जाता/जिससे प्यार किए बिना रह नहीं पाता/दिनोंदिन मेरा यह प्रेम रोग बढ़ता ही जा रहा/और इस वहम ने पक्की जड़ पकड़ ली है/कि वह प्रेम किसी दिन मुझे/स्वर्ग दिखा कर ही रहेगा!'

यदि कोई किशोर या युवक यह कविता अभी पढ़ रहा हो, कृपया मुझे बताए कि यह कविता पढ़ कर मन में प्रेम फूटा कि नफरत?

कुछ भूमिका के तौर पर बस इतना बता दूं कि—एक चीज होती है—'अपोरिया'। हिन्दी में हम उसका अनुवाद 'गुत्थी' कर सकते हैं। हर पाठ में एक गुत्थी होती है। जहाँ सारे धागे या ऊन के सब छोर आकर मिलें—वह गांठ की गुत्थी है। माँ का बुना स्वेटर या कोई कालीन आप पलटकर देखें तो इस 'गुत्थी' पर उंगली रखना मुश्किल नहीं होगा। वह गुत्थी या गांठ पकड़ में आ गई तो वहीं से पाठ या स्वेटर या कालीन खुलना-उधड़ना शुरू हो जाएगा। उधड़ने की यह प्रक्रिया ही विसंरचना कहलाती है।

इस कविता की गुत्थी है 'नफरत'। ऊपरी सतह पर पाठ पाठक को भी उतनी ही गम्भीर उलझन में डाल देता है जितना लेखक को। योजना बनाकर नफरत करने कवि चलता ही क्यों है? 'मुश्किल' का उत्स यही बिन्दु है जिस तरह प्रेम योजनाबद्ध ढंग से, पंचवर्षीय या दसवर्षीय योजनाएँ और प्रस्तावनाएँ/मैनिफेस्टो आदि रचकर नहीं किया जाता, नफरत भी एक प्रबल और स्वत:स्फूर्त आवेग का नाम है जिसके उन्नयन या उदात्तीकरण की बात शास्त्र कहते हैं। और कुछ मनोवैज्ञानिक तो यह भी कहते हैं कि 'प्रेम' और 'नफरत' चूंकि एक ही सिक्के के दो पहलू हैं, इन्हें सहज ही एक-दूसरे से स्थानापन्न किया जा सकता है?

'अमिट प्रेम का अतुल घृणा में/मैंने परिवर्तन देखा है/मैंने भी जीवन देखा है।' बच्चन की ये पंक्तियाँ जिस गहन सत्य की साक्षी हैं उसे हम निजी और सार्वजनिक जीवन में लगातार घटित देखते हैं—और साथ ही यह भी कि हम एक अजीब से समय में जी रहे हैं, जहाँ नफरत भी योजनाबद्ध ढंग से की जा रही है : युद्ध और दंगे इसका प्रमाण हैं। हमेशा से तो हम यह सुनते आए कि जिसके प्यार करने की ताकत जितनी बड़ी, वह आदमी उतना बड़ा, पर यह एक ऐसा विकट समय है जब आदमी नफरत की जमा-पूंजी से छोटा-बड़ा होता है। कोई तो कारण होगा कि हिटलर की आत्मकथा सब आत्मकथाओं से ज्यादा बिकने लगी है। आदमी का बड़प्पन उसके 'न्यूसेंस वैल्यू' से तय होने लगा है।

और कविता शुरू होती है व्यंग्य के इसी मुकाम पर, जब कवि चिंतित है कि उसका 'बड़प्पन' जल्दी ही संदिग्ध हो जाएगा क्योंकि उसकी नफरत की ताकत लगातार छीजती जा रही है। 'मजहब नहीं सिखाता आपस में बैर रखना', पर राजनीति तो यही सिखाती है कि विश्व को खेमों में बाँटो—सब गड़े मुर्दे उखाड़ो और नफरत की विकट प्रेतलीला में सजग सहभागिता स्वीकरो।

व्यंग्य का दूसरा मुद्दा हमारे प्रतियोगिता विह्वल समय की यह प्रवृत्ति है कि हम छाँटने-चुनने में जरा ज्यादा ही विश्वास करते हैं। नियम बना देते हैं घृणा को और अपवाद प्रेम को, मानकर चलते हैं कि फलां नस्ल, फलां धर्म, फलां क्षेत्र, फलां जेंडर वैसे तो बुरा है ही, पर थोड़े से अपवाद भी हैं और जो अपवाद हैं—उनको तो मैं अपना बना ही चुका हूँ, उनको तो मैं अपेक्षित सम्मान देता ही हूँ।

कविता एक प्रखर व्यंग्य रचना है—इसके प्रमाण में उलटा पढ़ने पर सहज ही जुट जाते हैं। पर 'प्रेम रोग' और 'स्वर्ग दिखाकर ही रहेगा' यानी जान लेकर ही छोड़ेगा की दुधारी तलवार! और ऊपर से यह नाट्य मंचन: 'पागलों की तरह भटकता रहता.../अपना जी हल्का कर लूँ।'

खून के घूँट पी कर रह जाना एक प्रचलित मुहावरा है। उसमें भी व्यतिक्रम घटित करके उसे 'प्यार का घूँट पीकर रह जाता' बना देने की भी अपनी गम्भीर व्यंजकता है।

वस्तुस्थिति तो यह है कि हर नस्ल, हर क्षेत्र, हर धर्म, हर जेंडर में 'कुछ' नहीं 'ज्यादातर' लोग प्यार के काबिल ही होते हैं: पर दुर्भाग्य यह है कि प्रचार-प्रसार 'भयावह' प्राणियों को ही मिलता है, 'न्यूज वैल्यू' उन्हीं की होती है। शेक्सपियर, ग़ालिब, कंबन, त्यागराज, मुत्तुस्वामी आदि शायद ही पढ़े जाने वाले जरनलों में बन्द रह जाते हैं। एक तरह से यह मीडिया की इस प्रवृत्ति पर भी कटाक्ष है जो नफरत का एजेंडा इस तरह फैलाता है कि मानव-मात्र से प्रेम करने वाला सहज, समधीत, दृष्टिसम्पन्न व्यक्ति घबरा ही जाता है।

एक और बात का स्पष्टीकरण यहाँ जरूरी है कि एक शेक्सपियर, एक ग़ालिब, एक नानक, एक कंबन और एक प्रेमिका किसी नस्ल, किसी भाषा- सम्प्रदाय-क्षेत्र-जेंडर का 'तारक' या सेविंग ग्रेस नहीं है। विशिष्ट व्यक्ति नहीं होता, वह समाज होता है जो विशिष्ट को विशेष रूप से 'शिष्ट' कर पाया। व्यक्ति और समष्टि में बीज और खेत का सम्बन्ध है। बीज विकसित तभी होगा जब खेत की मिट्टी में वह धारकता और उर्वरता हो कि बीज ठीक ढंग से पल्लवित-पुष्पित हो ले। शेक्सपियर, ग़ालिब, नानक, कंबन और प्रिया को जिस परिवेश और समाज ने अमर प्रेम का पात्र बनाया, उस परिवेश और समाज के ज्यादातर लोग शिष्ट और प्यारे ही थे।

नफरत के लायक हर समाज में कुछ लोग ही होते हैं और उसके बारे में मानवतावादी नुस्खा यह है कि पाप से नफरत करो, पापी से नहीं। सारी मुश्किल का समाधान यह है कि ध्यान से देखना सीखें। द्रष्टा बनें। देखते-देखते अपने आप ही दृष्टि खुल जाएगी और समझ में आ जाएगा कि हर व्यक्ति में, चाहे वह अपराधी ही क्यों न हो, कुछ न कुछ तो प्यार करने लायक ऐसा होता ही है। जैसे आर्किमिडीज ने आकाश में एक गुरुत्व केन्द्र ढूंढ़कर वहाँ से सारी दुनिया एक लाठी में गठरी की तरह उठा लेने की बात की थी, उसी एक 'प्यारेपन' के सहारे हम हर व्यक्ति को सिर-आँखों पर बिठा लेने, कम से कम सिर-आँखों से लगाए रखने का शऊर खुद में विकसित कर सकते हैं। 'जित देखूँ तित लाल' वाले फकीर ऐसा कर भी गए हैं।

प्रेम रोग : एक आसान पाठ की मुश्किलें

विनोद भारद्वाज

शुरुआत कुछ निजी बातों से करना चाहूँगा। वरिष्ठ कवि-कहानीकार-आलोचक कुँवर नारायण से मेरा परिचय बहुत पुराना है 1967 में मैं उनसे जब पहली बार मिला था, तो वह एक प्रतिष्ठित साहित्यकार थे। मैं उन दिनों बी.ए. में पढ़ रहा था। लखनऊ के 'पौध' बाजार हजरतगंज में एक वरिष्ठ बुद्धिजीवी और आलोचक के साथ घूम रहा था। अचानक कुँवर नारायण से मुलाकात हो गई। उन दिनों उनके पास छोटी और प्यारी-सी गाड़ी फॉक्सवागेन हुआ करती थी। उन्होंने अपने घर चलने का निमंत्रण दिया। लम्बी शाम बीती। बहुत सी बातें हुईं। कुँवर नारायण ने एक अप्रकाशित कविता 'सूत्रधार' सुनाई और राय माँगी। मैंने भी अपनी सहज राय दे दी। शायद कुछ 'क्रिटिकल' राय थी। रात को घर वापस लौटते हुए वरिष्ठ आलोचक ने मुझसे कुछ नाराजगी दिखाते हुए कहा, "अमां, तुम भी गजब के आदमी हो। इतने बड़े कवि की कविता पर अनाप-शनाप बोलते रहे।"

खैर। मैं जैसा भी बोला पर उस शाम के बाद मेरी कुँवर नारायण से बहुत अच्छी मित्रता हो गई। 21 साल का फर्क कभी महसूस ही नहीं हुआ। उन दिनों लखनऊ में कुँवर नारायण के साथ ने मुझे बहुत कुछ सिखाया। वे पाँच साल मेरे लिए निर्णायक थे। और मुझे खुशी है कि कुँवर नारायण के लिए भी मेरे साथ का महत्त्व था। 1973 में मैं टाइम्स ऑफ इंडिया में नौकरी करने मुंबई चला गया। कुँवर नारायण ने एक पत्र में इस सम्पर्क के महत्त्व का जिक्र भी किया था।

डेढ़ साल पहले रविवारी 'जनसत्ता' के लिए मुझे कुँवर नारायण पर एक फीचर और इंटरव्यू करना था। मंगलेश डबराल के कहने पर मैं कुछ लेखकों-कलाकारों पर इस तरह के कवर फीचर कर रहा था। उन्हीं दिनों कुँवर नारायण ने अपनी ताजा कविता 'प्रेम का रोग' मुझे सुनाई। अभी उन्होंने इस कविता का एक ही ड्राफ्ट तैयार किया था। कविता मुझे बहुत पसन्द आई। कुँवर नारायण अकसर अपने लिखे हुए को फाइलों में दबाए रखते हैं। मैंने उनके पहले ड्राफ्ट की खुद हाथ से कॉपी की। और इस कविता को 'जनसत्ता' के फीचर का हिस्सा बना दिया। बाद में किताबघर

की 'मेरे साक्षात्कार' सीरीज में कुँवर नारायण की भेंटवार्ताओं और वक्तव्यों के एक संकलन का मैंने सम्पादन किया, तो उसके अन्त में मैंने इसी कविता को शामिल किया। एक ऐसे वक्त में जब 'बदले' और नफरत की भावनाओं का जोर हो, तब व्यक्ति की भरपूर नफरत करने की ताकत' अगर कमजोर होने लगे तो यह अच्छी बात है। कवि तो अपने स्वभाव से ही नफरत करने की ताकत नहीं पैदा कर पाता है। लेकिन अपने में एक हिंसक और फासिस्ट किस्म के दौर में इस बात को रेखांकित करना आवश्यक है। कुँवर नारायण ने अपनी बात एक आत्मस्वीकृति के रूप में कही है। एक पीड़ाजनक आत्मस्वीकृति। कुछ 'बेसिक' बातों को ही रेखांकित करना पड़े, तो यह अपने समय की बड़ी पीड़ा है।

कुँवर नारायण हाल में पोलैंड दुबारा गए थे। वहाँ 'आउशवित्ज' के कुख्यात यातना शिविरों में वह गए। यूरोप में द्वितीय विश्वयुद्ध की अनेक अमानवीय स्मृतियों को सहेजकर रखा गया है। तर्क यह है कि आने वाले लोग कहीं इन बुरी स्मृतियों को भुला न दें। उन लोगों को पता होना चाहिए कि इतिहास में आदमी ने क्या-क्या किया। आधुनिक बर्लिन शहर की शानदार चमकती इमारतों के बीचोबीच बमबारी का शिकार हुए एक गिरजाघर का मलबा वैसा का वैसा सुरक्षित खड़ा है। उद्देश्य है कि लोग याद करें कि कभी इस शहर को मनुष्य ने कैसा बना दिया था।

लेकिन कुँवर नारायण इतिहास की खराब स्मृतियों से छुटकारा पाने की इच्छा रखते हैं। उनका कहना है कि जिस जगह पर नात्सियों के यातना शिविर थे वहाँ क्यों न अब बच्चों का एक पार्क बना दिया जाए। क्यों हम इन काली और दुःखद स्मृतियों के अँधेरे में जाएँ?

कुछ लोग इतिहास से सबक लेना चाहते हैं। 'प्रेम का रोग' का कवि इतिहास से एक 'पॉजिटिव' समझ लेना चाहता है। वह किसी से भी नफरत करने की स्थिति में नहीं है। अंग्रेज उसे शेक्सपियर की याद दिलाते हैं, मुसलमान ग़ालिब की, सिख गुरु नानक की, दक्षिण भारतीय उसे कंबन या त्यागराज की याद दिलाते हैं। धोखा देने वाली प्रेमिका से कभी मिलने पर, उसका खून कर देने की इच्छा थी। पर अब उसकी छवि में भी मित्र, माँ या बहन दीखने लगती है।

बाबरी मस्जिद गिराने के बाद चारों तरफ एक पगलाई हुई हिंसक भीड़ नजर आती है। कवि भी पागलों की तरह बहक रहा है कि कहीं तो कोई ऐसा मिल जाए जिससे भरपूर नफरत करके जी हलका कर लिया जाए। लेकिन हर जगह कोई न कोई ऐसा जरूर मिल जाता है जिसके प्रति मन में प्यार जागता है।

जर्मन दार्शनिक शॉपेन हाऊर का एक प्रसिद्ध कथन है कि कभी-कभी बदले की भावना (रिवेंज) भी मीठी होती है।

लेकिन नफरत की भावना कभी मीठी नहीं हो सकती है। उसकी आग में आदमी खुद जल सकता है और दूसरों को जला सकता है। बदले की भावना भी मीठी तो नहीं ही होती। उसकी अन्तिम परिणति भी यही है—जलने और जलाने की। लेकिन

एक मनावैज्ञानिक स्थिति के रूप में 'कभी-कभी' बदले की भावना मीठी हो सकती है। उसका 'अकसर' अन्त एक भयावह किस्म की कडुवाहट में ही होगा यह अलग बात है।

अंग्रेजों की बात करने पर हमें जनरल डायर क्यों याद आए और मुसलमानों की बात करने पर औरंगजेब क्यों याद आए? इतिहास को जानना और जाँचना जरूरी है। इतिहास के पन्नों से ये नाम गायब नहीं किए जा सकते हैं। लेकिन आज के आदमी के मन के पन्नों में किन नामों को क्यों और कैसे रेखांकित किया जाए।

एक बार मैं चुपचाप खड़ा और कुछ-कुछ हैरानी से श्मशान घाट में अन्तिम क्रिया से पहले शव की वीडियो फिल्म बनते हुए देख रहा था। पिता की मृत्यु पर रोता हुआ बेटा वीडियो फिल्म बना रहा था। मैं सोच रहा था कि परिवार वाले इस मृत व्यक्ति की याद करते हुए उसकी किन तस्वीरों को देखना चाहेंगे? हँसते हुए, पत्नी और बच्चों के साथ, विवाह के समय के फोटो बच्चे देखना चाहेंगे या वे पिता के शव को देखेंगे, राजकमल चौधरी ने 'मुक्ति प्रसंग' में शव के 'सुन्दर' होने की बात भी कही है। एक भरी-पूरी ज़िन्दगी जीने के बाद शव भी सुन्दर हो सकता है। पर उस सुन्दरता को उसी क्षण पर सामने खड़े वे ही लोग पहचान सकते हैं जो उस मृत व्यक्ति के जीवन और कृतित्व से परिचित हों। बाद में फोटो एलबम में से यह सुन्दरता रहस्यमय ढंग से गायब हो जाएगी।

ऊपर से देखने पर कुँवर नारायण की कविता 'प्रेम का रोग' का पाठ बहुत आसान है। पर अकसर आसान किस्म की काव्य पंक्तियाँ बहुत मुश्किल से लिखी जाती हैं।

एक जन्मदिन जन्मस्थान पर

विजय कुमार

(वह क्या चीज है जिसके लिए पूरा जीवन दाँव पर लगाया जा सकता है, यह रहस्य तो केवल कविता के अथक यायावर कुँवर नारायण बता सकते हैं जो कविता के सुदीर्घ सहयात्री रहे हैं। सितंबर, 2012 को उन्होंने अपने जीवन के पचासी बरस पूरे किए थे। सन् 1956 से अब तक उनकी कविता यात्रा जारी है, यानी साठ बरस से ज्यादा का सघन साहचर्य उन्होंने कविता और इस समय के साथ जिया है। कई काव्यकृतियों के साथ इस बीच उन्होंने तीन प्रबन्धकाव्य 'आत्मजयी', 'वाजश्रवा के बहाने' व 'कुमारजीव' भी हिन्दी संसार को दिए हैं।

कुँवर नारायण एक विचारवान कवि होते हुए भी विचारधाराओं से मुखातिब और उनके मुखापेक्षी कभी नहीं रहे। कविता को अपनी शर्तों पर उन्होंने बरता और साधा है और सच कहें तो कविता में उन्होंने एक साधक का जीवन जिया है। एक से एक विलक्षण कविताएँ इस बीच कुँवर जी ने लिखी और जीवन का समूचा सारांश उन्होंने कविता में उड़ेल दिया। उनकी हर कविता मनुष्य को और बेहतर गढ़ने-रचने की कार्रवाई है। यों तो शारीरिक थकान उत्तरजीवन में आ ही जाती है जब समय काया पर अपने निशान छोड़ता है किन्तु यह थकान कुँवर जी की कविताओं में बिलकुल नहीं दिखाई देती। वह अब भी अपने पूरे यौवन पर है और इसका पता उनकी कविताओं के प्रति लोगों की अपार दीवानगी से लगाया जा सकता है।

कुँवर नारायण की अनेक कविताओं ने पाठकों का दिल जीता है, अनेक कविताओं ने जीवन को समझने के नए आयाम दिए हैं। ऐसी ही एक कविता हैं : 'एक जन्मदिन जन्मस्थान पर'। इस कविता पर अभी तक विशेष रूप से आलोचकों, पाठकों का ध्यान नहीं गया है। हिन्दी के सुधी कवि-आलोचक विजय कुमार इस कविता को पढ़कर हतप्रभ रह गए। कुँवर जी पर सम्पादित की जा रही एक वृहद् पुस्तक के लिए कुछ लिखने का अनुरोध किए जाने पर वे खिल-से उठे और यह कविता अचानक उनके दिमाग में कौंध उठी। उन्होंने कहा, ''ओम जी, मैं उनकी इस कविता पर लिखूँगा।'' इस तरह यह इस कविता के भाष्य के बहाने कुँवर नारायण के अभिनव शिल्प और

कविता को लेकर तमाम तकनीकें बरतने वाले कवि की नई रचना-दृष्टि की पड़ताल भी है।

जब विजय कुमार ने यह भाष्य पूरा किया और यह लिखते हुए प्रेषित किया कि "प्रिय ओम जी, लेख भेज रहा हूँ पर पता नहीं कैसा बन पड़ा है, आप इसे देखिएगा और मुझे बताइएगा।" तो मैंने पाया कि विजय कुमार जी ने कुँवर नारायण की इस कविता में बरती गई फिल्म-तकनीक को बखूबी समझा है और उसके इस्तेमाल को सकारात्मक रूप से लेते हुए कविता के अन्तस्तत्त्व में गहराई से प्रवेश किया है। कविता और उसका भाष्य पढ़कर तुरंत विजय जी को मैंने लिखा कि "विजय जी, आपने गहराई में डूबकर कविता के बाह्य भूगोल के भीतर की अन्तर्यात्रा की है। सचमुच इतनी भावप्रवण, गाँव-देहात के महासागर के यथार्थ की खबर लेती उनकी इस कविता पर मेरी भी निगाह न गई थी। मुक्त छंद का समर्थक उसका प्रवाह है—कुँवर जी ने निराला की इस अवधारणा को सिद्ध कर दिया है। आपने कविता की सभी संभावित व्यंजनाओं, इसकी पैस्टोरल इमेजरी और सचल दृश्यबंधों को ठीक से पकड़ा है। आपने बिलकुल ठीक कहा है कि कविता को पढ़ते हुए लगता है जैसे कवि का कैमरा उसके साथ-साथ चल रहा है। केवल बाहरी भूगोल को ही नहीं, भीतरी विवशताओं, जमाने की हलचलों, परिवर्तनों को पकड़ता चित्रित करता हुआ। आभार। कविता की रूह में शायद ऐसे ही प्रवेश करना चाहिए।"

—ओम निश्चल

कण कण की पीड़ा से मेरी
कातर आत्मा लिपट लिपट रोने दो
ये रज कण अब भी मरे नहीं
इनमें जी उठने की मानो क्षमता गहरी:
इस मिट्टी में
अब भी जीवन की गन्ध भरी
इसमें अगणित संसारों का अवसान उदय (आत्मजयी)

क्या कविता की कोई विषय वस्तु होती है? जब हम सोचते हैं कि एक कवि किसी खास विषय पर लिख रहा है तब भी वह अपने आप को परिवेश की किसी गतिशील सम्बन्ध सूत्रता के हवाले ही तो कर रहा होता है। पर्त दर पर्त कितनी सारी बातें, तमाम बिखरे हुए सन्दर्भ, रहस्यों के अप्रत्याशित उद्घाटन, और तमाम अबूझ पहेलियां...और फिर उनकी कोई एक समय 'यूनिटी'। ऐसी कोई कविता जिसे पढ़ते हुए सहसा आप पाते हैं कि यह सब तो आपने पहले भी देखा था, हजार बार देखा था पर उसे इस तरह से जाना कहाँ था। कुँवर नारायण की कविता 'एक जन्मदिन जन्मस्थान पर' कुछ इसी तरह की कविता है।

कुँवर नारायण जी के विस्तृत और बहुआयामी कविता संसार में लगभग एक सर्वथा अलग और एक निराली कविता। अपने जन्मस्थान पर अर्से बाद लौटना और

चीजों को निरखना इससे पहले भी हिन्दी की बहुत सारी कविताओं में होता रहा है पर यह उन अर्थों में नोस्टेल्जिया या अतीत-राग की कविता नहीं है। लौटना इसमें 'स्व' के रोमान या चीजों पर उसके आत्म आरोपण का मामला नहीं है क्योंकि सबसे पहले तो यहाँ चीजों का वस्तुनिष्ठ वृत्तांत ही है। यानी कि एक ठेठ देशज संसार, उसका फैला हुआ लैंडस्केप, उसकी पर्तें और व्यंजनाएँ, उसमें मौजूद समय का बोध, उसकी गति और क्षिप्रता का अहसास, अपने में सिमटे हुए या एक-दूसरे से संपृक्त हो गए दृश्य-खंड। उन्हें निरखने की रणनीति, विवरणों और 'डिटेल्स' की प्रकट होती और ओझल हो जाती एक जटिल दुनिया और उसके बृहद् संकेत। हमारे समसामयिक बोध में यदि कोई रचना इतनी तमाम चीजों को समेटने के लिए 'नैरेटिव' के उस पुराने ढांचे को पुनर्जीवन देती है या वृत्तांत, विडंबनाबोध, नाटकीय स्थितियों, मनुष्य व्यवहारों, राग और उससे लिपटी हुई किसी लयात्मक सघनता को उभारती है तो यह कवि-दृष्टि, विजन या 'कहन' की नई सम्भावनाओं की खोज तो है ही, संरचनागत मौलिकता को पाने का एक उपक्रम भी है।

गद्य से सर्वथा अलग कविता में 'नैरेटिव' की क्या भूमिका हो सकती है? कवियों के पास भी एक गद्यकार की तरह व्यक्त करने के लिए कुछ खास विचार होते हैं पर शायद ज्यादा महत्त्वपूर्ण वह भाषिक लय है जिसमें शेष सब कुछ निमग्न हो जाता है। सारे ब्योरे उसी के बीच से उभरते हैं और उसी में पर्यवसित हो जाते हैं। कुँवर नारायण जी की यह कविता जैसे किसी 'मूवी कैमरे' की तरह अपने दृश्य-जगत् को प्रक्षेपित करती है। उसकी एक क्षिप्र गति है, वहाँ कोई राहत या 'इंटरल्यूड' नहीं है। बहुत सारे ठेठ किस्म के 'डिटेल्स' उसमें डूबते-उतराते हैं और फिर उस सबको दर्शाने की एक खास सूत्रबद्धता है। हम गति और सूत्रबद्धता की इस 'इंटेसिटी' को देखकर लगभग अवाक् से रह जाते हैं। अपने समय के बहुत सारे अनाम रहे आए अन्तर्विरोधों, सर्वाधिक दैनंदिन साधारणता के सचों, उससे बंधी जटिल नगण्यताओं और उलझे हुए संवेगों से भरपूर स्थानिकताओं का एक ड्रामा-सा जैसे यहाँ खुलता जा रहा हो–

कस्बे की साँझ, बुझे कंडों का धुँआ,
बल्बों की फुन्सियाँ जल उठीं यहाँ वहाँ
अभी गए साल यहाँ आई है बिजली–
लेकिन बस एक सड़क छूते हुए निकली:
कुत्ता लोट सड़कें और कौवों की काँव-काँव
धूल भरे चौराहे पूछ रहे नाम गाँव...

प्रथम दृष्टि में यह कविता किसी को एक अखबारी रिपोर्ताज की तरह भी लग सकती है क्योंकि यह 'नैरेटिव' ठेठ यथातथ्यता में धंसा हुआ है। अर्थात् वह सब कुछ जैसा कि चारों ओर घट रहा है। न उसका कोई अतिकथन, न उसकी कोई उड़ान।

पर थोड़ा सा खुलते ही एक उनींदे भूगोल का एक आन्तरिक संसार अपनी तमाम अनुगूँजों और संकेतों के साथ इन्हीं ब्योरों के बीच से आकार लेने लगता है। हम इन्हीं यथातथ्यताओं और यथार्थ के बाहरी रूपाकारों के साथ लिपटी हुई एक सामूहिक जीवन शैली, उसके अवचेतन, तमाम तरह के बाहरी और भीतरी दबावों तथा अन्तर्विरोधों के बीच बचे रहने और अपनी जीवन इच्छा को बचाए रखने-करने की दुर्निवार्यताओं को, मशक्कत और थकान को, लाचारियों और निरुपायताओं, छोटे-बड़े तनावों और अन्तर्द्वंद्वों को इनके बीच से झाँकता हुआ पाते हैं। इस 'मूवी कैमरे' ने तो एक उनींदे कस्बे के बाहरी वृत्त को अभी खोलना शुरू ही किया था–

घोड़ी बेच घिर्राउ रिक्शा ले आए
इक्का-दिन बीते अब रिक्शा-दिन आए;
एक जून दाल भात, एक जून चना
भरते पेट घोड़ी का कि भरते पेट अपना:
जान लिए लेती है रिक्शा की खिंचाई
बाकी कमर तोड़ रही बढ़ती महँगाई

सड़कों से इक्के की सवारी का लुप्त होना और साइकिल रिक्शे का आगमन और उसके साथ बदलती हुई जीवन शैली, एक आधुनिक कविता के लिए यह किसी हद तक एक नया वृत्तांत बनता है–विकास के स्वरूप, परिवेश, श्रम, आजीविका, सामाजिक सम्बन्धों की सूत्रबद्धता की अंदरूनी हलचलों वाला वृत्तांत। ग्रासरूट का वह अलक्षित जीवन जो दिन-प्रतिदिन हमें दिखता तो है पर जिसके प्रति हम अपनी बँधी-बँधाई प्रतिक्रियाओं से आगे नहीं जा पाते। कविता में यह चलायमान कैमरा क्रमशः कस्बे के भीतरी लैंडस्केप को रचता जाता है। ऐसा प्रतीत होता है जैसे कोई बाहर से आया व्यक्ति किसी गहराती शाम को एक धूसर कस्बे के बस अड्डे पर उतरा है, फिर क्रमशः सड़कों से, गलियों से, मोहल्लों से होता हुआ वह उस भूगोल के आन्तरिक इलाकों में जा रहा है...समय की गति को लक्ष्य कर रहा है। उसके सामने एक 'फिजियोनॉमी' है जो जीवन दशाओं का साक्ष्य भी रच रही है। एक खास गति में उसके चेतना पटल पर तमाम अक्स उभर रहे हैं। मिट रहे हैं। हर दृश्य यहाँ अर्थगर्भित है। अर्थात् वह सब जो कि किसी खास जीवन अवबोध और चेतना का लैंडस्केप कहा जा सकता है। बहुत सारी चीजें अनायास आती हैं। जैसे पंडित सियाराम और उनका मदरसा एक बीते समय का वृत्तांत है। यहाँ स्मृति है लेकिन अतीत-रोमान नहीं। कवि जैसे वहाँ पल भर के लिए रुकता है। एक ठहरी हुई निरुपायता का वह करुण साक्ष्य–

रुधे कंठ, भरी आँख, उनका आशीर्वाद–
कैसे हो बेटे तुम? दिखे बहुत दिनों बाद...

रघुवीर सहाय जैसे कई बार दैनंदिन साधारणता के साथ अपने कवि-स्वभाव का एक आक्रामक किस्म का रिश्ता सिरजते हैं–वक्रोक्ति, हलका सा शाब्दिक खिलवाड़, उड़न-छू व्यंग्य, लाचार परिहास, करुणा मिश्रित विडंबना, विश्लेषणात्मक तटस्थता या चिड़चिड़ाहट भरी तिक्ता–जिसके मूल में सम्भवतः उनकी हर जगह एक जिद्दी किस्म की 'सब्जेक्टिविटी' ही है, उसके विपरीत कुँवर नारायण के यहाँ एक निस्पृहता, आधारभूत सादगी और अतिशय निर्वैयक्तिक हो सकने की क्षमता ही उनकी ताकत है। यहाँ साधारणता के सामने कुछ इस तरह निष्कवच हो जाना है कि कवि को वैसे किसी रैटारिक या उक्ति-चातुर्य की आवश्यकता ही नहीं पड़ती जो उनके कुछ समकालीन कवियों के यहाँ केन्द्र में हैं। महत्त्वपूर्ण यह भी है कि कुँवर नारायण जब इस दैनिक साधारणता के किसी इतिवृत्त को रच रहे होते हैं तो वे भी किसी भावुकता के दलदल में नहीं फँसते। उनके यहाँ न कभी अति कथन दिखाई देता है और न भाव-स्फीति। वे भाषा में अपने 'कहन' की तहदारी को निभाना भी खूब जानते हैं। नैरेशन, नाटकीयता और निरूपण की इस मिली-जुली जमीन पर यहाँ एक बुनियादी संलग्नता भी है और तटस्थता भी। बाहर जो घटित हो रहा है, वही उनके लिए इतनी अर्थ छटाओं से भरा हुआ है कि इस बखान में अपने 'स्व' की ओर लौटने का उन्हें अवकाश नहीं। वहाँ दृश्य, घटनाओं, प्रसंगों, सन्दर्भों का अवतरण इतना आनायास और सांद्र है कि उन्हीं के भीतर से आप कवि की प्रभाववादी शैली की शिनाख्त करते हैं–

वही तो चौक है–वही तो बजाजा है–
वैसी ही भीड़भाड़, वैसी ही आ जा है:
गेहूँ की बोरी से टेक लगाए, अधलेटा,
भज्जामल अढ़तिए का सिड़बिल्ला बेटा,
वैसे तो जन्मजात तुतला और बैला था
पर इससे क्या होता–रुपयों का थैला था।

कुँवर नारायण की इस कविता में इस गतिमान कैमरे की यह खासी दिलचस्प यात्रा आपको दिखाई देगा। वह प्रथम दृष्ट्या स्थल-आकृतियों, बस अड्डे, बाजार, गलियों, भीड़भाड़ के बाहरी ब्योरों से प्रतिकृत होता है और फिर उनसे होकर गुजरता हुआ निरन्तर जैसे किन्हीं 'आन्तरिक प्रकोष्ठों' की ओर बढ़ता है। ये प्रकोष्ठ सामूहिक जीवनशैली से जन्मे मनुष्य व्यवहारों के हैं, पारिवारिक ढांचे के भीतर रुंधे हुए अस्फुट स्वरों, डबडबाहटों, गहन लाचारियों, व्यतीत जिंदगियों, उदासीनताओं और जड़ताओं के हैं, एक ठहरे हुए समय के अंधेरे गलियारों के हैं, थकान और निष्फलताओं के हैं, हताशा या स्थिति-स्वीकार्यताओं के हैं या पीढ़ियों के अन्तरालों के हैं, दबी हुई आकांक्षाओं, कुछ बोलने या चुप रह जाने के बीच पसरी हुई स्थितियों के हैं।

औसत भारतीय जीवन की एक समूची नाटकीयता और कई बार किसी गहरी करुणा में लिपटा हुआ उसका एक 'विट' भी इन प्रकोष्ठों में स्पंदित है, और वह

हमें याद रह जाता है। स्वर की कोई अन्तरंगता जैसे इन साधारण और रोजमर्रा के धूसर व्यवहारों के साथ पेश आती है, सहसा उन्हें बहुत चमकीला बना देती है। पॉल वेलरी का एक कथन याद आता है कि 'कविता किसी हांके, उद्गार या विस्मय का विस्तार है।'

बापू का 'बेटा' सुन आँखें भर आईं
नीम के झरोखों में सिसकी पुरवाई
'बेटा घर आया है' कहने को होंठ हिले
पर शायद इतना भी कहने को न शब्द मिले!
एक वृक्ष वंचित ज्यों अपनी ही छाया से...
उदासीन होता मन अपनी ही काया से।
ताड़ों पर झूलते पतंग-दिन बचपन के
बीत रहे बुआ के विधवा-दिन पचपन के।
अम्मा की ऐनक पर बरसों की जमी धूल
रक्खा रामायण पर गुड़हल का एक फूल
दोनों से निकाल कर प्रसाद दिया मंगल का
आँखों से प्यार लगा अब छलका तब छलका :

एक छोटे से वृत्त के भीतर तमाम स्थितियों की ओर यह कविता संकेत करती है। विवाह की प्रतीक्षा में घर भर को बोझ की तरह लगती सयानी बेटी और माहौल में व्याप्त अनकहा तनाव, शादी-ब्याह की बातचीत में लेन-देन के सन्दर्भ, अकथ विवशताएँ, जवान बेटी की अपनी सोच, आहत स्वाभिमान का तकाजा और भीतर व्याप्त आशंकाएँ, बूढ़े दादा का अकेलापन, डाके की गवाही में व्यर्थ पुलिस थाने के चक्कर लगाते परेशान भैया, एक व्यावहारिक सोच और आदर्शवाद के बीच का तनाव-ऐसे तमाम ठोस सन्दर्भ और उनका एक खास 'फ्यूजन'।

बहुत वस्तुनिष्ठ से लगते विवरणों को रखते हुए के बीच कवि कैसे अपने एक 'स्पेस' को निर्मित कर लेता है, इसका एक उदाहरण देना पर्याप्त होगा-

''मुझे नहीं करनी है उस घुग्घू से शादी
कुछ माने रखती है मेरी भी आजादी।
मुझ पर ही रहने दो तुम सब मेरा जिम्मा
पढ़ी लिखी हूँ मैं भी, कुछ कर सकती हूँ अम्मा''
कहने को कह डाला, फिर सहसा फूट पड़ी,
बिजली-सी कड़की और वर्षा-सी टूट पड़ी
सबको डरा कर फिर खुद ही से डर गई,
घबरायी बिल्ली-सी इधर गई उधर गई...

ये तमाम अन्तरंग सन्दर्भ, एक जातीय पारिवारिक जीवनशैली की जड़ों और उसमें हो रहे संक्रमणों, आर्थिक जकड़बंदियों, एक साथ कई पीढ़ियों के सह-अस्तित्व, एक नश्वर संसार में जीने की अरूप इच्छाओं और उन पर दिन-प्रतिदिन के दबाव, संस्कारों और मूल्यों के व्यामोह, पारिवारिक दायरे में संवादों के जुड़ने और टूटने के सन्दर्भ, जीवन-यापन की छोटी-बड़ी जटिलताएँ, विस्थापन, दैनिक विवशताओं और स्वप्न जगत् के अन्तरालों, भौतिक अवस्थितियों और विभक्त मन की दुरूह दुनिया के बीच से उभरते लगते हैं। कब एक सन्दर्भ मिटता है और उसकी जगह दूसरा सन्दर्भ आ जाता है, इसका पता ही नहीं चलता। यह जो कई-कई स्तरों पर जीने का एक समकालीन अनुभव है—कविता जैसे उसका एक 'केलिडोस्कोप' रचती है। एक समग्र जटिल वास्तविकता के छोटे-छोटे दृश्य-खंड, जिनसे आज हमारे औसत भारतीय परिवार की अंदरूनी लय निर्मित है।

यह आख्यान तमाम घटनाओं, प्रसंगों, दृश्यों की किसी आन्तरिक संबद्धता को रचते हुए एक खास मिजाज निर्मित करता है, महत्त्वपूर्ण शायद यह देखना है कि कविता में ये सारे विवरण, सन्दर्भ और स्थितियां उनके सबसे सादा और बुनियादी रूपों तक 'रिड्यूस' कर दी गई हैं। यह आख्यान न तो इन सबका अतिकथन करता है, न उन पर कोई स्पष्टीकरण देना चाहता है, कवि यहाँ इन तमाम स्थितियों को ग्राफिक ढंग से उभारने में निमग्न भी है और दृश्यों की लीलाप्रद दूरी को लाँघते हुए किसी हद तक 'तटस्थ' भी। यह जो कला का उभयधर्मी होना है वही इस कविता के समूचे स्वर की विलक्षणता को रचता है। तमाम बिखराव के बीच किसी खास 'यूनिटी' का रचाव—क्या कला की इससे अधिक कोई व्याप्ति होती है?

दिल्ली में दो कमरे : सपनों में गाँव :
कभी इस पाँव खड़े कभी उस पाँव :
यह कैसा दिशा-बोध घबराया घबराया—
यह चेहरा बदहवास, वह चेहरा कुम्हलाया...

आश्चर्य है कि कुँवर नारायण जी की इस अत्यन्त सघन कविता पर खास चर्चा नहीं हुई है।

कुतुबमीनार

सवाई सिंह शेखावत

हिन्दी के शीर्षस्थ वरिष्ठ कवि कुँवर नारायण के 1979 में प्रकाशित कविता-संग्रह 'अपने सामने' में संगृहीत कविता 'कुतुबमीनार' मनुष्य की सितारा मानसिकता का अद्‌भुत विवेचन प्रस्तुत करती है। ऊँचाई से अभिभूत मानसिकता का विश्लेषण करती यह कविता हमें सचेत करती है कि कथित सितारा मनोवृत्ति मनुष्य के ज्यादा हक में नहीं है क्योंकि सितारा मानसिकता का आभामंडल आदमी को इस कदर चुंधिया देता है कि उसकी रौ में बहते हुए वह बाजवक्त कुछ हासिल करना तो दूर, अपनी विरल और मौलिक पहचान तक खो देता है। यह कविता ऊँचाई के उस राज का भी पर्दाफाश करती है, जो ताजपोशी के समारोह का उत्सव रचते हुए हमें उन अदृश्य नीचाइयों में धकेल देती है–जहाँ आज भी ऊँच-नीच का भेद बदस्तूर कायम है। अपने समूचे वितान में जीवन के विषम धरातल का विरोध करती यह कविता ऊँचाई के असर के विरुद्ध तो आगाह करती ही है, साथ ही परोक्ष रूप से समता और विरलता जैसे मूल्यों का समर्थन करते हुए हमें समझ के उस मोड़ पर ला खड़ा करती है, जहाँ हम चीजों से बराबरी के कद के साथ सलूक करना सीखते हैं।

कविता का आगाज ही एक मुकम्मिल और बड़ी कविता है : 'क्या हम अभी भी/उन्हीं नीचाइयों में खड़े हैं/जहाँ ऊँचाइयों का असर पड़ता है?' अभी भी अर्थात् आजादी के 65 वर्षों बाद आज और अबकी तमाम प्रगतिशील अवधारणाओं और वैज्ञानिक उपलब्धियों के बावजूद क्या हम अभी भी सोच, चिन्तन-मनन, आचार, विचार, व्यवहार और जीवन-दर्शन के उसी निम्न धरातल पर खड़े हैं जहाँ ऊँचाइयों का असर पड़ता है–अर्थात् किसी की उपलब्धि से अभिभूत होकर हम अपने आप को छोटा और गौण महसूस करते हैं। संस्कृत में 'शूद्र' शब्द की अनूठी निष्पत्ति की गई है : 'आशु द्रवते इति शूद्रा:' जो बहुत जल्द द्रवित (प्रभावित) हो जाए, वह शूद्र है अर्थात् ऐसा व्यक्ति जो किसी के अदना-से असर से मुतासिर होकर तत्काल आह-वाह करने लगे। जाहिर है ऐसा होना परिपक्व मानसिकता का द्योतक नहीं है। किसी के वैशिष्ट्य को स्वीकारना बेशक अच्छी बात है, लेकिन दूसरे के महत्त्व के सामने अपने आप को अकिंचन

महसूस करना हरगिज-हरगिज अच्छी स्थिति नहीं है क्योंकि यह मान्यता ही 'कुछ खास' और 'बाकी तमाम आम' जैसी गलत मनोवृत्ति पर आधारित है। सृष्टि की संरचना में हर इकाई मौलिक और अनूठी है, कोई किसी से कमतर नहीं है–जबकि सितारा मानसिकता बेहतर और कमतर के युग्म पर टिकी हुई है।

एक ऊँचाई वह होती है जिसका आधार सम है। एक ऐसा आधार जो अपने आन्तरिक विराट् की ऊँचाई में सभी को उच्चत्व हासिल करने में मदद करता है–जो अपने साथ-साथ औरों के भी आगे बढ़ने का जरिया बनता है, लेकिन सितारा मानसिकता वाली ऊँचाई में यह मुमकिन नहीं है। एक समानांतर फासले के साथ वह हमें चकित और मुग्ध अवश्य करती है, लेकिन हमारे ऊँचे उठने का जरिया नहीं बन पाती। वास्तविकता यह है कि वह शिखर और खंदक के बीच के अलंघ्य फासले को बनाए रखती है। वह विरुद्धों के सामंजस्य पर नहीं, बल्कि उनके अनिवार्य वैपरीत्य पर आधारित है–जहाँ किसी एक के बड़ा होने के लिए दूसरे का छोटा होना जरूरी है।

'कुतुबमीनार' के सन्दर्भ में शिखर तक पहुँचने के साधन के रूप में कवि सीढ़ियों की बात करते हुए कवि-मंशा से जुड़ा मूल सवाल पूछता है कि : 'क्या ये सीढ़ियाँ हमें/उस सबसे ऊँचे वाली जगह पर पहुँचा सकती हैं/जहाँ मीनारें ख़त्म हो जाती हैं/और एक मस्तक शुरू होता है/ताजपोशी के लिए?' सबसे ऊँचे वाली जगह पर पहुँचने की तलब जिसे अज्ञेय ने 'सीधे तनकर खड़े तरु का शिखर' कहा था। उस लक्ष्य को साधना निश्चय ही एक बड़ी उपलब्धि है क्योंकि तभी मीनारों को लाँघकर हम वहाँ पहुँच सकते हैं, जहाँ मस्तक का शिखर शुरू होता है : सुधी, भाव-प्रवण और विश्व की कल्याण कामना से परिपूर्ण शिखर-मस्तक। जिसे निराला ने सहस्रार का आसन कहा था और जहाँ तक पहुँचने की कामना करते हुए विश्व कवि रवीन्द्रनाथ ठाकुर ने लिखा था : 'हो चित्त जहाँ भय शून्य/माथ हो उन्नत'। लेकिन सितारा मानसिकता ऐसी किसी कल्याण-कामना से अभिप्रेरित नहीं होती। वह शिखर पर पहुँचकर केवल ताजपोशी की तलबगीर है। वह किसी ऊर्ध्व आलम्बन का आधार नहीं बनती, बल्कि अपने आप को उच्चतर मानती हुई उसका उत्सव मनाती है, उस पर गर्व करती इठलाती-मदमाती है। वरिष्ठ कवि केदारनाथ सिंह ने ऐसी ही ऊँचाई को लक्ष्य कर कहा था : 'मैं वहाँ जाकर डर गया/क्योंकि वहाँ कोई नहीं रहता।'

तीसरे अनुच्छेद में कवि के हाथों में दूरबीन है। वह मीनार के एक तरफ से इतिहास में दर्ज तमाम सितारा संसारों को देख रहा है–जो समय के चौथे आयाम में लकदक हैं। सितारा मनोवृत्ति चीजों को अकसर अपने सम्पूर्ण आयाम में नहीं दिखाती। हमारे सामने केवल उनका आज और अब का चमकीला वर्तमान होता है। जाहिर है ऐसी चकाचौंध में हमारा देखना भी इकतरफा ही होगा (मीनार के एक तरफ से) आधा-अधूरा और बाजवक्त गलत भी। द्वितीय विश्वयुद्ध के दौरान जर्मनी विश्व के अग्रणी देशों में था। ज्ञान-विज्ञान, धर्म-दर्शन, भौतिक समृद्धि सभी क्षेत्रों में उसकी तूती बोलती थी, लेकिन सितारा पूजक मनोवृत्ति के चलते ही जर्मनी जैसा गुणी ज्ञानी

देश आर्य रक्त की श्रेष्ठता की आड़ में हिटलर की नाजी मनोवृत्ति का शिकार हो गया। आचार्य विनोबा भावे ने इस सन्दर्भ में ठीक लिखा है कि जर्मन लोग अपनी श्रेष्ठता हजार तरह से सिद्ध कर सकते थे, लेकिन खेद का विषय है कि उन्होंने हिटलर के अन्धानुकरण का गलत रास्ता चुना। क्या हिटलर को तानाशाह बनाने में स्वयं जर्मन लोगों का अन्धा योगदान नहीं था?

समापन पंक्तियों में कवि सोचता है कि कुतुबमीनार की ऊँचाई से अभिभूत होकर क्या मैं भी किसी नए सितारे के ताजपोशी के समारोह में शामिल हो रहा हूँ या फिर अंधेरी रात में केवल तारे गिन रहा हूँ–जो हर हाल में एक निरर्थक उद्यम है। क्योंकि ऐसा करते हुए हम केवल चमकीले बिन्दुओं की व्यर्थ गिनती में अपना समय जाया करते हैं, जबकि ऐसे चमकते बिन्दुओं से हमारे अपने जीवन का अंधेरा किसी हाल में कम नहीं होता। अपनी नीचाइयों में गारत हम उन चमकते बिन्दुओं के साक्षी मात्र होते हैं। कुँवर नारायण जी सच्चे अर्थों में आत्मोत्सुक और गहरे दार्शनिक कवि हैं, वे अपने होने को उस स्थिति में खोजते हैं जहाँ अपने वैशिष्ट्य के साथ दूसरों की विरलता भी उसी तरह देदीप्यमान है। कुतुबमीनार के बहाने अपने कवि–आशय का बखान करती यह कविता उन प्रगतिशील कविताओं से सर्वथा भिन्न है, जिनमें 'आइडियोलॉजी' के नाम पर और तो काफी कुछ है, बस केवल 'ताज' के असीम सौन्दर्य और विरल वैशिष्ट्य को दरकिनार कर दिया गया है।

अमीर खुसरो : इतिहास के धरातल पर कुछ नैतिक प्रश्न

यतींद्र मिश्र

इतिहास की सबसे गौरवशाली खानकाहों में से निकलने वाली अप्रतिम आवाजों में एक आवाज अमीर खुसरो की भी है, जिसने कई शताब्दियों के बाद भी अपनी उपस्थिति का निर्मल आलोक बचाया हुआ है। यह रोशनी तब और भी प्रासंगिक हो जाती है, जब कुँवर नारायण जैसा संवेदनशील एवं वैचारिक रूप से सजग कवि अमीर खुसरो को अपनी कविता के दायरे में शामिल करता है।

'अमीर खुसरो' जैसी रचना इस तथ्य को जानने के सन्दर्भ में एक पेचीदा पहल है कि मिथक और यथार्थ, संवेदना और इतिहासबोध तथा शिल्प और विचार की शर्तों पर किसी कविता को कितना समय निरपेक्ष बना पाते हैं। एक विशेष कालखंड में घटने के बावजूद इस कविता का कथानक यदि सार्वकालिक महत्त्व का बन पाया है, तो उसका सबसे सार्थक पहलू यही है कि यहाँ कवि, अमीर खुसरो की ऐतिहासिकता से नहीं, बल्कि उसमें मौजूद उन संवेदनात्मक अवधारणाओं से सीधे बावस्ता है, जो उसके व्यक्तित्व निर्माण की नियति तय करते हैं। यहाँ इतिहास एक प्लेटफार्म है, जिस पर कविता के आत्मदर्शन को खरादा गया है। कुछ-कुछ उसी तरह, जिस तरह एक कोरे कैनवास पर कोई चित्रकार अपने विचार और भावनाओं की ढेरों आत्मीय रेखाएँ और मार्मिक रंग उकेरता है। कविता में कुँवर जी जहाँ वैचारिकता के तटस्थ झरोखे से इसके कथानक एवं चरित्र को देखते हैं, वह उनका निहायत आजमाया हुआ क्षेत्र है, जिससे गुजरकर वह पहले भी ढेरों महत्त्वपूर्ण इतिहास कविताएँ लिखते रहे हैं। मसलन–'इब्नेबतूता', 'सरहपा', 'अभिनवगुप्त', 'चन्द्रगुप्त मौर्य' एवं 'आजकल कबीरदास' जैसी अविस्मरणीय कविताएँ। 'मानवीयता', 'नैतिक आग्रह' एवं 'संघर्ष की जिजीविषा' –ये कुछ प्रत्यय ऐसे हैं, जो कुँवर नारायण की कविता का ताना-बाना तय करते रहे हैं। साथ ही, हमें आसानी से उनकी बड़ी काव्य-यात्रा में जो निर्णायक सूत्र बराबर से मिलता रहा है, वह यही है कि भाषा, शिल्प, कला और विचार सभी के बीच में से निकलकर मनुष्य की निजता का भरा-पूरा मानवीय दायरा ही उनकी रचना का अभीष्ट बनता है। शायद इसी कारण वे खुसरो के साथ अपनी आत्मीय

व वैचारिक गुफ्तगू में बड़ी आसानी से निजामुद्दीन औलिया, गोपाल नायक, देवलरानी एवं पद्मिनी को भी शरीक कर लेते हैं।

यह कविता संवाद की शक्ल में एक सूचना के साथ शुरू होती है और अपनी समाप्ति पर जिस विचारवान आकलन में तब्दील होती हुई नजर आती है, वहाँ ढेरों छोटे-छोटे प्रश्नचिह्न भी बिखरे मिलते हैं; जो इतिहास को चामत्कारिक ढंग से समकालीनता में विन्यस्त कर देते हैं। अमीर ख़ुसरो में कुँवर जी उन्हीं बेधक प्रश्नचिह्नों के सहारे हमारे निजी सरोकारों पर ही नहीं, बल्कि अपनी महान् परम्परा पर भी उंगली उठाते हैं। जैसे–उस संगीत में दरअसल किसकी जीत हुई थी? यह तुगलकनामा बस अब और आगे क्यों नहीं? उन दिनों संगीत या कलाओं के बरअक्स कैसे आतंक ही विजयी माना जाता था और एक कलाकार की किसी राजदरबार या सामंती व्यवस्था में या एक नृशंस समय में कितनी स्वायत्तता होती है? जाहिर है ऐसे प्रश्नों से लबरेज कुछ नैतिक सरोकारों को टटोलने के प्रयास में 'अमीर ख़ुसरो' जैसी कविता असाधारण भावाभिव्यक्ति उत्पन्न करती है। यह अलग बात है कि हम इतिहास और वर्तमान की संधिरेखा पर मिलते हुए भी अकसर जीवन की खुली आवाजाही को तरजीह नहीं देते, बल्कि विकृतियों और अन्तर्विरोधों से आँख चुराते हुए स्वयं की अस्मिता का निषेध करते रहते हैं। ऐसे ही मौकों पर बार-बार कुँवर जी की कविता कालजयी बनती है, जो हमें एक बार फिर से बताती है कि समय के शाही खेल तमाशों में संगीत, कलाएँ या उदात्त मानवीय सरोकार भी नहीं जीत पाते। हर युग में वह भी हारते हैं, भले ही वह काल को अतिक्रांत करता हुआ अमीर ख़ुसरो जैसे विवेकवान कलाकार का ऐतिहासिक समय ही क्यों न हो?

नीम के फूल : एक बड़े कवि की बड़ी कविता

विमलेश त्रिपाठी

एक कवि के बड़े होने की कसौटी क्या हो सकती है–यह सवाल कविता पर कुछ भी लिखने-कहने से पहले मेरे जेहन में बारहा उभरता है।

साथ ही यह सवाल भी कि एक बड़ी कविता की पहचान क्या है? यही कि वह कितने गझिन विचारों से लबरेज है कि वह पाठक को अपने कहन और शैली से अपने आगोश में ले लेती है कि वह हमें एक क्षण के लिए निःशब्द और मौन कर देती है कि उसमें आई भाषा और शब्द जादू की तरह लगते और असर करते हैं या कि वह हमारे अन्दर छुपी-दबी सदियों पुरानी कविता की एक देह में संजीवनी की तरह प्रवेश कर उसे जिन्दा कर देती है?

क्या इनमें से एक भी लक्षण होने पर कोई कविता बड़ी हो सकती है, याकि इनमें से कई-कई लक्षण एक साथ होने पर!

एक आलोचक की आँख जाहिर है कि उपरोक्त बातों से होते हुए कई अन्य छोरों की भी तलाश कर सकती है–लेकिन मेरे जैसे नए कवि की आँख कहाँ ठहरेगी?

मेरे लिए बड़ा कवि वह है जो हवा में कविता नहीं लिखता। मतलब उसकी एक ठोस जमीन होनी चाहिए। वह जमीन चाहे गाँव में हो, शहर में हो, या कहीं और लेकिन उसकी सम्पूर्ण कविता-कर्म की जड़ वहीं कहीं छुपी हो–या कम-अज-कम होने की अपेक्षा मुझे है। वह जमीन–चाहे वह जहाँ हो–वही कवि का लोक है–वह लोक जिसकी परिधि में बैठकर वह रचना-कर्म करता है। इस कसौटी पर जब हम कुँवर नारायण की कविताओं को परखते हैं तो वे एक बड़े कवि साबित होते हैं और उनकी कविता सच्चे अर्थों में कालजयी। यहाँ उनकी कई एक कविताओं पर दृष्टि रखने का समय भी नहीं है और अवकाश नहीं; अतएव उनकी एक कविता की मार्फत उनके कविता-कर्म और साथ ही उसके मर्म को समझने का प्रयास हम करना चाहते हैं।

कुँवर नारायण की एक कविता है–'नीम के फूल।' यह कविता राजकमल प्रकाशन से प्रकाशित उनकी प्रतिनिधि कविताओं के चयन में संकलित है। जाहिर है कि उनकी

बहुत सारी अच्छी कविताओं की भीड़ में इस कविता पर बहुत लोगों का ध्यान नहीं जाता–यह कोई अनहोनी या गुनाह नहीं है। लेकिन पता नहीं क्यों जब भी यह पुस्तक मेरे सामने आती है मेरी आँख बार-बार उसी एक कविता पर ठहर जाती है। मेरे सामने शीर्षक की मार्फत एक बिम्ब उभरता है जो मेरे बचपन का है–नीम के फूल पेड़ पर लगे हुए, जमीन पर झरे हुए–हमारे खेल में चुपचाप शामिल। इतने चुप कि हमारे कुछ भी करने में किसी तरह का अवरोध या खलल न डालते हुए।

बार-बार यह प्रश्न भी कौंधता है कि कवि की आँख नीम के फूल पर क्यों गई–फल पर क्यों गई? जाहिर है कि नीम के फल ज्यादा उपयोगी हैं–उनकी निबौरियाँ कई औषधीय गुणों से भरपूर हैं–कवि की आँख नीम के पेड़ पर भी जाती है, पत्ते पर, फल पर–लेकिन वह ठहरती है उसके फूल पर। नीम के फूल के बारे में बहुत कम लोग ही सोचते होंगे या बहुत कम लोगों का ही ध्यान जाता होगा। लेकिन कवि की आँख सबसे ज्यादा उसके फूल पर ही है। नीम के फूल पर कवि की दृष्टि का यह टिकना महत्त्वपूर्ण है–यह कवि के अलीक पर चलने की ओर सिर्फ इशारा ही नहीं–एक संजीदा कवि और संजीदा कविता का दृष्टांत भी है।

यह कविता न केवल कवि की अपनी जमीन की ओर इशारा करती है, वरन् उन स्मृतियों की ओर भी संकेत करती है जो कवि के कविता-कर्म का मूल है। साथ ही यह कविता कवि के समुदायबोध की ओर भी एक गहन संकेत करती है। नीम का पेड़ एक गाँव के एक आँगन में है। वह गाँव कवि का ही गाँव नहीं है सिरफ। वह एक ऐसा गाँव है जिसके आँगनों में नीम के पेड़ होते हैं, जिनमें नीम के फूल लगते हैं और पूरा घर (गाँव भी) औषधीय गन्ध से भर उठता है। कवि का यहाँ घर के सन्दर्भ में 'कड़वी' और 'मीठी' शब्द का एक ही साथ प्रयोग बहुत कुछ कह देता है।

एक बड़ी कविता या बड़े कवि की यह विशेषता होती है कि वह साधारण शब्दों की मार्फत असाधारण बात कहता है–सीधे और सरल शब्दों में विशाल अर्थछवियाँ भरता है। घर के साथ कड़वी और मीठी शब्द का प्रयोग उन अर्थछवियों की ओर संकेत है जो कविता में बहुत बाद में खुलते हैं जब पिता का पार्थिव शरीर उस नीम के पेड़ के नीचे रखा जाता है और माँ के बालों में फँसे नीम के फूल सांत्वना की तरह उस मृत देह पर झरते हैं। यही वही घर है जिसमें माँ जब तुलसी पर जल चढ़ाकर लौटती थीं तो साबुन के बुलबुले की तरह हवा में उड़ते छोटे-छोटे फूल उनके बालों में फँसे रह जाते थे। लेकिन वही फूल अन्त में माँ के बालों से पिता के पार्थिव शरीर पर सांत्वना की तरह झर रहे हैं।

जाहिर है कि घर में नीम का पेड़ है कि कविता में जिसका जिक्र है उस घर में हँसी और दुःख, अभाव और सम्पन्नता दोनों ही साथ-साथ हैं। नीम के फूल के साथ कड़वी और मीठी गन्ध है और वह सिरफ गन्ध नहीं है। जब कविता में इसका प्रयोग कुँवर नारायण करते हैं तो वह एक घर के इतिहास की पूरी छवि प्रस्तुत करने

में सक्षम दिखने लगती है। यह कविता का वह कैनवास है जो जमीन पर रहकर भी आसमान को सम्बोधित करता है। अगर पेड़ कवि की अपनी जमीन है तो उसके फूल आसमान हैं जो कुँवर की पूरी कविता में झीम-झीम जलते हुए महसूस किए जा सकते हैं और इस जमीन और आसमान के बीच एक पूरी भारतीय परम्परा है जो इस कविता को एक दीर्घ विस्तार देती है। नीम कविता में नीम होते हुए भी नीम नहीं है और न नीम के फूल कविता में महज नीम के फूल हैं। कविता में माँ है और वह तुलसी के पौधे पर जल चढ़ाकर आँगन से लौटती है। कविता में माँ का तुलसी के पौधे को जल चढ़ाकर आँगन से लौटना परम्परा से कवि के गहरे सरोकार के साथ उसकी लोक संपृक्ति को भी साफ-साफ उजागर करता है।

कुँवर नारायण के ही शब्दों में–''रचना जीवन-मूल्यों से जुड़कर अभिव्यक्ति पाती है। लेखक का हृदय बड़ा होना चाहिए, अन्यथा आपका लेखन बनावटी-सा लगता है। जिस दौर में मैंने पढ़ना-लिखना शुरू किया, हमारे बीच ऐसे कई लेखक थे, जिनकी रचनाओं में और उनके व्यक्तित्व में सामाजिक सरोकार और जीवन-दृष्टि स्पष्ट रूप से दिखाई देती थी। उस समय भी और आज भी जब-जब मैं लिखने बैठता हूँ तो मुझे उन लेखकों की याद आती है।'' उनके इस कथन से दो बातें स्पष्ट होती हैं–पहली यह कि रचना के लिए जीवन-मूल्य का होना बेहद जरूरी है और दूसरे, रचना और व्यक्तित्व में सामाजिक सरोकर संश्लिष्ट होने चाहिए। कुँवर जी भले कवियों के बीच छोटे-बड़े का भेद न मानते हों, लेकिन उनका स्पष्ट मत है कि आपका लेखन बनावटी न लगे इसके लिए जरूरी है कि आपका हृदय विशाल हो। जाहिर है अपने सम्पूर्ण लेखन में यह कवि उपरोक्त बातों का अक्षरशः पालन करता हुआ दिखाई पड़ता है। रचना-कर्म उसके लिए एक साधना की तरह है इसलिए वह रोटी के लिए एक अलग व्यवसाय अख्तियार करता है ताकि रचना सिर्फ और सिर्फ रचना रह सके।

कवि नीम के फूल को देखकर अतीत-वर्तमान और भविष्य के कई छोरों को स्पर्श करता दिखता है–उसकी यह कविता इस बात का दृष्टांत है कि वह किस तरह एक मामूली लगने वाली चीज का सिरा पकड़कर कितनी आकाश गंगाओं की सैर कर सकता है–शब्दों की मार्फत इतिहास और भविष्य के बीच वह एक लम्बा वितान रच सकता है।

कवि उस फूल को हमेशा बहुवचन में ही देखता है–एक कवि कभी भी किसी चीज को एकवचन में नहीं देखता या उसे नहीं देखना चाहिए। इसलिए ऊपर कहा गया है कि इस कविता में कवि का समुदायबोध भी अभिव्यक्त हुआ है। यह बहुवचन कभी कुम्हलाया नहीं, हाँ यह जरूर है कि उसमें वह चमक नहीं आ सकी जिसकी अपेक्षा आजादी के पहले थी। लेकिन कवि को बहुवचन में फूलों का झरना उनके खिलने से भी अधिक शालीन और गरिमामय लगता है। उनके झरने में निबौरियों के जन्म की कथा छुपी हुई है–उनके झरने में असंख्य चिड़ियों की चहचहाहट शामिल

है और है उसके झरने के बीच धीरे-धीरे उम्र का झरना जो शाश्वत है जिसके ऊपर किसी का वश नहीं है।

कवि ने इस छोटी सी कविता में स्मृति को दर्शन में तब्दील किया है। स्मृति अनुभव में और आगे चलकर दर्शन में तब बदलती हुई दिखाई पड़ती है जब उसे नीम का विशाल और दीर्घायु वृक्ष याद आता है। यहाँ सिर्फ उपनिषद् की ही स्मृति नहीं आती उसके साथ वह सुदीर्घ भारतीय परम्परा भी याद आती है जहाँ एक स्वच्छ, सरल जीवन-शैली है। भारतीय परम्परा के एक दुर्लभ गुण उदारता' की भी याद आती है। यहाँ नीम का पेड़ भारतीय परम्परा का वाहक होने के साथ ही एक अनुभवी अभिभावक के रूप में भी सामने आता है जो हमारे कठिन समय में एक शीतल छाया की तरह उपस्थित रहता है जैसे कि नीम के पेड़ की उदार गुणवत्ता–गर्मी में शीतलता देती और जाड़े में गरमाहट। स्पष्टतः यहाँ कवि को एक तीखी पर मित्र-सी सोंधी खुशबू याद आती है। मित्र की यह दुर्लभ परिभाषा है जिसे कुँवर नारायण इस कविता में प्रस्तुत करते हैं। एक और बात–उनके बाबा का स्वभाव भी मित्रों जैसा ही रहा है। कवि के लिए उनके बाबा हमेशा मित्र ही रहे--कविता इस बात का संकेत करती है।

एक बड़ी कविता के लिए यह जरूरी होता है कि उसके सरोकार का रेंज कितना बड़ा है–कहन की ताकत और शब्दों की उड़ान से वह कहाँ पहुँचती या अपने पाठक को भी पहुँचाती है। बाबा के स्वभाव के ठीक बाद कुँवर जी को नीम के पेड़ के नीचे सबके लिए पड़े रहने वाले बाध के दो-चार खाट याद आते हैं। ये खाट किसी एक व्यक्ति के लिए नहीं, एक परिवार के लिए भी नहीं वरन् सबके लिए बिछे हुए हैं जिसके साथ ही निबौलियों से खेलता एक बचपन है। यह कवि की स्मृति है जिनमें यह सब कुछ सम्भव था। यह स्मृति इस बात की ओर संकेत भी करती है कि आज हम कितने अकेले होते जा रहे हैं। आधुनिकीकरण और शहरीकरण ने भले ही हमें बहुत सारी सुविधाएँ मुहैया करवाई हैं लेकिन सबके लिए बिछा रहने वाले बाध के खाट कहीं गुम गए हैं–उसके पास निबौरियों से खेलते बचपन के हाथ में बन्दूक, पिस्तौल और वीडियो गेम आ गए हैं।

हर बड़ी कविता की तरह इस कविता में भी कवि का मौन बोलता है। पंक्तियों के बीच की खाली जगह भी मुखर है और कवि जहाँ बोलता नहीं वहाँ सबसे अधिक मुखर है यह कविता। कविता में परम्परा और आधुनिकता का एक द्वंद्व भी है और वह द्वंद्व अनभिव्यक्त होकर भी कहीं अधिक मुखर है।

कविता में अन्तिम स्मृति पिता के पार्थिव शरीर की है जिससे नीम के पेड़ के नीचे रखा गया है। बचपन की स्मृति के बाद पिता के पार्थिव शरीर की स्मृति का आना उन करोड़ों बच्चों की पीड़ा का प्रतीक बन जाता है जो असमय ही अपने पिता को खो देते हैं। इन पंक्तियों को एक अलग कोण से भी देखा जा सकता है–कवि की स्मृति में पिता का पार्थिव शरीर उसी आंगन में उसी पेड़ के नीचे रखा हुआ

कौंधता है जहाँ उसका अपना बचपन बीता है। लेकिन यह गहन दुःख का क्षण भी मोहक लगने लगता है जब नीम के फूल उनके पार्थिव शरीर पर वीतराग-से झरते हैं—और उनका झरना ऐसा है कि वे माँ के बालों से झर रहे हों। और वे नन्हे फूल आँसू की तरह नहीं सांत्वना की तरह झरते हुए दिखते हैं।

इस कविता में शुरू से लेकर अन्त तक एक कथा-सूत्र की भी तलाश की जा सकती है। इस कविता में बहुत धीमी और शान्त एक कथा चलती रहती है। कथा की शुरुआत नीम के झरने और माँ से होती है और अन्त पिता के पार्थिव शरीर पर माँ के बालों से झरते हुए नीम के फूल से होता है। एक बड़ी कविता अपने अन्दर इतिहास, परम्परा, वर्तमान के प्रश्न के साथ एक तरह के विशुद्ध कवित्व और रोचक कथा-सूत्र को भी साथ लिए चलती है। कुँवर नारायण की यह कविता इसका उदाहरण है।

नई कविताएँ : नया पाठ

पुनर्नवा कविताओं में कथा-उपकथा

(कुँवर नारायण के कविता-प्रदेश में एक खोज-यात्रा)

पंकज कुमार बोस

1

साहित्य के इतिहास में बहुधा ऐसे कवियों के उदाहरण मिलते हैं जिन्होंने अपने सुदीर्घ जीवन-काल में आधी सदी से भी अधिक समय तक निरन्तर कविताएँ लिखी हैं। इसी तरह अपने संक्षिप्त जीवन-काल में बहुत कम लिखने वाले कवि भी हुए हैं। विभिन्न इतिहासकारों ने भी समय के सापेक्ष लेखन या रचना-कर्म की इस निरन्तरता को पर्याप्त महत्त्व दिया है। इन बातों के दूसरे पहलू भी हैं और उन पहलुओं में कुछ प्रश्न हैं। क्या केवल इतिहास में जगह पा लेना ही रचना या रचनाकार की अन्तिम उपलब्धि है? जो बातें इतिहास की दृष्टि से महत्त्वपूर्ण हैं क्या वे आलोचना या मूल्यांकन के लिए उतनी ही प्रासंगिक हैं? आज हमारे समय में, जबकि इतिहास-ग्रंथों का अंबार लगता जा रहा है और गुटबन्दी की सोची-समझी रणनीति के तहत इतिहास में शामिल करने और कराने की होड़-सी मची है, इन प्रश्नों पर सोचना एक जिम्मेदारी की तरह लगता है। आधी सदी से अधिक समय तक लिखता हुआ कोई भी रचनाकार केवल अपनी आयु में ही बढ़ता है या अपनी रचनाओं की आयु के साथ-साथ बढ़ता है? किसी रचना में यदि अपने देशकाल के साथ-साथ देशकाल के वृहत्तर दायरे की संवेदना और जीवन-बोध है तो निस्संदेह वह रचनाकार की भौतिक आयु का भी अतिक्रमण कर सकती है। समय के समानांतर रचना करना एक बात है और कई समयों के समानांतर रचना करना, समय के बदलते हुए बोध को पकड़ना बिलकुल दूसरी। पहली बात इतिहास के लिए जरूरी है और दूसरी आलोचना के लिए। यहीं पर आलोचना, इतिहास का उपयोग करते हुए भी उस पर तरजीह पाने लगती है। यों 'इतिहास' मात्र की सही व्याख्या के लिए ही नहीं, बल्कि इतिहास की रचना-प्रक्रिया के विश्लेषण के लिए भी ईमानदार आलोचना-कर्म बेहद जरूरी हो जाता है, अन्यथा इतिहास महज एक दस्तावेज बनकर रह जाता है और रचना या रचनाकार एक पुरातात्त्विक वस्तु।

हिन्दी कविता का इतिहास लगभग हजार साल पुराना है और आधुनिक हिन्दी कविता का लगभग डेढ़ सौ साल। इस इतिहास में एक कवि के रूप में कुँवर नारायण ठीक वहीं प्रवेश करते हैं जहाँ आधुनिक कविता की लगभग एक सदी पूरी हो जाती है। वे स्वयं छः दशकों से भी अधिक समय से कविताएँ लिख रहे हैं और उनका लेखन-काल कमोबेश दो शताब्दियों की सीमा-रेखा को छूता है। 'आत्मजयी' (1965) के प्रकाशन के ठीक पचासवें वर्ष में अपने नए खंडकाव्य 'कुमारजीव' (2015) में उन्होंने स्वयं अपने ही चिर-परिचित रचना-प्रतिमानों की लीक को छोड़ते हुए एक नई ऊँचाई को स्पर्श किया है। कुँवर नारायण की नई सदी की कविताओं पर विचार करते हुए अनिवार्य रूप से हमें उनकी इस नई कृति पर अलग से विचार करना चाहिए, जो बीते हुए वर्षों में उनके रचनारत जीवन की शिखर उपलब्धि का प्रतीक बनकर सामने आई है। 'कुमारजीव' में पहली बार एक बड़ा सर्जनात्मक अभियान संकल्पित करते हुए कवि ने स्वयं अपनी ही कविताओं के कई पड़ावों को बहुत पीछे छोड़ दिया है, काव्य-रचना के बने-बनाए मिथकों को तोड़ दिया है। यह कृति वस्तुतः एक ऐतिहासिक व्यक्तित्व के जीवन-प्रसंगों पर आधरित है जिसे अपने समय में "लोकमंगल की साधनावस्था" का सबसे ज्वलंत उदाहरण कहा जा सकता है। जिस सर्जनात्मक ऊँचाई तक पहुँचकर कवि ने कुमारजीव के जीवन से जुड़ी घटनाओं को आज की राजनीतिक विडंबनाओं पर घटित किया है, वह केवल हिन्दी कविता के लिए ही नहीं, बल्कि पूरे भारतीय साहित्य के लिए भी एक अनुपम दृष्टांत है। कवि ने जिस रूप में मानवीय और राजनीतिक जीवन-लक्ष्यों की बहुरंगी छवियाँ उद्घाटित की है, उससे ऐसा लगता है कि अपनी सर्जनात्मक प्रतिभा की वल्गा से उसने हजार-हजार सालों की काव्य-चेतना को एकसाथ साधकर रखा है। एकालाप या 'मोनोलॉग' की शैली में 'कुमारजीव' का आरम्भ होता है, लेकिन पूरी कृति से गुजरते हुए एक पूरी सभ्यता और संस्कृति की अन्तर्मुखी धाराओं से संवाद करने का एहसास होता है। यहाँ विस्तार से तो नहीं, लेकिन प्रस्तुत आलेख के जरूरी सन्दर्भों से जोड़ते हुए 'कुमारजीव' के कतिपय प्रसंगों के मर्म का उद्घाटन किया जाएगा।

कुँवर नारायण ने अपने तईं केवल काव्य-रचना के प्रतिमान ही नहीं बदले, बल्कि कविता की आलोचना के लिए भी नई चुनौतियाँ खड़ी कर दी हैं। इन बातों को ध्यान में रखते हुए इतने लम्बे काल-खंड में जीवन और जगत की बहुमुखी अभिव्यक्ति करने वाली उनकी कविताओं के मूल्यांकन का कोई भी उपक्रम अपने आप में पूर्ण नहीं हो सकता। हालाँकि कविता के इतिहास में जरूरी और परिवर्तनकारी हस्तक्षेप के आधार पर मूल्यांकन का एक उपक्रम किया जा सकता है। कवि की कविता-यात्रा में आए महत्त्वपूर्ण बदलावों को रेखांकित करते हुए एक दूसरा उपक्रम किया जा सकता है। यह भी हो सकता है कि उनकी इधर की कविताओं के आधर पर बदलती हुई संवेदना और संरचना को पकड़ने की कोशिश की जाए और उसे उनकी कविताओं के व्यापक परिप्रेक्ष्य में समझा जाए। इस आलेख में इसी तीसरे रास्ते पर एक खोज-यात्रा

करते हुए कुँवर नारायण की कविताओं में नई सदी की समूची हिन्दी काव्य-चेतना को दिशा देने वाली विशेषताओं को पहचानने की कोशिश की गई है। हमारी इस कोशिश से सम्भवतः वह धुँधलका कुछ छँटेगा जो कुँवर नारायण और उनकी कविता को देखने-परखने की हिन्दी आलोचना की गतानुगतिक पद्धति पर अरसे से छाया रहा है।

2

कुँवर नारायण की इक्कीसवीं सदी की कविताओं की विशेषता है उनमें भारतीय कथा-पद्धति का बेहद सधा हुआ नया प्रयोग। हालाँकि ये पद्धतियाँ उनके लिए एकदम नई नहीं हैं। इससे पहले केवल कविताओं में ही नहीं, बल्कि 'आकारों के आसपास' की अपनी कहानियों में भी उन्होंने भारतीय कहानी के भीतरी रूप-गठन को आधार बनाकर कई मौलिक प्रयोग किए हैं, जिन्हें उनकी रचना-यात्रा में एक महत्त्वपूर्ण पड़ाव के रूप में स्वीकृति मिल चुकी है। इधर की अपनी नई कविताओं में वे भारतीय कथा की रचना-प्रक्रिया का एक पुनर्नवा रूप प्रस्तुत करते हैं जो बरबस हमारा ध्यान खींच लेता है :

मैं अपनी कहानी में नहीं हूँ

मैं केवल उसका गल्पकार हूँ
जो एक कहानी कह रहा है
प्रथम पुरुष पुल्लिंग में

पहले 'मैं' शैली में अपनी कहानी कहना और उसमें होकर भी नहीं होने की बात कहना आत्मनिष्ठ को वस्तुनिष्ठ बनाने की प्रक्रिया है, कुछ इस रूप में कि दोनों का भेद मिटता हुआ प्रतीत हो। यह रूढ़ अर्थों में नितांत निजी या वैयक्तिक हो जाना नहीं है, बल्कि रचना-प्रक्रिया की भीतरी बारीकियों का संकेतक है। एक कहानीकार अपनी कहानी में संलग्न भी है और उससे हटा हुआ भी। कुछ दूरी पर खड़े होकर अपनी कहानी को आगे बढ़ता हुआ देख रहा है। इस सन्दर्भ में उनका बहुत महत्त्वपूर्ण निबन्ध 'महाकाव्यों का अतीत और वर्तमान' ध्यान में आता है जिसमें महाकाव्यों के आलोक में 'दृष्टि' और 'रचना-दृष्टि' की व्याख्या की गई है। वे कृष्ण और अर्जुन के उस संवाद की ओर ध्यान दिलाते हैं और पूरी कथा में उसके होने, न होने की बात करते हैं : "दिव्य-दृष्टि से देखो तो सब एक नाटक है, और सब एक नाटक की तरह होते देखना ही दिव्य दृष्टि है! तुम इस नाटक में भी हो और इस नाटक के बाहर भी। तुम एक 'पात्र' भी हो और तुम्हीं 'सूत्रधार' भी। इसे सिर्फ जानो ही नहीं, प्रतिक्षण अनुभव भी करके रह सको, तो सच्चे ज्ञानी। लेखन के शिल्प का पहला सबक...वाल्मीकि भी इसी तरह अपनी रामायण के अन्दर एक

पात्र भी हैं, और उसके बाहर के रचयिता भी--ठीक जैसे व्यास महाभारत के भीतर भी हैं, और उसके बाहर भी--पात्र भी और द्रष्टा भी।" (शब्द और देशकाल; राजकमल प्रकाशन/2013, पृ. 57) अपनी रचनात्मक मंशाओं के अनुकूल यहाँ 'दिव्य-दृष्टि' पद की मौलिक व्याख्या की गई है। बात को आगे बढ़ाकर कृति में कृतिकार की उपस्थिति-अनुपस्थिति की पहेली तक लाया गया है। अपने इसी निबन्ध में आगे वे साहित्य की समग्र चेतना के पर्याय के रूप में 'व्यास-दृष्टि', 'वाल्मीकि-दृष्टि' और 'होमर-दृष्टि' जैसे पदों का प्रयोग करते हैं। कुँवर नारायण के सन्दर्भ में यह कतई अप्रासंगिक नहीं है। अपनी नई कविताओं में अत्यंत संवेदनशीलता के साथ वे दृष्टि में सन्तुलन की महत्ता पर जोर देते हैं। एक कविता की पंक्ति में तो साफ-साफ कह दिया गया है कि "मैं द्रष्टा हूँ, विमुख नहीं।" कुँवर नारायण कवि-दृष्टि में सन्तुलन के आग्रही रहे हैं, लेकिन सबसे पहले वे अपनी जिम्मेदारी की लकीर खींचते हैं : "मैं पहले सोचता हूँ--अतः शब्द हूँ--/यही मेरे कर्मों की भूमिका है।" दृष्टि में सन्तुलन का मतलब है अनुभव की दोहरी प्रक्रिया से गुजरना। यानी एक बार कवि के रूप में रचने का अनुभव और दूसरी बार स्वयं एक पाठक या दर्शक बनकर उसे दूसरे की कृति के रूप में समझने का अनुभव। उनकी नई कविताओं में यह प्रक्रिया इतनी घनीभूत होकर सामने आती है कि उन्हें केवल कविताओं के रूप में पढ़ पाना पर्याप्त नहीं लगता। उन्हें किसी कहानी की प्रस्तावना के रूप में भी पढ़ा जा सकता है। एकालाप या संलाप की खूबियों के कारण उन्हें किसी नाटक की तरह भी पढ़ा जा सकता है। चाहे आप उनकी कविताओं को किसी भी तरह पढ़ें, उनमें रचयिता के रूप में कवि की उपस्थिति और अनुपस्थिति का एक 'बाइनरी-अपोजीशन' हमेशा काम करता हुआ दिखाई देगा।

उपस्थिति और अनुपस्थिति की गहराई में उतरने से पहले कविता में 'कहानी' की बात की तहों को खोलना जरूरी है। यों तो लगभग सभी प्राचीन महाकाव्यों के बारे में यह बात सही पाई जाएगी कि उनका बाहरी 'रूप' भले ही कविता का हो, लेकिन उनकी अन्तर्वस्तु या 'कंटेंट' कथा का या कथात्मक है। यह भी सही है कि कविता और इतिहास की पुरानी अवधरणाओं के आधर पर 'महाभारत' आदि को 'इतिहास' की श्रेणी में रखा गया है। वहाँ भी मूलतः प्राचीन या मिथकीय कथाओं के लिए ही 'इतिहास' की इस संज्ञा का उपयोग किया गया है। यानी इतिहास 'फॉर्म' से अधिक 'कंटेंट' के रूप में है। जब हम किसी महाकाव्य या काव्य की कथात्मक अन्तर्वस्तु की बात करते हैं तो "शृंखलाबद्ध कथा या कहानी-के-भीतर कहानी" (अज्ञेय के शब्द) को ही महत्त्व देते हैं। संस्कृत काव्यशास्त्र के उद्‌भट आचार्य आनंदवर्धन ने एक अलग दृष्टिकोण प्रस्तुत किया है। उन्होंने 'महाभारत' की पूरी कथा को कविता मानते हुए उसमें एक सुसंबद्ध केन्द्रीय भाव या भावदशा की स्थिति बतलाई है जिसकी अन्तिम परिणति शान्त रस में होती है। आनन्दवर्धन रस-प्रक्रिया की अपनी व्याख्या के लिए ऐसा करते हैं। वे काव्य के भीतर कथा की उपस्थिति की जगह

भाव की उपस्थित्ति को वरीयता देते हैं। अपने निहित उद्येश्यों के अनुरूप ऐसी अलग-अलग व्याख्याएँ की जा सकती हैं। इन सबके बावजूद यदि हम केवल 'रामायण' और 'महाभारत' के उदाहरण को ध्यान में रखें तो भी काव्य के मूल 'कथात्मक' ढाँचे को खारिज करना असम्भव है। जैसे 'रामचरितमानस' महाकाव्य है तो रामकथा उसकी अन्तर्वस्तु। कविता में कहानी कहने की यह भारतीय परम्परा काफी समृद्ध रही है। कुँवर नारायण अपनी नई कविताओं में, खासकर ऊपर उद्धृत छोटी-सी कविता में इस पूरी परम्परा का निचोड़ प्रस्तुत करते हैं। यहाँ फिर ध्यान देना होगा कि वे कथा को नहीं, कथा की रचना-प्रक्रिया या सैद्धांतिकी को प्रस्तुत कर रहे हैं। इतना ही नहीं, एक बहुत छोटे दायरे में वे कथा और कविता की अद्वैत सत्ता को भी सम्भव करके दिखाते हैं।

अपनी कहानी में होना और नहीं होना—कवि के शब्दों में "कहानी में नहीं हूँ", केवल उसका "गल्पकार हूँ"—कथा-प्रक्रिया का दूसरा महत्त्वपूर्ण आयाम है। ऊपर कुँवर नारायण का जो उद्धरण दिया गया है, उसमें 'दिव्य-दृष्टि' की व्याख्या की गई है। अरसे से वे इस बात पर जोर देते रहे हैं कि उनके लिए 'पश्य' या 'देखने' का विशेष महत्त्व है। अब तक उनकी व्याख्या को प्राय: रूढ़ और गम्भीर दार्शनिक सन्दर्भों तक ही सीमित करके समझा गया है। जबकि सच्चाई यह है कि दार्शनिक पदावली का उपयोग करते हुए भी वे हमेशा एक वैज्ञानिक दृष्टिकोण को प्रस्तावित करते रहे हैं। 'तीसरा सप्तक' के अपने 'वक्तव्य' में ही उन्होंने कविता के लिए वैज्ञानिक दृष्टिकोण की अनिवार्यता बतला दी थी। बाद में अपनी कविताओं और निबन्धों में बराबर इसका ध्यान रखा। 'आत्मजयी' और 'वाजश्रवा के बहाने' में उन्होंने इसे अनुभव के विशिष्ट पहलू से जोड़कर प्रस्तुत किया। उनके लिए जानने और अनुभव करने का महत्त्व अलग-अलग नहीं है। इसलिए वे बहुत विनम्र भाषा में कहते हैं कि समन्वित रूप में ज्ञात की अनुभूति और अनुभूत का ज्ञान लेखन या रचना-प्रक्रिया का पहला सबक है। यानी पात्र और सूत्रधार के रूप में उपस्थिति और अनुपस्थिति का केवल ज्ञान ही नहीं, अनुभव भी जरूरी है। यह बात जितनी उनकी कविता के बारे में सही है, उतनी किसी दूसरे कवि की कविताओं के बारे में भी सही होनी चाहिए।

'उपस्थिति' और 'अनुपस्थिति' के रूप में 'हूँ' और 'नहीं हूँ' का अभिधामूलक अर्थ करना एक तरह की सपाटबयानी हो जाएगी और सपाटबयानी आलोचना के लिए घातक है। वास्तव में 'हूँ' अपनी कहानी या रचना के भीतर उपस्थित होना है, जिसके लिए अलग से कोई सफाई देने की जरूरत नहीं है। इसी तरह अपनी कहानी में 'नहीं' होने का मतलब अपनी रचना को रचना के दायरे से बाहर खड़े होकर देखना है। हमारे प्राचीन महाकाव्य में जिसे 'दृष्टि-विशेष' कहा गया है, कवि के द्वारा उसकी व्याख्या अपनी रचना-प्रक्रिया को देखने-परखने की कुंजी के रूप में की गई है जिस पर ध्यान देना चाहिए। नितांत लौकिक धरातल पर लाकर इस तथाकथित दिव्यता (दृष्टि-विशेष) की रचनात्मकता से जोड़ते हुए व्याख्या की गई है। आगे आप पाएँगे

कि कुँवर नारायण की व्याख्या में और रचना में नितांत प्राचीन भी अत्याधुनिक महत्त्व का हो जाता है। कोई भी बड़ा कवि ऐसा कर सकता है, और उसके लिए ऐसा करना कोई आश्चर्य की बात नहीं। कवि ने अरसे से इस बात का ध्यान रखा है और सर्जनात्मक उद्देश्यों के अनुकूल परम्परा का दोहन किया है। वह इतना सावधान है कि गतानुगतिकता की गिरफ्त में आ ही नहीं सकता। ऐसा इसलिए भी है कि वह आधुनिकता को केवल मूल्य ही नहीं, मूल्य से आगे बढ़कर एक 'दृष्टि' मानता है। 'मूल्य' और 'दृष्टि' को लेकर जिस कवि की समझ इतनी सुलझी हुई हो, उसके बारे में यदि समीक्षा में किसी तरह की सपाटबयानी की जाए तो यह स्वयं समीक्षा-कर्म के सतहीपन का ही उदाहरण होगा। इसी अर्थ में, जैसा कि बिलकुल आरम्भ में ही कहा गया, कुँवर नारायण का रचना-कर्म स्वयं आलोचना-कर्म के लिए भी एक चुनौती की तरह है।

'प्रथम पुरुष पुल्लिंग' एक और बीज-पद है जिसे सुलझाते हुए कुँवर नारायण की कविता की रचना-प्रक्रिया तक पहुँचा जा सकता है। कथावाचन की एक भारतीय शैली प्रथम या उत्तम पुरुष की भी रही है जिसमें 'नैरेटर' अपने बारे में बतलाते हुए सीधे कथा में प्रवेश करता या कराता है। आरम्भ में वह प्रत्यक्ष रूप से उपस्थित होता है। कथा के आगे बढ़ते ही 'नैरेटर' छद्मवेशी होने लगता है। कथा में वह एक रचयिता के रूप में संलग्न रहता है और पूर्व-निश्चित घटनाओं का चित्रण भी करता है, लेकिन रचते हुए स्वयं अलग-अलग भूमिकाओं में आता रहता है और घटनाओं की नई-नई शृंखलाओं का भी सृजन करता चलता है। किसी बड़ी कथा में 'कहानी-के-भीतर कहानी' या किसी बड़ी कविता में 'कविता-के-भीतर कविता' की रचना को इस शिल्प का एक उदाहरण कह सकते हैं। इस पूरी प्रक्रिया में प्रथम पुरुष क्रमशः मध्यम और कभी-कभी अन्य पुरुष में बदल जाता है। इसे यों भी कह सकते हैं कि रचयिता तीन स्तरों पर क्रमशः तीन-तीन भूमिकाओं का निर्वाह करता है। 'रामायण' और 'महाभारत' में प्रकट-अप्रकट रूप से वाल्मीकि और व्यास की उपस्थिति हमारे साहित्य में इसके प्रामाणिक उदाहरण हैं। यह ठीक वैसा ही है जैसे किसी फिल्म की कहानी के ऐन बीच में सहसा निर्देशक 'सेकेंड' या 'थर्ड पर्सन' के रूप में उपस्थित होता है और अपनी संक्षिप्त भूमिका के बाद तुरंत गायब हो जाता है। उस समय हमारी चेतना में कथा या दृश्य का प्रवाह इतना हावी होता है कि सहसा एक अलग और नए पात्र के रूप में हम उसे 'आईडेंटीफाई' नहीं कर पाते। इसलिए कुँवर नारायण जब 'प्रथम पुरुष पुल्लिंग' कहते हैं तो इस बारे में हमें स्पष्ट रहना चाहिए कि वे रचनाकार की भूमिका के एक स्तर की–या पहले स्तर की–बात कर रहे हैं, अन्तिम रूप से उसकी भूमिकाओं को किसी एक ही चौखटे में बाँधने की बात नहीं कर रहे। 'मेरी कहानी' कविता में यदि उन्होंने इस बात का केवल संकेत दिया है तो 'ग़ैर हाज़िर पात्र' में इसका कुछ खुलासा किया है, जिसमें पात्र की उपस्थिति और अनुपस्थिति का सन्दर्भ कथात्मक के साथ-साथ नाटकीय अभिप्रायों को भी व्यंजित करता है।

इस सन्दर्भ में ए.के. रामानुजन के प्रसिद्ध निबंध/प्रपत्र 'वेयर मिरर्स आर विंडोज' का जिक्र जरूरी है। निबन्ध के 'टू एपिक्स' उपशीर्षक में उन्होंने कथा-उपकथा की इस जटिल संरचना की व्याख्या करते हुए 'आत्म-निर्देशन' (Self-Reference) की परिकल्पना प्रस्तुत की है और 'रामायण' तथा 'महाभारत' के उदाहरणों के आलोक में उसे स्पष्ट किया है। वे 'आत्म-निर्देशन' की परिकल्पना एक उपकरण के रूप में करते हैं और बतलाते हैं कि इस प्रक्रिया द्वारा आसानी से समझ में आ सकता है कि प्राचीन काव्य किसी एक ही व्यक्ति या रचयिता द्वारा नहीं लिखे गए, बल्कि व्यक्तियों या रचनाकारों के समूह द्वारा लिखे गए हैं। वे कथा के अलग-अलग रूपान्तरों (Versions) की पृष्ठभूमि में भी इसी बात को देखते हैं। उन्होंने लिखा है, "...भारतीय महाकाव्य ढाँचागत कहानियों के रूप में सामने आते हैं : जिन चारणों ने महाकाव्यों की रचना की है, वे इसकी कथा भी बताते चलते हैं कि क्यों और कैसे उन्होंने इन कहानियों की रचना की... 'महाभारत' में भी इस बारे में कथा आती है कि 'क्यों' और 'कब' इसे कहा गया... व्यास, जो कि 'महाभारत' के रचयिता हैं, इस कथा में एक पात्र भी हैं : वे युद्ध करने वाले परिवारों के प्रपितामह हैं, और अनेक निर्णायक अवसरों पर (अन्य पुरुष के रूप में) कथा में आते रहते हैं।" (The Collected Essays of A. K. Ramanujan; Oxford India Paperback/ 2013, page-21-22) रामानुजन कथा-संरचना की जटिल पद्धति को समझाने के लिए जिस युक्ति का सुझाव देते हैं, वह बिलकुल ठीक है। लेकिन यहाँ विशेष रूप से ध्यान देने वाला पक्ष यह है कि उन्होंने 'अन्य पुरुष' के रूप में कथा में व्यास के प्रवेश की बात की है। थोड़ी देर के लिए कथा में व्यास के प्रवेश के कुछ प्रसंगों पर ध्यान दें तो बात और स्पष्ट होगी। 'महाभारत' के लगभग आरम्भ का एक प्रसंग है जब सत्यवती के सामने हस्तिनापुर राज-परिवार की वंश-रेखा की समस्या आती है। संतति परम्परा की इस समस्या के समाधन के लिए वह व्यास को बुलवाती है। व्यास यहाँ किसी अन्य पात्र की तरह 'अन्य पुरुष' के रूप में आते हैं। इसके विपरीत जब वे 'समय' के प्रतीक-रूप में कथा का वाचन करते हैं और बीच-बीच में कहते रहते हैं कि 'मैं तो जानता ही हूँ कि क्या होने वाला है' या 'सारे प्रश्नों के उत्तर केवल मैं ही जानता हूँ', तो 'फर्स्ट पर्सन' के रूप में उनकी उपस्थिति पर कोई संदेह नहीं होता। नियोग-क्रिया में अंबिका और अंबालिका के भयभीत हो जाने के बाद जब वे सत्यवती से कहते हैं कि 'क्या करूँ माते, काल मेरे वश में नहीं है', तो वे 'सेकेंड पर्सन' के रूप में सामने आते हैं। इसी तरह युधिष्ठिर के यज्ञ में वे 'थर्ड पर्सन' के रूप में पधारते हैं, लेकिन यदा-कदा जब भविष्यवाणियाँ करते हैं तो फिर से 'फर्स्ट पर्सन' की भूमिका में आ जाते हैं। यदि रामानुजन के शब्दों में कहना हो तो कहेंगे कि कथा के ये स्थल "निर्णायक अवसरों" वाले हैं, लेकिन यदि उनकी बातों से केवल 'थर्ड पर्सन' वाला अर्थ ही ध्वनित होता हुआ लगे तो हमें फिर से सोचने की जरूरत है। जैसा कि पहले कहा गया, रचनाकार की भूमिकाओं को उनके क्रम या व्यतिक्रम में विकसित होते हुए

तीन-तीन स्तरों तक जाकर सोचना चाहिए। इस बात को ध्यान में रखने पर रामानुजन या कुँवर नारायण के अभिप्राय को 'प्रथम पुरुष' या 'थर्ड पर्सन' की संज्ञा के सीमित दायरे से बाहर जाकर भी ग्रहण किया जा सकेगा।

हमने 'ग़ैर हाज़िर पात्र' कविता को कथा-तत्त्व की दृष्टि से पढ़ने का प्रस्ताव रखा है। इसी दृष्टि से कुँवर नारायण की नई कृति 'कुमारजीव' का भी एक पाठ सम्भव हो सकता है। यहाँ बुद्ध की विचार-परम्परा में अपना परिचय देने के बाद कुमारजीव मानो एकसाथ कई समयों में संतरण करता है या कई समयों में यात्रा करता है। एक समृद्ध काव्यानुभव और काव्य-भाषा के साथ यह प्रसंग हमारे सामने आता है। 'कुमारजीव' के पहले खंड को ध्यान से पढ़ने पर पता चलता है कि बुद्ध, कुमारजीव और कुँवर नारायण आपस में एक बहुत ही महीन धगे से जुड़े हुए हैं। इन सबके बीच एक अदृश्य शृंखला-सी बुनी हुई लगती है, जिसके माध्यम से तीन-तीन स्तरों पर संवाद सम्भव होता है। कहीं एकालाप की अवस्था में कुमारजीव बुद्ध को याद करता है, उनसे संवाद करता है, कहीं अपने समय को 'नैरेट' करता है। इन सबके बीच कभी स्वयं कवि भी दूर से कुमारजीव को सुनता है, कभी स्वयं उसके साथ हो लेता है तो कभी वह कुमारजीव और उसके समय को 'नैरेट' करता है। कभी-कभी फर्क कर पाना मुश्किल हो सकता है कि 'नैरेशन' कुमारजीव का है या स्वयं कवि का। बिलकुल इसी ढाँचे से 'कुमारजीव' का अथ होता है :

मैं तथागत के साथ हज़ारों साल लम्बी
एक महायात्रा पर निकला हूँ
हमें सदियाँ पार करनी हैं साथ-साथ
हमारे रास्ते में पड़ेंगे
न जाने कितने संसार और कितने वीरान

बेहद सधे हुए कौशल से कवि 'प्रथम पुरुष' और 'मध्यम पुरुष' का भेद मिटा देता है और समग्र प्रभाव के रूप में बचता है एक लम्बी कहानी का 'नैरेशन'। और जब भूमिकाओं में परिवर्तन होता है तो कुमारजीव की आवाज से आवाज मिलाकर कवि बोलता है :

सविनय लौट आता हूँ कूछा में-अपने युग में-
किज़िल की गुफ़ाओं में जहाँ
मैत्रेय के पुनरागमन का उत्सव है।

भूमिकाओं में परिवर्तन होते रहते हैं और कथा के पैटर्न पर कविता आगे बढ़ती रहती है। जहाँ कहीं आवृत्ति लगती है, वहाँ कवि आवृत्ति के नएपन को लेकर चौकन्ना रहता है। जैसे कि वह पूर्वोक्त कविता में कहता है : "जहाँ अपने अन्त तक पहुँचता लगता है वृत्तान्त/वहीं से शुरु होती/फिर दूसरी कहानी"। यहाँ ध्यान देना होगा कि पद्धति

या तकनीक के रूप में आवृत्ति का वही मतलब नहीं होगा जो विशिष्ट घटना-प्रसंगों की आवृत्ति का होगा। इसलिए छोटी कविताओं में इसका अभिप्राय अलग होगा और 'कुमारजीव' जैसे खंडकाव्य में अलग। हालाँकि 'कुमारजीव' में दोनों अभिप्रायों के लिए अलग-अलग इसका प्रयोग हुआ है। इस सन्दर्भ में एक बार फिर से ए.के. रामानुजन को उद्धृत करना जरूरी है। अपने एक निबन्ध में वे लिखते हैं : "मैं प्रस्तावित करना चाहूँगा कि एक निश्चित प्रकार की आवृत्ति ही किसी बड़े काव्य की संरचना का केन्द्रीय सिद्धान्त है। कोई यह भी कह सकता है कि आवृत्ति या प्रतिकृति किसी भी संरचना का केन्द्रीय सिद्धान्त है। जो केवल एक बार घटित होता हो, वह हमें संरचना के बारे में बात करने की गुंजाइश नहीं देता। *Einmal ist keinmal*– यदि कुछ भी एक बार घटित होता है तो वह सम्पूर्णता में घटित नहीं होता है।" (The Collected Essays of A. K. Ramanujan; page-163) हालाँकि रामानुजन के प्रस्ताव मायने रखते हैं, लेकिन कोई जरूरी नहीं कि उन्हें हू-ब-हू उठाकर किसी कृति पर चस्पां कर दिया जाए। जहाँ तक 'कुमारजीव' की बात है, इसमें कुँवर नारायण कहीं-कहीं 'फ्लैश-बैक' तकनीक की मदद लेते हैं; कहीं-कहीं 'फ्लैश-फारवर्ड' की भी, जो पहले भी उनकी कविताओं के शिल्प को एक अलग और विशिष्ट पहचान देती रही है। कुँवर नारायण आवृत्ति करते हैं, लेकिन रामानुजन के प्रस्ताव से बहुत कुछ छूट लेते हुए। चौथे खंड 'कूछा वापसी' में एक प्रसंग है जिसमें कुमारजीव सुदूर स्मृतियों में अपनी ओर आती हुई तथागत की आहट को महसूस कर पाने की सम्भावना व्यक्त करता है। यहाँ कवि 'नैरेटर' है और 'अन्य पुरुष' की भूमिका में है कुमारजीव :

विचारों की एक लहर जो उठी थी
हज़ार साल पहले कहीं हिमालय की घाटियों में
हिमालय को पार करती
फैल गई थी पूरे एशिया में
वही लहर है शायद
उसका द्वार खटखटाती।

उठ कर किवाड़ खोला होगा उसने
'स्वागत... तथागत!'

पर वहाँ तो कोई नहीं, आश्चर्य!
कोई तो था–कोई तो था–कोई तो था–

× × ×

हिमालयों के पार
काल के अखंड में आज भी

अनिकेत विचरता है
एक परिव्राजक मन...
साफ़ सुनाई देती है कभी-कभी
रात के सन्नाटों को चीरती हुई उसकी आवाज़
कोई तो था–कोई तो था–कोई तो था–

ऊपर की बातों को ध्यान रखते हुए इतने लम्बे उद्धरण का औचित्य समझा जा सकता है। यह तो सहज ही लक्षित किया जा सकता है कि यहाँ आवृत्ति एक सांगीतिक प्रभाव पैदा करती है। यह एक बात हुई। लेकिन बात इतनी ही नहीं है। यहाँ एक बड़ी कविता की संरचना की ओर भी संकेत है। इस निबन्ध में पहले ही "कहानी-के-भीतर कहानी" पद का प्रयोग किया गया है। यहाँ मुक्तिबोध की 'अँधेरे में' और अज्ञेय की 'असाध्य वीणा' की याद आती है और "कविता-के-भीतर कविता" जैसी संरचना पर भी ध्यान जाता है। 'असाध्य वीणा' में जहाँ प्रियंवद के लिए "हाँ, मुझे स्मरण है" की कई आवृत्तियाँ हैं, वहाँ वे मुख्यत: तकनीक के रूप में ही हैं (हालाँकि केवल इसीलिए उसका महत्त्व कम नहीं हो जाएगा) और 'अँधेरे में' में जहाँ-जहाँ "भागता मैं दम छोड़/घूम गया कई मोड़" की आवृत्ति है, वहाँ वह तकनीक से साथ-साथ नायक की विडंबना की नाटकीय अभिव्यक्ति के रूप में है। मुक्तिबोध में, नाटकीयता, कविता के शिल्प में तो है ही, नायक के चारित्रिक वैशिष्ट्य में भी है। कुँवर नारायण के यहाँ अज्ञेय और मुक्तिबोध के शिल्प के विकास का अगला चरण मिलता है। उद्धरण के पहले अंश में जहाँ हिमालय के पार विचार की लहर उठती है और द्वार खटखटाती है–गहराई से विचार करने पर उसमें एक 'सामयिक उपस्थिति' या 'वर्तमानता' (Temporary Presence) की युक्ति दिखाई पड़ती है। पहले ही अंश में, 'वहाँ तो कोई नहीं', फिर भी 'कोई तो था' की आवृत्ति को कुमारजीव की 'तात्कालिक प्रतिक्रिया' (Temporal Response) के रूप में देखा जा सकता है। उद्धरण के दूसरे अंश में 'हिमालय' और 'कोई तो था'–दोनों की पुनर्प्रस्तुति में 'सामयिक वर्तमानता' (Temporal Presence) वाली बात 'कॉमन' है। इसके अलावा यहाँ और 'कुमारजीव' में अन्यत्र भी, जहाँ-जहाँ आवृति है, वहाँ सन्दर्भ बदलता हुआ लगता है। सांगीतिक प्रभाव और नाटकीयता तो है ही, लेकिन बिखराव और ढीलापन नहीं है। कुँवर नारायण की भाषा में एक अद्‌भुत संयम है (और यह 'मितकथन' से अलग चीज है) जो घटना या प्रसंगों से जुड़े हुए वस्तु-पक्ष और समय-बोध को रूप-पक्ष के गेयता, नाटकीयता, एकालाप और संलाप जैसे तत्त्वों से घुला-मिला देता है, जिसमें एक-एक तत्त्व के प्रभाव को अलग-अलग पहचान पाना बेहद मुश्किल हो जाता है। दूसरे शब्दों में यह भी कह सकते हैं कि कवि इस कदर क्षमतावान है कि अपनी बेहतरीन कविताओं में भिन्न-भिन्न कलाओं के सार-तत्त्वों को एकसाथ मिलाकर प्रस्तुत करता है, जहाँ 'फॉर्म' और 'कंटेंट' का भेद मिट-सा जाता है। यहाँ जिसे हम 'पहचान की मुश्किल' कह रहे हैं, हमारी समझ से उसे किसी भी कवि की साधना की सर्वोच्च उपलब्धि भी कह सकते हैं।

'कुमारजीव' में आवृत्ति के दो-एक स्थल और हैं, लेकिन जहाँ हैं, वहाँ वे आवृत्ति की ओर उतना ध्यान नहीं दिलाते, जितना कि नए अर्थ की सम्भावनाओं की ओर। कुँवर नारायण की कविता के सन्दर्भ में ऐसी आवृत्तियों को केन्द्रीय सिद्धान्त नहीं कहा जा सकता। रामानुजन जब इसे केन्द्रीय सिद्धान्त कहना चाहते हैं तो उसके पीछे उनका जो प्रबल तर्क है, वह है महाकाव्यों में घटनाओं की बारंबारता या दुहराव। महाकाव्य की कथा में इस दुहराव की योजना वर्तमान काल में बीते हुए 'समय' के अनुभवों को 'रिमाइंड' कराने के अनिवार्य उद्येश्य से की जाती है। जाहिर तौर पर कुँवर नारायण के यहाँ भी यह बात है, लेकिन केवल इतना ही नहीं है। उनके यहाँ जो आवृत्ति है, उसे केन्द्रीय सिद्धान्त के रूप में तो नहीं, एक महत्त्वपूर्ण संरचनात्मक वैशिष्ट्य के रूप में जरूर समझना चाहिए। इसलिए 'कुमारजीव' में महाकाव्यात्मक गरिमा जैसी विशेषता के होते हुए भी उसपर रामानुजन द्वारा प्रस्तावित संरचना-संबंधी सिद्धान्त को हू-ब-हू लागू नहीं किया जा सकता, हालाँकि कुँवर नारायण की कविताओं को समग्रता में समझने के लिए उनकी प्रस्तावनाएँ काफी दूर तक हमारी मदद कर सकती हैं।

3

अपने आलेख में अब हम 'उपकथा' के अभिप्रायों वाले उस स्थल पर पहुँच रहे हैं, जहाँ से कुँवर नारायण की नई कविताओं को और भी दूसरे नए आयामों से देखने का सुभीता मिल सकेगा। मैं 'उपकथा' को अभिधा में नहीं, लक्षणा या व्यंजना में समझने का आग्रह कर रहा हूँ। कथा-प्रक्रिया की विवेचना में 'कथा' का अभिधा वाला अर्थ तो था, लेकिन कविताओं के वैशिष्ट्य के सन्दर्भ में उन अर्थों का विस्तार भी था। आलेख के पिछले खंड में कविताओं में लक्षित की जाने वाली सबसे बड़ी विशेषता को विश्लेषण का आधर बनाया गया है। यहाँ एक दूसरी महत्त्वपूर्ण विशेषता की ओर ध्यान दिलाने का उपक्रम है। यह महत्त्वपूर्ण विशेषता है कुँवर नारायण की कविताओं से उत्पन्न होने वाला नाटकीय प्रभाव। जिस प्रकार पूर्व-विवेचन में यह स्पष्ट किया गया कि उनके यहाँ कथा और कविता का अद्वैत है, उसी प्रकार यहाँ नाटक और कविता के आन्तरिक सम्बन्धों की ओर ध्यान दिया जाएगा। आलेख की सीमा का ध्यान रखते हुए उतने विस्तार से तो नहीं, लेकिन अनिवार्य और प्रासंगिक चर्चा जरूर की जाएगी।

पिछले खंड में भी, जहाँ रचयिता की अलग-अलग भूमिकाओं की बात की गई है, नाटकीयता के एक अभिप्राय को समझा जा सकता है। वहाँ इसे कथा-तत्त्व के अन्तर्गत रखा जा सकता है। लेकिन जब रचयिता द्वारा सृजित पात्रों की नाटकीय क्षमता की बात होगी तो उसे कथा-प्रक्रिया के दायरे से बाहर रखना होगा और कविता में एक अलग और स्वतंत्र सत्ता के रूप में उसकी व्याख्या करनी होगी।

'पक्षधर' अंक-18 में प्रकाशित कुँवर नारायण की एक कविता है 'ग़ैर हाज़िर पात्र'। कविता में प्रसंग है कि एक छात्र दुनिया की पाठशाला में अनुपस्थित रहता

है, लेकिन दुनिया की नाट्यशाला में एक पात्र के रूप में अपनी उपस्थिति दर्ज कराता रहता है। असल में वह एक मामूली-सा आदमी है जो एक छोटे-से मकान में रहता है और एक दूकान में काम करता है। सामजिक-आर्थिक दृष्टि से वह एक निम्नवर्गीय व्यक्ति भी हो सकता है। जाहिर है कि वह शौकिया अभिनय नहीं करता है, अपने परिवार के भरण-पोषण के लिए करता है। मंच पर वह एक राजा की भूमिका में होता है और वास्तव में जो किसी घर की नौकरानी होती है, वही उसकी रानी बनती है। वह सब कुछ करता है, लेकिन है अन्ततः पारिवारिक आदमी ही। लगता है कि बनावटी अभिनय को जीते-जीते वह ऊब गया है और रंगशाला की जगह अब अपने परिवार में जीना चाहता है। (कुँवर नारायण में घर-परिवार-समाज को लेकर एक बहुत ही अलग तरह की निष्ठा और ललक रही है, जिसकी चर्चा बाद में कभी किसी दूसरे लेख में की जाएगी) इसलिए वह कहता है : "असलियत सबको पता है/घर घर की.../दर्ज की जाए/कल से मेरी ग़ैरहाज़िरी।" यहाँ पर यदि किसी को 'अमीर ख़ुसरो' कविता की ये पंक्तियाँ ध्यान में आ जाए तो आश्चर्य की कोई बात नहीं :

ऊब गया हूँ इस शाही खेल तमाशे से
यह 'तुग़लकनामा'-बस, अब और नहीं.
बाकी ज़िन्दगी मुझे जीने दो
सुल्तानों के हुक्म की तरह नहीं
एक कवि के ख़यालात की तरह आजाद
एक पद्मिनी के सौन्दर्य की तरह स्वाभिमानी
एक देवलरानी के प्यार की तरह मासूम
एक गोपालनायक के संगीत की तरह उदात्त
और एक निज़ामुद्दीन औलिया की तरह पाक।

दोनों कविताओं में सन्दर्भ बिलकुल अलग है, लेकिन गौर करने वाली जो एक बात है वह है बनावटी और स्वाभाविक जीने के बीच का द्वंद्व एक अलग सन्दर्भ में अमीर खुसरो भी सत्ता के गलियारे में धीरे-धीरे अपनी भूमिका को रद्द कर देना चाहते हैं। आज भी अमीर ख़ुसरो और निम्न-मध्यवर्ग का कोई व्यक्ति हमारे इतिहास और समाज में एक जरूरी पात्र के रूप में अपनी-अपनी भूमिकाओं का निर्वाह कर रहा है, ठीक वैसे ही जैसे रंगमंच पर अभिनेताओं को करना पड़ता है। तो, भूमिकाओं को लेकर इन सभी पात्रों की यह अवश्यंभावी नियति है। कुँवर नारायण की खासियत यह है कि वे इतिहास और समाज के चुने हुए पात्रों की इसी नियति को हमारे सामने खोलकर रख देते हैं। दूसरे शब्दों में इसे एक विडंबना भी कह सकते हैं, जिसमें नियति ही नाटक है और नाटक में जीना ही नियति है। एक सधे हुए सूत्रधार की तरह कुँवर नारायण नियति की नाटकीयता को पात्रों की भूमिका में 'कन्वर्ट' कर देते हैं। ऐसा करते हुए सहसा ही वे शेक्सपीयर के बहुत नजदीक पहुँचते हुए लगते हैं :

All the world's a stage
And all the men and women are merely players
They have their exits and their entrances
And one man in his time plays only once

यहाँ शेक्सपीयर और कुँवर नारायण के बीच एक सीधी रेखा खिंचती हुई लगती है, लेकिन अपने परिकल्पित पात्रों में नाटकीयता के बरताव को लेकर इनमें पर्याप्त अन्तर है। कुँवर नारायण पर फोकस करें तो देख सकते हैं वे पहले जीवन से किसी नाटक को चुनते हैं और उसकी नाटकीय प्रस्तुति में एक बार फिर से जीवन की तलाश करते हैं। एक अनुभवी निर्देशक की तरह पहले वे 'पात्र' को प्रोजेक्ट करते हैं और फिर उसमें 'चरित्र' की परिकल्पना करते हैं। ताज्जुब वाली बात है कि हिन्दी आलोचना में उनके इस पक्ष की ओर अभी तक समुचित ध्यान नहीं दिया गया है, जबकि रचनाओं के अलावा अपने सामाजिक और सांस्कृतिक जीवन में भी वे बेहद अन्तरंगता से इस पूरी प्रक्रिया से जुड़े रहे हैं।

यहाँ पर एक 'शिफ्ट' लेते हैं और कुँवर नारायण की कविताओं की इस खासियत को टी. एस. इलियट के माध्यम से समझने की कोशिश करते हैं। इलियट ने एक लम्बे अरसे तक कविता और नाटक के सम्बन्धों पर गहन विचार-विमर्श किया है। इसी सिलसिले में कैम्ब्रिज में उन्होंने एक निबन्ध/भाषण प्रस्तुत किया था जो इस प्रसंग में हमारे लिए बेहद जरूरी है। इसका शीर्षक है–'The Three Voices of Poetry' या 'कविता की तीन आवाज़ें'। इलियट अपनी मुख्य धारणा को बिलकुल आरम्भ में ही प्रस्तुत कर देते हैं : "कवि की पहली आवाज़ वह आवाज़ है, जिसमें वह अपने आप से बात करता है–या किसी से नहीं। दूसरी आवाज़ वह है जिसमें वह छोटे या बड़े श्रोता-समूह को संबोधित करता है। कवि की तीसरी आवाज वह है, जब वह कविता की भाषा में बोलने वाले एक नाटकीय चरित्र को रचने की कोशिश करता है; जब वह कह रहा हो, वह नहीं जो अपने आप में कहता हो, बल्कि केवल वही जिसे वह दो काल्पनिक चरित्रों की आपसी बातचीत के दायरों में रहकर कह सकता हो।" (On Poetry and Poets; FSG Classics, New York/2009, page-96) इलियट के अनुसार पहली और दूसरी आवाज़ के बीच जो अन्तर है वह "काव्यात्मक संप्रेषण" की समस्या की ओर संकेत करता है। दूसरी और तीसरी आवाज़ के बीच का अन्तर "नाटकीय, अर्द्ध-नाटकीय और अ-नाटकीय" कविता के बीच की भिन्नता की ओर संकेत करता है।

'कुमारजीव' की चर्चा के प्रसंग में एक हद तक स्पष्ट हो चुका है कि उसके आरम्भिक हिस्से में हमें कमोबेश कविता की तीनों आवाजों का संगीत एकसाथ सुनने को मिलता है। इलियट जिसे सबसे अधिक महत्त्व देते हैं, वह है कविता की तीसरी आवाज। (हालाँकि वे अंग्रेजी साहित्य की पूरी परम्परा से उदाहरण देते हुए इन तीनों के आपसी रिश्ते की गहरी छान-बीन करते हैं) इलियट की "तीसरी आवाज" में

नाटकीय चरित्र के रचने या काल्पनिक चरित्र की नाटकीय प्रस्तुति करने पर बल है। कुँवर नारायण के यहाँ स्फुट या छोटी कविताओं में पहली और दूसरी आवाजों की मिली-जुली उपस्थिति है, जिसे उनके पिछले संग्रह 'हाशिए का गवाह' की 'वे जो नहीं जानते', 'सहयात्री', 'भर्तृहरि की विरक्ति', 'द्वारिका में सुदामा' और यहाँ चर्चित 'ग़ैर हाज़िर पात्र' जैसी नई कविताओं में लक्षित किया जा सकता है। 'भर्तृहरि की विरक्ति' में तीसरी आवाज की ओर जाने की सबसे अधिक कोशिश मिलती है, जहाँ कविता में आए हुए पात्रों का बयान कवि के बयान से बिलकुल स्वतंत्र हो जाता है। केवल कविता के अन्त में कवि सजग रूप से अपनी उपस्थिति दर्ज कराते हुए 'भरत-वाक्य' जैसी युक्ति का उपयोग करता है। दूसरे शब्दों में यह भी कह सकते हैं कि इस कविता में 'अर्द्ध-नाटकीय' से 'नाटकीय' प्रस्तुति की ओर जाने की पूरी सम्भावना है। कविता के जिस अंश हो हमने 'भरत-वाक्य' जैसी संज्ञा देनी चाही है, वह यों है :

चेतना को असीम करके देखता है भर्तृहरि
जैसे पत्थर में एक मूर्ति को देखता है शिल्पी
मूर्ति में एक आत्मा को देखता है कवि
आत्मा में ब्रह्म को देखता है ऋषि...

हमारा ध्यान इस ओर भी जाना चाहिए कि कुँवर नारायण की लम्बी कविताओं में बहुधा ऐतिहासिक चरित्रों की नाटकीय प्रस्तुति की गई है। इसलिए इलियट तीसरी आवाज में जिसे 'काल्पनिक चरित्र' कहते हैं, कुँवर नारायण के यहाँ वह पहले 'ऐतिहासिक चरित्र' है, उसके बाद 'काल्पनिक' या 'नाटकीय'। उनकी कविताओं के सन्दर्भ में यदि इसे कोई सटीक पद या संज्ञा देना चाहें तो "ऐतिहासिक कल्पना" कह सकते हैं। उनके यहाँ तीसरी आवाज के सन्दर्भ में इतिहास-कल्पना-नाटकीयता की एक क्रमबद्ध श्रृंखला मिलती है। लम्बी कविताओं के विपरीत नए खंडकाव्य 'कुमारजीव' में इसकी पूरी सम्भावना दिखलाई पड़ती है। कारण वही है-इतिहास, कथा और घटनाओं में एक खुला हुआ नाटकोचित स्पेस और प्रदीर्घता।

'कुमारजीव' के दूसरे खंड 'कूछा से कश्मीर' में कुमारजीव के माता-पिता जीवा और कुमारायण का बहुत ही विचारोत्तेजक संवाद है। यहाँ यह बताना जरूरी है कि चौथी-पाँचवी शताब्दी के कुमारजीव के जीवन से संबंधित प्रामाणिक स्रोतों की संख्या मात्र अँगुलियों पर ही गिने जाने लायक है। उसके माता-पिता के बारे में प्रामाणिक जानकारियाँ तो न के बराबर हैं। इसलिए उसके जीवन का अध्ययन करने वाले अध्येताओं को हमेशा इतिहास के एक 'वैक्यूम' से गुजरना पड़ता है। ऐसी स्थिति में संवाद वाले इस खंड को पूरी तरह से कवि की मानसी कल्पना ही कह सकते हैं। लेकिन यह कल्पना कहीं से भी इतिहास को विकृत नहीं करती। ऐसा लगता है कि इस सम्पूर्ण कृति में कवि का उद्येश्य वस्तुतः एक ऐसे सर्जनात्मक अभियान पर निकलना रहा

है, जिसके बहाने वह इतिहास के उस 'वैक्यूम' को जगह-जगह कविता से पाट देना चाहता है। कुँवर नारायण जरूरत भर ही इतिहास को कविता की भाषा में बरतते हैं और फिर एक ओट ले लेते हैं ताकि न इतिहास की धारा बाधित हो और न ही कविता का प्रवाह। यहाँ भी जीवा और कुमारायण की संवाद-योजना में वे इतिहास की 'वैक्यूमाइज्ड' सम्भावनाओं के प्रति पूरी तरह से वस्तुनिष्ठ बने रहते हैं और कविता के प्रति पूरी तरह से उदार। उदारता और वस्तुनिष्ठता एक दूसरे को कहीं भी काटती नहीं, बल्कि समर्थित करती चलती है। और इसी समर्थन या सहजीवी भाव से कविता में इतिहास की अदृश्य धाराओं को पकड़ लेने की एक अपूर्व क्षमता पैदा हो जाती है :

तुम देख रही हो जीवा, जिस जीवन को
केवल एक नीड़ के परिसर में फुदकते हुए
मैं देख रहा हूँ उसके कन्धों पर
उगते सोने के डैने

वह तुम्हारा पुत्र है तभी तक
जब तक तुम्हारी गोद में है :
पृथ्वी पर पाँव रखते ही
पूरी पृथ्वी उसकी माँ हो जाती है

हमने केवल एक उद्धरण दिया है। 'कुमारजीव' में ऐसे अनेक स्थल हैं, जहाँ इतिहास की खोई हुई कड़ियों में चरम नाटकीय प्रसंगों की अत्यन्त सार्थक अभिव्यक्ति की गई है। शुरू से आखीर तक 'कुमारजीव' के अनेक घटना-प्रसंगों में 'तीसरी आवाज' की बहुल अर्थ-ध्वनियाँ हैं और कहीं-कहीं तो बहुत दूर तक बिम्बों की माला में गुंफित हैं। इस बहुलता में कहीं भी ऐसा नहीं है कि आवाजें एक-दूसरे को 'ओवरलैप' कर रही हों या उनका कोलाहल अर्थ-ग्रहण में बाधा पैदा कर रहा हो। वस्तुतः कोलाहल है ही नहीं, इसलिए आवाज की बारीक परतों को भी साफ-साफ सुना जा सकता है। पूरी कृति में ये आवाजें आपस में मिलकर एक अद्‌भुत 'सिमिट्री' बनाती हैं। इसलिए यहाँ किसी एक आवाज को दूसरी आवाज की सत्ता से एकदम अलग करके सुना ही नहीं जा सकता। आवाजों की यह 'सिमिट्री' अर्थ-ग्रहण के साथ-साथ बिम्ब-ग्रहण के लिए भी बेहद जरूरी हो जाती है। यों, कोई चाहे तो कुँवर नारायण के साक्ष्य के आधर पर आचार्य रामचन्द्र शुक्ल की बात को कुछ आगे बढाते हुए ऐसा कह सकता है कि कविता में केवल अर्थ-ग्रहण से ही काम नहीं चलता, बिम्ब-ग्रहण भी अपेक्षित है; और अर्थ-ग्रहण और बिम्ब-ग्रहण तभी सम्भव है जब उसमें दो-दो आवाजों की एक आन्तरिक 'सिमिट्री' हो।

इलियट ने तीसरी आवाज के प्रसंग में इतिहास की कोई चर्चा नहीं की है, लेकिन कुँवर नारायण के सन्दर्भ में इतिहास को छोड़कर इसकी चर्चा की ही नहीं जा सकती।

इसलिए, जैसा कि हमने रामानुजन के प्रसंग में कहा था, यहाँ भी इलियट की धरणा को कुछ आगे बढ़ाकर ग्रहण करने की जरूरत है, हू-ब-हू नहीं। इसका एक मतलब यह भी है कि कोई बड़ा कवि किसी बड़े सिद्धान्तकार की धारणाओं को पढ़ने और समझने के हमारे तौर-तरीकों में संशोधन और परिवर्द्धन करने की 'डिमांड' कर सकता है। हम देखते हैं कि कुँवर नारायण एक विशेष सन्दर्भ में ए.के. रामानुजन और टी.एस. इलियट को ग्रहण करने के हमारे मान्य तरीकों को इसी तरह संशोधित-परिवर्द्धित करते हैं, उसे कुछ और आगे बढा देते हैं। इससे एक और अर्थ ध्वनित होता है। वह यह कि केवल सिद्धान्त के पैटर्न से ही कविता को नहीं पढ़ना चाहिए, बल्कि कविता के पैटर्न से भी सिद्धान्त को पढ़ना चाहिए। इससे कविता और सिद्धान्त के क्षेत्रों में तो लाभ मिलेगा ही, मूल्यांकन या आलोचना-कर्म के लिए भी नई दिशाएँ मिलती रहेंगी।

4

आलेख के इस खंड में कुँवर नारायण की कला-दृष्टि के आलोक में उनकी कविताओं को समझने का उपक्रम किया जाएगा। उनकी कविताओं की रचना-प्रक्रिया में विभिन्न कलाओं की समन्वित चेतना का निर्णायक योगदान रहा है। इस दृष्टि से उनकी उल्लेखनीय नई कविताएँ हैं 'पत्थर के प्राण', 'अंकोर वट', 'राग भटियाली' और 'हवेली की दर्शक-दीर्घा में'। इन कविताओं का अध्ययन करते हुए असल में हमारा इरादा कथेतर तत्त्वों की सर्जनात्मक उपयोगिता पर फोकस करना भी है। कलाओं पर केंद्रित अपने एक निबन्ध में कुँवर नारायण लिखते हैं : "कलाओं को आमतौर पर मैंने मनुष्य की मानसिक, जैविक ऊर्जा की रचनात्मक क्षमता के अर्थ में पहचानना सार्थक पाया है ××× हर कला का अपना अलग एकान्त और एकाग्रता का तरीका होता है, लेकिन उसकी रचना सन्दर्भ-बहुल होती है। वह अपनी दुनिया के माध्यम से दूसरों की दुनिया से भी जुड़ी रहती है ××× मैं हर कलाओं को प्रमुखत: एक जटिल संरचना के रूप में देखता हूँ। उसका उस रूप में होना बहुत कुछ वैसा ही है जैसा कि जीवन या प्रकृति का एक सरल जीवांश से विकसित होकर इतनी बड़ी सृष्टि में बन जाना रहा होगा।" (शब्द और देशकाल, पृ. 43-44) वे 'श्वेताश्वतरोपनिषद' से विविधता में एकता और एकता में विविधता देखने वाले जीवन-दर्शन का एक सन्दर्भ देते हुए बतलाते हैं कि शायद कला-दर्शन के मूल में भी यही बात है, "मूलत: यही कलादृष्टि है—और इसी में विभिन्न कलाओं के अन्तर्सम्बन्धों की जड़ें हैं।" यों यदि कवि के पक्ष से सोचें तो कला के प्रति 'जैविक ऊर्जा', 'सन्दर्भ-बहुलता' और 'सृष्टि-निर्माण' जैसी समग्र दृष्टियाँ इन कविताओं को समझने का प्रस्थान बिन्दु हो सकती हैं।

जैसे कोई मूर्तिकार अपनी संवेदना की तरलता से अनगढ़ पत्थर को भी पिघला देता है, वैसे ही कुँवर नारायण अपनी सर्जनात्मक क्षमता से साधारण शब्दों में भी

एक कलात्मक जादू पैदा कर देते हैं। 'पत्थर के प्राण' कविता में मूर्ति की रचना-प्रक्रिया वस्तुतः कविता की रचना-प्रक्रिया का साक्ष्य बन जाती है। पत्थर पर चोट पड़ती है और 'आह' की आवाज निकलती है। उसकी 'आह' उसके प्राण को संकेतित करती है। यानी मूर्तिकार के लिए जैसे यह जरूरी है कि वह पत्थर के भीतर के जीवन-स्पंद को सुने, वैसे ही कवि के लिए जरूरी है कि वह शब्दों के भीतर उनकी धड़कनों को महसूस कर सके। मूर्तिकार पत्थर में प्राण की तलाश करता है और इसी खोज में वह एक नई मूर्ति बना डालता है। पत्थर के जिस हिस्से को काटकर मूर्ति बनाई गई, वह उसका घायल हृदय बन जाता है। और मूर्ति की परिणति के साथ ही :

मूर्तिकार देख रहा था अपने
लहुलुहान हाथों को

घायल दोनों होते हैं–पत्थर और मूर्तिकार या शब्द और शब्दकार। घायल होने की पीड़ा के बीच से ही रचना का जन्म होता है। सम्भवतः इसी कोटि के क्लेश को कालिदास ने पुनर्नवता की उपलब्धि कहा है : "क्लेशः फलेन हि पुनर्नवतां विधत्ते।" यानी रचना के बनने की पीड़ा एक नई उपलब्धि में परिणत हो जाती है। कालिदास जिस प्रक्रिया को सिद्धान्त के रूप में प्रस्तुत करते हैं, कुँवर नारायण उसे फिर से व्यावहारिक प्रक्रिया के स्तर पर ले आते है। इसलिए उनकी पुनर्नवा कविताओं को पढ़ते हुए कविता के भीतर छिपे गम्भीर आशयों को पकड़ना बहुत जरूरी है। यह तो एक बात हुई। अब दूसरी बात। कुँवर नारायण चूँकि कलाओं को सन्दर्भ-बहुल मानते हैं और दो कलाओं की परस्पर आवाजाही को भी स्वीकार करते हैं, इसलिए एक कवि होते हुए भी वे मूर्ति-निर्माण प्रक्रिया के संवेदनशील पक्षों को बखूबी उभार पाते हैं। कला-निर्माण की प्रक्रिया को विचार या चिन्तन के स्तर पर समझाना एक बात है, लेकिन उसकी उदात्तता को कविता में उतार लाना बिलकुल दूसरी बात। कुँवर नारायण दोनों स्तरों पर यह सम्भव करते हैं। इसलिए उनके कला-चिन्तन को केवल सैद्धांतिक कहकर परे नहीं हटाया जा सकता। उन जैसे कवियों के सन्दर्भ में यह बेहद जरूरी हो जाता है कि उनके चिन्तन और कविता को अलग-अलग नहीं, बल्कि एकसाथ पढ़ा जाए। कोई चाहे तो एक समानान्तर अध्ययन के लिए भी पढ़ सकता है और कोई 'क्रॉस-रेफरेंस' के लिए भी।

हिन्दी में प्रचलित फैशन से बिलकुल अलग कुँवर नारायण ने कला से सम्बन्धित बहुत अधिक कविताएँ नहीं लिखी हैं। लेकिन जितना लिखा है, उन सबमें 'अंकोर वट' निस्संदेह ही सर्वश्रेष्ठ है। यह कविता 'इन दिनों' संग्रह की 'खजुराहो' और 'हाशिए का गवाह' संग्रह की 'सन्दर्भ : गुएर्निका' जैसी कविताओं से बहुत आगे की रचना है। हालाँकि अपनी विशिष्ट संरचना के विश्लेषण के लिए यह कविता अन्तर्सांस्कृतिक अध्ययन (Intercultural Study) के सन्दर्भों की भरपूर माँग करती है, लेकिन प्रस्तुत लेख के कलेवर को देखते हुए फिलहाल उतना विस्तार सम्भव नहीं है।

अंकोर वट वस्तुतः कंबोडिया में स्थित मन्दिर-समूहों का एक नायाब नमूना है जिनके निर्माण की प्रक्रिया बारहवीं शताब्दी में ही शुरू हो गई थी। आरम्भ में इसे विष्णु की पूजा के केन्द्र के रूप में विकसित किया गया, लेकिन कालान्तर में बौद्ध प्रभावों के चलते यह समूची दुनिया में बौद्ध उपासना का एक विश्रुत तीर्थ बन गया। यहाँ की कलाकृतियों में भारतीय महाकाव्यों और धर्म-साधना के विविध प्रसंगों का प्रभाव पाया गया है। सैंकड़ों एकड़ क्षेत्रफल में फैले ये मन्दिर-समूह अब मानवीय और प्राकृतिक स्थापत्य के मिले-जुले रूप की साकार प्रतिमा हैं। स्थापत्य विशेषज्ञों ने इसे 'पत्थरों पर उत्कीर्ण महाकाव्य' (An epic in stone) की संज्ञा दी है। कुछ इतिहासकारों ने संस्कृति की इस समृद्ध रचना-प्रक्रिया को संस्कृति के 'भारतीयकरण' (Indianization) की संज्ञा दी है तो कुछ ने इसे 'भारतीय संस्कृति का एशियाईकरण' (Asianization of Indian Culture) कहा है। यदि संस्कृतीकरण की इस शब्दावली को थोड़ी देर के लिए परे कर दें तो भी इतना तो तय है कि कुँवर नारायण के यहाँ ऐसा समृद्ध आदान-प्रदान केवल ऐतिहासिक अध्ययन का मामला नहीं है, बहुत गहरे जाकर संस्कृति को अपने भीतर धड़कन के रूप में महसूस करने का मामला है। इस दृष्टि से उनका खंडकाव्य 'कुमारजीव' लगभग समूची आधुनिक भारतीय कविता में अपनी तरह का एक अलग उदाहरण है। इसके 'प्राक्कथन' में वे विचारों के सांस्कृतिक अभियानों के महत्त्व को खासतौर पर रेखांकित करते हैं। इस बात पर उनकी निगाह बहुत सतर्क है कि कैसे एक संस्कृति के बीज दूसरी संस्कृति में जाकर पल्लवित और विकसित होते रहे हैं। संरचना की दृष्टि से 'अंकोर वट' कविता को 'कुमारजीव' के ही एक छिटके हुए अंश के रूप में देखना चाहिए–किसी वटवृक्ष की उस शाखा की तरह जो उससे टूटकर किसी दूसरी जगह उग आया हो। इसे 'कुमारजीव' से अलग भी 'कुमारजीव' की ही एक कविता के रूप में पढ़ सकते हैं। मेरा मतलब 'अंकोर वट' कविता को 'कुमारजीव' की कविता-शृंखलाओं की आनुवांशिक परम्परा के विकास के रूप में देखने से है।

अंकोर वट की कलात्मक संरचना में मानवीय और प्राकृतिक स्थापत्य का अद्‌भुत सहमेल हुआ है। अक्सर हमलोग घर की बाहरी दीवारों पर देखते हैं कि उनकी दरारों में से कोई पीपल का पेड़ उग आया है। हम इसे बहुत सजग होकर 'ऑब्जर्व' नहीं करते। धीरे-धीरे वह दीवार की दरारों में इस कदर फैलने लगता है कि दीवार दो फाँकों में टूटती हुई लगती है। यही प्रक्रिया जब सैकड़ों वर्षों के लम्बे कालखंड तक चलती रहती है तो अंकोर वट जैसे स्थापत्य का स्वरूप निर्मित होता है। अंकोर वट में मन्दिरों के छज्जों पर, शिला की दो मजबूत दीवारों की संधियों पर और शिला से संलग्न ऊँचे चबूतरों पर ये वृक्ष सदियों से अपनी जड़ें जमाए हुए खड़े हैं। भूमि की खोज में नीचे आती हुई इनकी जड़ें एक ओर से मन्दिर की दीवारों को सहारा देती हैं। ऑक्टोपस की भुजाओं-सी ये जड़ें दीवारों और छज्जों को अपनी गिरफ्त में ले लेती हैं। बहुत जगहों पर ये जड़ें मन्दिरों के मानवीय स्थापत्य से एकाकार हो

गई हैं और बहुत जगहों पर मन्दिरों के हिस्से जड़ों के शिल्प से मिलकर तदाकार हो गए है। कविता की छपाई के पैटर्न को देखते हुए इसका एक अंदाजा लगाया जा सकता है। मानव और प्रकृति के संयुक्त तत्त्वावधान में निर्मित इस विशाल और अनुपम कारीगरी को कुँवर नारायण ने एक छोटी-सी कविता में पैबस्त कर दिया है। यों इस कविता के माध्यम से कवि प्रकृति और मनुष्य में अन्तर्निहित जड़ता और चैतन्य के गुणों के परस्पर आदान-प्रदान को सम्भव बानाता है, उन्हें एक-दूसरे में शिफ्ट कर देता है।

कुँवर नारायण संयुक्त कलाओं की इतनी महीन बारीकियों को कविता में कैसे विन्यस्त करते हैं? उनकी टिप्पणियों पर दुबारा ध्यान दिया जाए तो पता चलेगा कि यह सब कुछ मनुष्य (और प्रकृति) की जैविक ऊर्जा की रचनात्मक क्षमता के कारण ही सम्भव हो पाता है। अंकोर वट की संरचना में जैसे दो स्थापत्यों का सहमेल है, उसी तरह अपनी कविता में कुँवर नारायण जड़ों के शिल्प को बोधिसत्त्व से सम्बन्धित साधना-पद्धतियों से जोड़ते हैं। जड़ों और शिलाओं का शिल्प एक ठोस बिम्ब के रूप में इन साधनाओं को परिभाषित करता है। यह कविता का एक पक्ष है जो उसे संस्कृति के व्यापक परिप्रेक्ष्य में लाकर खड़ा कर देता है। इसका एक दूसरा पहलू भी है जिसमें वह स्वयं ही इतिहास की क्रूरताओं के सामने जाकर खड़ी हो जाती है। और यहीं पर कविता खुल जाती है :

पोल पोट के नृशंस यथार्थ के विरुद्ध महाकरुणा का
अतियथार्थ रचता
कलाओं का शान्तिवन।

पोल पोट कंपूचिया का तानाशाह शासक था। उसने कम्युनिस्ट पार्टी ऑफ कंपूचिया की केन्द्रीय समिति के मुख्य सचिव के रूप में अपना काम शुरू किया और बाद में वहाँ का प्रधानमंत्री भी बना। अपनी नृशंस नीतियों के कारण उसने 1975-1979 के बीच कंपूचिया की लगभग दो लाख आबादी का विनाश कर दिया। नियत समय से अधिक कार्य, रोग, भुखमरी और फाँसी जैसी अमानवीय परिस्थितियों में मानवीय अस्तित्व की सामूहिक विनाशलीला के घिनौने यथार्थ के बरक्स कवि मानवीय और प्राकृतिक कला के सहभाव को अतियथार्थ के रूप में प्रस्तुत करता है। यहाँ, बल्कि अन्यत्र भी, अदम्य मानवीय सर्जनेच्छा के प्रति कुँवर नारायण का यह दृढ़ विश्वास उभर कर सामने आता है कि ऐसी तमाम विनाशलीलाओं की आत्यंतिक, नारकीय परिस्थितियों के बावजूद भी जीवन के प्रति हमारे आशा-तंतुओं को सँभाल कर रखा जा सकता है। वास्तव में एक कवि की ओर से इससे बड़ा प्रतिरोध या प्रतिउत्तर और क्या हो सकता है!

कुँवर नारायण संगीत के भी प्रेमी हैं और संगीत के प्रति उनका यह लगाव महज 'एलीट इंटरटेंमेंट' नहीं है। वास्तव में उनकी कविता में कलाओं की उपस्थिति कविताओं

के 'बाय-प्रोडक्ट' या 'अनुरचना/उपरचना' के रूप में है। और सबसे बड़ी बात है कि कलाएँ उनके लिए जीवन के बहुत नजदीक से गुजरने वाली पटरियों की तरह हैं, जिन पर चलते हुए एक अलग तरह की समृद्ध यात्रा का आनन्द लिया जा सकता है। संगीत में सबसे पहले वे जीवन की राग-रागिनियों की पहचान करते हैं और फिर कविता को संगीत की सिंफनी में ढाल कर प्रस्तुत करते हैं। इसलिए इस कोटि की उनकी कविताओं को एक जीवन-राग की तरह पढ़ना चाहिए। 'राग भटियाली' कविता के फॉर्म और कंटेंट में भी यह बात है। और जैसा कि आनंद कुमारस्वामी कहते हैं, "भारतीय गायक एक कवि होता है और कवि एक गायक। अपने सभी आयामों में गीतों का मुख्य विषय-वस्तु मानवीय या ईश्वरीय प्रेम ही है, या फिर ईश्वर की सीधी प्रसंशा, और यहाँ शब्द हमेशा सजीव और भावप्रवण होते हैं।" (The Dance of Shiva; Rupa Publications/2013, page-100) कुँवर नारायण एक गायक और एक कवि की सयुज उपस्थिति के रूप में इस कविता की रचना करते हैं। यहाँ सम्पूर्ण जीवन-राग से युक्त हुई एक ध्वनि और सम्पूर्ण जीवन-राग से युक्त शब्दों का भी सायुज्य है। बाउल संगीत में अन्तिम स्वर को खुला छोड़ दिया जाता है, जो एक उन्मुक्ति में विलय हो जाता है। यह तो बाउल की एक खूबी है, लेकिन कुँवर नारायण संगीत की सार्वभौम चेतना को साथ लेकर चलते हैं। वे लिखते हैं, "साधरणतः एक राग बिलम्बित में आलाप से शुरू होकर द्रुत से होता हुआ समापन तक पहुँचता है–या अन्त में विलय होता है। जीवन की गति इससे उलटी होती है। तीव्र अथवा द्रुत चंचल से शुरू होकर वह क्रमशः एक समापन या अन्त में ठहर जाती है। संगीत से हमें जो एक राहत-सी मिलती है उसके मूल में हो सकता है कहीं यह व्यतिक्रम अथवा विपर्यय भी एक कारण हो जो जीवन-ऊर्जा का एक बढ़त के रूप में एहसास कराता है–उत्कर्ष के चरम पर उसे ठहरा देता है न कि अपकर्ष में उसे समाप्त करता है।" (शब्द और देशकाल, पृ. 45) कुँवर नारायण अपनी कविताओं में भी संगीत की जीवन-प्रक्रिया और जीवन की संगीत-प्रक्रिया का साहचर्य रचते हैं। प्रमाण के लिए 'इन दिनों' संग्रह की 'एक दिन जैसे एक राग' कविता को पढ़ा जा सकता है।

राग भटियाली पर बात करने से पहले 'बाउल' के बारे में कुछ बातें। बाउल मुख्यतः वैष्णव धर्म-साधना की बंगीय शाखा से जुड़ा हुआ एक संप्रदाय है, जिसका मूल चैतन्य की भक्ति-पद्धति में पाया जाता है। बाद में नरोत्तम दास जैसे गुरुओं के संरक्षण में इस संप्रदाय को फलने-फूलने का अवसर मिला। सुकुमार सेन लिखते हैं कि "बाद की सदियों में होने वाले बाउलों को बांग्ला वैष्णववाद की प्रच्छन्न रहस्यवादी शाखा के अवशेष के सच्चे प्रतिनिध्यों के रूप में याद किया जा सकता है। इसमें उसी सूफ़ीवाद की छाप है, जिसका सम्पर्क पहले भी चैतन्य के विश्वासों से हो चुका था।" (History of Bengali Literature; Sahitya Akademy/1992, page-95) यह तो विदित है कि अपनी भक्ति या उपासना के दौरान चैतन्य महाप्रभु भजन गाते हुए इतने बेसुध हो जाते थे कि उस समय देश और काल के बोध का अस्तित्व मिटता हुआ

लगता था। दीवानगी की अन्तिम हद तक जाकर अपने कल्पित आराध्य के प्रति समर्पण की यह भावना बाउलों में चैतन्य के उत्तराधिकार से ही आई है। बाउल गीतों के विख्यात विद्वान और संकलनकर्ता आचार्य क्षितिमोहन सेन का मानना है कि "बाउलों ने 'मेरे मन के मनुष्य' (मोनेर मानुष) के लिए सामान्य (सहज) मनुष्य की अपनी खोज का एक मार्मिक उदाहरण पेश किया है, इसी तरह वे उससे अपना सम्बन्ध जोड़ते हैं। 'बाउल' से सनकी या दीवाने का अर्थ लेना चाहिए जो सम्भवतः संस्कृत के 'वायु' (Wind) शब्द से विकसित हुआ है—चेतना या स्नायविक प्रवाहों के इसके अर्थों में।" (Hinduism; Penguin Books/2005, page-90) सूफी साधना में भावदशाओं की इसी चरम तन्मयी अवस्था को 'फना' कहा जाता है। 'बाउल' की ध्वनि से ही मिलता-जुलता एक शब्द है 'बावरा' जो लगभग उसी मनोदशा को व्यंजित करता है। यहाँ एक शे'र याद आता है, शायद जिगर का है :

हरेक सूरत, हरेक तस्वीर मुब्हम होती जाती है
इलाही क्या मेरी दीवानगी कम होती जाती है

बाउल साधक भौतिक जीवन के समीप रहते हुए भी इस तरह जीते हैं मानो वे कमल के पत्तों की तरह अपने चारों ओर की पानी की दुनिया से निस्संग हों। 'कुमारजीव' में भी एक ऐसा प्रसंग आता है जब कुमारजीव को पारिवारिक जीवन स्वीकार करना पड़ता है। कुँवर नारायण लिखते हैं :

कीच और जल से अलिप्त
जैसे जीता है पुंडरीक
शुभ्र, सुन्दर और कवित्वमय
जीता है कुमारजीव एक पारिवारिक जीवन
छांग-आन के बौद्ध मठ से कुछ दूर।

हमारा इरादा यहाँ किसी भी तरह बाउलों की जीवन-पद्धति को कुमारजीव के जीवन से जोड़ने का नहीं है। कुमारजीव का चरित्र तो वस्तुतः विरोधाभासों में सामंजस्य स्थापित करके चलने वाला है। बाउलों में अपनी साधना को लेकर एक पागलपन या 'एक्स्ट्रीमनेस' का भाव होता है जिसमें स्वीकार-अस्वीकार से अधिक एक लोकोत्तर अनुभूति के करीब पहुँचने का लक्ष्य महत्त्वपूर्ण है।

इस लोकोत्तर अनुभूति के करीब पहुँचने के लिए बाउल संगीत में जिस राग का सहारा लिया जाता है, वह है राग भटियाली। भटियाली का शाब्दिक अर्थ है भाटा के साथ बहते जाना। स्वाभाविकता या 'नैचुरैलिटी' ही इसका प्राण होता है जो इस बात से पुष्ट होता है कि यह लय-रहित होता है। इसमें प्रेम और भक्ति जैसे भावों की सघन अभिव्यक्ति होती है। यह प्रायः एकान्त में अकेले गाया जाने वाला राग है जिसमें मनुष्य के आन्तरिक स्वरूप की सच्ची और भावपूर्ण प्रस्तुति का लक्ष्य होता

है। 'मुक्ति' बाउलों की जीवन-पद्धति का एक बीज-शब्द रहा है—जीवन के पारम्परिक सिद्धान्तों से मुक्ति, आडम्बर युक्त शास्त्राचार से मुक्ति और अभिव्यक्ति के तमाम बंधनों से मुक्ति। इसलिए राग भटियाली में भी अन्तिम स्वर को खुला छोड़ दिया जाता है—लोकोत्तर या किसी अनंत में विलीन हो जाने के लिए। वह स्वयं मुक्त रहता है और दूसरों को भी मुक्त रखता है :

वह शेष स्वरों को बाँधता नहीं
इसलिए अन्त में भी
उनसे बँधता नहीं।

यहाँ कुँवर नारायण की एक और कविता का जिक्र जरूरी होगा जिसमें संगीत का प्रसंग एक अकल्पनीय विडंबना का प्रसंग बन जाता है। कविता है 'नीरो का संगीत-प्रेम'। 'हाशिए का गवाह' में संकलित। रोमन सम्राट नीरो के बारे में प्रसिद्ध था कि वह बेला बजाता था और अपने को बेजोड़ बेलाकार समझता था। एक दिन उसके सिपाहियों ने देश के एक बड़े गायक को पकड़कर उसके सामने पेश किया। वह इतना भयभीत था कि उसके सामने गा ही न सका। सिपाहियों ने जब उसे यंत्रणा देनी शुरू की तो वह चीख उठा। सम्राट को उसका चीखना सुरीला लगा क्योंकि अपनी बेला पर अब तक वह ऐसा एक भी आर्तनाद नहीं निकाल पाया था। कविता और आगे जाती है। सम्राट के दैनिक मनोरंजन के लिए उसे कैद में रखा जाता है। अन्त में कुँवर नारायण 'ऑब्जर्व' करते हैं कि "कला और दर्द के बीच रिश्ते को/समझने का/नीरो का यह अपना तरीक़ा था!" हमारे समय के सजग कवि राजेश जोशी ने जब इस कविता को पहली बार पढ़ा तो उन्हें "यह एक विचलित कर देने वाली कविता लगी।" उन्होंने टिप्पणी की कि "एक कला वह है जिसने अपनी श्रेष्ठता को स्वयं घोषित कर रखा है जबकि दूसरी कला वह है जो लोगों द्वारा स्वीकृति प्राप्त कर चुकी है।" उन्होंने नीरो के सुख को "परपीड़ा से उपजा सुख" कहा। हमारा 'ऑब्जर्वेशन' राजेश जोशी से थोड़ा-सा अलग है। हम इसे ऐसे देखते हैं कि एक कला मुक्त करती है और एक कला बाँधती है। "परपीड़ा से उपजा सुख" वास्तव में "दूसरों को बाँधकर रखने के अधिकार" से उपजा हुआ सुख है। ऐसा लगता है कि इस कविता का वर्तमान भारतीय परिदृश्य पर हू-ब-हू मंचन किया जा रहा है और इस मंचन को देखने वाले बाकी कलाकारों और रचनाकारों का अस्तित्व खतरे में है। दोनों कविताओं के बीच का मौलिक अन्तर आज की विडंबना पर से पर्दा उठाता हुआ लग रहा है। राग भटियाली शेष स्वरों को बाँधता नहीं, इसलिए अन्त में भी उनसे बँधता नहीं। जबकि हमारे इस नाजुक समय में राग नीरो ने शेष स्वरों को बेरहमी से बाँध कर रखा है और अन्त तक उनके बंधनों से बेपरवाह बना रहता है। कवि आज के बँधे हुए स्वरों से स्वर मिलाकर बोल रहा है। यह कविता इन सबके साथ है और नीरो ऐसी तमाम कविताओं से बेखबर है। आज भारत में

भी कहीं राग नीरो बज रहा है और बहुत तेज बज रहा है। संगीन की नोकों पर गायकों को जबरन गवाया जा रहा है। पीड़ा के स्वर जैसे-जैसे बढ़ रहे हैं, वैसे-वैसे नीरो का आनन्द द्विगुणित होता जाता है। और चरम आनन्द के क्षणों में कौन मौन नहीं रहता! राग नीरो एक प्रतीक बनकर उभरता है। एक ऐसे रक्त-पिपासु दानवी आत्मा के रूप में, जो आज अपने ही एक समानधर्मा की काया में पैबस्त हो चुका है। 'कुमारजीव' में बिलकुल ऐसा ही एक प्रसंग है। ऐसा लगता है कि कवि ने उस दानवी आत्मा की पदचापों को बहुत पहले ही मससूस कर लिया था :

सम्राट के आतंक से घबराकर
लोगों ने बहुत धीमे बोलना सीख लिया है

कभी-कभी तो इतना धीमे बोलते हैं
मानो वह भाषा में नहीं
केवल आहों और हिचकियों में बोल रहे हों

यदि आप 'नीरो का संगीत-प्रेम' कविता को 'कुमारजीव' के इन अंशों के साथ मिलाकर पढ़ें तो लगेगा कि शायद आप भारतीय राजनीति-शास्त्र का कोई ऐसा पाठ्यक्रम पढ़ रहें हैं जिसे इसी सत्र में 'इंट्रोड्यूस' किया गया है। इस पाठ्यक्रम को कविता में 'रीराइट' करते हुए कुँवर नारायण राजनीति की छद्म नैतिकता के रेशे-रेशे को उघाड़ देते हैं। जहाँ-जहाँ राजनीति बहुत लम्बे समय तक मौन साधे रहती है वहाँ-वहाँ कुँवर नारायण की कविता बेहद मुखर हो जाती है। यों ये सामयिक राजनीति की भाष्य करती हुई कविताएँ हैं और 'कुमारजीव' तो ऐसे तमाम भाष्यों का एक दुर्लभ दस्तावेज ही है जिसे संकट की इन घड़ियों में भी बेझिझक खोलकर पढ़ा जा सकता है।

कुँवर नारायण इसी तरह कविता में इतिहास और राजनीति की विडंबनाओं की पूर्व-रचना करते हैं। उन्हें रचना पड़ता है, क्योंकि इतिहास और राजनीति के प्रति वे एक रचनाकार की नैतिक जिम्मेदारी को बड़ी शिद्दत से महसूस करते हैं। (यह सब 'कुमारजीव' में बहुत विस्तार से आया है, जिस पर अलग से ध्यान देना चाहिए) 'नीरो का संगीत-प्रेम' कलाकार के बंधन की विडंबनाओं की कविता है, 'राग भटियाली' कलाकार या संगीतकार की उन्मुक्ति की कविता है जहाँ 'उन्मुक्ति' कोई दार्शनिक चीज नहीं, बल्कि रचनात्मक अनुभव की चरम ऊँचाई का साक्षात्कार है। कुँवर नारायण राग को शब्द देते हुए कविता में संगीत का प्रभाव पैदा करते हैं। स्थापत्य को शब्द देते हुए ('अंकोर वट') उसके सौन्दर्य का प्रभाव पैदा करते हैं। 'पत्थर के प्राण', अंकोर वट' और 'राग भटियाली' कविताओं में हम देखते हैं कि कवि एक कुशल शिल्पी, स्थपति या गायक की भूमिकाओं को बखूबी निबाहता है। ये तीनों बहुत ही ऊँचे पाये की कविताएँ हैं जिनकी तुलना सतही कलावादियों (अपवाद : अशोक वाजपेयी) की कविताओं से कतई नहीं की जा सकती। क्योंकि उनकी कला-चेतना अनिवार्यत:

जीवन के मामलों से जुड़ी है, जीवन को जीने और बरतने के ढंगों से जुड़ी है। दूर-दूर तक विलास की कोई गन्ध उनमें नहीं है। इतने ऊँचे दर्जे की कविताओं में भाषा कितनी सरल है! 'राग भटियाली' की भाषा तो एकदम 'सहज' के स्तर तक आ जाती है, उसी 'सहज' के स्तर तक जिसकी चर्चा बाउलों के सन्दर्भ में आचार्य क्षितिमोहन सेन ने की है। राजेश जोशी नीरो वाली कविता की भाषा पर टिप्पणी करते हैं : "क्रूर और त्रासद प्रसंगों में कुँवर नारायण अपनी भाषा के तापक्रम को लगता है और कम कर देते हैं जिससे स्थिति की क्रूरता और भयावहता को हम उसके नग्नतम रूप में महसूस कर सकें। बयान के बीच कवि का हस्तक्षेप कम हो जाता है।" (समकालीनता और साहित्य; राजकमल प्रकाशन/2010, पृ. 71) मुझे इस टिप्पणी से सहमत होना पड़ता है क्योंकि 'कंटेंट' में अलग होते हुए भी 'राग भटियाली' कविता में भाषा का तापक्रम उतना ही कम है। वह इतनी पिघली हुई है कि 'सहजता' के स्तर तक आ गई है। और यह सरलता या सहजता यों ही नहीं है, यह बहुत ऊँची साधना माँगती है क्योंकि आचार्य हजारीप्रसाद द्विवेदी पहले ही कह गए हैं कि सीधी रेखा खींचना बेहद कठिन कार्य है!

5

अब हम इस आलेख में अपनी खोज-यात्रा के अन्तिम पड़ाव पर हैं। सिंहावलोकन के रूप में इतना ही कहना है कि आलेख की मूल योजना के अनुरूप भूमिका के बाद कथा-तत्त्व का विश्लेषण किया गया है। इसके अलावा कथेतर तत्त्वों (जिन्हें 'उपकथा' कहा गया है) में नाटकीयता और कला-दृष्टि की गुत्थियों को सुलझाने की विनम्र कोशिश है। इस योजना का अगला हिस्सा है जीवन के प्रति कुँवर नारायण के दृष्टिकोण का विवेचन और उसके आधार पर उनकी रचना-दृष्टि को समझने की कोशिश। हमारा दृढ़ विश्वास है और हम इस बात को बहुत जोर देकर कहना चाहते हैं कि उनकी समूची काव्य-यात्रा में सर्वत्र ही इन दोनों की युगपत उपस्थिति है। उनकी रचना-दृष्टि को समझने-समझाने का ऐसा कोई भी उपक्रम जो उनकी जीवन-दृष्टि को अलग रखकर किया जाएगा, अपने आप में अधूरा और अविश्वसनीय होगा। रचना-दृष्टि पर बात करते हुए हमारा दृष्टिकोण मुख्यतः यही होगा। यहाँ भी, हमारी विवेचना के दायरे में हैं नई कविताएँ और नया खंडकाव्य 'कुमारजीव'।

अब तक, कुछ अपवादों को छोड़कर कुँवर नारायण की रचना-दृष्टि पर जो भी लिखा गया है, उनमें प्रायः कविता के प्रति उनकी अटूट आस्था की बात 'कॉमन' है। यह बात हमें काफी आश्वस्त करती है। लेकिन यह बात निराश करती है कि 'अटूट आस्था' को समझाने के लिए जीवन-दृष्टि की कोई बात न कर, कविता की रचना-प्रक्रिया से जुड़ी कविताओं का उद्धरण देकर ही छुट्टी पा ली गई है। और आश्चर्य वाली बात तो तब होती है जब दावे के साथ केवल उन्हीं उद्धरणों को 'प्रमाण' के तौर पर प्रस्तुत कर दिया जाता है।

और ऐसा केवल कुँवर नारायण के मामले में ही नहीं, हमारे बहुत-से साहित्यकारों के सन्दर्भ में एक कड़वी सच्चाई बन चुका है। आज, जबकि प्रकाशित शोध-प्रबंधों को भी आलोचना कहने का चलन हो गया है, और कविताओं पर लिखते हुए उद्धरण-बहुलता और अप्रासंगिक व्यक्तियों या आलोचकों के मतों को जान-बूझकर प्रासंगिक बनाने का पराक्रम दिखाई देने लगा है-तो युगीन संवेदना को बदलने वाले हमारे बड़े साहित्यकारों की आलोचना करते हुए बेहद सावधान रहने की जरूरत है। आलोचना की तथाकथित पद्धति को देखते हुए इसके लेखक का व्यक्तिगत आशय तो बहुत-कुछ समझ में आता है, लेकिन उसकी प्रस्तुति में आलोच्य विषय के विवेचन से सम्बन्धित सार-तत्त्वों को ढूँढते हुए निराशा ही हाथ लगती है। साहित्यिक ईमानदारी और सुलझी हुई दृष्टि के आधर पर एकाध अच्छे प्रयास जरूर किए गए हैं, लेकिन ऐसे प्रयासों में गुणात्मक समृद्धि की जरूरत अभी भी बनी हुई है।

आज साहित्य में ऐसे उपक्रमों को देखते हुए यही लगता है कि आलोचना एकदम चुप है और कविता ही बोले जा रही है। यदि वह ठीक से अपना काम नहीं कर पाती है तो इसका सारा ठीकरा दूसरी विधाओं के मत्थे फोड़ देती है क्योंकि इस काम में आलोचना के अलावा किसी और विधा की कोई दक्षता है ही नहीं। दक्ष आलोचक आलोचना के झोंक में इतनी दूर तक आगे निकल जाते हैं कि थोड़ी देर के लिए पीछे मुड़कर अपनी जिम्मेदारियों का मूल्यांकन भी नहीं कर पाते। ये वही लोग हैं जो बढ़-चढ़ कर 'आत्मसंघर्ष' की दुहाई देते रहते हैं। जबकि आलोचक के लिए आत्मसंघर्ष के अलावा आत्म-मूल्यांकन भी बेहद जरूरी है। कबीर के शब्दों में 'आतमखबर'। ये दोनों किसी भी आलोचक की दो आँखें होती हैं। तराजू के दो पलड़ों की तरह। आलोचना एक ऐसे दर्पण की तरह है जिसमें आलोचक पूरी दुनिया को तो देखता ही है, साथ ही अपने आप को भी देखता है। इन बातों को ओट में रखते ही आलोचक आलोचना में अन्तर्निहित 'विनम्रता' की सारी सीमाएँ लाँघ जाता है। वह एक छद्म विद्वता को ओढ़ लेता है और एक अहंकार में जीने लगता है। आलोचना को जीवन के बिलकुल 'ओरिजिनल' पहलुओं से अलग करके देखता है और शुष्क तर्क-वितर्क का वितंडा खड़ा करने लगता है। इन सबके परिणामस्वरूप आलोचना की अपनी मर्यादित और सम्मानित छवि धुँधली होती जाती है और वह अविश्वास के साए में जीने लगती है। केवल विरोध या प्रशस्ति करने की सोची-समझी चालाकी (या धूर्तता?) के जुमलों में उसे संकीर्ण किया जाने लगता है। साहित्य में अराजकता फैलने लगती है और विधाओं की आपसी लोकतांत्रिकता का क्षरण होने लगता है। साहित्य के इतिहास में विपथन होने लगता है।

अभी यहाँ विस्तार से बहुत कुछ कहने की गुंजाइश नहीं है। लेकिन हमें इन सबको ध्यान में रखकर चलना होगा। हमारा तात्पर्य आलोचकों की उस नई पीढ़ी से है जो बेहद जागरूक और संवेदनशील है। इस नई सदी में हमारी नई पीढ़ी के सामने बहुत बड़ी जिम्मेदारी है। और इन सबके निर्वहन के लिए कंधों का मजबूत

होना भी जरूरी है। जैसे कोई बड़ा रचनाकार रचना करने के दरमियान अपनी रचना-प्रक्रिया के बारे में भी सजग रहता है, उसी तरह आलोचना-कर्म में भी 'आलोचन' की प्रक्रिया को लेकर सावधनी बेहद जरूरी है। इसलिए यदि समय-समय पर आलोचना की रचना-प्रक्रिया की कुछ बातें कर ली जाएँ तो यह उसकी सेहत के लिए गुणकारी ही होगा।

इस बेहद जरूरी विषयांतर के बाद अब सीधे विषय पर।

यह बात सही है कि कुँवर नारायण में कविता के प्रति अटूट आस्था है। लेकिन उससे भी पहले यह कहना चाहिए कि उनमें **जीवन के प्रति अटूट आस्था** है। 'इन दिनों' में संकलित एक छोटी कविता में उन्होंने कहा है :

एक ही कविता में होती हैं
कई कई कविताएँ
जैसे एक ही जीवन में
कई जीवन...

कविता और जीवन कवि के लिए पर्याय की तरह हैं। कुँवर नारायण की समूची काव्य-यात्रा को समझने के लिए यदि कोई एकमात्र बीज-शब्द हो सकता है तो वह है **'जीवन-वस्तु'**। यदि आप उनकी कविताओं को समग्रता में पढ़ रहे हैं तो मानकर चलिए कि एक पूरे जीवन को पढ़ रहे हैं। उसी तरह यदि आप अपने आसपास के जीवन को देख-समझ रहे हैं तो यह मानकर चलिए कि कहीं-न-कहीं उनकी कविताओं को ही पढ़ रहे हैं। 'जीवन-वस्तु' उनका बहुत ही प्रिय शब्द है। 'पक्षधर' के प्रस्तुत अंक (18) में रचना-प्रक्रिया से सम्बन्धित उनका जो निबंध छपा है, उसका उप-शीर्षक ही है 'कविता के रूप में जीवन-वस्तु'। वस्तुतः कुँवर नारायण के लिए 'Content of Living' का मूल आशय 'जीवन-वस्तु' ही है। इसी निबन्ध में वे कहते हैं, "मैं अपनी कविता को ठीक उसी तरह चुनता हूँ, जिस तरह मेरी कविता मुझे चुनती है-उसी तरह जैसे एक समतुल्यता की स्थिति में कोई ज़िन्दगी को और ज़िन्दगी किसी को चुन लेती हो।" उन्होंने कविता और जीवन के सायुज्य पर बहुत-सी कविताएँ लिखी हैं। कविता और जीवन को केन्द्र में रखते हुए तो और भी बहुत-से कवियों ने कविताएँ लिखी हैं, लेकिन इस विषय पर कुँवर नारायण से अधिक चिन्तन सम्भवतः किसी और ने नहीं किया है। कम-से-कम हिन्दी में तो नहीं। इस दृष्टि से 'शब्द और देशकाल' एक अत्यन्त महत्त्वपूर्ण पुस्तक है जो उनके चिन्तन के इन पक्षों को बखूबी उजागर करता है। यहाँ इसी किताब से सिलसिलेवार कुछ उद्धरण दिए जा रहे हैं, जिनसे इस तथ्य को समग्रता में समझने में सुभीता रहेगा :

"**जीवनेच्छा** और साहित्य-रचना के बीच निकट सादृश्यता है। साहित्य शब्दों के बहुआयामी प्रयोगों द्वारा ज़िन्दगी के दबावों से मुक्त करके एक समानान्तर इच्छालोक रचता है। 'मुक्ति' और 'रचना' का यह दुहरा एहसास यथार्थ से पलायन नहीं है, उसी

अदम्य **जीवन-शक्ति** का परिचायक है जो साहित्य और कलाओं की रचनाशीलता में प्रकट होती है।" (पृ. 53)

"एहसासों का घनिष्ठ सम्बन्ध कविताओं से है, जैसे **जीवन** से है।" (पृ. 64)

"जब भी एक रचना की 'बनावट' को लेकर मेरे मन में कोई द्विविधा उठी मैंने **जीवन की ओर** देखा है। जीवन की असली ताकत उसके लचीलेपन में है, उसकी कठोरता में नहीं ××× अगर जीवन को क्रमानुसार ही नहीं व्यतिक्रमानुसार भी जिया और पढ़ा जा सकता है तो एक काव्य-रचना को क्यों नहीं?" (पृ. 85)

"जैसे-जैसे जीवन बदलता है शब्दों और भाषा के साथ भी हमारे सम्बन्ध बदलते हैं। शब्दों के साथ हमारे सम्बन्धों पर हमारी **जीवन-शैलियों** से भी अन्तर पड़ता है। ××× आयु के साथ भी जब जीवन में बदलाव आता है तब भाषा के साथ भी हमारा व्यवहार बदलने लगता है... एक साधारण जीवन जीते हुए भी हम एक अथाह शब्द-सम्पदा का उपभोग कर सकते हैं-एक शाब्दिक अर्थ को उसके सांकेतिक अर्थों में विस्तृत करके।" (पृ. 87)

"भाषा में परिवर्तन और विकास जीवन के साथ घनिष्ठ रूप से जुड़ा होता है जिसे व्याकरण के नियम नहीं **जीवन की गति** निर्धारित करती है, मूलतः **जैविक ढंग से**। संस्कृत से आज की हिन्दी तक की विकास-यात्रा को भी लगभग उसी तरह समझा जा सकता है जैसे हम आदमी की लम्बी ऐतिहासिक **जीवन-यात्रा** को समझते हैं।" (पृ. 126-127)

ये सभी उद्धरण अपने आप में मूल मंतव्य भी हैं और टिप्पणियाँ भी, इसलिए अलग से इनपर टिप्पणी करने की कोई जरूरत नहीं लगती। उद्धरण और भी दिए जा सकते थे, लेकिन जान-बूझकर नहीं दिया गया है। हालाँकि दो-एक और भी ध्यातव्य हैं। इसी पुस्तक में वे 'महाभारत' और 'रामायण' को मूलतः **जीवन ग्रंथ** कहते हैं। (पृ. 60) अपने खंडकाव्य 'आत्मजयी' और 'वाजश्रवा के बहाने' के बारे में कहते हैं कि "एक तरह से यह **जिए-हुए जीवन का पुनर्पाठ** है। **जीवन-बोध** का निर्भीक आह्वान।" (पृ. 87) एक जगह वे लिखते हैं, "हम हर सुबह को इस तरह भी सोच सकते हैं मानो वह पूरे **जीवन की सुबह** हो" (पृ. 89)

एक खास उद्येश्य से हमने उद्धरणों के भीतर संबद्ध शब्दों को मोटे टाईप में रखा है। इससे आप 'जीवन' शब्द की विविध अर्थ-छटाओं पर गौर कर पाएँगे। 'जीवन' या 'जीवन-बोध' के लिए कितनी अलग-अलग ध्वनियों वाले शब्द! जैसे कुँवर नारायण की रचनाओं का संसार व्यापक है, वैसे ही उनके जीवनानुभवों की दुनिया भी बहुत बड़ी है। यह निर्णय करना सहसा बड़ा कठिन हो जाता है उनके यहाँ 'आखन की देखी' का दायरा बड़ा है या 'कागद की लेखी' की दुनिया। इसलिए जब वे कहते हैं कि "कविता को भाषा और अनुभव के 'सम्पूर्ण संसाधन-स्रोतों' से चयन करने की स्वतंत्रता होनी चाहिए" तो इसका मर्म समझ में आता है। इस पुस्तक के अलावा कुँवर नारायण ने अपने साक्षात्कारों में तथा डायरी और टिप्पणियों की पुस्तक 'दिशाओं

का खुला आकाश' में भी साहित्य और जीवन के विविध पहलुओं पर संवेदनशीलता के साथ विचार प्रकट किए हैं। वहाँ भी जगह-जगह 'जीवन' की अनेक अर्थ-छवियाँ बिखरी हुई मिलती हैं, मानो जीवन की माला से ही टूट-टूट कर मोतियाँ इन पुस्तकों के पृष्ठों के बीच बिखर गए हों। और जब इन्हीं मोतियों को कविताओं में पिरो दिया जाता है तो द्विगुणित होकर उनका सौन्दर्य चहुँओर बिखरने लगता है।

कविताओं में जीवन की अभिव्यक्ति कम-से-कम दो तरह से हुई है। उसके मूल स्वरूप पर काव्य-भाषा, खासकर बिम्बों के माध्यम से अनुचिन्तन करते हुए और दैनिक जीवन के जिए हुए अनुभवों की अनुरचना करते हुए। 'हाशिए का गवाह' से उदाहरण लेते हैं। इस संग्रह में एक कविता है 'पानी का स्वाद'। इसमें जो बात काबिलेगौर है, वह है कवि द्वारा नमक, शकर और अन्य खट्टे, कड़ुवे और तीते जीवन-तत्त्वों को 'ह्यूमनाइज' करना। नमक कभी अपनी राय नहीं बदलता लेकिन पानी में घुल जाता है। शकर हमेशा मीठी होती है लेकिन पानी में घुल जाती है। इसी तरह अन्य सभी तत्त्व भी अपनी अकड़ और ऐंठ के बावजूद अन्ततः पानी में घुल जाते हैं। लेकिन :

पानी कहता है—मैं हूँ जीवन
हर स्वाद के लिए जगह है मुझमें,

माध्यमिक हैं मेरी क्षमताएँ,
समास हूँ विभिन्नताओं के बीच

तमाम तरह की विषमताओं और विकृतियों के बाद भी कवि जीवन में समन्वय या 'सिंथेसिस' के महत्त्व को वरीयता देता है। इसलिए 'जीवन-वस्तु' के बाद यदि कोई दूसरा बीज-शब्द कुँवर नारायण की कविताओं के लिए उपयुक्त हो सकता है तो वह है **'सह-अस्तित्व'**। जीवन और जगत के सभी क्षेत्रों में इस सह-अस्तित्व की आकांक्षा व्यक्त की गई है। घर, परिवार, समाज, राजनीति, साहित्य, कला, धर्म, चिन्तन, विचारधारा, दर्शन और संस्कृतियों में समन्वय का यही लक्ष्य कवि को एक विश्व-दृष्टि प्रदान करता है। इसका एक मुक्कमल उदाहरण है 'इन दिनों' संग्रह की कविता 'एक अजीब-सी मुश्किल'। इसमें साम्प्रदायिक सद्भाव की भावना का आरोहण क्रमशः धार्मिक सद्भाव और राष्ट्रीय सद्भाव तक होता है और परिणति होती है एक वैश्विक सद्भाव की चेतना में। वास्तव में प्रेम की खोज करता हुआ एक भारतीय मन ही यह सब सम्भव कर पाता है। हालाँकि यह कविता नफरत की शब्दावली में लिखी गई है, लेकिन वस्तुतः यह जीवन से प्रेम और जीवन के स्वीकार की कविता है। इस प्रेम और स्वीकार में लगभग समूची दुनिया के दायरे सिमटते चले आते हैं। जिन कविताओं में दैनिक जीवन के अनुभवों की अनुरचना की गई है, उनमें से एक है 'अख़बार' :

जिये हुए से कहीं ज़्यादा
देखा सुना और पढ़ा हुआ
शामिल हो गया है जीवन में

जैसे एक प्याला चाय के साथ
सुबह का अखबार

नई कविताओं में 'जीवन-वस्तु' को अलग-अलग और विस्तृत आयामों में व्यक्त किया गया है। अपनी नई भूमिकाओं को तय करते हुए कवि एक द्रष्टा के रूप में जीवन के सम्मुख उपस्थित होता है और एक खोजी के रूप में उसके भीतर प्रवेश करता है : "केवल एक खोज का अनवरत जीवन-चक्र" (पहले सोचता हूँ); कलाओं की रचना-प्रक्रिया को 'ह्यूमनाइज' करते हुए उसमें जीवनोचित सुख/दुःख के मर्म को उद्घाटित करता है (पत्थर के प्राण); एक उदात्त जीवन-भाषा में संगीत को रचता है और सम्पूर्ण जीवन-राग से उसे मुखरित करता है (राग भटियाली)। वह सुकरात, कृष्ण, भीष्म, बुद्ध और फ्रायड के जीवन में एक 'कॉमन एलिमेंट' की खोज करता है (बातूनी)। इन सबके बाद वह इस ख्याल तक पहुँचता है : "बातूनी है जीवन/बातूनी है मृत्यु भी/धीरज हो तो सुन सकते हैं/यम को भी/जीवन से बातें करते"। अन्ततः वह जीवन और मृत्यु को भी 'ह्यूमनाइज' कर देता है। यहीं पर कह देना उचित होगा कि 'जीवन-वस्तु' और 'सह-अस्तित्व' के बाद कुँवर नारायण की कविताओं के सन्दर्भ में यदि किसी और बीज-शब्द को प्रस्तावित करना चाहें तो वह होगा जीवन की **'खोज'** और एक समृद्ध जीवन-भाषा में अनुभवों का **'मानवीयकरण'**। बीज-शब्दों की सूची इसके बाद भी बढाई जा सकती है, लेकिन फिलहाल इतना ही। हाँ, यह बतलाने की जरूरत नहीं है कि कोई भी बीज-शब्द अन्ततः 'जीवन-वस्तु' से अलग नहीं है। वे सभी 'जीवन-वस्तु' की ही अन्तर्धराएँ हैं।

यह तो हुई कविताओं की बात। अब 'कुमारजीव' में 'जीवन' के कतिपय सन्दर्भों की बात करते हैं। वस्तुतः इस पूरे खंडकाव्य के एक-एक पन्ने पर जीवन-ही-जीवन बिखरा हुआ है। यदि कुँवर नारायण के कविता-संग्रहों से जीवन सम्बन्धी कविताओं का एक कोलाज बनाना हो तो पसन्द के अनुसार चयन करना होगा। लेकिन 'कुमारजीव' से ऐसा कोई चयन नहीं करना होगा, क्योंकि यह अपने आप में ही जीवन के सम्पूर्ण वैभव का बना-बनाया कोलाज है। इसमें जीवन के इन्द्रधनुष का ऐसा बहुरंगी प्रकाश है जो अकेले ही कवि के समूचे काव्य-संसार को आलोकित कर सकता है। कवि स्वीकार करता है कि एक व्यक्ति से अधिक उसके विचारों में जीवन होता है। व्यक्ति की भौतिक मृत्यु हो सकती है, लेकिन उसके विचारों की मृत्यु कभी नहीं होती। एक उसका दैनिक जीवन-चर्यायों वाला भौतिक समय होता है, दूसरा उसके विचारों का समय होता है जिसका अस्तित्व उसकी मृत्यु के बाद भी बना रहता है। इसलिए कुँवर नारायण लिखते हैं :

फिर से जिया जा सकता है कुमारजीव को
जैसे उसने जिया था तथागत को
क्योंकि कोई भी बुद्ध या कुमारजीव
कभी भी मरता नहीं।

वह एक विचार का जीवन है
जिसे जिया जा सकता है कभी भी
उसके समय में जाकर
या उसे अपने समय में लाकर...

इसी आधार पर वे कुमारजीव के सन्दर्भ में 'समय' और 'उप-समय' की अवधारणा की काव्यात्मक प्रस्तुति करते हैं। यानी कुमारजीव के भौतिक 'जीवन' के साथ-साथ उसके विचारों के 'उत्तर-जीवन' की बात करते हैं। इसे डार्विन के उत्तर-जीविता वाले सिद्धान्त से जोड़ने की जल्दबाजी नहीं करनी चाहिए। कुँवर नारायण की यह प्रस्तुति किसी भी समय के किसी विचारक के सन्दर्भ में ठीक बैठती है। एक बात और ध्यान में रखनी चाहिए। जो बुद्ध का भौतिक समय रहा होगा, वह कुमारजीव के लिए इतिहास या ऐतिहासिक समय की तरह रहा होगा। बुद्ध का 'उप-समय' या 'उत्तर-जीवन' वास्तव में कुमारजीव के अपने (भौतिक) समय में शामिल समय/जीवन भी था, जिसे उसने जिया था। इसी तरह स्वयं कुँवर नारायण के लिए कुमारजीव का अपना समय इतिहास या ऐतिहासिक समय की तरह रहा है और उसका 'उत्तर-जीवन' या विचारों का समय उनके अपने समय में शामिल समय रहा है, जिसे उन्होंने विगत वर्षों में या 'कुमारजीव' की रचना के दौरान जिया है। (उनके लिए ऐसा जीवन इसलिए सम्भव हो पाता है क्योंकि वे अतीत और वर्तमान को अलग-अलग विभाजित सत्ताओं के रूप में नहीं, बल्कि एक अखंडता में देखते हैं।) इस क्रम को थोड़ा और आगे बढ़ाकर कहना चाहिए कि उनकी कृतियों के पाठक के रूप में स्वयं हमलोग भी कुँवर नारायण के अपने समय के साथ-साथ जी रहे हैं। यह तो स्पष्ट है कि जीवन का यह क्रम कई स्तरों पर एकसाथ चल रहा है। एक क्रम के अनुसार कुँवर नारायण अपने आप को सबसे पहले कुमारजीव से जोड़ते हैं, फिर कुमारजीव के माध्यम से या सीधे भी तथागत से जुड़ते हैं। उसी तरह पाठक के रूप में हमलोग सबसे पहले कुँवर नारायण से जुड़ते हैं, उसके बाद कुमारजीव से और उसके बाद बुद्ध से। यह दूसरी बात है कि अपनी-अपनी क्षमताओं के कारण अलग-अलग लोगों के जुड़ने का अर्थ अलग-अलग होगा। जिस तरह से जीवन में क्रम के साथ-साथ व्यतिक्रम भी होता है, उसी तरह से इस जुड़ाव में भी व्यतिक्रम हो सकता है। कोई पहले तथागत से, फिर कुमारजीव से और उसके बाद कुँवर नारायण से जुड़ सकता है। इस जुड़ाव के लिए कोई बंधन या निश्चित पैटर्न नहीं है। यदि हम एक भारतीय की दृष्टि से इस पूरी अवधरणा को सोचें तो इसमें कोई दो राय

नहीं है कि अपने अभिप्रायों में यह कृति हमारे समय में समूचे भारतीय साहित्य की एक श्रेष्ठ उपलब्धि बन गई है। यह सुखद संयोग है कि प्रकाशन के तुरंत बाद ही कुछ प्रमुख भारतीय भाषाओं में इसके अनुवाद की बात भी चलने लगी है। जीवन के उक्त पैटर्न को 'कुमारजीव' के आरम्भ में तो प्रस्तावित किया ही गया है, उसके समापन के अवसर पर भी दुहराया गया है। यानी एक विशेष समय-चक्र के साथ-साथ इसे पूरी कृति के केन्द्रीय सिद्धान्त के रूप में विन्यस्त कर दिया गया है। इसलिए जब भी आप इस कृति को पढ़ेंगे, आपके लिए इसे किसी एकमात्र तरीके से पढ़ना शायद असम्भव हो जाएगा। इसकी रचना-पद्धति कुछ इस प्रकार है कि आप इसे कहीं से भी खोलकर पढ़ सकते हैं और पूरी कृति की अन्तर्धाराओं को बखूबी महसूस कर सकते हैं। स्वयं कुँवर नारायण भी एक जगह कहते हैं कि "अगर जीवन को क्रमानुसार ही नहीं व्यतिक्रमानुसार भी जिया और पढ़ा जा सकता है तो एक काव्य-रचना को क्यों नहीं?"

यहाँ थोड़ी देर के लिए एक और 'शिफ्ट' लेते हैं और मुड़ते हैं 'जब वह नहीं रहता' कविता की ओर। यह कविता एक विचारशील मनुष्य की हत्या के बारे में है। इस कविता को किसी ईसा, किसी गाँधी, किसी सोल्झेनित्सिन या किसी कलबुर्गी के जीवन से जोड़कर देखने पर अलग से कोई टिप्पणी करने की जरूरत ही नहीं है। इतना ही नहीं, इसे किसी भी संवेदनशील व्यक्ति के जीवन की त्रासद विडंबना से जोड़कर देखना चाहिए। इसे रघुवीर सहाय की कविता के रामदास जैसे आदमी से भी जोड़कर पढ़ सकते हैं। कुँवर नारायण की ऐसी बहुत-सी कविताएँ हैं जो ऐतिहासिक चरित्रों और कवि-व्यक्तित्वों पर केंद्रित हैं। लेकिन उन सबको पढ़ते हुए भी यदि यह ध्यान में रखा जाए कि अन्ततः वे सभी मनुष्य हैं और अपने-अपने समय को उन्होंने यथासम्भव जीने की भी कोशिश की है, तो उनके अभिप्रायों को बिलकुल सही सन्दर्भों में ग्रहण किया जा सकेगा। यह कविता एक बार फिर वर्तमान भारतीय परिस्थितियों से सीधे जुड़ती है, जैसा कि हमने 'नीरो का संगीत-प्रेम' के प्रसंग में भी देखा है। कविता की पंक्तियाँ बहुत देर तक 'हांट' करती हैं, विचलित कर देती हैं। यदि पिछले पृष्ठों के हमारे विवेचन को ध्यान में रखा जाए तो यहाँ सहज ही एक प्रश्न उठता है। यदि इन सबके विचारों का भी कोई जीवन है तो क्या अन्ततः किसी ईसा, किसी गाँधी, किसी सोल्झेनित्सिन, किसी कलबुर्गी या किसी रामदास की हत्या करके उसकी उपस्थिति को हमेशा के लिए मिटाया जा सकता है? आज के भारतीय परिवेश में कवि और साहित्यकार जिन त्रासद स्थितियों का सामना कर रहे हैं, अखबारों में बयान देकर ऐसी तमाम नृशंसताओं के प्रति अपना विरोध दर्ज करा रहे हैं, उससे तो यही लगता है कि अभिव्यक्ति की स्वतंत्रता के अभियान को अभी और बहुत आगे ले जाने की जरूरत है। और यह सब एक रचनात्मक तरीके से होना चाहिए जिसमें किसी भी तरह की हिंसा की कोई गुंजाइश न हो। स्वयं कुँवर नारायण भी हिंसा को अमान्य ठहराते हुए कहते हैं कि "अभिव्यक्ति की

स्वतंत्रता पर पड़ने वाले नकारात्मक दबाव निंदनीय हैं।" लेकिन यह कविता अधिक कहती है, विरोध दर्ज कराने वाले किसी भी बयान से बहुत-बहुत अधिक :

क्या हत्या करने वाले
नहीं जानते
कि एक शरीर में हो सकता है इतना भी रक्त
कि वह सदियों तक बहता रहे,
इतनी सहनशीलता कि उसमें
डूब जाएँ रक्त की नदियाँ!

केवल इतना ही नहीं है कि यह कविता वर्तमान भारतीय परिस्थितियों का 'क्रीटीक' प्रस्तुत करती है। यह कविता आज की घटनाओं से कुछ पहले ही लिखी गई है। दूसरे शब्दों में, लिखी पहले गई है और घटित हो रही है आज। जैसा कि हमने पहले कहा था, कुँवर नारायण समय की नब्ज को लगभग एक दूरदर्शी-कालदर्शी की तरह पकड़ते हैं और उसकी आहटों को अपने करीब पहुँचने से बहुत पहले ही महसूस कर लेते हैं। तकनीक की दृष्टि से कहा जा सकता है कि यह 'फ्लैश-बैक' की जगह 'फ्लैश-फारवर्ड' में लिखी गई बेहद सधी हुई कविता है। इसलिए कुँवर नारायण की ऐसी कविताएँ केवल तात्कालिक (Temporary) ध्यानाकर्षण के लिए ही नहीं होतीं, बल्कि उससे बहुत आगे जाकर 'सामयिक' (Temporal) और 'दैशिक' (Spatial) के सायुज्य में विकसित हो जाती हैं, जो किसी भी समय के अनुकूल मानी ग्रहण कर सकती हैं। इस अर्थ में वे उन कवियों से एकदम अलग हैं जो घटनाओं पर फौरी प्रतिक्रियाओं के रूप में कविताएँ लिखा करते हैं। ऐसा कहते हुए मैं बिलकुल सजग हूँ और अपनी इस टिप्पणी में सभी कवियों को शामिल नहीं कर रहा हूँ। एक कवि के रूप में कुँवर नारायण में पूर्व-आभास या पूर्व-कल्पना की दुर्लभ, अप्रत्याशित और कल्पनातीत क्षमता है। 'आत्मजयी तथा मेरी अन्य कविताएँ' निबन्ध में वे अपनी ऐसी ही कुछ कविताओं के रचना-प्रसंग की बात करते हैं और बतलाते हैं कि वे कविताएँ सम्बन्धित घटना के घटित होने के दौरान नहीं, "बल्कि उससे कुछ पहले ही लिखी गई थीं-कुछ ऐसी आशंका के साथ कि किसी भी समय इस तरह की कोई घटना हो सकती है। मैं सोचता हूँ कि मानसिक क्षितिज का क्रमशः विकास होता है। जब यह समय के एक विस्तृत मानक पर काम करता है तो मनुष्य की प्रकृति के बारे में अलग से एक प्रत्यक्ष-ज्ञान होता है।" उनका समय-बोध बहुत तीव्र और अग्रगामी रहा है। समय के प्रचलित तीनों आयामों को वे एक सायुज्य की स्थिति में परिकल्पित करते हैं। इसलिए वे तुरंत जोड़ते हैं, "मेरा अभिप्राय अतीत और वर्तमान को अलग-थलग विभाजित सत्ताओं के रूप में नहीं, बल्कि एक अखंडता में देखने से है।" फिलहाल इस कविता पर इससे अधिक और कोई बात नहीं कि इसे कवि के समय-बोध की अखंडता में और विचारों की अमरता के आलोक में भी पढ़ा जा सकता है।

कुँवर नारायण की समस्त कविताओं में 'जीवन' एक स्थायी अन्तर्वस्तु या 'कंटेंट' की तरह उपस्थित है। इसलिए भी वे 'जीवन-वस्तु' पद पर बल देते रहे हैं। इसी के सम पर यदि उनकी कविताओं के शिल्प-पक्ष के लिए 'वास्तु' शब्द का प्रयोग किया जाए तो अप्रासंगिक नहीं होगा। 'वाजश्रवा के बहाने' के 'पूर्वकथन' में उन्होंने इसका संकेत भी दिया है। समग्रता में देखने का प्रयास किया जाए तो उनकी पूरी काव्य-यात्रा में सर्वत्र ही इस 'जीवन-वस्तु' और 'वास्तु' का सह-अस्तित्व मिलेगा। निबन्धों के अलावा कुँवर नारायण की बहुत-सी कविताओं में 'जीवन-वस्तु' का एक पद के रूप में बहुत सर्जनात्मक प्रयोग हुआ है। लेकिन जिस तरह से 'कुमारजीव' में एक स्थान पर आया है, वह नायाब है :

ख़ाली कमरे में जलती है एक मोमबत्ती
अँधेरे के विरुद्ध

अडिग प्रकाश-पुंज कहता है :

जिन तत्त्वों के बने हैं हम
उन्हें जीना अगर मजबूरी है
तो उसी जीवन-वस्तु को मथकर
मूल्यवान कुछ निकाल सकना
पुरुषार्थ है

यह एक प्रमुख संदेश है जो इस पूरी कृति से बार-बार ध्वनित होता है, हालाँकि कहा तो गया है एकाध बार ही। ऐसी और बहुत-सी उच्च कोटि की कविता-शृंखलाएँ हैं जो 'जीवन-वस्तु' की यादों को ताजा करती रहती हैं। यह 'कुमारजीव' के लगभग आखिर में है, जहाँ कृति क्रमशः करुणा की शान्त और मंथर धाराओं में प्रवाहित होने लगती है। किसी भी पाठक के लिए शायद यह बहुत मुश्किल होगा कि वह इन अंशों को पढ़े और उसे भवभूति की याद न आए : 'एको रसः करुण एव'। अपनी थिरती हुई काव्य-भाषा के साथ यह कृति विचारों की अमरता की ओर, एक नई जीवन-यात्रा की ओर परिणत हो जाती है :

वे मरेंगे नहीं
नए-नए रूपों में लौटते रहेंगे हमारे बीच
विकसित होते रहेंगे
सृष्टि के नियमों के अनुसार

वे किसी भोजपत्र पर लिखे
प्राचीन आलेख की तरह
संसार के कोने-कोने में घूमेंगे

अब, आलेख के इस खंड की आरम्भिक प्रतिश्रुति के अनुसार रचना-दृष्टि के बारे में कुछ संक्षिप्त बातें।

'कुमारजीव' के अन्तिम खंड 'छांग-आन' में–जहाँ वह बौद्ध-ग्रन्थों का अनुवाद करते हुए उनमें 'मूल की गरिमा' और 'काव्य के माधुर्य' का समन्वय करता है–रचना-दृष्टि से सम्बन्धित एक पूरा काव्य-खंड ही है। इस काव्य-खंड में इस विषय पर कवि का निथरा हुआ अनुचिन्तन मिलता है :

रचना भी उच्च कोटि का अध्यात्म है
वह उदात्त की दिशा में
ऊर्जा का संयत रूपान्तरण है

अध्यात्म धार्मिक या अधार्मिक नहीं होता

वह मनुष्य की आत्मिक शक्तियों का
उसकी कृतियों में पुनःस्थापना द्वारा
लौकिक में अलौकिक की पहचान पाता है

यह चेतना का जीवन में पुनःप्रवेश है
बहिष्कार नहीं, अतः दोनों में विभिन्नता है
अन्तर्विरोध नहीं।

कुमारजीव लगभग तीन सौ बौद्ध-ग्रन्थों का अनुवाद करता है, लेकिन उसके अनुवाद महज अनुवाद न होकर एक मूल रचना का स्वरूप ग्रहण कर लेते हैं। हालाँकि अनुवाद-कर्म में वह अपनी मान्यताओं को कतई हावी नहीं होने देता, लेकिन वह उसी तल्लीनता से इस कार्य को अंजाम देता है जैसे कोई साधक-रचनाकार। उसके लिए अनुवाद कभी भी दोयम दर्जे का काम नहीं रहा, बल्कि उसका जीवन-लक्ष्य बन गया। वह संस्कृत में उपलब्ध समस्त बौद्ध वांग्मय को चीनी भाषा में इतनी सर्जनात्मकता के साथ प्रस्तुत करना चाहता था कि वह चीनी का अपना साहित्य लगे। पितृ-पक्ष से एक भारतीय होते हुए भी कुमारजीव में संस्कृत के प्रति जो निष्ठा और जिज्ञासा थी, उससे तनिक भी कम तोषारियन या चीनी के प्रति नहीं थी। भाषाओं के प्रति उसका यह सम्मान वास्तव में एक विश्व-दृष्टि का सम्मान था, विश्व की दो बड़ी संस्कृतियों को एक ही 'सिमिट्री' में देखने का उसका अपना ढंग था, जिनमें दो या तीन या कई भाषाएँ उनकी अन्तर्धाराओं के रूप में सतत प्रवहमान रहती हैं। कुमारजीव की जीवनी के प्रसंग में कुँवर नारायण लिखते हैं : "एक कुशल अनुवादक मूल पाठ को दूसरी भाषा में केवल ज्यों-का-त्यों नहीं पहुँचाता है, अनुवाद की भाषा के परिवेश को भी समृद्ध करता है–उसमें नए आयाम भी जोड़ता है ताकि वह मूल के अर्थ मात्र को नहीं, उसकी बुनियादी संस्कृति का आभास भी दे सके। आज से

डेढ़ हज़ार वर्ष पहले कुमारजीव इस तथ्य को देख सका और सम्भव बना सका। यह विद्वता के क्षेत्र में भी उतना ही बड़ा कमाल है जितना भाषा और काव्य के क्षेत्रों में।" (कुमारजीव; भारतीय ज्ञानपीठ/2015, पृ. 12-13)

ऊपर जो उद्धरण दिया गया है, उसमें रचना को 'अध्यात्म' की श्रेणी में रखा गया है। आजकल हमारी देश-दशा कुछ ऐसी है और हमारे यहाँ बहुत-से पढ़े-लिखे लोग भी ऐसे हैं जो 'अध्यात्म', 'चेतना', 'आत्म' या 'मुक्ति' जैसे शब्दों को देख-सुनकर नाक-भौं सिकोड़ने लगते हैं। वास्तव में यह उनका नहीं, एक खास आलोचना-पद्धति का दोष है, जिसने लगभग एक तानाशाही रवैया अपनाते हुए वर्षों से हिन्दी के 'कॉमन' पाठक की 'चेतना' को अपनी गिरफ्त में बनाए रखा है। इसलिए कुँवर नारायण को स्पष्ट करना पड़ता है कि अध्यात्म 'धार्मिक' या 'अधार्मिक' नहीं होता है। रचना 'उदात्त' की ओर मानवीय ऊर्जा का आरोहण है। यदि लोंजाइनस के उदात्त-सिद्धान्त का ध्यान हो तो यहाँ भी 'उदात्त' शब्द को धार्मिक या अधार्मिक तो नहीं ही समझना चाहिए। इस बात का भी ध्यान रखना चाहिए कि लोंजाइनस ने महान काव्य की रचना-प्रक्रिया से जोड़कर उदात्त-तत्त्व की व्याख्या की है और उसने 'वस्तु' (Content) के साथ-साथ 'वास्तु' (Form) की भी बात की है।

संक्षेप में कुँवर नारायण की 'रचना-दृष्टि' के लिए कोई एक सूत्र बनाना चाहें कुछ यों बना सकते हैं : रचना=मानवीय ऊर्जा का उदात्तीकरण=चेतना का जीवन में पुन:प्रवेश=मानवीय आत्म का कृति में पुन:स्थापन= विभिन्नताओं का एकत्व= जीवन-वस्तुओं में आपसी सह-अस्तित्व।

'कुमारजीव' के बारे में और भी बहुत-सी बातें हैं। खासकर इस कृति में कवि ने जिस तरह 'समय' को बरता है, उस पर बहुत विस्तार से बात होनी चाहिए। यहाँ फिलहाल इतना ही कहना है कि 'कुमारजीव' में अनुभव या घटनाओं की कई शृंखलाएँ हैं। इन घटनाओं और अनुभवों की अपनी-अपनी संज्ञाएँ हैं। पूरी कृति ऐसी तमाम संज्ञाओं, विशेषणों और क्रिया-विशेषणों से समृद्ध है। लेकिन यदि इन सबकी कोई एक या एकमात्र 'क्रिया' है, तो वह है 'जीवन' या 'जीवन को जीना'-चाहे वह कुमारजीव की ओर से हो या कुँवर नारायण की ओर से। यहाँ एक बार फिर आपका ध्यान 'आत्मजयी तथा मेरी अन्य कविताएँ' निबंध की ओर ले जाना चाहूँगा जिसके पहले हिस्से में कुँवर नारायण ने बोर्खेस को 'कोट' किया है। बोर्खेस कहते हैं : "मैं यह निश्चित तौर पर मानता हूँ कि जीवन कविताओं से बना है।'' यदि 'कुमारजीव' सहित कुँवर नारायण की समस्त कविताओं के बारे में हमें ऐसा ही कुछ कहना हो तो विनम्र होकर यही कहेंगे कि 'कविताएँ निश्चित तौर पर जीवन से बनी हैं।'

परिशिष्ट

कुँवर नारायण : एक परिचय

भारतीय साहित्य में कुँवर नारायण की एक समादृत उपस्थिति है। वे हिन्दी के समकालीन कवियों में अग्रगण्य कवियों में हैं। वे बहुपठित एवं आधुनिक संवेदना के उन कवियों में हैं जिनकी कविताओं में भारतीय इतिहास और विचार की एक समावेशी उपस्थिति महसूस की जा सकती है। उनकी कविताओं में साधारण एवं पेचीदा कथ्य की बारीकियाँ दृष्टिगत होती हैं जो शुद्ध कविता एवं गहरे मानवीय प्रत्ययों का एक विरल उदाहरण हैं। 1956 में उनकी पहली पुस्तक से लेकर सात दशकों के उनके सर्जनात्मक अवदान की अवधि में उनके भीतर के बड़े और उच्चादर्शों के प्रति उन्मुख व्यक्तित्व के साथ-साथ उदात्त काव्य वैभव एवं नैतिक प्रतिसंसार रचने की व्यग्रता के दर्शन होते हैं। वे इतिहास और मिथक के साथ एक अनन्य आधुनिक बोध का रिश्ता निर्मित करते हैं तथा भाषा के अध्यात्म का एक विरल साहचर्य सम्भव करते हैं। वे ऐसा करते हुए अपने सामाजिक और ऐतिहासिक बोध से तनिक भी नहीं डिगते तथा उसकी विसंगतियों एवं विपरीतताओं के प्रति एक विजनरी रुख अपनाते हुए कविता को सामाजिक उद्देश्य की एक अनिवार्य संरचना में बदल देते हैं। उन्होंने अनेक विधाओं– कविता, प्रबंधात्मक काव्य, कहानी, आलोचना, अनुवाद, निबन्ध, डायरी में एवं विश्व सिनेमा व कलाओं पर लिखा है। विश्व की अनेक भाषाओं में अनूदित कुँवर नारायण को अनेक सम्मानों यथा–साहित्य अकादेमी, कबीर सम्मान, वारसा विश्वविद्यालय के आनरेरी मेडल, विश्व के विशिष्ट लेखक के रूप में इटली के प्रेमियो फेरोनिया सम्मान, पद्मभूषण, साहित्य अकादेमी के सर्वोच्च सम्मान महत्तर फेलोशिप एवं भारतीय ज्ञानपीठ द्वारा दिए जाने वाले भारत के सर्वोच्च पुरस्कार ज्ञानपीठ पुरस्कार से सम्मानित किया गया है।

उनके प्रारंभिक वर्ष अयोध्या एवं फैजाबाद में बीते। तदनंतर वे लखनऊ चले आए जहाँ लगभग पाँच दशकों तक वे सतत लेखन में संलग्न रहे। उनके लेखन का अधिकांश यहीं लिखा गया। बाद में वे दिल्ली आ गए जहाँ वे पत्नी भारती एवं पुत्र अपूर्व के साथ आजीवन रहे। लखनऊ में उनका घर साहित्य एवं संगीत सभाओं का केन्द्र हुआ करता था जहाँ दूर-दूर से–देश एवं विदेश से लेखक, विद्वान, सिने एवं

संगीतविद् मिलने आते। साठ के दशक में नई कविता आन्दोलन से जुड़ कर उन्होंने इसके सीमांतों को विस्तार दिया। वे उपनिषद एवं महाकाव्य से लेकर कबीर एवं खुसरो, इतिहास एवं मिथक से लेकर बौद्ध दर्शन एवं मार्क्सवाद और काफ्का, बोर्खेस एवं कवाफी से लेकर गालिब, निराला और गांधी तक के प्रभावों से अनुप्राणित रहे। 1955 में योरोप, रूस एवं चीन की उनकी यात्राएँ कवि-दृष्टि को मूल्यवान बनाने में महत्त्वपूर्ण रहीं। बाद में उन्होंने प्रतीकवादी कवियों मलार्मे, बादलेयर एवं वैलरी तथा कवाफी एवं बोर्खेस जैसे कवियों की कविताओं के अनुवाद किए।

उनके काव्य की शुरुआत 1956 में ***चक्रव्यूह*** से हुई जो उनका पहला संग्रह था। परिवारजनों की मृत्यु ने कुँवर जी को इतना विचलित किया कि उसके प्रभाव ***चक्रव्यूह*** की दार्शनिक अभ्युक्तियों में लक्षित किए जा सकते हैं। ***चक्रव्यूह*** के बाद आए संग्रह ***परिवेश : हम तुम*** को मुक्तिबोध की विशेष सराहना मिली। पहला लघु प्रबन्धकाव्य ***आत्मजयी*** भी अवसान और मृत्यु के आलोक में लिखा गया है जो नचिकेता के औपनिषदिक चरित्र पर आधारित है। हिन्दी साहित्य में इसे क्लासिक काव्य का दर्जा हासिल है। कुँवर जी का पहला कहानी-संग्रह ***आकारों के आसपास*** (1971) कहानी के समकालीन मिजाज से अलग होने के नाते विशेष ध्यानाकर्षण का केन्द्र रहा है। ***अपने सामने*** की कविताओं में राजनीतिक-सामाजिक कथ्य प्रभावी है तो ***कोई दूसरा नहीं*** अपने नैतिक आग्रहों एवं उदात्त कवि-विवेक से बहुप्रशंसित एवं बहुपुरस्कृत संग्रह होने के कारण हिन्दी में मील का पत्थर माना गया। 2002 में आया ***इन दिनों*** व 2009 में प्रकाशित ***हाशिए का गवाह*** दोनों सरलता से व्यंजित जीवन की पेचीदा जटिलताओं के भाष्य हैं। उन्होंने समय-समय पर अपने समय के साहित्यिक मुद्दों पर आलोचनात्मक निबन्ध भी लिखे जो ***आज और आज से पहले*** व ***शब्द और देशकाल*** में संगृहीत हुए हैं।

बीच-बीच में उनका गद्य लेखन भी चलता रहा है जिसमें डायरी, नोट्स, बातचीत इत्यादि शामिल हैं। 2008 में उनका दूसरा प्रबन्ध काव्य ***वाजश्रवा के बहाने*** आया। ***आत्मजयी*** के केन्द्र में नचिकेता हैं तो ***वाजश्रवा के बहाने*** के केन्द्र में वाजश्रवा। दोनों काव्य एक अर्थ में एक-दूसरे के प्रतिपूरक हैं। एक में पिता का हठ है तो दूसरे में पिता का पश्चात्ताप। ***वाजश्रवा के बहाने*** में सुलह और समझौते की संजीवनी प्रवाहित है तो अनेक स्थलों पर जीवन और काव्य विवेक के सुभाषित बिखरे हैं। 2015 में उन्होंने ***कुमारजीव*** नामक तीसरे प्रबन्ध काव्य का प्रकाशन किया जो भारत व चीन के बौद्ध अनुवादक चिंतक कुमारजीव पर केन्द्रित है। सिनेमा समीक्षा की पुस्तक ***लेखक का सिनेमा*** व अनूदित विश्व कविताओं की पुस्तक ***न सीमाएँ न दूरियाँ*** 2017 में प्रकाशित हुआ। 2018 में उनकी कहानियों का दूसरा संग्रह ***बेचैन पत्तों का कोरस*** आया तथा इसी वर्ष के उत्तरार्ध में आया कविता-संग्रह ***सब इतना असमाप्त*** उनके उत्तरजीवन की सक्रिय काव्यात्मकता का प्रमाण है। वे अपने समय की महत्त्वपूर्ण पत्रिकाओं, ***युगचेतना,*** **नया प्रतीक** एवं **छायानट** के संपादन

से जुड़े रहे तथा समय-समय पर सिनेमा, कला एवं संगीत पर लिखते रहे जो पत्र-पत्रिकाओं, संचयनों में प्रकाशित होते रहे। उनकी रचनाओं के अनेक भाषाओं में अनुवाद हुए हैं। उनके पुत्र अपूर्व नारायण ने उनकी कविताओं का अंग्रेजी अनुवाद 'नो अदर वर्ल्ड' नाम से किया जो 2008 में प्रकाशित हुआ, जिसका वैश्विक संस्करण 2010 में ब्रिटेन से आया। उनका बहुत-सा लेखन अभी अप्रकाशित है, जिसमें उनकी कविताएँ, निबन्ध, डायरी व साक्षात्कार शामिल हैं तथा उन पर लिखे आलोचनात्मक लेखन के कुछ खंड प्रकाश्य हैं।

प्रकाशित कृतियाँ

काव्य

चक्रव्यूह, 1956, राधाकृष्ण प्रकाशन।
तीसरा सप्तक, सं. अज्ञेय, 1959, भारतीय ज्ञानपीठ।
परिवेश : हम तुम, 1961, वाणी प्रकाशन।
अपने सामने, 1979, राजकमल प्रकाशन।
कोई दूसरा नहीं, 1993, राजकमल प्रकाशन।
इन दिनों, 2002, राजकमल प्रकाशन।
हाशिए का गवाह, 2009, मेधा बुक्स।
सब इतना असमाप्त, 2018, राजकमल प्रकाशन।

प्रबंध काव्य

आत्मजयी, 1965, भारतीय ज्ञानपीठ।
वाजश्रवा के बहाने, 2008, भारतीय ज्ञानपीठ।
कुमारजीव, 2015, भारतीय ज्ञानपीठ।

कहानी संग्रह

आकारों के आसपास, 1971, राधाकृष्ण प्रकाशन।
बेचैन पत्तों का कोरस, सं. अमरेंद्रनाथ त्रिपाठी, 2018, राजकमल प्रकाशन।

समीक्षा एवं विचार

आज और आज से पहले, 1998, राजकमल प्रकाशन।
साहित्य के कुछ अन्तरविषयक संदर्भ, चौदहवाँ संवत्सर व्याख्यान, 2003, साहित्य अकादेमी।
रुख, सं. अनुराग वत्स, 2014, राजकमल प्रकाशन।

गद्यात्मक लेखन

दिशाओं का खुला आकाश (डायरी), सं. यतीन्द्र मिश्र, 2012, वाणी प्रकाशन।
शब्द और देशकाल (निबंध), 2013, राजकमल प्रकाशन।
लेखक का सिनेमा (विश्व सिने समीक्षा), सं. गीत चतुर्वेदी, 2017, राजकमल प्रकाशन।

साक्षात्कार

मेरे साक्षात्कार, सं. विनोद भारद्वाज, 1999, किताबघर प्रकाशन।
तट पर हूँ पर तटस्थ नहीं, सं. विनोद भारद्वाज, 2010, राजकमल प्रकाशन।

अनुवाद

न सीमाएँ न दूरियाँ, बोर्हेस, कवाफी, रूज़ेविच, हेर्बेर्त, नेरुदा, फिलीप जाकोते, वास्को पोपा, रित्सोज आदि तीस विश्वकवियों के अनुवाद, 2017, वाणी प्रकाशन।

संचयन एवं संकलन

कुँवर नारायण : संसार-1; उपस्थिति-2, सं. यतीन्द्र मिश्र, 2002, वाणी प्रकाशन।
कुँवर नारायण : चुनी हुई कविताएँ, सं. सुरेश सलिल, 2007, मेधा।
कुँवर नारायण : प्रतिनिधि कविताएँ, सं. पुरुषोत्तम अग्रवाल, 2008, राजकमल प्रकाशन।
कुँवर नारायण : No Other World, अनुवाद : अपूर्व नारायण, 2008, रूपा।
कुँवर नारायण : पचास कविताएँ, 2011, वाणी प्रकाशन।
कुँवर नारायण : कई समयों में, सं. दिनेश कुमार शुक्ल एवं यतीन्द्र मिश्र, 2012, भारतीय ज्ञानपीठ।
कुँवर नारायण : कवि ने कहा, 2014, किताबघर।

कवि पर प्रकाशित स्वतंत्र पुस्तकें

आत्मजयी : चेतना और शिल्प, विजया शर्मा, 1979, मैकमिलन, नई दिल्ली।
कुँवर नारायण और उनका साहित्य, अनिल मेहरोत्रा, 1984, ज्ञानभारती, दिल्ली।
कुँवर नारायण का रचना-संसार, मिथलेश शरण चौबे, 2005, विश्वविद्यालय प्रकाशन सागर, मप्र।
विचारों की इंद्रधनुषी आभा, पंकज चतुर्वेदी, संवेद पुस्तिका-4, 2008
कुँवर नारायण कृत आत्मजयी : जीवन और संघर्ष, सुनीता मगरे, 2009, विद्या प्रकाशन, कानपुर।

कुँवर नारायण का कविता-लोक, संजय राय, 2014, सूत्रधार प्रकाशन, कांचरापाड़ा, उत्तर 24 परगना, प. बंगाल।

जीने का उदात्त आशय, पंकज चतुर्वेदी, 2015, राजकमल प्रकाशन, नई दिल्ली।

कुँवर नारायण के लेखन के अनुवाद

कुँवर नारायण की कृतियों के अभी तक लगभग पैंतीस भाषाओं में अनुवाद हुए हैं जिनमें अंग्रेजी, इतालवी, पॉलिश, एस्टोनियाई, रूसी, स्पानी, मराठी, कन्नड़, असमिया, ओड़िया, डोगरी एवं पंजाबी में अनूदित पुस्तकें शामिल हैं । संचयनों, जर्नल्स, ऑनलाइन आदि में पुर्तगाली, डच, जर्मन, हंगारी, जापानी, स्लोविनियन, मेसेडोनियन, नेपाली, बांग्ला, अरबी, उर्दू, कोरियाई, आयरिश, कैटलान, फ्रांसीसी आदि भाषाओं में किए गए अनुवाद समाविष्ट हैं।

अधिगत पद

कुँवर नारायण यद्यपि जीवन काल में पदों से बचते रहे तथापि, वे उ.प्र. संगीत नाटक अकादेमी, लखनऊ के उपाध्यक्ष, भारतेन्दु नाट्य केन्द्र, लखनऊ के अध्यक्ष एवं नेशनल बुक ट्रस्ट व केन्द्रीय हिन्दी संस्थान आदि के सदस्य के रूप में सहयोजित रहे हैं।

अन्तर्राष्ट्रीय गतिविधियाँ

कुँवर नारायण ने 1955 में योरोप, रूस एवं चीन की लम्बी यात्राएँ कीं जो कि शुरुआती साहित्यिक अनुभवों की दृष्टि से महत्त्वपूर्ण यात्राएँ रहीं । इसके बहुत सालों बाद उन्होंने स्वीडेन, इटली, पोलैंड, नेपाल, इंग्लैंड, अमरीका, पाकिस्तान आदि देशों में यात्राएँ कीं। 1994 में उन्होंने 'मिथक एवं आधुनिक हिन्दी कविता' पर वेनिस विश्वविद्यालय में व्याख्यान दिए। 1998-99 में कैम्ब्रिज, ब्रिटेन में लम्बे समय तक रहे। पोलैंड अनेक बार गए और 2005 में वार्सा विश्वविद्यालय, भारत विद्या विभाग की पचासवीं वर्षगांठ के अवसर पर विशिष्ट अतिथि के रूप में एवं 2006 में रोम के प्रेमियो फेरोनिया सम्मान दिए जाने के अवसर पर इटली गए।

कई पत्रिकाओं में कुँवर नारायण का लेखन सात दशकों से प्रकाशित होता रहा है और कई पत्रिकाओं के विशेषांक भी उन पर केन्द्रित हुए हैं, यथा पूर्वग्रह, Hindi, Indian Literature, हंस, आजकल, समय मीमांसा एवं नया ज्ञानोदय आदि।

लेखकों का परिचय

अशोक वाजपेयी : कवि, आलोचक, संस्कृतिविद् एवं विमर्शकार। सी-60, अनुपम अपार्टमेंट्स, बी 13, वसुंधरा एन्क्लेव, दिल्ली-110 096

सीताकांत महापात्र : लब्धप्रतिष्ठ ओड़िया कवि, आलोचक, चिंतक।
ईमेल : sitakantmahapatra@rediffmail.com

कृष्णदत्त पालीवाल : ख्यात आलोचक एवं विमर्शकार। दिल्ली। अब दिवंगत।

हरीश त्रिवेदी : सुपरिचित लेखक, अनुवादक। ईमेल : harish-trivedi@gmail.com

प्रताप भानु मेहता : सुपरिचित लेखक, चिंतक। कुलपति, अशोका यूनिवर्सिटी।
ईमेल : pratapbmehta@gmail.com

सुधीश पचौरी : जाने माने आलोचक एवं मीडियाविद। संपादक : वाक् । 17-बी/1, हिन्दुस्तान टाइम्स अपार्टमेंट्स, मयूर विहार, फेज-1, दिल्ली-110 091

मृणाल पांडे : सुपरिचित कथाकार, उपन्यासकार एवं संपादक। दिल्ली में निवास। ई-148, प्रथम तल, ईस्ट ऑफ़ कैलाश, नई दिल्ली-110 065

कन्हैयालाल नंदन : सुपरिचित कवि, गद्यकार। अब दिवंगत।

नरेश सक्सेना : सुपरिचित कवि। लखनऊ में निवास। 2/5, विवेक खंड, गोमतीनगर, लखनऊ-226 010 (उत्तर प्रदेश)

धर्मेन्द्र गुप्त : कथाकार, लेखक, संपादक 'विषयवस्तु', अब दिवंगत।

मुद्राराक्षस : सुपरिचित कथाकार, नाटककार, विमर्शकार। अब दिवंगत।

मंगलेश डबराल : सुपरिचित कवि, निबंधकार, अनुवादक, संपादक। जनसत्ता अपार्टमेंट, वसुंधरा, गाजियाबाद। ईमेल : mangalesh-dabral@gmail.com

लीलाधर जगूड़ी : सुपरिचित कवि। सरस्वती एन्क्लेव, बद्रीपुर रोड, जोगी वाला, देहरादून-248 005

गिरधर राठी : सुपरिचित कवि, दिल्ली में निवास। वाई-ए-4, सह विकास अपार्टमेंट, 68 आई.पी. एक्सटेंशन, पटपड़गंज, दिल्ली-110 092

असद जैदी : कवि, चिंतक एवं संपादक : 'जलसा'। बी-957, पालम विहार, गुड़गाँव-122 017

रविभूषण : सुपरिचित आलोचक, स्तंभकार। 204, रामेश्वरम्, साउथ आफिसपाड़ा, डोरंडा, रांची-834 002

रमेश दवे : ख्यात आलोचक। एचएच 19, ब्लाक 8, सह्याद्रि परिसर, भदभदा रोड, भोपाल-462 003

रणजीत साहा : सुपरिचित आलोचक। अनुवादक। 'समकालीन भारतीय साहित्य' के पूर्व संपादक। एमजी-1/26, विकासपुरी, नई दिल्ली-110 018

विनोद भारद्वाज : कवि, कथाकार, कलासमीक्षक। एफ 16, प्रेस एन्क्लेव, साकेत, नई दिल्ली-110017

ओम निश्चल : कवि, गीतकार, समालोचक। *अन्वय* एवं *अन्विति* के संपादक। जी-1/506-ए, उत्तम नगर, नई दिल्ली-110 059

यतीन्द्र मिश्र : कवि, समीक्षक, संगीत-कला मर्मज्ञ। राजसदन, अयोध्या, उत्तर प्रदेश

राजेन्द्र धोड़पकर : कवि, कार्टूनिस्ट, पत्रकार। 317, महागुण विला, सेक्टर-4, वैशाली, गाजियाबाद-210 010

भारत भारद्वाज : आलोचक, समीक्षक। 11/ए/1, हिन्दुस्तान टाइम्स अपार्टमेंट, मयूर विहार, फेज 1, दिल्ली-110 091

दामोदर खडसे : कवि, कथाकार, आलोचक। बी 503/504, हाई ब्लिस, कैलाश जीवन के पास, नन्हें रोड, धायरी, पुणे-411 004

शशिकुमार 'शशिकांत' : युवा लेखक, समीक्षक एवं सक्रिय संस्कृतिकर्मी। दिल्ली में निवास। मोतीलाल नेहरू कॉलेज, दिल्ली वि.वि., दक्षिण परिसर से सम्बद्ध। ईमेल : shashikanthindi@gmail.com

रमेशचंद्र शाह : वरिष्ठ कवि, कथाकार, उपन्यासकार। एम 4, निराला नगर, भदभदा रोड, भोपाल, मध्यप्रदेश।

पुरुषोत्तम अग्रवाल : सुपरिचित आलोचक एवं कथाकार, विमर्शकार। सी 2/89, मोतीबाग, नई दिल्ली-110 021

दानूता स्ताशिक : पोलिश, अंग्रेजी व हिंदी की लेखिका एवं भारतविद्याविद्। हिंदी विभाग, वारसा विश्वविद्यालय, पोलैंड। ईमेल : d.stasik@uw.edu.pl

विजय बहादुर सिंह : हिंदी के जाने-माने आलोचक, कवि एवं संपादक। भोपाल में निवास। 29, निराला नगर, दुष्यंतकुमार मार्ग, भोपाल, म.प्र.-462 003

गीत चतुर्वेदी : सुपरिचित युवा कवि, कथाकार। भोपाल में निवास। डी-30, न्यू मीनाल रेजिडेंसी, जे.के. रोड, भोपाल-462 021 (मध्य प्रदेश)
ईमेल : geetchaturvedi@gmail.com

देवशंकर नवीन : हिंदी व मैथिली के सुपरिचित लेखक, कवि, संपादक। ए 2/198, फेज 5, आयानगर एक्सटेंशन, नई दिल्ली-110 047

श्रीप्रकाश शुक्ल : सुपरिचित कवि, आलोचक। संपादक : *परिचय*, प्रोफेसर, हिंदी विभाग, काशी हिंदू विश्वविद्यालय, वाराणसी-221 005

विनोद दास : कवि, आलोचक। प्राविडेंड सनवोट्रथ, फेज 1, ब्लाक 8 बी, फ्लैट न. 207, वेंकटपुरा विलेज, केंग्री होबली, बंगलौर-560060
ईमेल : tiwarvk1955@yahoo.com

कुसुम खेमानी : सुपरिचित कथाकार, वृत्तांतकार, 3बी, अस्टर कोर्ट, 3 लाउडन स्ट्रीट, कोलकाता-700 017

रंजना श्रीवास्तव : कवि, कथाकार, समीक्षक। श्रीपल्ली, लेन नंबर 2, पो आ सिलीगुड़ी बाजार, सिलीगुड़ी-734 005

सुरेश सलिल : कवि, आलोचक, अनुवादक। ई 14, गली नंबर 5, सादतपुर, दिल्ली-110 094

गजानन चव्हाण : लेखक, अध्यापक। पूर्व प्रोफेसर, पुणे विद्यापीठ, पुणे।

गिरिराज किराडू : सुपरिचित कवि और अनुवादक। बीकानेर में निवास।

पंकज पराशर : मैथिली व हिंदी के सुपरिचित कवि एवं आलोचक। हिंदी विभाग, अलीगढ़ मुस्लिम विश्वविद्यालय, अलीगढ़-202 002

संजय राय : समीक्षक। कुँवर नारायण के काव्य पर शोध। रेलवे क्वार्टर नं 1075ए, 5वाँ एवेन्यू, फोरमैन कालोनी, कांचरापाड़ा, नार्थ 24 परगना, प. बंगाल-743 145

निरंजन श्रोत्रिय : सुपरिचित कवि, कथाकार, समीक्षक। संपादक : 'समावर्तन'। विन्यास, कैंट रोड, गुना, मध्यप्रदेश।

राजेश जोशी : जाने माने कवि, कथाकार, आलोचक, नाटककार व अनुवादक। 11, निराला नगर, दुष्यंत कुमार त्यागी मार्ग. भोपाल-462 003

अनामिका : चर्चित कवयित्री, कथाकार, समीक्षक एवं अनुवादक। दिल्ली में निवास, डी 11/83, वेस्ट किदवई नगर, नई दिल्ली-110 023

विजय कुमार : प्रतिष्ठित कवि, आलोचक, गद्यकार। ए 302, महावीर रचना, सेक्टर 15, सीबीडी, बेलापुर, नवी मुंबई-400 614

सवाई सिंह शेखावत : सुपरिचित कवि-आलोचक। संपर्क 7/86, विद्याधर नगर, जयपुर-302 023 ईमेल : shekhawat.sawai@gmail.com

विमलेश त्रिपाठी : कवि, कथाकार। संपर्क: 1/ए, एफ, विधान नगर, कोलकाता-110 064

पंकज बोस : समीक्षक। दिल्ली में निवास। ईमेल : parikshit.du@gmail.com

❑❑❑